KB034487

포스트 콜로니얼 드라마
이론 · 실천 · 정치

Post-Colonial Drama : Theory, Practice, Politics

지은이 헬렌 길버트(Helen Gilbert)는 오스트레일리아 퀸즈랜드 대학교 연극학과 교수이다. 오스트레일리아의 현대 연극과 여성주의 연극에 관심이 많으며, 특히 최근에는 오스트레일리아와 캐나다, 카리브해 연극의 포스트식민주의 연극이론을 공부하고 있다. 연구방법의 하나로 오스트레일리아의 교차문화와 상호문화주의 연극을 분석하고 캐나다와 뉴질랜드, 미국의 원주민 연극을 연구하고 있다. 저서로『*Sightlines : Race, Gender and Nation in Contemporary Australian Theatre*』(Michigan UP, 1998)가 있으며, 『*Post-Colonial Plays : an Anthology*』(London, Routledge, 2001)를 편집 출판하였다. 『씨어터 저널(*Theatre Journal*)』(2002 ~2004)의 편집위원을 역임한 바 있다. gilbert@uq.edu.au.

지은이 조앤 톰킨스(Joanne Tompkins)는 오스트레일리아 퀸즈랜드 대학교 연극학과 교수이다. 포스트 식민주의와 문화상호주의, 복합문화주의하의 연극과 공연이론에서의 공간과 가상 이미지에 관심이 많다. 최근에는 오스트레일리아와 캐나다 연극에서 활용되는 3D 가상공간과 극장모델을 연구하고 있다. 공저로『*Women's Intercultural Performance*』(Routledge, 2000, with Julie Holledge)가 있으며, 『현대 연극(*Modern Drama*)』(1999~2005)의 편집위원으로 있다. tompkins@uq.edu.au.

옮긴이 문경연은 1976년 광주 출생으로 경희대 국어국문학과를 졸업하고 동 대학원에서 박사과정을 수료하였다. 현재 경희대와 고려대병설 보건대학에서 강의하고 있다. 주요 논문으로는 「1920년대 초반 현철(玄哲)의 연극론과 근대적 기획」, 「1930년대 대중문화와 신여성」, 「1930년대 동양극장과 기생의 배치」 등이 있으며, 공저로『신여성—매체로 본 근대 여성 풍속사』(한겨레, 2005)가 있다. 2005년도 한국연극학회 신진우수논문상을 수상하였다.

포스트 콜로니얼 드라마
: 이론·실천·정치

1판 1쇄 인쇄 2006년 06월 20일
1판 1쇄 발행 2006년 06월 30일

지은이 / 헬렌 길버트·조앤 톰킨스
옮긴이 / 문경연
펴낸이 / 박성모
펴낸곳 / 소명출판
출판고문 / 김호영
등록 / 제13-522호
주소 / 137-878 서울시 서초구 서초동 1621-18 (란빌딩 1층)
대표전화 / (02) 585-7840
팩시밀리 / (02) 585-7848
somyong@korea.com / www.somyong.com

ⓒ 2006, 소명출판

값 22,000원

ISBN 89-5626-216-0 93680

포스트 콜로니얼 드라마

이론 · 실천 · 정치

Post-Colonial Drama : Theory. Practice, Politics

헬렌 길버트 · 조앤 톰킨스 지음 / 문경연 옮김

소명출판

POST-COLONIAL DRAMA
Copyright © 1996 by Helen Gilbert and Joanne Tompkins
All rights reserved.

Copyright © 2006 by Somyong Publishing Co.
Authorised translation from English Language edition
Published by Routledge, a member of the Taylor & Francis Group
through Imprima Korea Agency

이 책의 한국어판 저작권은 Imprima Korea Agency를 통해
Taylor & Francis와의 독점 계약으로 소명출판에 있습니다.
저작권법에 의해 한국 내에서 보호를 받는 저작물이므로
어떠한 형태로든 무단 전재나 무단 복제를 금합니다.

나의 눈매를 허물어뜨린 가벼운 기억 하나가 있다. 미국의 인류학자 로라 보하난(Laura Bohanan)의 논문 「티브족, 셰익스피어를 만나다(Shakespear in the Bush)」를 읽을 때였다. 나는 시종 키득거릴 수밖에 없었다. 논문에 의하면 그녀는 나이지리아의 원주민 티브족(Tiv)과 함께 생활하던 중 어느 날 그들에게 '햄릿'이야기를 들려준다. 이야기하는 내내 보하난을 곤혹스럽게 했던 것은 번역이라는 채널을 통과하는 것이었다. 그녀는 '왕'을 대추장으로 번역했고, 호레이쇼를 소개하면서 '학자'의 의미와 최대한 가까운 '지혜로운 사람'으로 바꾸어 말했다. 나중에 알게 되지만 '지혜로운 사람'은 티브족에게 마법사를 뜻하는 용어였다. 예상할 수 있는 바 걸림돌은 어휘를 번역하는데서 그치지 않는다. 죽은 선왕의 동생이 형수와 결혼했다는 대목에서 티브족 장로들은 자신들도 그렇게 한다면서, 자신들과 서양 사람들이 별반 차이가 없음에 기뻐했다고 한다. 그랬기 때문에 숙부에게 품고 있는 햄릿의 원한감정을 티브족은 이해하지

못했다. 어머니가 너무 빨리 재혼을 해서 햄릿이 굉장히 슬퍼했다는 부분에서, 한 원주민 여성은 이런 질문을 던진다. "아니 그럼, 남편이 없으면 누가 밭을 매 주나요?"

티브족과 보하난이 쉽게 하나의 목소리를 냈던 부분은, 왕의 부인은 한 명뿐이며 그는 국민의 세금으로 살아간다는 설명 중에 나온 "세금은 나쁜 것"이라는 견해였다고 한다. 인류의 보편적 텍스트이자 시공을 초월한 고전(Classic) 셰익스피어를 읽고 백인과 아프리카 원주민이 동의한 부분 중의 하나가 세금에 대한 반감이었던 셈이다.

이 지점에서 나는 이 웃음이 어디서 기원하는지 묻고 싶어진다. 이것은 호기심이 아니라 당위의 차원에서 요구되는 질문이다. 지금 우리는 더 이상 순수한 하나의 뿌리나 기원을 말하기 어려운 시대, 국민국가와 민족이라는 거대 신화가 마른 균열을 내보인 지 오래인 시대를 살고 있다. 그러나 우리의 정서와 감각이 생성되고 표상되는 방식은 지나치게 유럽적이다. 스스로 셰익스피어를 온전하게 향유한다고 믿고 있는 우리는 인류 보편의 시각과 가치관을 습득하는데도 전혀 장애가 되지 않는다는 표정을 지으며 살고 있다. 그래서인지 우리의 웃음은 백인의 것을 닮아 있고, 제국의 오만한 시선과도 별반 다르지 않은 시선으로 세상을 바라보고 있다. 동양, 구체적으로는 동아시아의 한 나라, 그것도 식민의 경험을 가진 한국에서 우리는 살고 있는데도 말이다.

탈식민주의와 문화적 주체성에 대한 주장이 분야와 장르를 막론하고 강조되는 요즘이다. 한국 학계에 'Post-colonialism'이 소개된 것은 1990년대 후반으로 후기—식민주의나 탈식민주의 이론으로 명명되었다. 개념의 정의와 시대 구분에 대한 다양한 기준, 담론들이 경합을 벌여 왔고, 지금은 '포스트 콜로니얼리즘'이라는 용어가 자연스럽게 쓰일 정도로 시간이 흘렀다. 과거에 'post'를 설명하는 데만도 여러 페이지를 할애했었다면, 이제는 독립기념일을 기준으로 한 식민 '경험'과 식민 '이후'의 구분이 현실적으로 식민 상태에서 벗어나 그 잔재를 청산하는 것과는 무관한 것임이 자명해졌다. 많은 사람들은 신식민주의라는 '지속'된 식민주의적 상황을 살고 있다고 말하기도 한다. 그래서 한국을 포함한 아프리카나 중동, 라틴 아메리카, 아시아의 과거 식민지 국가들에서 포스트 콜로니얼리즘은, 독립 이후에도 치유하지 못한 제국의 전방위적 흔적들을 탈식민화(decolonialization)하는 총체적인 과정으로 받아들여지고 있다.

역자가 헬렌 길버트와 조앤 톰킨스의 『포스트 콜로니얼 드라마』를 처음 접한 것은 4년 전쯤이다. 사이드(E. Said)의 『오리엔탈리즘』과 스피박(G. Spivak)의 논문 「하위주체는 말할 수 있는가」, 파농(F. Fanon)의 『검은 피부, 하얀 가면』, 호미 바바(H. Bhabha)의 『문화의 위치』 등 포스트 콜로니얼리즘의 자장 안에 놓인 일련의 논문과 저서들을 독파해가면서 커져만 가는 질문은, 그렇다면 '연극은 도대체 지금 어디쯤에 있는가'였다. 포스트 콜로니얼리즘은 16세기 이후 세계를 지배해온 서구 주도의 식민주의 결과로 생겨난, 현재 진행중인 자유와 억압을 설명하고자 한다. 그 프리즘을 통과한 연극 실천의 실체가 궁금했다. 포스트 콜로니얼 담론만 무성할 뿐 쉬이 정체를 드러내지 않던 세계 각지의 포스트 식민주의 연극들을 차분하게 직조해낸 최초의 이론서가 바로 『포스트 콜로니얼 드라마』가 아니었나 싶다. 그 반가움은 역자로 하여금 번역이라는 지난한 작업을 결심하게 한 작지만 강한 불씨였다.

『포스트 콜로니얼 드라마』가 소개하는 포스트 콜로니얼 연극의 자장 안에 놓여있는 작품들은 이질적인 것들이 공존하면서 불협화음을 만들어내고 있다. 아프리카와 아시아, 카리브해와 오스트레일리아 등의 연극 안에서 기존의 모든 권위는 저항의 힘을 받고 금이 가거나 어느 순간 저절로 녹아내린다. 셰익스피어, 제국의 표준어, 그리스 신화, 역사책의 기록, 백인의 시선, 남성의 목소리, 성경의 가르침, 자본의 위력 등 바다 거북보다도 수명이 길 것만 같았던 단단한 것들에 구멍이 뚫린다. 포스트 콜로니얼 연극 안에서 회복된 구술성과 이야기성은 늙은 듯 지루해진 사랑과 자유, 혁명과 해방이라는 개념들을 요동치게 만들었다. 연극이라는 매체가 다른 어떤 것보다도 포스트 식민주의적 행보에 가까이 갈 수 있는 것은 살아 있는 육체를 작동시키는, 매 순간을 살 수 있는 텍스트이기 때문일 것이다.

짧은 우리의 연극 역사 안에서도 포스트 식민주의적 저항의 징후를 예감하게 하는 연극들이 시도되었다. 살아 있는 몸 위에서 충돌하고 섞이는 정체성들, 만주와 일본과 미국으로 흩뿌려진 이산(Diaspora)의 역사, 제국의 이름으로 감행된 폭력과 강요, 독립투사들의 삶, 정치적 통치가 종결된 이후에도 피식민자들의 무의식을 점거하고 있는 음험한 통치 전략 등을 무대 위에 재현하려는 시도들 말이다. 그럼에도 불구하고 우리를 부끄럽게 만드는 것은 우리 연극에서 포스트 식민주의적 목소리와 시간을 전면화하고 공론화하는 대범함을 찾기 어렵다는 데 있다. 〈나비〉는 광복 60주년을 기념하는 연극으로, 일본 종군 위안부 할머니가 주인공이다. 역사적 진실을 직시하는 데만도 얼마나 많은 용기와 결단이 필요한지, 진실과 대면하지 못하는 은폐가 얼마나 큰 폭력인지에 대한 문제를 제기하는 작품이다. 그러나 증언과 눈물, 사실적 재현 안에서 새로운 연극적 상상력은 찾아 볼 수 없었다. 무거운 주제를 무겁게 다루었기 때문에 연극은 가라 앉았고, 새로운 정체성은 구축되지 못했다. 탈식민주의와 교차되는 삶을 살았던 차학경의 문학과 미술이 재조명되면서, 그녀의 삶이 〈말하는 여자〉라는 연극으로 무대화되었다. 연극은 차학경의 실험적이고 낯선 언어, 이방인의 체험, 이중 식민 상태의 정체성을 표현하면서 '차이'의 연극이 되고자 했지만, 관객들은 불편해했고 주목받지 못했다. 〈사라 바트만〉은 포스트 콜로니얼 연극을 표방했지만, 연극성을 담보하지 못함으로써 담론에 못 미치는 느낌을 주었다. 〈서울 시민 1919〉는 일본 작가 히라타 오리자의 작품을 이윤택이 연출한 것으로, 3·1운동이라는 연대기적 사건으로서의 거대 역사가 아니라 일상을 살아가는 일본인의 자화상을 그렸다. 일본인의 자기변명 안에서 한국 관객들은 불편한 감정을 떨치기 어려웠고, 시종 유쾌하고 코믹한 톤을 유지하고 있는 연극 안에서 연출가의 예민하고 정치한 시선을 찾을 수 없었다. 당시 이 작품은 내용의 (비)정치성이 아니라 하이퍼리얼리즘적 묘사로 큰 주목을 받았다. 연극 형식에서 한국 고유의 색깔을 잃지 않는 연출가 오태석의 〈앞산아 당겨라 오금아 밀어라〉는 제주의 4·3항쟁을 소재로 당시의 역사적 사건과 허구를 짜깁기한 연극이다. 제주 방언을 연극적 언어로 사용함으로써 변두리와 경계로 밀려난 지방어를 부활시켰고, 타자로 설정된 제주민의 강한 생명력과 폭발력을 환기시켰다. 그러나 상처난 역사에 대한 감성적 접근과 낭만적 해결은 새로운 비전을 제시하지 못했다. 물론 이상의 연극들은 실제 그 존재만으로 다양한 연극적 효과와 성과를 획득하고 있는 소중한 작품들이다. 그럼에도 불구하고 우리는 연극을 통해 얼마만큼이나 탈식민주의적인 대응을 하고 있을까 진지하게 되물어야 한다.

지금 나는 칠레 민중의 불꽃으로 불리는 시인 네루다의 "내가 책을 덮을 때 나는 삶을 연다"라는 시구를 읊조리고 있다. 투사의 삶을 살았던 네루다의 독백은 나로 하여금 연극을 더욱 갈망하게 한다. 연극은 사람들이 생각하고 있는 세상, 이해하고 있는 세상을 무대 위에서 재확인시켜주는 것이 아니라, 자기의 존재를 건 사람들 사이의 '차이'를 보여줄 때 한없이 매력적일 수 있다. 그럴 때 비로소 연극적 독법은 세상을 변화시키는 힘이 되고, 무수한 충돌 사이에서 공명을 이어나갈 것이다.

『포스트 콜로니얼 드라마』를 너무 오래 붙들고 있었다. 번역을 하면서 한 줄 한 줄 의미가 만들어지는 과정은, 마치 하얗고 매끈한 대리석에 글자를 하나하나 새겨 넣는 듯한 묘한 창작의 기쁨을 주었다. 부족함은 차

마 말로 할 수 없지만 이 지점에서 작업을 마무리하고자 한다. 우선 번역 작업이 가능할 수 있게 단초가 되어 주신 소명출판의 박성모 사장님과 편집부에 감사드린다. 분주한 삶을 탓하며 공부도 일상도 늘 삐걱대는 부족한 자식에게 넘치는 마음으로 힘을 실어주는 부모님과 시어머니께 작은 기쁨이 되었으면 한다. 연구공간 '수유+너머'는 살아가는 법과 공부하는 법을 가르쳐준 곳이다. 나를 긴장시키는 공간이지만 나는 그곳에서 호흡을 가다듬고 평정을 얻는다. 자신의 일처럼 작업에 도움을 준 종영과 혜선의 문학적 꿈들이 어서 하나의 이름이 되기를 진심으로 기원한다. 내가 손 내밀기 전에 이미 내 안에 와 있었던 남편과 은결에게도 진한 감사를 드린다.

2006년 5월
문경연

감사의 말

연구의 규모가 애초에 계획했던 것보다 훨씬 방대해졌다. 그러나 연구가 진행되면서 주요 텍스트와 부가텍스트들의 한계도 커졌음을 인정한다. 잘 알려진 극작가들에 대해 논의하는 것은 물론 국제적인 인지도가 낮은 작가들을 소개하고자 전력을 기울였다. 때문에 불가피하게 중요한 작가나 작품들을 거론하지 못한 경우도 있다.

전 세계 곳곳의 학교들과 극작가들, 그리고 연극 관련 종사자들에게 많은 도움을 받았기 때문에 연구가 진행될 수 있었다. 그 중에서도 특별한 감사의 마음을 이분들께 전하고 싶다.

　　－오스트레일리아 : Gareth Griffiths. Veronica Kelly, Jacqueline Lo, Geoffrey Milne, Helen Tiffin.
　　－캐나다 : Susan Bennett, Diane Bessai, Gary Boire, Diana Brydon, Alan Filewod, Ann Jansen, Daniel David Moses, Native Earth Theatre, Denis Salter, and Jerry Wasserman
　　－뉴질랜드 : John Anderson, Sebastian Black, David Carnegie, Murray Edmond, Stuart

Hoar, Phillip Mann, Howard McNaughton, Vincent O'Sullivan, Roma Potiki, Apirana Taylor, Lisa Warrington, Mark Williams, and Playmarket.

　—남아프리카 : David Attwell, Hilary Blecher, Annette Combrink, Dorothy Driver, Mikki Flockmann, Stephen Gray, Micheal Green, Temple Hauptfleisch, and Clarke's Bookshop in Cape Town.

　—카리브해 제도 : Banyan, Ken Corsbie, Rawle Gibbons, Tony Hall, Beverly Hanson, Albert La Veau, Dani Lyndersay, Pauline Matthie, Judy Stone, Trinidad Theatre Workshop, and Earl Wanner.

　—미국 : Rhonda Cobham-Sander, J. Ellen Gainor, Renu Juneja, and Elaine Savory(Fido).

　라트로브 대학교(La Trove University) 인문학부, 모나쉬 대학교(Monash University), 오스트레일리아 인문아카데미(Australian Academy of Humanities), 오스트레일리아 조사협회(Australian Research Council)의 풍부한 재정 지원이 없었다면, 연구는 불가능했을 것이다. 라트로브 대학교와 모나쉬 대학교의 도서관 사서들은 구석진 곳에 있는 엄청난 텍스트들을 찾아다 주었다. 줄리 올로우스키(Julie Orlowski)와 멜리사 피셔(Melissa Fisher)는 비상한 재주로 계속되는 컴퓨터 관련 문제와 질문들을 해결해주었다. 루트리지(Routledge)의 탈리아 로저스(Talia Rodgers)는 이 연구가 진행되는데 전폭적인 지원을 해주었다. 조교들의 도움이 없었다면 우리는 이 책을 세상에 내놓지 못했을 것이다. Susie Ezzy, Pauline Hopkins, Anna Johnston, Susan Luckman, Lisa Male, Simone Murray, Heather Wearne는 프로젝트의 다양한 위치에서 작업을 함께 했다. 탁월한 조사 작업을 해내고 편집에 힘써준 크리스티 콜리스(Christy Collis)에게 특별한 감사를 표한다. 물론 어떠한 실수나 누락도 전적으로 우리의 책임이다. 베로니카 켈리(Veronica Kelly)와 앨런 러슨(Alan Lawson)은 편집을 보조해주고 아이디어와 컴퓨터와 참고문헌을 제공해 주었을 뿐만 아니라, 꼭 필요한 동시대의 텍스트들도 구해다 주었다. 정신적인 도움과 용기를 주었던 조앤 워드(Joan Ward)에게도 감사한다.

　사진과 도표를 출판하도록 허락해준 사람들에게 감사를 표한다.

<The Tempest> 사진을 제공한 David George

<No 'Xya'>의 사진을 제공한 David Diamond, Headlines Theatre, Sherri-Lee Guilbert, Hal B. Blackwater

Sharon Pollock의 연극 <Generations>의 사진을 제공한 Ellis Bartkiewicz, Tarragon Theatre, Stephen Ouimette, Colin Fox, Ed McNamara

Maurice Shadbolt의 연극 <Once on Chunuk Bair>의 사진을 제공한 Brian Brake와 Hodder Moa Beckett 출판사

Stuart Hoar의 연극 <Squatter>의 사진을 제공한 빅토리아 대학교(Victoria University) 출판부와 Micheal Tubberty

Jimmy Chi와 Kuckles의 연극 <Bran Nue Dae>와 Kee Thuan Chye의 연극 <1984 Here and Now>의 사진을 제공한 Jeff Busby

Jack Davis의 연극 <The Dreamers>의 사진을 제공한 Currency Press, Geoffrey Lovell, Micheal Fuller

등 모두에게 감사드린다. 이 책에 쓰인 사진과 도표의 소유자 모두에게 감사를 표명하고자 노력했지만, 몇 개의 경우는 누구에게 공로를 돌려야 할지 찾지 못했다. 이 책의 재판에서는 더 많은 분들에게 감사의 마음을 전하고 싶다.

오랫동안 참을성을 가지고 기다린 우리의 파트너 카메론 브라운(Cameron Browne)과 앨런 러슨(Alan Lawson)에게 특별한 감사를 드린다.

포스트 콜로니얼 드라마
이론·실천·정치

차례

일러두기

1. 이 책은 『*POST-COLONIAL DRAMA : Theory, practice, politics*』(1996, Routledge)를 저본으로 했다.
2. 원주와 간단한 역자주는 각주로 처리하였으며, 역자주의 경우는 각주 번호 앞에 * 표시함과 동시에 각주 내용의 문장 끝에 '(역주)'로 표기하여 원주와 구분하였다.
3. 'Post-colonialism'과 'post-colonial'의 번역은 '포스트 식민주의'와 '포스트 식민(주의)적'이라고 했으나, 우리말 조어법에 어울리지 않을 경우 부분적으로 '포스트 콜로니얼리즘'나 '포스트 콜로니얼'이라고 번역하기도 했다. 식민 상태를 벗어난다는 의미를 강하고 내포하고 있는 'Decolonialism'은 '탈식민주의'로 번역했다.
4. 부호는 다음과 같이 구별하여 사용하였다.
　「 」: 서적의 편명이나 논문 제목, 작품의 제목을 표시할 때
　『 』: 서적의 제목이나, 신문·잡지를 표시할 때
　〈 〉: 연극이나 영화의 제목을 표시할 때

제국에 대항하기

　단명한 시드니의 신문 『더 씨어터(*The Theatre*)』는 1907년 필리핀에서 상연된 '선동적 연극'에 대해 보도했다. 기사에 의하면 "당시 미국은 필리핀 민족주의를 선동하려는 성향이 다분한 작품 외에는 검열하는 것이 적합하지 않다고 보았으나, 필리핀 사람들은 검열에서 제외된 작품에서도 선동적 목적으로 무대를 꾸몄다"는 것이다(1907 : 17). 필리핀 사람들은 미국의 정치 선전을 방해하기 위한 도구로 흔히 정치적 의미가 담긴 의상을 이용했다.

　특정한 색으로 분장하고 의상을 갖춰 입은 남녀 배우들이 흐늘흐늘 늘어져 있었다. 그런데 언뜻 보기에는 별다른 계획이 없었던 것처럼 보이는 특정한 신호나 지시에 따라 배우들이 순식간에 한꺼번에 몰려들어 무대 중앙의 풋라이트에 바짝 붙어 서서 몸을 흔들고 있으면, 그것은 살아 움직이는 형상이 되고, 마음을 뒤흔드는 거대한 필리핀 국기를 형성했다. 그 환영은 순식간에 다시 사라졌지만, 그 찰나와 같은 일순간에도 관객들은 환희에 차고 피가 끓어올라, 온 극장이 들썩거리도록 모두 일어서서 소리를 질러댔다. 그 와중에 눈치 없는

미국인 관객들만 필리핀인들이 환호성을 질러대는 영문을 몰랐다. (1907 : 17)

필리핀 사람들은 정치적 의미로 이해하지만 정작 정치적 저항의 표적인 미국인들은 이해하지 못하는 이 장면이야말로, 포스트 식민주의 맥락에서 공연이 반제국주의의 도구로 사용되는 연극의 정치성을 보여준다. 이 책은 포스트 식민주의 연극이 제국주의에 저항하는 방식과 그로 인해 발생하는 효과에 주목한다. 우리는 포스트 식민주의사회들에서 연극 텍스트를 독해하고 직시하는 방법들을 밝혀내고 극작가, 배우, 연출가, 음악가, 무대의상 디자이너들이 역사적 사건이나 인물, 제국주의 텍스트, 심지어 극장 건물까지 다시 재구성하는 전략들을 분석하고자 한다.

포스트 식민주의

'포스트(탈/후기)'라는 접두어가 거의 모든 개념과 상황, 이론(포스트 모더니즘, 포스트 페미니즘, 포스트 구조주의, 포스트 산업주의 등)에 붙는 시대에 살고 있지만, 이 접두어가 붙은 포스트 식민주의(post-colonialism)라는 용어를 사용할 때는 상당한 위험을 감수해야 한다. 점점 더 무용(無用)하고 무의미하며 진부한 표현으로 전락하고 있는 듯한 '포스트 콜로니얼'이라는 용어를 고수하는 것은, 이 표현이 다른 대안들보다는 훨씬 적절하다고 생각하기 때문이다. 예를 들어 '영연방문학'이란 표현은 구시대적이고 동질화의 경향이 있으며, '영어로 쓴 신문학'이라고 명명하는 작품의 대다수는 '새롭지' 않고, 현대언어협회(Modern Language Association)에서 정한 '영미권을 제외한 문학'이라는 용어는 포스트 식민주의 문학을 그것이 근본적으로 거부하는 범주로 다시 포획하는 결과를 낳는다. 기존의 범주는 역사적으로 스스로가 문화의 중심이나 주류를 구성한다고 선언한 국가들에 의해 포스트 식민주의 문학을 주변화하는 폐단을 답습하는 것이기 때문이다. 때로 포스트 식민주의는 너무 편협하게 정의되기도 한다. 지나치게 경직된 어원에 의거하여, 식민화가 끝나거나 다른 나라의 지배로부터 공식적으로 벗어난 것을 기념하는 독립기념일 이후 시기를 의미하는 시간적 개념으로만 잘못 이해되는 경우가 많다. 그러나 포스트 식민주의는 단순히 시간적으로 식민주의[1]의 뒤를 이어 그것을 대체하는 개념이 아니다. 오히려 식민주의의 담론, 권력 구조, 사회적 위계에 관여하며 그것에 대항하는 개념이다. 식민화란 참으로 교묘해서 정치적인 영역을 침범한다는 것 이상의 의미가 있으며 독립 축하 기념식을 했다고 해서 식민화가 끝났다고 할 수 없다. 그 효과는 언어·교육·종교·미의식, 그리고 점차로 대중문화의 형성에까지 미친다. 그러므로 포스트 식민주의 이론은 단순히 독립 이후 시기를 연대기적으로 구성하거나 제국주의의 담론적 경험에 반응하는 데 그쳐서는 안 된다. 앨런 러슨(Alan Lawson)에 의하면 포스트 식민주의는 "정치적 동기에 의해 물질·역사·문화·교육·정치·담론·텍스트의 영역에서 식민주의의 효과에 투쟁하고, 저항하고, 그것을 해체하려는 역사·분석적 운동"이다(1992 : 156). 따라서 포스트 식민주의는 반드시 시간성에 한정되지 않는 맥락 안에서 식민주의에 대한 반응을 지칭하는 개념이다. 이럴 때 비로소 포스트 식민주의 연극·소설·시·영화는 식민화에 대한 텍스트의 문화적 저항을 표현한다. 비판적 담론으로써의 포스트 식민주의는 텍스트적 효과이면서 읽기의 전략이다. 포스트

---

1) '식민주의'와 '제국주의' 간의 차이는 에드워드 사이드가 『문화와 제국주의』에서 서술한 정의를 따른다. '제국주의'는 지리적으로 멀리 떨어진 영토를 지배하는 본국 중심의 통치와 관련된 태도와 실천 이론을 의미한다. 항상 제국주의의 결과로 출현하는 '식민주의'는 멀리 떨어진 영토에서 실시되는 식민지 이주와 관계되어 있다(1994 : 8).
   제국주의와 식민주의가 모두 지역 영토에서 발생할 수 있는 것임에도 불구하고 일반적으로 이 용어를 구별하는 것이 유용하다. 제국주의가 조금 더 거대한 기획의 차원이라면 식민주의는 조금 더 음흉하게 진행될 가능성이 있다.

식민주의의 이론적 실천은 주로 두 가지 층위에서 작용한다. 텍스트에 내재한 포스트 식민성을 밝히고, 다른 한편으로 식민주의의 권력 구조와 제도를 폭로하고 해체하는 것이다.

포스트 식민주의와 포스트 모더니즘의 시간틀이 대체로 교차하며 포스트 식민주의 텍스트에서 포스트 모더니즘의 문학적 장치를 다수 발견할 수 있다고 해서 그 둘을 동일시할 수는 없다. 포스트 모더니즘 이론에 장르와 권위, 가치의 암묵적 규칙들을 해체하는 것이 일부 포함되어 있기는 하다. 그러나 포스트 식민주의의 의제(agenda)는 훨씬 더 분명하게 정치적이다. 그것은 '우리와 그들', '제1세계와 제3세계', '흑과 백', '식민 지배자와 피지배자' 등의 이항대립에 근거한 불평등한 권력 관계를 야기하는 요인과 헤게모니의 경계를 허물어뜨리는 데 있다. 포스트 모더니즘 텍스트가 정치적이기는 하지만 포스트 식민주의 텍스트는 한층 더 구체적인 정치적 목적을 가진다. 바로 제국주의의 문화 · 정치적 권위를 끊임없이 불안정하게 만드는 것이다. 그런 면에서 포스트 식민주의는 비록 포스트 모더니즘과 유사한 문학적 장치를 쓰기는 하지만 그보다는 페미니즘이나 계급에 기반한 담론과 더 깊은 친연성을 갖는다.

특정한 의제 안에서도 포스트 식민주의가 갖는 효과는 광범위하다. 스티븐 슬레먼(Stephen Slemon)에 의하면, 포스트 식민주의 문학은 "문화 비평의 한 형식이다. 그것은 사회 전체를 문화 조직의 통치적 코드로부터 분리하는 양식이며, 문화적 의미의 헤게모니 생산에 본질적으로 변증법적 개입을 시도한다."(1987 : 14) 포스트 식민주의 연극은 상대적으로 고립된 환경에 처한 서사나 시 장르에 비해, 사회 조직에 공적으로 개입하고 정치 구조를 비판하는 능력이 훨씬 크다고 하겠다. 반면에 연극운동가들은 검열이나 투옥과 같은 정치적 간섭을 감수하고 활동한다. 인도네시아의 렌드라(Rendra), 케냐의 응구기 와 씨옹오(Ngũgĩ wa Thiong'o)를 비롯한 무수한 남아프리카의 극작가들이 이를 입증하고 있다. 서적의 판금 조치는 '사후' 행위에 불과한 반면, 실제 연극 공연을 공식적으로 중단시키는 것은 정치적 전복을 시도하는 현장에서 문자 그대로 배우와 극작가를 '구속하는' 것이다.

포스트 식민주의 연구는 모순적인 두 가지 작업을 동시에 수행한다. 과거 식민지 국가들 사이의 유사한 경험을 목록화하는 동시에, 그들을 특징짓는 미묘한 차이들을 기록한다. 로라 크리스먼(Laura Chrisman)은 한 국가의 현대 문학 비평이 현대의 국가 형태를 만들어낸 제국주의 역사로부터 분리될 수 없음을 지적한다(1990 : 38). 서인도 제도의 트리니다드 출신 작가인 쉬바 나이폴(Shiva Naipaul)은 "아무 데도 매여 있지 않은 문학이란 없다. 문학의 생명력은 특정한 유형의 세계에 뿌리를 내리고 있는 그 상황 속에서 솟구쳐 나온다"고 말한다(1971 : 122). 포스트 식민주의 비평은 가나와 인도의 연극 전통에 종교의식이 끼친 유사한 영향들을 설명하는데 그 과정에서 두 문화의 역사·문화·언어·정치에 나타난 중요한 차이들을 놓쳐서는 안 된다. '차이'에 주목할 때 포스트 식민주의의 효력(agency)이 특징지어진다. 앨런 러슨과 크리스 티핀(Chris Tiffin)은 유용한 구조 안에 차이의 정치학과 그 가능성을 위치시키고 있다.

> 식민지 담론에서 '차이'는 표준적인 유럽사회의 관습으로부터 비껴나 있다는 의미를 함축하며 그렇기 때문에 결국 복종의 기호로 작용한다. 그러나 포스트 식민주의 분석에서 차이는 정체성이고 목소리이기 때문에 주체적 힘이나 권리 획득에 상응하는 징표가 된다. 차이는 유럽의 에피스테메가 실제적인 자기 명명을 이해하고 주체를 분절화하는 데 실패했음을 보여주는 척도가 아니다. 더욱이 차이는 존중과 자기 거점(self-location)을 필요로 한다. …… 모든 차이가 동일한 것은 아니다. (1994 : 230)

'차이들'의 차이를 인식하지 못하는 포스트 식민주의 이론은 결국 제국주의 기획의 일부인, 거짓된 위계 질서, 오독, 침묵, 범역사주의 등을 재생산하게 될 것이다. 포스트 식민주의 비평은 주로 텍스트나 역사·문화를 동질화하려는 주장에 대항하는 경우가 많다.

어느 국가를 포스트 식민주의적 세계에 포함시켜야 하는지를 둘러싸고도 많은 논란이 있다. 예전 소비에트 연방공화국이 포스트 글라스노스트(glasnost)*²⁾시대를 칭하기 위해 '포스트-식민주의'라는 표현을 사용한 이래로 '포스트 식민주의'는 특정한 제국주의 체제에 국한해서 사용하지 않는다. 그러나 대부분의 경우 대영제국의 과거 식민지들을 지칭하는데, 본 연구에서 초점을 맞추는 것도 바로 그 지역들이다. 물론 약간의 예외적 지역들도 거론하기는 할 것이다. 대영제국은 가장 거대한 근대의 제국이었다. 그리고 그 흔적은 기존 식민지 사이의 정치적 동맹과 무역을 감시하는 영연방국가의 변형된 조직 형태로 오늘날에도 여전히 남아 있다. 많은 과거 식민지들은 영어에 기반한 언어를 식민지의 유산으로 물려받았다. 포스트 식민주의 글쓰기³⁾에 있어 영어가 유일한 언어는 아니며 사실상 포스트 식민주의 문학에서 다양한 언어의 결합이 중대한 요인으로 작용하긴 하지만, 여기서 논의될 텍스트들 대부분은 영어에 기반하고 있다.

최근의 몇몇 비평 텍스트들 사이에 간극이 생긴 데서 알 수 있듯이, 포스트 식민주의의 장 안에서도 많은 분열과 차이들이 존재한다. 현재까지 포스트 식민주의 논의에 있어 가장 중요한 이론서는 빌 애쉬크로프트(Bill Ashcroft)와 개레스 그리피스(Gareth Griffiths), 헬렌 티핀(Helen Tiffin)이 저술한 『제국 되받아쓰기-포스트 식민주의 문학의 이론과 실천(The Empire Writes Back : Theory and Practice in Post-Colonial Literature)』(1989)이다. 여기서는 특히 언어에 주목하면서 포스트 식민주의 문학에 대한 다양한 접근 방식들을 소개한다. 이들은 그 뒤로 1995년에 『포스트 식민주의 연구 개관(Post-Colonial Studies Reader)』을 내놓았다. 1993년에 출간된 패트릭 윌리엄스(Patrick Williams)와 로

---

2) M. S. 고르바초프가 내세운 정보 공개. 목적은 수동적인 국민을 활성화하고 보수관료와 사회의 정체·부패를 비판하는 데 있다. 유럽적인 민주주의를 노린 것은 아니지만 소련의 민주화에 기여하였다. (역주)
3) 스페인, 프랑스, 포르투칼의 과거 식민국가들은 지배적인 식민 언어들을 혼종된 형태로 사용함으로써 제국주의 권력에 저항하는 유사 전략들을 행사한다.

라 크리스먼의 편집 저서 『식민 담론과 포스트 식민 이론(*Colonial Discourse and Post-Colonial Theory*)』(1993)은 다양한 지역의 여러 연구자들이 포스트 식민주의의 자장⁴) 안에 살고 있다고 주장하는 것에 대해 의문을 제기하는 책이다. 이 책은 에드워드 사이드의 『오리엔탈리즘(*Orientalism*)』이 포스트 식민주의 이론 분야의 핵심 텍스트이고 동양적 '타자'의 구성이 중요 개념이라는 사실에 무게를 실어준다. 하지만 저자들은, 사이드의 오리엔탈리즘이 부적절하게 역사화되었고 심지어 그 적용이 불가능하다고 말할 수 있는 이주민 식민지(settler colonies)는 고려하지 않은 점을 간과하고 있다. 즉 이주민 정착자 지역에서의 토착민 존재를 무시하면서, 포스트 식민주의 세계를 포스트 제국주의적 상황의 경험 안에서 필연적이고 건설적인 논쟁과 모순이 묘하게 결여된 조직체로 한정시켜 놓았다. 누가 포스트 식민주의 담론에 참여할 수 있는가의 여부를 두고서 많은 비평가들이 채택하는 본질주의자⁵)의 주장은 권력 대 무능력의 대결에서 일치점을 찾지 못한다. 이 논쟁은 누가 더 강한 인상을 주는 희생자의 자리를 차지할 수 있는가에 대한 쟁탈전 양상을 띤다. 논쟁이 내포하고 있는 아이러니는 결국 그 싸움이 제국주의가 기반으로 삼는 헤게모니를 비생산적으로 전도한 것에 불과하다는 데 있다. 따라서 과거 식민지들 사이의 유사성에 대한 시각을 견지하면서도 그 차이들을 중점에 두는 것이 더욱 합리적이고 생산적인 방식이라 여겨진다.

　크리스 티핀과 앨런 러슨에 따르면 "제국주의의 텍스트성은 전유하고, 왜곡하고, 삭제하지만, **포용하기도 한**"다(1994 : 6). 제국주의의 기획은 다양한 문화와 그 문화의 주체들을 통제하기 위해 그것들을 포용한다. 그러나 그 어떤 식민지도 식민 담론이 주장하는 것처럼 단순하지 않다. 각각의

---

4) Hodge and Mishra(1991) 참조.
5) '본질주의'가 스피박(Spivak)이 말한 수정적이고 종속적인 의미의 '전략적인'이라는 어휘와 결합하게 될 때, 그것은 주변화된 사람들이 발화의 위치를 주장하기 위해 구성된 차이들을 의도적으로 전면에 내세우는 하나의 도구가 된다.

포스트 식민주의의 정치·역사·언어·문화적 상황은 식민 지배자가 생각하는 것보다 훨씬 더 복잡하게 뒤얽혀 있다. 포스트 식민 담론의 복합성을 제기하면서 그것을 더 복잡하게 하고 의미를 강화시킨 대표적 비평가로 호미 바바(Homi Bhabha)를 들 수 있다. 그는 지배자와 피지배자의 양가적 심리 상태를 설명한다. 바바는 지배자와 피지배자의 이항대립 사이에 내재한 가정들을 반박하면서, 피지배자가 언제나 무능력하고 지배자가 언제나 강한 것은 결코 아니라고 주장한다(1984). 이항대립에 내재한 이러한 양가성은 모든 이항대립에 구성된 경계를 무너뜨리는 데 일조한다. 예를 들어, '흑백'이분법에서 '백인'은 '흑인'에 의해 규정될 뿐만 아니라 '흑인'이라는 개념적 지식에 의존하기 때문에 '백인'에게 부여된 권력은 끊임없이 동요한다. 바바의 글은 이항대립에서 불가피한 양가성을 인식함으로써 이항대립과 그에 관련된 권력 구조들을 해체하는 데 크게 기여한다. 애쉬크로프트, 그리피스, 티핀이 지적했듯, "'포스트 콜로니얼'이라는 용어는 그것이 함축한 여러 가지 다양한 문화적 경험의 양가성과 복합성으로 가득 차 있다."(1995 : 2)

과거 영국 식민지에는 최소한 두 가지 유형이 있다. 하나는 이주민-정복자(settler-invader) 식민지이다. 이는 제국주의 탐험을 최초로 수행하던 그 당시에 토착민의 존재를 뻔히 알면서도 빈 대륙이라고, 빈 것이나 다름없다고, 혹은 유순한 '토착민들(natives)'⁶⁾이 살고 있다고 제멋대로 공표

---

6) 이 용어는 명백하게 설명되어야 한다. 모든 사람들이 특정한 지역에서 그 나라의 '원주민(native)'으로 태어나지만, 우리는 '원주민'이라는 용어를 이주민-정복자 식민지에서 예전부터 원래 거주하고 있었던 토착민들을 언급하는데 주로 사용한다. 이들은 유럽인들이 도착했을 때 이미 그 특정한 지역에서 살고 있던 사람들이다. 북아메리카 원주민들을 지칭하는 역사적 이름인 '인디언(Indian)'은 크리스토퍼 콜럼버스(Christopher Columbus)에 의해 지어진 오칭(誤稱)이다. 콜럼버스는 북아메리카 원주민들의 피부색을 보고서 자신이 찾고 있던 인도(India)로 가는 쉬운 항로를 발견했다고 생각했다. 이 용어는 '카우보이와 인디언' 영화 안에서 원주민들에 대한 헐리우드식 재현을 통해 더욱 강화되었다. 'First Nations(순수 원주민 집단)'은 캐나다에 원래부터 살고 있었던 토착민들에 의해 정치적으로 기민한 움직임 속에서 채택된 용어이다. 이 용어는 유럽인들이 영토를 요구할 때 북아메리카인들에게 그 땅이 이미 점거되었음을 상기시켜 주

한 땅이다. 이주민들은 토착 원주민들을 몰아내고, 학살하고, 복종을 강요함으로써 영토를 정복하고 식민지를 세웠다. 이곳에서 원주민들의 존재는 정복자들의 편의에 따라 완전히 잊혀져 버렸다. 호주, 캐나다, 뉴질랜드 / 아오테아로아(Aotearoa),[7] 그리고 경우에 따라 남아프리카 등이 포함되는 이 식민지들이 차지하는 특별한 위치는 매우 논쟁적이다. 그들은 유럽의 '제1세계'나 '구세계'에 포함될 만한 조건을 갖고 있지 않지만 그렇다고 해서 포스트 식민주의 세계를 규정하는 데 있어 여전히 사용되는 개념인 '제3세계'에 포함될 만큼 '빈곤'하지도 않다. 이주민-정복자 식민지는 이도 저도 아닌 어정쩡한 '제2세계'에 위치해 있다(Lawson 1994). 그들은 유럽에 의해 자신들이 식민화된 동시에, 그들도 다시 토착민들의 자유·언어·종교·사회 구조를 제약하고 식민화시켰다. 이 과정에서 식민지 역사의 많은 부분을 폐기 처분했다. 이것은 두 번째 유형이라고 할 수 있는 점령(occupation) 식민지를 낳았다. 인도, 동남아시아 일부, 서아프리카와 중앙 아프리카, 카리브 제도 등이 여기에 포함된다.[8] 이주민-정

었다. 최근의 'Aboriginal Canadians'라는 용어는 연대기를 강조하는데 사용된다. '어보리지널(Aboriginal)'이라는 어휘는 '기원에서 온'이라는 의미를 가지고 있다. 오스트레일리아의 어보리진(Aboligins)과는 다르게 캐나다의 어보리진은 이 이름을 백인 침략자들에 의해 부여받은 것이 아니라 스스로 선택한 것이다. 북아메리카의 배경 안에서 우리는 '인디언'이라는 용어를, 다니엘 프란시스(Daniel Francis)가 『상상의 인디언(The Imaginary Indian)』(1992)에서 원주민에 대한 백인의 재현 방식을 드러내는 방식으로 사용했던 것과 똑같이 사용하고 있다. 우리는 '원주민(native)'이나, '순수 원주민 집단(First Nations)', '토착 부족들(indigenous peoples)'이라는 용어를, 그 사람들 자체를 재현하기 위해서 사용한다.

7) 뉴질랜드는 종종 '긴 흰 구름의 땅'이라는 의미를 가진 마오리어 이름인 '아오테아로아(Aotearoa)'로 소개된다.

8) 카리브 지역은 좀 특별한 경우이다. 섬과 영토로 이루어져진 이 지역이 식민지가 되는 데에는 이주민 식민지와 점령 식민지 두 유형이 동시에 이루어졌다. 제국의 군사작전이 이 지역의 토착 원주민들을 거의 전멸시킨 후, 유럽의 식민주의자들은 아프리카나 인도, 그 외의 다른 지역에서 계약이주노동자(indentured labour)들과 노예들을 데려와서 카리브의 여러 섬에 다시 거주하게 했다. 이곳의 식민지 대부분은 이주민사회들과는 상당히 다른 관계들을 수립하면서, 그 후 20세기 후반까지 식민 지배를 받았다. '카리브 제도'가 좀더 광범위해 문화적이고 지리적인 지역을 가리키는 데 반해, 이 지역에서 영어를 사용하는 (과거)식민지들을 언급할 때는 '서인도 제도'라는 용어를 사

복자 식민지는 주체의 위치(subject positions)나 역사적·지리적 삭제에 있어 점령 식민지와 유사한 점이 있다. 그렇지만 점령 식민지야말로 이주민—정복자 식민지보다 좀더 **진정한 의미에서의** 포스트 식민주의문화를 가지고 있다고 여겨진다. 제국주의의 수사학은 두 가지 유형의 식민지 안에 너무나 깊이 침투해 있어서 식민화된 주체가 필연적으로 경험하는 종속, 열등, 무가치함의 속박으로부터 벗어나는 것을 어렵게 한다.

포스트 식민주의와 연극

본고는 오스트레일리아·캐나다·인도·아일랜드·뉴질랜드·아프리카에서 만들어진 연극과, 동남아시아의 일부 국가와 카리브의 연극들을 연구하고자 한다. 영국의 오랜 식민지였던 아일랜드는, 부분적인 이유이기는 하지만 유럽과 좀 떨어져 있다는 이유만으로 종종 포스트 식민주의 분류에 해당되지 않는다고 여겨졌다. 그러나 아일랜드가 과거 수세기 동안 영국의 정치·경제적 압력과 통치를 받았고 그것에 저항했던 역사는, 포스트 식민주의 패러다임과 꼭 들어맞는다. 미국은 과거에 영국의 식민지였지만 포스트 식민주의 분류에는 포함시키지 않을 것이다. 왜냐하면 미국은 이전의 다른 식민국가들이 공유했던 역사적이고 문화적인 주변성(marginality)과의 관계를 끊은 이후, 오랫동안 전지구적 '초권력(super-power)'으로서의 위치를 장악해오고 있기 때문이다. 그러나 미국의 신제국주의와 이전 식민지의 몇몇 신제국주의적 활동들은 살펴볼 것이다. 신제국주의는 종종 상호간에 유리한 산업화 계획이나 관광산업, 원조 프로그램의

용한다.

형태를 취하는데, 전형적인 최초의 제국주의적 시도들과 같은 파워게임과 충돌을 반복한다. 또 본고에서는 미국의 경우와는 좀 다른 이유로 인도의 연극을 자세히 다루지 않을 것이다. 인도의 역사와 현실은 극도로 복잡하기 때문에 이와 같은 광범위한 비교 연구에서 인도 연극을 분석하는 것은 거의 불가능하다.[9] 게다가 인도 연극에 영향을 끼친 희곡과 춤, 언어와 문화의 다양성들이 너무나도 광범위해서, 오직 인도만을 연구 대상으로 설정한 것이 아닌 본 텍스트에서 인도연극을 제대로 다룬다는 것은 너무나 어려운 일이다. 같은 이유로 과거 제국주의하에 있었던 아시아의 일부 지역 연극들 역시 여기서 상세하게 거론하지는 않을 것이다. 그럼에도 불구하고 이 연구서의 많은 논쟁들은 유효하다. 독자들은 이 텍스트에서 어떤 예외들을 발견하고 비난하려 하기보다 이 이론들을 시험하는 기회를 갖게 되기 바란다.

공문서 기록에 의하면, 유럽인들이 식민지에 정착하였을 때 문화와 '문명'을 성취하기 위해 가장 먼저 시행했던 것들 중 하나가, 장기간에 걸쳐 토착적인 공연 양식을 제거하고 유럽 연극을 공연하는 것이었다.[10] 예를 들자면 1682년 자메이카에 세워진 공연장은 1838년에 노예들이 해방될 때까지 이용되었다(Wright, 1937 : 6). 인도에서는 1753년부터 대형 프로시니엄 극장들이 급증했고, 1831년에는 5개의 대형 공공 극장이 세워졌다. 공공 극장의 인기는 많은 사설 극장들을 경쟁적으로 건립하게 하는 촉발제가 되었는데, 이들 사설 극장은 왕족(rajahs)에게 자금을 지원받았다(Mukherjee, 1982 : viii; Yajnik, 1970 : 86). 자메이카의 극장뿐 아니라 인도의 극장들도 토착민이나 이송된 노예들을 위해 고안된 것이 결코 아니었다.

---

9) 인도 연극의 역사는 고대의 산스크리트 연극 이론서인 '나티아샤스트라(Natyashastra)'까지 거슬러 올라가는데, 이 책은 거의 1500년 전 '바라타(Bharata)'에 의해 쓰여졌다. 바라타는 자신이 이 책을 저술하기 아주 오래 전부터 구전 텍스트로 이미 존재해 왔다는 것을 알지 못했다. 영어로 출판된 텍스트가 거의 없기 때문에 인도 연극을 연구하는 것은 현실적으로 아주 어렵다.
10) 십중팔구 그것들은 조용하고 은밀하게 진행되었다.

오히려 영국 관료들의 여흥을 위해 지어졌다. 1606년에 캐나다에서 처음으로 무대에 오른 작품은 마크 레스카르보(Marc Lescarbot)의 〈새로운 프랑스의 냅튠 극장(Théâtre Neptune en la Nouvelle France)〉이었는데 프랑스 탐험가들에 의해 공연되었다. 이 작품은 상당히 독특한 프랑스적 스타일 안에서 캐나다 지리에 대해 언급하고 다양한 캐나다의 토착 언어들을 적절하게 구사하였다(Goldie, 1989 : 186). 이상의 연극들은 식민지 관료와 군대(그리고 식민주의의 본질)를 위하여 고안되었다. 식민지에서 생산된 연극들은 스타일과 주제·내용면에서 제국주의 모델의 재생산이어야 했다. 물론 '지방색'의 다양한 요소들도 포함되었다. 그 결과 초창기 정복자의 연극에서 원주민들은 19세기의 영국 연극이 술 취한 아일랜드인을 형상화했던 것과 같은 방식으로 무대 위에 그려졌다. 그것은 주로 원주민들을 우스꽝스럽거나 비참한 사람들, 즉 아웃사이더로 위치짓는 방식이었다. 제국주의적 플롯으로부터의 이탈이 무대 배경과 단역 등장인물들의 문제로 분리되는 양상을 보이기도 했지만, 그러는 중에도 종종 식민지에서 생산된 연극들은 단순한 '지방색'을 강력한 저항 담론으로 변형시켰다. 오스트레일리아에서 1789년에 최초로 공연된 서양 연극인 조지 파쿠아(George Farquhar)의 〈징병관(The Recruiting Officer)〉은 아주 일찍 정치적 저항의 기회를 제공하였다. 삶 그 자체가 처벌이었던 식민지에서의 생활을 적절하게 표현하기 위해서 추방된 죄수들로 구성된 등장인물들은 벌레스크*11)식 재판과 군사적 주제를 이용했고, 곤경에 빠진 자신들의 처지에 주목해달라며 파쿠아의 희곡에 새로운 에필로그를 덧붙였다. 식민주의 연극은 사회개혁을 가능케 하는 매개이면서 정치적 불복종의 발로라는 의미에서 양가적으로 비춰질 수 있다.

나이지리아 극작가인 올라 로티미(Ola Rotimi)는 소설과 달리 연극은 형식적인 면에서 낯설지가 않기 때문에 아프리카를 위한 최상의 예술 매

---

11) 연극 막간에 끼워 넣는 해학촌극이나 풍자극. (역주)

체라고 평가한다(1985 : 12). 그럼에도 불구하고 대부분의 포스트 식민주의 비평에서 연극을 간과하는 이유는 아마도 연극이 외관상 불순한 형식이기 때문일 것이다. 공연 대본은 연극적 경험의 일부에 불과하고 공연은 문서화하기가 어렵다.[12] 현재까지 진행된 연극과 공연에 관한 이론들은 특히 브레히트주의, 페미니즘 이론, 문화 연구 비평이 결합하면서 발전했다. 그리고 이것들이 언어, 호명, 주체 형성, 재현, 저항의 형태들에 관한 다양한 포스트 식민주의적 논쟁을 제공하고 있다는 점을 기억할 때, 연극이 주변화되었다는 것은 포스트 식민주의 연구들 간에 존재하는 상당한 간극을 보여주는 것이다. 포스트 식민주의 연구 안에서 발전된 개념적 구조틀을 통해 희곡을 연구한다는 것은 단순하고 기계적인 자리바꿈의 독해전략 그 이상을 필요로 한다. 왜냐하면 연극이 '의미'하는 일부 의미 체계들은 공연을 목적으로 하지 않는 희곡 텍스트와 아주 다르기 때문이다.

  그러므로 본 연구는 선택된 이론적 접근을 통해 그 주제가 어떻게 설명될 수 있는지를 증명하는 것은 물론이고, 그러한 접근법이 갖는 일반적인 한계를 넘어서는 것까지 목표로 한다. 이런 관점에서 희곡과 공연 이론들은 어떤 식으로 제국주의 권력이 분명해지고 서로 갈등하는지에 대한 논쟁거리들을 제공해야 한다.

  본 텍스트는 포스트 식민주의 공연을 소개하는 데 있어 다음과 같은 세 개의 주요 부분으로 나뉠 것이다. 행위하는 신체를 통해 드러나는 청각적·시각적 언어를 포함한 연극적 언어, 연극적인 시공간의 배치, 그리고 서사적이고 연행적인 연극 관습들의 조작이 그것이다. 여기서 우리는 연극에 대한 정치적 접근이 항상 의식하고 있는 형식과 내용 사이의 관계에 필연적으로 주목한다.

---

12) 우리가 검토하는 대부분의 텍스트가 '연극(plays)'임에도 불구하고, 희곡에 대한 정의와 이론들은 춤과 같은 다른 공연들과 관련되어 있다.

문화상호주의와 연극에 대한 인류학적 접근들

'제국의 식민지(outposts*13) of empire)' 연극은 미국과 유럽의 비평가들에 의해 거의 무시되어 왔다. 연극 인류학자들과 문화상호주의자들은 다른 문화권의 연극 형식과 스타일들을 연구해 왔고 서구적 맥락에서 그것들을 이용하기 위해 종종 고유한 가능성들을 끌어왔다. 그러나 드라마에 대한 인류학적 접근은(빅터 터너, 유제니오 바르바, 리차드 쉐크너에 의해 신봉되어지는 것과 같은) 여러 문화들간의 명백한 차이들을 인식하는 것이 아니라 그 유사성들을 열거하기 위해 시도된다. 인류학적 분석들을 살펴보면 몇몇의 연극문화는 아누라다 카푸르(Anuradha Kapur)가 포스트 모더니즘의 결과라고 생각했던 다양한 제의와 행위 안에서 그들간의 유사성을 강조하기 위해 비교대상이 된다.

미메시스에 대한 공격의 정점에 있는 포스트 모더니즘은 전세계적으로 발견되는 비모방적(non-mimetic) 형식이 자기 영역이라고 주장한다. 그렇기 때문에 '제3세계' 연극은 포스트 모더니즘의 필요와 요구에 의해 정의된다. 다른 문화적 배경에서 형성된 형식들은 주제가 지워져 버리고 그것들은 형식적인 옵션의 연속들로 보여진다.

문화상호주의와 포스트 모더니즘은 특히 미국에서 실행되고 있는 것처럼 신식민주의적이라고 간주할 수 있는 무역사적이고(ahistorical) 무문화적인(acultural) 통합의 지점에서 교차한다. 뉴욕의 비평가 고텀 다스굽타(Gautam Dasgupta)는 문화상호주의에 대한 글을 쓰면서, 인도 베다(Vedas)*14)의 에토스와 최근 미국 대중가요의 후렴구들을 환기했다. 그는 문화상호

---

13) 아웃포스트(outposts)는 군사용어로, 전초기지나 잔존 지역이라는 의미를 내포하고 있다. (역주)
14) 인도에서 가장 오래된 신화문학의 총체. (역주)

주의가 공식적으로 영향을 끼칠 뿐만 아니라 개인적으로도 영향을 미친 다고 주장한다. 그리고 전혀 자기 모순에 빠지지 않고 "우리는 하나(세계) 다"라는 결론을 내린다. 미국이 곧 세계라는 이런 제국 중심주의적 생각 은 교활한 팝송에서부터 퍼져나간다. 표면적으로는 아프리카의 기아들 을 위해 성금을 모금하면서 서구의 선행심을 강조하고, 서구의(특히 미국 의) 위엄과 권력을 깊숙이 다시 새긴다. 문화상호적 접근의 이런 유형은 분명 자기 중심적이다. 이것은 강력하고 영향력 있는 국가들과 연계되어 있는 것처럼 보이는 음흉한 기회만 숙주문화(host culture)에 남겨놓고, 타 문화로부터는 유용하고 독특해 보이는 것만을 취하는 식의 기생적 활동 들을 의미한다.

　문화상호주의 이론가들이 모두 민족 중심적인 것은 아니다. 루스텀 바루차(Rustom Bharucha)와 몇몇 사람들은 국가의 역사 · 정치 · 문화적 특징 을 이해하는데 분명히 실패한 정치적 분열을 정확하게 파악하고 있다. 바루차는 쉐크너(Richard Schechner), 바르바(Eugenio Barba), 피터 브룩(Peter Brook) 과 같은 비평가들과 실천가들을 공격한다. 이들은 개발도상국가 지역민 들의 안전과 보호, 그 땅의 공해 문제를 전혀 개의치 않으면서, 연극의 생원료를 채취하기 위해 '제3세계'라고 부르는 '이국적'문화들을 채굴한 다. 이것은 '제3세계'에서 원료와 값 싼 노동력을 착취하는 다국적 기업 들과 상당히 유사한 방식이다. 연극에 대한 인류학적 접근은 식민화의 경험이 있는 민족들간의 차이를 무시하면서 보편주의자의 비평에 위험 하게 밀착된 채로 진행된다. 삶의 보편적인 원칙들을 신봉하기 때문에 전세계의 모든 독자를 대상으로 하고 있다고 자부하는 텍스트에 의존해 서 말이다. 이 텍스트들은 대개 사회적이고 역사적인 배경을 제거해 버 린 '보편적 진리들'을 내세운다. '보편적 주제'는 연극 비평가들의 흥미 로운 표어(catch-cry)임에도 불구하고 문화적 차이에 대한 어떠한 해석도 허용하지 않는다.

포스트 콜로니얼 드라마의 표식들

수많은 교실 벽에 걸려 있는 지도에서 영국 여왕의 점령지를 표시하는 거대한 분홍색 표면으로 상징되는 대영제국의 외관상의 통합은, 포스트 식민주의 텍스트들에 의해 실질적으로 부인되어 왔다. 종종 포스트 식민주의 문학 작품들은 "탈식민화(decolonization)는 종결되지 않는 과정"(1987a : 17)이라고 말한 헬렌 티핀(Helen Tiffin)의 해석을 지지한다. 그리고 포스트 식민주의의 정체성이 잠정적이라는 사실에 반대하면서 그것을 제압하고 종결지으려는 시도들에 저항한다. 탈식민화 프로젝트의 '결론' 없음(미결정성)이 그것의 실패를 의미하는 것은 아니다. 오히려 식민화된 주체들이 자기 스스로를 정의 내리는 가운데서 재결합의 지점들을 보여준다. 다양한 문화적 제도들의 혼종(hybrid)된 형식들 안에 자리를 잡은 주체들은 다이애나 브라이든(Diana Brydon)이 '오염'(1990)이라고 부른 이종족 혼교(잡혼)와 같은 제도를 효과적으로 이용할 수 있으며, 이것은 부정적이라기보다는 긍정적인 것으로 그려질 수 있다.

다음과 같은 조건들의 포함 여부에 따라 포스트 식민주의 공연을 정의하고자 한다.

- 직간접적으로 제국주의의 경험에 반응하는 작품
- 식민화된 (그리고 간혹 식민 경험 이전) 사회의 지속과 개혁에 관련된 공연 작품
- 식민 경험 이후의 형식들을 인식하거나 혹은 그런 형식에 부합하여 공연한 작품
- 제국주의적 재현 아래 놓여 있는 헤게모니에 대해 검토하는 작품[15]

---

15) 본 연구를 도식화하는 데 있어 이런 식의 일반화된 정의는 불가피하다. 파악할 수 있는 매개변수들을 능가하는 포스트 식민주의 공연은 믿을 수 없을 만큼 많이 있다. 독자들이 그러한 작품들을 찾아볼 수 있게 되기를 바란다.

본 연구는 포스트 식민주의 연구와 공연학이라는 분리된 공간 안에서 실행되는 생생한 작업을 재구축하고, 다양한 국가에서 선별된 작품들과 관련하여 특별한 포스트 식민주의 공연과 이론 체계를 세우고자 한다. 연극 텍스트나 연극의 영역, 연극의 유형이나 드라마에 대한 역사적 접근들을 분류하려는 시도 따위는 하지 않을 것이다. 여러 나라의 주요 극작가들을 규정하거나 국가별로 분리하여 민족적인 연극 전통을 논의하려고 하지도 않을 것이다.16)

독자들은 포스트 식민주의 연극 텍스트의 범위를 이해하고 제국주의자들의 사상과 행위, 그들의 정권을 파괴할 만한 독해 전략을 이 연구서를 통해 발견할 수 있을 것이다. 이안 스테이드먼(Ian Steadman)은, 남아프리카의 연극적 맥락하에서 '연극 예술의 실질적인 잠재력'은 사람들이 현상태와 정치적 압제, 심지어는 정치적 단호함에 대한 편협한 조건을 초월하여 "어떤 식으로 광범위하게 사유해야 하는지를 가르쳐 주는 능력에 있다"고 말한다. 이 텍스트의 목적 중 하나는 스테이드먼이 말한 것처럼 독자와 관객이 자신들의 전략적이고 정치적인 의제들을 인식하기 위해 텍스트를 다시 보고 다시 읽게끔 유도하는 것이다(1991 : 78). 그것을 위해 제3세계 페미니즘에 등장하는 다양한 양상의 페미니즘과 포스트 식민주의 맥락하에서 젠더화된 신체가 설명되어지는 방식을 살피고, 인종 관련 이론들이 연극 이론과 교차하는 지점을 특별히 고찰할 것이다. 그 지점은 제국의 헤게모니에 대항하는 육체나 목소리, 무대 공간 안에 있기도 하고, 강요된 정전의 전통을 전복시키고자 하는 제의나 카니발과 같은 연극화된 문화적 실천의 배치들 속에 있기도 할 것이다.

1장에서는 제국의 고전 텍스트들이 더 이상 다른 담론들을 희생시켜

---

16) 각각 다른 역사적 맥락하에서 연극분석의 체계를 세우려는 시도는 다양한 이유들로 인해서 거의 불가능하다. 독특한 텍스트들과 역사적 생산물들은 개별적인 극작가나 특이한 민족극에 초점을 맞춘 리뷰나 연구논문, 인터뷰, 저서들을 통해서 독립적으로 탐구될 수는 있을 것이다.

가면서 자동적으로 특권을 누리지는 않는다는 사실을 통해 정전에 대한 대항 담론의 진행 과정을 약술할 것이다. 2장에서는 제의와 카니발이라는 두 형식이 명백하게 비서구적인 방식들 안에서 교차하면서 드라마의 형태를 바꾸는 상황을 설명하고자 한다. 포스트 콜로니얼 드라마 안에서 어떻게 역사와 언어가 분절되는지, 어떻게 그것들이 극 텍스트로 재형상화되는지는 3장과 4장에서 중점적으로 살펴볼 것이다. 역사적 회복은 포스트 콜로니얼 연극들의 중대한 목표와 효과 중의 하나이다. 이 연극들은 제국주의자들의 텍스트 안에서 비호를 받았던 역사의 공적 버전(해석)과 논쟁하기 위해 종종 정복자 백인의 숨겨진 이면을 언급하기도 한다. 역사에 대한 제국주의자의 해석과 함께 식민정복자의 언어가 누려온 우월한 위치는 탈식민화 계획에 의해 와해되고 제거되어야만 한다. 빌 애쉬크로프트가 영어의 포스트 식민적 적용이 "영어를 분산시킴으로써 영어의 '중심(center)'를 다시 설정하는 방식"(1987)으로 전개되어 왔다고 말한 것처럼, 영어의 연극적 조작은 연극의 정치적 효과로까지 확대될 수 있다. 노래나 음악과 같은 다른 유형을 통해 의사소통하는 것도 우월한 의미 전달자인 구어체 영어의 정치적 지위를 동요시킨다. 다양한 식민주의 그리고 포스트 식민주의 맥락하의 신체는 5장에서 살펴볼 것이다. 마지막으로 6장에서는 관광산업과 미디어의 전지구화 효과에 특별한 관심을 가지고 신제국주의의 현대적 징후를 고찰하고자 한다.

식민화된 주체는 이주민문화 안에서 다양하게 대립하는 힘들과 점령 문화 안에서 제국적 권력에 반대하여 형상화된 복잡한 표상 체계 안에 존재한다. 연극의 3차원적이고 살아 움직이는 맥락은 식민화된 주체의 재현을 더욱 복잡하게 한다. 그래서 포스트 콜로니얼 드라마를 이해하려면 복합적인 기호 체계에 대한 세심한 분석이 필요하다. 이 텍스트가 세상에 지속적으로 공표되고 있는 제국적 헤게모니에 대응하는 방법을 제공했으면 한다.

1

제 장

고전 재인용하기

정전에 대한 대항 담론

콘스탄스 : 당신은 셰익스피어(Shakespeare)라는 신을 아시나요?
데스데모나 : 셰이크(Shake) 스피어(Spear)? 아마 이교도의 전쟁신인가 보군요*1)

— Ann-Marie MacDonald, 「잘자요 데스데모나(잘 잤나요 줄리엣)
(Goodnight Desdemona(Good Morning Juliet))」, 1990 : 36.

대항 담론과 정전

제국주의 통치 기간 동안(그리고 때로는 그 이후로도), 식민화된 주체들의
공교육은 머나먼 유럽 중심부의 관심사와 정전에 국한되어 시행되었다.

---

1) 데스데모나는 Shakespeare라는 이름을 Shake Spear라고 분절하여 발음하는 실수를 하
고 '창을 흔들다, 창을 휘두르다'라는 의미로 받아들여 전쟁의 신으로 추측한 것이다.
(역주)

'영문학'은 이른바 인문주의적 기능 때문에 식민지 교실에서 특권화된 지위를 누렸다. 원주민 학생들을 '문명화'한다는 명분으로 영문학 교육을 실시했고 원주민의 지역적 특수성을 고려하지 않은 채 그들에게 영국의 취향과 가치를 주입한 것이다.[2] 수선화를 생전 본 적이 없는 서인도 제도, 케냐, 인도의 학생들까지 윌리엄 워즈워스(William Wordsworth)의 "나는 구름처럼 외로이 떠돌았네"라는 시를 일방적으로 배워야 했다. 조지 라이가(George Ryga)는 〈리타 조의 환희(The Ecstasy of Rita Joe)〉(1967)[3]에서 캐나다 원주민 소녀인 리타 조가 선생님의 강의계획서에 포함되어 있던 시를 외우지 못하는 상황을 묘사하면서, 바로 이 시를 예로 들고 있다. 선생님이 리타 조를 다그치며 따라 외우라고 했던 시구는, 사회과목의 내용과 뒤섞여 들리면서 그녀의 머리 속에서 무의미하게 흐트러져 버린다. "자, 따라해! '나는 구름처럼 외로이 떠돌았노라, 저 계곡과 언덕 높이 떠 있는······ 내가 갑자기 군중을 보았을 때······ 용광로.'"(1971 : 90) 이런 식의 구시대적인 자민족 중심주의 문학 교육의 형태는 과거 대부분의 식민지에서 이미 수십 년 전에 폐지되었고, 현행 교육제도는 각 지역의 역사와 문화를 반영하기 위해 힘쓰고 있는 실정이다. 그러나 제국주의 정전의 헤게모니는 여전히 여러 포스트 식민주의사회를 장악하고 있다. 이 사실은 비단 교재 선택의 문제나 유럽권 텍스트가 차지하는 상대적 가치에서 뿐만 아니라, 이데올로기적 편향을 심각하게 고려하지 않은 채 제국의 텍스트들을 가지고 교육하는 방식에서 발견된다.

식민지 교육의 유산이 문학을 통해 보편적 진리의 가면을 쓰고 실제로는 매우 구체적인 사회·문화적 가치를 영속시킨다는 사실을 감안할 때, 식민지 작가와 예술가들이 유럽의 '고전'을 재구성(rework)하기 위해 노력

---

2) 비스완탄(G. Viswanthan)의 『정복의 가면-인도에서의 영국식 통치법과 문학 연구 (Masks of Conquest : Literary Study and British Rule in India)』(1989)는 영문학 연구가 대영제국의 사회 정치적 지반을 강화하는 데 어떻게 기여했는지를 설득력 있게 설명하고 있다.
3) 연극 제목 뒤에 붙은 연대는 최초의 상연 년도를 표기한 것이다. 상연 정보가 없는 경우, 출판년도를 표기하였다. 인용문은 서지목록에 기재해 놓은 출판 텍스트를 따랐다.

해 왔다는 것은 어쩌면 당연한 귀결인지도 모른다. 정전의 재구성은 보다 지역적인 의미를 부여하고 정전의 거짓된 권위와 진정성을 박탈한다. 헬렌 티핀은 이것을 "정전에 대한 대항 담론(canonical counter-discourse)"(1987a : 22)적 기획이라 명명했다. 이 기획 안에서 포스트 식민주의 작가는 원전과 동일한 기표를 상당 부분 유지하면서도, 주로 알레고리적인 방식을 통해서 권력 구조를 변경시킨 '대항' 텍스트를 생산하며 특정한 정전 텍스트의 기본 가설을 폭로하고 해체한다. '전혀 손대지 않은' 정전 텍스트를 그대로 상연하면서도, 수정주의적 공연을 통해 영어 대본과 그것의 특정한 지역 사투리 발음 사이에서 일어나는 긴장을 예각화함으로써 일종의 대항 담론을 형성할 수 있다. 정전의 인물, 서사, 문맥 그리고 장르를 다시 쓰는 것은 제국주의의 문화적 유산을 재검토하는 수단을 제공하고, 공연상의 새로운 개입을 가능케 하는 기회들을 제시한다. 그러나 이런 시도들은 정전을 그것에 대해 적대적으로 다시 쓴 텍스트로 대신하는, 단순한 치환이나 대체의 전략이 아니다. 대항 담론은 정전 텍스트에서 작동하는 권위와 권력의 기호들을 해체하고, 재현에 가해진 제약들을 무효화하고, 사회적 규제에 넌지시 개입하려는 것이다. 1장에서는 포스트 콜로니얼 드라마에서의 정전에 대한 다양한 대항 담론을 제시하고, 공연 자체가 대항 담론이 될 수 있는 방식들을 간단히 기술하고자 한다.

정전을 언급하고 있다 해서 모든 텍스트가 대항 담론을 형성한다고는 할 수 없다. 한 텍스트가 직·간접적으로 다른 텍스트를 언급하는 상호텍스트성이 반드시 다시쓰기(rewriting) 작업을 수반하지는 않는다. 모든 대항 담론이 상호텍스트적이긴 하지만, 상호텍스트적이라 해서 대항 담론이라고 단정할 수 없는 것이다. 정의를 내려보자면, 대항 담론은 원전의 영향력을 단순히 받아들이기보다 원전에 내재한 권력 구조를 불안정하게 만들기 위해 능동적으로 작동하는 것이다. 대항 담론은 주로 식민지 자문화에 이미 '속해 있는' 기존의 거대 서사보다는, 강요된 정전의 전통을 표적으로 삼는다. 그래서 비제이 미쉬라(Vijay Mishra)가 "문학·영화·연극, 어느 분야를 막론하고 모든 인도 텍스트는 『마하바라타(*The Mahabharata*)』*4)를 끊임없이 다시 쓰는 작업이라 주장할 수 있다"(1991 : 195)고 했을 때, 그가 가리키는 '다시쓰기'란 대항 담론의 표식이라기보다는 상호텍스트성의 표식에 가깝다. 즉, 미쉬라에게 인도의 모든 텍스트는 『마하바라타』와 맥락이 닿고 그 영향 아래 있지만, 원래의 텍스트 자체가 굳이 전략적 변형을 가할 대상은 아니라는 것이다. 이와 같은 다시쓰기의 예로는 인도의 중요한 고대 서사시 『라마야나(*The Ramayana*)』를 의식하고 쓴 스텔라 콘(Stella Kon)의 〈다리(*The Bridge*)〉(1980)를 들 수 있다. 콘의 싱가폴 공연은 페터 바이스(Peter Weiss)의 〈마라 / 사드(*Marat / Sade*)〉에 상호텍스트적으로 기대는 동시에, 약물중독을 극복하려는 재활센터 환자들이 공연하는 극중극의 형태로 『라마야나』를 이용하고 있다. 콘은 제국주의와의 조우 이전에 있었던 서사시의 전통적 구조를 유지하면서도, 그것을 현대극의 일부로 상연하여 두 층위의 서사가 서로에 대해 논평할 수 있게 하였다. 『라마야나』로부터 발췌된 부분, 즉 라마(Rama)가 악마에게 납치되어 간 시타(Sita)를 찾아 헤매는 "탐색 장면을 양식화된 동작을 통해 무언극으로 연기"할 때(1981 : 7) 의상과 음악은 완벽하게 전통적 형태에 따라 공연한다. 동시에 독창자(Cantor)가 무대 위의 소년들에게 줄거리를 노래로 불러주는데, 관객들은 이런 두 가지 상황을 한꺼번에 보게 되는 것이다. 소년들은 약물 중독을 치유해 감에 따라, 시타를 구출하려면 바다를 건너야 하는 라마를 위해 인간 가교를 만드는 작업에 동참할 수 있게 된다. 이렇게 『라마야나』를 현대극에 차용하면서 서사시의 현대적 이해를 돕고, 귀중한 연극적 보고(archive)이자 문화적 참조 사항인 서사시가 여전히 사회와 연관되어 있다는 사실을 추출해낸다. 이 공연은 서구의 연극 양식을 지배하는 자연주의에 대한 선호뿐만 아니라, 실증주의적인 방식으로 사회를 재건하고 지배하는 헤게모니 작동 방식에도 의문을 제기한다. 〈다리〉를 비롯하여 『라마야나』나 『마하

---

4) 인도 고대의 산스크리트 대서사시. 바라타족의 전쟁에 관한 내용으로 구전되다가, 4세기 경에 지금의 형태로 정리되었다. (역주)

바라타』를 차용한 여러 작품들의 포스트 식민성은 원텍스트를 다시 쓰는 데서 기인하는 것이 아니라, 지역의 '고전'을 제국주의적 대응물과 병치시키는 데 있다. 이 전략은 유럽의 텍스트와 유럽식 관습에 따른 공연을 구체적으로 언급하지 않는다. 이는 강요된 정전과 전승된 정전의 영향력을 구분해내야 할 필요성을 보여준다. 그리고 일부 전통적 서사들이 계급·계층·인종, 그리고 성적 편견으로 인해 자연스럽게 제국주의의 의제(agenda)를 지지하는 방식으로 작동하고 있음을 간과해서는 안 된다.

고전 텍스트를 단순히 현대화하기만 한 일부의 연극들은 정전에 대한 대항 담론이라는 정의에 부합하지 않는다. 에우리피데스의 「바카이(The Bacchae)」*5)를 현대화한 작품으로 뉴질랜드의 시인 겸 극작가 제임스 K. 백스터(James K. Baxter)의 〈오드와이어 씨의 무도회(Mr. O'Duyers Dancing Party)〉(1968)와 오스트레일리아 출신 로드니 밀게이트(Rodney Milgate)의 〈존재를 향한 시선(A Refined Look at Existence)〉(1966)을 들 수 있다. 두 작품 모두 시대와 배경만 지역적 특색에 맞게 바꾸었을 뿐, 플롯상으로는 제국주의적 헤게모니를 탈중심화하는 시도를 무력화시킨다. 오히려 이 작품들은 20세기를 살아가는 과거 식민지 관객들이 대영제국에 쉽게 접근할 수 있도록 한다. 밀게이트는 펜테우스(Pentheus) 역에 어보리진*6)을 기용하긴 했지만 그를 1960년대 오스트레일리아 사회의 인종 문제를 부각시킬 계기로 활용하지는 못했다. 어보리진 배우가 연기하는 '펜테우스'인 '펜토우스(Penthouse)'는 인종주의적으로 묘사되고, 그의 가족에게 복수할 기회를 노리는 '도니(Donny-Dionysus)'의 행동들은 에우리피데스의 주인공보다 훨씬 더 외골수적이다. 1960년대 뉴질랜드의 르뮈에라(Remuera)에 사는 부부 몇 쌍의 지루한 결혼생활을 다루고 있는 백스터의 연극도 정전 텍스트에 대한 포스트 식민주의적 다시쓰기가 아니라, 단순한 여성 혐오적 변신일 뿐이었다. 그리스 연극을 현대화했다고 평가되는 두 작품은 비교적 성공

---

5) 「바카이(The Bacchae)」는 국내에 「바커스의 여신도들」로 번역되었다. (역주)
6) Aborigine : 오스트레일리아 원주민. (역주)

을 거두긴 했지만 확실히 시대에 뒤떨어진 것이다.

유럽의 정전에 대해 명백하게 대항하며 재구성된 연극들은 자신의 반제국주의적 무기고 안에 공연 요소들을 비치해 두고 있다. 연극 장르는 공연 자체가 원래 텍스트의 순간들을 재연(replay)하는 것이기 때문에 대항 담론적 개입에 특히 적합하고 표현하기에도 유용하다. 다시 말해 연극의 리허설이나 상연은 원래의 대본에 개입할 수도 있고 개입하지 않을 수도 있지만, 끊임없이 대본을 재연하거나 대본에 반응하는 것임에는 틀림없다. 그러므로 정전을 연극으로 올릴 때 대항 담론의 생산은 언제나 가능하며 경우에 따라서는 요구사항이 되기도 하다. 예를 들면 현대의 「폭풍(The Tempest)」 공연에서는 대부분 르네상스적 사유 안에서 작동하는 인종 패러다임이 20세기 후반, 그것도 비서구사회의 관객들에게는 더 이상 유효하지 않음을 증명하는 방식으로 칼리반(Caliban)을 재형상화한다. 소설이나 시에서 표현되는 의미와는 달리 공연 중에 코드화된 의미와 지식이 소통하는 다양한 층위들은, 독자적으로 혹은 다른 것들과 결합하면서 제각각 대항 담론으로 작동할 수 있다. 공연에서 소통 가능한 기호학적 약호에는 의상, 세트 디자인, 극장 설계(또는 극장에 포함되는 공간 설계), 조명, 음악, 안무, 사투리와 억양을 포함한 구두언어와 몸짓언어, 배역 선정 등과 이 외에 여러 텍스트 외부적 요인들, 즉, 역사적 맥락, 유명 스타들의 출연료 여부, 티켓 가격과 관련된 경제적인 요소 등이 포함된다.[7] 그러므로 어떤 장면을 연출하거나 인물의 의상을 선택하는 것은, 패러디를 통해 일반적인 규범을 전복하는 보통 지배적인 문화에만 특권화되었던 재현의 기호를 전유하든 간에, 정전 텍스트의 전제에 의문을 제기할 만한 부가적인 다른 층위를 제공할 수 있다. 정해진 대사와 종결된 플롯임에도 불구하고, 연극의 공연 기호들과 맥락을 조작하는 것만으로 원래 대본에서 이미 결정되어 버린 듯한 권력 구조를 얼마든

---

7) 극적 재현에 영향을 미치는 기호학적 약호에 관한 논의는 파비스(Pavis), 1982; 엘람(Elam), 1980; 칼슨(Carlson), 1990; 톰킨(Tompkin), 1992b를 참조할 것.

지 생산적으로 뒤집을 수 있는 것이다.

셰익스피어의 유산

　포스트 식민주의 맥락에서 다시 만들어진 여러 정전 텍스트 가운데, 단연 독보적으로 대항 담론의 표적이 되는 것은 셰익스피어의 희곡들이다. '셰익스피어의 저작들(Shakespeare's Books)'이 교육과 문화의 영역에서 유통되면서 그것은 대영제국의 역사 전반을 통해 강력한 헤게모니적 권력이 되었고,[8] 그 권력은 영국의 과거 식민지들에서 사실상 아직까지도 지속적으로 작동하고 있다. 인도, 캐나다, 오스트레일리아, 남아프리카, 뉴질랜드, 서인도 제도에서 셰익스피어는 몇 세기 동안 가장 인기 있는 극작가이자, 유일하게 주목받을 만한 가치가 있다고 여겨진 극작가였다. 셰익스피어 '산업'은 제국주의의 이익을 유지시켜 준다는 점을 제외하고는, 피식민지인들에게는 낯선 것이고 자신들과는 무관한 사상과 가치, 심지어 인식 체계를 지탱하는 방식으로 기능한다. 셰익스피어 "산업"이라고 불리는 이유는, 사회의 교육 체계는 물론이고 비평 담론이나 연극 문화에까지 영향을 끼치기 때문이다. 요츠나 싱(Jyotsna Singh)이 인도를 예로 들어 말한 것처럼, "셰익스피어는 지배자의 정치적 이익에 결정적인 신화, 즉 영국이 더 문명화되고 우월한 문화를 가지고 있다는 신화를 살아 있게 했다."(1989 : 446)[9] 마틴 오킨(Martin Orkin) 역시 남아프리카에서 벌

---

　8) 미드(Mead)와 캠벨(Campbell) 공저의 『셰익스피어의 저작들―현대의 문화 정치학과 제국의 영속(Shakespeares Books : Contemporary Cultural Politics and the Persistance of Empire)』(1993)을 참조할 것.
　9) 룸바(Loomba), 『젠더, 인종, 르네상스 연극(Gender, Race, Renaissance Drama)』, 1991 참조.

어진 유사한 상황을 지적한 바 있다.

> 학생들은 과거에도, 그리고 현재도 여전히 이상향으로서의 과거를 가정한 채
> 로 셰익스피어를 공부하고 시험을 치른다. 모든 교육 방식은 학생들에게 주제
> 에 대한 특정한 관점을 강조하고 기존의 위계 질서로 후퇴시키며, 그것에 복종
> 하는 태도들을 조장하기 위해 인물·내면성·무시간성·초월성에 천착하도록
> 포커스가 맞춰진다. (1991 : 240)

여기서 셰익스피어는 아파르트헤이트*10)를 합리화하는 데 공모한 공
범자가 된다. 셰익스피어에게는 '위대한 시인(The Bard)'라는 별명이 있는
데, 문화적 표어(shibboleth)로써의 역할을 증명하는 이름이다. '위대한 시
인'을 식민주의의 공범자로 보는 식의 접근 방법은 단지 남아프리카 제
국주의만의 특별한 증상이 아니다. 셰익스피어 신화가 뿌리내린 지역이
라면 어디에서든 발견되는 지역풍토병이며, 셰익스피어와 그의 희곡, 공
연에 대한 비평적 고찰에 영향을 끼쳤다.

셰익스피어의 유산이 가지는 이념적 무게는 당연히 극장 안에서 가장
강력하게 느껴진다. 그의 작품들은 여전히 모든 연극 예술의 척도가 되
고, 미래의 배우나 연출가가 통과해야 할 궁극적인 관문이며, 관객의 지
성의 지표이고, 논쟁의 여지없이 '문화'의 기호 그 자체이다. 이런 규정적
인 시스템 안에서 어떤 특정 작품에 대한 의미는 너무나 완고하게 고정
되어 있기 때문에, 정전 해석에 위배되는 연출을 할 경우 오늘날에도 '작
가의 의도'에 충실하지 못하다는 비판을 받는다. 실제로 오스트레일리아
의 벨 셰익스피어 극단(Bell Shakespeare Company)은 1992년에 공연한 〈베니스
의 상인(The Merchant of Venice)〉에서, 동성애를 노골적으로 묘사했다는 이유로
부정적 평가를 받고 나서 학생 단체 관람이 취소되는 일을 겪기도 했다.
이 반응에서 표출된 동성애혐오증(homophobia)은 셰익스피어를 오독했다고

---

10) 남아프리카공화국의 인종차별정책. (역주)

평가받은 연극에 대해 갖는 불쾌한 감정의 일부일 뿐이다. 셰익스피어의 가치를 '자명한' 것으로 간주한다던가, 그의 작품이 '보편적'으로 적용될 수 있다고 인정하는 경향은 유럽 중심주의적이며 가부장적인 세계관을 이식하는 행위일 뿐만 아니라, 지역 연극 전통의 발전 가능성마저 마비시키는 행위이다. 오스트레일리아 비평가 페니 게이(Penny Gay)가 "만약 셰익스피어가 이론(異論)의 여지없이 훌륭한 최고의 희곡을 이미 다 써버렸다면, 도대체 누가 희곡을 쓸 엄두나 내겠는가?"(1992 : 204)라고 반문한 것은 바로 이 문제를 염두에 둔 것이라 하겠다. 이것은 포스트 식민주의 극작가나 비평가들에게 부과된 정치적 과제이다. 왜냐하면 셰익스피어의 "단성적이고 획일화된 의의"(Campbell, 1993 : 2)는 제국주의 인식론 안에서 이미 ―항상 구축된 연극의 관념을 존속시키는 한편, 타자의 지식 혹은 타자화된 지식은 배제하기 때문이다. 연극을 탈식민화하려면 연극 상연과 비평 모두에서 이러한 폐쇄성을 삭제하고 초월적 기표로써의 셰익스피어를 해체해야만 한다.

셰익스피어 산업의 확산은 식민화된 국가에서 상연 목록을 채택하는 것뿐만 아니라 연기, 연출 및 공연의 여러 측면에 대한 접근 방식에 중대한 영향을 끼쳤다. 식민지 교육 체계와 마찬가지로, 식민지 내의 연기 훈련 과정에서 최근까지도 학생들이 자신의 재능을 입증하기 위해 일률적으로 이 '대가(The Master)'를 완전히 마스터하도록 지도받았다.[11] 토착적 공연문화의 전통이 강한 사회 내에서, 비영국계 배우가 발성, 자세, 표정, 몸짓을 (재)형성해가는 데 있어 이런 식의 훈련은 막대한 영향을 끼쳤다. 학교나 공식적인 낭송대회(eisteddfod)*[12]를 언급하면서 티핀이 주장하고 있듯이, 영어 대본을 재상연하는 것은 변화의 기표들을 억압하는

---

11) 위크리프 베넷(Wycliffe Bennett)은 자메이카 연극사를 서술하면서, 연극과 교육이 정전의 편견을 어떤 식으로 서로에게 강화시켰는지 예를 들고 있다. 그에 의하면, 1950년에 최초로 시행된 지역의 학교 연극제에 출품된 상연작 31편이 모두 셰익스피어의 작품이었다고 한다(1974 : 7).
12) 영국 웨일즈에서 해마다 개최되는 시인 낭송 대회. (역주)

동시에 식민지 주체의 신체를 훈육하는 기제로 작동했다.

> '지역적' 신체는 대본과 공연에서 뿐만 아니라 관객과 연기자 모두에게 필연
> 적으로 요구되는 가설, 즉 화자와 청자가 모두 '영국인'이라고 간주하는 스스로
> 의 가정에 의해 지워져 버린다. 식민지 지역에서 재생산되는 암송 공연은 지역
> 적으로 실행되지만 역설적이게도 고전적인 연극 규범에 복종하면서 사라지고
> 있는 제국주의의 '음성'을 호명하는 식민주의자에 대한 환유이다. (1993a : 914)

그러나 조지 라이가의 〈리타 조의 환희〉에서 이미 보았듯이, 암송은
정전 텍스트와 재생산물 사이의 간극을 보여준다. 이 간극이 공연 형식
으로 만들어진 대항 담론 내부에서 전복의 지점이 되기도 하지만, 역사
적으로는 식민지 연극의 결함을 부각시키는데 이용되었다. 특히 셰익스
피어를 연극 예술의 절대적 기준으로 적용하는 것은 비서구권 배우의
열등함을 구성해내는 데 유효한 수단이었다. 왜냐하면 그들이 셰익스피
어 텍스트를 어떤 식으로 연기하더라도 절대 '순수한 진짜'일 수 없었기
때문이다. 호미 바바가 간파하였듯, "영국화된다는 것은 결단코 영국인
이 되는 것은 아니기"(1984 : 128) 때문이다.

식민화된 국가에서 강요된 외국 기준에 따라 시행되는 연극적 실천은
가야트리 스피박(Gayatri Spivak)이 규정한 제국주의의 '인식론적 폭력'이 표
현된 것 중 하나이다. 즉, 타문화가 스스로를 인식하고 재현하는 방식이
제국주의에 의해 공격받는 것이다(1985 : 251). 이 상황을 바로잡는 과정에
서, 포스트 식민주의 공연 텍스트는 토착적인 전통과 수용된 전통을 갈
등 관계에 배치함으로써 정전을 뒤틀어놓는다. 1950년대 인도에서 셰익
스피어에 대한 연극적 접근을 혁명적으로 바꾸어 놓았던 방글라데시의
배우, 연출가 겸 극작가, 어트팔 더트(Utpal Dutt)의 연극이 좋은 예이다.
당시 셰익스피어 연극에 팽배했던 엘리트주의와 영국 중심주의적 지반
을 침식하기 위해, 어트팔 더트는 〈맥베스〉와 같은 연극에 시골 사람들

을 참가시키고 프로시니엄(proscenium) 무대의 관습은 없애는 대신 벵골의
민속연극 자트라(jatra)*13)에 깃든 제의적 전통에 따라 무대를 연출했다
(Bharucha, 1987 : 61~63 참조). 더트의 작품은 셰익스피어 텍스트를 이런 식으
로 이용함으로써 제국주의 정전을 토착화시키는 방법을 제시했을 뿐만
아니라 정전의 강력한 문화적 영향력에 균열을 일으켰다.

좀더 노골적으로 정전의 권위를 거스르는 행위는 데렉 월콧(Derek Walcott)
의 〈원숭이산에서의 꿈(Dream on Monkey Mountain)〉(1967) 안의 승천(Apotheosis)
장면에서 나타난다. 이 장면에서 백인 중심의 서구문화를 퍼뜨리는 주된
공헌자들 가운데 하나였던 셰익스피어가 인간성에 반하는 범죄를 짓고
재판에 회부되어 결국 교수형에 처해진다. 서구문화에 대한 공격의 대범
함에도 불구하고 월콧이 제안하는 것은 식민화된 문화 내에서 정전 텍
스트가 절대로 공연되어서는 안 된다는 것이 아니다. 「의미들(Meanings)」이
라는 비평문에서 그는 포스트 식민주의적 공연 실천은 유럽 중심의 모
델을 특권화하지 않는 독특한 연극 스타일을 형성하기 위해서 여러 영
향들의 혼합을 요구해야 한다고 주장했다. 그는 "셰익스피어를 연기하
든 칼립소(Calypso)*14)를 노래하든 똑같은 신념을 가지고 공연할 수 있는
극장"을 꿈꾸는 것이다(1973 : 306). 트리니다드(Trinidad)에 이러한 극장을 세
우려는 노력을 연극화한 데렉 월콧의 후기 연극 〈푸른 나일강의 지류(A
Branch of the Blue Niles)〉(1983)에서는, 셰익스피어가 연극적 재현에 끼친 지배
적 영향력에 의해 주조된 자신들의 처지를 첨예하게 인식하고 있는 연
기자들을 데리고 연극을 연출한다. 〈안토니오와 클레오파트라(Antony and
Cleopatra)〉 공연에서 클레오파트라 역을 맡은 쉴라(Sheila)는, 지중해연안 사
람이라고 하기에는 자신의 피부가 너무 검어서 그 역할을 소화할 수 없
다고 판단했다. '야망에 찬 이 흑인 여성'은 자신이 셰익스피어의 무대

---

13) 인도의 전통축제. (역주)
14) Calypso. 서인도 제도의 트리니다드섬에서 비롯된 4분의 2박자의 경쾌한 민속음악.
   (역주)

에 설 수는 없으며 셰익스피어의 위대한 여왕 역은 결코 할 수 없다고 생각했다. "캐로니강(Caroni)은 나일강의 지류가 아니고, 트리니다드는 이집트가 아니잖아. 그렇기 때문에 카니발은 제외한다고 쳐도 내가 그녀의 대사를 읊조릴 때 세상은 나를 비웃을 거야."(1986 : 285) 결국 쉴라와 크리스(안토니오 역)의 관계가 셰익스피어 작품의 유명한 연인들의 이야기를 새롭게 만들어내는 방식으로 수정되는데, 〈푸른 나일강의 지류〉에서 진정한 대항 담론의 성격을 보여주는 것은 이렇게 주어진 공연 관습을 의문시하는 여러 시도들에 있다. 이 기획은 다수의 메타 연극적 틀을 이용하고 사회 내에서 연극의 역할을 고민하는 대화들이 진행되면서 강화된다. 여러 단원들 중에서 식민지 배우의 딜레마를 가장 잘 드러내는 인물은, 대도시에 가서 셰익스피어를 완벽하게 연기함으로써 자신의 재능을 증명하고자 했던 개빈(Gavin)이다. "나는 배우가 되려고 뉴욕에 갔는데, 내가 검둥이라는 사실만 깨닫고 돌아왔지. 진작에 알았더라면 비행기표 값을 낭비하지는 않았을 텐데 말야."(1986 : 249) 그가 뼈저리게 깨닫고 온 것은 연극의 보편성이 신화에 불과하다는 것이었다. 배후에서 진보를 조종하는 지배적인 힘은 "경제학이고, 경제학은 곧 인종을 의미한다"는 것이다(1986 : 224). 결국 이 연극에서 쉴라가 맡았던 클레오파트라 역을 마릴린이 맡았고 배우들은 셰익스피어적인 관습과 지역적 형식을 혼종화했다. 〈안토니오와 클레오파트라〉의 새로운 코믹 방언(dialectical) 버전을 연기함으로써 토착 연극에 대한 월콧의 공식을 충족시켰다.

> **마릴린 / 클레오파트라** : 그대는 나일러스의 귀여운 벌레를 가지고 있는가? 죽음으로 이끌기는 하지만 고통은 주지 않는?
> **개빈 / 광대** : 마마, 제가 가지고는 있겠지만 저더러 이걸 만지라고 하지는 말아주십쇼 이 쬐그만 녀석에게 한 방만 물려도 당신은 바질(basil)*15)을 남편으로 삼아야 할겁니다. 이 조그만 녀석은 몸소 독을 가지고 결혼을 성사시

---

15) 꿀풀과 일년초. 줄기와 잎은 요리의 향신료나 약재로 쓰인다. (역주)

켜 주겠지만, 그렇게 신혼방에 들어간 신부는 결코 깨어나질 않습니다요.

이 대화는 셰익스피어의 유명한 여주인공의 불멸성을 의문시하는 것은 물론, 인도 비평가 릴라 간디(Leela Gandhi)가 말했던 "해가 지지 않는 셰익스피어의 제국"을 해체하는 더 큰 과제까지 수행한다(1993 : 81).

지역문화의 요구에 부응하는 공연 미학을 형성하는 데 있어 수반되는 문제점들을 검토하는 방법 중 하나로 월콧이 주력하고 있는 메타 연극은, 셰익스피어를 재가공한 다른 포스트 식민주의 작품들이나 이 책에서 논의되는 여러 희곡들에도 공통적으로 나타난다. 메타 연극16)은 어떤 공연이든 필수 불가결한 재현의 잠정성을 연출할 뿐이라는 사실을 상기시킨다. 메타 연극은 전략적일 뿐만 아니라 장난스럽고 포스트 모던하기도 하지만, 이를 단순하게 포스트 모더니즘의 상호텍스트성 실험의 일부로 간주해서는 안 된다. 포스트 식민주의 작품들은 결코 끝나지도 매듭지어지지도 않는 복잡한 재연(replay)을 통해 상당히 의식적으로 자신들의 역사와 정체성을 연기해낸다. 그와 동시에 포스트 식민주의 작품은 역할놀이, 1인 2역이나 2인 1역, 극중극, 삽입 구조 등의 메타 연극적 기제들을 통해 다수의 자기 반성적 담론을 만들어냄으로써 기존의 연극 형태를 재검토한다. 이 과정에서 셰익스피어를 어떻게 완전히 전유할 것인가라는 문제는 여전히 중요하게 남아 있다. 루이스 나우라(Louis Nowra)의 〈황금시대(The Golden Age)〉(1985)에서는 정전에 대한 고전적 해석보다 오스트레일리아의 대중주의적 해석을 강조함으로써 셰익스피어 전유의 가능성을 보여준다. 이 텍스트는 다양한 메타 연극적 장면들을 결합하는데, 그 가운데 전과자, 금광 광부, 그리고 한 배우의 후손인 '사라진' 숲 속 부족이 연기하는 삽입극을 포함하고 있다. 프란시스(Francis)와 피터(Peter)가 타스매니아

---

16) 희곡들 사이의 모든 상호텍스트적 언급은 메타 연극적이라 할 수 있다. 여기서 사용하는 메타 연극이라는 용어는 재현 그 자체에 대해 논평하기 위해 명백하게 의식적으로 다른 연극 텍스트를 불러들이는 기법에 적용된다.

(Tasmania)의 황야에서 이들을 발견했을 때, 이 부족은 두 손님에게 셰익스피어의 「리어 왕」이 아니라 나훔 테이트(Nahum Tate)의 민속 버전인 '행복한' 〈리어〉를 보여준다. 축약된 이 작품은 패스티쉬, 패러디 기법을 통해 〈리어〉를 조악하게 표현했다. 비극에서 희극으로 전환하면서 배우들 내부에서 한 단계의 변형을 거쳤고, 또 그들의 에너지 넘치는 공연은 또 다른 변형이 이루어지게 했다. 이 부족들의 연기에서 보여진 즉흥성은 에우리피데스의 「타우리스의 이피게니아(Iphigenia in Tauris)」 장면을 차용한 〈황금시대〉 도입부의 정적인 장면과 직접적인 대비를 이룬다. 이 장면은 호바트(Hobart)의 호화로운 정원에 죄수들의 노동력으로 지어졌었지만 지금은 허물어진 그리스 신전을 배경으로 하고 있다. 엘리자베스 아처(Elizabeth Archer)는 "파르테논 신전이 허물어지는 데는 이천 년이 걸렸건만 우리의 신전은 백 년도 채 안 돼서 무너지는군요"라고 한탄한다(Nowra, 1989 : 33). 이 연극은 적절하게 변용되지 못한 그리스 고전문화에 대한 숭배가 오스트레일리아에서는 낯설기만 할 뿐이라는 사실을 보여준다. 오스트레일리아의 생활 양식을 그려내기 위해서는 새로운 형식과 모델을 끌어내야 하고, 유럽적인 경험을 무작정 이식하기만 해서는 안 된다는 것이다. 전체적으로 볼 때 나훔 테이트의 〈리어〉와 그리스 연극 공연은 훌륭하게 조정된 고전사회와 거기에서 파생된 식민지 사이의 인식론적 간극을 강조한다. 나우라가 제시하듯 성공적으로 토착화된 정전은 제국주의자들의 경험이 아니라 식민화된 주체의 경험을 말할 수 있다. 이 텍스트는 여러 포스트 식민주의적 대항 담론의 희곡들처럼 한 작품을 다시 쓰는 기획이 아니고, 거대 서사의 일부분만 선취해서 이용한다.

머레이 칼린(Murray Carlin)의 〈지금은 안 돼요, 사랑스런 데스데모나(Not Now, Sweet Desdemona)〉(1968)도 역시 셰익스피어 텍스트의 재연(replay) 문제에 역점을 두고 있다. 이 작품에서는 정전 텍스트 「오셀로(Othello)」를 대상으로 삼아 타인종간의 결합을 백인사회에 대한 은유적 위협이 아니라 실제적인 사건으로 다룬다. 인종 문제를 중심에 놓고 있기 때문에 대항 담론적 해석에 명백한 초점이 맞추어진다. 이 메타 연극적 작품에서는 〈오셀로〉 상연을 위한 리허설을 서사의 큰 틀로 잡고서 남아프리카 출신의 백인 여성과 서인도 제도의 흑인 남성이 자신의 역할과 타협점을 찾게 되는 과정을 보여준다. 두 남녀 배우는 연극 〈오셀로〉에서 뿐만 아니라 연극 바깥의 현실에서도 실제 연인 사이이기 때문에 자신들의 역할과 타협점을 찾는 과정은 한층 더 까다로운 과제가 되었다. 셰익스피어 극 안에서 이들이 인종 문제를 고찰하는 과정은 아파르트헤이트의 정치적이고 사회적인 함의들과, 특히 다른 인종의 성인 남녀 사이의 성 행위를 금지하는 '부도덕 법안(Immortality Act)' 등에 대한 그들의 반응, 그리고 서로에 대한 반응을 통해 규정지어진다. 이 연극이 본질적으로 인종 문제에 관한 것이라고 읽었던 '오셀로'의 독해는, 사랑과 결혼을 연극화한 것이라는 '데스데모나'의 작품 이해와 충돌한다. 남아프리카 출신의 '데스데모나'는 인종 범주에 의해 위계가 만들어진 구조 안에서는 백인 여성의 권력이 오셀로의 모든 군사적 권위를 능가한다는 사실을 인정해야만 했다. 이러한 인식은 배우들로 하여금 〈오셀로〉를 훨씬 덜 관습적인 방식으로 연습하고 역학 관계 안에서 자신들의 관계를 재평가하게 했다. 칼린은 「오셀로」를 시간적 정치적으로 재배치함으로써 역사 안에서 인종주의가 제도화되는 데 셰익스피어의 텍스트가 어떤 식으로 기여했는지를 지적하고, 아파르트헤이트가 실행되는 현대의 상황 안에서 이것을 다시 문제화했다. 이런 점에서 볼 때 연극 〈지금은 안 돼요, 사랑스런 데스데모나〉는 정전 중심의 전통에 내재한 제국주의적 권력과 거기에 연관된 담론의 유통 기반을 모두 불안정하게 만드는 의도적인 정치 행위이다.

「폭풍」 재연하기

「폭풍」은 셰익스피어의 정전 가운데 대항 담론적 대상으로 가장 폭넓게 선택되는 작품이다. 그 이유는 여러 가지가 있다. 이분법적 사고에 기반한 인종적 형상화, 타인종간의 결혼에 대해 느끼는 위협, 자연 대 문화의 이분법에 의해 분류된 신대륙의 '타자(other)'와 유럽의 '자아(self)' 사이의 대립, 지배와 굴종, 폭동을 둘러싼 권력 관계(Brydon, 1984 참조) 등이 바로 그것이다. 「폭풍」을 식민지 경험에 관한 우화로 읽는다면, 프로스페로의 권력에 대한 저항의 움직임을 중심에 두고 텍스트를 정치적으로 읽거나 다시 쓰고 상연함으로써 제국주의적 과정에 개입할 수 있다. 폴 브라운(Paul Brown)이 지적하였듯이 「폭풍」을 "식민주의적 관습을 단지 반영하는데 그치는 것이 아니고, 양가적이거나 심지어 모순된 담론에 대해 개입"하는 것으로(1985 : 48) 다시 읽을 수 있다. 이럴 때 「폭풍」 텍스트 자체에서 제국주의에 대한 잠재적 저항의 기원적 지점을 찾게 된다. 브라운은 바바(Bhabha)의 식민지의 유형화(스테레오 타입) 이론을 적용시킴으로써 섬을 강탈한 것을 사후적으로 정당화하는 프로스페로의 서사가 문명이라는 이름 아래 길들여져야만 했던 '타자'로서의 칼리반을 생산하면서 끊임없이 불안정해졌다고 주장한다.

> 식민주의 담론은 식민 지배자의 우월함을 주장하기 위해 파괴적인 타자를 설정함으로써 질서에 대한 요구를 드러낸다. 그러나 타자의 생산은 타자를 파괴성이라는 하나의 역할에만 제한하려는 제국주의적 시도를 입증해주는 증거가 된다. 식민주의 담론은 단순히 문명화의 승리를 선포하는 것이 아니라 언제나 타자를 만들어내야 하고 이 작업은 투쟁과 위험을 감수해야 한다. (1985 : 58)

프로스페로의 담론은 칼리반을 식민지 주체로 호명함으로써 자기의 권력이 분열되거나 반란이 발생할 가능성을 남겨두게 된다.

수정주의 비평이 「폭풍」의 해석에 관여하기 훨씬 전에, 비록 간헐적이고 임시적이기는 하지만 텍스트의 상연이 대항 담론의 기획에 비중 있는 역할을 수행한다는 것을 증명해 보였다. 트레보 그리피스(Trevor Griffiths)는 연극 상연의 역사를 보여주는 방대한 개괄 작업에서, 칼리반을 노예제 반대 운동가로 그린 19세기의 벌레스크*17) 〈마법에 걸린 섬(The Enchanted Isle)〉(1848)과, 칼리반에게 공감한 어느 비평가로 하여금 노예의 행동에 대한 책임은 프로스페로에게도 있다고 주장하게 만든 1838년의 한 공연을 언급했다(1983 : 160~161). 식민주의적 주제를 심각하게 고려한 현대의 「폭풍」 연출작품들은, 극중 다른 인물들과의 관계에서도 위협적으로 작용할 수 있는 프로스페로의 권위에 대한 도전을 강조한다. 소위 신대륙에서는 종종 칼리반이 정치·문화적 탈식민화와 관련한 지역적 투쟁의 화신으로 인식되었다. 1970년 런던에서 조너선 밀러(Jonathan Miller)의 작품이 재상연된 이후로는 심지어 제국의 중심부에서조차 식민주의를 강조하고 있다는 생각을 가지게 했다. 밀러는 유럽의 침략에 대한 토착민의 서로 다른 반응을 재현하기 위해 칼리반과 아리엘 역에 흑인배우를 캐스팅했다.18) 그리고 식민주의적 주제를 강조하기 위해 다른 등장인물들 모두를 자신의 수정주의적 해석의 틀 안에 통합하고, 미란다·페르디난드·프로스페로의 관계와 칼리반·스테파노·트린쿨로의 등장 장면들을 변형시키는 급진적인 태도를 보였다.

토론토의 얼베일즈 공원(Earl Bales Park)에서 있었던 스카이라이트(Skylight) 극단의 1989년 연출작은 우연적인 지역 역사에 맞춰 「폭풍」을 대항 담론적 공연으로 구체화했다. 이 연극은 루이스 바우만더(Lewis Baumander)가 연출하였으며, 브리티시 콜럼비아 해안가의 퀸 샬로트 섬을 배경으로 했

---

17) 저급한 풍자와 익살이 섞여 내용이 해학적인 희가극. (역주)
18) 밀러 연출 이전에도 칼리반 역을 흑인배우가 연기한 적은 있었지만, 대부분은 흑인들에게 따라다니는 '야만성'과 리비도적 욕망의 함축을 강화하면서 (남성이건 여성이건) 백인 배우가 연기하는 아리엘 역과 대비하는 경우가 많았다. 상세한 내용은 미국에서의 『폭풍』 상연에 대한 힐(Hill)의 연구를 참조하라. (1984 : 2~5)

다. 하이다국(Haida Nation)의 대표로 등장하는 칼리반과 아리엘은 유명한
토착민 배우 빌리 머래스티(Billy Merasty)와 모니크 모지카(Monique Mojica)가
연기하였다. 칼리반의 익살이 포스트 식민주의 실천에서 주장하는 것만
큼 전복적이지 않을 수 있지만, 비토착민 위주 관객층의 정서를 제대로
건드렸다. 헬렌 피터스(Helen Peters)가 말했듯이, 칼리반의 익살을 반겼던
관객들의 어색한 웃음은 주정뱅이 '인디언'들을 놀리는 데 익숙한 캐나
다인들의 "불편한 심기에서 비롯"(1993 : 200)한다. 더욱 효과적인 대항 담
론을 가능케 한 것은 세트 디자인, 안무, 특히 공연의 토착적 주제와 이
미지를 통합시키는 데 기여한 아리엘의 캐릭터 덕분이다. 식민화 이전의
캐나다 토착문화에 내재했던 생명력과 복잡성을 보여주기 위해 무대 세
트에 하이다(Haida)*19) 인디언의 모티프를 이용한 것은 물론이고, 하이다
인디언 세계의 영적인 힘을 강조하여 아리엘을 여러 토착적인 트릭스터
(Trickster)*20) 정령 가운데 하나인 까마귀(Raven)로 형상화했다. 〈폭풍〉은 아
리엘(까마귀)의 '마법'을 통해, 깃털을 달고 가면을 쓴 무용수들이 훈제실
(smokehouse)을 정화시키면서 향연을 시작한다. 이 장면은 전통적인 선물 증
정과 축제의 장으로 이어지는 인디언의 포틀래치(potlatch)*21)로 재형상화
된 것이다. 포틀래치가 캐나다 법에 의해 반세기 이상 금지되었었다는
사실에 비추어 볼 때, 토착문화의 전통적 요소 중에서 포틀래치를 공연
으로 부활시킨 것은 적절한 선택으로 여겨진다. 동시에 가면극은 식민지
조우의 순간을 강렬히 표현하는 장면으로 자리매김했다. 바우만더의 연
출 안에서 유럽인들은 토착민의 죽음과 문화 파괴를 일으킨 장본인으로,

---

19) 북아메리카 북서부 인디언의 한 종족. 이들의 미술이 발견되면서 세상에 알려졌는
    데, 토템상을 세우는 기둥, 탈, 제구, 고유한 장식을 한 상자와 통나무배가 유명하다.
    (역주)
20) 원시민족의 신화에 나와 주술, 장난 등으로 질서를 혼란시키는 신화적 형상. (역주)
21) 북아메리카 북서해안의 인디언들이 탄생, 成女式, 장례식, 지위계승식 등의 의식에
    사람들을 초대하여 베푸는 축하연. 축하연에서 음식은 물론 호랑이 모피나 모포, 동판
    (銅版), 통나무배 등을 손님의 지위에 따라 선물로 준다. 선물받은 사람은 선물액에 일
    정한 이자를 붙인 만큼의 답례축하연을 베풀어야 한다. (역주)

〈폭풍(*The Tempest*)〉: 발리 무용수, 프로스페로, 미란다
데이비드 조지(David George)와 서지 팀팔리니(Serge Timpalini)가 연출한 〈폭풍(*The Tempest*)〉(1987).
사진 제공 : David George.

지옥에서 온 손님들로 등장하였다. 연회가 끝난 후에도 조명이 비추고 있는 해골의 잔해들이 그 의미를 더욱 강조했다.

〈폭풍〉의 공연 기호들을 더욱 문제적으로 다룬 것은 1987년 데이비드 조지(David George)와 서지 팀팔리니(Serge Timpalini)의 연출로 발리(Bali)에서 발리인 무용수, 음악인들과 오스트레일리아 학생들에 의해 공연된 작품이다. 비록 조지가 자신의 극단은 발리 관습을 "문화적으로 존중한다는 것을 표현할 의도였"다고 말하고 있지만(1989~1990 : 23), 이 연극은 최소한 하나의 층위에서 신제국주의와 연계될 만한 문화상호주의적 접근 요소를 내포하고 있다. 주요 배역은 모두 오스트레일리아 배우들의 몫인 반면 발리와 발리 사람들은 연극의 '무대 배경'이 되었다. 그래서 이 공연은 셰익스피어 텍스트에 내재한 위계 질서를 재강화시키고, 와양 쿨리트 (Wayang Kulit)*22)나 다양한 발리 춤과 같은 비서구적 공연 관습들을 이국

---

22) 인도네시아 전통적인 그림자 인형극. (역주)

적인 풍경 정도로 만들어 버린 경향이 있다. 조지가 자신의 연출에 대해 소개한 글과 함께 실린 공연 사진은, 라이 데일(Leigh Dale)이 지적하듯 밀림의 빈터에 자리잡은 사원의 외부에 서 있는 한 명의 무희를 바라보는 미란다의 시선을 통해 전형적인 제국주의적 응시를 보여준다(1993 : 107). 게다가 조지는 발리의 문화를 침략한 서구인을 패러디하기 위해 광대 스테파노와 트린쿨로 역에 오스트레일리아 관광객과 미국인 영화 제작자를 캐스팅했으면서도 〈폭풍〉의 대부분에서 식민주의적 주제가 강조되는 것을 꺼려했다. 사실 이 작품에서 칼리반은 비정치적으로 재현되었고 스리랑카계 오스트레일리아인이 연기했지만, 다른 문화들간의 조화라는 행복한 신화를 유지하도록 고안된 연극적 움직임들로 인해 인종적 의미가 탈각되었다. 사실 조지 자신도 '만약 관객들이 단 한순간이라도 [칼리반을] 백인 협잡꾼들에 의해 노예가 되어 학대받는 갈색 피부의 어떤 사람과 동일시했다면, 우리 일행은 급히 발리에서 도망쳐 나와야 했을 것'이라고 인정한 바 있다(1993 : 29). 그래서 셰익스피어적 세계와 당대의 발리 사이에서 관련성을 강조하기 위해 공연의 포커스는 마법과 예술에 맞추어졌고, 조지는 그렇게 함으로써 오스트레일리아 문화 안에서 단순한 '요정 이야기'로 치부될 이 연극에 다시금 생명력을 불어넣을 수 있다고 생각했다.

> 발리에서 연금술은 여전히 존재한다. 연극에 대한 우리의 원래 관심은 다른 문화로부터 받은 영감이 연극의 본래적 힘을 되살릴 만한 효과가 있는가, 즉 인도네시아 연극이 우리의 고유한 고전을 부활시킬 수 있는가 하는 의문에 있었다. 인도네시아(특히 발리) 문화는……실제 삶에까지 영향을 끼치고, 관념을 바꾸고, 환각을 일으키고, 자연스러운 사건들에 영향을 끼칠 수 있는 연극의 힘에 대한 유사한 신념을……셰익스피어와 공유한다. (1988 : 22)

연출자의 이와 같은 발언은 주로 이 연극 상연과 관련된 오스트레일리아인들을 위해 유럽의 고전을 부활시키는 데 있어 발리의 예술과 마법을 이용하려는 의도를 드러낸다.

이상의 예들은 포스트 식민주의 문맥 안에서 서양정전을 연극으로 (재)생산할 때 발생할 수 있는 가능성과 위험을 보여준다. 문화적 생산물인 오리지널 텍스트가 지니는 급진적 불안정성은, 해석이란 "텍스트가 무엇을 의미하느냐가 아니라 그것이 정치적으로 어떤 의미를 가질 수 있도록 만들어지느냐의 문제"라고 했던 토니 베넷(Tony Bennet)의 지적을 제대로 드러낸다(1982 : 229). 공연 자체는 즉흥적이고 일시적인 것이기 때문에 공연을 통한 대항 담론은 문서화하기가 가장 어려운 형식이다. 그럼에도 불구하고 공연은 음성·신체·의상뿐만 아니라 미장센의 전체적 의미망을 정치적으로 활용하여 제국주의 정전을 비판하는 강력한 양식으로 기능한다. 이런 전략은 작품의 플롯이나 에토스에 반하는 방식으로 작동할 수도 있지만, 한편으로는 극적 사건을 만들어내고 받아들이는 과정에서 불평등한 권력 관계를 설정함으로써 의도적이든 아니든 간에 서구의 특권을 재각인시킬 수도 있다. 이런 종류의 신제국주의를 피하기 위해서는 각각의 문화상호적 교류에 반드시 맥락을 부여해야 하고, 그렇지 않다면 루스텀 바루차가 역설한 '위치의 정치학'에 직면해야 한다(1993 : 240). 원(原)텍스트와 이것이 재정의된 대상(target)문화 사이의 광범위한 관계를 설명하기 위해서는, 재현 체계의 재가공을 넘어서는 공연상의 대항 담론적 실천이 요구된다.

포스트 식민주의 실천을 위해 담론적으로 개입하는 지점에 놓인 「폭풍」의 유산은 연극뿐만 아니라 비평 장르에서도 존재를 갖는다. 1950년대 초반, 옥타브 마노니(Octave Mannoni)의 『프로스페로와 칼리반―식민화의 심리학(Prospero and Caliban : The Psychology of Colonization)』(1950)과 프란츠 파농(Frantz Fanon)의 『검은 피부 하얀 가면(Black Skin, White Masks)』(1952)이 출판되면서, 프로스페로가 칼리반을 노예화한 것이 식민 담론의 핵심 패러다임이자 중요한 비평의 표적으로 자리잡았다. 뒤따른 조지 래밍(George Lamming)의 『망명의 기쁨(The Pleasures of Exile)』(1960)과 맥스 도신빌(Max Dorsinville)의 『프로스페로 없는 칼리반(*Caliban Without Prospero*)』(1974)에서는 칼리반 대 프로스페로 관계의 변증법적 성격을 탐구했다. 이들은 전반적으로 식민지 권력 관계에서 보다 상호적인 모델을 주장하고, 식민 지배자와 피지배자의 조우에 억압과 의존의 관계가 필연적으로 발생한다는 마노니의 주장을 반박한다. 로베르토 페르난데즈 레타마르(Roberto Fernandez Retamar)의 '칼리반'(1974. 1989년 재발간)은 조금 더 혁명적인 입장을 견지하는데, 기존의 악한 이미지를 벗어버리고 제국주의 정권을 전복하며 자기 섬을 되찾는 쿠바의 포스트 식민주의적 주체로 새롭게 그려진다. 남아메리카와 중앙아메리카를 아리엘과 동일시했던 우루과이 비평가 호세 엔리케 로도(José Enrique Rodó)의 저서를 기반으로 해서 레타마르는 오직 칼리반만이 쿠바, 카리브, 중앙아메리카를 재현할 수 있는 인물이라고 주장한다. 레타마르는 제국주의적 비유 안에 칼리반은 이미 항상 구성되어 있다는 주장을 반박하고, 이 인물을 전유하는 것이야말로 "식민주의가 모욕하고자 의도했던 것들을 명예로운 것으로 바꾸"는 행위라고 주장했다(1989 : 16).

칼리반의 대항 담론을 위한 레타마르의 청사진은, 지난 몇십 년 간 포스트 식민주의사회에서 「폭풍」을 둘러싸고 등장한 문학과 비평의 중요한 위치를 차지해 왔다. 「폭풍」을 다시 쓰거나 비평한 글들을 일일이 짚고 넘어갈 수는 없지만, 이들 아프리카인, 카리브인, 아프리카계 미국인, 남미 인디언 출신의 흑인이나 토착민 작가들이 프로스페로/칼리반 관계에 초점을 맞추고 있다는 점에 대해서는 대부분의 연구자들이 동의한다. 이 작가들은 칼리반이 식민 지배자의 언어를 전유하거나 자신의 언어를 창조했고, 정복자를 조종하기 위해 강간과 성욕(appetitie)을 재정의 했다고 본다. 또 흑인은 백인에 의해, 혼돈은 질서에 의해, 야만은 문명에 의해 정의되는 이항대립의 논리 체계를 해체하는 가운데 전복의 시도가 놓여 있다고 제안했다(Brydon, 1984; Nixon, 1987; Ashcroft *et al.*, 1989 : 189~191 참조). 반면, 정착민문화 즉 오스트레일리아나 앵글로폰 캐나다[23]와 같은 이주 정착민문화권 출신의 작가들은 인종 관계에 중점을 두기보다, 정복자와 토지의 관계를 재고찰함으로써 프로스페로의 권력이 분열되는 양상을 연극화하는 경향이 있다. 이들의 작품에서 이주 정착민 주체는 양가적이며 극단적인 불안정성으로 특징지어지는 반면 '흑인'의 정체성은 흔들리지 않고 견고하다.

에이메 세자르(Aime Cesare)가 1969년에 초연한 〈윈 땅뻬뜨(Une tempete)〉*24) 는 연극으로는 최초의 영향력을 발휘한 포스트 식민주의적 다시쓰기 작품이다.25) 이 연극은 아프로-카리브(Afro-Caribean) 문학의 대항 정전이 되기 위해 모반을 일으킬 수 있는 칼리반을 설정했다는 점에서 레타마르보다 앞서 있다. 마르티니크 출신의 시인이자 네그리튀드운동(negritude movement)*26)의 창시자 가운데 하나인 세자르는 자신이 셰익스피어의 이 희곡 작품을 '각색'하는 것이 알레고리적 이야기를 '탈신비화'함으로써 식민주의적 주제를 확장해서 쓸 수 있는 명시적 시도라고 생각했다.27) 프랑스인 연출가 장 마리 세루(Jean-Marie Serreau)와 공동 작업하면서 그는 작품의 본래 골격과 인물의 성격 묘사는 대부분 원전의 것을 유지하되, 프로스페로의 '마법'은 폭동을 억제하는 뛰어난 테크닉에 불과한 것이라 폭로하고 칼리반을 저항하는 영웅으로 승격시켰다. 대형 스크린에 당

---

23) 브라이든(1984)은 앵글로폰(영국계) 캐나다인의 소설 가운데 미란다를 저항하는 인물로 새롭게 구성하여 『폭풍』을 다시 쓴 작품을 찾아냈다. 이는 제국의 헌신적인 딸역할을 거부하려는 정착민사회의 충동을 충족시키기 위해 창작된 신화라 할 수 있다. 반면 프랑코폰(프랑스계)에서 다시 쓰여진 작품들은 퀘벡인과 앵글로폰 캐나다인 사이의 분쟁을 강조하기 위해 칼리반적인 저항의 모델을 채택한다. 깊이 있는 논의는 재버스(Zabus, 1985)와 도신빌(Dorsinville, 1974)을 통해 확인할 수 있다.

24) 세자르가 연출한 셰익스피어의 「폭풍(The Tempest)」으로, 다른 작품과 구별하기 위해 〈윈 땅베뜨〉로 표기하였다. (역주)

25) 〈윈 땅베뜨(Une tempete)〉를 논의하면서 팰리스터(Pallister, 1991)는 어니스트 르낭(Ernest Renan)의 1878년 작 『칼리반』을 언급한다. 이 작품에는 칼리반이 점차 프로스페로의 지배를 전복하는 과정이 묘사되어 있는데, 세자르가 자기 식으로 『폭풍』을 개작하던 당시에 상대적으로 덜 알려졌던 이 희곡 작품을 읽었는지는 불분명하다.

26) 아프리카의 문화적 주체성을 살리고자 한 문화운동. (역주)

27) 그린블랫(S. Greenblatt, 1976)과 홀름(Hulme, 1986) 같은 비평가들이 주장한 것처럼, 셰익스피어 작품을 식민주의적 문맥에서 읽는 신역사주의자(New historicist)의 관심보다 세자르의 연극이 앞서 있음을 눈여겨볼 필요가 있다.

대의 이미지와 역사적 이미지들을 투사해가면서 반자연주의적 스타일로 연출된 세자르의 〈윈 땅뻬뜨〉는 셰익스피어 텍스트를 연극적으로나 주제상으로나 한층 도약하게 했다. 결국 사건을 식민주의의 종말 직전까지 끌고 가서 주인·노예 관계의 궤적을 뒤따르는 다른 새로운 종류의 알레고리가 되었다. 카리브와 아프리카의 여러 나라들이 유럽의 식민 지배로부터 독립하던 시기에 이 작품이 쓰여졌다는 것은 우연이 아니다. 결말에 이르러 늙고 쇠약해져 더 이상 칼리반을 지배하지 못하는 프로스페로는 호전적인 칼리반이 금방이라도 일으킬 폭동 앞에서 화해할 수도 후퇴할 수도 없다.

세자르는 등장인물 소개란에 칼리반은 흑인 노예이고 아리엘은 물라토(mulatto)*28)라고 명기함으로써 인종 문제를 식민주의의 주요 쟁점으로 내세운다. 그는 2막의 도입부에서 노예제에 대해 다른 반응을 보이는 이 두 사람의 대화를 첨부하고 이 갈등이 둘 사이의 인종적 차이에서 기인함을 드러낸다. 칼리반은 어떤 수단을 강구해서라도 '당장 자유를' 얻기를 소망하지만, 아리엘은 폭력도 복종도 거부한 채 프로스페로가 양심에 따라 스스로 잘못을 고칠 때까지 참을성을 가지고 기다리자고 종용한다. 이렇게 인종적인 선을 따라 두 인물의 개성을 차이나게 그리면서도, 세자르는 쇼(Show)의 사회자가 두 사람에게 가면(역할)을 무작위로 선택하게 하는 프롤로그를 통해 이들의 행위에 맥락을 부여하고, 인종적(혹은 성적) 정체성에 대한 고정된 관념을 거부한다. 로버트 리빙스턴(Robert Livingston)에 따르면, "가면극의 효과는 인종 구성을 비본질화하고 인종주의적인 대본과 연기 사이에 긴장을 발생시켜, 배우들이 단일화된 인물을 창조하기보다 알레고리적 역할을 맡게 한다."(1995 : 193)

세자르의 텍스트는 페르디난드와 미란다의 역할을 최소화했고 칼리반에게는 강력하고 공명을 일으키는 목소리를 부여함으로써 프로스페로의

---

28) 흑인과 백인의 혼혈. (역주)

지배에 맞서서 말하고 행동하게 했다. 첫 등장부터 칼리반은 자신을 모욕하는 이름에는 더 이상 대답하지 않겠다며 주인의 권위에 도전한다. 주인이 부여했던 이름 대신 그는 자신을 X라 불렀다. X라는 이름은 미국의 흑인 인권운동가 말콤 X를 의도적으로 암시한 것이라 할 수 있다. 이는 그의 이름과 정체성이 도둑맞았다는 것을 명시적으로 상기시킨다. 주인 서사(master narrative)에 의해 호명되는 것을 거부하는 이 행위는, 셰익스피어 텍스트에 표현된 식민주의적 관계에 개입하는 중요한 행위이다. 칼리반/X는 스스로를 언어 지배의 외부에 배치함으로써 억압자까지도 '저주할' 수 있는 강력한 위치를 확보하게 된다. 결말에 이르러 칼리반은 자신에게 강요된 온갖 부당함을 길게 열거하면서 프로스페로는 물론이고 거대한 식민지의 기획까지도 모두 허위였다고 비난한다. 다른 층위에서 보면 이 텍스트 전체는 언어 지배라는 측면에서도 전복적 위치를 차지한다. 비록 또 다른 제국의 언어인 프랑스어로 '번역'되었지만, 대사들은 셰익스피어 연극의 언어적 관습을 그대로 따른 채 영어 단어를 프랑스 단어로 자리바꿈만 한 것이 아니다. 크리올어(Creole), 스와힐리어(Swahili), 영어가 뒤섞이면서 주인의 언어는 어지럽혀졌다. 정전 텍스트에서 정복자는 고상한 운문으로 말하고 피지배자는 산문으로 말했던 언어 용법의 위계도 대부분 거부되었다. 포스트 식민주의적 우연성에 적합하도록 전유된 연극 언어를 발전시키는 데는, 요루바의 천둥신인 샹고(Shango)에게 칼리반이 바치는 아프리카 리듬도 큰 몫을 차지했다.

〈원 땅뻬뜨〉는 칼리반으로 하여금 아프리카의 뿌리를 회복하고 재현에 지배력을 행사하는 주인의 권력에 대항할 수 있는 노예의 능력을 뒷받침해주었다. 특히, 또 다른 요루바의 트릭스터 악신(dieu-diable, devil-god)인 에슈(Eshu)가 칼리반의 간청에 의해 모습을 드러냈던 가면극 장면이 그것을 증명해준다. 에슈는 가면극 광경을 깨뜨리기 위해 나타나서는, 칼리반의 '저속한' 익살에 질색하고 불쾌해하는 그리스와 로마의 신, 주노·아이리스·세레스에게 퇴장할 것을 재촉한다. 셰익스피어 연극에서 약혼식 가면극 장면은 폭풍이나 '하피(Harpie)의 연회'를 방해하는 힘들을 물리친 프로스페로판 유토피아를 재현한 것이었다. 수확이 끝난 후 요정과 함께 추는 춤은 제의적이면서 사회적인 조화를 가능케 하고, 풍성한 수확의 조짐은 신대륙을 전원적인 은신처로써 전유하게 한다. 이 춤은 또 미란다와 페르디난드의 결합을 자연이 결실을 맺는 이미지와 연결시키면서 신체를 탈성화시키고, 여기서 칼리반을 배제함으로써 기존 질서에 반하는 성적 욕망은 거부한다는 것을 명시한다. 세자르판 가면극은 이것들과 거리가 멀다. 에슈는 격정적인 에너지로 춤추고 마셔대며, 남근의 이미지가 분명하게 드러나는 음란한 노래까지 부른다. 이 대항 유토피아가 펼쳐지는 장면은 「폭풍(The Tempest)」의 가면극이 아프로-카리브 문화의 생명력 넘치는 제의를 지워버린 맥락과 공연 코드를 비판한다.

세자르가 정치적 독립을 작품의 하부 텍스트로 삼고 있다면, 데이비드 말루프(David Malouf)의 〈혈연(Blood Relations)〉(1987)은 당대 오스트레일리아 서부를 배경으로 조금은 덜 혁명적인 정치론을 통해 사회 비평을 시도한다. 셰익스피어의 연극적 페르소나를 혼종시켜 다른 종류의 대항 담론을 생산하기 위해 말루프는 두 세기 동안 오스트레일리아에 유럽인들이 정착한 결과 오스트레일리아에서 발생한 인종과 영토 변화에 초점을 맞추었다. 인물들의 전복성은 정전이 제시하는 모범을 불완전하게 모방하거나 오염시켰을 뿐만 아니라, 다양한 '가족' 구성원들을 연결해주는 복잡한 계보학적 관계를 맺고 있다. 이 작품에서 칼리반은 어보리진*29)의 피가 섞인 디니(Dinny)라는 인물로 등장한다. 디니는 윌리(원작의 프로스페로)의 식민지 피지배인인 동시에 그의 서자이다. '타자'로서의 칼리반은 필연적으로 정복자의 일부이면서 정복자 자신이 저지른 타인종과의 성적 결합을 끊임없이 상기시키는 존재가 된다. 프로스페로의 부재하는 아내인 테사와 그녀의 연인 프랭크(원작의 안토니오)가 등장해서, 윌리가 자기

---

29) 백인들이 정착하기 전부터 오스트레일리아에 살았던 원착민 주민. (역주)

식대로 정당화한 역사를 의심하기 시작하면서 윌리의 정체성은 심하게 오염된다. 케시(원작의 미란다)와 에드워드(원작의 페르디난드)를 연기하는 배우가 동시에 유령들을 연기하도록 한 말루프의 지시문은 인물들간의 또 다른 미끄러짐을 야기한다. 1인 2역이라는 특별한 기법은 단순히 「폭풍」을 다시 쓰는 것만으로는 접근하기 어려운 혼종성의 개념을 이용한다. 한 배우가 두 명이나 또는 그 이상의 이전 등장인물들을 연기할 경우, 각 인물에는 그 배우가 연기한 다른 인물의 흔적이 남을 수밖에 없다. 이 흔적은 완벽하게 구획되고 분리된 인물을 형성하는 데 방해가 된다. 말루프가 활용한 1인 2역의 기법을 통해 굴절되고 반사된 정체성은 셰익스피어 텍스트와 상응하는 인물들에까지 중첩되면서 더욱 강화된다. 칼린은 〈지금은 안 돼요, 사랑스런 데스데모나〉에서 아파르트헤이트가 시행되는 남아프리카의 '부도덕 법안'이 내포한 전제들을 부수기 위해 이중배역기법을 이용하였다. 그러나 〈혈연〉에서의 이중배역(doubling)은 다수의 목소리를 부여하면서 어느 하나에 절대적 권위를 양도하지는 않는다. 메타 연극적 이중배역은 모든 역할의 자의성을 드러내고 재현이 가지는 환각성을 전면에 부각시킨다. 즉 관객들이 텍스트의 다중적 움직임을 따라가면서 한 명의 배우에게서 두 개의 역할을 보게 하고, 셰익스피어 연극의 발화 자체뿐만 아니라 그 안의 상호텍스트적 의문들과도 맞대면하는 과정으로 만드는 것이다.

〈윈 땅뻬뜨〉의 결말이 프로스페로의 지배력과 정체성을 위협하는 파괴적 에너지를 봉쇄하려 했다면, 〈혈연〉은 권력의 분열이 불가피하다는 것을 보여준다. 그러므로 윌리 스스로가 창조한 굳건한 가부장으로서의 위치는, 풍자와 의문과 죽음 안에서 한시적인 것임이 드러난다. 더 나아가 말루프의 연출 기호학은 통합된 의미의 자아란 불가능한 것임을 강조한다. 혼종성을 강하게 표현하는 윌리(프로스페로)와 디니(칼리반), 키트(아리엘)라는 세 명의 인물은 비토착민 오스트레일리아인의 분열된 주체를 시각적으로 재현한다. 마침내 절대 권력을 향한 자신의 꿈들이 흩어진 재와 알 수 없는 돌 상자로 남아버린 월리의 존재는 대상화된 타자가 되어 버리고 만다. 이 연극은 세자르가 식민화의 '부메랑' 효과라고 불렀던 결론에 식민 지배자가 직면하고야 말 것임을 보여주려고 한다. 즉 억압자와 피억압자 모두 미개화된다는 것이다(1976 : 26).

말루프도 세자르처럼 셰익스피어 가면극이 표현했던 유토피아적 세계상에 의문을 제기한다. 그래서 메타 연극 <혈연>에서는 아이러니와 종말론적 색채를 덧입힌 카니발레스크(Carnivaleque) 마술 쇼를 통해 조화보다는 갈등을 전달한다. 키트는 월리의 반대에도 불구하고 이 쇼를 연출하는데, 셰익스피어 연극이 지녔던 '행복한 연인'의 이미지는 지워버리고 동성애적 표현을 전면에 부각시킨다. 등장인물들의 대화는 동작을 행하는 중에 재현의 환각적 기제를 해체하는 방식으로, 춤 자체에 대한 메타 코멘트로 작용한다. 이 춤에 동참하라는 초대를 거절하고 디니(칼리반)는 자기만의 '쇼'를 연출한다. '이 섬은 내 것이다'라는 칼리반의 대사를 재인용해 표현한 이 '쇼'의 의미는, 백인의 제의적 움직임이 자기 몸에 각인되는 것을 거부하고 그 공연 전체와 셰익스피어식 원형(prototype) 모두를 비판의 대상으로 삼는 데서 찾을 수 있다. 셰익스피어의 가면극과 신세계에 대한 곤잘로(Gonzalo)의 연설이 자연을 쉽게 전유하는 것으로 그려냈던 것과는 달리, <혈연>에서 수확 장면은 식민 지배자를 농부로 내세움으로써 결코 결실을 맺지 못하는 것으로 형상화한다. 영국 출신 월리와의 대척점을 상징하는 '섬'은, 표면상으로 무한해 보이는 두 개의 허공인 사막과 바다를 분리시키면서 동시에 외딴 해안가 불모지에 놓여 있는 험난하기 짝이 없는 바위투성이의 수확물일 뿐이다. 말루프의 텍스트는 유토피아적 정착 신화를 창조하려고 '멋진 신세계'를 불러들이지 않으며, 정전 모델에 의해 지속된 비르길리우스의 전원적 신화를 거부하고, 자연을 호의적으로 혹은 지배 가능한 대상으로 재현하지 않는다. 풍경을 식민화하려는 월리(프로스페로)의 노력에도 불구하고 자연은 다양하게 변신하면서 공연 텍스트의 윤곽을 형성한다. 기괴한 음악소리와 변덕스런 날씨(폭풍)가

끼어들면서 윌리는 자신이 세심하게 연출했던 연극에 대한 지배력을 순식간에 상실해 버린다.

풍경들을 셰익스피어식으로 재현한 광범위한 유산에 대한 관심은, 말루프뿐만 아니라 캐나다 극작가 존 뮈렐(John Murrell)이 브리티시 콜럼비아 밴쿠버 섬 남서부 해안을 배경으로 「폭풍」을 각색한 작품인 「신세계(New World)」(1984)에서도 찾아볼 수 있다. 뮈렐은 섬을 에덴에 약간 못미치는 곳처럼 암시하면서 「폭풍」의 도상학을 패러디하고 재가공했다. 하지만 그보다 그 섬을 신선하고, 비어 있으며, 개발되지 않았고, 젖어 있으며, 물렁한 상태이고, 열려 있다는 등의 다양한 형용사로 수식하면서 냉소적이고 지친 구세대의 의식을 회복시킬 수 있는 속죄의 공간으로 형상화하고, 신세계의 가능성을 강조한다. 하이다문화가 활성화되어 있는 공간으로 알려진 섬을 배경으로 하고는 있지만, 바우만더가 연출한 〈폭풍〉과는 달리 「신세계」는 캐나다 토착민의 의식을 그다지 드러내지 않고 있다. 대신에 「신세계」는 정착민 주체가 이방의 풍경을 이상적으로 전유하게 되는 전원적 양식을 특징으로 하면서, 동시에 근대성에 의해 마비된 앵글로 유럽 문화를 거부한다. 그러나 이 틀 안에는 세자르나 말루프와 같은 다른 극작가를 자극하고 추동한 제국주의적 인식론을 탈중심화할 기회가 제한되어 있다.

크루소와 프라이데이

바이오던 제이포(Biodun Jeyifo)가 지적하였듯이 다니엘 디포(Daniel Defoe)의 「로빈슨 크루소(Robinson Crusoe)」 역시 "유럽 중심주의의 고전적 '메가텍스트'"인 탓에 제국주의 중심부에 대항한 '되받아쓰기(writing back)' 기획의 초점이 되어 왔다(1989 : 114). 특히 디포의 소설은 카리브 작가들에게 「폭풍」과 더불어 흑인을 주인 · 노예변증법에 복속시키는 비유 체계를 확립하고 유지하는 데 책임이 있는 작품으로 인식되어 왔다. 텍스트를 비판적으로 읽다보면 두 작품 모두 인종적 타자를 서구 담론 안으로 강력하게 호명하는 것에 대한 서술임을 알 수 있다. 그래서 크루소와 프라이데이, 프로스페로와 칼리반의 관계는 더욱 거대한 식민지 기획을 위한 상징적 시금석으로 작용한다.

　데렉 월콧의 〈판토마임(Pantomime)〉(1978)은 「로빈슨 크루소」의 지리적 위치는 원래대로 유지하되 그 위에 새로운 시간적 배경을 상정한다. 사건은 서인도 제도 토바고(Tobago) 섬의 어느 여관에서 벌어지는데, 이는 크루소의 이야기가 서구 담론 속에 전파시키고 지속시켰던 이국적 이미지를 암시하는 것이다. 트리니다드 관광산업의 일환으로 토바고 일일여행을 '크루소의 꿈'이라고 판촉하는 장면은 디포 작품의 유산이 여전히 살아 있음을 분명히 확인시켜 준다. 이 소설을 허구적으로 재가공한 존 M. 쿠시(J. M. Coetzee)의 「포우(Foe)」나 샘 셀본(Sam Selvon)의 「모세 승천(Moses Ascending)」과 달리, 〈판토마임〉은 원텍스트의 장르 자체를 바꿔 버리는 대항 담론의 중요 전략을 펼친다. 연극은 디포 소설의 중심화된 화자의 목소리를 대체하는 문맥을 만들어내면서 지역 공연 전통의 연극적 힘을 이용한다. 장르에 대한 관심을 가지면서 월콧은 1719년 이래 등장했던 「로빈슨 크루소」의 다른 여러 재창작 작품들에도 응답한다.

　18세기 후반부터 19세기에 〈로빈슨 크루소〉는 판토마임의 일반적인 전통에 따라 프라이데이 역할을 여성이 연기해내는 인기 있는 판토마임 레퍼토리 가운데 하나였다. 판토마임에서는 백인의 젠더(gender)라는 강력한 기표가 부각되면서 인종에 대한 관심이 흩어져 버렸다. 월콧의 연극은 이 한 번의 대체를 또 한 번 대체했는데, 크루소와 프라이데이 역할이 고정된 것이 아니라 계속되는 협상을 통해 결정되도록 한 것이다. 판토마임 배우였던 해리 트레위(Harry Trewe)는 런던에서 〈로빈슨 크루소〉를 종종 공연하였다. 그의 전(前) 부인이 프라이데이 역을 연기했는데, 그는 자신을 끊임없이 빛나게 해주는 그녀의 능력 때문에 괴로워했다. 트레위 (Trewe)는 과거 칼립소 가수였고 지금은 자신의 하인인 흑인 잭슨 필립 (Jackson Phillp)에게 이 판토마임을 다시 해보라고 설득하는 중이다. 프라이데이(잭슨 필립)는 자신의 역사가 알려져야 한다고 주장했을 뿐만 아니라, 트레위에게 노예의 역할을 연기해보라고 요구했다. 이 '프라이데이'에게 트레위가 설득당했고, 어느 새 무대 위에 서 있는 자신을 발견하게 된다. 두 사람은 판토마임을 하기 전에 이미 디포의 소설 외부에서 무인도에 고립된 크루소 이야기에 대한 각자 나름의 해석을 가지고 있었다. 트레위가 낭만적이고 상투적이며 운율이 있는 노래를 부르는 동안 필립은 사회적 재편의 가능성을 예고하는 "그러나 언젠가 모든 것은 뒤바뀔 테지. 크루소는 노예, 프라이데이는 주인"(1980 : 177)이라는 칼립소의 곡조를 흥얼거렸다. 인종적 위계 질서에 대한 이런 도전에도 불구하고 두 인물의 서사에서 상충하는 내용은 〈판토마임〉의 수정주의적 기획의 중심이 되는 공연 스타일상의 차이보다는 덜 중요하다.

필립은 명명하기의 권력에 어깃장을 놓으면서 자신이 연기하는 흑인 남자를 써즈데이(Thursday)라고 부른다. 게다가 더욱 급진적이게도 일반적인 영국식 판토마임이 아니라 칼립소 스타일로 크루소 이야기를 연기하겠다고 고집을 부린다. 그는 또 '비극'과 '희극'*30)을 모두 이용하겠다고 선언하고, 절제된 공연 양식을 선호하는 트레위가 불편해할 만큼 넘치는 에너지로 자신의 역을 소화한다. 필립의 파괴적인 패러디 스타일이 가장 위력을 발휘하는 때는 트루위가 길고 상세한 마임 시퀀스를 통해 크루소의 섬 상륙기를 그려내는 부분이다. 이 칼립소니언*31) 장면의 세부 사항에 과도하게 집중하면서, 크루소 신화가 우스꽝스런 소극(farce)에 불

---

30) 원문의 철자는 'tradegy'와 'codemy'로 되어 있다. 'tragedy'와 'comedy'에 대한 일종의 언어 패러디. (역주)

31) calypsonian. 칼립소 콩쿨 우승자. 여기서는 칼립소를 부르는 필립을 의미함. (역주)

과함을 폭로했고, 그의 카니발레스크한 공연은 트루위로 하여금 마침내 쇼 자체를 중지하게 만들었다. 메타 연극적 층위에서 보면 마임의 성패는 관객들의 반응을 예리하게 파악하고 즉흥적 희극을 연기해내는데 달려 있다. 이 장면은 연기하고 있는 필립에게 자기 재능을 발산할 공간을 확보해주었다.[32) 판토마임은 문화간 충돌의 지점에 놓여 있는 공연 안에 자신의 관심사를 전달하기 위해, 슬랩스틱 유머(slapstick Humor)*[33)나 성별과 인종의 전환, 언어와 시각적 유희들을 이용했다. 그 중에는 월콧의 텍스트가 크루소 대 프라이데이의 역사에 내재한 폭력성을 전달하기 위해 날카로운 비평의 날을 채택하는 아주 심각한 순간들도 있다. 필립이 설명하는 식민주의적 기획이 바로 이 부분이다.

> 나는 300년 동안이나 흰 자켓을 입고 …… 흰 베란다에서 …… 당신의 아침식사 시중을 들었습니다. 주인님(boss), 브와나(bwana),*[34) 에펜디(effendi),*[35) 바크라(bacra), 사힙(sahib)*[36) …… 당신의 제국에서는 결코 지지 않는다는 그 태양 아래서, 나는 당신, 주인님(boss), 브와나(bwana), 에펜디(effendi), 바크라(bacra), 사힙(sahib) …… 이 하는 데로 따라했습니다. 그것이 저의 판토마임이었습니다. (1989 : 112)

여기서 필립은 공연을 통해 주인과 노예의 역학 관계를 묘사하면서 제국주의자의 권력을 강조한다. 하지만 노예도 노예 역할에만 환원되지 않는 연기를 할 수 있다는 점을 시사한다. 하루의 근무가 끝나는 순간 필립 자신이 벗어버릴 수 있는 트레위의 하인이나 일꾼 역의 판토마임,

---

32) 잭슨 필립 역을 맡았던 고(故) 윌베르트 홀더(Wilbert Holder)는 트리니다드에서의 〈판토마임〉 첫 시즌과 곧이은 미국 공연에서 크루소의 모험에 억지스런 즉흥성을 부여하면서 이런 메타 연극성을 강조했다. 〈판토마임〉 비디오(1979c)를 참조하라.
33) 시끄럽고 요란한 희극, 익살극. (역주)
34) 동아프리카에서 주인을 부르는 말. '주인님' 혹은 '나리'의 의미. (역주)
35) 터키의 경칭. (역주)
36) 인도의 창조주. (역주)

그것의 수행성을 날카롭게 인식하고 있는 것이다.

〈판토마임〉에서 연기는 궁극적으로 권력을 위한 수단이다. 필립은 조금 더 성숙한 배우의 입지를 세우게 되는데, 이는 단지 그가 공연자 위주의 예술인 판토마임에 능숙해서 뿐만 아니라, 자기 역할이 구성된 것이라는 사실을 이해하기 때문이다. 전체적으로 연극은 크루소와 프라이데이를 둘러싼 비유 체계에 도전하고 그것을 바꾸기 위해 크루소와 프라이데이의 신화를 정치적으로 재연하였다. 트레위가 필립의 예술을 유효하다고 인정하고 자신의 감독 역할을 철회한 후에야 이들은 완전한 연기를 할 수 있게 된다. 월콧의 텍스트가 공연상의 두 가지 접근법을 혼종시킨 것은, 크리올(Creole)의 변형 가능한 극장이 서구의 고전적 스타일이 가지는 권위를 대체했음을 드러내는 것이다. 제이포가 말했던 것처럼 "영국식 음악회장(music hall)과 트리니다드식 칼립소 카니발의 공연은 디포의 고전적 소설 텍스트를 철저히 반성하게 하고, 식민 지배자와 피지배자의 조우를 정의한 코드와 방대하게 열거된 문화적 체계를 해체시키는 매개물이 된다."(1989 : 115)

그리스 고전의 영향

셰익스피어 극에 비한다면 그리스 고전 연극이 포스트 식민주의 희곡에 미친 영향은 그다지 크지 않다. 그러나 현대의 연극적 실천이 여전히 제의와 축제에 뿌리 깊이 기반을 둔 나이지리아와 아프리카 국가들에서는, 고대 그리스 연극을 정전에 대한 대항 담론의 중요한 표적으로 삼아왔다. 아프리카의 전통 텍스트들은 그리스 판테온 신들을 재가공하는 데 필요한 무수한 지역 신들을 제공한 원천임은 물론이고, 서구의 고전적 모델에 회의를 제기할 만한 공연문화를 제공했다. 특히 토착적인 춤, 이야기, 제의들은 수세기 동안 제의적 뿌리를 잃어버리고 진화해온 현대 서구의 지배적인 연극 관습과는 다른 서사 구조나 언어적·시각적 재현 형식들이 갖고 있는 생명력을 보여준다.

초자연적인 힘에 의해 폭군이 파멸하는 것을 너무나 훌륭하게 무대 위에 펼쳐놓은 에우리피데스의 「바카이(The Bacchae)」는 주변화된 그룹들이 전유할 수 있는 이상적인 텍스트다. 펜테우스(Pentheus)는 식민주의 배경 안에서는 식민주의의 대리인으로, 페미니즘 맥락에서는 전복되어야 할 가부장적 권력으로 그려진다.[37] 이 텍스트를 포스트 식민주의적으로 재고찰한 가장 중요한 작품은 1973년 영국 국립 극장(Britain's National Theatre)에 의해 위촉되었던 월 소잉카(Wole Soyinka)의 〈에우리피데스의 바카이(The Bacchae of Euripides)〉이다.[38] 「바카이」를 희곡 형식으로 다시 쓰면서 요루바 우주론을 결합하고, 서구의 비극 양식에 부여된 우월성을 거부하기 위해 장르들을 혼종시켰다. 원본을 위반했다며 다수 비평가들이 무시해 왔던(Bishop, 1888 : 77 참조) 소잉카 연출의 연극은 배경을 아프리카 전쟁 기간으로 재배치하고 결혼 축제를 덧붙였으며 결말을 바꿔 놓았다. 이 연극은 또한 제의적 요소들, 음악회장의 관례들, 가면극 장면들과 축제의 축하연 등을 효과적으로 연극화하기 위해 난잡하고 뒤범벅이 된 공연 방식을 이용한다. 월콧이 셰익스피어를 규탄했던 것처럼, 식민화된 사회에서 제국주의가 저지른 의식적인 '범죄'를 이용해서 소잉카는 '위반'을 감행한다. 이것은 프란츠 파농이 말한 것처럼 제국주의가 모든 주체들을 '오염'시킨 방식을 통해서이다. 소잉카의 텍스트는 고전적 거대 서사의 가장 순수한 판본을 위반하면서 지역 역사나 신화를 공연하기

---

37) 본 연구의 범위를 넘어서는 것이기는 하지만, 처칠(Churchill)과 랜(Lan)의 〈Mouthful of Birds〉(1986)와 더피(Duffy)의 〈의례(Rites)〉와 같은 연극도 사례에 포함될 수 있다.

38) 소잉카의 연극에 영감을 준 요소들, 소잉카와 에우리피데스의 텍스트간 비교설명, 그리고 소잉카가 평가한 에우리피데스 등, 이 연극에 대한 가장 완벽한 연구 실적을 보고 싶다면 소토(Sotto), 1985를 참조할 것.

위한 공간을 개방시켜 둔다.

　모범이 되는 정전을 여러 부분에서 변형한 〈에우리피데스의 바카이〉는 원텍스트와 구별되는 결정적 모티프로 춤을 전면에 내세운다. 이 연극에서 춤은 다양한 형태를 취하는데, 춤의 다양성과 다중성은 의미를 부여하는 실천으로써의 움직임이 갖는 중요성을 재차 강조한다. '아티카 최초의 접이식 지팡이(first collapsible thyrsus in Attica)'(1973 : 254)에 대한 소극풍의 대화 도중에 카드모스(Kadmos)와 티레시아스(Tiresias)가 만들어낸 음악 회장의 스텝들은 첨가된 하나의 예일 뿐이다. 소잉카가 창조해낸 결혼식 댄스파티(jig)나 술 취한 히포클리데스(Hippoclides)가 신부를 쫓아내는 제의적인 춤에서처럼 야만성을 시사하는 루틴(routine)*39)도 포함되어 있다. 이 연극은 디오니소스를 위한 제물을 제의적으로 채찍질할 것임을 예고하는 행진과 혼인예배 행진에서 춤을 부각시킨다. 양식화된 사냥마임을 따라하는 어게이브(Agave)와 그녀의 추종자들은 춤의 함의를 깨달아 가면서, 부드럽고 우아한 메이폴(Maypole)*40) 춤을 점점 격앙되어 춘다. 그러나 가장 인상적인 춤은, 즉각적으로 정치적 폭동과 연결될 수 있는 폭발적인 힘을 시청각적으로 표출한 노예들과 디오니소스가 무대 위에 불러들인 지진과 같은 춤이다. 춤의 속도나 인원수와 상관없이 〈에우리피데스의 바카이〉에서 혼종화된 춤들은 오군(Ogun)이 지배하는 다양한 공연적 힘을 암시한다.41) 오군은 소잉카의 디오니소스의 모델이 되는 요루바 신(神)이다. 춤은 펜테우스의 잔인한 통치가 박탈했던 과거의 힘을 사람들에게 되돌려준다. 갖가지 형태의 춤들은 펜테우스처럼 권력에 굶주린 통치자들이 좁게는 나이지리아에, 넓게는 아프리카 전역에 강제했던 제국의 정치적·역사적 구조에 종지부를 찍고, 춤은 곧 자유임을 증명한다.

---

39) 관습적인 춤의 스텝 중 하나. (역주)
40) 5월에 꽃과 리본으로 기둥을 장식하고 그 주위에서 추는 춤. 기둥을 중심으로 빙글빙글 돌아가며 오색천을 엮는다. (역주)
41) 오군(Ogun)은 포도주, 전쟁, 길, 금속의 신이다.

춤이 효력을 발휘하는 순간 펜테우스만 정복되는 것이 아니라 펜테우스의 지배가 가져왔던 다른 제국주의적 표현들까지 추방된다.

소잉카의 연극에서 오군(디오니소스)이 보여준 두 번의 마임 장면은 그 의미를 전혀 모르는 펜테우스에게 교훈을 주고자 삽입한 것이다. 첫 장면에서는 서구의 결혼 관습을 거부하는 신랑이 디오니소스의 선율에 맞춰 춤을 추자 그의 장인 될 사람이 갑자기 결혼을 취소해 버린다. 부를 축적하고 서구의 사회적·정치적 유행을 모방하기에 급급한 장인은 이 지역적인 가르침을 제공하고자 하는 사위와 구별된다. 두 번째 마임은 캐난(Canaan)의 결혼식에서 성서적 기적을 재연하는 장면에서 시도된다. 포도주 항아리가 다시 채워지는 것은 펜테우스가 부정했던 오군의 인생 철학이 담긴 정신적 에너지가 부활되었음을 상징한다. 각각의 장면은 모두 공포와 과잉의 이미지로 표출된다. 포도주라는 기표는 삶의 균형을 강조하는 디오니소스의 주장을 강화하고 개인을 보전할 뿐만 아니라, 요루바문화의 소중한 가치인 공동체의 보전까지 유지할 수 있도록 돕는다.

소잉카가 아이러니컬하게도 결혼식 마임을 첨가한 것은 쟈코비안 가면극*42)과 대부분의 희극에서 결혼이나 희소식 등이 특히 군주를 위한 개인적이고 국가적인 행복을 강조하고 있다는 점을 암시한 것이다. 소잉카 연출의 이 상징적인 메타 연극적 사건은 펜테우스에게 충성 이상의 것을 제공한다. 구원과 행복, 정치적 안정을 보장할 수 있는 방법들을 제시하지만 펜테우스는 주의를 기울이지 않는다. 꿈과 관련된 셰익스피어의 연극인 「한여름밤의 꿈」과 「폭풍」을 인용하면서 〈에우리피데스의 바카이〉가 표현한 꿈들은 단순한 오락거리가 절대 아니다. 오히려 그 꿈들은 오군의 마법이 프로스페로나 아리엘의 마법보다 훨씬 효력이 있으며 펜테우스가 디오니소스의 지시를 신중하게 받아들여야 한다고 지적한다. 가면극의 정전적 형식과 용법은 희생물을 요구하는 오군의 전통에

---

42) 영국에서 제임스 1세가 통치했던 1603년~1649년 사이에 행해졌던 가면극. (역주)

의해 전복된다. 세계의 결정적인 균형을 되찾기 위해 여기서 폭군적인 지배자는 죽어야만 하는 것이다. 이처럼 신이 이끌어준 세계관에 대해 나이지리아인 작가 올라 로티미의 「신을 탓하지 마라(The Gods Are Not to Balme)」(1968)는 다른 입장을 취한다. 로티미는 소포클레스의 「오이디푸스 왕」을 리라이팅(rewriting)하면서 일상의 전반에 걸친 신들의 간섭을 인간에 의한 파괴를 치료하는 교정적인 행동으로 한정시켰다.

그리스 연극과 「바카이」의 요루바 버전 사이의 중대한 차이는 그 결말에 있다. 소잉카의 연극에서 최후의 이미지는 펜테우스의 머리에서 발산하는 붉은 빛이다. 카드모스는 이것을 피라고 생각했지만, 어게이브는 곧바로 그것이 포도주라는 것을 알아차리며 모든 사람들은 이 부활의 음료를 나누어 마신다. 이 상황에서 비극이 은폐된 것은 아니다. 오히려 제의는 펜테우스의 죽음을 통해 다른 정서와 에너지를 회복시키는 중요한 역할을 하고, 일반적으로 죽음이 의미하는 비극적 운명 대신 조화와 회복과 공동체의 선을 재현하는 죽음을 보여준다. 펜테우스는 자신의 정치적 폭정 기간에는 공동체의 외부로 떠밀려나 있다가, 마침내 죽음을 통해 공동체의 내부로 들어오게 된다. 그는 "사람들간의 친교의 중심이며, 구체제에 대한 승리의 상징이며, 남아 있는 모든 것들을 새롭고 조금 더 인간적인 질서로 바꾸는 힘이며, 모두가 공유할 수 있는 충만과 안녕, 회복의 미래를 만들어가게 한다."(Wilkinson, 1991 : 81) 장르를 혼종하는 것과 함께 펜테우스의 장례 제의를 비롯하여 테레시아스의 채찍질과 마임으로 표현된 혼인 예식 등 다른 제의들은 그리스 '고전' 텍스트의 배경을 그저 당대 나이지리아로 바꿔놓은 것만이 아니라, 「바카이」가 다시 현대에 부활할 수 있도록 일조했다. 소잉카의 연극은 희·비극의 이분법을 해체하고 그리스 신들의 성대한 의식이 끼치는 영향력에 혼선을 일으킨다. 그리고 오히려 요루바 신이 적합한 세계관을 제공해준다. 디오니소스로 변장한 오군은 펜테우스보다도 강력하고 궁극적으로는 에우리피데스의 연극보다도 강력한 영향력을 발산한다.

소포클레스(Sophocles)의 「안티고네(Antigone)」 또한 대항 담론 텍스트로 상당한 조명을 받았는데, 이유는 이 텍스트가 국가가 규정한 정의(justice)를 반박하고 자기의 도덕 관념과 법적 원칙을 고수했다는 이유로 투옥된 인물을 옹호하고 있기 때문이다. 두 가지 정의 체계 사이의 차이와, 강한 권력이 약한 권력을 압도하는 상황은 쉽게 식민주의 문맥으로 다듬어질 수 있다. 아돌 후가드(Athol Fugard), 존 카니(John Kani), 윈스턴 은트쇼나(Winston Ntshona) 등이 공동 작업한 〈섬(The Island)〉(1973)은 「안티고네」의 배경을 남아프리카 케이프타운 해안의 로벤 섬(Rebben Island)에 위치하고 있는 경계 삼엄한 교도소로 옮겨놓았다. 교도소 생활을 묘사한다는 것 자체가 금지된 시절에 그것을 묘사한 이 작품이 정부의 표적이 되었다는 것은 예측 가능한 일이다. 오킨(Orkin)은 "심지어 후가드조차 …… 검열이 두려워서, 〈섬〉이 해외에서 공연되기 전에는 대본을 넘겨주고 싶어 하지 않았다"고 기록하고 있다. 엘리자베스항구(Port Elizabeth)에서의 공연은 취소되었고, 케이프타운에서의 시연회는 모든 관계자에게 법적 책임을 묻겠다고 엄포를 놓는(실제로 실시되지는 않았지만) 경찰이 지켜보는 가운데 공연되었다(1973 : 152). 〈섬〉은 같은 방의 수감자 두 명이 교도소 내의 학예회에서 소포클레스의 희곡 「안티고네」의 한 대목을 공연함으로써 사회에서 발생하는 법의 부당성을 예각화시켜 보여주려고 연습하는 이야기이다. 안티고네 이야기와 아파르트헤이트하에서의 삶이 가지는 접점을 드러내기 위해, 안티고네 역을 맡은 윈스턴은 자기 역할을 파괴하고 동료 수감자들에게 강력한 저항심을 불러일으키지만 극중극의 마지막 순간에 자신의 평소 정체성을 회복한다. 연극은 관객들을 동료수감자로 설정하기 때문에, 유료 관객들이 직접 '연기하게' 된다. 이때 공연은 광범위한 행위(action)에 대한 은유가 아니라 행위 그 자체, 극장과 '현실의 삶' 사이의 연결 고리로 기능한다. 이런 의미들은 후가드와 공동작가인 존, 윈스턴이 〈섬〉에서 실제 이름을 그대로 등장 배역의 이름으로 사용하면서 강화된다. 동시에 안티고네 이야기의 연극적 공간을 무대에서 극장 전체로, 그리고 그것마저 넘어서 배우들의 삶 외부까지로 확장함으로써, 그들의 시도가 항상 그들이 처한 위치의 현실적 맥락 안에서 읽혀야 함을 상기시킨다. 즉, 이들이 감금으로부터 풀려나 자유를 얻더라도 아파르트헤이트라는 더 큰 '감옥' 안에 언제나 놓여 있음을 기억해야 한다.

안티고네를 남아프리카 내에서도 구체적인 특정 지역에 위치시킨 것은 〈섬〉의 장점 중 하나이다. 반면에 에드워드 카모 브래스웨이트(Edward Kamau Brathwaite)가 쓴 〈오데일의 선택(Odale's Choice)〉 역시 남아프리카를 배경으로 하고 있지만 일부러 구체적인 지역을 택하지는 않는다. 이런 지리적 모호함(vagueness)의 바탕에는 아프리카 출신의 서인도 제도인들에게 선조의 '진정한' 조국을 찾아주려는 브래스웨이트의 책임감이 깔려 있다. 이 기획은 모든 카리브인들의 독특한 유산이야말로 풍부한 혼종성에서 형성된 새로운 가정(home)에서 비롯된다고 보는 월콧의 시각과 직접적으로 대비된다. 그래서 브래스웨이트 버전의 안티고네 이야기는 서사를 재배치하면서 지역적 정치학을 부각시키기보다 신화적 공명을 만들었다. 그리고 억압에 대항하는 도덕적 범주로써 선택의 의미를 강조한다. 작품 안에서 오데일은 크레온을 거역할 뿐만 아니라 그의 용서를 거부하고, 결국 자유의지의 강렬한 표현으로 죽음을 선택했다. 브레스웨이트는 출판된 연출 노트에 '독재에 대한 거부라는 주제는 영원하다'라고 밝히고 있지만, 크레온의 명령을 행하는 군인으로 하여금 서인도 제도의 크리올어를 구사하게 함으로써 토착적 다시쓰기를 한 흔적을 보여준다. 그리고 연극이 흑인 배우들을 위해 쓰여졌고 신생 독립국인 가나에서 처음으로 공연되었다는 사실은 이 연극을 더욱 정치화시킨다. 〈오데일의 선택〉은 언어, 인종, 지리학과 같은 대항 담론의 지점들 안에서 다소덜 중요한 장면을 연극화하였다.[43]

---

43) 최근 안티고네 이야기는 브렌든 커넬리(Brendan Kenelly), 톰 폴린(Tom Paulin), 에이단 매튜(Aidan Matthews) 등의 아일랜드 작가에 의해 다루어졌다. 비평가 크리스토퍼 머레이

기독교 신화 다시쓰기

월콧에 따르면 제국 전반에 걸쳐 식민지의 피지배자들을 강제적으로 기독교로 개종시킨 것이 '다른 인종을 믿어 왔던 신들과의 분쟁'을 촉진시켰다(1970b : 13). 전략적 재구성의 표적이 되는 주요 정전 텍스트 가운데서, 특히 제도적으로 의미화되고 이용된 것으로 성경이 언급된다. 성경은 제국주의적 기획을 정당화하는데 조력하고 있는 거대 서사이다. 애쉬크로프트, 그리피스, 티핀은 캐나다 소설 「항해에 필요 없는 것(Not Wanted on the Voyage)」을 거론하면서 티모시 핀들리(Timothy Findley) 버전의 노아의 방주 이야기가 '제국주의 세계를 제외한 모든 세계에 자신들의 세계관을 강요해온 것을 합리화하는 서구 에페스테메의 모든 관념과 그 과정을 가장 근본적인 기원의 지점에서 해체하기 위해 재진입한다'고 주장한다(1989 : 104). 다양한 성서적 신화를 다시 쓰는 포스트 식민주의 연극 작업들은 서구문화의 근본 구조를 공격하고자 하는 유사한 관심들에서 비롯한다. 특히 기독교 선교사들의 개종 활동이 토착문화에 치명적 영향을 끼쳤던 이주민-정복자문화(Settler-invader) 안에서 그 관심도는 더욱 높다. 오스트레일리아와 캐나다의 경우를 보면 토착민들을 전통적인 고향으로부터 분리시켜 기독교 학교나 선교회에 편입시킨 것은, 부족적이거나 가족적인 유대감을 절단하고 백인 이주민의 편의대로 토지를 전유하며, 토착인종을 효과적으로 파괴하고자 하는 전체 계획의 일부였다. 이런 역사는

(Christopher Murray)는 소포클레스의 신화를 다시 쓰는 데 관심이 쏠린 것은 1980년대 중반의 급진적인 정치·사회적 변동과 관계가 있다고 지적했다. 특히, 논쟁의 여지가 많았던 1984년의 사법령(Criminal Justice Bill)이 아일랜드 자유주의자들의 눈에는 용의자의 권리를 제한하는 잔인한 법으로 비춰진 것이었다(1991 : 129). 그런데 「안티고네」를 다시 쓴 아일랜드 작가들의 작품을 보면, 크레온과 안티고네의 정의를 고찰함에 있어 애매한 태도를 취하고 있다(Roche, 1988; 머레이, 1991). 그래서 이전에 논의된 작품들보다 정전과 접촉하거나 충돌하는 지점이 예리하게 부각되지 못하는 한계가 있다.

'기독교적 제국주의의 수사학적 목표'가 '상품의 전환과 정신적 개종을 동시에 가져오려는 것'이라는 그린블랫(S. Greenblatt)의 주장을 뒷받침한다(1991 : 71). 잭 데이비스(Jack Davis)의 작품 「우리 마을에서(In Our Town)」(1990)에 등장하는 어보리진 등장인물인, 허비(Herbie) 아저씨의 대사는 이 상황을 집약적으로 발화한다. "진짜 교활한 녀석들이야. 그들이 처음 여기 왔을 때 그들은 성경, 우리는 땅을 가지고 있었는데 이제는 그들이 땅을 차지했고 우리는 성경을 쥐고 있거든."(1992 : 44)

데이비스는 1985년 작인 〈노슈가(No Sugar)〉에서 무고한 사람들을 학살한 헤롯 왕에 대한 성서 내용을 끌어와서, 오스트레일리아에 정착한 유럽인들의 공식 문서에서 배제된 흑인의 역사를 회복하고자 한다. 1920년대 후반을 배경으로 한 이 작품은 더 나은 교육과 의료 시설을 제공한다는 명분으로, 경찰력에 의해 부족으로부터 차출되어 선교회에 보내진 한 가족에 대한 이야기이다. 여기서는 두 번에 걸쳐 학살에 대한 내용이 서술된다. **코로보리**(corroboree)*44) 동안에 흑인 추적자(tracker)인 빌리 킴벌리(Billy Kimberley)가 해준 이야기가 하나이고, 왕립 서오스트레일리아역사협회(Royal Western Australia Historical Society)에서 어보리진 보호 책임자인 네빌(Neville)이 연설한 내용이 다른 하나다. 네빌이 학살에 대한 연설 도중 약간의 동정심을 피력하기는 하지만, 공연에서는 위의 두 장면을 병치시켜 놓음으로써 어보리진과 유럽인의 인식론적 차이를 확실하게 부각시킨다.45) 그리고 선교회에서 어보리진 유아들이 비밀리에 살해(학살)당했으리라는 설이 제기되면서, 백인의 역사가 자기 검열을 통해 이를 은폐했을 가능성을 시사한다. 주일학교에서 에일린 수녀(Sister Eileen)가 헤롯왕 이야기를 들려주는 장면에서 성서적 암시는 더욱 강화된다. 그런데 이

---

44) 오스트레일리아 원주민들이 신을 추앙하고 복을 기원하는 축제의식. (역주)
45) 공연과는 다르게 출판본 『노슈가』에서는 이 두 장면을 인접시켜 놓지 않는다. 반면 멜버른(1988)과 퍼스(1990)에서 공연할 때는 데이비스의 허락하에 네빌의 둔감함을 강조하려는 전략적인 의도하에 장면 배치를 바꾸어 놓았다.

장면에서 데이비스는 형편없이 진행되는 학교 수업에서는 일부러 제대로 가르쳐주지 않는 어보리진의 경험을 기독교 교육에서는 거론해야 한다고 강조한다. 데이비스는 이것을 더욱 확장시켜 성서의 담론적 비유를 전유하고 심지어는 대담하게도 예수의 탄생 신화까지 재배치시킨다. 유사한 시도를 캐나다인 메티스(Metis)*46) 작가 이베트 놀란(Yvette Nolan)의 희곡 「욥의 아내(Job's Wife)」(1992)에서 발견할 수 있다. 그녀는 혼혈아 아기를 난산하는 백인 여성에 대한 이야기의 알레고리로 성서적 원천을 이용한다. 의심 많은 백인 여인 앞에 원주민 남성의 형상으로 나타난 신은, 결국 태어나지도 않은 그녀의 아기를 천상의 세계로 데려간다. 놀란의 작품 결말이 낙태의 가능성을 암울한 이미지로 표현하고 있다면, 데이비스가 마지막에 주력한 부분은 새로 태어난 아기를 데리고 선교회를 탈출한 젊은 어보리진 부부 요셉과 메리의 희망적 미래에 대한 암시이다. 두 극작가 모두 알레고리적 기법을 이용하는데, 백인 위주의 관객들이 가지고 있는 기독교 서사의 원천으로부터 이야기를 끌어온다. 동시에 이들은 토착민공동체에 강력하고 지속적인 영향을 끼친 기독교의 인종적·문화적 편견에 문제를 제기한다.

기독교의 거대 서사를 이용(오용)하는 대부분의 포스트 식민주의 텍스트들은 토착문화에 끼친 제국주의의 효과를 드러내기 위해 성경 내용을 '번역'하고 성경의 형식을 다시 만든다. 연극들은 성찬 전례의 독해가 아니라 구술상의 이야기하기를 통해 하느님의 말씀을 전달한다. 이 과정에서 분열과 중첩을 통해 호미 바바(Homi Bhabha)가 명명했던 '불완전한 지식(partial knowledges)'이 형성된다. 즉, 정전 텍스트의 코드·관습·문화적 결합들을 그것과는 현저히 다른 지역적인 것으로 대체함으로써 식민주의 담론의 권위를 침몰시킨다(1985 : 102). 루이스 나우라의 〈카프리코니아(Capricornia)〉(1988)는 기독교 신화의 전복을 효과적으로 연극화하였다. 어

---

46) 혼혈아. 특히 캐나다의 프랑스인과 아메리카 인디언 사이에서 태어난 혼혈아. (역주)

보리진 혼혈아인 주인공 토키(Tocky)는 피진(Pidgin)에서의 다윗과 골리앗 이야기를 자신의 구술 공연 안에 '번역'해냄으로써 엄격하고 유머라고는 없는 그녀의 선생, 할로워(Hollower) 부인을 소스라치게 놀라게 한다. 토키는 번역 과정에서 자신의 서사에 많은 제스처들을 섞어가면서 완전한 카니발식의 패러디를 시도하는데, 이것을 본 할로워 선생은 마침내 "하느님의 말씀은 번역이 필요 없다"고 선언한다(1988 : 31). 학생의 공연에 선생이 개입했다는 사실은, 선생 자신의 무미건조한 성경암송과 대비했을 때 공연이 가지는 전복성에 선생이 불안함을 느꼈다는 의미가 된다. 문자 텍스트는 그 결말의 역사적 우연성으로부터 푸코적 의미의 '진리 가치'와 권위를 끌어내는데, 토키가 그 텍스트를 지나치게 문자 그대로 공연한 것을 보고 할로워 선생은 강하게 반박한다.

대부분의 유대 기독교적 교리는 여성 혐오적 성향으로 인해 페미니스트 대항 담론의 일반적 주제가 되곤 하는데, 이것들은 식민주의 비평에 의해 보완되기보다는 거기서 분리되는 경우가 많다. 새라 캐스카트(Sarah Cathcart)와 안드레아 레몬(Andrea Lemon)의 〈뱀의 타락(The Serpent's Fall)〉(1987)은 어보리진 신화와 고대 그리스 신화를 통합함으로써 제국주의적 가부장제를 성경의 아담과 이브 이야기라는 정신적 지주로부터 떼어놓고자 한다. 그리고 여성의 힘을 강조하는 신화들이 부활되고 선택되었다.[47] 신화는 비록 그 기원이 다를지라도 비연속적 서사 안에 생산적으로 병치되면서 연극 안에서 오스트레일리아 문화의 주변부에 위치한 어보리진과 그리스 여성들의 공통 경험을 강조했다. 연극의 전제는 여러 문화들 안에서 남다른 능력을 가진 존재로 형상화되는 뱀과 여성 사이에 분열을 기독교가 초래했고, 그 분열이 여성을 땅으로부터 분리시켰다는 것이다. 이는 궁극적으로 어보리진과 현대 서구 인식론 사이의 간극을 상징한다. 연극은 천지창조의 신화를 노골적으로 의문시하면서 시작한

---

47) 이 연극은 고대 그리스의 '문명'과 현대 오스트레일리아의 그리스인들이 유지하고 있는 전통과 문화를 섬세하게 구분한다.

다. 메두사와 어보리진 무지개 뱀의 파괴적이고 창조적인 에너지에 초점을 맞추면서 성경의 기호학을 급진적으로 수정하는 데까지 해체의 기획을 밀어 부친다. 오스트레일리아 문화 안에 퍼져 있는 이미지와 신화들을 이용하면서 한 사람에 의해 구술된 '부족(tribal)' 이야기를, 노래·해설·분장 등을 통해 관객에게 전달한다. 능동적으로 포함되는 관객들에게 이야기를 전달한다는 점에서 이 연극은 어보리진 구술 문학의 구조나 공연 방식과 닮아 있다. 이것은 예술가나 배우, 이야기꾼 인물의 변신 능력을 반성하게 하고 결과적으로는 연극적 변신 개념 자체에 자기 반성적 관심을 제공한다. 이 모노드라마의 공연 텍스트는 '인간의 타락'을 '뱀의 타락'이라는 비극으로 변형시킨 것은 물론, 성경의 천지창조(Genesis) 신화로부터 야기된 미묘한 권력 담론에 대항하면서, 엘렌 식수(Helene Cixous)의 표현에 따르면 신체에 대해 다시 쓰게 만드는 가능성을 열어준다.

성경의 전제정치는 이주민 식민지의 소수자 집단에게만 영향을 끼친 것이 아니다. 기독교성은 공식적으로는 이미 오래 전에 식민 제국이 철수한 지역의 원주민들 내면에 지속적으로 남아 있으면서 지역 종교의 영향력을 회석시키고 있다. 퍼시 음트와(Percy Mtwa), 므본게니 응게마(Mbongeni Ngema)와 바니 사이먼(Barney Simon)은 〈우자 알버트!(Woza Albert!)〉(1981)에서 성경에 내재한 은밀한 인종주의를 폭로하고 아파르트헤이트에 저항하기 위해 성경을 오용 혹은 이용한다. 이 작품은 아프리카너(Afrikaaner)*48) 근본주의자들까지도 표적으로 삼으면서, 모든 인간의 기본 권리를 인정하지 않는 사회·정치 체제의 비인간성을 강조한다. 주로 공격받는 기독교 교리들 가운데 하나는 고통당하는 것이 교화되는 것이라는 믿음, '다른 사람들이 너를 욕하고, 너를 박해할 때 너는 축복받으리'라는 팔복의 가르침*49)에 따른 믿음, 박해받은 자에게 영원한 보상(eternal reward)이 있을

---

48) 17C에 남아공으로 이주한 네덜란드인. 이들 백인은 처음에는 스스로를 보어(Boar)인이라고 부르다가, 1920년대 경에 Afrikaaner로 개칭했다. (역주)

것이라는 믿음이다. 이런 일련의 믿음들은 현상 유지를 정당화시킨다. 〈우자 알버트!〉는 지금 여기의 불평등이 초래한 결과와 기독교 제국주의를 제도화함으로써 사회적 물질적 질서를 유지하려는 억압의 고리들을 끊는 데 관심이 많다. 예수 재림의 환타지를 연출해낸 이 연극은 흑인들은 물론이고 아이러니컬하게도 백인 관객들에게조차 호응을 얻으면서 성공했다. 현대 남아프리카에 흑인인 모레나(Morena)의 형상으로 재림한 예수는 예정된 수순대로 로벤섬에 투옥되지만, 케이프타운 해안의 바다를 가볍게 건너가 버린다. 모레나를 맞추려고 쏜 어뢰는 남아프리카 흑인들에게 강력한 구속의 상징이었던 로벤섬을 폭파시키는 장관을 이뤄낸다. '신성한 정의'는 그렇게 제국주의 체제에 종말론적 전복을 가져오는 것으로 재형상화되었다. 성경 속 라자루스(Lazarus) 신화를 전복적으로 변주하기 위해, 모레나는 아파르트헤이트 감옥에서 자유를 위해 투쟁하다가 살해나 박해를 당해서 죽은 전투지도자를 공동묘지에서 부활시킨다. 『우자 알버트!』의 마지막 장면은 분출하는 사회 질서의 변혁을 향해 달음박질친다.

성경은 기독교 교리를 되묻기에 적합한 지점들을 제공하는 많은 '고전' 텍스트들을 양산했다. 이런 점에서 중세 연극은 연극적 대항 담론의 적합한 표적이 된다. 오보툰데 이지메르(Obotunde Ijimere)는 중세 도덕극(morality play)인 「에브리맨(Everyman)」(1966)을 각색하여 원텍스트의 도덕적 교훈을 재구성했다. 개인들에게 기독교적 가르침에 따라 착한 삶을 살도록 인도한 것이 원텍스트의 교훈이었다면, 이지메르는 이것을 나이지리아 공동체의 이익을 위해서 요루바의 이야기하기(story-telling) 실천으로 바꾸어 놓았다. 이지메르 버전의 「에브리맨」에서 에브리맨은 마지막 소원으로 자기 딸의 태중의 아이에게로 자신의 영혼이 되돌아가게 해달라고 빈다. 결국 에브리맨의 영혼 여행은 다음 세대에까지 영향을 미친다. 이

---

49) beatitude(성서). 팔복(八福)의 가르침(예수의 산상 수훈의 일부). 『마태복음』 V : 3~11. (역주)

지메르의 알레고리적 세계는 요루바 우주론과 조화를 이루어 인간 중심
적이면서도 신에 의해 지배되는 세상을 보여준다. 원작에서는 에브리맨
의 잠재적 동반자가 모두 물질적 대상이었던 반면, 이 작품에서는 에브
리맨의 생애에서 단 하나의 의인화된 대상으로 선행(Good Deeds)이 등장한
다. 이지메르는 그 지역에 어울리는 의미 있는 삶·죽음·공동체·정신
등을 탐구하기 위해 중세 연극을 다시 쓴 것이다. 그리고 18~19세기나
당대의 나이지리아인들의 삶에 부과된 기독교적 선교의 권위를 거부하
면서, 급진적으로 삶을 재구성하는 것이 참된 삶을 살아가는 것이라는
요루바식 해석을 보여준다.

정전 대체하기

　지금까지 거론한 작품들은 정전 텍스트를 다시 쓸 수 있는 여러 가능
성들을 보여주는 단초에 지나지 않는다. 특히 이주민 식민지에서는 토착
민이나 비토착민들에게 다른 효과를 가져왔던 정전들을 대항 담론적 텍
스트로 다시 쓴 연극들이 많다. 캐나다 원주민 극작가, 톰슨 하이웨이
(Tomson Highway)가 쓴 〈레즈 자매들(The Rez Sisters)〉이라는 작품이 특히 많은
반향을 불러일으켰다. 이 희곡은 미셸 트렘블레이(Michel Tremblay)의 「아름
다운 자매들(Les Belles Soeurs)」(1968년 불어판, 1973년 영역판)을 다시 쓴 것이다.
「아름다운 자매들」은 몬트리올 동쪽 끝에 사는 일곱 명의 퀘벡 출신 여
성들이 거대한 캐나다 정치 영역 안에서 가족, 미래, 사회로부터 단절되
어 설자리를 잃어버린 경험을 보여준다. 「아름다운 자매들」은 그리스
연극에서 코러스의 모티프를 빌려와 1960년대 퀘벡을 정신적 황무지로
무대화했다. 캐나다 연극에서 그리스의 연극적 비유를 쓴다는 것 자체가

이런 황량한 느낌을 더 강하게 하는데, 그 근저에는 신에 의해 버림받은 사회라는 정서가 깔려 있다. 카톨릭 교회는 가족과 사회의 조직을 무력화시켰고 이것은 트렘블레이가 분열하게 되는 이유가 된다. 퀘벡의 정치·사회적 불안감을 해소할 수 있는 어떠한 해결책도 그 사람들에게서 비롯되어야 했다. 하이웨이는 비슷한 이야기를 북부 온타리오에 있는 보호구역으로 옮겨놓고 트렘블레이의 인물들처럼 허무하고 척박한 상황에 머물러 있지만은 않은 능동적인 여성들을 창조해냈다. 두 작가 모두 무대 위에서 강력한 존재감을 가지는 여성들을 창조해내지만, 하이웨이의 원주민 등장인물들은 크리(Cree)와 오지브웨이(Ojibway) 종교의 중심형상인 나나부시(Nanabush)의 도움을 받으며 자신들의 삶과 운명에 주도권을 행사한다. 여기서 신화적 형상들은 여성들의 세계로 회귀하고, 기독교나 고대의 신들이 할 수 없었던 방식으로 그 세계에 활기를 불어넣는다.

무스타파 마투라(Mustapha Matura)는 J. M. 싱(J. M. Synge)의 고전 「서구의 플레이보이(Playboy of the Western World)」에서 보여졌던 아일랜드 시골 펍(pub)의 민속 전통을, 〈서인도의 플레이보이(*Playboy of the West Indies*)〉라는 작품에서 카리브에 위치한 트리니다드 럼 술집으로 옮기고 카니발 전통으로 바꾸어 놓았다. 싱의 작품은 제국주의 중심적 시각을 버리고, 아일랜드 시골의 인물들을 특권화하면서 그 지방 방언으로 그들의 이야기를 극화하였다. 산드라 푸셋 파켓(Sandra Pouchet Pacquet)에 따르면, 무스타파 마투라의 서인도의 『플레이보이』는 독립 이전의 '발견의 날(Discovery Day)'*50)을 배경으로 택함으로써, 서사에 식민주의하에서의 구체적인 역사적 맥락을 제공한다. 그래서 "연극에서의 발견과 자기 규정의 문제는 지역적인 원정, 즉 자유와 독립을 찾아 섬으로 떠나는 원정과 병치된다."(1992 : 91) 두 작품 모두 각각의 방언을 표현하기에 적합한 장소로 펍(pub)을 중심에 놓고 있지만, 마투라는 방언의 풍부한 은유에 관심이 많았던 싱보다 한 단

---

50) 콜럼버스를 기리기 위해 지정된 휴일이었으나 독립기념일(Emancipation Day) 이후로는 폐기되었다. (역주)

계 심화된 방언을 보여준다. 특히 칼립소의 음담패설을 통해 작품을 축제 분위기로 상승시킨다. 『서구의 플레이보이』와 〈레즈 자매들〉은 원래의 정전에서 이미 한 번 다시 쓰여진 작품이 또 다시 쓰여지면서, 포스트식민주의문화에 대한 변화하는 영향력들을 보여줄 뿐만 아니라 제국주의 권력에 혼란을 가한다.

뉴질랜드에서 정전에 대한 대항 담론은 타지역과 사뭇 다른 형태를 띤다. 뉴질랜드의 문학적 전통을 형성하는 데 결정적 영향을 끼친 캐서린 맨스필드(Katherine Mansfield)의 아이콘을 드러내기 위해 단편소설·시·희곡 등의 무수한 텍스트들이 맨스필드를 거론하는 반면, 연극 텍스트들은 대항 담론을 거의 형성하지 못했다. 대부분의 연극 텍스트들은 그저 맨스필드 위인전을 쓰고 있을 뿐이지만, 빈센트 오설리반(Vincent O'Sullivan)과 같은 예외도 있다. 빈센트 오설리반은 〈존스와 존스(Jones and Jones)〉(1988)에서 맨스필드를 무대 중심으로부터 밀쳐내고 그녀의 덜 '영웅적'인 모습을 묘사한다. 오히려 친구이자 하녀였던 아이다 베이커(Ida Baker)를 전면에 내세우거나 그 둘의 관계를 부각시킨다. 국외로 추방된 뉴질랜드인 알마 드 그로엔(Alma De Groen)의 『중국의 강(The Rivers of China)』(1987)에서는 맨스필드가 비평에 의해 흡수되거나 전유되지 말고, 재창조되어야 하는 '텍스트'라고 주장한다. 드 그로엔은 역사를 페미니즘 관점으로 다시 쓰는 데 있어 맨스필드라는 역사적 인물을 선택함으로써, 제국주의 가부장제 정전에 의해 영토화된 공간 안에 갇힌 식민지 여성 작가의 패러다임을 제공한다. 맨스필드가 단편소설 형식을 '완성'한 사실이나 그녀가 제시하는 주제의 보편성에 초점을 맞추는 비평들은, 그녀 작품의 페미니즘적 성격이라든가, 영국인 편집장 남편과 살아가는 추방된 식민지 주체로서의 그녀의 위치가 가지는 정치적 물질적 효과들에 대해서 전혀 관심을 갖지 않는다. 『중국의 강』은 이러한 문제들을 채택하고, 맨스필드의 죽음 이후에 그녀 작품에 대한 논의를 채색해온 본질적인 틀을 의문에 부친다. 맨스필드가 뉴질랜드인으로서의 자기 정체성에 대해 명시적으로 언급해온 만큼, 이 연극은 그녀의 작품을 균질화된 보편 정전, 즉 영국의 정전으로 설정하기보다는, 역사적 특수성 안에서 더욱 적절하게 사유될 수 있다는 사실을 상기시킨다.

정전 그 자체는 언제나 불안정한 범주이며 논쟁의 여지가 있는 분류이다. 정전은 보편적으로 읽히거나 연구될 만한 가치가 있는 텍스트를 지칭한다. 그로 인해 부수적으로 다른 텍스트들이 배제되는 한이 있어도, 읽히고 연구되어야만 하는 중요한 텍스트들이라고 여겨진다. 정전은 전통적으로 앵글로 유럽권 남성 작가들에 의해 창작된 작품들로 이루어져 있다. 때문에 정전은 그것이 배제하고 있는 여성이나 유색인, 동성애자, 비유럽인 등에 의해 명백히 공격받을 만한 지점이 되었다. '가치'와 '가치 판단'의 문제는 대영제국의 전성기처럼 명백한 해답이 있는 것이 아니다. 이제는 잠재적 다시쓰기를 위해 다른 종류의 텍스트들이나 담론들이 점점 더 의미 있는 표적들이 된다. 헐리우드 영화들은 특히 1950년대에 미국 중심으로 동일화된 세계문화를 증명할 기표였기 때문에, 담론적 해체를 위한 적합한 체계라 할 수 있다. 권력이 실린 기표와 시각에 대한 자명한 기준들을 혼란시킴으로써 문화의 권위와 진정성이 놓여 있는 지반을 흔들어 놓는 것이다. 영화 텍스트를 캐나다 원주민 연극으로 다시 쓴, 모니크 모지카의 〈포카혼타스 공주와 푸른 점들(Princess Pocahontas and the Blue Spots)〉(1990)이나 마고 케인(Margo Kane)의 〈문로지(Moonlodge)〉와 같은 작품들은 고대 그리스 고전을 바꾼 것보다 훨씬 더 쉽게 공감을 불러일으켰다. 모지카와 케인의 연극들은 여성에 대한 부정적 고정 관념을 거부하고 반박함으로써, 당대 원주민 여성들로 하여금 그들의 주체성을 표현할 수 있는 공간을 창조해낸다. 이 연극들은 단일하면서 모든 것을 포괄하는 정체성을 거부하고, '인디언'을 정의했던 혼란스런 이미지들을 붕괴한다. 이로 인해 관객들이 대부분의 이미지가 구성된 것임을 인식하게 한다. 거대 서사(master narrative)가 점점 더 많이 영화·TV·비디오나 다른 형태의 매체에 의해 창조되면서, 정전에 대한 대항 담론의 정의도 전통적 영국 문학의 정전이라는 데 국한되지 않게 되었다.

한편 비평은 곧잘 대항 담론을 오독하는 데 기여하기도 했다. 예를 들자면, 파리지엔(Parisian) 비평은 말루프판 〈폭풍〉을 단순한 패러디 작품으로 처리해 버린 반면, 에이메 세자르의 〈윈 땅뻬뜨(Une tempete)〉는 셰익스피어에 대한 "배신"(Nixon, 1987 : 575)으로 일축했다. 아프리카 텍스트들은 특히 지적인 가능성이나 예술적 장점, 정치적 상식이 무시되는 비평을 받기 쉬웠다. 아프리카 텍스트들은 정전을 다시 쓰고자 시도한 작품들 이외의 것까지도 오독되기 일쑤였다. 포스트 식민주의 연구 초기의 비평에서, 아프리카 텍스트들은 유럽의 모범들을 모방한 이류 모사품 취급을 받았고, 신들의 위계를 전제한 연극은 그리스 연극의 닫힌 전통에 의해 재단되어 결국 그리스 연극에 못 미치는 연극으로 평가되었다. 소잉카와 그와 같은 부족 출신의 작가인 J. P. 클라크-베크데레모(J. P. Clark-Bekederemo)의 초기작에도 관객과 독자들이 독특한 공연 구조와 부각된 우주론을 읽어내기 어렵게 오도하는 비평이 꼬여 들었다. 전체적으로 그런 상황은 이제 바뀌긴 했지만 인종 중심주의적 서구 비평가들이 여전히 품고 있는 압도적 기대는, 신은 무조건 그리스 신이거나 기독교의 하나님이어야 한다는 것이다. 때문에 대항 담론 텍스트에 의해 이용된 종교적 암시들은 전혀 언급되지 않는다. 톰슨 하이웨이는 자신의 연극 〈카프스카싱으로 가야 하는 마른 입술(Dry Lips Oughta Move to Kapuskasing)〉 (1989)에 담긴 제우스와 헤라 이야기가 모든 평론가나 비평가들에 의해 간과되었다는 사실을 깨달았다. 다시 말해 그들은 명백히 서구에 기원을 둔 자신들의 신화를 인식하지 못한 것이다. 하이웨이는 이것을 캐나다 이주민사회에 대한 비판의 도구로 이용하며, 캐나다의 백인들이 자신의 기원을 정의하기 위해 어떤 선택을 하더라도 실제로는 그들의 뿌리와 동떨어진 것이라고 주장한다. 자신들의 신화를 알아보지 못할 만큼 동시대의 백인문화는 기원에서 멀어져 있기 때문이다.

한마디로 말하자면 정전에 대한 대항 담론은 제국주의의 권력과 지식의 축을 불안정하게 한다. 심지어 한 문화가 그 역사에 영향을 미친 거대 서사와 조우하는 순간조차도 대항 담론의 가능성은 열려 있다. 이러한 실천에 관계된 전복성은, 식민지 주체가 어떤 노선을 택하더라도 식민 지배자의 권위에 의한 과거·현재·미래관에 의해 구성되지 않는 정체성을 재협상할 수 있는 자유로운 공간을 반드시 만들어 준다. 고전적이고 셰익스피어적이며 성서적인 세계는 유럽의 문학을 규정할 수 있지만 동일한 방식으로 포스트 식민주의 문학을 규정할 수는 없다. 정전에 대한 대항 담론은, 식민지문화로 하여금 제국이 유지하고자 하는 고전적 과거와 포스트 식민주의 사이의 이음새 없이 매끄러운 연속성을 거부할 수 있게 하는 하나의 방식이다.

전통적인 공연

제의와 카니발

> 우리 아프리카 흑인들은 제2의 식민화 시기에 굴종을 기꺼이 감수할 정도로
> 환대를 받았다. 그 시간들은 보편적인 유사인간(universial-humanoid)이라는 추상
> 에 의해 규정되었고, 그들의 역사와 그들의 세계에 대한 이해 방식, 그들 사회
> 의 신경증적 증상들, 그들의 가치 체계에서 추출된 이론과 규범을 가진 개인들
> 에 의해 정의되고 관리되었다.
>
> — 소잉카, 1976b : x

월 소잉카(Wole Soyinka)가 비판하고 있는 이 종잡을 수 없는 새로운 식민
화 과정은 아프리카와 다른 비서구 국가의 연극에 적어도 두 가지 면에
서 영향을 끼쳤다. 보통 앵글로 유럽계나 미국의 규범적 관습을 따르지
않는다는 이유로 여러 서구 비평가들에 의해 특정한 희곡이 문화적으로
거부당했고,[1] 비서구적 무대장치 위에 서구식 형태가 강요되었다. 우간

---

1) 소잉카는 또 서구 비평이 아프리카의 문화적 도상의 의미를 설명하면서 서구의 입
   장에서 중요하다고 생각하는 것만을 과도하게 선택했다고 비난했다. "공동체의 '무의
   식적이고' 비예술적인 표현에 속하는 축제들, 그러나 사라지고 있는 축제들 가운데에

다의 극작가 로버트 세루마가(Robert Serumaga)는 수입된 식민 시스템과 같이 이식된 공연물들이 본질적으로 이데올로기적이라고 지적한다. "유럽 연극이 아프리카로 건너온 뒤, 그것들은 (토착) 전통에 무관심하거나 아니면 완전히 전통을 무시하면서 형성되었다."(Graham-White, 1974 : 89) 아프리카 연극의 비평주의는 전제되는 다른 배경들을 이해하는데 무능하거나 심지어 어떤 경우에는 이해하려고도 하지 않는 서구 비평가들에 의해 주로 제한적으로 성립되었다.[2] 많은 비평가들은 아프리카 연극을 진정성의 문제라든가, 에로틱한 것, 이국적인 것이라는 선결정된 서구식 정의에 따라 서구인들이 이미 알고 있는 '믿을 만하고' 혹은 '순수'한 실재로 분류해야 한다고 경솔하게 주장하고 있다.[3] 조셉 옥파쿠(Joseph Okpaku)가 지적한 것처럼 이런 식의 강요는 아프리카 문학을 시대 착오적인 양식으로 고정시켜 버렸고, 결국 아프리카 문학이 성장하고 발전할 기회를 빼앗았

서 지속되는 관습은 재검토가 필요하다."(소잉카, 1988)

2) 비숍(Bishop)의 저서에는 소잉카 작품에 대한 여러 평가들이 정리되어 있다. 제럴드 페이(Gerald Fay)는 『가디언(The Guardian)』지에 〈길(The Road)〉에 대한 리뷰를 쓰면서, "소잉카 자신이 무슨 말을 하려는지 알게 될 때 혹은 정확히 말해서 우리라는 타자를 이해시킬 수 있을 때, 그는 목표점에 도달하게 될 것이다"라는 코멘트를 했다. 이러한 페이(Fay)의 평가에 로버트 세루마가(Robert Serumaga)가 즉각적으로 응수했다. "그러나 그것은 신발의 좌우를 바꿔 신었다고 강압적으로 주장하는 것이다. 페이(Fay)가 다른 문화 안에서 연극이라는 것이 무엇인지 바로 이해할 수 있을 때 비로소, 그는 자신의 목표점에 도달하게 될 것이다. 그러나 리뷰에 의하면 그는 심지어 이해하고 싶어하지도 않는다." 세루마가(Serumaga)는 오히려 소잉카의 작품이 결과적으로 교차문화적(cross-cultural) 대화를 가능하게 하는 기회들을 열어놓는다고 평가한 『데일리 메일(daily Mail)』지(誌)의 어느 비평가를 더 옹호했다. "나는 소잉카 작품의 절반도 이해하지 못했다. 내가 플롯을 거의 잘못 이해했다는 한 가지 사실만 확실하다. 그러나 나는 밤새 작품을 충분히 이해하고 싶은 마음에 조바심이 났었다." 이상은 비숍(1988)에게서 인용한 것임.
    1987년에 소잉카의 〈죽음과 왕의 말 관리인(Death and the King's Horseman)〉이 브로드웨이의 극장에 올려졌을 때, 『뉴욕 타임즈(New York Times)』의 연극평론가 프랭크 리치(Frank Rich)는 혹평을 했다. 엄청나게 적대적으로 쓰여진 이 리뷰에서, 리치는 소잉카의 연극이 심지어 '고전적인(유럽식의) 형식'을 취한다고 주장하면서 작품을 오독하고 있다(New York Times, 2 March, 1987 : 13).

3) 아사그바(Asagba)는 1960년대 이래로 아프리카 연극에 대한 비평들의 평가들이 역사의 그릇된 패러다임을 만들었다는 탁월한 판단을 내린다(1986).

다(비숍에서 인용, Bishop, 1988 : 63). 이와 유사하게 서구는 인도 연극의 정의들을 제한했다. 루스텀 바루차(Rustom Bharucha)는 인도 연극이 '전통적'일 경우에만 유일하게 대다수 서구 비평가들이 흥미를 보인다고 주장했다(1983 : xi).

이런 관심과 더불어 다른 한편에서 발생한 전통 공연에 대한 거부는, 전통 연극이 '원시적'이거나 아주 단순하다는 오해에서 비롯되었다. 전통적인 연행들(enactments)은 대부분의 서구 평론가들이 일반적으로 인정하는 것보다 훨씬 더 복잡 미묘하다는 사실은 별도로 하더라도, 포스트식민사회에서 특별한 기능을 하고 있고, 종종 강요된 가치나 실천에 대한 저항의 핵심 지점이 된다.[4] 민속문화에 뿌리를 두고 있는 이러한 연행들은 역사의 보존을 돕는 기억장치로서 뿐만 아니라, 청각적이고 시각적이며 역동적인 의사 소통의 특별한 체계들을 통해서, 그리고 서구와의 접촉 이전의 지역적인 관습과 관련된 특별한 가치들을 통해서 문화적 차이를 유지하는데 효과적인 전략이 된다. 아프리카와 인도의 민속문화 내에 존재하는 전통적 요소들은, 고향을 떨치고 나와 카리브해에서 살고 있는 식민화된 사람들을 '토착화하는'[5] 기능을 수행하고 그들이 노예나 계약노동자가 되어 새로운 환경에 적응하도록 강요했다.

전통적인 공연 요소들이 동시대의 연극에 통합될 때 그것들은 연극의 내용, 구조, 양식에 영향을 주고 결과적으로는 연극의 전체 의미와 효과에까지 영향을 미쳤다. 대개 사실주의의 전제와 기교로부터의 이탈을 수반하는 이 과정은, 연극의 식민주의적 정의에까지 영향을 미친다. 실비아 바인터(Sylvia wynter)에 의하면 획득한 연극 형식을 전유하고 그것들을

---

4) 다양한 아프리카 역사 안에서 일반적으로 제의가 해오던 것처럼 서구문화 안에서 보편적인 유대 기독교 제의들이 현재의 살아 있는 현실과 강력하게 교차해온 것은 아니라는 지적이 아주 중요하다.

5) 토착화를 크리올화와 혼동해서는 안 된다. 크리올화가 지배문화와 피지배문화로부터 발생한 요소들을 종합하려고 한다면, 토착화는 새로운 풍경을 문명화하면서 '피지배문화를 살아남게 하는 조금 더 비밀스런 과정이다.'

지역적 경험에 맞게 개작하는 과정을 통해 공연 관습들을 조화시키는 것은, 민속학을 "시장 경제에 대항하는 문화적 게릴라"(1970 : 36)로 명명하게 하는 하나의 예가 된다. 그 결과 연극적 실천은 공동체와 사회적 질서 안에서 명성을 부여받는다. 전통 공연에 기반을 두고 정치적으로 동기화된 연극은 그 기원을 침식하지 않으면서도 그것을 넘어선다. 에두아르 글리쌍(Edouard Glissant)이 카리브의 연극을 평가한 것처럼 "민속적 배경이 반영되고, 재현되고, 문화적 진실이 주어지고, 그래서 의식의 수준이 향상될" 때, 카리브 연극은 문화의 새로운 자기 반성적 형태가 된다 (1988 : 198). 자기 평가를 위한 이러한 능력들은 결정적인 것이다. 그러나 이 장에서 논의할 두 가지 '전통들', 즉 제의와 카니발의 실천에 의해 영향을 받는 연극은 확정된 예술 형태로 인식될 것이다. 포스트 식민주의적 발화의 틀 안에서 전통의 개념은 정교함, 영속성을 초월하여 궁극적으로는 고도로 산업화된 사회의 해체 가능성을 재현한다.

제의

가장 자주 전유되면서 가장 오해받기 쉽고 가장 지속적인 것 중의 하나가, 아프리카와 인도에서 문화적 차이와 안정성을 드러내는 표지인 제의이다. 종종 연극과 결합하는 제의는, 그 '차이' 때문에 서구로부터 가장 많은 관심을 받는 사건이자 실천이 된다. 그러나 아프리카나 인도의 제의와 서구의 예배(worship)・연희(entertainment)・재현(representation) 사이의 차이는 오직 유사성만을 밝히려는 비판적 분석 안에서 간과되기 일쑤였다. 연극 인류학자인 빅터 터너(Victor Turner)는 제의야말로 세상에 존재하는 다른 많은 종류의 행동(action)과 상호작용(interaction)뿐 아니라 모든 연극 실천의 기본이라고 주장했다. 그러나 전세계적으로 알려진 제의들을 명확하게 그려내고 그것들간의 공통점들을 끌어내려는 일련의 시도는, 특별한 제의의 목적과 다양한 제의 실천들 간의 모든 중요한 차이점들을 놓치고 있다. 리차드 쉐크너(Richard Schechner)는 의도적으로 스포츠와 같은 세속적인 '제의들'과 신성시되는 경건한 제의를 구별하지 않는다(1989). 예를 들자면 그의 이론에서는 이그보족(Igbo)*6)과 동일하게 취급될 수 없는 하우사족(Hausa)*7)의 독특한 제의들이 갖는 의미와 형식들을 무시한다. 가능한 많은 상황과 문화 속에서 제의와 연극 두 가지를 모두 발견하려는 시도는 제의와 연극 모두를 더욱 이해하기 어렵게 한다. 이런 시도는 오히려 연극과 제의를 동질화하려는 터너와 다른 연극 인류학자들의 주장을 지지하는 수준으로 격하된다. 터너는 공연의 보편적인 발전 과정이 '리미널(liminal)' 패턴에서 '리미노이드(Liminoid)' 패턴으로 변화한다고 본다. '리미널(liminal)'이 표현적(presentational)이라면 '리미노이드 (Liminoid)'는 재현적(representational)이다. 그는 리미널 '공연들'이 '기술적으로 좀더 단순한 사회' 안에서 발생한다(1989 : 14)고 주장한다. 그리고 그 주장은 인류의 진보가 문명화되지 않은 원시의 상태로부터 산업화가 완성된 서구를 향해 나아간다고 설명하는 다소 문제적인 진화론자들의 논의로 귀착한다. 쉐크너는 '광범위한 공연성' 안에서 이러한 터너의 견해를 지지한다. 쉐크너는 바 미츠바(bar mitzvah),8) 예술 공연물, 박사학위 구술시험, 로마 교황 선출, 살인자 재판, 그리고 힌두 사원의 푸자(puja, 기도)들만큼이나 동떨어진 별개의 '제의 공연들(ritual performances)'을 기록하기 위해 '공연의 시공간 도표(Performance Event-time-Space Chart)'를 만들었다(1989 : 20~21). 여러 이벤트들은 연극의 본성을 창조해내는 통과 의례이지만, 그 각각은 엄청나게 다른 공동체나 배경들 안에 놓여 있다. 쉐크너가 말하

---

6) 나이지리아의 한 부족. 치누아 아체베가 이 부족 출신임. (역주)
7) 나이지리아의 북부 일대에 사는 인구 500만의 대종족. (역주)
8) 유대교 성인식. (역주)

는 다양한 제의들은 그가 바라는 대로 동의어가 될 수 없다. 쉐크너는 제의의 범위를 엄청나게 확대시켜서 의식(儀式)과 행위자와 관객이 존재하는 많은 종류의 의미 있는 활동들을 제의에 포함시켰고, 결국 제의의 의미를 희석시켜 버렸다.

이 장에서는 제의에 대한 조금 더 구체적인 정의를 제시하고, 포스트식민주의 연극과 공연 안에서 그것이 갖는 유용성을 살펴보려고 한다. 연극과 제의의 관련성을 토론하는 것은 아프리카의 경우에서처럼 연극의 기원에 대한 너무나 다른 견해들 때문에 쉽지 않은 작업이다. 현대의 연극이 제의로부터 발생했다는 견해를 옹호하며 터너를 추종하는 사람들이 있고, 반면에 연극과 제의가 동시 발생적으로 발전했다는 사람들도 있다.[9] 아프리카 내의 무수한 문화와 유산들은 800개 이상의 다른 언어들로 표명되고, 제의와 연극의 교차점은 각각의 전통들 안에서 필연적으로 변화한다. 제의를 연극 자체나 연극의 기능과 비교한다면 제의와 그 사회 내에서 제의의 중요성을 훨씬 이해하기 쉬울 것이다. 에체루(M. J. O. Echeruo)는 이그보족(Igbo)의 역사 안에서 이런 말을 한다. "연극과 사회의 관계는 제의와 종교의 관계와 같다. 이것은 사유에 대한 공공의 확신이다. 제의가 신앙을 외적인 행동으로 번역해낸 것처럼, 연극은 신화나 플롯을 행동으로 해석해낸다." 그러나 제의와 연극은 그들의 영향력과 변용력에 있어서 유사한 부분이 많음에도 불구하고 명확하게 일치하지는 않는다.

어떤 비평가들은 모든 연극적인 이벤트를 제의적인 것으로 본다. 예를 들자면 올라 로티미(Ola Rotimi)의 경우 "나는 연극을 오락적인 소일거리라고 부르지 않는다. 연극을 진지하고 종교적인 의무라고 여긴다. 그리고 배우들과 학생들에게 연극적 요구에의 참여라는 엄숙함을 부과하려고 노력한다"(1985 : 17)고 말한다. 모든 연극이 제의적인 것은 아니며,

---

9) 아프리카 연극의 몇 가지 발전경로를 설명하는 후세인(Hussein)과 혁명적인 기획안을 내놓은 아사그바(Asagba)를 비교해 볼 것.

비록 제의가 연극적인 공연 요소로서 거기에 가담한다고 할지라도 모든 제의가 연극인 것은 아니다. 포스트 식민주의적 맥락 안에서 제의를 고찰하려면 우선 연극에 대한 재고가 요구된다. 서구식 연극이 대부분 아리스토텔레스의 모방 원칙에 기초를 두고 있음에 비해 아프리카 연극은 그렇지가 않다. 요루바족(Yoruba)*10)의 아피단(Apidan Theatre)*11)을 분석한 카케 괴트릭(Kacke Götric)은, 모방론에 근거를 두고 있는 실재하는 연극 정의들이 아프리카 대부분의 연극 형식에는 적용되지 않는 허위임을 증명했다. 그에게 "요청되어지는 연극의 새로운 정의는 표현적이며 재현적인 연기를 동시에 이용하는 효과가 있고, 현실성과 허구를 모두 함유함으로써 그것을 전유하는 관객들이 그 이중성을 포착할 수 있는 연기를 포함한다."(1984 : 130~131) 이와 같은 견해는 비서구의 연극을 바라보는 조금 더 적절한 방법을 제시하며 제의의 정의를 내리는데 도움을 준다. 왜냐하면 제의는 허구인 결말만 제외하면 괴트릭의 모든 기준들을 만족시키기 때문이다. 비록 제의가 공연으로 실행될 때 그 일부가 현실을 양식화하고 축소해서 표현한다 할 지라도, 그것은 일반적으로 현실, 즉 실제 상황으로 여겨지는 어떤 것들을 표현한다. 예를 들자면 요루바족의 에군군(egungun)*12)과 조상의 죽음 숭배는 삶을 지켜 주는 조상들의 보호를 바탕으로 한다. 에군군 주술사(egungun practitioner)의 몸에 조상의 혼이 들어오면, 그는 대개 '쉰 목소리'(1984 : 38)로 말한다. 그 목소리 자체가 조상들의 존재와 그들의 거대한 우주적 세계를 표현한다. 제의는 재현으로서의 행동들(공연자와 그 주체 사이에 괴리 없는 일치를 의도하는 모방, 체현, 그리고 다른 미메시스의 형식들)보다는 표현으로서의 행위들(공연자와 그 주체 사이에 어느 정도의 거리를 유지하는 보여주기, 말하기, 춤추기, 북치기, 노래하기, 그리고 다른 의사 소통의 형식들)을 더 선호하지만, 종종 두 가지를 모두 포함하

---

10) 나이지리아 부족 중 하나. 소잉카가 이 부족 출신임. (역주)
11) 요루바족의 민속 공연. (역주)
12) 요루바의 제의. (역주)

기도 한다. 어떤 아프리카 제의에서는 신을 재현(represents)하는 인간이 필연적으로 신이 '되는 것(become)'은 아니다. 어떤 경우 신에 대한 묘사는 표현과 재현 모두를 초월한다. 괴트릭이 설명하는 바에 의하면 에군군 주술사는 '조상을 상징하는 것이 아니라, 조상의 영혼 자체이다. 이러한 초월이나 현시는 일반적으로 공연자가 조상의 영혼이나 신의 행동을 직접 드러내는 매개자가 되면서 변이나 변형을 수반한다. 공연자의 행동이 신의 행동이나 불려나온 영혼의 것이 되는 순간, 눈앞에 놓인 제의 공연은 환유가 된다.

사용한 연행상의 수사법이 무엇이든 간에 제의는 대부분 사회에 효과적이며 추수·결혼·탄생·죽음에 이르는 모든 것의 의미와 질서를 보존하려는 특별한 관객을 위해 실시된다. 연극과 다르게 제의는 거의 대부분 '진짜' 이야기를 재연(re-enactment)하는 것이지만, 결코 허구는 아니다. 일반적으로 제의는 다음의 것을 포함한다.

- 재현적인 행동들과 통합되는 표현적인 행동, 그리고 종종 앞의 두 가지를 초월하는 현시적인(manifestational) 행동들.
- 비록 연극의 양상이 제의와 통합되어진다고 해도 허구의 연기가 아니라 진실이라고 믿어지는 행동들.[13]
- 어떻게 행동하는지 혹은 어떻게 참여해서 반응해야 하는지를 아는 특별한 관객을 위하여 '지혜로운 인간 대리인'(Drewal, 1992 : xiii)이[14] 실행하는 행동들.
- 특정사회의 지속과 재생을 위해, 종종 특별한 시간에 일반적으로 정신적인 차원을 통해서 실행되는 행동들.
- 역사에 기반하고 역사를 보존하기 위해 실행되지만 그렇다고 반드시 변화를 거부하지는 않는 행동들.[15]

---

13) 아사그바는 제의적인 사건들 중에서 일부의 축제극들이 연극적인 면모를 드러낸다고 설명한다.
14) 드루얼(M. T. Drewal)은 여기서 특별하게 요루바 제의를 언급하지만 이런 특징들은 일반적인 제의가 가진 공통점이다.

공동체에 대한 봉사의 의미를 갖는 제의 공연들은 거의 대부분 오락적인 효과를 가져오지만, 오락이나 여흥이 제의의 필수적 목표는 아니다. 세속적 맥락이 중요하기는 하지만, 조금 더 엄격하게 정신적이고 신성한 차원에 의해 세속적인 것들은 잠식당한다.

제의에 관한 일반적 가설들 중 하나는 제의가 표면적으로 제국주의와의 접촉 이전의 순수한 현실을 구체화한다는 것이다. 그러나 제의는 고정적이지 않다. 예를 들자면 요루바 제의는 "창조적인 수행자와 해석가들에 의해 만들어지고 끊임없이 재창조된다. …… 제의는 식민주의의 힘을 포함하여 다수의 조종자들(maniqulators)이 경쟁적으로 끌어당기는 힘에 의해 형성된다."(Drewal, 1992 : 28) 선천적으로 개작의 가능성을 부여받은 제의는 공연이나 커뮤니케이션, 예배와 같은 다른 양식들처럼 결코 식민 이전의 '원본적인(original)' 형태로 재포착될 수 없다. 그러나 제의와 다른 문화 양식과의 결합은 식민주의에 의해 가공된 변화를 인정하는 새로운 공연 이벤트와 실천을 제공할 수 있다. 특히 소잉카는 제의를 현대사회에 더욱 확고히 위치시키기 위해, 서구 드라마적 요소와 요루바의 제의를 뒤섞는다. 혼종성(hybridity)과 '오염(contamination)'의 결과는 포스트 제국주의의 맥락 안에 제의를 위치지우는 건설적인 방법을 제공할 수 있다. 드루얼(M. T. Drewal)은 기독교의식과 요루바 제의를 혼용해서 실행했던 카톨릭 사제, 발렌틴(Vaientine Awoyemi) 신부를 소개한다. "이것은 요루바족이 기독교를 이해할 수 있는 유일한 방법이다. …… 기독교는 전통적인 종교가 아니라 조작할 수 있는 대상이다." 발렌틴 신부는 자신이 믿는 카톨릭교의 가치들을 요루바족에게 심어주기 위해 요루바 종교의 에비비(Ebibi)축제와 카톨릭교의 과월절*16)을 병치시켜 이론적인 연관성을 만들어냈다.

---

15) 물론 특정사회를 위해 조금 더 특별한 제의의 정의들을 요구할 수 있다.
16) B.C.3세기 이스라엘 사람들의 조상이 이집트에서 탈출한 것을 기념하는 유대인의 축제일. (역주)

유대 기독교 제의와 요루바 제의 사이의 관계는 제의와 연극 간의 관계만큼이나 복잡하고 희미하며 변덕스럽다. 그러나 어떤 점에서 보면 제의의 개작은 그다지 쌍방향적이지도 않고 문화적으로 섬세하지도 않다. 서구사회의 정신적 상품화로 기능하는 제의는 종종 인류학적 관음증을 번식시키는 양상으로 포장되어 여행자들의 관광상품이 된다. 그 제의들은 본래의 신성한 의미를 잃어버린 채 여행자들 앞에서 실연되고 있다. 결국 연극으로 남았을 뿐 제의는 아닌 것이다. 오스트레일리아의 다윈(Darwin) 지역은 매일 일몰 무렵이면 여행자들이 돈을 내고 오스트레일리아 토착 전통의 어보리진 코로보리(Aboriginal corroboree)*17) 공연을 관람할 수 있는 곳이다. 이 축제는 백인 오스트레일리아인들과 해외 여행자들이 전통적인 어보리진문화의 일부를 친근하게 느낄 수 있는 중요한 기능을 하지만, 코로보리는 더 이상 제의적 목적을 가지고 공연되지 않는다. 코로보리는 공연 자체에 그다지 감동을 받지는 않더라도 관람료를 지불하는 관객들에게 이국적인 볼거리일 뿐이다. 비슷하게 마오리족(Maori)의 전쟁 제의인 하카(haka)는 국제 경기 개막 때마다 뉴질랜드 럭비 선수들에 의해 매번 '공연된다.' 선수들 중에는 파케하(pakeha : 백인), 마오리족, 그리고 태평양 섬 출신의 선수들이 섞여 있다. 이 경우에 하카는 새로운 세속적 제의의 의미를 가지게 되지만, 일상에서의 정신세계를 보호한다든가 재생의 의미를 가져다 주지는 않는다. 오히려 그것은 뉴질랜드 백인들이 민족주의적인 레토릭을 구사하기 위해 마오리족의 관습을 전유하고 있는 예가 된다.

오씨 에네퀘(Ossie Enekwe)는 신식민주의와는 다른 맥락에서 제의를 설명한다. 그는 "다양한 방법으로 제의가 아주 쉽게 연극으로 변형될 수 있고, 그 반대의 경우도 가능하다. 제의가 그것의 기원적 배경에서 벗어나게 되거나 제의를 떠받치고 있는 신념이 그 잠재력을 상실해 버릴 때, 제

---

17) 오스트레일리아 원주민의 축제와 그 춤. (역주)

의는 바로 오락물이 된다"는 것을 발견했다. 제의에서 연극으로의 이렇게 분명하고도 쉬운 변형은, 제의의 신성한 본질을 해치는 사건과 위험 사이의 경계를 허문다. 제의와 연극은 둘 중의 어느 쪽이 어떤 효력을 가졌는지에 따라 구별되어야 한다. 제의가 무대 위에서 표현될 때, "그것은 재현될 필요, 즉 연극적인 맥락에서 재해석되어야 할 필요가 있다. 제의의 정당화는 종교적인 데 있는 것이 아니라 연극적인 것에 있으며, '연극'인 한에서 그것은 또 다른 신을 받아들이게 된다."(Gibbons, 1979 : 91) 게다가, 모든 제의가 곧바로 서구화된 연극으로 자리바꿈 할 수 있는 것은 아니다. 앤드류 혼(Andrew Horn)은 다음과 같이 말한다.

> 제의는 어떤 면에서는 연극이 될 수도 있지만, 드라마는 아니다. 제의는 인간들 사이의 세속적인 의사 소통보다는 인간과 자연 사이의 마술적인 의사 소통을 위해 상이한 방향에서 발전해 왔다. 만약 제의와 연극 사이의 거리를 유지하는 일반적인 차이가 존재한다면, 제의와 연극, 즉 종교와 예술을 이해하는데 아주 용이할 것이다. (1981 : 197)

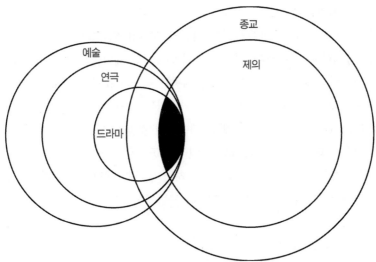

〈도표 1〉 예술, 연극, 희곡, 종교, 제의 간의 교차를 보여주는 다이어그램

분명히 제의와 연극은 각각 서로에게 개입할 수 있는 특별한 위치, 행동, 방법을 가지고 있다면 서로 교차할 수 있다. 혼(Horn)은 연극과 제의가 차이를 보존하면서도 서로 교차할 수 있다는 것, 한편으로는 제의와 연극이 서로 겹쳐질 가능성이 있다는 것을 인식하고 다음과 같은 도표를 만들었다. 그러나(도표 1 참조) 제의 연구가 한층 복잡할 수밖에 없는 이유는 제의가 종종 연극적인 맥락에 적용되기 때문이다. 제의가 의식적으로 놀이(play) 안에 놓이게 될 때 제의의 의미가 바뀌는 경향이 있다. 제의와 연극의 이런 식의 결합은 주로 오락을 목적으로 고안된 것이기 때문에 필연적으로 제의의 의미가 변할 수밖에 없다. 이 과정은 니제르(Niger)*18)의 하우사 극단(Hausa theatre)이 잘 보여준다. 하우사 극단은 관습적으로 제의를 이용하는데 이 극단의 가장 대표적인 작품은 〈가두 카르힌 알라(Gaadoo K'arhin Allaa)〉이다. 이 작품은 1973년에 진더 트루프(Zinder troupe)와 아마두 단바사(Amadou 'Danbassa)에 의해 쓰여졌다. 내용은 지역의 우두머리인 사르키(sarki)의 즉위식을 중심으로 진행되지만 제의의 연극적 재현은 실제 취임식과 상당히 다르다. 하우사 관객들은 이 연극이 사르키(sarki) 제의를 재현하고는 있지만, 진짜 제의가 아니라는 것을 알고 있다. 그래서 연극과 제의 사이에 약간의 교차가 있음에도 불구하고, 둘 사이의 구별은 유지된다. 많은 경우에 연극화된 제의들은 신성한 요소와 기능을 일정 정도 유지하지만, 한편에서는 예술과 오락에 기초한 광범위한 활동의 일부분으로 세속화된다. 연극화된 제의들은 신성화된 특질들을 반드시 거부하지는 않는 반면 세속적인 것들과 상호 교차할 수 있도록 힘을 쓴다. 결과적으로 제의와 연극의 공존은 전통 형식과 실천을 유지하면서도 해체한다. 그럼에도 불구하고 연극과 제의가 밀접하게 겹쳐진 상태로 드러날 때, 이들은 명백히 구별되어야만 한다.

---

18) 서(西)아프리카 내륙에 있는 나라. 니제르공화국. (역주)

제의와 신체

제의에 필요한 요구사항들은 연극과 유사하다. 이를테면 배우(들), 관객, 의상, 공간, 언어(들), 그리고 일정한 시간을 필요로 한다. 제의가 연극 안에서 실행될 때, 제의의 규범은 연극적이고 제의적인 스펙타클의 일부라는 의미로 추가되어 융합된다. 그러나 제의는 공연상의 기표들에 제한을 가하기도 하고, 보통은 제의의 재현 체계에 속하지 않는 다른 특징들을 강조할 수도 있다. 제의의 연행자(actants)는 기능뿐만 아니라 공연에 대한 접근 방식에서도 연극 배우와는 구별되는 점이 있다. 연행하는 인간이 여러 제의들의 기본이 되는 신의 형상으로 변이하는 것은 배우가 연극 등장인물의 역할로 변화하는 것보다 더 많은 준비, 혹은 다른 종류의 준비를 필요로 한다. 연극과 제의는 배우(actors), 행위자(actants)로 인간을 이용하지만, 아데데지(J. A. Adedeji)가 말했듯이 제의와 비(非)제의 형태는 중요한 지점에서 다른 특성을 띤다.

> 제의 연극 가운데 연극적 요소는, 엑스터시 상태에 있는 특정 개인이나 집단이 뚜렷한 특징을 드러내는 형이상학적이고 운명적인 힘과의 소통을 목표로 할 때 명백해진다. 이런 자각은 개인이 친밀한 영적 교섭을 이루기 위해 스스로를 흥분시킴으로써 자기 자신의 외부로 걸어 나가게 하고, 자신의 감정 상태를 반영하는 역할을 연기해내도록 이끈다. 그러나 세속적 연극에서 개인은 자신의 개별적인 인성을 숨긴 채로 등장인물인 척 가정하면서 새로운 캐릭터나 역할을 표현한다. (1966 : 88)

자연주의 연극에서 신체는 의식적이고 지각적인 변형을 수행한다. 그래서 한 사람의 배우는 완전히 다르며 거의 허구적인 등장인물이 '된다'. 이 과정은 얼굴의 표정·제스처·자세·움직임 등을 통해서 인물의 이상적인 특징들을 전달하는 훈련과 혼합적인 기표로서의 신체라는 개념에 기반하고 있다. 제의에서 인간의 변형은 "의미를 담는 '그릇'이자 상 징으로서의 신체라는 오래 된 인식"에 기반하고 있다(Gibbons, 1979 : 49). 그 럼에도 불구하고 연행자(actant)가 기교를 갖추고 적절하게 연기할 수 있 는 고도로 훈련된 연기자가 되는 것이 신과 영혼의 현시를 위해 필수적 이다. 제의에서 신체의 변형은, 상당한 스펙타클과 더불어 개인이나 공 동의 에너지인 정신적·신체적·정서적 에너지를 강하게 집중시킨 마술 적 변형을 포함한다. 제의의 행위자들은 다른 세상 속 공간, 예를 들자 면 조상이나 신의 왕국과 같은 공간을 창조해내면서 그들 자신의 신체 적 안위에 영향을 주기도 하고, 관객들의 정서적 의식과 더불어 자신들 의 의식을 바꾸어 놓기도 한다. 특히 카리브해에서의 조상 숭배 제의들 처럼 어떤 것들은 대부분의 유럽식 연극 전통들이 포함하고 있는 환영 주의(illusionism)보다도 의미상 훨씬 더 복잡한 신내림(spirit possessions)을 통해 제의적 변형을 이룬다. 복잡한 준비 과정이 요구됨에도 불구하고 가끔은 무의식적으로 이루어지기도 하는 신내림은 신체적 동작과 춤으로 발현 된다. 이때의 활발한 동작과 춤은 일반적으로 격렬함을 조절하려는 긴장 감 속에서 표출되는 '힘(force)'을 생산해낸다. 제의의 이런 변형은 어느 정도 환상에 의존하지만 그것이 '비현실성'을 갖는다고 단정지을 수 없 다. 제의의 신체적 변형은 짧은 시간 동안에만 지속됨에도 불구하고 마 술적인 변형이 분명하며 공동체 보존을 위해 특별한 기능을 한다.

　제의의 신체는 인간과 영혼의 경계를 넘나드는 능력을 가지고 있기 때문에 제국주의 담론의 이성적인 과정들을 혼동시키고, 그것들의 포획 과 구속을 거부한다. 제의는 움직이는 에너지로서의 제의적 힘을 드러내 는 춤이나 진행중인 움직임과 같은 고도로 형식화된 행동들을 요구하고 생산함에도 불구하고, 신체를 개방시켜서 다른 존재로 변하기 쉽게 한다. 춤은 대부분의 서양 연극에서처럼 신체에 대한 찬미일 뿐 아니라, 신체 변형이나 신내림(빙의)의 연행적 표현을 하는 데도 중요하다. 무용수는 실 제적으로 자신의 발이 땅에 닿을 때 비로소 느낄 수 있는 북(drum)의 울림에 도움을 받아 춤을 추는데, 대부분은 이런 춤을 통해 영혼이 마술에 걸린다. 무용수의 몸은 확장되고, 소리를 지르고, 공간을 창조하고, 제의적인 몸을 드러내고, 결국은 자신의 신체적 환경을 초월하는 힘을 발산한다. 연극적인 실천은 제의적 움직임의 원칙들을 그 역할에 맞추어 신체적으로 연출해내면서 강력하게 변형시킨다. 그러나 제의의 목적은 신체의 실제적 변형이나 신내림을 획득하는 것이 아니다. 제의 연극은 "가능한 한 명료한 형태로 관객과 연극의 핵심이 만나는 것"을 통해 공동체의 신화를 표현하고자 한다(Gibbons, 1979 : 84).

제의와 의상

만약 제의가 신성한 것이라면 그 의상과 소품 역시 신성하며, 그것들은 세속적(non-ritual) 시간이나 장소에서 아무렇게나 사용할 수 없다. 심지어 어떤 경우에는 볼 수조차 없다. 비서구권의 제의 의상은 기독교 목사나 육군 장교, 교도소 간수의 제복과 같이 다양한 암묵적 권위들을 내포하고 있기 때문에 포스트 식민적 문화들의 잠재적인 권력 도구로 읽혀질 수 있다. 의상은 신체를 가리는 것으로 이용되지만 그것이 나타내는 의미와 그 의미를 통해 얻게 되는 효과는 실용성을 넘어선 곳까지 확장된다. 제의 의상은 기능성뿐만 아니라 상징성을 갖기 때문에, 옷을 입히는 것뿐만 아니라 벗기거나 알몸을 만드는 것 역시 굉장히 의미 있는 행동이 된다. 독특한 의상과 가면들의 함의는 그 맥락과 문화 안에서 매우 중요하지만, 거기에는 다양한 일반적 실천들도 포함되어 있다. 가면은 대개 원형(archetypes)을 창조하고 조상들과의 일치감을 만들어내는데 도움을 준다. 그래서 제의적 변형을 위해 가면을 착용한[19] 연행자는 그가 표현해내는 영혼과 신에 의해 움직인다. 크리스토퍼 밤(Christopher Balme)이 말한 것처럼, "토템으로서의 가면은 단순하게 미학적인 것이 아니라, 착용자나 소유자가 상당한 영적 능력을 지닌 종교적 숭배 대상이 됨을 의미한다."(1992 : 186) 포스트 식민주의 연극에서의 가면 착용은, 연극이 정신적이고 정치적인 관련성을 가지고 있음을 의미한다. 가면이 배우의 얼굴을 감추고 있는 동안에도 가면은 문화의 위치를 드러내며, 연극적 맥락의 외부로부터 힘과 의미를 부여받는다. 동시대의 아프리카 텍스트에서 제의화된 가면을 사용하는 것은 일반적으로 제국주의적 기대로부터 벗어남을 의미하며, 전통적이고 토착적인 가치로 복귀하고 서구접촉의 결과물인 식민화를 전복하는 것이다. 또한 제의화된 가면 사용은 기독교 선교사들의 금지에도 불구하고 토착적으로 제의화된 종교적 실천들이 지속되어 왔음을 증거한다.

제의와 음악

음악·시·노래 그리고 의사소통의 다른 정서적 형태들로 구성된 제의의 음향(soundscape)은, 자연주의적 재현(representation)을 제의적 현시(manifestation)로 옮겨놓는다. 제의적인 행사에서 사용되는 전통적인 언어, 특히 언어이전 단계의 반(半)언어들은 특별한 사건들의 신성함과 특이성을 고양시킨다. 아프리카와 아프로 캐리비언(Afro-Caribbean)의 여러 제의들에서 가장 중요한 음악적 도구인 북의 리듬은 행동을 이끌어 가는 중요한 힘이다.

---

19) 신내림의 제의에서는 고정된 표정이 되도록 얼굴의 근육들을 (보통 무의식적으로 이루어지는데) 긴장시킴으로써, 그 안에 내재된 영혼을 표현하는 '내면적(inner)' 가면을 창조한다. 이때의 고정된 표정은 영혼의 출현을 의미한다(Gibbons, 1979 : 136 참조).

북의 리듬은 춤과 음악을 구체화하고 영혼의 힘을 불러일으키도록 돕는다. 구두(verbal) 언어는 문자적 의미보다 제의적 기능 때문에 더 중요하다. 예를 들어 영신가(迎神歌)와 송신가(送神歌)는 신의 출현과 퇴장을 수행하고, 애도가는 죽은 사람들의 영혼이 선조들의 왕국으로 안전하게 통과하는 것을 보장한다. 제의에서 명명하기의 과정(The process of naming)은 분명한 정체성과 지위를 제공하기 때문에 특별한 의미를 갖는다. 이것은 단어가 지니고 있는 마술적 힘에 대한 믿음과 관련되지만, 제의 절차의 고유한 완성을 위한 것이다. 기본적인 입소리나 음성적 요소들은 종종 마술이나 최면술의 효력을 발생시키기 위해 강요된다. 제의의 일반적 특징 중의 하나인 합창은, 구두언어를 무시한 언어 규범들에 저항하면서 언어적 반란을 고무할 수 있는 전통 형식의 아카이브에 첨가된다. 어떤 면에서 보면 형식화된 제의 언어는 제국주의 담론의 권위를 침식할 수 있으며, 의미론적 언어 중심주의에 의존하는 것을 방지한다. 토착 언어를 쓰는 제의가 유럽어를 사용하는 연극 안에 놓이게 될 때 그 제의는 과거 공동체의 지속적인 안녕을 위해 실행되었던 활동을 더욱 강조한다.

시공간 안에서의 제의

제의적 시간의 척도는 연극적이고 시계적인 시간과 전혀 다르다. 만약 연극적 시간이 서사의 필요에 의해 연장되거나 축소될 수 있다면, 제의에서 시간은 종종 조상의 시간, 사후의 시간, 탄생 이전의 시간과 같은 신성한 차원에 둘러 싸여 있다. 제의에서의 시간적 움직임은 관련 행동들간의 유동적 교환을 가능케 하고, 참석자들을 한순간에 하나의 시간적 위치(one temporal location)에서 다른 시간의 차원으로 이동시키는 단절을 이루어낸다. 물론 연극에서도 그런 식의 시간 조작이 발생하기는 하지만, 개념적이라기보다는 일반적으로 예술적인 차원에서 그 정당성을 획득한다. 제의적 연극들은 질적으로 다르고 가끔은 별개의 것으로 인식되어지는 시간이나 무시간의 관념들을 추출함으로써, 비서구적 인식론 안에서 자신의 주체와 행동을 정립하고 직선적 시간의 목적론적 전제에서 벗어난다.

시간과 상호작용하는 공간의 중요성 역시 제의에서 주목되는 부분이다. 제의가 실행될 공간은 일반적으로 정교한 사전 준비가 요구되며, 제의가 종결된 이후에도 신성한 곳으로 남을 수 있다. 연극처럼 제의 또한 실행 자체를 위해서라기보다는 더욱 상징적인 장소가 될 수 있도록 개념적이고 변형적인 공간과 장소를 창조한다. 실행됨으로써 구체화되는 제의의 공간은 극장 공간과의 명백한 구분을 요구하기도 하고, 계획에 따라 일반적인 공간 관계들을 어느 정도 개조할 필요가 있을 수도 있다. 소잉카의 〈죽음과 왕의 말 관리인(Death and the King's Horseman)〉(1976)의 연출을 두고 로머(Rohmer)가 지적했던 것처럼, "주변의 극장 환경과 연기 공간이 아닌 휴게실의 공간적 통합은, 포로시니엄 아치 형태에 의해 손쉽게 창조되는 관습적이고 마비적인 환영주의를 피한다."(1994 : 58~59) 이 경우 자연주의 연극 공간의 속박으로부터 연극을 구해내고 그 공간이 승인하는 전제들을 훼방하며 연극과는 구별되는 사건으로 관객 앞에 재연되어진 제의에 관객들이 참여할 수 있게 개방한다. 소잉카는 제의적 극장이 "단지 가상의 사건들이 펼쳐지는 물리적인 영역이 아니라, 인간이 존재하는 동안 두려움을 가지게 되는 거대한 우주 공간을 스스로 제어할 수 있는 공간으로 축소하는 공간적 매개를 확립한다"고 말한다(1976a : 176). 일반적으로 소잉카가 경기장이나 원형 극장을 연극 공간으로 선호하는 것은, 일반적인 세속의 극장이 아닌 다른 공간에 있을 때 관객공동체가 조금 더 효율적으로 제의 연극에 참여할 수 있다는 생각을 하기 때문이다.

제의 연극을 보고 난 후 고무되어 있는 관객들의 반응을, 서구 연극에서 '관객 참여'라고 유쾌하게 명명한 형식과 혼동하지 말아야 한다. 피터 브룩(Peter Brook)이 주장하는 것처럼 순수한 결속은 참여가 이루어지고 관객과 배우 사이에 감정적이고 영적이며 인식적인 결합이 있을 때 발생하며, 반드시 겉으로 표현돼야 하는 것이 아니다. "반응을 보이는 관객들이 활동적으로 보일 수는 있지만, 이것은 상당히 표면적인 것에 불과하다. 진정한 반응은 비가시적일 수 있고, 구별해내는 것이 어려울 수도 있다."(1968 : 144) 제의 연극은 그 안에 내재된 메타 연극성을 통해서, 문화적 억압으로부터 자유를 상상하는 조금 더 큰 공동 프로젝트의 일부가 되고자 하며, 의식적이고 잠재적으로 강력한 참여 과정을 생산하려고 한다. 제의화되고 반복화된 이벤트들이 조금 더 일상적인 회화로 표현된다는 점에서 제의 형식을 취하는 현대의 모든 서구 연극은 제의 연극과 실제적으로 구별된다.

제의 중심의 연극들

제의는 포스트 식민주의 연극 안에서 일반적으로 두 개의 카테고리 중에 적어도 하나와 관련된다. 이 두 개의 범주는 연극의 종결 부분에 실행되는 제의가 공동체를 정화시키거나 혹은 공연에 따르는 손실을 보상한다는 해석과는 별도의 것이다. 첫 번째 연극 유형은 행동을 결정하고 구성하며 종종 공연 스타일에 영향을 주기도 하는 제의에 중점을 둔다. 이런 연극들에서는 극적이고 제의적인 변형이 가장 중요하다. 파티마 디케(Fatima Dike)의 〈크렐리의 희생(The Sacrifice of Kreli)〉(1976)은 전통적인 관습들을 재실행하면서 동시대의 사회를 소생시키기 위해, 두 가지 제의를 연극화했다. 1885년에 지금은 트란스케(Transkei)로 알려진 봄바나랜드(Bomvanaland)

에서 공연된 이 연극은, 그칼레카(Gcaleka)족이 백인 정착자들에 의해 자신들의 땅에서 강제로 추방당해 불행한 상황에 빠지게 되는 내용을 무대화했다. 맨두(Mendu)신에 대한 희생제의로 거행된 첫 번째 제의는 무대 밖에서 이루어졌는데 의도했던 효과를 얻는데는 실패했다. 어떤 관객들은 최초의 흑인 기독교 성직자인 소가(Soga)와 그의 동료이자 저널리스트인 사우디(Southey)의 침입을 비난하기도 했다. 그러나 전사들 중의 한 명인 사베라(Sabela)는 부족에게 다음을 상기시켰다. "영국인들이 토착 부족의 조상들을 억누르기 위해 행사했던 권력은 아무런 효과가 없었다. 부족의 관습은 여전히 유지될 것이다."(1978 : 41) 사소한 불만 표출과 전사들의 폭동으로 제의는 실패했고, 때문에 예언자인 믈란제니(Mlanjeni)가 인간 제물이 되어야만 했다. 제물인 죽은 소의 가죽 속에 처박힌 채로 꿰매어진 믈란제니는 소가죽이 햇빛에 타 오그라들면서 죽게 된다. 이 두 번 째 제물은 공동체 안에서의 믈란제니의 위치와 역사를 고려할 때 조금 더 의미심장하며 연극 전체의 중심이 된다. 믈란제니가 죽는 순간에 내뱉었던 예언은 긍정적이다. "그들은 길이 있다고 말한다."(1978 : 79) 이 제의를 통해서 사회는 다시 부활하고, 사람들은 그들의 땅으로 되돌아갈 수 있다는 용기를 얻으며, "그들이 말하는 명예를 지킨다."(1978 : 79)

비록 제의의 모든 부분들이 무대 위에서 정확하게 표현되지는 못하더라도, 제의는 허구적 공동체의 주요 관심사일 뿐 아니라 아파르트헤이트에 대항하는 동시대적 투쟁을 비유하고 있는 〈크렐리의 희생〉의 핵심이 된다. 아프리카적 조건에서 아파르트헤이트에 대한 명백한 저항 가능성을 증명하기 위해 고안된 이 연극이 제의를 사용하는 방식은 남아프리카 연극의 전형성과는 다소 거리가 있다. 그럼에도 불구하고 연극의 제의는 부족간의 동맹과는 상관없이 현대의 남아프리카 흑인들을 위해, 식민 접촉 이전의 그 지역 역사들 가운데 하나가 회복되는 것을 돕는다. 동시에 무대화된 제의는 백인의 그칼레카(Gcaleka) 영토 침범 사실과 백인의 권위에 대해 논쟁하도록 왕과 크렐리 그리고 관객들을 유도한다. 이들 사이의 견해차에도 불구하고 모든 사람들의 이익을 표방하며 공동체의 작업을 설명하는 것은, 연극 제의를 통해 알레고리적으로 문화적 행동 모델을 세우기 위함이다. 믈란제니의 마지막 예언을 크렐리가 해석해냄으로써, 아파르트헤이트의 강제와 굴욕에 의해 좌절된 남아프리카의 흑인들에게 명예와 자존심을 회복시켜 주었다. 크렐리는 믈란제니의 예언이 그 칼레카족으로 하여금 백인에게 복종하고 그들에게 위협 당하는 것을 물리치도록 명령하고 있다고 판단했다. 이렇게 연극화된 제의의 유연한 시공간적 구조는 관련된 연극의 극적이고 비유적인 구조들을 확장시킨다. 그래서 제의는 중요한 대리자(agency)와 모든 참석자들을 재생시키는 효과를 갖는다. 즉 무대 위의 공동체를 강화시키고, 아파르트헤이트에 대항하여 싸우며 자신의 명예를 지키라는 충고를 받은 관객공동체를 강화시킨다.

식민주의가 식민지 조우 이전의 지역적인 관습이나 전통을 파괴하지 못했음을 강조하고 있는 또 다른 연극으로 소잉카의 〈죽음과 왕의 말 관리인(Death and the King's Horseman)〉이 있다. 소잉카의 이 작품은 연극에 이용된 제의에 대한 논쟁들에 필연적으로 포함되어야만 한다. 그는 제의를 이용한 많은 극작가들 중에서 가장 널리 알려진 유일한 사람이고, 『신화, 문학 그리고 아프리카 세계(Myth, Literature, and the African World)』라는 저서에서 자신의 연극과 제의 관계를 이론화했다.

페미 오소피산(Femi Osofisan)은 〈죽음과 왕의 말 관리인〉에 대해 "소잉카는 아프리카 제의의 완벽하고 확실한 세계를 재창조하는 데 성공했다. 이 작품에서 극작가는 제의적 형식을 단순히 각색만 한 것이 아니라 대사를 부족 방언으로 고치고, 역사에 결정적으로 개입하기 위해 자신의 개인적 시각을 조정했다"고 평한다(1982a : 77). 연극에서 부족 방언은 요루바와 대영제국의 두 가지 제의 구조를 비교하는 데 사용된다. 〈죽음과 왕의 말 관리인〉은 1946년 나이지리아의 오요(Oyo)에서 일어난 사건을 기초로 하고 있다.[20] 연극은 왕의 마부인 엘레신(Elesin)을 중심으로 진행된다. 엘레신은 30일 전에 이미 죽은 왕과 동행해서 조상들의 왕국으로 들어가기 위해, 제의적인 죽음을 맞이할 준비를 하고 있다. 그런데 엘레신은 제의적 죽음을 위한 자살에 실패한다. 왕에게서 굴욕을 당한 백성들이 왕에게 저주를 내렸기 때문이다. 죽어야 하는 엘레신의 의무는 공동체의 지속적인 행복과 생존을 유지하는 데 복잡하게 연관되어 있다. 하지만 죽음 제의를 야만적인 것으로 보고 거기에 개입하려하는 식민지 지배 관료는 이런 사실과 논리를 이해하지 못한다. 엘레신의 제의는 몰아(沒我) 상태에서 이루어지고 결국에는 죽음으로 이어지는 춤에서 절정을 이룬다. 그러나 그는 제의가 실행되기 전날 밤에, 죽음을 준비하기 위해 자신의 모든 힘들을 집중시키지 않는다. 부인과 함께 취해서 세속적인 욕심에 사로잡히게 되고 결국 이 세상에 붙들린다. 지배 관료의 간섭이 아님에도 불구하고 엘레신은 제의를 혼란시키고 불완전하게 만들며 무력화시킨다. 공동체의 안전을 위해 엘레신의 아들 올룬데(Olunde)는 아버지를 대신해서 죽음의 춤을 춘다. 수치감에 휩싸인 엘레신은 이승과 저승 어디에도 자신이 있을 자리가 없으며 내버려진 존재가 된다. 올룬데의 이 중요한 제의는 가면 무도회를 포함한 영국의 몇몇 제의화된 이벤트와는 상반된다. 두 문화와 제의는 구조적으로 유사한 것 같지만 궁극적으로 그 목적과 힘이 다르다. 총독부 관리 사이먼 필킹스(Simon Philkings)와 그의 아내 제인(Jane)은 제의적 죽음 숭배를 위한 에군군(egungun)의식에 사용되는 신성한 전통 복장을 하고 가면 무도회에 참석한다. 부부는 에군군 의상이 가면무도회에서 최고의 의상으로 꼽힐 것을 확신하고 있고, 그들의 의상을 보고 공포스러워 하는 토착민 출신 하인들 앞에서 대담할 정도로 태연하게 행동한다. 이 부부가 에군군 의상을 가지고 신성한 제의를 모독했지만 세속의 제의화된 이벤트는 성공했다. 경솔한 '문명인' 사이먼 필킹스는 요루바의 제의를 오직 원시적이고 퇴행적인 것으로만

---

20) 이 사건은 일찍이 나이지리아의 극작가인 듀로 라디포(Duro Ladipo)의 작품 『*Oba Waja*』(1964)에서 소재화된 적이 있다.

보았고, 그것이 결코 신성한 관습이라는 시각을 갖지 못했다. 그러나 이 연극은 식민주의의 맹공에도 불구하고 전통적인 제의들은 살아 남았으며 영국의 유사한 이벤트를 훨씬 능가하고 있음을 보여준다.

아버지가 실패한 제의를 바로 잡으려 했던 아들 올룬데(Olunde)의 제의적 죽음은 미학적·종교적·문화적으로 그리고 중요하게는 정치적으로도 읽힐 수 있다. 데이비드 무디(David Moody)는 연행적인 의제로서의 제의적 회복이 결과적으로는 문화적 힘이 되는 교정적인 활동에 대해 언급한다.

> 올룬데는 두 가지의 문자적 의미에서 '배우'이다. 여기서 우리는 정치학으로서의 공연을 보게 된다. 결과적으로 그는 '행동주의자'라고 할 수 있는데, 식민 정복자의 경제 논리에 무감각한 그의 죽음은 문화의 죽음을 거절하는 신체 기호라는 점에서 문자 그대로의 순수한 '놀이'이다. 필킹(Pilking)의 관점에 의하면 올룬데의 죽음은 엄청난 손실이다. 왜냐하면 그들은 올룬데를 교육시키는데 많은 투자를 했기 때문이다. 하지만 올룬데는 기호의 중요성을 이해하고 있고, 통과 의례를 상당히 신체적으로 재전유하면서 공연한다. (1991 : 100)

올룬데의 제의가 무대 위에서 공연되지 않는다는 사실이 제의적 순간의 호소력이나 제의의 정치적 효과를 감소시키지는 않는다. 연극은 요루바 제의에 부여되어 있는 다양한 중요성들을 설명할 수 있는 충분한 요소들을 가지고 있다. 의상, 찬송가의 노랫말, 공동체의 열성, 엘레신(Elesin)이 몰아 상태(trance)로 춤을 추는 도입부, 그리고 올룬데의 죽은 신체가 꽤 분명하게 보여지고 무대화되는 것 등. 이 적절한 증거들은 제의의 연극화된 연출과는 정반대의 태도를 취한다. 그것들은 제의를 구경거리로만 즐길 뿐 상당히 진지한 수준의 제의 자체에는 참여할 준비가 되어 있지 않은 관객들 앞에 펼쳐진다. 그 증거는 연극적 구조를 갖추고 있는 제의의 실제적 '공연' 안에 있으며, 제의와 연극은 확연히 다르다. 연극 공연은 비록 다른 의도와 효력을 목적으로 한다고 해도 일반적으로는 오락성에 바탕을 둔다. 반면에 제의의 '연행'은 비록 오락성이 부산물로 발생하기는 하지만, 공동체의 복지를 유지하기 위해 세심하게 구성된다. 무대 밖에서 제의가 실행되는 〈죽음과 왕의 말 관리인〉 역시, 제의가 단순한 연극적 장치로서만 삽입되는 것을 막는다.[21] 미메시스적인 공간보다 디제시스적(diegetic)*[22]인 공간을 사용하는 것이, 연극의 시공간을 초월하여 확장되는 제의의 시공간적 특질에 대한 이해를 돕고 있다.

데니스 스콧(Dennis Scott)의 〈뼛속의 울림(An Echo in the Bone)〉(1974)은 서부 인디언의 장례 제의인 '아흐레 밤 동안의 의식(Nine Night Ceremony)'[23]을 이용한다. 이 의식은 죽은 사람을 기리고 그(그녀)의 과거 영혼을 자유롭게 해 주어서 사후 세계로의 전이가 완전히 이루어지도록 돕는다. 리뉴 주네자(Renu Juneja)의 말처럼 이 장례의식은 '아프리카의 문화적 지속성에 대한 증거일 뿐 아니라 직접적인 정치적 저항과도 연관이 있다.' 왜냐하면 이 의식은 식민주의사회에서 반백인주의로 해석되었던 영적 신내림을 포함하고 있기 때문이다(1992b : 99). 이것은 종종 마얄(myal)이라고 불리기도 한다. 스콧은 자신의 연극을 1937년에 최초로 자메이카에서 상연했는데, '아흐레 밤 동안의 의식'을 사용하여 과거에 있었던 아홉 개의 에피소드를 통해 주요 장면을 구성하고, 그것을 관객들과 무대에 오른 10

---

21) 연극이 공연되는 중에 무대 밖에서 이루어지는 제의의 위상이, 제의의 입문자들에게 상상적인 차원에서의 참여까지 막는 것은 아니다.
22) 아리스토텔레스가 『시학』에서 설명하는 이야기의 두 가지 개념 중 하나. 미메시스가 모방적 재현을 통한 이야기의 보여주기(showing)이라면, 디제시스는 이야기를 설명하고 말하기(telling)에 해당한다. (역주)
23) 아이티 섬 사람들의 영혼의식과 유사한 '아흐레 밤 동안의 의식(Nine Night Ceremony)'은 아프로 캐리비언(Afro Caribbean) 종교들, 그 중에서도 특히 포코마니아(Pocomania : 자메이카의 신흥 종파 중의 하나—역주)와 같은 신앙부흥운동이 숭배에서 볼 수 있는 전형적인 임종 제의들 중의 하나이다. 그것은 아샨티(Ashanti)에서 조상에게 신내림을 받는 것을 숭배하는 것에서 유래했고, 영혼의 현시를 유도하는 쿠미나(Kumina)라 불리는 혹독한 춤을 수반한다. 쿠미나(Kumina : 포코마니아와 함께 자메이카의 신흥종교 중의 하나. 그리스도교과 심령술에 기반을 둔 통합 신흥부흥론 종파—역주)라는 용어는 종종 중요한 아프리카의 영향들 중에는 신내림에 기초를 둔 제의들을 유지하고 있는 종교나 제의를 언급하기 위해 확장된 의미로 사용된다(Wynter, 1970 : 46; Juneja, 1992b : 98~99).

명의 제의 참가자들에게 보여준다. 시간은 무려 300년 전까지 거슬러 올라가며 이 의식이 시작되기 이틀 전까지 과거에 걸쳐 있다. 의례(ceremony)는 참가하는 등장인물들을 모두 불러모으는 짧은 준비 장면과는 별도로, 낡은 헛간에서 하룻밤 동안에 '펼쳐진다'. 연극이 진행됨에 따라 노예와 식민의 역사 안에서 발생했던 과거의 순간들이 크루(Crew)라는 한 죽은 사람의 특별한 역사와 병치된다. 크루는 허구적인 현재 안에서 다른 등장인물과 상호작용을 한다. 스콧은 이런 식으로 산 자와 죽은 자를 결합하고 붕괴하는 현상학적인 특질들을 제의적 공연의 강렬한 시공간에 결합시킨다. 이 연극은 현재 순간에서 과거를 만회할 수 있고, 역사의 재연을 통해 노예제와 인종주의라는 정신적인 유산, 비록 항상 실제적이고 물리적이지는 않더라도 영혼을 통해 전달되는 유산들로부터 필수적인 해방을 획득할 수 있다고 제안한다. 스콧의 연극에서 가장 중요한 장면은 백인 농장 주인인 찰스(Charles)를 죽이는 크루의 살인 장면이다. 살인 행위는 크루와 그의 동료노예들이 감당했던 억압에 대항하도록 고안된 정화의식으로 변모하면서 새로운 의미를 부여받는다. 에롤 힐(Errol Hill)에 의하면 이런 살인 행위는 고도로 상징적인 것이다. "그 행위는 과거의 기록을 용서하고 다가오는 미래를 희망차게 바라보도록 한다. 그것은 주인과 노예라는 오래된 관계와 혼합 인종의 형제애라는 새로운 관계, 두가지 지배 관계 사이의 분열을 대표한다."(1985b : 13) 역설적이지만 이 제의의 마지막 부분에서 살인을 전복시키는 과거의 다른 가능성을 보여주는 것 역시 중요하다. 이것은 '진실'이 드러내는 의미를 바꾸는 것이 아니다. 다른 가능성으로서의 역사는, 역사가 결정성을 가질 필요가 없음을 보증한다. 마지막 부분에서 레이첼(Rachel)이 그녀 남편의 자살을 감수하면서 외치는 것처럼, "과거는 중요하지 않아요. 과거는 요동치는 혈액을 멈추게 할 수 없고 희망으로 뛰고 있는 심장을 멈추게 할 수 없어요. 우리는 서로에게 의지해야만 합니다. 이것이 우리가 할 수 있는 전부이니까요"

〈뼛속의 울림〉에서 발휘되는 공연상의 테크닉은 '아흐레 밤 동안의 의식'의 관습을 따른다. 이 제의의 핵심은 "얼굴 분장이나 의상을 통한 어떤 분명한 변화 없이도 신들린 개인에게서 페르소나(외적 인격)의 변화를 도모하는" 신내림에 있다는 것이다(Hill, 1985b : 11). 연극은 신내림(빙의)을 무대화함으로써 제의 참가자를 다양한 역사적 인물들의 현존으로 변형시킨다. 1976년 트리니다드 공연의 연출가였던 로울 기본스(Rawle Gibbons)는 2막에서 이런 식의 접근법을 보여주고 있다. 레이첼이 1막에서 남편의 '신내림'을 도왔던 것과는 반대로, 2막에서는 레이첼이 몰아 상태(trance)에 빠져 연극을 진행시킨다.

> 레이첼은 신내림을 증명하는 기호인 각각의 연기자들과 제의적으로 만난다. …… 레이첼의 도움으로 일단 등장인물들 안에 신이 들어오면, 그들은 춤을 추면서 제단으로 다가가서 무대의 중심을 만든다. 이들은 각각의 역할에 어떤 상징을 부여한 채로 다음 장면에서도 연기하게 될 것이다. …… 이러한 제의적 동일시 이후 등장인물들은 한동안 자신의 위치로 걸어가거나 춤을 추는데, 이후에는 각자 어울리는 역할이 무엇인지가 조금 더 분명하게 정해진다. …… 이런 모든 행위들은 레이첼을 통해 신내림에 도달하지 못한 나머지 등장인물들이 불러주는 노래를 배경으로 해서 이루어진다. (1979 : 94~95)

물론 이런 신속한 역할 변형은 제의 연극의 특권이다. 역할 변형의 정당성은 연극적이면서 또한 정신적인 것이다. 재현된 그룹과 반영된 관객 사이의 광범위한 문화적 믿음 안에서 공연의 변형이라는 관념이 만들어진다. 이런 기법은 등장인물의 제의적 경험의 일부가 되며, 한 배우가 연기하는 다양한 역할들 사이에서 변증법적 긴장을 조성한다.

스콧이 제의 참가자 모두를 흑인으로 한정한 이래, 그들만의 독특한 백인 등장인물 재현법이 시도되었다. 그들은 기표와 기의 사이의 인종적 간극을 전면에 내세우고, 그렇게 함으로써 백인들의 대화와 행동이 갖는 최종적인 권위를 분명하게 감소시켰다. '신내림'이야말로 조상의 영혼이 진실을 말하는 것이라고 확신하기 때문에, 신내림은 재정의된 구술 역사를 증명해주는 하나의 형태가 된다. 벙어리 드러머(drummer) 래틀러(Rattler)는 그의 몸에 신이 들어오면 말을 할 수 있게 되는데, 이것은 흑인 역사 안의 제국주의적 침묵에 관한 잠재적인 진술이면서 분명한 '진실'의 힘이 된다.

다른 제의 중심 연극들처럼 〈뼛속의 울림〉은 여러 층위의 행동들이 맺고 있는 관계를 분명하게 해주는 메타 연극에 의존한다. 연극이 시작되기 전에 등장인물들끼리 마리화나를 나눠 피우고 제의 장소를 준비하면서 럼주를 뿌린다. 이것은 관객들에게 기존과는 다른 종류의 공연이 곧 시작될 것임을 알리기 위해 설정된, 작지만 중요한 행위들이다. 북소리는 제의의 정서적인 환기를 강조하면서, 다양하게 재연된 장면들간의 변형을 가능케 하고 관객들에게 그 변화들을 알려주는 중요한 방식으로 이용된다. 좀 특별한 메타 연극적 관점에서 '아흐레 밤 동안의 의식'과 그것의 여러 가지 역사적 '회상'을 포함하여 '여러 층위를 갖는 극중극'을 이용하는 것은, 자연주의적 기틀을 제거하는 것이다. 이것은 제의에 의해 환기된 인종적 기억의 서사를 강조하며, 다양한 공연 층위들 간의 구조적이고 주제적인 연결의 실험을 조장한다. 게다가 각각의 역사적 장면은 관념적인 시공간의 수정을 요구한다. 이러한 수정은 원래 있었던 행동과 거대한 연극을 재위치지우는 것이기 때문에, 관객은 제의와 연극간의 작용에 대한 자신들이 이해를 끊임없이 재검토해야 한다. 〈크렐리의 희생〉에서와 같이 〈뼛속의 울림〉의 관객은 제의 '삽입'과 알레고리적 연극이라는 두 가지 단계를 통해 메타 연극과 관계를 맺는다.

스콧의 연극이 증명하듯이, 제의의 재연은 과거 '신내림(trance)'의 방법과 같다. 지속된 인종과 계급의 불평등으로 혼란스러워진 현재와 노예제로 점철되는 역사의 분열 안에서, 고향을 찾는 방법이다. 시스트렌 연극 공동체(Sistren Theatre Collective)*24)에 의해 공연된 〈QPH〉는 자메이카 사람들의 과거를 회복하기 위해 '죽음-부활(dead-wake)'의식을 이용하는데, 특히 여성들의 역사에 초점을 맞춘다. 시간적 범위를 20세기로 한정하고 주요 등장인물들이 자신들의 이야기를 관객에게 직접 말하는 다양한 독백 형식을 연극 중에 삽입시킨다. 이런 독특한 기법은 이 연극이 1980년 화재로 인해 150명의 여성들이 죽었던 킹스턴 빈민구호소에서 살아남은 여러 수감자들을 통해 모았던 인터뷰 자료에서 비롯된 사실을 반영하고 있다. 에투(Etu) 제의의 구조와 공연 관습을 바탕으로 만들어진 연극 〈QPH〉는 빈곤과 착취, 소외의 삶을 살아오다가 결국 빈민구호소에서 만난 늙은 여자 퀴니(Queenie─전도사), 펄리(Pearlie─매춘부), 호피(Hopie─하녀)의 삶을 연극화했다.[25] 에투(Etu) 제의는 '아흐레 밤 동안의 의식'과 유사한 다른 제의들보다 훨씬 더 여성 중심적인 경향이 있는데 시스트렌(Sistren)이 이 에투를 선택한 것은 아주 적절한 것이었다. 제의의 주요 참가자는 여성들이고 제의는 주역 무용수인 여왕(Queen)에 의해 주도되면서 진행되는데, 여왕은 무용수들에게서 '숄을 씌우고' 죽은 사람의 영혼을 불러들인다. 춤은 여성의 재생력을 강조하면서 다산과 부활을 상징하는 골반의 움직임을 주로 이용한다. 연극에서는, 화재에서 살아난 퀴니가 여왕(퀸)의 역할을 하면서 펄리와 호피를 죽음으로부터 구해낸다. 그 과정에서 세 사람은 과거의 편린들을 '불러낸다'. 〈QPH〉는 에투 제의를 기반으로 연극적 행위를 표현해내면서, 비교적 희미해져 버린 허구와 '진실'을 구별하기 때문에 실제적으로 거의 제의에 가깝다. 극장 안의 연극은 어떠한 추모도 없이 묻혀 버린 화재의 희생자들을 위한 기억의 의식이 된다. 연극은 매번 공연 때마다 무대의 네 귀퉁이에 럼주를 뿌리면서, 기억의 의식

---

24) 자메이카의 하층계급 여성들로 구성된 연극 단체. (역주)
25) 일부 해석자들은 에투(Etu)나 '아흐레 밤 동안의 의식'과 유사한 장례 제의들 간의 차이점을 구별하지 않는다. 반면에 어떤 사람들은 '아흐레 밤 동안의 의식'의 한 부분이었던 신내림의 춤들 가운데 하나로 에투(Etu)를 설명하기도 한다(Cobham, 1990 : 247; Wynter, 1970, 47을 보라). 〈QPH〉에 대해 설명하면서, 시스트렌은 (그들이 쿠미나(Kumina)라고 부르는) 에투(Etu)를 활용한 사실을 특별히 밝히고 있고, 에투가 기본적인 죽음─부활의식(dead-wake ceremony)과 구분되는 전통적인 제의 형태라고 설명한다(Allison, 1986 : 11을 보라).

이 치러지는 제의 공간을 만들기 위한 적절한 준비를 한다. 〈QPH〉가 공연되는 동안 많은 관객들은 자신들의 영혼이 불려나가는 것을 막기 위해 스스로를 보호해야만 한다.26) 퀴니가 말했던 것처럼, 이 제의 연극은 세 명의 주인공에 의해 재현되었던 많은 늙은 여성들의 인생을 이해해주기 바라면서 막을 내린다. 주인공들은 이렇게 말한다. "우리는 늙었지만 기억할 수 있다. 늙은이들은 과거의 비밀을 가지고 있기 때문에 미래에 대한 열쇠도 가지고 있다(Allison, 1986 : 11에서 인용).

제의적 요소 / 제의적 맥락

앞서 논의했던 텍스트들은 제의를 전면에 내세운다. 반면에 두 번째 유형의 연극은 특별한 제의를 완전한 형태로 무대화하지는 않더라도 제의를 연극적 배경으로 삼아 부수적으로 이용한다. 이때 제의는 중요한 주제적 혹은 구조적 중심이 되기보다 연극을 보조해주고 전통과 역사의 광범위한 회복을 기대하는 혼성화의 표현이 된다. 제의는 무대 배경과 맥락을 만드는 장치이면서, 행동과 대사 등의 연극적 일부를 위한 공연상의 모델이 된다. 제의적 요소들은 포스트 식민주의문화의 표현 요소가 되며, 그 종합적인 효과로 발생하는 연극의 정치적 공격성과 밀접하게 연관된다. 남아프리카 철도 노동자들의 파업을 다루고 있는 므본게니 응게마(Mbongeni Ngema)의 〈불타는 도시(*Township Fever*)〉(1991[1992])가 바로 이 경

---

26) 시스트렌 연극공동체의 버버리 한슨(Beverly Hanson)이 말하기를, 배우들은 "연기하는 것을 정말 두려워했다. 왜냐하면 그것은 죽은 사람이 되어서 어떤 영적인 세계와 관계를 맺는 일이었기 때문이다. 사람들은 신내림을 받는 것이 두려워서 보통 교회 안에서만 연습을 했다."(Hanson and Mattie, 1994)

우에 해당한다. 줄루(Zulu)족의 보호 제의와 결합한 이 작품은 실제로 모든 파업노동자들이 마셔야만 했던 연기가 관객석으로 흩어지도록 연출했다. 제의가 연극 안에서 노동자들이 직면해야만 하는 위험을 대비하게 하고, 작업 환경의 비인간성을 강조하면서 그들의 파업 행위에 영적인 차원을 첨가시킨다.27)

테스 온우엠(Tess Onwueme)의 〈깨진 호리병박(*The Broken Calabash*)〉은 추수의 시작을 알리고 새로운 얌(Yam)*28) 수확시즌을 맞아 공동체의 준비를 도와주는 다양한 제의들로 구성된 이그보족(Igbo)의 아이느 페스티발(Ine festival)을 바탕으로 연극화했다. 이 특별한 제의는 연극 안에서 마을 젊은이들이 유럽식 옷으로 갈아입고서 그들 공동체의 유희와 교화를 위해 코믹한 움직임들을 연기하는 춤으로 이루어졌다. 반대되는 성(性)의 옷을 입은 무용수들이 무대가 만들어진 마을 광장에서 퍼레이드를 하는데, 관람객들은 그들의 과장되고 이문화적이며 성교차적인 '이중(double)' 변형의 효과를 목도하게 된다. 타운 크라이어(Town Crier)는 이 제의에 모든 젊은이들이 참여하도록 독려한다. 그는 구시대의 죄악이 제거되어야만 한다고 그들에게 충고하면서 제의의 목적을 설명한다.

  당신들은 해마다 우리 땅을 오염시키는 죄의 아들, 딸들을 진심으로 풍자해야만 한다. …… 우리 땅을 오염시키고서 추방된 사람들은 누구라도 꼭 신들에게 그 빚을 갚아야만 한다. 오직 신이 기뻐할 때만 우리는 새로 수확된 얌을 먹을 수 있을 테니까. (1993 : 37)

---

27) 〈불타는 도시(*Township Fever*)〉의 제의적 요소들이 포스트 식민주의적 논점과 꼭 들어맞음에도 불구하고, 이 연극이 비판을 받았고 흥행에 실패했다는 것은 주지해야 할 점이다. 연극 〈불타는 도시〉를 만드는 과정에서 생긴 문제점들을 보여주고 있는 메이킹 필름 비디오 〈아웃 어브 아프리카(*Out of Africa*)〉에 대한 상세한 설명은 응게마(Ngema)를 참조할 것.

28) 외떡잎식물 백합목 마과 마속(Dioscorea)에 딸린 덩굴성 식물의 총칭, 동남아시아, 오세아니아, 아프리카와 남아메리카 등 온도가 높고 비가 많은 지역에서 재배하는 일종의 고구마. (역주)

유럽 의상으로 상징되는 서구문화의 생산물들을 모방하고자 하는 비정상적인 질투를 건전한 방식으로 거부하기 위해, 정화의식 안에 춤을 기획해 놓았다. 춤은 문화적 복장도착자의 그로테스크한 신체를 이용한다. 크라이어는 서구에 물든 감염자들을 통렬히 비난한다. 연극은 전지구적으로 지배적 생활 양식이 되어 가고 있는 서구식 라이프 스타일 안에 제의를 재위치시킨다.

주요 등장인물 중 하나인 코투마(Courtuma)는 자기 딸 오나(Ona)가 하고 다니는 서구식 얼굴 화장이나 기독교 신앙이 어떤 식으로 '전통'과 공존할 수 있는지 이해하지 못한다. 이 경우에 전통은 족장의 권위와 아주 밀접하게 관계되어 있다. 그렇기 때문에 이그보족(Igbo)의 오락이나 서구의 유희, 기독교적 예배를 통해 위안을 받으려는 딸의 선택을 인정할 수도 존중할 수도 없다. 오나(Ona)는 "우리 모두는 사회 안에서 하나 이상의 얼굴을 가지고 살잖아요"라며 반발한다(1993 : 25). 아버지와 딸 사이 갈등은 극단으로 치닫고, 아버지인 코투마(Courtuma)는 끝내 자살하고 만다. 그의 죽음은 공동체의 평화와 새로운 얌 시즌을 위협한다. 여성 극작가 온우엠은 연극을 통해 성인 남자의 권위 아래 어린 여자를 복종시키려고 하는 전통적 헤게모니를 비판한다. 그러나 동시에 다른 한편에서는 전통과 근대성이 충돌하는 상황을 설명하고, 민속문화의 여러 형태들을 무대화하는 방식으로 민속문화를 예찬하고 있다. 공연 텍스트는 한번 깨진 호리병박은 다시 붙일 수 없다는 신념을 바탕으로, 변화하는 사회 안에 제의의 위치를 강화시키며 변화에 대한 적응을 알레고리적으로 허용하고 있다.

잭 데이비스(Jack Davis)의 〈노슈가(No Sugar)〉에서 제의는 〈깨진 호리병박〉에서보다 훨씬 더 회복적인 실천의 성격을 갖는다. 그 실천은 연극적 행위를 위한 배경이 아니라, 제국주의의 억압에 의해 고유한 사고 방식을 잃어버린 어보리진을 위한 순간적인 변신을 통해 가능해진다. 어보리진 연극 중에서 가장 보편적으로 무대화되는 코로보리(corroboree) 제의는, 모든 입사한 남자들로 하여금 노래와 음악, 춤 그리고 이야기하기(story-telling)를 통해 그들의 문화와 역사를 함께 표현하게 한다. 남은 사람들을 지키고 있는 흑인 빌리(Billy)까지도 그의 평소 역할인 '폴리스맨(politjman)' 혹은 경찰 대리인이라는 백인으로서의 역할을 버리고, 이 의식에 깊숙이 관여한다. 원주민들이 재연한 코로보리(corroboree) 제의는 등장인물들의 역할이 선교사로 바뀌면서 그 성격이 필연적으로 변화했다. 그들은 일상적인 자신들의 위치에 있지 않고 일부는 유럽식 의상을 입고 있다. 그들이 자신들의 몸에 그려놓은 '윌기(wilgi)'*29)는 그다지 어울리지 않는다. 그럼에도 불구하고 코로보리는 가치 있는 효과들을 제공했다. 제의는 원주민들에게 꿈꾸는 것들을 이야기할 수 있는 기회, 그렇게 함으로써 그 꿈을 영원히 지속시킬 수 있는 기회를 주었고, 흑인관객은 물론이고 백인관객들에게 어보리진의 역사를 가르쳤다. 춤은 그 자체로 상징적인 땅의 개간을 표현한다. 코로보리가 끝난 후에도 모래 위에 남아 있는 무용수들의 발자국이 제의의 비문(碑文)이 되었던 1990년 퍼스(Perth) 공연에서 그 상징성은 강력하게 표현되었다. 이 제의는 백인의 역사에 성공적으로 도전했다. 원주민들을 보호구역에 가두려는 식민지인들의 물리적 억압과, 그들의 문화를 파괴하려는 모든 상징적 시도들을 방해했다. 또 제의를 재연하기에 적합한 구조와 양식을 갖춘 거대한 극장에서 코로보리를 연행함으로써, 제의 과정을 축약해서 공연하면서 '여행자 중심'의 구경거리용 제의가 되는 것을 피했다.

제의는 연극 안에서 어느 정도 다시 재연될 수 있다. 즉 제의와 연극은 공존할 수 있다. 인도에서는 경건한 힌두 연극 안에 제의적 이벤트가 벌어지기도 한다. 제의가 중요하기는 하지만 그 연극이 제의로 구분되지는 않는다. 힌두 연극의 또 다른 가능성은 그것이 '예비적 제의들(preliminary rituals)'들을 포함하고 있다는 것이다. 제의 전 단계라고 할 만한 예비 제의

---

29) 제의용 그림.

중의 하나로 보통 가네샤(Ganesha)*30)를 언급하는데, 예비제의는 성공적인 공연을 기원하며 장애물을 제거하고 무대나 공연 장소를 신성화한다.' 이 신성화의 과정을 거치고 나면 "신에게 바치는 간단한 기도나 춤을 올리고, 공연에서 발생할지도 모를 실수나 불쾌한 점들을 용서해 달라는 기도를 올린다."(Richmond et al., 1990 : 123) 힌두 연극의 제의 구조는 특별한 연극적 활동과 신성하고 경건한 의례들을 더욱 친밀하게 결합한다. 아메리카 토착민들의 연극과 마오리족의 연극은 주로 제의적인 순간에서 시작하거나 끝이 난다. 마오리족의 연극은 의식적인(ceremonial) 환영이나 축복을 담고 있다. 반면에 북아메리카의 원시적인 연극에서 신성한 원형(circle)을 만드는 의식(ceremony)은 참가자들에게 영예를 안겨주고 악으로부터 보호해 달라고 간청하기 위해, 신과 영혼을 불러낸다.

미국 출신의 세 자매로 구성된 거미여인집단(The Spiderwoman troup)은 영혼을 위한 찬양의 노래를 부르면서 자신들의 공연을 마무리한다. 캐나다 극작가인 마리아 캠벨(Maria Campbell)은 「제시카의 책(The book of Jessica)」(1981)에서 리허설을 시작하고 끝낼 때, 그리고 특히 어려운 부분을 해야 할 때는 "아침저녁으로 원을 만들어 도는 것"이 영혼으로부터 배우들을 보호할 수 있다고 설명한다(Griffiths and Campbell, 1989 : 40). 공동체를 기반으로 특별한 의미를 갖는 제의적 행동은, 그 의미를 크게 바꾸지 않는 한 공연 맥락 안에서 조절되어질 수 있는 특정한 사회적 이익을 위해서 이용된다. 여기서 제의적 행동은 극장의 연극적 이미지나 서사와 소통하는 방식으로 교차한다. 〈우리들의 발자국(No 'Xya' −Our Footprints)〉(1990)은 제국의 역사를 지우고 동시대의 서구문화를 이국적으로 만드는 시도들로부터 벗어나려고 애를 쓸 것이 아니라, 토착적인 제의 전통을 회복해야만 한다고 주장한다. 〈우리들의 발자국〉은 데이비드 다이아몬드(David Diamond)가 기획하고, 긱산족(Gitksan)*31)과 웻스웨텐족(Wet'suwet'en) 족장들이 협력하여 설립

---

30) 머리가 코끼리 모양인 힌두교의 부(富)의 신에게 바치려고 만들어진 제의. (역주)
31) 캐나다 브리티시 콜럼비아에 살고 있는 인디언 부족. (역주)

〈우리들의 발자국(*No'Xya'*)〉의 제의 의상
'연어의 춤'을 연기하는 쉐리-리 길버트(Sherri-Lee Guilbert)(上)와 할 B. 블랙워터(Hal B. Blackwater).
사진 제공 : Plawrights' Canada Press, Toronto, David Diamond, Headlines Theatre Company, 1990.
사진 : Ghris Cameron

한 밴쿠버의 헤드라인 씨어터 컴퍼니(Headlines Theatre Company)가 제작한 연극이다. 극작가와 제작자들은 1984년 영국령 콜럼비아 지방정부를 대상으로 토착영토를 요구하고 있는 원주민들에 대한 다큐드라마를 제작하면서 다수의 토착 제의들을 결합시켰다. '연어의 춤'은 부족 구성 형식과 그 땅의 원주민이 이주하는 패턴을 은유적으로 묘사하기 위해 이용한 제의이다. 연어의 춤 뒤에 이어지는 순록사냥춤에서는 현대의 배우들이 조상의 땅에 대한 자신들의 권리를 요구하는 원주민들을 위해, 영혼의 무게를 실어주는 의상을 제대로 갖춰 입고 토템가면을 쓴 채 공연한다. 연극은 리허설과 공연에서 사용되는 긱산족과 웻스웨텐족의 연장자들이 녹음한 전통 노래에 의해 더욱 고조되는데, 전통 노래는 제의를 준비하는 데 적절한 기능을 했다.[32] 〈우리들의 발자국〉은 제의적인 오프닝으로 시작한다. 관객들은 전통 노래와 음악 소리를 들으며 연극 공간 안으로 들어오게 되고, 그런 다음에 '문이 닫혔다'라는 말을 듣는다(1991 : 50). 연극의 첫마디로 사용되는 이 단순한 진술을 통해 관객들은 자신들이 제의적 공간으로 들어왔음을 깨닫는다. 조명이 들어오고 부족의 족장이 무대 주위를 걸으면서 지팡이로 네 모퉁이를 쾅쾅 쳐서 무대를 신성하게 하는 동안, 평화의 상징인 흰 깃털이 관객석 쪽으로 흩어진다. 이런 제의적 행동이 끝난 후에야 연극이 시작될 수가 있다. 공연의 마지막에는 축제 홀(Feast Hall)이나 포틀래치의 선물주기 전통을 거행한다. 모든 관객들은 나무를 선물받고 긱산족과 웻스웨텐족의 참석자 대표와 이야기를 나눌 수 있도록 초대받는다. 그렇기 때문에 비록 전체적인 공연과 제의의 구조는 매일 밤 똑같이 반복되지만 연극의 결과는 유동적이며 대부분 관객의 참여에 따라 달라진다.

　　지금까지 언급했던 연극들이 증명해준 것처럼 많은 제의들이 제국 관

---

32) 출판된 연극 대본에는 이 신성화된 노래(녹음테이프)들이 공연에서만 사용될 수 있으며, 어떠한 식으로든 다른 활자 텍스트로 재생산해서는 안 된다고 알리고 있다(Diamond et al., 1991 : 65).

료들에 의해 공식적으로 금지되었기 때문에, 제의의 정치성은 신성한 것들과 교차하면서 관계를 맺는다. 금지된 이벤트들은 식민 규율 아래서 전복적인 활동이 되었고, 지금은 독립적인 포스트 식민주의 체계를 위한 자유의 상징으로 기능할 수 있다. 이것이 가능한 순간은 제의가 특정 공동체 안에서 특정 공동체에 의해 맥락화될 때이다. 제의적 목적을 가지고 있는 연극은 단순하게 심미적인 것에 매료당하는 관객들을 만족시키는 것 이상의 것을 수행하며, 다른 정치 연극들처럼 신념 체계를 세우고 일종의 능동적 반응을 요구한다. 제의는 그 사회의 정신적이고 사회적인 안녕을 유지하는 동시에 변형시킬 수 있는 핵심적인 방법이다. 또한 연극과 더불어 일반적인 문화적 표현 양식 안에서 제의에 기반한 전통적 재연을 더욱 강조함으로써, 아프리카인들의 디아스포라(diaspora)*[33]가 증명하는 것처럼 식민화가 세운 지역적 경계선들을 휘저어놓는다. 이러한 제의의 재연은 절대로 고정적이지 않으며 새로운 맥락과 토착화의 과정 가운데 발생하는 우연성을 따라 변형된다. 카리브에서 가장 명백하고 영속적인 변형을 겪은 문화적 기호 중의 하나가 바로 카니발이다.[34]

카니발

종교적이고 신성한 제의와 같이 한 사회의 세속적인 축제(페스티벌)에

---

33) 이산(離散). 유랑. 포스트 식민주의 연구의 주요 개념 중 하나로, 대부분의 민족들은 어딘가에서 와서 다른 곳에서 살고 있는 이산의 경험자들이라는 사실을 포함한다. 따라서 우리는 과거의 흔적을 보유한 채로 새로운 환경에 적응한다. (역주)

34) 이 책에서는 트리니다드에서 매년 열리는 특정한 카리브의 이벤트를 가리킬 때는 대문자화 'Canival'을 사용할 것이다. 일반적인 카니발 형태를 언급하거나 형용사적인 용법으로 단어를 사용할 때는 소문자 표기를 할 것이다.

사용되는 공연 요소들은, 지역 경험의 특수성을 명료하게 표현하는 것을 목적으로 하는 포스트 식민주의 연극 실천을 위해 중요한 아카이브를 제공한다. 전형적으로 축제는 변화하는 주위 환경과 상황에 따라 반응하면서 형태를 달리 해왔던 식민지 접촉 이전의 전통들에서 유래했다. 세속적인 축제들은 비교적 열린 구조이다. 비록 식민문화(colonising culture)에 대한 이의나 차이를 표현하는 동안에도 축제는 식민문화의 많은 요소들을 통합시키는 고도로 혼합된 이벤트이기 때문이다. 세속적인 축제를 연속적으로 설명하자면, 축제 레퍼토리는 그 사회의 연극은 물론이고 제국적 연극 관습을 탈중심화려는 공연 스타일에 영감을 줄 수도 있다. 독특하게 열광적이고 비자연적인 연극, 의식적으로는 연극적이면서 축제의 연행에 기초를 두고 있는 연극은, 공공 장소나 사회적 활동 그리고 모국어에 관심을 갖는다. 연극은 주체들을 독특한 지역 역사 안에 위치지음으로써 다양한 문화적 영향들을 앞세운다. 제의 연극처럼 축제 연극은 그것의 독특한 비유를 허용하면서도 민속문화를 재생시키는 방향으로 작동한다.

트리니다드의 카니발은 그 지역의 연극에 큰 영향을 발휘하는 전형적이고 세속적인 이벤트이다. 유행하고 있는 축제의 상업화가 계급과 인종을 기준으로 한 위계 질서에 기반한 사회제도의 불평등에 저항하는 시도들을 당연히 약화시킴에도 불구하고, 카니발은 카리브의 연극 종사자들에게 영감을 주는 중요한 원천으로 남아 있다. 과거 두 세기 동안 마구 혼합된 채로 발전한 카니발은 그 자체로 노예제와 식민 지배에 대항한 긴 투쟁의 역사이다. 카니발에 내재된 전복성[35]뿐만 아니라 독특한 역사적 배경이 카니발을 특별히 '토종(home-grown)' 포스트 식민주의 연극에 적합한 모델이 되게 한다. 에롤 힐은 이 점에서 트리니다드의 카니발이 다른 나라의 것과 유사하지만, "트리니다드 카니발은 형태나 내용,

---

35) 바흐찐(1984)은 민중의 축제 카니발이 관습화된 사회의 위계 질서를 전복한다며 그것을 상세하게 증명하고 있다.

그 의미를 보면 필연적으로 특정 지역의 생산물"일 수밖에 없다고 주장한다(1972c : 5). 볼거리가 많은 화려한 공연들이 의상과 역할놀이 · 언어 · 음악, 그리고 춤의 변형적인 기능을 찬양하는 것처럼, 카니발은 동시대의 무대에서 부활할 수 있는 민속 인물들과 주제를 제공하면서 트리니다드 문화의 풍부한 연극성을 입증한다.

비록 트리니다드 카니발은 18세기에 프랑스 엘리트 정착자 계층의 사순절 전(前) 축제(festival)에서 비롯되었지만, 그 후에 추수감사절과 관련된 다양한 아프리카적 관습에 의해 형식을 갖추게 되면서 다수에 의해 전유되었다. 결국 트리니다드 카니발은 흑인문화의 표현으로 변형되었다.[36] 에롤 힐이 말한 것처럼 노예제로부터의 해방과 자유를 기념하는 축하행사는 토착화된 카니발에서 시작된 제의를 형성하였고, 종종 초기의 거리 가장행렬에서 보이던 진지한 요소들의 기원이 되었다(1972c : 23). 카니발은 노예해방 이후 수십 년 동안 노예신분을 벗어난 이들이 거리에서 횃불(flamebeaux)을 들고 북치고 춤추고 노래하면서 한밤의 거리를 행렬하던 깐볼레이(canboulay)[37]와 더불어 시작되었다. 깐볼레이는 프랑스의 깐느 브륄레(cannes brûlées)에서 유래했다. '속박의 드라마를 재연하는 것'으로서의 (Juneja, 1988 : 88) 깐볼레이[*38]는 식민 경험의 참상을 상기시켰고, 과거 축

---

36) 민속사학자들에 의하면, 백인농장주의축제 행사들은 주로 가면 무도회나 저택 방문, 말이 끄는 마차 행렬 등과 같은 '품위 있는' 활동들로 제한되었던 반면에, 흑인 하류 계층의 카니발 연출은 기독교사회 이전 유럽의 떠들썩한 농신제(Saturnalian)와 같은 기원에 정신적으로 훨씬 가까운, 북적이는 거리축제이다. 이런 변화의 촉매는 1834년 흑인 노예 해방이었다.

37) 원래 노예해방기념일이 있는 8월에 실시되었던 이 가장행렬은, 농장주를 중심으로 단체 집합하여 채찍질을 당하면서 끌려가서 사탕수수밭의 불을 꺼야만 했던 노예들의 경험에서 유래하였다. 기본스에 의하면, 행렬이 카니발로 전이된 것은 깐볼레이(canboulay)를 거쳐서 "해방된 노예들이 용감한 자유의 의미를 카니발에서 생산해냈다는 것을 보여준다."(1979 : 31)

38) 노예해방 이후 흑인들의 주요하고 뿌리깊은 축제로 자리잡았다. 저속한 춤과 횃불로 거리를 가득 채우는 것이 특징이다. 깐볼레이를 막으려는 정부에 대항하며 1881년 스페인에서 발생했던 깐볼레이폭동 이후 저항의 의미가 담긴 전통이 되었다. (역주)

제에서 소외되었었던 흑인 민중들의 참가 권리를 강력하게 주장했다. 백인 농장주들이 흑인신분으로 위장하고 카니발의 무대에 스스로 참여했었다는 사실은, 깐볼레이를 보다 중요한 전복적 실천이 되게 한다. 왜냐하면 그것은 대상을 비하하기 위해 고안된 가장행렬이 원래대로 계승될 수도 있고, 새로운 의미로 투자될 수도 있으며, 권력을 부여하는 전략으로 전개될 수 있다는 것을 증명하기 때문이다.

카니발은 하층계급에 의해 충분하게 전유되면서 식민 권위에 대항하는 반란의 수단이 되었다. 특히 가난한 도시 흑인들을 위해 카니발은 허용된 수준 이상의 전복을 재현했다. 카니발은 불공평과 억압에 대항하며 현재 진행중인 투쟁을 구체화했다. 그 저항정신은 전통적인 칼립소*39)와 백인사회를 풍자했던 다양한 가장행렬에서 뿐만 아니라, 1881년과 1884년의 카니발 중에 발생했던 폭동에서 정점에 이른 무질서한 행동에서도 증명된다. 그런 폭력의 분출이축제를 '저속한' 것으로 여기는 지배계급에게 적개심을 유발시켰다는 것은 그다지 놀라운 일이 아니다. 그러나 카니발을 금지하려고 했던 권위주의적인 시도들은 무력화되었고, 종종 패러디와 풍자를 통해 가장행렬의 내용으로 흡수되었다(1988 : 90). 카니발을 비방하는 식민 권력자들의 정치적 힘을 이런 식으로 중화시키는 능력은 당연히 카리브의 카니발문화가 장수하는데 기여했다. 즉흥성(improvisation)은 오랫동안 카니발을 규정짓는 특징이었다. 이 즉흥성은 사회적 억압에 대한 신속한 반응을 증거한다. 1883년 아프리카의 북 사용금지법 이후 스틸밴드(steel band)*40)의 진화를 보여주는 대표적인 예가 있다. 충격을 가해 울림을 낼 수 있는 대체 악기를 찾던 중에, 가장행렬 참가들이 오두막에 쉬러갔다가 덜컥거리는 소리를 내는 호리병박을 처음 찾아냈다. 그 다음에는 대나무 막대로 오케스트라를 고안해냈지만, 결국 독창적인 음악을 만

---

39) 서인도 제도 트리니다드 원주민이 춤추면서 부르는 즉흥적인 노래. (역주)
40) 본래 트리니다드 섬 주민이 시작한 것으로, 드럼통 등을 타악기로 사용하는 서인도 제도의 밴드. (역주)

들기 위해서 버려진 석유 드럼통(혹은 팬)을 조율하여 대체악기로 선택했다. 제2차 세계대전 중에 당국이 스틸밴드를 강제로 금지하던 때, 팬맨들(Panmen)은 경찰과 충돌하면서도 그들의 음악을 열린 저항의 형태로 전환시켜 법에 도전하였다.[41] 주네쟈는 스틸밴드의 역사가 트리니다드 카니발의 특징이 되어 왔던 저항의 요소뿐만 아니라 "경제적으로 박탈당한 사람들의 회복력과 놀라운 창조력"을 증명한다고 설명한다(1988 : 91).

갈등이 육체적이고 언어적으로 제의화된 형태들은, 노예해방 이후 카니발의 중요한 부분이 되었다. 투쟁 요소 중 일부는 노예들의 민속문화에서 기원했고, 그 결과 법과 질서의 억압적인 힘에 도전하는 화려한 공연들로 표현되었다. 특히 막대기싸움(stick fight)은 19세기 후반에 카니발의 주요한 특징으로 출현했다. 이전에 대농장 노예들의 운동거리 중의 한 형태였던 막대기싸움은 자신들의 땅에서 쫓겨난 도시 하층민들에게로 이어졌고, 쟈메(jamet)[42]문화나 야드(yard)문화를 정의하는 요소 중 하나가 되었다. 피부색과 부족한 학교 교육, 가난 등을 이유로 주류사회에서 배제되었던 쟈메는, 관습적인 규범을 뒤엎고자 의도적으로 도박과 싸움 그리고 여성을 착취하는 불량한 이미지들을 만들어내기 위해 야드밴드(yard band)를 만들었다. 카니발 기간에 막대기싸움 그룹들은 거짓으로 전투를 하거나 어떤 때에는 진짜로 전투를 하면서 거리를 통과하는데, 행진하는 동안 근대적 칼립소 가수의 전임자라고 할 샨트웰(shantwelle)과 합창단이 이들을 기리는 노래를 부른다. 막대기싸움은 상당한 기술과 훈련이 요구되는 공격적이고 방어적인 기술은 물론이고 복잡한 춤 스텝이 들어가는 칼린다(calinda)나 브와 바타이(bois bataille)*[43]로 구성되어 있다. 에롤

---

41) 당국에 의해 금지되었던 북의 대체물로, 남아프리카의 흑인 광부들이 고안해냈던 검부츠(gumboots) 춤의 역사가 이와 비슷하다. 고무부츠, 양철깡통, 병뚜껑과 같은 것들이 유용한 물건으로 사용되었다.

42) 'jamette'라고도 쓰는데, 외부, 다른 편, 하층사회를 의미하는 프랑스어 diametre에서 유래했다. 쟈메(jamets)는 도시의 뒷골목에 자리잡은 비좁은 셋집들 즉 바라크식 건물 마당에서 공동의 삶을 살아야 했다.

힐은 막대기싸움꾼(fighter, batonye)이야말로 "자신의 연기를 비판적인 관객이 지켜보고 있다는 것을 의식하는 최초의 공연자"라고 평가하며 "도전과 반항을 의미하는 막대기싸움과 관련된 은어가 생생하고 은유적인 언어이며, 연극적인 대화로 이루어진 직물"이라고 표현했다(1972c : 27).

19세기 말에 깐볼레이 행렬이 사회적으로 금지되면서 막대기싸움이 쇠퇴하게 된다. 그러자 막대기싸움 선수와 언어적으로 사촌 관계인 영국인 피에로(Pierrots)와 프랑스인 피에로 그르나드(Pierrots Grenades)가 카니발의 비중 있는 가장행렬 참가자로 전면에 등장하였다. 막대기싸움 선수의 역할을 계승한 사람들이 육체적 움직임이 근사한 공연물로 막대기싸움을 조형해냈다면, 피에로 캐릭터들은 그들의 언어적 재주를 과시하며 행진했다. 말싸움은 물론이고 막대기나 채찍으로 결투하는 것도 싫어하지 않는 상류 계층 인물을 형상화한 영국 피에로44)는, 과장된 수사와 허풍으로 특징지어지는 말걸기를 통해 그의 해박한 지식을 드러냈다. 반면에 피에로 그르나드는 '비천한 출신'의 캐릭터이다. 사회·경제적으로 혜택받지 못한 사람들의 파트와(Patois)*45)를 사용하는 어릿광대이며 오직 자신의 기지(위트)에 그의 생존 여부가 달려 있다. 그는 비평·풍자·해학(벌레스크)을 통해 그리고 자신이 만든 해체된 언어를 호언장담조의 패러디로 풀어내면서 관객을 즐겁게 한다(Gibbons, 1979 : 164~169; Creighton, 1985 : 61~66 참조). 자정의 도둑(Midnight Robber)과 같이 말(스피치)을 중심으로 한 가장행렬에서 악당(bandit)은 자신의 관객이 돈을 지불할 때까지 장황한 독백을 늘어놓는46) 반면 피에로는 생각을 요구하는 암호를 이용하기보다 액션 형식을

---

43) 칼린다, 브와 바타이 : 서인도 제도에서 유입된 리듬, 혹은 뱃노래의 일종. (역주)
44) 피에로들은 아주 드물게 여성 연기자가 그 역할을 맡게 될 때도 있지만, 보통은 남성으로 젠더화된다.
45) 프랑스의 저속한 지방 사투리. (역주)
46) 도둑가면에는 서구 카우보이의 무법자 같은 형상과 구술 전통의 오래된 요소들이 혼합되어 있다. 웨스트(Wuest)에 따르면 "학자풍의 언변과 영국 교육제도를 동시적으로 조롱함으로써 '권위'와 의식을 성취하는 '이중'의 과정은 도둑의 행위 중에서 가장 두드러지는 부분이다."(1990 : 51)

이용해서 언어의 연극적 재질을 개발한다. 두 명의 피에로는 말걸기 스타일과 기능이 각각 다르지만, 언어를 이용한 이들의 공연은 공통적으로 식민 경험에 뿌리를 두고 있다. 둘 다 조롱받는 동시에 존경받는 강요된 언어와 교육제도의 독특한 양면가치를 드러난다. 헬렌 티핀(Hellen Tiffin)에 의하면, "두 피에로 사이에서 대치하고 있는 카니발은, 한편에서는 앵글로 제국주의자들의 문자기록 전통을 재생산하고 다른 한편에서는 그 전통을 비방하면서 경쟁적인 관계를 유지하고 있는 구술 공연들의 아이러니를 연극화했다."(1993a : 915) 그밖에도 언급할 가치가 많은 여러 전통 관습들과 캐릭터가 있다. 로렌 부인(Dame Lorraine : 상류 계층을 풍자하기 위해 춤을 추는 이성 복장을 한 성도착자)과 잽 몰라시(Jab Molassi : 쇠사슬과 갈퀴를 갖고 다니는 무서운 악마)도 여기에 해당한다. 카니발에 관한 이상의 간단한 설명은, 일반적인 세속축제의 트리니다드식 버전이 포함하고 있는 식민지 권력에 대한 저항의 연극 역사를 보여준다. 연극은 이런 다양성과 유동성 속에서 관련된 모든 문화적 유산들을 수용하기 위해 문화적 충돌과 갈등으로부터 벗어난 통합의 복잡한 원형들(archetypes)을 재연한다(McDougall, 1987 : 77). 이것은, 에롤 힐이 최초의 주요 비평서인 『트리니다드의 카니발—민족극을 위한 임무(The Trinrdad Canival : Mandate for a National Theatre)』를 저술했던 20년 전에 이미 분명하게 인식했던 것이다. 에롤 힐은 자신의 연극 작업 선언문에서 카니발은 수입된 가치 체계에 대항하기 위해 카니발은 시행되고 있으며, 결국은 토착 공연을 위해 필수적 요소들을 공급하게 된다고 주장했다.

과거와 현재의 트리니다드 카니발에 실재하는 물질적 존재들은 음악 · 노래 · 마임 · 춤 · 언어를 이용하는 연극의 독특한 형태를 창조하기 위해 충분하게 통합된다. 이는 그것이 발생한 민족문화에 뿌리를 내린 연극, 다채로운 스펙타클의 연극을 창조하려는, 간단히 말하자면 민족극을 창조하기 위함이다. (1972c : 110)

카니발이 비교적 최근에 큰 밴드들과 상업적 스폰서들에게 흡수된 것을 고려한다면 카니발의 전복성에 대한 에롤 힐의 주장은 어느 정도 수정되어야 한다. 하지만 카니발의 전통에 뿌리를 두고 있는 연극들에서는 에롤 힐의 규정이 유효한다. 에롤 힐의 주장은 바르바도스인(The Barbadian)이나 현재 자메이카에서 활동중인 얼 워너(Earl Warner), 그의 트리니다드 동료인 극작가 로울 기본스와 같은 재능 있는 젊은 연극인들에 의해 열광적으로 채택되고 있다.

독립 이전의 트리니다드 카니발이 민속문화의 아카이브이며, 오랫동안 식민지에서 혹은 더 넓게 카리브 지역 전체에서 유일하고도 강력한 토착 연극의 형태였다는 주장에 대해 반박할 비평가는 거의 없을 것이다. 그곳의 몇몇 의미 있는 공연 개최 장소는 셰익스피어적이거나 다른 앵글로 유럽적 관습의 헤게모니에 거의 지배를 받지 않았다(W. Bennet, 1974 : 7; Omotoso, 1982 : 46~47을 볼 것). 카니발이 일단 정부와 지배 계층에 의해 인정받은 제도화된 행사가 된 이후에도 정치적으로 동기화된 예술 형태로서의 카니발이 여전히 효과를 발휘하는지에 대해서는 의견이 분분하다. 예를 들면 월콧은 카니발이 무대에는 적합하지 않다고 주장하면서 축제의 연출과 '진지한 예술' 사이에 엄격한 차이를 유지하려고 했다(Hamner, 1993 : 141을 볼 것). 하지만 그럼에도 불구하고 월콧의 작품들이 종종 카니발의 형식을 자유롭게 차용하고 있다는 사실을 상기한다면, 그의 말은 의심스러울 수밖에 없다. 1970년에 그는 동시대의 카니발이 "흉내내기에 그치고 마는 배우들의 예술만큼이나 무의미하다"고 했다(1970b : 34). 이런 비판은 칼립소 가수, 스틸밴드 구성원, 카니발에서 가면을 쓴 사람들이 "민속 형태의 국가적 개념이라는 덫에 걸려서" 여행객들의 구경거리로 전락하고, 결국에는 "식민주의적 태도를 존속시키고 있다"는 구체화된 믿음에서 나왔다(1970b : 7). 이상의 것들과 대립되는 것으로 기본스와 에롤 힐, 그 밖의 다른 축제문화의 프로모터(흥행주)들이 지지하는 견해가 있다. 카니발에는 내재하는 변화가 있으며, 상업적 압력과 직면해 있으면서도 그러한 상업적 권력이 카니발을 고정화하는 것에 저항하고 있다는 것이다. 기본스는 "카니발은 기념해야 하는 것이 아니라 살아 있는 다양한 이벤트다. 카니발의 정당성은 과거를 포함하면서도 현재를 흡수하고 표현할 수 있는 능력에 달려 있다"고 말한다(1979 : 100). 이것을 증명하는 유력한 예가 바로 최근에 유행하는 토크 텐트(Talk Tent)이다. '즉흥적인 이야기꾼들'의 역량이 가장 중요한 공연물로, 새로운 공연 장소에서 여러 카니발 오락물들을 인용하면서 피에로나 자정의 도둑(Midnight Robber)과 같은 캐릭터의 구술 전통들을 다시 부활시켰다.[47] 토크 텐트의 성공이나 카니발의 비영리적인 측면을 강조해서 만든 여러 다른 연극들의 성공은, 이 특별한 축제가 오직 동시대의 카리브 무대로만 제한되어 있다는 월콧의 주장을 부정하는 것처럼 보인다.

카니발의 논리

이론적 관점에서 보자면 카니발은 공동창작의 활성화를 통한 사회 개조의 가능성을 전제로 한다. 가이아나(Guyana)의 소설가이자 수필가인 윌슨 해리스(Wilson Harris)는 이것을 카니발의 '꿈-논리(dream-logic)'라 부른다. 해리스는 꿈-논리를 통해 가장행렬 참가자들의 가면과 춤이 '결여되어 있거나' 혹은 끊임없이 미완성인 채로 남게 되는 신체를 '오늘날의 인간성 감소'로 개념화될 수 있다고 주장한다(1986 : 41).[48] 이런 시각은 카니발

---

47) 토크 텐트(Talk Tent)는 전통적인 칼립소 텐트를 모델로 해서 만들어졌다. 그러나 주요 연기자들의 역할이 전도되어 있는데 칼립소 가수가 말을 하고 오히려 사회자들이 노래를 하는 식이다.

48) 해리스의 소설 「카니발(Carnival)」은 식민주의를 재형상화하고 폐기하는 양식으로 카니발을 이용함으로써 허구적 형식 안에서 꿈-논리를 증명한다.

이 패러디, 캐리커쳐, 그리고 가면을 통해 이끌어내는 다른 우스꽝스러운 행동들을 통해, 육체적인 삶의 이미지와 관련된 재생의 웃음에 의한 '유쾌한 상관성'을 재연한다는 바흐찐(M. Bakhtin)의 생각과 대립한다(1984 : 39~40). 카니발은 제국문화의 위계화된 신체를 파괴하고자 하는 몸 정치학의 포스트 식민적 재현을 위해 적합한 모델이다. 해리스와 바흐찐 모두 카니발은 식민주의의 독재적 요구에 효과적으로 대항하는 다양한 목소리 혹은 식민주의와 같은 일방적인 명령에 효과적으로 대항하는 다성적 영혼의 매개물이라고 주장한다. 식민자뿐만 아니라 피식민자의 힘의 작용을 인지하는 포스트 식민주의는, 해체적인 계획의 중요한 일부인 다성적 대화를 가능하게 한다. 포스트 식민주의 맥락 안에서 러셀 맥더겔(Russell McDougall)은 카니발의 균형잡힌 시각이 "이질적인 공동체의 원칙인 차이의 연극을 활성화함으로써, 제국주의의 허위적이고 자기 결정적인 태도"를 침식한다고 주장한다(1990a : 8). 만약에 차이나는 의견들이나 존재론적인 변화를 위한 모든 가능성들이 훼손되지 않는다면, 차이는 아주 중요한 것이 된다. 이질성은 "카니발을 단순하게 대항적이고 반동적인 것으로만 만들지는 않는다." 이때의 카니발은 "단순한 철수가 아니라 반란의 지점"으로 작동할 가능성이 있다(Russo, 1986 : 218). 그렇기 때문에 전도된 허가로서의 카니발을 규정하는 전통적인 관점이 우리의 분석틀에서는 제한적으로만 유효하다. 모든 종류의 사회적 특권 범주를 실질적으로 침식시키는 전복에서 카니발의 이념을 찾으려고, 그렇게 함으로써 특권 범주들의 재결합이 당연하게 수용되는 것을 거부할 때 카니발의 더 많은 가능성들이 실현될 것이다.

연극 비평은 사회적인 위계를 재구상하기 위한 비유적 청사진으로서의 카니발이 갖는 잠재력에 대한 이론들을 명료하게 구축하는 것 이상을 해야 한다. 또한 이 이론들이 어떤 방식으로 공연적 형태와 행위로 변형되어 실시되는지 분석해야 한다. 전체적으로 봤을 때 중요한 것은 무엇보다도 카니발이 대중적 연극이라는 것이다. 카니발은 도시의 대중들이 그들의 일상을 꾸려나가기 위해 모이는 거리와 마당의 연극이다. 카니발은 공간과 장소를 특수하게 이용함으로써 연행자와 관객, 객석과 바깥의 거리(Street) 사이의 일반적인 경계를 와해시킨다. 카니발은 모든 공공 장소에 대한 자신의 권리를 주장하고 사람들이 모이는 곳이라면 어디든지 극장이 되게 하며, 그렇게 해서 소외되었던 공간에 자기 재현의 특권을 부여한다.49) 제의처럼 카니발은 프로시니엄보다 원형경기장과 같은 공간 구조를 더 선호한다. 그러나 제의가 특별히 준비된 공간을 요구하는 것에 비해 카니발의 '무대'는 모든 참가자들 사이의 유동적이고 격식 없는 경계를 허용하는, 탈성화된 공간이다. 심지어는 축제를 위해 특별하게 설치된 텐트 안이나 플랫폼, 장식 수레에 이르기까지 연극적 공간은 이동할 수 있고 변용이 쉬우며 임시적인 것이 된다. 그리고 '실제' 공간의 구성 요소들이 거리 극장이나 야드 씨어터(Yard Theatre)에 어떤 특징을 부여한다면, 연행자들은 공연만을 위해 전유되었던 공간 안에서 만들어진 관습적 무대장치를 동요시키는 공연을 통해 끊임없이 다른 '장소'를 표현해낸다(Gibbons, 1979 : 41). 극장을 이질적인(heterotopian) 공간으로 보는 미셸 푸코(Michel Foucault)의 생각이 바로 여기에 해당한다. 푸코에게 있어 극장은 "현실적인 하나의 장소에 여러 개의 양립할 수 없는 공간들을 병치시킬 수 있는 곳이다."(1986 : 25) 만약 이런 공간들이 서로 고립되지 않고 만나서 충돌하고 역동적으로 상호작용한다면, 그곳은 카니발에서 영감을 얻은 포스트 식민주의 연극에 결정적으로 중요한 지점이 된다. 왜냐하면 카니발은 복수성과 차이가 출현하는 논쟁적 공간이자 논쟁할 수 있는 공간의 연쇄이기 때문이다. 거리, 타원형 경주로, 장터, 원형경기장, 교차로, 마당 이런 곳들은 트리니다드라는 다문화사회의 충돌하는 정체성들이 협상되는 장소이다.

---

49) 로울 기본스(Rawle Gibbons)는 그의 최근 이론 작업에서, 그동안 공연장으로는 채택되지 않았던 다양한 개방적 장소들을 무대화함으로써 카니발 공간의 특징들을 재생산하려고 시도해 왔다.

카니발은 마당문화(yard culture)에서 유래한 구두(verbal) 언어와 청각(aural) 언어를 전면에 내세운다. 음악은 그 구성상 이벤트와 통합에 가장 중요한 부분이다. 여러 곳에 존재하는 스틸밴드는 아프리카의 '타악기문화'와 카리브의 관계를 보여준다. 반면 꾸아뜨로(cuatro) 같은 현악기는 라틴 아메리카적 요소가 카니발에 영향을 주었음을 증명한다. 최근에는 서구, 특히 미국 대중음악으로부터 강력한 영향을 받고 있을 뿐만 아니라 동인도의 음악도 카니발의 레퍼토리에 추가되고 있다.[50] 이것은 카니발의 음악적 기반을 끊임없이 혼종화함으로써 다성적(多聲的) 영혼의 다른 표현이 되게 하고, 주변문화의 연극에서 카니발을 생산적 모델로 선택하게 만든다. 이질적인 음악 요소들을 통합하는 것은 모든 축제 활동 안에 깊숙이 배어 있는 리듬감이다. 에롤 힐은 "말은 소리와 움직임의 복수리듬적 조화음의 일부분"일 뿐이라고 말한다(1972c : 115).

음악은 카니발의 효과를 설명하는 언어의 의미론적 내용이 아니라 공연상의 한 국면이다. 예를 들자면 퍼레이드를 하는 밴드들의 '화답(call and response)' 노래들은 원로 칼립소 전임자(shatwelle)가 만든 노래의 기본 구조를 계승하면서 집단의 강력한 공명을 강조해서 부른다. 칼립소 독창은 언어 자체에 주력하지만 만족할 만한 효과를 가져오기 위해서는 여전히 공연적인 장치들에 의존한다. 이것은 특히 라이벌 칼립소 가수에 의해 불려진 전통적인 언쟁(verbal warfare)노래인 '피콩(picong)'의 기교에서 분명하게 확인할 수 있다. 말(스피치)을 기본으로 한 가장행렬은 언어적 관습에서 보자면 그다지 리드미컬하지 않지만, 의미보다 소리를 강조하는 경향이 있다. 전반적으로 카니발 언어는 구술문화에서 발전한 모든 원재료들의 눈에 띄는 과시로 특징지어진다. 언어는 원래 고도로 구조화되었음에도 불구하고 새로운 압력에 잘 적응하며 즉흥적으로 구성되기도 하는 신비한

---

50) 카니발은 흑인과 크리올 계층을 위해서 중요한 사건의 역사를 지속해 왔다. 그런데 최근에는 인도 트리니다드인의 참여가 증가하고 있고, 호세인(Hosein)과 같은 동인도의 전통 제의가 카니발에 통합되었다는 실증들이 독립 이후에 속속 밝혀지고 있다.

능력을 소유하고 있다. 풍자와 자기 조롱에 바탕을 둔 언어는 다양한 재 공식화와 변화를 향해 지속적으로 개방되어 있고, 표준적인 사회와 언어적 질서로부터 해방을 획득한다. 이것은 부분적으로 월콧이 설명했던 모방을 강조하는 카니발에 기대고 있다. 모방은 '상상'의 행동이면서 '풍토적인 술책(endemic cunning)'에서 비롯된 행위이다(1992 : 27).

카니발의 육체는 개방되어 있고 복합적이며, 분열하고 변형된다. 육체는 "교환의 과정 속에서 기쁨을 얻고, 사회적이고 생태적인 맥락으로부터 결코 분리되지 않는다."(Stallybrass and White, 1986 : 22) 이런 점에서 카니발의 육체는, "육체적으로 폐쇄된, 완벽한 서구 문명의 자기 이상"이라고 베로니카 켈리(Veronica Kelly)가 불렀던 것들을 붕괴시킬 만한 제의적 육체로서의 잠재성을 공유하고 있다(1992b : 61). 카니발은 고분고분하게 처신하도록 식민화된 육체를 움직임, 복장, 가면을 통해 재현해내고, 제도화된 권위의 지배에서 벗어나고자 위협하는 육체, 제압하기 어려운 대항적 육체로 끊임없이 재구성해낸다. 카니발에서 술에 취해 흥청거리던 사람들이 추었던 '점핑업(jumping up)'은 위반하기 쉬운 섹슈얼리티와 극단적인 상태의 신체를 분명히 보여주는 동시에 생명력을 강조한다. 이 춤은 개인화된 정체성들을 표현하지 않는 대신에 집합적인 몸 정치학의 이념을 공고히 한다. 그렇다고 획일성을 요구하지는 않는다. 춤은 아프리카적이고 유럽적인 요소들을 크리올(Creole)문화51)의 연극화된 표현 속으로 통합시킨다. "긴장하고 대립하는 자신들의 습관적인 관계"들을 바꾸어 보려는 시도는 전혀 하지 않은 채로 말이다(Gibbons, 1979 : iv). 이 맥락에서 축제 행렬의 양식화된 움직임은 규칙적이고 고정된 형태로 진행되는 신

---

51) 크리올의 문화적 모델은 트리니다드와 카리브의 표준이 된다. 그것은 변하기 쉽고 열린 결말의 형태로 남아 있는 혼합문화를 생산하도록 끊임없이 동화되어지는 아프리카와 유럽의 실천들·이데올로기들이 충돌하는 영향력을 중시한다. 크리올화의 언어적인 효과와 함께 크리올화의 배경이 되는 원칙들을 살펴보려면 에쉬크로프트(Ashcroft)의 다른 책(1989 : 44~51)을 볼 것. 여기에 관련해서는 4장에서 조금 더 자세하게 다룰 것이다.

체 훈련보다는 공동 안무의 형태로 봐야만 한다. 전체적으로 카니발을 추동하는 공연상의 '힘'은 제의의 힘이 갖는 효력과 비슷하지만 형태는 다르다. 카니발의 힘은 정신적이고 육체적인 에너지의 응축된 집중보다는, 제어되지 않는 신체의 원기 왕성한 동작에 의존한다.

카니발의 '마스(mas')'*52)는 강력한 상징물로서의 의상과 가면뿐만 아니라 그것들이 신체와 결합하면서 만들어내는 연극적 기능에 초점에 맞춘다. 구어체 용어인 '마스(mas')'는 가면과 가장행렬에 참여하는 모든 사람, 즉 출현과 역할놀이에 따라 창조된 인물들, 의상을 제대로 갖춰 입은 등장인물 모두를 말한다. 최근까지도 트리니다드 카니발에서 이른 아침에 거행되었던 주베르(j'ouvert)53)의 관습에서, 모든 연행자들은 익명성을 보장받기 위해 가면을 썼다(Gibbons, 1979 : 137을 볼 것). 특히 가면은 피에로 그르나드 같은 말을 거는 마스(mas')에 중요하다. 피에로 그르나드는 자신이 풍자하는 인물들이 그 사실을 깨닫지 못하는 한에서만 풍자를 계속할 수 있다. 오늘날의 익명성은 대부분 사회적 계층 표시를 거부하는 부재의 기호이자 위반의 형식이다. 가면은 개인을 위장하면서 동시에 관객이 그를 알아볼 수 있도록 강력한 시각적 초점을 제시한다. 가면을 쓴 등장인물들은 원형적인(archetypal) 인물이 되는데, 특히 가장행렬의 거대한 무리들이 그들 집단의 동일성을 표현하기 위해 같은 '얼굴'을 착용하였을 때 더욱 그러하다. 따라서 '가면놀이(playing mas')'는 개성을 지우면서 개성을 효과적으로 표현할 수 있다. 아주 화려한 장관을 제공함에도 불구하고 제의의 가면과 의상이 신의 현존이나 행동을 명백하게 해주는 그릇이라면, 카니발은 '마스(mas')' 자체의 인위성을 찬양한다. 해마다 거리로 밀려나오는 종종 환상적이고 그로테스크한 살아 있는 사람들보다도 훨씬

---

52) 마스(mas')는 가면과 의상을 착용하고 신체성을 갖오하는 카니발의 등장인물을 지칭한다. (역주)

53) 새벽을 의미하는 프랑스어 jour overt에서 나온 말로, 'jouvay'라고도 불린다. j'ouvert에 관한 상세한 설명을 원한다면 힐의 저서(1972c : 86)를 참조할 것.

거대한 형태들에 의해 활성화되는 과잉된 양식으로서의 카니발은, 자연주의 연극에서 인물을 형상화할 때 그에게 꼭 맞는 적절한 의상을 입히는 관습을 방해함으로써 배우와 역할 사이의 간극을 전면에 내세운다. 특히 카니발의 대중적인 특징으로, 성교차적(cross-gender)일 뿐만 아니라 통문화적(cross-culteral)인 의상을 입고 있는 복장 도착은 젠더와 인종적 이분법을 전복시키거나 재배치할 수도 있다. 이런 식으로 카니발 마스(mas')는 바흐찐적인 의미에서의 '전도된 신체'를 통해 파괴적인 차이의 모델을 제공하고, 제국주의자들의 재현 체계를 재가공한다.

카니발은 공연을 통해 얻은 모델들을 의심함으로써 메타 연극의 지속적인 의미들 속에서 중요한 구조틀을 제공한다. 연행자의 의식적인 역할놀이는, 자신들의 참여가 가장행렬의 성공에 얼마만큼 중요한 것인지를 회의(懷疑)하는 구경꾼을 필요로 한다. 연극의 기호 체계는 늘 질문을 받고 있으며 재연과 패러디를 통해 수정안을 제시한다. 린다 허천(Linda Hutcheon)은 패러디야말로 "어떻게 과거의 것에서 현재적 재현이 출현하게 되는지, 지속성과 차이로부터 어떤 이념적 결론이 도출되는지를 알려준다"고 주장한다(1989 : 93). 이것은 카니발의 형태에서 고무된 포스트 식민주의 연극을 위해 필요한 중요한 내용이다. 만약 기본스가 말하는 것처럼 카리브해 연극의 임무가 카니발이나 제의의 양식들을 전유하여 "그 자체를 전통화하는 것"이라면(1970 : 300), 우리는 이러한 재현 체계 뒤에 어떤 원칙들이 놓여 있는지 끊임없이 질문해야만 한다. 에롤 힐은 자신이 카니발 연극이라고 부르는 것, 즉 움직임·음악·언어·리듬을 통합하면서 말의 메타포가 시각적인 상징에 의해 조화될 수 있는 카니발 연극 안에서, 분석의 중요한 시작점을 설정한다(1972c : 116). 카니발 연극은 미적 재현을 위한 인간·장소·사물의 모든 의사소통 수단들을 조직화한다. 이때의 미적 재현은 '습관적으로 박수를 치는 관객'보다는 설명을 필요로 하고 상호작용하는 공동체를 전제로 한다(Tiffin, 1993a : 915). 카니발 연극은 상상의 극단까지 밀어부치는 기교의 마술을 한껏 즐기기 위해 사실주의를 피한다. 제의 연극처럼 카니발 연극도 '리얼리티'가 개념화되는 방식들을 변형시키는데 목적이 있다.

카니발 연극

그동안 카니발은 단순히 연극화된 활동이라기보다 연극의 특별한 형식 중의 하나로 취급되어 왔다. 살펴본 것처럼 공연된 표현의 '리얼리티' 강조 여부에 따라 제의와 연극을 구별했던 것과는 다르게, 카니발은 허구와 꾸밈을 강조한다. 이것은 카니발이 제의적 카타르시스와 공동체의 부활에 효과가 있을 수도 있다는 것을 부정하는 것이 아니다. 신중하고 자기 반성적인 예술로서의 카니발의 지위를 제안하는 것이다. 유럽 중심적 사고 체계가 카니발의 지위를 부정한다고 해도 상관없다. 정식적인 카리브 무대의 이념은 '연극적인 것을 연극으로 변형하기'[54] 위한 방법으로 카니발을 전유해 왔는데, 이것은 분명 오해의 소지가 있다. 왜냐하면 이러한 시도는 이식된 장르 개념에 의존하고 있고 연극의 다양성을 배제하기 때문이다. 분명 포스트 식민주의 비평에서 위계 질서는 용인하지 않는다. 그러나 유료관객들을 위해 만든 자기-충족적(self-contained) 공연 작품들 가운데 카니발의 형식이나 주제를 차용한 많은 연극적 이벤트들과 특별한 연례 행사로서의 카니발을 분별해내려는 목적을 가졌다면 위계제도가 필요하기도 하다. 자기-충족적 '연극들'은 카니발의 상

---

54) 월콧이 독창적으로 사용한 개념으로(1970b : 34), 이후 카리브 연극 비평의 표어(catch-cry)가 되어 왔다. 1982년 카리브 연극에 관한 자신의 저서에 『연극적인 것에서 연극으로(The Theatrical into Theatre)』라는 제목을 붙인 오모토소(Omotoso), 혹은 피도(Fido, 1992 : 282)를 참조할 것.

업적인 구조 밖에서 작동하는 경향이 있고 부패가 만연한 물질주의에서 벗어나 있으며, 카니발을 흉내내려는 시도를 하고 있음에도 불구하고 카니발의 관습들(conventions)을 비판하기 위해 이상적으로 위치한다.

카니발적인 비유들은 카리브의 '정식(formal)' 무대 위에서 채택되어 재작업되어 왔고, 그 비유들이 무대 자체를 변형시키기도 했다. 여기에 대한 분석은 카니발의 중요성을 재현하는 체계는 물론이고 연극의 이념 작용까지 드러낸다. 식민주의적 규범의 최후 흔적이 남아 있었던 시기인 1960년대 이래로, 카니발은 여러 지역에서 카리브 연극에 중요한 영향력을 끼쳤다. 비록 작품 안에서 카니발이 모호하게 취급되었다고 해도 연극과 비평의 여러 단계에 골고루 침투했다. 카니발의 모티프는 에롤 힐(Errol Hill), 얼 러브레스(Earl Lovelace), 무스타파 마투라(Mustapha Matura), 데렉 월콧과 같은 유명한 극작가들의 작품에 빈번하게 등장할 뿐 아니라, 자메이카의 마리나 맥스웰(Marina Maxwell)이 만든 실험 극단 '야드 씨어터(Yard Theatre)'와 트리니다드의 '빌리지 씨어터(Village Theatre)', 그리고 공동체에 기반을 둔 다른 연극들에서도 형상화되었다. 학교에서 정규 과목으로 연극을 가르치면서 카니발 드라마는 제도화되었다. 유튼 자비스(Euton Jarvis)와 로날드 아모로소(Ronald Amoroso)의 『카니발의 정통법(*Master of Carnival*)』 (1974)이 여기에 해당한다. 또 카니발은 카리브문화의 특징을 나타내는 자질들 가운데 하나로 해외에 알려졌다. 1992년에 영국과 유럽을 순회하며 성공적으로 공연했던 헬렌 캠스(Helen Camps)의 〈쥬베르(*Jouvert*)〉가 바로 그 중 하나이다.[55]

---

55) 캠스는 전통적인 마스(mas')를 가져와서 새로운 스타일의 음악극으로 재생산한 '카니발 씨어터(Canival Theatre)'를 장려하고 있는 중요한 연출가이다. 1980년에 그녀는 폴 킨스 더글라스(Paul Keens-Douglas)가 쓴 『마스 인 유 마스(*Mas in Yuh Mas*)』를 연출했는데, 최초의 무대는 완전히 카니발 등장인물로만 구성되었다. 이후 『킹 잡 잡(*King Job Job*)』 (1981)과 『쥬베르(*Jouvert*)』(1982) 같은 작품을 연속해서 만들었다. 특히 그녀는 자정의 도둑(Midnight Robber)이나 피에로 그레나드(Pierrot Grenade)와 같은 인물들이 구사하는 고도로 연극화된 대화를 사용하였다.

이런 연극은 그 자체로 트리니다드 카니발인 것은 아니며, 형식이나 스타일에 있어서 다른 축제와도 밀접하게 관련되어 있다. 가이아나(Guyana) 사람들은 연례행사인 '트램프(Tramp)'*56)에 참여하는데, 이것은 트리니다드 카니발의 거리 행진(road-march)과 유사하다. 이안 맥도날드(Ian McDonald)의 〈트램핑 맨(The Tramping Man)〉(1969)은 인종적이고 사회적인 긴장으로 심하게 분열된 한 나라의 통합을 상징하기 위해 이 이벤트를 이용한다. 세인트 루시앙(St Lucian)이 연출한 카니발은 장미축제(La Rose Festival)로, 축제 안의 여러 장면들이 로드릭 월콧(Roderick Walcott)의 코메디 〈밴죠맨(The Banjo Man)〉에서 재창조되었다. 자메이카의 카니발 연극 전통은 종종 존코누 페스티발(Jonkonnu Festival)*57)과 함께 설명되어진다. 실비아 바인터는 1973년에 그녀의 연극 〈가장무도회(Maskarade)〉에서 자메이카의 카니발 연극을 칭송했고 이 작품이 나중에는 텔레비전 프로그램으로 만들어졌다.58) 최근에는 시스트렌 연극공동체가 카리브의 대중 연극을 혁신하기 위해, 집단 창작물인 〈존코누 스타일의 반란(Ida Revolt Inna Jonkunnu Style)〉(1985)을 준비했다. 이 작품을 위해 도미니카, 세인트 빈센트, 트리니다드, 쿠바, 그리고 다른 여러 나라 출신의 숙련된 연기자들을 선발했다. 작품은 트리니다드의 주요 캐릭터인 피에로 그르나드와 로렌 부인(Dame Lorraine)을 등장시키고 영국과 프랑스의 공통적인 연극 형식인 카니발을 이용하면서, 셋 걸(Set Girl)과 벨리우먼(Bellywoman)59) 같은 존코누(Jonkonnu)축제의 등장인물들을 결합한다. 연극의 특징 중 하나는 여성주의적인 목적을 가지고 카니발

---

56) 땅을 쾅쾅 짓밟아 소리나게 걷는 행사. (역주)
57) 크리스마스 시즌에 벌어지는 세속적인 축제. 농장의 흑인노예들에게 크리스마스에만 특별히 허용되었던 흑인들의 축제였다. (역주)
58) 바인터는 또한 제국주의와 관련된 자메이카 카니발의 역사와 기능을 추적하면서 존코누(Jonkonnu)축제에 관한 아주 지적인 정보를 서술한 바 있다(1970).
59) 소녀들(set girls)은 우아하게 의상을 차려입은 합창단으로 형성되어 있는데, 노래하고 춤추면서 무대를 보호한다. 벨리우먼(bellywoman−임산부)은 다산을 찬양한다. 아프리카의 얌축제에서 유래했다고 추정되는 존코누(Jonkonnu)의 다양한 등장인물들에 관한 충분한 설명을 필요로 한다면 바인터의 1970년 저작을 참조할 것.

데렉 월콧의 연극 〈세비야의 조커(*The Joker of Seville*)〉에 나오는 무용단
트리니다드 씨어터 워크샵, 1993. 사진 제공: Helen Gilbert

형식을 차용한 것이다. 연극은 종종 남성의 영역이었던 공연 스타일을 침해하면서 카니발을 재현해낸다. 카니발을 연극에 통합시키면 연극의 형식은 필연적으로 영향을 받을 수밖에 없다. 17세기 스페인 작가 티르소 드 몰리나(Tirso de Molina)가 쓴 돈 주앙에 대한 이야기 「세비야의 바람둥이 (El Burlador de Sevilla)」를 데렉 월콧이 번역하고 재구성한 연극 〈세비야의 조커(*The Joker of Seville*)〉를 보자. 월콧은 자기 스타일로 이야기를 구축해냈다. 막대기싸움의 우승자로 돈 주앙을 '부활시키고', 카리브의 돈 주앙에 해당되는 인물인 쟈메(jamet) 민속영웅을 성적 착취를 일삼는 악당으로 형상화함으로써 이 전설적인 스페인 사람을 다시 불러냈다. 프롤로그는 막대기시합 경기장(gayelle)*60)에서 마을 사람들의 촛불 행렬과 함께 시작되는데, 이것은 1800년대 후반의 깐볼레이(canboulay)를 연상시키는 장면이다. '상스 위마니떼(sans humanité)'61)라는 후렴구와 함께 칼립소를 부르는 연극

---

60) 서인도 제도에서 막대기시합을 하는 원형경기장. (역주)

을 시작하기에 앞서, 라파엘(Rafael)과 그의 단원들인 배우·무용수·가수들이 막대기싸움을 하면서 축제의 분위기를 고조시킨다. 잭(Jack), 하트의 퀸(Queen), 죽음의 에이스(Ace)로 분장한 인물들과 조커(Joker) 역을 맡은 돈 주앙은 카니발의 마스(mas'*62)63)처럼 카리브해의 관객들에게는 익숙했을 것이다. 라파엘(Rafael)과 그의 단원들은, 월콧이 연극무대를 원형으로 만들고자 했던 것이 카니발의 관습(컨벤션)을 계승하려는 묘책이자 공연상의 기술이었음을 우리에게 상기시킨다. 그렇기 때문에 등장인물로서보다 배우로서의 역할에 주력한다. 특히 매번 각 장의 끝에서 서사는, 이야기의 집합적 재창조에 관객이 참여하고 있는 연극 공간 속으로 옮겨진다. 즉, 쟈메의 원형경기장이나, 트리니다드로 옮겨지는 것이다. 마지막 장면은 돈 주앙의 불멸을 확신시키기 위해 기획된 축하 제의로 이루어지는데, 제의 중에 막대기 선수들은 돈 주앙의 몸을 내동댕이친다. 돈 주앙이 죽은 체함으로써 배우들은 돈 주앙의 행위들을 재연하면서 조커64)가 자유를 얻게 될 거라고 믿는다. 이렇게 해서 카니발의 핵심이 되는 주기적 부활이 완성된다.

이외에도 월콧은 카니발의 여러 요소들을 이용한다. 칼린다(Calinda) 리듬은 결투 장면에서 뿐만 아니라 연극 액션을 구성하는 화답송에서도 이용된다. 월콧은 칼립소에서 음악적인 요소도 많이 빌려온다. 특히 칼립소의 노랫말(verse)은 풍자와 은유로 이루어져 있어서 독특하다. 돈 주앙 전설에 관한 티르소(Tirso)의 작품은 난봉꾼의 행동에 경고를 주고자 하는

---

61) '가차없이'라는 의미를 갖은 이 문구는 19세기에 칼립소의 이전 형태인 카이소 (Kaiso)에서 사용되던 기본적인 후렴구였다. 기본스는 식민지 당국이 노래에서 이 구절을 금지하기 위해 애를 썼다고 서술하고 있다(1979 : 204).

62) 가면과 의상을 착용하고 신체성을 강조하는 카니발의 등장인물. (역주)

63) 월콧은 자신이 토착화시킨 영국의 무언극(mummers' play)을 이용하는데, 무언극 배우의 전통적인 죽음과 부활 연기는 쟈메(jamet)문화의 생식력을 상징한다.

64) 주인공 조커는 이 작품에서 트릭스터의 기능을 한다. 트릭스터(trickster)는 신화나 민담에 등장하는 장난꾸러기 호색한으로, 즐거움을 주는 인물이다.

도덕적인 의도를 가진 이야기였다. 반면 월콧의 조커는 쟈메의 식민주의 지배자들이 마음대로 지배하고 있는 사회적 도덕관을 비판하는 역을 맡는다. 모방이나 메타 연극적 기교를 내세운 〈세비야의 조커〉는 벌레스크(burlesque)*65) 스타일을 취하면서, 연극 주제에 대한 비난의 목소리들을 계속 무화시켜 버린다. 가장행렬에서의 변신은 카니발의 주제를 더욱 강화시킨다. 돈 주앙이 그 사회의 도덕 질서를 전복하겠다고 위협하는 성적 정복자로 무대에 오를 수 있었던 것은 그것이 대부분 역할놀이와 위장을 통해 이루어지기 때문이다. 여성 혐오증에도 불구하고 돈 주앙은 카니발의 맥락 안에서 완전히 현실적인 등장인물은 아니다. '도덕과 관계없는 원리이자 힘'으로 등장한다. 여러 관점에서 돈 주앙은 공연을 통해 다시 꽃피워진 현란하고 혁명적인 쟈메문화의 정신이 된다. 티르소의 텍스트에서처럼 돈 주앙은 적의 손에 의해 죽는 것이 아니라 애초에 그에게 활기를 주었던 인물 라파엘(Raphael)의 손에 죽임을 당하는 것이 적합하다. 존 티엠(John Thieme)이 말한 것처럼 죽음의 가면을 쓰고 가장행렬을 하는 라파엘과 극중 단원들에 의해 공연되는 '해골의 주신제'는, "카니발의 악마들이 표현하고 있는 '인생을 즐겨라'라는 트리니다드식의 연극 주제를 제공한다."(1984 : 69) 카니발은, 유럽 중심의 연극 형식을 재가공함으로써 서인도의 연극을 분명하게 창조해냈다. 또 이식된 도덕 이념을 지역문화와 역사에 대한 축복으로 바꾸어놓음으로써, 여러 층위에서 원료가 되는 스페인 텍스트를 크리올화한다.

카리브인들의 정체성을 카니발의 동적(kinetics) 표현으로 드러내는 여러 기제들처럼, 민속춤이나 막대기 연극과 같은 움직임 형식은 많은 연극들에 일반적으로 이용된다. 에롤 힐의 중요한 작품인 〈더 나은 사람(Man Better Man)〉(1985)이나 〈댄스 봉고(Dance Bongo)〉(1971)와 그 밖의 그의 '문자화된' 텍스트가 연극으로 상연되었던 아니건 간에, 혹은 무스타파 마투라

---

65) 버라이어트 쇼나 레뷔 등을 상연할 때 막간에 끼워 넣는 해학촌극으로 세속적인 내용이 주를 이룸. (역주)

의 〈서인도의 플레이보이(*Playboy of the West Indies*)〉[66]가 미국에서 공연될 때 현실적인 공연 환경에 맞춰 수정을 했건 아니건 간에, 민속춤이나 막대기 연극과 같은 움직임의 형식들은 연행중인 신체를 관리하는 지배적이고 문화적인 기념비들에 종종 저항한다. 비슷하게 워너는 선생이나 연출가의 입장에서, 주로 연기 스타일을 통해 표현되어지는 '카니발 미학'이 자기의 공연에 스며들게 하고 한편으로는 자신의 작품을 통해 카리브 연극을 탈식민화하려고 시도한다.[67] 그는 카니발의 타악 리듬이 종종 제의의 목표가 되는 대지와의 친밀성을 촉진하고, 아프리카의 뿌리가 되는 검은 신체의 기억들을 솟아오르게 한다고 주장한다. 워너에게 있어 형식적인 연극에 '카니발의 동력학(kinetics)'을 불어넣는 것은 물려받은 공연상의 관습들을 비자연주의화하는 방법일 뿐 아니라, 자신의 유산을 보존하는 방법이 된다. 이때의 비자연주의화는 자연주의적인 스타일과 자연스럽게 보이도록 하는 서구인들의 전략을 폭로하는 방식이다.

대사의 측면에서 보자면, 칼립소는 식민주의 연극의 표준영어를 수정하기 위해 전유되어 온 카니발 언어의 중요한 무기 중 하나이다. 칼립소의 운율적인 리듬은 양식화된 시적 언어를 생산하는 데 사용되면서, 한편으로는 혜택받지 못한 하층 계급의 거친 어휘(lexicon of the yard)를 보존한다. 찬사와 비평 그리고 도전을 강조하는 칼립소의 말걸기 양식은, 칼립소를 대사회적 발언이 가능한 이상적 매개물로 만든다. 카리브에서 "웅변가의 말은 암시적이기는 해도 상대의 면전에서 말하기(혹은 노래하기)" 때문에 (Walter Ong, 1982 : 111), 칼립소는 자연주의 연극의 일방적인 수용 과정을 방해하고 관객들과 특별한 상호대화적 관계를 맺는다. 칼립소는 풍자에 아주 효과적인 수단이며 동시에 민속문화를 확고히 한다. 예를 들자면 〈더

---

66) 파쿠엣(Pacquet)이 이 연극을 워싱턴 DC(1988~1989)의 원형경기장 무대에 올렸을 때, 카니발 리듬이 등장인물들의 언어와 움직임을 뒷받침해 주었다. (1992 : 96)
67) 워너는 카니발 미학의 특성들을 충분하게 설명할 수 있는 배우의 태도(stance)를 통해 정서를 물질화하는 비자연주의적 스타일에 의존한다고 설명한다(1993).

나은 사람〉에서 두 명의 막대기 선수를 각각 지지하는 사람들이 말로써 상대를 자극하며 결투를 준비할 때, 대화는 피콩(picong)*68)과 함께 진행된다(Hill, 1985a : 99~100). 이 특별한 피콩의 전개는 카니발의 분위기를 증대시키는 것은 물론이고, 배우들이 연극의 주제와 형식을 유지하면서도 즉흥적인 연기 기량을 펼치는 기회가 된다. 이런 이유들로 에롤 힐은 카니발의 구술 전통을 찬양하며, 동시에 자매정신 가운데 그것들을 위치지우기 위해 카니발의 구술 전통을 패러디한다. 유사한 작품인 무스타파 마투라의 〈럼과 코카콜라(Rum an' Coca Cola)〉는 두 등장인물 버드(Bird)와 크리에이터(Creator)가 세계에 대한 자기 반성적 비판을 하는 데 있어 칼립소를 이용하게 하고, 각각의 주체에 어울리는 언어를 짝지어 준다. 두 사람 중에 더 젊은 칼립소 가수인 버드는 관광객들의 달러에 의지해서 사는 동시대의 카리브사회를 상징한다. 반면에 크리에이터는 과거 속에서 살고 있는 인물로, 알콜 중독자에다가 여성 혐오자이다. 비록 둘 중 어느 한 사람도 점점 상업화되어 가는 오락문화의 변두리에서 칼립소를 완전히 회복시킬 능력이 없지만, 연극은 전반적으로 칼립소를 유효하고 생명력 넘치는 공연 스타일로 만들어 놓았다.

얼 러브레스(Earl Lovelace)는 자신의 복잡한 알레고리 연극인 〈제스티나의 칼립소(Jestina's Calypso)〉에서 칼립소 전통의 영웅적 면모를 부각한다. 여기서 제스티나(Jestina)는 서구 제국주의의 타자로 설정된 못생긴 흑인으로, 경멸당하는 피식민 주체를 형상화한다. 하나의 긴 칼립소를 통해 표현되는 제스티나의 대사는 그녀 자신의 개인적인 역사를 드러낼 뿐 아니라, 외세에 의해 이용당하고 핍박받은 모국의 비극을 표현한다. 동시에 이 시는 모든 것을 그녀 탓으로 돌리는 자기 패배적 정체성을 내재화하지 않으려고 저항하는 제스티나의 회복력과 용기를 담고 있다. 제스티나는 그녀의 추한 외모를 모욕하는 노래를 듣는다. 이런 식의 조롱은

---

68) 전통적인 칼립소 중의 하나로 언쟁의 노래. (역주)

'빵죽쇼(pappyshow)'라고 하는데 칼립소의 공통적인 특성 중 하나이다. 하지만 제스티나는 조롱을 들은 후에도 당당히 그녀 내부의 아름다움을 선언한다.

> 그들은 너희를 너희 안에 자리잡은 감옥의 수인(囚人)으로 만들거야. 너희의 비웃음은 너희에게 독이 될 테지. 나를 보고, 나를 부러워해. 너희들 중에서 최후로 불쌍한 자가 자신의 소심함에 질식하고 난 후에도, 너희들의 비웃음의 여운이 사라진 훨씬 후에도, 나는 여전히 세상의 바람에 대항하여 내 머리를 곧추세우고 걸을 거야. 세상을 활보하면서 내 자신이 되기 위해 싸울 거야. 그러니 너희들은 너희 형제를(원문 그대로) 계속 비웃어라. 비웃어라. (1984a : 25)

이 연극에서 러브레스가 칼립소를 사용하는 것은, 그가 전에 남권주의 전통을 통해 여성의 정체성을 주장하는데 탁월하게 응용해 왔던 것만큼이나 독특하고 흥미롭다. 제스티나는 상징적으로 서구 권력에 의해 착취당한 자신의 국가를 표현한다. 그녀는 '수세기 동안 채찍과 커피와 코코아를 견뎌냈지만 병들고 타락한 가슴'만 남겨 놓은 '강간'에 대해 분노하면서, 그녀를 둘러싼 남성들과의 관계를 통해 트리니다드 식민주의 경험이 남긴 유산을 분명히 고발한다. 제국주의와 가부장제를 비판하는 제스티나의 대사는 그 지역의 주조(主潮)였던 성차별주의(sexism)를 비판하고, 전통적인 칼립소의 특징을 정의내리면서 문화적 헤게모니에 저항한다. 동시에 그녀의 여성적인 운문은 반항적인 여성 칼립소 가수[69]에게 딱딱하고 과장된 구두상의 기법을 떨쳐버리라고 권고한다.

다양한 카니발 마스(mas')의 언어적인 관습들은 종종 춤이나 움직임과 결합하면서 포스트 식민주의의 무대 언어를 만들고 기호화한다. 다시 말하자면 그 풍자적 기능은 식민주의 양식들을 무력하게 하고 제국주의 언어의 위계를 해체하는 수단이 되기 때문에, 카리브 극작가들은 마스

---

69) 물론 과거에도 여성 칼립소 가수들이 있었다. 그러나 지금은 예술적인 면에서 훨씬 위대한 공적 재현을 요구하는 카리브의 여성을 대표하면서 인기가 더욱 많아졌다.

(mas')에 매혹되었다. 월콧은 종종 지배적인 언어 질서를 전복하기 위해 고안된 말과 위트의 대결을 무대화하고 말의 패러디를 이용한다. 〈원숭이산에서의 꿈(*Dream on Monkey Mountain*)〉에서 물라토(mulatto)*70)이면서 감옥의 간수인 코포럴 레스트레이드(Coporal Lestrade)는 카니발 언어를 통해 구성되고 해체되는 등장인물의 주목할 만한 모델이 된다. 백인 상관들의 가치를 내면화한 레스트레이드는 그들의 대변자 역할을 하는데, 그의 말솜씨는 영국 피에로처럼 지적인 달변으로 가득 차 있다. 그가 죄수들을 관장하는 감독관으로서의 역할을 맡고 있을 때 언어 질서의 전복이 가장 분명히 드러난다.

> 이러한 범죄가 법률적으로 적법한 절차에 의해 단호하게 처벌될 때, 여기 있는 피고의 동기가 흑백논리에 의하지 않고 단서에 의해 해명될 수 있을 때, 그리고 변호사의 무지에 의해 미궁 속에 빠져 한참 동안 현혹 당한 후에, 우리 모두가 보호해야 할 정의가 이루어지고 신께서 그것을 행해주시기를 희망하자. (1970a : 221~222)

다른 부분에서처럼 여기서도 레스트레이드의 수사적이고 화려한 말솜씨는, 그를 흉내내기 잘 하는 우스꽝스러운 인물로 만든다. 그가 사용하는 복화술의 영어(Anglo-vertriloquial) 연설들은 지배적인 언어 질서의 권위를 세우는 시도를 하면서도 한편으로는 그것을 카니발화한다.71)

러브레스는 또한 연설과 관련된 다양한 카니발의 전통을 끌어온다. 일단 지배적인 연극에서 발견되는 정치적 구조를 세우는 방법의 하나로, 독특한 마스(mas')를 전면에 내세운다. 연극 〈새 철물점(*The New Hardware Store*)〉(1980)은 서양의 상업주의적 가치를 내면화해서 자신의 하인과 옛

---

70) 흑인과 백인 사이의 혼혈인종. (역주)
71) 이 책의 여기저기에서 일반적으로 사용되는 (바흐찐의 용어인) '카니발화하다'라는 용어는, 패러디를 통해 전복을 꾀하거나 담론이나 체제의 권위를 삭감하는 의미를 가지고 있다. 월콧도 역시 전복의 과정 속에서 독특한 카니발의 비유를 사용한다.

친구들을 이용해먹는 트리니다드의 상인이자 신식민주의자인 아블랙 (Ablack)의 '다른 나(alter-ego)'로 자정의 도둑 캐릭터를 이용한다. 표현주의적 막간극에서 아블랙은 자신을 악명 높은 범죄자로 소개하면서 장황하고 허풍스러운 연설의 시리즈 형태인 '도둑 수다(robber talk)'를 통해, 자신의 카니발 짝패(double)인 한밤의 도둑으로 변신한다(1984b : 70~72). 그는 '도둑'의 움직임과 제스처를 '춤'으로 표현한다. 구술적이고 역동적인(verbal / kinetic) 표현은 '도둑 수다(robber talk)'의 일반적인 형태이다(Wuest의 1990 : 43을 보라). 러브레스는 이것을 통해 공연을 활기차게 할 뿐만 아니라 그동안 아블랙에게 결여되어 있었던 자기 통찰력을 부여한다. 아블랙의 광고업자이자 야간 경비원인 루소(Rooso)는 '조롱꾼(안타고니스트)'으로 역할놀이에 참여한다. 그러나 그의 주인과는 다르게 루소는 카니발 마스(mas')에 국한되지 않고 그것을 넘어선다. 〈새 철물점〉에서 도둑인 아블랙은 배신을 하고 마는 저질의 범죄자이다. 법과 질서에 대한 그의 반발은 부자들의 금고를 가득 채우기 위해 가난한 집을 도둑질한다는 어이없는 변명으로 드러난다. 러브레스의 연극은 물질주의에 대한 둔감함을 고발하기 위해 마스(mas')의 풍부한 연극성을 이용함으로써, '도둑 마스(the Rubber mas')'에 현대적 의미를 부여한다. '새 철물점'은 지금도 예전 식민주의 때와 똑같은 관계들을 영속시키려는 '도둑들' 즉 새로운 자본가 계급에 의해 좌우되는 독립 이후의 트리니다드를 알레고리적으로 상징한다.

카니발의 비유적 사용이 카리브문화에 대해 전적으로 긍정적인 찬사만 보내는 것은 아니다. 아마도 가장 인정할 만한 카니발 전통 중 하나는 자기 반성적 비판의 성향일 것이다. 바로 이 성향 때문에 연극들은 카니발에 주목한다. 카니발은 다른 재현 체계와 관계를 맺고 있는 카니발의 관습과 더욱 광범위해진 사회 안에서 연극의 변화 기능들을 추적할 수 있도록 중요한 분석지점을 제공한다. 러브레스의 1986년 연극 〈춤출 수 없는 용(The Dragon Can't Dance)〉는 그의 초기 동명소설을 개작한 것으로,[72] 동시대의 트리니다드문화에서 카니발 신화를 철저하게 조사한 것이 주목할 만하다. 그의 연극은 각 지역 특유의 계층 갈등과 인종 갈등을 넘어서도록 사람들을 독려하기 위해, 부족적 정체성의 형식이라 할 수 있는 카니발 텍스트들을 경쟁적으로 무대화하고 서사화한다. 반면에 연극 안에서는 "우리 모두는 하나다(all ah we is one)"라는 카니발의 신화가 담겨 있는 연례행사 '점프업(Jump up)'이 공동체의 결속을 유도하는 가장 행렬이라고 비판한다(Lovelace, 1989 : 7). 이러한 양가성은 러브레스 자신의 우유부단함을 보여주는 것이 아니라, 카니발 담론이 복합적이고 때로는 모순적이라는 것을 러브레스가 인식하고 있음을 드러낸 것이다. 스티브 하니(Steve Harney)가 말하는 것처럼, "카니발에의 공통적인 참여는 공통적인 독해를 의미하는 것이 아니며, 오직 독해의 행위에 공통으로 참여한다는 것을 의미한다."(1990 : 131)

〈춤출 수 없는 용〉의 이름뿐인 영웅 엘드릭(Aldric)에게 카니발은 제의적 준비를 요구하는 진지하고 중요한 사건이다. 빈곤과 억압에도 불구하고 개인적이고 공동체적인 생존의 역사를 가진 마스('mas')를 통해 '제의적 엄숙성'을 재구축한다. 그는 해마다 자신의 용 의상의 비늘을 손질한다. 비늘 하나는 돌산에서 일하는 그의 할아버지를 위한 것이고, 다른 하나는 남편을 기다리며 다섯 아이를 키운 그의 어머니를 위한 것이다. 각각의 비늘은 다른 복잡한 사연들을 담고 있다.

매년 나는 그것을 되풀이한다. 내가 바느질한 모든 실(threat),[73] 내가 바느질해서 용의 몸을 덮은 모든 비늘은 어떻게 내가 여기에 왔고 이곳 힐(Hill)에서

---

72) 여기서는 〈춤출 수 없는 용(The Dragon Can't Dance)〉의 연극 버전만을 다룬다. 장르에 따라 필요한 서사적 행동을 삭제하거나 추가하는 변화양상은 별도로 하더라도, 연극은 소설보다 더 모호하게 끝이 난다. 러브레스는 소설에서 실비아(Sylvia)가 가이(Guy) / 물질적 풍족함보다는 엘드릭(Aldrick) / 사랑을 선택할 것이라는 분명한 암시를 한다. 반면 연극에서는 빠뜨리는데, 막이 내릴 때까지 실비아는 둘 중 어느 하나를 결정하지 못한 채로 남겨진다.

73) 트리니다드 영어의 'threat'는 'thread'를 번역한 것이다.

살아남을 수 있었는지를 설명하고 축복해주는 하나의 생각이고, 이름이고, 노래였다. 매년 나는 나의 삶을 다시 반주한다. (1989 : 11)

이 제의는 과거의 실들을 모조리 풀어내려는 앨드릭만의 방법이다. 조금 더 확장시키자면, 그의 용은 '노예제도, 해방, 지연된 꿈 그리고 문화적인 확인을 위한 지속적인 투쟁'의 역사를 구체화시키는 한에서 기억을 돕는 기능을 한다(Reyes, 1984 : 111). 러브레스는 연극 오프닝 이미지에서 앨드릭이 정성을 다하는 제의를 부각시키면서 '마스놀이(playing mas')'를 통한 변형의 가능성을 예고한다. 정화의식으로서의 카니발이 갖는 일반적인 기능은, 악마를 막아내는 마법의 노래를 하면서 일상의 삶에서 '상처를 치유하기 위해 춤을 추는' 코러스들에 의해 성취된다(Lovelace, 1989 : 6). 여기서 카니발은 혁명정신을 표현하고, 권리를 빼앗긴 사람들에게 자신의 역할을 선택할 기회를 제공하며, 그들의 가치를 지속적으로 확인시켜준다. 앨드릭이 결국 그의 드래곤 마스(dragon mas')를 폐지한 것이 카니발에 내포되어 있는 잠재적 해방성을 반드시 감소시킨 것만은 아니다. 사실 그는 매년 용이 되는 그의 경험을 통해서 '마스놀이'가 제공하는 일시적인 '마법'을 초월해서 앞으로 나아갈 지점을 인식하기 시작한다. 연극 마지막에 그는 '착한 용'이었던 것을 자랑스러워할 뿐만 아니라 자신의 부족들에 대한 더 큰 책임을 떠맡을 준비를 한다. 카니발 전략에 대한 앨드릭의 깨달음은 그의 개인적 성장에 중심이 되며, 그 성장 요인은 앨드릭을 에롤 힐의 다른 인물들과 구별지어 준다.

카니발 가장행렬의 이면에는 자기 망상 혹은 자기 후퇴가 있다. 에롤 힐의 여왕 역을 맡고 있는 연장자 물라토 여성 클레오씰다(Cleothilda), 그리고 개혁적인 인물이지만 자신이 실패한 반란에서 아무런 깨달음도 얻지 못하는 피쉬아이(Fisheye)와 같은 인물들을 통해, 러브레스는 이러한 함정의 가능성을 제시한다. 약간 다른 범주에 속하기는 하지만 필로(Philo)라는 인물이 있다. 필로가 비록 민첩한 수사슴의 유혹 앞에서 저항을 그

만두었을지라도, 그는 칼립소 왕이라는 자신의 역할이 갖는 인위성을 알고 있다. 그러나 앨드릭은 아직까지 보존되고 있는 에롤 힐의 아름다움과 재생의 영혼을 가진 젊고 아름다운 처녀, 매춘부 실비아(Sylvia)와의 관계를 끊는 방식으로 카니발을 위험하게 이용한다. 이렇게 보면 카니발의 가장행렬은 단지 사회의 표층과 이미지에만 영향을 끼칠 뿐이다. 인도-트리니다드인으로 그들 가운데 정착한 파리악(Pariag)의 충만한 인간성을 깨닫는데 실패한 흑인인물들은 변형이나 차이를 허용하지 못한다.

〈춤출 수 없는 용〉의 서사가 카니발의 충돌하는 움직임들을 개인적이고 공동체적인 정체성을 통합할 수 있는 민족적 신화의 필요성을 강조한 반면, 연극의 공연 텍스트는 그런 조건들을 보여주지 않는다. 러브레스는 노래나 일상의 대화가 카니발의 리듬을 따르게 했고 가장행렬 참가자들로, 도둑, 잽 몰라시(the Jab Molassi),*[74] 화려한 인디언 등을 내세웠다. 이들의 정열적인 춤은 지배사회와 연극 질서에 반항하는 하나의 형식이다. 코러스의 목소리는 카니발의 초월적 기능을 더욱 풍부하고 분명하게 만드는, 다음과 같은 메타 논평의 역할을 한다. "이들은 전투에 나선 전사들이다. 이들은 자신들이 한 민족이라는 것을 세상에 보여주기 위해, 무거운 암석과 진흙 속에서 민족을 끌어내기 위해, 절약하고 저축하고 매춘하고 일하고 도둑질하는 민족의 자아이다."(1989 : 29)

에롤 힐을 상징하는 무대(stage) 전체는 에너지의 핵심이자 제의의 근원인 용과 함께 움직이고 노래하는 힘[75]으로 표상된다. 이것은 신체와 연극

---

74) 쇠사슬과 갈퀴를 가지고 다니는 무서운 악마. (역주)

75) 〈춤출 수 없는 용〉의 트리니다드 공연에서 연출을 맡은 얼 워너(Earl Warner)는, 카니발의 신화적인 요소들을 모두 포함시키기 위해 힐 전체를 섬유 유리 구조로 된 용으로 이미지화하는 것이 자기가 바라는 디자인 컨셉이었다고 설명한다. 앨드릭은 용의 머리를 조종하기 위해 용의 입 안에서 살고, 다른 등장인물들은 용 신체의 여러 부분에서 살도록 구상했다. 2막을 여는 쥬베르(j'ouvert)의 아침 의례에서는 완전한 한 마리의 용이 '살아나서' 카니발 의상을 입은 관객들 속으로 이동했으면 했다. 불행하게도 워너는 이 계획을 실현하지 못했는데, 극작가가 좀 덜 화려한 무대를 원했기 때문이다 (1993).

적 재현 자체를 지배하는 제국주의적 권위를 거부한다. 전체적으로 보면, 연극은 카니발에 대한 러브레스의 비판보다 카니발의 공연적 전통을 찬양하는 쪽으로 기운다. 비록 앨드릭의 삶의 변화가 용이 더 이상 춤출 수 없다는 것을 의미한다 할지라도, 카니발의 역동적인 힘은 아마도 다른 형태로 지속될 것이다. 연극을 끝맺는 노래와 춤이 제안하고 있는 것처럼, 카니발 재연은 무의미하게 제의화된 행동 그 이상의 것을 획득한다. 이런 점에서 카니발의 주제와 공연의 기능은 쉽게 분리될 수 없다.

로울 기본스의 〈나는 라와(I, Lawah)〉(1986)는 카니발 안에 공동체와 공동체의 연극 모두를 부활시키는 재생적 행동이라는 중요한 의미를 부여한다. '민속 판타지'라는 부제를 달고 있는 이 연극은, 해방 이후 1881년에 발생한 깐볼레이폭동(canboulay riots)*76)을 그리면서 카니발의 제의적 기원을 탐험한다. 서사는 쟈메밴드의 구성원들과 헬레(Helles)의 아기들을 중심으로 진행되는데, 그들의 무법적 행동은 식민주의 권위에 대한 주기적인 도전과 막대기싸움을 통해 표현되었다. 그들의 지도자 라와(Lawah : 프랑스어로는 르 르와(le roi : 왕))는 여색을 밝히고 춤 솜씨가 뛰어난 막대기싸움꾼으로, '전사왕(warrior king)'이라는 지위를 얻었다. 다른 한 편으로 이 연극은 파편화된 이미지들의 꼴라주를 통해 야드문화(yard culture)를 연극화하면서 라와(Lawah)의 옛 여인이었던 소피 벨라(Sophie Bella)의 이야기를 첨가한다. 그녀는 백인 상류 계층 밑에서 일하기 위해 더럽고 추한 야드(yard)에서 탈출했지만, 결국 고용주인 르 블랑씨(Le Blanc)에 의해 강제적으로 동침하게 된다. 라와(Lawah)가 거리행진을 하다가 영국경찰에게 붙잡혀 구금된 후, 소피는 그녀의 젊은 여주인인 테레스(Therese)가 힘을 잃은 쟈메에게 새로운 저항의 활기를 심어주기 위해 야드로 돌아가서 자기 자신을 제물로 바치는 것을 보고 감동을 받는다. 그녀가 영국의 금기에 도전한 깐볼레이 행렬을 이끌면서 손에 횃불을 들고 춤을 추었을 때, 그녀를 따르던

---

76) 1881년에 깐볼레이축제를 막으려는 스페인 정부에 저항하면서 흑인노예들이 일으켰던 폭동으로, 이후 깐볼레이축제에 저항의 의미가 더욱 강하게 투사되었다. (역주)

인파들은 깐볼레이를 함께 경험하면서 변모한다. 자신을 '전사'로 부활시키려는 참가자들과 함께 카니발의 춤과 행렬은 쟈메문화 전체를 소생시킨다. 샨트웰(shantwelle)*77)처럼 포포(Popo)는 연극의 마지막 노래에서, "나를 이끄는 라와(Lawah)는 바로 내 자신이다"(1986 : 64)라고 선언한다. 이 진술은 소피 벨라와 연결되면서 개인의 주체성이라는 새로운 의미를 강조한다.

기본스는 민속문화를 찬양하기는 하지만, 카니발의 일부에 대해 비판하는 것도 꺼려하지 않았다. 〈나는 라와〉에서 영웅적 행위는 막대기싸움꾼의 남근(phallus)78)을 상징하는 나뭇가지(bois)에서 나온 것이 아니라 전복적인 행동으로 해석될 수 있는 기억과 믿음에서 나온 것이다. 이것은 깐볼레이 행렬의 노래와 움직임에서 추출되어진 것이다. 연극은 소피 벨라의 힘과 대조를 이루는 라와(Lawah)의 임포텐스(impotence)를 부각시키고, 여성 막대기싸움꾼이나 여자 마술사(obeah woman)*79) 넨(Nen)과 같은 인물들을 통해 쟈메문화의 남성 우월주의적 윤리에 개입한다. 〈나는 라와〉는 여성 등장인물을 "일시적으로 좌절된 문화를 회복시키는 자"로 표현해내면서(Fidi, 1990a : 336), 여성들을 카니발 역사 속으로 되돌려 놓을 뿐 아니라 현재 진행중인 카리브의 젠더 투쟁에 개입한다. 이런 분명한 관점들이 존재함에도 불구하고 기본스가 가장 많은 관심을 기울이는 부분은, 불의 모티브를 통해 재현해내고자 광범위한 공동체의 정신적 정화 과정이다. 소피 벨라가 원하지도 않는 결혼을 강요당하자 그녀의 여주인 테레스는 그녀에게 항거의 의미로 스스로를 불태우라고 한다. 불은 문자 그대로 동력이 되어 소피 벨라의 행동을 독려한다. 불은 반란의 에너지를 부여하는

---

77) 카니발 가수의 선조격이 되는 카니발의 전임자. (역주)
78) '브와(bois—영어로는 목재를 의미하는)'라는 용어는 카리브사회에서 곧추선 성기에 대한 은유로 사용된다. 〈나는 라와(I, Lawah)〉에서 이 단어는 유머와 풍자의 효과를 노리고 여러 곳에서 사용된다.
79) 오비어는 아프리카 서인도 등지의 흑인들 사이에서 행해지는 일종의 마술로, 오비어 우먼은 여성 마술사를 부르는 말. (역주)

중요한 정신이다. 이 '영구한 불길'은 제국주의의 규범에 저항하는 모의 폭동을 표현했던 깐느 브륄레(cannes brûlées)시대*80)의 과거와, 연극의 관객 이 살고 있는 미래를 기억하기 위해 "모든 들판과 시간의 거리를 따라 내 려가며 불을 지른다."(1986 : 62) 기본스의 '민속 판타지'의 맥락 안에서 카 니발과 제의 사이의 침투 가능한 경계들은, 정치적 의미뿐 아니라 정신적 의미를 드러내는 반란의 전복적 요소로 완벽하게 녹아든다.

구조와 스타일 면에서 〈나는 라와〉는 쟈메카니발의 공연 관습을 따른 다. 액션은 막대기시합 경기장*81) 안에서 칼린다(Calinda)*82)의 리듬에 맞 춰 펼쳐진다. 일레인 피도(Elaine Fido)의 설명에 따르면 그것은 '세 가지 스 텝' 혹은 '파스(pas)*83)로 나뉜다. 막대기싸움의 오프닝을 장식하는 카레 이(Karray)가 매우 대결적인 움직임이라면, 거리행진(roadmarch)을 의미하는 라브웨이(Lavway)는 "사람들을 감동시키는 노래"이다. 그리고 "춤과 함께 파스(pas), 즉 스텝은 자기 과시적인 성격을 갖는다."(1990b : 225) 이런 구성 안에서 간소한 밴드 구성원들은 그들의 집단적 기억에서 길어 올린 장 면들을 재연한다. 연행자들은 자신들이 특별한 등장인물로 나서지 않을 때는 코러스의 주위에 서서 가면, 춤, 노래, 행렬, 그리고 주술에 동참하 면서 서사를 축약적으로 전달해준다. 특히 주목할 만한 것은 기본스의 코러스 효과인데, 코러스는 단순하게 논평이나 비평을 위해 혹은 서사의 간극을 메우는 매개물로 기능하기보다는 액션에 중점을 둔다. 칼린다 리 듬의 전통을 유지하면서 샨트웰(shantwell)과 코러스는 공연이 진행될 수 있도록 뒷받침하는 중심축의 역할을 맡는다. 제의적 '마술'을 연기하는 그들의 후렴구와 노래는 사건이 일어날 수 있는 분위기를 조성한다. 그 들의 리드미컬한 춤은 이야기에 첨가되는 삽화라기보다는 일종의 연금

---

80) 깐볼레이의 기원이 되는 프랑스의 축제로, 18세기에 행해졌다. (역주)
81) 서인도 제도에서 막대기 시합을 하는 원형경기장. (역주)
82) 서인도 제도의 전통적인 리듬 중 하나. (역주)
83) 춤의 스텝 명칭. (역주)

술이다. 이런 연금술적 감각은 막대기싸움 경기장을 밝히는 횃불에 의해 강화되는데, 불의 촉매적인 에너지를 실제적으로 제시하고 연극 안에 그것의 상징을 재강화시킨다.

〈나는 라와〉에 이용되는 카니발의 다양한 형태들은 흑인공동체를 부활시킬 뿐 아니라 제국주의의 권위를 침식시킨다. 감독관 베이커(Inspectator Baker)는 바커스제를 보기 위해 위험을 무릅쓰고 쟈메타운으로 들어가는데, 로렌 부인(Dame Lorraine)*84)의 일상 안에서 자신을 패러디하고 자신의 지위를 격하시키는 코러스와 만나게 된다. 그때 매춘부 잘(Jal)은 빅토리아 여왕으로 분장한 마스(mas')가 되어 영국 제국주의의 중요한 아이콘을 조롱한다.

> 친애하는 감독관, 식민지의 저 닳아빠진 계집들은 정말 귀찮은 작자들이지. 나는 풍부한 아량으로 그녀들에게 자유를 주었어. 그녀들이 어떤 식으로 나에게 감사를 표현했는지 알아? 벌거벗은 미개인처럼 거리를 마구 뛰어다니더라구. 나는 당신에게, 벌거벗은 채라고, 분명하게 말하고 있어. 정말 얼마나 당황스러웠는지! 봐요, 친애하는 검열관. 그녀들을 길거리에서 몰아내든지 아니면 그녀들에게 점잖은 옷을 걸쳐줘요 공적인 장소에서 그녀들의 노출이 너무 심하잖아요. (Gibbons, 1986 : 26)

코러스는 그로테스크한 가면을 얼굴에 걸치고 소위 비난의 언어로 감독관을 조롱하면서 분노케 하고 낙담하게 만든다. 가장행렬 참가자들의 공연은 바바(Bhabha)의 이론처럼 분명히 식민 권위의 불안정성을 드러내는 움직임으로 활성화된다. 그들의 행동은 "차이가 거의 없지만, 실은 상당히 다른 차이를 가진 모방에서, 거의 전부이지만 그렇다고 전부는 아닌 '차이'의 위협으로"(Bhabha, 1984 : 132) 변한다. 동시에 잘(Jal)의 대사는 의상이 문명과 야만을 구별하는 기능을 하는 것처럼 식민 담론의 일반

---

84) 상류 계층을 풍자하는 춤추는 부인으로, 이성복장을 한 성도착자임. (역주)

적인 비유를 사용하고 있다. 그녀의 대사는 가장행렬의 이념 위에서 비밀스런 메타 담론으로 보여질 수 있고, 그렇게 함으로써 의상을 정치화된 기호로 이용한다. 감독관의 말이 "항복하지 않을 거야(no surrender)"라는 합창풍 후렴구에 의해 방해를 받아 제대로 들리지 않음에도 불구하고, 감독관은 깐볼레이 행렬을 비난하면서 서류를 읽어 나간다. 연극은 이런 식의 전략을 통해 제국주의에 대한 저항의 지점에 카니발의 언어를 배치시킨다(Gibbons, 1986 : 38). 여기서 대화는 전복을 목표로 화답송(chant-and-responce)의 구조를 취하고, 감독관이 하는 말의 응집력을 깨뜨림으로써 결국 제국주의의 힘을 분산시킨다.

〈나는 라와〉는 제의와 카니발 비유들의 조화를 통해서, 여러 토착 전통의 신성함은 불경스러움과 거의 분리되지 않는다는 것을 증명한다. 기본스는 카니발의 초기 표현으로 알려진 제의적 정화의 감각을 카니발 안에 재투여함으로써, 소잉카와 같은 아프리카 극작가의 연극정신을 뒤따른다. 그렇게 함으로써 카니발은 자신의 정치적 역량을 절대로 잃지 않는다. 카니발의 가장 집약적인 실천은 카니발레스크(carnivalesque)[85])에서 찾을 수 있음에도 불구하고, 전복적인 전략으로서의 카니발레스크는 카리브의 연극을 제한하지 않는다. 카니발이 포스트 식민주의 연극에 영향을 미치는 형식이라는 역사적 적합성은 별도로 하고라도, 카니발은 제의에서처럼 여러 서구 관습들이 의존하고 있는 고가 비용의 연극적 테크놀러지에 거의 접근할 수 없는 문화권에 적당한 모델을 제공하고 있다. 이런 점에서 연극을 통한 제의와 카니발의 재현은 '예술과 전통 사이의 밀접한 고리'를 생산해내고 있고 그것은 탈식민주의를 위해 필요한 것이다(Gibbons, 1979 : 300).

---

85) 전통적 문학정전의 가정을 우스꽝스런 유머와 무질서를 통해 전복시키거나 해방시키는 양식. (역주)

제 **3** 장

포스트 식민주의의 역사들*

역사는 사실이라기보다 퍼포먼스이다.

(Dening, 1993 : 292)

오늘날 역사는 픽션과 같은 다른 모든 서사 담론들처럼 다양한 해석이 가능한 담론으로 받아들여진다. 그렉 데닝(Greg Dening)은 「박애, 블라이씨의 나쁜 언어(Bounty, Mr. Bligh's Bad Language)」에서 반란의 역사를 다룬다. 여기서 그는 현재와 미래의 개념을 촉발하는 과거를 지속적으로 재평가하는 것이 역사라고 주장한다. 데닝에게 있어 "역사는 과거가 아니다. 현재의 목적을 위해 이용되는 과거의 의식이다."(1993 : 170) 데닝은 헤이든 화이트(Hayden White)의 독보적인 저작에 영향을 받은 당대 다른 역사가들처럼 관습적인 의미의 역사편찬을 거부한다. 구성된 과거의 궤적

---

* 필자들은 공식적이고 단일한 하나의 역사가 아니라 개별적이고 다양한 역사 하나하나를 포괄하기 위해 '역사들'이라는 복수 개념을 사용한다. 문맥상 자연스럽지 않아서 '역사'라는 단수표현으로 번역한 부분도, 원서에는 대부분 복수적 용법으로 사용되고 있다. (역주)

위에서 '자연스럽게' 현재가 만들어졌다는 관념을 폐기하는 것이다. 대신 사건들을 역사로 선택·조직·표현하는 데 있어 내재적으로 작동하고 있는 정치적 과정을 설명하는, 실천으로써의 역사 개념을 주장한다. 이와 같은 상대적으로 새로운 역사학 방법론의 출현은, 이데올로기적 중립성의 가면을 쓰고 지방의 토착 역사를 유럽 중심주의적 해석으로 바꿔버린 식민주의 역사의 음모와 다른 노선을 취한다. 음모에 따르면, 대개 식민지의 역사는 백인들이 도착하면서 '시작되었고' 유럽인들과의 접촉 이전에 발생한 사건들은 유일한 역사(the history)가 된 공식적 기록에는 무의미한 것이다. 공식 역사는 대안적인 복수(複數) 역사들(histories)의 흔적을 지워버리는 폐쇄된 서사이다. 토착 역사들을 배제하고, 특유한 문화를 가진 그 지역의 정치 체제를 제국주의적 정부 체제로 대체한다. 예를 들면 캐나다 원주민들에게 부족의 신이나 지도자가 아닌 '위대한 백인 어머니(빅토리아 여왕)'에게 충성을 맹세하도록 장려한다.[1] 여왕 숭배는 원주민들로 하여금 자신들의 다양한 사회 조직을 무너뜨리게 했다. 지리적으로 아주 먼 곳에 존재하며 그들과는 전혀 무관한 여왕을 정치·문화·경제의 지도자로 섬기게 함으로써, 여왕 숭배를 하나의 체제로 고정시킨 것이다.

픽션이 허구이고 가변적이며 주관적인 것으로 정의되는 데 비해, 역사는 사실이고 불변하며 객관적인 것으로 형상화되는 경우가 많다. 과학이 그랬던 것처럼 역사는 그 기획을 정당화하지만 허구는 그렇지 않다. 정통 역사의 진리 가치, 즉 푸코가 말하는 '진리 가치'는 기록 형식이 가지는 결말의 우연성에 근거를 두고 있다. 그렇기 때문에 문자사회의 텍스트를 특권화하고 그 외의 다른 모든 서사들은 픽션(허구)으로 비유하면서 무시하는 특징이 있다. 사실과 허구, 문자와 비문자의 이분법은 특정 역사에만 권위를 부여하고 그것을 공식화하는 데 기여한다. 다른 역사들

---

1) 샤론 폴록(Sharon Pollock)의 희곡 「월시(Walsh)」(1980)는 영국 식민주의에 대한 비판의 일환으로 이 관행을 묘사한다(1993 : 144).

은 신뢰성이 결여된 것으로 제시될 뿐이다. 식민주의 역사가나 관리들은 토착 역사를 신화나 전설로 재분류하고, 기록되지 않았다는 이유로 전면 부인한다. 자신들의 것과는 다른 모든 '이야기하기(story-telling)'의 방식들을 중요하지 않게 취급하고 기각한다. 이와 관련된 전략 중의 하나로, 유럽의 역사는 직선적 시간관과 정확하게 구획된 공간관의 명료한 개념을 그들과는 전혀 다른 방식으로 시공간을 측정해온 지역에까지 부과한다. 애초에는 편의상의 이유로 식민 국가를 유럽적 감각에 맞추어 재편했지만, 피식민자들을 압도하는 철저한 권위를 보장받기 위한 목적이 있었던 것도 배제할 수는 없다. 게다가 피식민자들은 정보에 대한 일차적 도구나 접근 통로의 부재, 자신감의 상실, 심지어는 민족의 대량학살 등의 이유 때문에 공식적 서사에 대한 대안 제시의 가능성을 애초부터 저지 당한다.

이 장에서는 포스트 식민주의 연극에서 역사가 재평가되고 재배치되는 방식들을 분석할 것이다. 우리의 관심은 연극 공연들을 역사화하는데 있지 않다. 다양한 연극과 극작가들은 식민지 조우 이전과, 제국주의 통치 기간과, 제국주의시대 이후라는 각각의 과거를 무대 위에서 다르게 연출하고 상연하려고 한다. 그리고 그것이 어떤 식으로 예술적·사회적·정치적 현재를 위한 논쟁의 맥락을 형성하고 있는지에 주목한다. 포스트 식민주의 역사들은 새로운 '사실들'이 드러났을 때, 역사의 파편들을 재고(再考)하는 기본적인 작업 외에도 사실의 이면들을 언급하고자 한다. 개인이나 공동체가 경험한 핵심 사건들을 조정하는 것뿐만 아니라 이러한 사건들이 해석되고 기록되는 문화적 맥락을 놓치지 않는다. 과거를 이런 식으로 재구성하는 것은 과거를 이해하는 새로운 방법과 목소리의 등장을 예고한다. 토착인들은 탐험가·선교사·정착민들이 식민지 영토에 가지고 들어왔던 경험주의적 역사 방법론을 거부했다. 토착민들이 사유하고 있는 시공간의 개념 안에 사건들을 기록하거나 추수 시기, 날씨의 유형, 야생동물 추적 등을 기입하기에 부적합했기 때문이다. 역사를 구성하는 데 있어 이와 같은 관심은 포스트 식민주의 의제에서 아주 중요하다. 왜냐하면 그동안은 역사가 현실 자체를 결정하는 것으로 인식했기 때문이다. 역사의 재평가는 필연적으로 정치적 노력으로 이어진다. 스티븐 슬레먼(Stephen Slemon)이 주장하듯 "포스트 식민주의 텍스트들은 문화적인 작업과 반식민저항운동 전파에 핵심적이다. …… 문학 텍스트의 사회적 배치는 포스트 식민주의 비평이 사회적 투쟁을 할 수 있게 물질적 외연을 제공한다."(1989 : 103) 제국주의 역사는 공간의 탐색과 명명, 문화의 정복, 영웅과 악인의 구분, 시간적 결과 등을 의식적인 서사와 이야기로 둔갑시켰다. 이것을 애초부터 성립시키고 유지하려고 한 제국주의 역사의 작동만큼이나 역사를 탈식민화하는 정치적 기획은 복잡할 것이다.

데닝에 의하면 역사와 연극의 교차가 단순히 우연적인 것만은 아니다. 그는 롤랑 바르트(Roland Barthes)를 인용하면서 역사와 연극이 모두 사건들을 해석하려는 의식적인 행위에 바탕을 두고 있다고 지적한다.

> 극장은 관찰한 대로 계산하여 사물들의 위치를 설정하는 실천이다. 만약 내가 어떤 광경을 여기에 설치한다면 관객은 이것을 볼 것이다. 만약 내가 그것을 다른 곳에 놓는다면 그는 여기를 보지 않을 것이다. 그리고 나는 이 교묘한 효과가 발휘하는 환영을 계속 이용할 수 있다. (Dening, 1993 : 295)

역사는 필연적으로 특정한 관점을 전략적으로 드러내고 다른 것들은 억압하도록 교묘하게 유도한다. 포스트 식민주의 연극들은 그것과 다른 타자화된 역사적 관점들을 부각시키고, 공식 기록에 내장된 권위를 분열시키기 위해 유사한 재현이나 다시드러내기의 전략을 이용한다. 폭넓게 보자면 해체주의적인 이 기획은, 역사의 내용을 재고하게 할 뿐 아니라 역사의 자명한 형식도 재가공하도록 요구한다. 애쉬크로프트, 그리피스, 티핀은 이렇게 주장한다.

역사의 객관성에 대한 신화는, 서사의 연쇄성과 그것이 기록하는 사건들의 유형을 동일 구조 안에서 사유하는 능력 안에 삽입되어 있다. 따라서 포스트 식민주의의 목표는 단지 개개의 포스트 식민주의사회들을 진보를 향한 행렬에 추가되는 주석으로 치부해 버리는 역사의 메시지에 항거하는 데 있는 것이 아니다. 오히려 서사성을 띤 매체 자체에 개입하고, [헤이든] 화이트가 지적한 것처럼 역사적 재현의 이질성, 즉 '수사학'을 다시 새겨 넣는 데 있다. (1995 : 356)

공연 장르에서의 서사는 문자적 재현 양식과 달리 공간과 시간 안에서 펼쳐진다. 지면에 인쇄된 글자들은 순서에 따라 읽히고 해석될 수밖에 없지만, 극장은 공연 텍스트 안에 새겨진 모든 시청각적 기표들을 한꺼번에 동시에 읽을 수 있는 가능성을 제공한다. 연극은 특히 제국주의의 단선적 시공간성에 회의를 갖는다. 연극은 사건들을 다르게 조직해서 제시할 뿐만 아니라, 현재 안에 그 과거를 다른 식으로 짜 넣을 수 있는 방법을 제시함으로써 과거에 대항하는 연출을 시도한다. 이런 방식은 1장에서 다루었던 유럽의 정전 텍스트들을 다시 쓰는 기획보다 더 폭넓은 실천이다. 정전에 대한 대항 담론은 텍스트적이고 문학적인 위계를 해체한다. 반면 대항 담론적 역사들은 식민주의에 기반한 특정 지역에서 식민주의적 권위가 어떻게 공식적인 역사 기록들에 의해 보강되었는지를 중점적으로 파헤친다.

만약 역사가 과거의 특질들을 관습적으로 결정했다면, 그것은 또 그 과거 안에서 식민화된 주체의 위치를 결정한 것이 된다. 그래서 유럽의 거대한 역사적 서사를 포스트 식민주의적으로 재생산하는 것은, 언제나 역사 그 자체의 구성과 연관될 뿐만 아니라 역사 안에서 자아를 구성하는 것과도 관련되어 있다. '역사적' 역할에 의해 대부분 역사의 '타자'로 규정되어 왔던 피식민국가 민족들에게 이 과정은 중요할 수밖에 없다. 복합적으로 코드화된 극장의 재현 체계는, 문자화된 담론에 새겨진 것뿐만 아니라 공연으로 체현되는 포스트 식민주의 주체를 회복시킬 수 있는 다양한 기회를 제공한다. 포스트 식민주의 주체는 주로 제국주의와의 조우 이전 역사의 유산이나, 조금 더 공식적인 식민지 기록의 권력들, 그리고 현재 상황의 우연성에 의해 정의되는 균열 지점으로 형상화된다. 주체성은 아파르트헤이트처럼 정치적이고 지적인 담론뿐 아니라, 개인적 행위의 시공간적 한계를 지배하는 체제들 안에 존재할 때 더욱 파편화된다. 주체성의 문제는 제국주의 역사의 완결성, 단일성, 진실성을 혼란스럽게 만들며, 주로 알레고리적으로 전달되는 개념인 국가와 민족의 역사들 안에 함축되어 있다.

식민주의 역사에 균열내기

점령의 역사들

제국주의 역사를 해체하는 데에는, 그동안 말해지지 못했던 이야기들로 공백을 메우거나 유럽 중심주의적인 서사들을 고유문화의 서사들로 대체하는 것 이상의 복잡한 과정이 요구된다. 포스트 식민주의 희곡에서 역사는 여러 서사들이 부자연스럽고 불편한 상태로 공존하더라도, 반드시 혼종성을 위한 생산적 공간으로 제시하는 것이 중요하다. 재현의 장에 새로운 인물들이 등장함에 따라, 역사들은 서로 경쟁하면서 변화할 수 있는 복잡한 변증법을 형성하게 된다. 포스트 식민주의문화가 제국주의 역사의 이데올로기적 편견을 폭로하는 첫 번째 방법은, 과거에 대한 대항 담론적인 시각을 예각화시킬 만한 맥락을 형성하는 것이다. 많은 연극들에서 피식민지 사람들은 그들만의 역사가 없었다는 오해를 반박하고자 한다. 식민 지배자와의 접촉 이전의 역사적 장면들을 무대에 올림으로써 전통을 재정립하고, 영토와 유산에 대한 정당한 권리를 주장하며, 다양한 문화적 표현 형태들을 회복시킨다. 이 작품들은 서구 담론에서 역사 이전의 범주로 분류되어 배제되었던 영역 안에서 중요한 역사적 가치를 모색한다. 하지만 자민족이나 자국의 주체들에 대한 희귀하고 고정된 시각을 표현하지는 않는다. 즉 제국과의 접촉 이후의 과거와 현재의 불행에 대비(對比)하여, 접촉 이전의 과거를 조화로운 세계인 것처럼 설정해 놓음으로써 과거에 대한 환상과 오해를 지속하게 하지는 않는다. 많은 극작가들은 유럽의 침략 이전에 있었던 전쟁과 불화를 연극적으로 형상화했다. 테가에 가브르 매드힌(Tegaye Gabre-Medhin)은 「알타 가(家)의 충돌－고대 홍해 신들의 대립(Collision of Altars : A Conflict of the Ancient Red Sea Gods)」(1977)에서 6세기 악슈마이트 이디오피아 역사에 대한 하나의 시각을 제시한다. 이 시극(詩劇)에서 왕궁 정리(廷吏)*2)(Royal Crier)는 다른 제국들이 파괴된 1300년 후에도 악슈마이트의 자긍심이 살아 있을 수 있도록 악슈마이트 왕국 후손들의 기억에 호소한다. 왕궁 정리(廷吏)는 하마터면 잘못 기록되었을 뻔한 유럽 접촉 이전의 역사를 당대의 이디오피아인들에게 위임하는 장면 안에서 악슈마이트가(家)의 힘을 부활해낸다.

  여러 나라에서 제국과의 접촉 이후에 생산된 공식 보고서들이 대항 담론의 주된 표적이 되어 왔다. 이는 제국주의가 역사를 기록하고 교체하는 전통적인 방식과의 단절을 촉진했기 때문만이 아니라, 그런 인식론적 단절이 자연스럽고 자명한 것처럼 진술해 왔기 때문이다. 특히 식민주의 역사는, 포스트 식민주의 문학들에서 공공연히 드러내고 있는 제국주의적 정복에 대한 저항이 마치 거의 없었거나 전무했던 것처럼 암시하는 경향이 있다. 주변화된 문화들은 정통 역사에 반박하거나 최소한 거기에서 벗어난 대항 담론과 대항 문맥을 형성함으로써, 포스트 식민주의 정체성을 협상할 수 있는 보다 정당하고 대표적인 출발점을 강조한다. 왈레 오구니에미(Wale Ògúnyemí)의 역사극들은 망각되고 금지되었던

---

2) 포고를 알리는 관원. (역주)

역사적 장면들을 드러내기 위해 나이지리아 민족들과 식민주의 대리인들을 맞붙여 놓는다. 「키리지(Kiriji)」(1970)에서는 19세기 후반에 요루바 부족 사이에 벌어졌던 여러 전투들을 자세히 묘사했다. 이런 충돌들은 식민 지배자와 그에 대항하는 하나의 단일한 피지배자 집단이라는 간단한 이분법적 역사 도식들을 복잡하게 만들어 놓았다. 이 연극에서 에키티파라포(Ekitiparapo) 부족은 자신들을 노예로 팔아 넘긴 이바단(Ibadan) 부족을 공격한다. 이때 식민지 관료나 선교사들은 이들 사이에 평화 협상을 도출하는데 전혀 기여하지 못한다. 우드(Wood) 신부는 이 전쟁에 참여하는 사람들의 진지함을 이해하지 못한 채, 오툰(Otun)의 왕 오레(Ore)에게 "이 쓸데없는 부족간의 불화를 당장 그치"게 하라는 탄원을 하면서, 이 전쟁을 하찮게 취급할 따름이다(1976 : 44). 「키리지」는 나이지리아에서 제국의 법률 제정이 이루어지기 전이었던 식민지 초기 역사를 다시 언급함으로써, 요루바족과 이바단족 사이에 있었던 충돌과, 요루바인들 내부에서 동시대적인 힘의 충돌이 있었던 맥락을 제시한다. 오구니에미의 「이자예 전쟁(Ijaye War)」(1970) 역시 식민지 역사책에서는 언급하지도 않거니와, 설령 언급하더라도 사소한 각주로 처리되어 버릴 만한 19세기의 사건들을 집중적으로 다루고 있다. 이 작품들은 식민지 역사를 위한 새로운 맥락을 찾아냈고, 다양한 전쟁에 대한 대안적이고 보조적인 설명 이상의 것을 제시했다. 제국주의의 거대 서사에서는 인류학적 호기심거리일 뿐 생활공동체의 본질적인 부분으로 취급되지 못했던 나이지리아의 다른 역사적 면모들을 보여준 것이다. 시장의 장사꾼들과 전쟁 와중에도 열리는 축제들, 희생 제의들의 현장, 찬양과 전쟁의 노래 등을 묘사했다. 오구니에미의 연극들은 유럽인들이 교묘하게 침투한 강렬하고 역동적인 문화들을 기록하면서, 획일화된 공식 문서에서는 삭제된 지역문화에 대한 감각을 되살려냈다.

지역사회의 역사적 문맥 안에서 제국주의 전쟁을 표현한 것은, 전쟁 그 자체뿐 아니라 식민화된 문화에도 새로운 정치적 힘의 근거를 부여했다. 이 회복의 기획에서 핵심이 되는 것은 바로 과거의 서사와 과거에 대한 서사들이 이해되고 유포되는 방식이다. 역사적 순간을 되살리기 위해 토착적인 형식들을 배치함으로써 지역 역사의 유효성을 강화하는데, 이것은 공식적인 문서 텍스트와는 구분된다. 비서구사회는 대부분 연대기적이며 계산되어진 '사실'에 기반한 제국주의 역사의 사명에 동참하지 않는다. 그래서 포스트 식민주의 무대에서 과거를 재연하는 것은, 제국주의와의 조우 이전의 역사 만들기 형식과 역사 기록하기 형식들을 재정립하는 작업이다. 어트팔 더트(Utpal Dutt)의 「1857, 위대한 저항─마하비드로하(The Great Rebellion 1857 : Mahavidroha)」(1973)에서는 영국에 대항하며 수 세대에 걸쳐 투쟁한 인도인 가족의 경험을 연대기로 담아내면서 인도 구술서사의 서사시적 전통을 이용한다. 이 작품은 주제를 신화화하기 위해 방글라데시의 전통 연극 자트라(jatra)에서 문체를 차용한다. 자트라(jatra)는 강렬한 움직임과 시적 표현들로 이루어져 있다. 더트는 가내직물(織物) 수공업에까지 침투한 영국 산업혁명의 영향을 한 가족사 안에 짜 넣으면서, 구체적이고도 보편적으로 재현될 수 있는 저항의 서사를 직조해낸다. 「위대한 저항」은 이런 역사적 순간을 재연함에 있어, 특수한 인도 문화 전통에 내재한 힘을 동력으로 삼아 제국주의 중심부의 역사와 문학 형식에 도전한다. 이 연극은 19세기 인도에서 영국의 힘이 절대적이었다는 신화까지도 몰아내 버린다. 더트는 인도의 식민화된 주체들이 식민 지배자와 피지배자의 이분법에서 전제하는 것보다 자기 주관이 훨씬 더 뚜렷했고, 일반적으로 가정하는 것보다 식민 지배자의 권력 작용은 약했다고 분석한다. 이분법의 붕괴는 과거의 식민지 권위를 해체하고, 억압적인 제도하에서 동시대 인도인들이 실행했던 공모를 재평가하게 하며, 관객들로 하여금 제국주의 역사가 전달하는 가르침들에 반발하게 만든다.

과거를 연극적으로 재현해내는 양상들은 특정 작품의 장소, 계기, 공연 스타일이나 메타 연극적 형식에 의해 수정된다. 이것은 역사를 현재 안에서 "문화적으로 동기를 부여받고, 이데올로기적으로 규정되는" 담론이라고 보는 포스트 식민주의적 역사 개념과 일치한다(Slemon, 1988 : 159). 1993년 로울 기본스(Rawle Gibbons)가 연출하여 트리니다드의 스페인항구(Port of Spain)에 있는 큐레페(Curepe)의 한 팬야드(panyard)에서 공연되었던, C. L. R. 제임스(James)의 〈블랙 자코뱅(The Black Jacobins)〉3)(1936)이 그 좋은 예이다. 이 작품은 1791년 하이티(Haiti)혁명의 주요 사건들을 중심으로 프랑스와 영국 간의 식민지에 대한 주도권 쟁탈전을 폭로했다. 주요 연기자들이 노예폭동을 연기하는 장면 안에 연극적 생명력이 담겨 있다. 액션으로 가득 찬 중심 무대가 그 주변의 주민공동체와 접촉하고 있는 모습들을 보여줌으로써, 힘을 얻고 있는 혁명의 뿌리가 민속춤, 민속 노래, 노예 민중의 보둔(vodun) 제의 안에 있음을 강조한다. 장소나 스타일 선택에 있어서는 연극의 역사적 배경보다 거의 1세기나 뒤진 트리니다드의 깐볼레이폭동을 참조했다. 하지만 동시에 액자구조의 내부 연극을 삽입하고 직접적인 방백을 사용함으로써 공연 텍스트가 1990년대적 현재에 굳건히 자리잡을 수 있게 했다. 제임스의 역사극은 현대 하이티에서 자행되는 인권 유린에 저항해서 폭동을 일으킨 노예 후손들에 의해 재연된 후, 부족 연극으로 재정립되었다. 액자 구성의 내부 연극에는 예측할 수 없는 훼방이 시도된다. 사악한 통통 마쿠츠(Ton Ton Macoutes : 하이티 군대를 대표하는 인물)가 관객과 공연장을 침략한 것이다. 이런 시도를 통해 부패한 정치 체제하에서의 일상적 삶은 타협의 과정 안에서 지속되고 있다는 것을 가슴 서늘하게 일깨워준다. 기본스의 메타 연극적 구조는

---

3) 이 연극은 흥미로운 약력(curriculum vitae)을 가지고 있다. 트리니다드가 아직 영국 식민지였던 1936년 당시에 탈고되어, 런던에서 〈투생 서곡(Toussaint L'Ouverture)〉이라는 제목으로 상연되었고, 부분적이긴 하지만 의심할 바 없이 제국주의 지배에 대한 저항의 작품으로 인식되었다. 30여 년 후, 내전으로 황폐해진 나이지리아에서 수정 작품이 공연되었다. 관객들은 독립을 위해 투쟁하는 흑인지도자들과 혁명 이후의 유혈 참사를 묘사하는 제임스의 작품 안에서, 자신들의 상황과 병치되는 부분을 발견하였다(Stone, 1994 : 20 참조). 〈블랙 자코뱅(The Black Jacobins)〉은 제임스의 고국 트리니다드에서 1980년대 초에 처음으로 무대에 올려졌다.

단순히 논란의 여지가 있는 역사를 최신판으로 갱신해주는 것만이 아니다. 20세기 전까지만 해도 아프리카 이주(디아스포라)에서 꿈과 희망의 상징이었던 하이티에 대한 카리브인들의 전반적인 무관심을 통렬히 비판하고 관객들을 동요시키기 위해 기획된 연극이었다. 좀 다른 층위에서 보자면, 안정된 서사 질서를 거부한 〈블랙 자코뱅(The Black Jacobins)〉의 공연은 오히려 훨씬 더 지역적인 공명을 획득했다. 한 비평가가 지적하였듯이 이 작품은 트리니다드인들로 하여금 그들 자신의 섬에서 1990년에 시도되었던 쿠데타를 기억하게 하고, "정치적 안정이 얼마나 소중한 선물인지"를 깨닫게 해주었다(Ali, 1993 : 5).

이주민의 역사들

제국주의 패러다임 내에서 식민 지배자이면서 피지배자라는 이중적 위치를 차지하는 이주민사회의 역사는 특히 민감한 문제이다. 이주민이라는 명명이 내포하고 있듯이 이주민들은 토착민들의 고향을 박탈하고 문화를 파괴하는 데 부분적으로 동참하였다. 그러나 이주민 역사는 주인 서사의 특징들을 단순히 복제하는 데 그치지는 않는다. 이주민 역사는 제국주의의 중심으로부터 분리되어 있으면서 식민지의 땅과 토착문화로부터도 소외된 그들 사회의 진정성을 정립하는 데 고심한다. 그렇기 때문에 다수의 이주민 역사는 제국주의 기록에 대한 대항 담론을 형성하면서 토착민의 역사와도 확연히 구분 짓고자 한다. 이와 같은 '역사'의 다양한 분파들은 담론적으로 고정되고 획일화된 과거가 가진 유효성을 의문에 부친다. 이들은 포스트 식민주의적 경험의 다양성과 복잡함을 지적하고, 역사 텍스트들이야말로 식민주의의 다양한 주인공들이 가지고 있는 서로 다른 관심을 숙지해야 한다고 주장한다. 캐나다의 샤론 폴록(Sharon Pollock), 뉴질랜드의 머빈 톰슨(Mervyn Thompson), 오스트레일리아의 루이스 나우라(Louis Nowra)는, 자국의 극작가들이 자신들의 역사가 지루하고 흥미롭지 않다는 그릇된 인상만을 품고서 연극을 통한 과거 탐색의 작업을 거부하고 있다고, 연극계의 현실을 비판한다.[4] 이들 국가는 표면적으로 볼 때에는 '역사'로서의 자격이 있다고 할 만한 유혈 전쟁을 겪지 않았다. 그러나 이들에게 평화로운 과거만 존재할 뿐이라는 잘못된 주장은, 비록 실패한 학살일지라도 토착민 학살을 간과한 것이고, 캐나다에 대한 지배권을 놓고 일어난 영국과 프랑스 간의 전쟁과 같은 소위 '역사적인' 사건들에 내재한 폭력성을 과소 평가하는 것이며, 독립이라는 쟁점을 놓고 제국주의자와 민족주의자 사이에 조성된 긴장을 부인하는 결과를 낳는다. 불쾌한 사건과 입장들이 편의하에 부정되고 은폐되었다는 사실은 역사가 갖는 선택성을 부각시킨다. 또 역사에 관여하고자 하는 비토착민 연극들은 억압된 관계를 드러내려고 시도하다가도, 비록 의도적인 것은 아니지만 한 사회의 지배적인 신화에 동참하고 만다. 결국 그런 연극들은 이주민 주체들이 자신들을 위해 만든 특수한 위치의 텍스트에 부합하는 모순들로 특징지어진다. 이 모순들은 새로운 특권 질서를 제시하지는 않지만 낡은 위계 질서들을 해체시킨다.

　이주민 텍스트들은 제국주의와의 접촉 이전의 전통이나, 비서구의 지식 체계에 환원되지 않으면서도 제국주의 역사 서술의 플롯 양식을 해체하는 직접적인 공격을 통해 제국주의 역사를 심문한다. 마이클 가우(Michael Gaw)의 〈1841년〉(1988)과 스티븐 서웰(Stephen Sewel)의 〈증오(Hate)〉(1988)는 오스트레일리아의 공식 역사라는 것이, 디스토피아적인 이주민 문화의 불안들을 가라앉히기 위해 민족성 담론의 창출을 기획했던 복잡

---

4) 여기서 언급하고 있는 세 나라의 연극들은 현재, 지나칠 정도로 역사적 재현에 집중하고 있기 때문에, 이들의 주장은 수정될 필요가 있다. 폴록·톰슨·나우라 자신이 토착적 경험을 연구하고 이주민사회를 비판하면서 이런 흐름에 앞장섰다. '역사극(historical theatre)'이라는 현대의 광범한 정전 내에서, 일부 연극들은 제국주의 기록의 '진실 가치(truth value)'를 질문하기보다는 다양한 지역적 등장인물들을 신화화하는 데만 관심이 있을 뿐이다. 그러나 이런 경향도 제국주의의 역사들에 비견할 만한 문화적 무게를 지닌 포스트 식민주의 역사들을 정립하기 위해 필요한 작업의 일부이다.

한 허구의 그물망이라고 폭로한다. 유럽인들의 오스트레일리아 이주*5) 200주년을 기념할 목적으로 특별히 위촉받아 만들어진 이 두 작품은 제국주의 역사에 효과적인 공격을 가했다. 이 공격은 비단 화합이 이루어진 자국의 과거라는 거짓 인식에 반론을 제기했기 때문만 아니라, 공식적인 '국가 경축'6)의 의도로 기획된 행사에서 대담하게도 그런 반론을 공론화했기 때문에 더욱 효과적이었다. 가우는 대중과 후원 단체(funding body)의 기대감을 자신의 정치적 논점을 강조하기 위한 맥락으로 이용하면서, 역사성을 향한 200주년 기념의 특별한 욕망을 비판했다. 효과적인 비판을 위해 일부러 '어울리지 않는 관제적 수레 무대'를 이용했다(1992 : 5). 그는 공식 기록상으로는 아무런 일도 일어나지 않았던 1841년을 선택했지만 1841년 오스트레일리아 사회에 대한 연극을 만든 것이 아니다. 과거가 어떤 목적에 따라 어떤 방식으로 현재적 시점에서 구성되는지를 보여주는 메타 역사적이면서 자기 반영적(self-reflexive) 연극을 연출해냈다. 역사야말로 의도적인 텍스트임이 밝혀졌고, 여기서 역사는 특히 형법 체계의 사악함을 은폐하면서 동시에 신화화하고자 하는 모순된 충동에 의해 분열되어 금이 가버린 것으로 제시된다. 이 작품은 역사와 허구의 이분법에서 주로 허구와 짝지어지는 신화가, 1988년의 오스트레일리아 200주년 기념식에서 아이러니컬하게도 부활하는 것을 보여준다. 제국주의 역사는 신화를 금지하는 동시에 자기 스스로를 신화화하고 있는 것이다. 서웰은 또 역사의 선택적인 여과와 전략적인 망각의 과정을 묘사한다. 현대를 배경으로 삼고 있지만 〈증오〉 역시 이주에 대한 우화이다. 그러나 이 연극의 포스트 식민성은 조금 더 함축적으로 각인되어 있다. 가우는 제국주의의 기록 텍스트가 가지고 있는 균열 부분을 펼쳐 보이기 위해 그의 서사극, 즉 반역사적 '수레 무대 연극'을 이용했다. 반면에 서웰

---

5) 공식적으로는 이주지만, '침략'의 의미가 숨어 있다. (역주)
6) '국가 경축(celebration of a nation)'이라는 이 문구는 '88년을 경축하자'라는 표어와 더불어 공식적인 200주년 기념 슬로건이었다.

은 사회 전체의 역사와 상관 관계가 있는 가족 내에서 가부장적 권력이 작동하는 방식을 폭로함으로써, 역사가 보편 타당하다고 주장하는 근거들을 무너뜨린다. 200주년 기념 행사 기간 동안 대부분 백인 오스트레일리아인들에게 지지를 받은 자축의 역사를 정교하게 공격하는 데 있어, 두 연극의 알레고리적 형식이 부차적으로만 머물러 있었던 것은 아니다. 슬레먼이 주장하듯, "[알레고리는] 한 가지를 말하는 동안에도 '다른' 것을 함께 말하고 있다." 알레고리는 제국주의의 비유들을 가로지르면서 절단하는 "해석 과정의 방향성 안에서 분기점이나 구분선을 표시한다."(1987 : 4)

릭 살루틴(Rick Salutin)의 「레 카나디엥(Les Canadiens)」(1977)은 제국주의 담론을 해체하기 위해서라기보다, 1759년 아브라함 평원에서 영국이 프랑스를 정복한 이래로 캐나다의 영어 사용자(Anglophone)와 프랑스어 사용자(Francophone) 이주민 사이의 긴장을 고찰하기 위해 알레고리를 이용한다.[7] 캐나다 역사의 아주 끈질긴 문화적 분리 시도를 드러내기 위해 극작가가 하키라는 운동을 다방면에 걸친 은유로 선택한 것은 적절했던 것으로 보인다. 그것을 통해 민족 담론이야말로 충돌과 경쟁이 결합되어 만들어진 관념임을 강조하기 때문이다. 연극의 1막은 몬트리올의 하키팀인 '레 카나디엥'이 캐나다의 1부 리그로 급부상하게 되는 과정을 보여준다. 살루틴이 하키 경기를 공간적이면서 관념적인 것으로 채색하여 연출한 것은, 영국 제국주의에 대항한 퀘벡의 "침입받은 저항의 역사"를 재현한 것이다(1977 : 13). 하키팀 '레 카나디엥'은 박해받고 착취당한 민중의 표본으로 신화화된다. 퀘벡의 정치적 승리들, 이를테면 1837년 반란, 제1차 세계대전 때의 징병 위기, 1960년대 퀘벡독립전선(Front Liberation du Quebec)폭동 등의 사건들은, 스포츠 경기에서의 연승으로 다시 비유된다. 반면 2막에서는 레 카나디엥 팀을 탈신화화하고 그들을 현대 캐나다 문

---

7) 본고에서 『레 카나디엥(Les Canadiens)』에 관한 논의는, 몬트리올에서의 초연 직후에 전국 관객을 위해 개정 출판한 각본을 중심으로 했다.

화 내에 재정립하는 것이 일차적 관심사다. 대리전쟁을 수행해 왔던 하키 경기를 1976년 퀘벡쿠아당(Parti Quebecois)의 지방선거로 대체하면서, 사실적인 정치 행위가 스포츠 경기장 바깥에 재배치되었다. 연극에서 두 부분은 서로 맞물려가면서 "퀘벡 정치의 탄생, 성장, 성숙의 과정"(Miller, 1980 : 57)을 되짚는 동시에, 정체성의 신화가 어떻게 역사의식과 교차되는지 보여준다. 당시의 시대정신을 포착한 연극으로 극찬받은 「레 카나디엥」은 퀘벡쿠아당(Parti Quebecois)의 승리를 둘러싼 정치적 격변을 좇아가면서, 캐나다 전역의 관객들에게 국가적 통합의 문제를 숙고할 기회를 제공했다.

사라진 영웅들의 부활

이주민 식민지와 점령 식민지에서 공통적으로 나타나는 수정주의 역사의 특별한 전략은, 역사 속의 전복적 인물을 재생시켜 영웅으로 탈바꿈시키는 것이다. 일반적으로 식민지 권력에 대항한 폭동의 주도자나 악인으로 역사화된 인물은, 포스트 식민주의 연극 안에서는 제국주의적 지배에 대항해 자유를 쟁취하는 데 탁월한 역할을 수행한 인물로 재구성된다. 캐나다의 대표적인 반역자인 메티스(Metis) 출신의 루이스 리엘(Louis Riel)은 존 쿨테르(John Coulter)의 〈리엘(Riel)〉(1967)과 캐롤 볼트(Carol Bolt)의 〈게이브(Gabe)〉(1937)를 비롯한 여러 편의 연극 안에서 재평가되었다. 특히 〈게이브〉에서는 리엘과 가브리엘 뒤몽(Gabriel Dumont)이 재역사화되었을 뿐만 아니라, 현대의 탈주술적 도시인 메티스 출신 등장인물들로 형상화되어 더욱 흥미롭다. 에브라힘 후세인(Ebrahim Hussein)은 유사한 노력의 일환으로 〈킨제케타일(Kinjeketile)〉(1970)에서 한 탄자니아인 예언자(prophet)가 독일군의 침략에 대항하여 벌인 전쟁을 무대화하였다. 독일 제국주의에 대한 자신의 저항을 알레고리화한 '무법자' 킨제케타일(Kinjeketile)은, 자신의 저항이 후대에 전설로 남게 될 것이라고 말한다. 호전적인 활동가였던 스티븐 비코(Stephen Biko) 역시 많은 남아프리카 공화국 연극 안에서 부활한 인물이다. 〈우자 알버트!(*Woza Albert!*)〉(Mtwa 외, 1983)에서는 비코를 포함한 다른 반아파르트헤이트 '혁명가들'이 '부활한다'. 카리브에서는 로저 메이(Roger Mais)의 〈조지 윌리엄 고든(*George William Gordon*)〉(1976)과 시스트렌(Sistren)의 〈나나 야(*Nana Yah*)〉(1980) 등이 각각 자메이카 민족 해방 전사들을 찬미했고, 데렉 월콧(Derek Walcott)은 〈앙리 크리스토프(*Henri Christophe*)〉(1950)에서 하이티혁명의 한 지도자에게 경의를 표했다. 이 모든 연극들에서 과거는 식민화된 주체들의 관점에서 구성된다. 식민화된 주체들이 보존해온 '이야기들'은 그 지역의 전설적 인물에 초점을 맞춰 통합되고,[8] 역사적 재현에 대한 제국주의의 손아귀(stranglehold)를 느슨하게 한다.

비난받던 인물을 생동감 있게 되살린 가장 대표적인 예는 케냐 작가 응구기 와 씨옹오(Ngũgĩ wa Thiong'o)와 미세레 기타 무고(Micere Githae Mugo)의 작품 〈데단 키마티의 재판(*The Trial of Dedan Kimathi*)〉(1976)이다. 이 연극은 1950년대에 영국의 지배와 착취에 저항하여 일어났던 케냐의 마우마우 봉기(Mau Mau uprising)에 관한 기존의 역사 기술을 수정했다. 케냐 독립 이후 13년이 지나서 마우마우 역사를 케냐의 관점에서 기술한 이 최초의 역사는 키마티 와 와치우리(Kimathi wa Wachiuri), 메리 니얀지루(Mary Nyanjiru) 같은 지도자들이 재평가되고 찬사받을 수 있는 기회를 제공했다. 재판을 통해 식민지 정부가 붙인 '범죄자' 딱지에만 의거해서 키마티를 묘사하는 것이 아니라, 지도자이며 스승으로서의 그의 행위들을 칭송하려는 맥락에서 연극을 만들었다. 재판에서 키마티를 담당했던 백인 판사는, 영

---

8) 앤드류 웨일리(Andrew Whaley)는 〈피아스코 동지의 출세와 번영(*The Rise and Shine of Comrade Fiasco*)〉(1990)에서 약간 다른 진로를 택한다. 짐바브웨에 숨어 있는 한 남자가 등장하는데, 짐바브웨나 혹은 모잠비크 출신의 자유 투사가 될 수도 있었고 단순한 도둑이나 광인이 될 수도 있던 한 남자의 깨달음에 대한 이야기이다. 연극은 그 남자의 출신의 진실이 무엇인지를 막론하고 그의 이야기는 들을 만한 가치가 있다는 것을 주장한다. 웨일리(Whaley)는 '익명의' 등장인물에게 전설적인 인물의 지위를 허락함으로써 자신이 만들어낸 역사가 다른 어떤 이야기만큼이나 유효하다는 것을 암시한다.

국식 정의와 법률 규정에 따라 식민지 정부의 반역법에 의해 판결을 내린다. 그런데 재판에 대한 은유의 연장선상에 놓인 다음 장면에서는 관객들에게 키마티를 판결할 기회를 준다. 키마티에 대한 공동체의 알력과 반응은 처음부터 명백하게 드러났다. 출연진들은 두 그룹으로 양분되었다. 가수들은 제국주의 지배의 종결을 믿으면서 키쿠유(Kikuyu)어와 스와힐리어(Swahili)로 노래를 불렀다. 배우들은 가수들 뒤에서 노예무역 시절과 대농장의 노예 시절에 백인 식민지 정부에 대항했던 폭동을 연기하면서 식민주의적 착취의 역사를 재연(re-enact)했다. 이 작품은 단순한 위인전도 아니고 해방운동을 찬양하려는 목적으로 만들어진 것도 아니다. 연극은 마우마우 봉기와 키마티 처형 이후 공동체가 협력한 방식을 보여준다. 여인, 소년, 소녀와 같은 여러 등장인물들은 과거를 현재나 미래와 결합시킨다. 이 이름 없는 등장인물들은 곧 케냐의 상징이며 키마티가 주창한 평화와 평등의 철학을 계승하기 위해 재단결한 케냐 국민의 중요성을 강조한다. 1960~70년대의 케냐는 신식민주의적 경제 현실로 점철되어 있었다. 이 시기의 케냐에는 경쟁 관계에 놓인 각 부족들간에 불화가 계속되었고 극소수 부유층들의 지배를 영속시키는 다국적 기업들이 유입되었다. 〈데단 키마티의 재판〉은 자주적인 독립 국가로 서기 위한 케냐의 노력을 잠식하고 위협하는 다양한 요인들에 대해 경고하고 있다.

이 연극에서 재판은 비록 식민주의적 권위를 무력화하기 위해, 이른바 '정의(正義)'의 우스꽝스러운 속성을 증명하는 것으로 전이된다. 마우마우 봉기로 인해 '동요된' 많은 백인 이주민들을 묘사하는 패러디 기법이 이용되긴 하지만, 백인에 대한 풍자로 발전할 만큼 등장인물들이 충분한 주목을 받지는 못했다. 영국 관리들과 이주민들이 토로하는 공포심은 연극이 제시하고 있는 수정주의적 역사에 공헌한다. 마우마우 봉기가 백인들을 위협한다는 사실이, 케냐인들이 발휘한 저항적 힘을 강화해주기 때문이다. 기독교 신앙이 때로는 일부 저항 세력의 추종자들을 가둠으로써 이들을 식민주의적 관리 체계로 복속시키는 데 성공했지만, 키마티는 성서적 가르침에 굴복하지 않는다. 키마티는, 한쪽 뺨을 때린 자들에게 다른 쪽 뺨도 내민다면 유럽인들의 침략 이래 케냐인들이 견뎌 왔던 억압과 착취를 이후에도 계속 용인하는 것이라고 생각한다. 이후 여러 아프리카 연극들에서도 기독교 신앙 거부는 공통적으로 발견된다. 이것은 제국주의 역사의 핵심 사건이 가지는 힘의 효력을 인정하지 않겠다는 의지를 표명한 것이다. 그 핵심 사건이란 아프리카 전역으로 이주민과 식민지 정부가 들어올 수 있도록 선교사들이 길을 열어준 최초의 접촉 순간을 뜻한다. 키마티가 저항 세력의 우상으로 부상함에 따라, 그는 백인 우월성의 근거를 침식하고 동시대 케냐인들에게 활기를 불어넣었으며 백인 지배의 저항 거점이 된다. 데단 키마티의 삶과 그 시절에 대한 이런 식의 재평가는 지역 관객들이 활기를 찾고, 가르침을 받고, 위안을 얻을 만한 연극적인 이벤트를 창조했다. 동시에 이 연극은 여기서 논의되었던 여타의 포스트 식민주의 역사들처럼 제국주의의 거대 서사적 역사가 가진 독보적인 권위를 퇴출시킨다.

여성의 역사들

역사의 수정은, 편견과 처벌의 희생양들이나 말할 기회를 아예 박탈당함으로써 공식 기록에서 배제되었던 이익집단들을 복권시켜 준다. 여기서 여성의 역사들(histories)을 회복하는 것은 특히 의미심장하며 전세계 여성들에게 근원적인 과제로 부여된다. 그러나 여성들이 역사에 "다시 기록된" 방식들은 나라마다 큰 차이가 나고, 인종 · 젠더(성) · 계급과 같은 특수성들이 페미니즘의 관념과 실천을 필연적으로 복잡하게 만든다는 사실을 기억할 필요가 있다. 만약 미국 · 영국 · 프랑스 페미니즘 사이에 현격한 차이가 있다고 주장할 수 있다면, 서구 페미니즘과 '제3세계' 페미니즘들 사이의 분리는 더욱 뚜렷한 것이 사실이다. 가나의 극작가 겸 소설가, 아마 아타 아이두(Ama Ata Aidoo)는 유럽의 페미니스트들이 아프리카의 개별적인 여성 집단들의 요구와 그들의 문화, 역사에는 마냥 둔감할 뿐이라고 지적한다. 아이두는 그녀들이 특정한 정치적 원칙만을 휘두르며 아프리카 대륙을 침략하려는 제국주의적 욕망의 또 다른 새로운 물결로 다가오고 있다고 비판했다.9) 서구 여성들이 바라는 일자리 창출과 임금에 있어서의 남녀 평등, 성적 자유 등을 세계의 모든 여성들이 똑같이 원하는 것은 아니다. 게다가 서구에서는 '제1세계'와 대립되는 소위 '제3세계'의 다양한 문화권 출신 여성들을 모두 하나로 묶어버린다. 이것은 제3세계 국가들의 민족 자결권을 제한하고, 그들간의 차이들을 무화시키며, 그릇된 동질성을 생산하는 경향이 있다. 찬드라 모핸티(Chandra Mohanty)는 중층결정(overdetermine)*10)된 어구인 '아프리카 여성들', 그러나 보통은 집단적 정체성들을 전제하고 사용되는 '아프리카 여성들'이라는 명명에 대해 이렇게 주장한다.

> 집단적 정체성은 복종에 대한 여성들의 일반적인 관념을 바탕으로, 여성들간의 보편적인 통일성을 가정한다. 이런 식의 사고는 특정한 지역적 문맥 안에서 여성들이 사회 · 경제적 정치 집단들로 생산되는 과정을 분석적으로 '논증하지' 않고, 사회 계급과 윤리적 정체성들은 완전히 무시하면서, 여성 주체를 젠더 정체성(gender identity)에만 귀속시켜 정의할 뿐이다(1991 : 64).

역사적으로 인종에 대한 서구 페미니즘의 무지는 재현성(representativeness)과 관련된 페미니즘운동의 권리를 손상시켰고, 페미니즘운동이 정치적 행위의 광범위한 참조 모델로 이용될 수 있는 유효성을 제한해 왔다. 그래서 셰릴 존슨 오딤(Cheryl Johnson-Odim)은 세계화된 젠더 정체성은 젠더가 다른 분류 요인들을 퇴색시키지 않을 때만 '비로소' 가능하다고 주장한다.

---

9) 아이두(Aidoo)는 1988년 10월 12일 캐나다 토론토의 요크 대학에서 열린 '포스트식민주의여성학회'의 초청 연사(guest speaker)였다.

10) 알튀세의 용어. 역사적 현상에 대한 설명은 그 최종적인 분석에 있어서 단일한 인과성으로 환원될 수 없으며, 구조적 모순들이 상호 중층적으로 관계맺고 있는 연결망이라는 것. (역주)

만약 페미니즘운동이 인종, 계급, 제국주의의 문제들을 다루지 않는다면 세계 대다수 여성들이 경험하는 억압을 완화하는 데 적절하지 않다. …… 흑인 여성들은 19세기 후반과 20세기 초반 여성운동에서 인종 차별이 만연했다는 것을 알고 있다. …… 그러므로 흑인 여성들은 백인 페미니스트들이 과연, 성 차별 투쟁에 흑인 여성들도 동참하라며 열렬히 권고하는 것만큼이나 인종 차별에 대한 투쟁을 포용할 수 있을 것인지에 대해 의문을 품는다(1991 : 321~322).

존슨 오딤은 여성들 각자의 위치를 예단하지 않으면서 여성들을 단결시킬 수 있는 페미니즘의 도래를 기대한다.

이상의 비평가들이 젠더 분류의 지나친 강조가 가져올 위험성을 경고하는 반면, 레이 초우(Rey Chow)는 중국 여성의 젠더(성)가 너무 빨리 인종에 포섭되어 버리는 것을 지적한다. "가부장제와 제국주의 사이에 영원히 갇혀 버린 중국의 여성은 너무 당연한 듯이 사라져 버린다. 그녀들은 설혹 모습을 드러낸다고 해도 '여성'이 아닌 '중국인'으로 등장한다."(1993 : 88) 마찬가지로 서구 담론에서도 인도 여성들에게 젠더가 아닌 인종적 특성만을 부여하는 경우가 대부분이다. 라제스와리 선더 라잔(Rajeswari Sunder Rajan)의 주장처럼 "단일화된 '제3세계 여성'" 주체는 보편적 가부장제의 희생양일 뿐만 아니라 제3세계의 특정한 종교적 근본주의의 희생양으로, 중층결정(overdetermine)된 상징이 된다.[11] 여성이 차지하는 다중적 위치와 다중적 주체성들은, 차이와 정체성의 범주가 다른 범주에 종속 당하는 것을 방지하기 위해 비판적으로 재배치될 필요가 있다. 그리고 그들 각자의 '페미니즘적' 기획은 인식되고 존중받아야 한다. 일부 서구 비평가들이 주장하는 데로 모든 '제3세계' 여성들이 경제적 발전을 최우선으로 삼는다는 것은, 개발의 논리하에 잘못 재현된 것이다. 이는 여성의 다양성을 간과하는 것이며 그들의 다양한 목표들을 무시하는 처사이다.

제국주의와 가부장제 사이의 역사적 고리들은 상당히 다른 방식들로

---

11) 트린 T. 민하(Trinh T. Mihh-ha)의 1989년 작품 또한 이 논쟁에 있어 결정적인 위치를 확보한다.

나타나지만, 젠더가 식민화된 주체의 배치를 까다롭게 만든다는 점을 공통적으로 시사하고 있다. 이주민 여성들을 예로 들자면, 그들은 제국주의의 우연성에 의해 피해를 당하기도 하지만 그렇다고 그녀들의 입장을 아무런 문제의식 없이 토착민 여성들의 상황과 동일시할 수는 없다. 젠더는 일반적인 주변성의 개념하에서 인종이나 계급과 뒤섞여서는 안 되고, "식민 지배자와 피지배자 사이의 관계를 지칭하는 차이의 범주"(Sharpe, 1993 : 12) 가운데 하나로 한정지어져야 한다. 많은 포스트 식민주의 연극들은 재구조화된 역사들 안에서 특정한 방식으로 재형상화된 젠더 역할과 정체성들을 위해 맥락을 제공하거나 페미니즘의 다중성을 명료하게 제시한다. 이것들은 다양하고 때로는 상호배타적인 방식으로 이루어진다. 일단 제국주의 역사에 의해 보증된 젠더 위주의 구조를 비판한다. 식민지 상황에서 여성들이 복속되고 비가시화되는 영역들을 표시하고, 공식 기록상의 젠더 관련 공백들을 시정하기도 한다. 또는 역사 속의 여성들을 강하고 존경받는 공동체의 지도자로 부활시킨다. 자기 정의의 가능성들을 제한할 수도 있는 '긍정적인' 젠더 전형과 기존의 젠더 전형들(stereotypes)을 거부하고, 결정적으로 연극적 재현 자체에 자기 반성적 개입을 실행하면서 연출하기도 한다. 이러한 개입들은 이데올로기적 작용들을 전면화하는 문체적 특징이나 서사 구조, 메타 연극적 장치 등을 이용함으로써, 공연된 역사들을 부자연스럽게 느끼도록 유도한다.

여성들을 역사의 중심 인물로 연극화하는 것은, 공식 석상의 권력과 특전을 지금껏 성인 남성들만의 전유물로 취급해 왔던 문화 안에서 특히 더 전복의 가능성을 갖는다. 여성들도 가부장적 권위를 형성하는데 공모했다는 내용의 신화에 도전하는 연극들은, 포스트 식민주의문화 안에서 여성들의 역할을 재검토하고 갱신하는 데 초점을 맞춘다. 테스 온우엠(Tess Onwueme)의 연극 〈계절을 위한 우화들(Parables for a Season)〉(1993)과 〈와조비아의 통치(The Reign of Wazobia)〉(1993)는 영향력 있는 여성들이 남성들을 대신해 왕좌에 오른 뒤 남성들 못지 않게 왕국을 통치하는 사회,

완전히 재편된 이그보(Igbo)의 사회를 상상한다. 이 알레고리적 텍스트들은 "역사적 신화와 혁명적인 지적 근대성의 충돌"이라고 유진 레드먼드(Eugene Redmond)가 말했던 것을 연극화해낸 것이다(1993 : 17). 작품 속에서 권력을 쥔 여성들은 최고로 영리한 남성들보다도 지적인 면에서 뛰어나다. 온우엠의 작품은 권좌에 있는 여성을 그림으로써 기껏해야 순종하지 않는 아내이거나, 대부분 순종적인 아내로만 그려졌던 나이지리아 여성들에게 자율성과 정치적 힘을 회복시켜 주었다. 〈계절을 위한 우화들〉은 조(Zo)가 춤추면서 선언하는 장면으로 막을 내린다.

> 나는 여성이다! 나는 닦는다, 내
> 자신의 길을.
> 이두(Idu)의 흰개미들이여,
> 한 여성이 너희들을 인도할 것이다,
> 새로운 춤의 발자국을 그려라!
> 지평선을 향해 네 손을 들어라.
> 한 여인이 인도하리라.
> 미래는 우리 손 안에 있다.
>
> (1993 : 121)

미래의 연극을 향한 조의 승리에 가득 찬 액션은, 유럽과의 접촉 이후 노예 매매가 이루어졌던 당시의 이그보 여성들을 위해 공연한 것이다. 역사이면서 우화인 이 연극은 "과거의 여성들에게 그들 자신의 길을 닦"으라고 충고하고 있지만, 연극을 하고 있는 20세기 현재의 나이지리아 여성들에게도 똑같이 공명하는 바가 있다. 〈계절을 위한 우화들〉과 한 쌍을 이루는 작품인 듯한 〈와조비아의 통치〉 역시 성인 남성들이 독점했던 전통에 반기를 드는 지적인 여성 인물들을 부각시켰다. 이 반체제주의자들은 실패를 초월한 초인들이 아니지만, 무대 위에 형상화된 성공한 여성 인물들의 모습은 여성 관객들에게 개인적이고 집합적인 행동을 할 수 있는 모범적 모델이 되어준다. 결말에서 와조비아는 그녀의 추종자들에게 남성들과 전쟁을 벌이지 말라고 간청한다. 전쟁이란 분쟁을 해결하는 가부장제사회의 관습적인 방식이므로, 사회적 변화를 촉구하는 다른 방법을 찾아보라고 말한다.

> 여성들이여, 평화를! 평화를! 피를 흘리지 말지어다. 우리는 심어야 하네.
> 얌의 씨앗을. 지렁이를 살찌울 피를 흘려서는 안 되지.
> 노래하라, 여성들이여! 대지 위에 굳건히 서라! 노래하라! 노래하라!
> 노래하라, 여성들이여! 단단한 대지를 딛고 서라. 노래하라, 여성들이여!
>
> (1993 : 173)

온우엠의 연극은 아이를 낳고 기르는 어머니로서의 전통적인 여성 역할을 인식하고 존중하긴 하지만 여성을 재생산의 역할에만 한정하지는 않는다. 그녀가 그리는 여성들의 역사는 능동적이고 다양한 공동체에 폭넓게 기반을 두고 있는 기록 문서이다.

여성을 중심에 두는 기획은 남아프리카 페미니즘 연극의 일부에 해당될 뿐이다. 파티마 디케(Fatima Dike)는 스스로 페미니스트라고 밝히지만, 서구 비평가들의 시각으로 보면 그녀의 연극은 쉽사리 페미니즘 범주 안에 넣을 수 없는 것들이다. 물론 〈크렐리의 희생(The Sacrifice of Kreli)〉과 〈최초의 남아프리카인(The First South African)〉(1977)은 자유는 물론이거니와 인간의 존엄성, 역사들, 문화적 전통들까지 파괴하려는 외부의 침범에 맞서 공동체의 안녕을 지켜 낸 강인한 한 여성을 부각시킨 작품이다. 그러나 이 두 연극은 여성의 자유나 평등이라는 페미니즘적 '주제들'을 집중 조명하지는 않는다. 오히려 제국주의에 의해 참정권을 박탈당하고 아파르트헤이트에 의해 치욕을 당한 남아프리카 흑인들이, 남성과 여성 모두 공존할 수 있는 더 큰 공동체의 자존심과 위치를 회복할 수 있게 하는데 관심이 있다. 케이프타운 근처의 구구레투(Guguletu) 지구에서 일곱 살배기 소녀가 강간당한 후 잔인하게 살해당한 사건에 격분하여 펜을 들게 된 디케는 "그 사건에 대해 우리 민족에게 할 말이 있었다"고 말한다(Gray 재인용, 1990 : 81). 디케의 소인이 찍힌 반아파르트헤이트 연극은 초기 '흑인의식화운동(Black Consciousness movement)' 정책이 페미니즘적 추진력과 복합적으로 융합하면서 수년 동안 여성들이 남아프리카 흑인문화에서 수행해온 역할들을 인식하게끔 해주었다.[12] 〈크렐리의 희생〉이 아파르트헤이트가 시행되기 이전의 남아프리카 역사에 주목한다면, 〈최초의 남아프리카인〉(1977)은 아파르트헤이트가 불러온 박탈과 소외의 역사를 한 남자와 그의 가족을 통해 보여준다. 디케는 모든 소외된 흑인들의 이념적 투쟁을 위한 중요 지점으로 역사를 정립했다. 그녀의 작품이 성공하면서 남아프리카에 페미니즘적인 회복을 위한 공간을 조금 더 분명하게 열어놓았다. 이와 유사한 의도로 연출된 작품으로 그시나 므홀로페(Gcina Mhlope), 템비 므츠할리(Thembi Mtshali), 마랄린 반레넨(Maralin Vanrenen)의 「잔딜레를 보셨나요?(Have you seen Zandile?)」(1986)가 있다. 이 작품은 남아프리카의 여성들 사이에서 벌어진 분쟁을 빼놓지 않고 언급하면서 삼대에 걸친 여성들의 이야기를 담고 있다. 실제 공연에서는 두 명의 여배우가 등장한다. 이들은 시공간을 가로질러 서로의 삶을 교차시키며 영향력을 주고 받는 다차원적이고 다방향적인 메타 역사를 제시한다. 한 민족의 역사는 이렇게 개별 여성들의 이야기를 통해 탐구된다. 동시에 여성들은 이야기하기 과정에서 지위와 권위를 획득한다. 이는 비단 이야기하기가 그들에게 자기 재현의 기회를 주기 때문만이 아니라 여러 문화 내에서 이야기꾼이라는 위치 자체가 상당한 역사적 힘을 발휘하기 때문이다.

일부 여성들의 역사는 의식적으로 사건이나 인물을 신화화하면서 참호에 에워싸인 과거의 '사실성(reality)'을 우회한다. 이런 신화화의 전략은

---

12) 스티븐 그레이(Stephen Gray)는 디케의 작품이 이후 남녀 극작가들 모두에게 영향을 주면서, "'흑인 연극'이 포함하는 대부분 요소들을 확립했다"고 주장한다.

구성된 '허구들'에 관심을 갖는다. 이 허구들은 아무리 지엽적인 것이라도 사실인 것처럼 가장하지 않으며 그 상상을 즐긴다. 그리고 과장과 허위가 역사성의 필연적 기능이라는 것을 시사함으로써, 역사의 인식론적 범주 자체를 불안정하게 만들어 버린다. 이 해체적 과정은 시스트렌의 〈나나 야(Nana Yah)〉를 탄생시켰다. 이 연극은 이주 노예인 나니(Nanny)에 관한 이야기인데, 그녀는 18세기 자메이카에서 백인 대농장주의 지배에 대항하여 게릴라전을 펼친 마룬즈(Maroons)*13)에 가담하기 위해 사탕수수 농장에서 도망쳐 나왔다. 그녀의 용기와 결단력이 칭송을 받을 만한 것이기는 하지만, 궁극적으로 나니를 영웅으로 간주하게 하고 그녀에게 전설적인 지위를 부여한 것은 그녀의 마법 때문이다. 그녀가 악령을 내쫓고, 혼자 힘으로 마룬즈의 남성 지도자들을 전복시키며, 결정적으로 등뒤에서 백인 군대가 쏘는 총알을 막아내면서 그들을 능가하는 물리적이고 정신적인 힘을 부여한 것은 바로 마법이다. 나니의 성취담에 대한 역사적 '진실'은 결코 문제가 되지 않는다. 연극은 그렇게 믿기 어려운 행적들이 바로 역사가 만들어지는 데 기반이 되는 사건들이라고 말한다. 특정한 '허구들'이 과거를 재현하는 데 있어 유효하다고 강조하는 동시에, 나니를 아샨티 트릭스터(Ashanti trickster)의 특별한 능력을 부여받은 인물로 제시하여 문화적 전통을 회복시키고 있다. 이렇게 이중적으로 정치화된 문맥 안에서는 나니의 죽음조차 그녀의 역사적 힘을 감소시키지 못한다. 이야기꾼은 관객들에게 이렇게 말한다.

그덜(그들―역자)은 마룬을 함정에 빠뜨리고, 나니의 마을을 부셔버렸어. 그렇지만 마음만은 (부수지―역자) 못했지. 나니는 우리들의 영웅이거든. 딴사람들은 절대 못할 일을, 그녀는 몽땅 다해 버린다구. 글구 나하고 당신한테 알라고 말하는 거야. 나니가 한 것처럼, 너도 할 수 있다고*14) (1980 : 21)

---

13) 탈주노예들의 무리. (역주)
14) 원문을 보면 이야기꾼은 아프리카식 영어를 구사하고 있어서 어휘와 문법의 활용이 공식적인 영어에서 비껴나 있다. (역주)

전반적으로 나니의 이야기는 한 생애를 체계적으로 문서화하는 데 별 관심을 기울이지 않는다. 오히려 당대 자메이카 여성들로 하여금 사회와 역사 안에서 스스로를 재배치하도록 고취시킬 수 있는 방식으로 전설을 연극화했고 엄연한 역사적 '환상'의 하나로 제시하였다. 〈나나 야〉는 공연하는 중에 역사적 서사를 받아들이고 전달하는 자명한 방식들을 한층 더 해체한다. 연극은 나니를 위한 경야(竟夜)로 막을 열고 관객들에게 코코아와 생선을 나누어 준 후에, 관객이 그녀를 위한 찬가를 부르는 데 동참할 수 있도록 악보를 나누어준다. 시스트렌의 일원이 관객들에게 설화의 전승 계보를 알려주는 것을 기점으로 공연이 시작된다.

> 그러니 당신 내 얘기를 잘 듣는 게 좋을 게야.
> 왜냐면 난 이걸 백인들 책에서 읽은 게 아니거든.
> 바로 울어머니가 가르쳐 주신 거지.
> 왜냐면 이건 할머니가 울어머니한테 얘기해준 거거든.
> 그니까 할머니가 울어머니한테 얘기해줘서
> 그리고 어머니가 나한테 전해준 거지.
>
> (1980 : 91)

화자는 '여성들의 이야기'를 통해 전해지는 민속 역사를 중요시하고 '백인의 책'을 거부하면서, 이어질 행동의 개념적 구조와 내용을 뒷받침해준다. 북소리에 불려 나온 다양한 신들의 등장 이후 그녀의 독백이 뒤따르고, 이들은 노예 매매에 대해 논의한다. 이 장면을 통해 나니의 이야기는 더욱 커다란 역사적 맥락 안에 놓이게 된다. 노예 사냥의 장면은 여성으로만 구성된 공연자들이 유형화된 춤과 마임을 통해 만들어내는 추상적 형식과 상징으로 표현된다. 둥근 원이 세모꼴의 미사일에 의해 깨지는 장면 등은 아프리카 문화의 해체를 의미한다. 노예들의 림보 춤[15]

---

15) 노예제에 대한 대항의 의미로 활용된 림보 춤에 관한 자세한 논의를 접하고 싶다면 해리스(Harris, 1970 : 6~9)를 참조하라. 해리스는 림보가 아프리카의 전통에서 분리되

역시 언어로는 잘 표현되지 않는 포획의 역사를 감동적으로 전달해준다. 나니의 역사를 이야기하는 데 있어 대농장 장면은 또 다른 맥락을 제공한다. 몇 번의 독백은 하나의 노동요와 병치되면서 언어에 기반한 서사의 형태로 다시 돌아간다. 여기서 과거를 표현하는 여러 목소리들의 개별적인 이야기들은, 합창단과 노동자들의 후렴으로 매듭지어진다. 점증적으로, 상호작용하고 구체화된 역사들은 역사적 지식의 일원적 체계가 갖는 힘을 희석시키고 분산시켜 놓는 연극적 사건을 구성한다.

이주 정착민 여성들은 제국주의의 담론틀 안에서 여성 주체가 점유할 수 있는 복합적 위치를 잘 보여준다. 그녀들은 토착민들을 역사적 기록으로부터 제한하거나 심지어는 삭제시키는 시도에 이미 동참해 버렸지만, 자신들도 곧잘 가부장적 지배의 희생양이 된다. 그렇다고 해서 제국주의적 권위 아래에서 양가적 위치에 놓인 이주정착민 여성들을, 백인 남성보다는 열등하고 토착민 남성과 여성보다는 우월한 위치에 있다고 단정하는 것은 무리가 있다. 왜냐하면 이는 제국주의가 제도화하려는 분류 범주와 계급을 똑같이 그대로 강요하는 그릇된 위계를 설정하는 것이기 때문이다. 일부 비평가들은 토착민들이 이중적으로 식민화된 반면에 정착민 여성은 구멍을 절반만 파놓은 것처럼 절반만 식민화되었다고 주장한다(Visel, 1988 : 39 참조). 그러나 이런 식의 언어용법은 문제가 있다. 이것은 질적인 것을 양적인 것으로 환산해 버리고, 상호작용적인 역학 관계로 파악되어야 할 억압과 특권을 누군가 다른 누구에게 부여하거나 뺏을 수 있는, 가감이 가능한 것처럼 생각하게 만든다. 남녀를 막론하고 정착민의 주체성을 고려하는 데 있어 적절한 모델은, "모든 개인은 다수의 담론과 다수의 사회 형성에 의해 호명된다"(1991 : 64)는 크리스 프렌티스(Chris Prentice)의 주장에서 찾을 수 있다. 프렌티스는 식민화가 고정된 상태가 아니라 과정의 일부라고, 경쟁하는 다른 담론들의 위협 아래서 스스

어 버린 노예의 상황뿐만 아니라, 새로운 문화적 건축물 안에서 아프리카 유산과는 다른 유산들을 접합시킬 수 있는 '신체'의 부활 가능성을 반영한다고 주장한다.

로 끊임없이 헤게모니를 구성하는 과정이라고 말한다.

정착민문화에서 페미니즘 연극은 여성이 포함될 수 있는 다수의 역사를 제시함으로써, 제국주의의 역사적 헤게모니를 박탈하고 위계 구조를 해체하고자 한다. 그러나 웬디 릴(Wendy Lill)의 희곡「헤더 로즈의 직업(The Occupation of Heather Rose)」(1986)에서처럼, 때로는 해답이 없고 오히려 더 많은 질문들만 생기기도 한다. 순진한 젊은 간호사 헤더 로즈는 봉사 활동을 하겠다는 신념을 가지고 북부 온타리오에 있는 원주민 보호구역에 온다. 그러나 그녀는 곧 자신이 학교의 실습 시간과 영양학 강의에서 배운 대로 원주민공동체의 구성원들이 반응하지 않는다는 것을 깨닫는다. 원주민들의 '반항'은 그녀의 의학적 '권위'를 전복하고, 그녀가 자신에 대한 회의와 의문에 빠지도록 만든다. 이 경험은 결국 그녀로 하여금 자신과 같은 사람들이 이른바 '인디언 문제'의 일부를 구성하고 있음을 자각하게 한다. 이 불편한 인식은 그녀 개인의 정체성에 대한 자각과 캐나다를 국가로 이해하는 데 위협이 된다. 그녀는 물질적 환경으로부터 고립되고 백인과 토착민공동체 모두로부터 소외된 채, 침입자로서의 자기 위치를 예리하게 인식한다. 그녀는 정착민문화라는 그녀의 문화가 주장하는 적법성에 대해 회의를 품는다. 결과적으로 캐나다 문화 내에서 그녀의 불안정한 위치는 그녀의 정신마저도 불안정하게 만든다. 이 연극은 정착민 여성이 토착민들을 식민화하는 과정에 공모하고 있음을 보여줌으로써, 동성끼리의 유대가 백인과 토착민 여성들 간의 차이를 없애리라는 일반적 통념에 반박한다. 릴의 작품에서 헤더는 원주민의 건강과 자율성 문제를 해결하려는 캐나다 사회의 가식적인 고결성을 비판하는 기제로 이용된다. 그렇지만 이 젊은 간호사 또한 궁극적으로는 원주민문화와 정체성을 잠식해 버린 가부장제의 희생양이었으므로 약간의 동정을 받는다.

논의된 작품들은 대부분 공적이고 폭넓은 영향력을 가진 실천적 행동 영역 안으로 진입하고자 하는 여성들을 다루고 있다. 하지만 경험을 강조하면서 "여성적 경험"이라는 문구 아래 광범위하게 묶이는 텍스트들도, 역사를 뛰어난 몇몇 남성들에 의해 주도된 주요 사건들의 기록이라 보는 개념에 도전함으로써 대항 담론을 형성할 수 있다. "개인적인 것이 정치적인 것"이라는 (진부한) 페미니즘의 슬로건은 여기서 특히 의미가 있다. 왜냐하면 젠더와 관련된 억압이란 가정 공간에서 주로 경험하는 것이긴 하지만, 제국주의의 구조적 위계에 의해 변형될 수 있기 때문이다. 여성들의 경험에 초점을 맞추다 보면 전혀 다른 역사적 궤적을 제시할 수 있다. 실제 공연은 여성이 발언할 수 있는 공간을 규정하고, 구체화된 주체를 제시할 수 있도록 돕는다. 그녀들의 역사가 더 큰 과거의 담론에 끼어들게 되면서 역사의 경계가 넓어지고, 나아가 단성적 역사 기록에 대한 권위주의적이고 제국주의적 주장을 해체하기에 이른다.

이야기하기(story-telling)

식민화된 사회에서 역사적 서사를 조작할 수 있는 가장 중요한 인물은 이야기꾼이다. 연극은 무대 위의 도구들이 아니라 상상력·암송·즉흥성에 의존하기 때문에, 아주 경제적으로 공연을 하고자 한다면 무대 위에서 그저 이야기를 하는 것만으로도 연극을 시작할 수 있다. 그러나 역사를 수정하는 전략으로써의 연극의 지위는 단지 경제적인 이유에만 기반하고 있는 것이 아니다. 문자가 없는 대부분의 공동체에서 역사는, 자신들의 문화를 유지하고 존속하는 데 특권적 위치를 차지하는 이야기꾼에 의해서 보존된다. 이야기꾼은 오락과 교육의 목적을 동시에 수행할 수 있는 형태로, 대부분은 운문 형식을 통해서 공동체의 역사를 풀어냈다. 이야기꾼은 종종 일종의 설명 방식이라 할 수 있는 연극적 행위나 관객들의 참여, 춤·노래·음악 등을 서사에 첨부하기도 한다. 이야기하기의 전통에는 이미 지극히 연극적이라고 할 만한 소통 양식의 코드와 관습이 존재하기 때문에 그 전통은 쉽게 무대로 옮겨진다. 이야기하기와 서구의 사료편찬 간의 개념 차이는 물론 절대적인 이항대립 관계로 설정되어서는 안 되겠지만, 에밀 벤베니스트(Emile Benveniste)가 제시하는 담화와 역사16) 간의 차이를 통해 구별해 볼 수 있을 것이다. 벤베니스트의 견해에 따르자면 기록된 역사는 해석의 여지가 있는 미묘한 차이를 무시하고, 서사를 발화되는 맥락에서 떼어내며, 의미는 언어에 의해 고정되는 것이라고 주장한다. 반면, 담화(discours)와 유사한 이야기하기는 고정되어 있지 않고 변화 가능한 의미를 창조하는 특정한 언어의 발화 문맥이나 발화자의 역할을 부각시킨다. 이야기꾼은 관객의 존재와 놀이꾼으로써 자신의 위치를 분명히 인식하면서 모든 공연 안에서, 그리고 모든 공연을 통해서 과거가 현재에 '말을 걸게' 함으로써 역사를 재구성한다. 이야기꾼은 지극히 시사적인 사건들을 즉흥적으로 언급한다든가, 관객들의 반응에 즉각적으로 대응한다. 이것은 친밀성을 조성함으로써 과거 안에서 채집하여 현재 자신의 공동체 구성원들에게 전달하고자 하는 교훈을 강화하는 결과를 가져온다.

이야기하기의 연설하는 듯한 스타일과 형식은 서구 연극의 자연주의적 관습에 도전하는 것이다. 게이 모리스(Gay Morris)는 남아프리카의 줄루족(Zulu)*17)과 코사족(Xhosa)*18)의 문화에서 발견되는 이야기하기 전통인 인스토미(Iinstomi)와 연행 예술의 전통을 기록하였다.

거기에는 의사 소통과 예술을 분리함으로써 예술을 무의미하고 무용한 것으

---

16) 엘람(Elam)의 설명에 따르자면, 벤베니스트가 사용한 역사(histoire)라는 개념은 '서사에서 발화의 주체와 발화의 내용을 듣고 있는 대상을 비롯하여 모든 지시적 참고사항을 배제한 채로, 과거의 사건들을 서술하는 데 바쳐진 것'이다. 반면 '담론(discourse)'이라고 번역해서는 안 되는 담화(discours)라는 개념은 "현실과 맞물려가면서, 발화자들과 그들이 이야기하는 상황을 드러내주는 '주체적 양식'"이다.

17) 아프리카의 반투語族. 응구니종족군에 속하며 남아공의 나타州를 중심으로 분포하는 종족. (역주)

18) 남아공의 케이프 프로방스 동부에 거주하는 응구니종족군으로 남아공 거대 종족 중의 하나. (역주)

로 만드는 제4의 벽이라는 은유적 개념이 전혀 존재하지 않는다. 정해진 무대 세트나, 대본, 계획된 공연이라는 관념이 전혀 존재하지 않는다. 다만 우리는 그것을 매 순간 즐기고 믿으며, 새로운 의미를 다시 만들어내고, 연극적 행위를 재창조할 수 있을 뿐이다. (1989 : 98)

이처럼 대본, 위치, 시공간적 감각이라는 서구 연극의 기초를 완전히 재구성하는 것은, 이야기하기를 잠재적이고 강력하며, 문화적으로 더 의미 있는 공연 양식이 되게 한다. 그렇기 때문에 연출 과정에서 주어진 담론과 모델들을 의문시한다. 이야기하기는 연극을 위해 개작되며, 이야기꾼의 요청에 의해 펼쳐지기 시작하는 전체 공연의 구조적 형식과 인식론적인 기틀을 은유적으로 형성할 수 있다. 한 명 또는 그 이상의 캐릭터를 통해 이야기하기는 더욱 관습적인 의미에서의 연극에 통합될 수도 있다. 연극에서 이야기꾼의 역할은 사회자를 비롯해서 부분적 화자, 논평자, 악역의 주인공, 재판관 등으로 폭넓게 변신할 수 있다. 이야기꾼은 중개적 역할이 무엇이든 간에 자연주의적 스타일의 대화는 피하고, 단순한 미적 감흥이 아닌 지적인 반응을 불러일으킬 수 있는 말걸기를 직접하면서 행위를 역사화한다. 이야기꾼의 서사가 일반적인 연극의 대화와는 다르면서도 상호작용을 한다는 점은, 과거가 언제나 현재를 통해 중개된다는 점을 강조하는 것이기도 하다. 이야기꾼은 이야기를 진행시키거나 가끔은 연기에 동참하기도 하면서, 관객들의 반응을 통해 자신의 공연을 조율하고 필요에 따라 부연하거나 즉흥적으로 더 만들어내기도 한다. 이렇게 마음대로 바꿀 수 있는 자율권은 역사가 닫혀 있는 고정불변의 것이라는 가정에 도전하는 것이다. 이야기꾼은 '진리'라는 것이 만약 있다고 한다면 그것은 말하는 과정 가운데 존재한다고 제안한다.

이야기꾼과 관객들의 관계는 폭넓게 변화할 수 있고 이것은 필연적으로 공연에 영향을 끼친다. 이를테면 그 이야기를 잘 아는 같은 지역 출신 관객들은 문화적 뉘앙스나 농담, 특정한 암시나 언급을 이해할 수 있지만, 외부인들은 이해하지 못할 수도 있다. 혼종된 관객들은 단일한 동족 관객들과는 다르게 반응할 것이다. 왜냐하면 관객들은 지속적인 상호작용의 과정에 의해, 이야기꾼에 대해서만이 아니라 다른 관객들에 대해서도 반응을 하기 때문이다. 군중 내에서의 역학 관계에도 불구하고 개개인의 관객은 인종, 계급, 젠더, 연령, 사회적 협력 관계 등에 따라 다르게 반응하기도 한다. 이야기하기에 내재한 반응 기제는 일반적으로 역사와 같은 서구적 서사 담론의 폐쇄적 결말을 거부하며 다중적인 체계와 다중적인 위치 안에서 작동한다. 이와 같은 괴리는 공연이나 이야기의 수용에 영향을 끼친다. 사실, 포럼 형식의 연극에서 이야기꾼은 관객들이야말로 의미와 역사를 만드는 역할을 담당하고 있다는 점을 넌지시알리거나 혹은 명시하는 방식으로 사건을 기획할 수 있다. 사회적 변화를 촉구할 수 있는 연극의 능력을 고찰한 아우구스토 보알(Augusto Boal)의 작품에 대해 급진적으로 탐구한 페미 오소피산(Femi Osofisan)은 〈옛날 옛적 4인의 강도들(Once Upon Four Robbers)〉(1978)에서 관객들이 작품의 결말을결정할 수 있도록 기회를 제공한다. 현대 나이지리아에서 군대와 강도사이에 충돌이 발생하고 서로 막다른 궁지에서 해결점을 찾지 못한 채사건을 종결하려는 순간에, 이야기꾼 아아파(Aafa)는 '관객들'에게 무법자세력과 법과 질서의 냉혹한 대표자들 가운데 누가 이겨야 할지를 묻는다. 이야기꾼이 주도하는 공공의 토론 과정을 거친 후 관객은 승자를 결정하고, 그에 따른 결과를 감수해야 한다. 강도의 편을 들게 되면 관객들 자신도 언제든 강탈당하게 될 불안한 위치에 놓이는 것이고, 군대의편을 들어주면 강도들은 사격부대에 의해 총살당하게 되므로 그 죽음을관객들이 책임을 져야 할 상황에 봉착하게 된다.19) 이야기꾼의 도움을

---

19) 테주몰라 올라니얀(Tejumola Olaniyan)은 이 공연을 여러 차례 관람했는데 그때마다 관객들이 승자를 선택함에 있어 곤혹스러움을 느끼는 것이 분명하게 드러났다고 말한다. 연극의 미학적 논리에 의해 관객들은 대부분 강도의 편에 표를 던지지만, 그 결과에 대해서 아무도 안심하고 만족하는 것 같지 않았다는 것이다.

받아 연극은 정치적 운동의 영역으로 이동한다. 관객들은 배우 겸 행위자가 되어 무장한 강도단이 횡행하게 된 사회적 조건에 대해 논의하고 이후 행위의 과정을 결정한다. 그래서 매번 공연 때마다 같은 연극이면서도 저마다 다른 연극적이고 사회적인 결말을 도출해낸다. 〈옛날 옛적 4인의 강도들〉은 이야기하기 테크닉과 정치 연극을 접목함으로써 관객들이 참여하지 않고 관람만 했던 무대의 역사적 방식을 바꾸어 놓았다. 이야기꾼은 제시된 역사들에 문화적인 무게를 더하고, 서사들이 (재)구조화될 수 있는 방식들을 전면화한다. 역사는 배우는 것이고 다시 말해지는 것이다. 이야기하기는 사용하는 언어가 변하고 새로운 어형(語形)이 부가되면서 관객들을 즐겁게 하는 교화의 방식으로 포장된다. 그와 동시에 이야기꾼의 존재는 최소한 두 개의 관점을 제공한다. 이야기꾼에 의해 중개된 이야기는 다른 형태의 역사적 맥락 안에서 관객이 개입할 여지가 있는 이야기로 변모한다. 서사와 그것이 공연되는 발화 형태 간의 관계에 관심을 가지게 하는 메타 연극적 기제로서의 이야기하기는, 두 층위의 관객을 형성한다. 무대 위의 관객들이 보이는 반응은 객석의 관객들에게 영향을 미치고, 공동의 반응은 사회·정치적 반향을 유도한다. 이야기꾼은 자주 관객들의 초점을 흩트려 놓으면서 연극적 '상호' 작용의 다른 지점들을 강조한다. 행위의 흐름을 방해하거나 구조적 유형을 깨뜨리기도 하면서 연극의 틀을 수정하는 것이다. 이야기꾼이 서술자 역할에 극중인물의 역할까지 이중으로 수행하게 되면, 관객들의 관점은 복잡해질 수밖에 없다. 따라서 중심을 이루는 이미지나 형상을 분리하는 연극적 아이러니가 형성되고 다양한 의미의 층위가 만들어진다.

인류의 기원에 관한 연극, 즉 신화를 연극화한 작품은 역사가 공동체 문제에 다시 관심을 갖게 하는 좋은 예가 된다. 연극을 위해 기록되고 변형된 이 역사들을 이야기꾼이 다양한 사람들에게 전달해주는 데에는 어느 정도의 알레고리적 중개가 필요하다. 이야기를 전달받을 사람들은, 허구의 인물들과 현재의 사건을 이해하면서 이 이야기를 이용할 최소한 두 부류의 관객들, 즉 무대의 관객과 연극의 후원자 등이다. 우간다의 톰 오마라(Tom Omara)가 쓴 〈출애굽기(*The Exodus*)〉(1968)는 어린이를 상대로 해서 이야기를 풀어내는데, 이것은 곧 아초릴랜드(Acholiland)의 사람들을 위한 알레고리적 틀이 된다. 연극은 이야기꾼이 "커튼 앞이나 관객들 사이에 있는 어린이들에게 둘러싸여" 앉아 있는 장면에서 시작한다(1968 : 47). 어린이들이 이야기의 첫 머리에 몰입한다 싶을 때, 내재한 '연극'이 비로소 시작된다. 그 연극은 지구상의 최초 인간이었던 르워(Lwo)의 세 명의 증손자들의 이야기로, 그들이 어떻게 싸우고 헤어져서 나일강 주변과 그 너머의 서로 다른 곳에 흩어져 살기로 결정했는지에 대해 상세하게 들려준다. 이 도덕극은 이야기를 듣고 있는 어린이들의 조상이 어떻게 나일강 동쪽에 자리잡게 되었는지를 이야기해줄 뿐만 아니라, 현재의 관객들에게 다른 사람들과 평화롭게 살라고 훈계한다. 우간다 독립 8년 후에 쓰여진 이 작품은, 끊임없는 분쟁들이 아시아계 아프리카인들을 추방한 이디 아민(Idi Amin)*20)으로 이어졌을 뿐 아니라, 그 분쟁이 몇십 년 간의 정치 · 경제적 불안정으로 이어질 수도 있음을 암시한다. 연극은 이야기하기 양식을 통해 그 지역에 존재하는 세 부족의 기원과 그들 사이 불화의 발단을 설명함으로써, 오래 전 역사를 현재의 알레고리로 이용한다. 즉 우간다 내부에서 벌어지는 반투(Bantu) · 나일로틱(Nilotic) · 수단(Sudan)과 같은 언어 그룹간의 분쟁을 재조명한다.

이주민−정복자 식민지의 토착 연극들은 이야기꾼을 차용해와서 제국주의적인 이주민 서사의 내부와 그 주변에 그를 위치시킨다. 그렇게 해서 '전통적인' 역사와 식민지 조우 이후의 역사들이 함께 토착민의 역사를 형성한 것으로 연출한다. 이런 이야기들은 토착문화가 유럽의 정착민문화에 흡수된 방식을 고찰하기 위해 거대한 연극 텍스트 내부에 형

---

20) 1971년 쿠데타를 통해 정권을 장악했던 우간다의 대통령. 경제면에서의 우간다화 정책을 내세워 5만여 명의 우간다 거주 아시아인을 추방했다. 반대파를 대량학살 하는 등 독재자로 군림하면서 국내외적으로 비난의 표적이 되었다. (역주)

상화됨에도 불구하고, 제국주의 역사들이나 그와 관련된 연극적 담론과 경쟁하거나 그것들을 불안정하게 만들지 않는다. 잭 데이비스의 연극에서는 극도로 문맹한 인물일지라도 부족의 기억을 소유하고 유통시키는 이야기꾼은 전형적으로 문화적 권위를 부여받았음을 확인할 수 있다. 1982년 작 〈드리머(*The Dreamers*)〉를 예로 들자면, 늙은 워루(Worru)의 형상을 전면에 내세움으로써 이야기꾼을 어보리진문화의 저장소로 그려낸다. 워루의 이야기는 그의 확대가족에게 공동체의 역사를 전달하고, 젊은 세대들에게는 더 이상 익숙하지 않은 과거 언어의 조각들을 전달한다. 니웅가의 단어와 어구들로 직조된 워루의 이야기들은 세 층위의 역사를 넘나들면서 개인적 경험, 커다란 사회적 사건, 그리고 어보리진의 꿈의 시대(Dreaming)*21)라는 시간 개념을 품고 있다. 아이들 중 주로 사내아이는 통과 의례를 거쳐서 꿈의 시대의 지식을 습득해간다. 이 과정에서 할례나 치아를 뽑는 시련을 겪게 하는 지역도 있다. 태곳적은 꿈의 시대였는데 신화상의 반인반수(半人半獸)의 조상이나 영웅들이 지상을 헤매 다니다가 현재의 땅모양을 만들었으며, 인간에게 사회 조직과 기술·의례 등을 가르쳐 주었다고 한다. 꿈의 시대는 과거이면서 동시에 의례에 의해 활성화되는 현재이기도 하다. 이들은 잠들어 있는 동안 꿈의 시대로 돌아간다고 알려진 신화적 과거와 현재를 이야기한다. 워루의 이야기는 오래 전에 죽은 친구 밀바트(Milbart)와의 탈출기와, 식민지 중개인이라는 미명 아래 자신의 민족에게 수 차례 악행을 저지른 흑인 빌리 킴벌리(Billy Kimberley : 그는 워르둥(Warhdung), 즉 검은 까마귀라고 불린다)의 이야기다. 이 이야기는 꿈의 전설들처럼 무드가(moodgah)나무의 중요성과 니웅가 영혼들(Nyoongah kunya)의 전이를 설명하는 설화들과 더불어, 워루와 그의 가족의 역사이다. 이야기하기의 에피소드들은 연극의 가장 흥미진진하고 극적인 순간들을 빚어내는 것말고도, 서술된 행위를 몸으로

21) 어보리진은 현재 경험하는 시간과는 별도로 꿈의 시대라는 시간 개념을 가지고 있다. 꿈의 시대(dreaming)는 아란다족의 'alcheringa'를 영어식으로 표현한 것이다. (역주)

형상화해내는 춤꾼(dancer)에 의해 또 다른 층위에서 의미화된다. 이야기하기는 전체 연극이 위루의 이야기 주변에서 그리고 그 안에서 펼쳐질 수 있게 돕는다. 이러한 구조적 개입이 없었다면 그저 사실주의 텍스트가 되었을 이 작품은, 이야기되어진 구술 역사들의 대항-담론성을 강화한다. 〈드리머〉는 이야기하기를 문화 회복의 한 형식으로 특히 강조하면서, 오스트레일리아 '이주'의 공식 서사가 그간 억압해온 역사 형식들과 시각들을 조정해야 한다고 강조한다. 최근 어보리진 연극은 공연자들을 중점적으로 형상화하고 있다. 닌갈리 러포드(Ningali Lawford)의 작품인 「닌갈리(Ningali)」(1994)는 이야기하기에 기반을 두면서 연행자이기도 한 닌갈리 자신을 형상화함으로써 자연주의 연극 관습으로부터 거리를 더욱 벌려 놓았다.

식민지 조우 이전의 이야기꾼들은 대부분 여성들이었기 때문에 역사가로서 그들의 권위는 유럽 침략자들에 의해 이중으로 소외되었다. 다수의 여성 극작가들이 남성과 여성의 구분을 막론하고 나레이터와 이야기꾼(raconteur)을 이용하면서 이야기하기 전통으로 되돌아갔다는 사실은, 이야기하기가 문화적 사료편찬의 한 형식이면서 포스트 식민주의 주체들에게 권력을 부여하는 잠재적 형식으로 중요하다는 점을 증언하는 것이다. 유명한 가나 출신 극작가인 아이두와 에푸아 서덜랜드(Efua Sutherland)는 이야기꾼으로서 여성들이 가지고 있는 역사적 역할 인식뿐만 아니라, 여성 자체를 부각시키는 연극을 만들었다. 이러한 텍스트들은 현대사회에 대한 논평과 비판 역할을 할 수 있는 혼종화된 연극 담론들을 생산하며, 현대적 형식 안에서 그 형식을 통해 식민지 조우 이전의 전통을 보존하고자 한다. 아마 아타 아이두의 『어느 유령의 딜레마(The Dilemma of a Ghost)』(1964)와 『아노와(Anowa)』(1970)는 허구적인 공동체를 설정하고 고령의 몇몇 사회 구성원들에게 코러스를 겸한 이야기꾼 역할을 맡겨, 현재의 문제들을 전통적 배경과 관련짓게 했다. 이들은 여성과 노예제, 그리고 그것의 개인적이고 사회적인 효과들에 관한 이야기를 제시한다. 주로 논쟁적인 어조로 전개되는 아이두의 작품은 사회 구조 내에서 사람들이 행동하는 방식과 도덕 체계에 관심을 갖고 있기 때문에, 연극 안에서 규칙을 어기거나 공동체의 존속을 위협하는 사람들은 처벌을 당한다. 그의 작품에서 또 하나 중요한 것은 작품의 도덕 체계를 유지하는 존재들이 주로 여성이라는 점이다. 『어느 유령의 딜레마』에서 행동에 대한 비판을 하고 행위를 진전시키는 원로 여성들은 여성의 힘을 강화한다. 그리고 서구 교육의 수혜를 받았지만 자신들의 유용한 지역적 지식과 지역 역사의 아카이브를 축소시켜 버린 것이나 다름없는 남성들의 무능함을 보강한다. 미국에서 대학을 다닌 청년 아토(Ato)는 자신의 아프리카계 미국인 아내 율랄리(Eulalie)를 대하는 방법이나 공동체의 관습에 따라 처신하는 문화적 소양을 갖추지 못해서, 연극 종결부에 가서는 속수무책의 상태가 되어 버렸다. 아토가 아내 율랄리의 문화적 충격과 어머니에 대한 그녀의 슬픔에 대해 적절하게 대응하지 못할 때, 사실상 그녀를 위해 해결책을 제안하는 것은 사회적 문제를 언급했던 이야기꾼들의 몫이었다. 아토가 책에서 얻은 지식은 전혀 쓸모가 없었고, 여성들의 구술 역사가 위안과 실용적 조언을 주었으며 그것만이 의지가 될 따름이었다. 『아노와』에서는, 할아버지 한 명과 할머니 한 명이 합쳐져서 "소금과 후추를 먹는 입"이라는 하나의 "캐릭터"를 형성한다. 이 두 수다쟁이는 연극의 장면과 구조를 설정하고 행위를 설명해주며, 공연 종반에 "이것이야말로 바로 우리가 이야기와 전설들을 얻게 되는 해프닝(happening)입니다"라고 논평을 붙인다(1970 : 63). 텍스트는 이야기하기를 통해 아노와(Anowa)와 그녀의 독립, 노예 무역의 위험성 등을 전달한다. 이것들은 공동체의 예술을 개발할 수 있게 하는 전설이 된다.

에푸아 서덜랜드의 희곡 세 편, 「에두파(Edufa)」(1962), 「포리와(Foriwa)」(1971), 「아난세와의 결혼(The Marriage of Anansewa)」(1975)은 모두 전통적인 이야기를 아주 약간만 개작하여 무대에 올린 작품들이다. 서덜랜드의 연극에서 회복된 구술문화는 가나사회에서 여성들이 차지하는 중요한 위치를 표현하고, 공동체 전체의 관습과 역사를 유지하는 기능을 한다. 서덜랜드는 아난세(Ananse)의 이야기하기 전통을 차용하여 아난세와(Anansewa)의 결혼 이야기를 만들고, 울림이 있는 연극적 경험을 제공했다. 이야기와 공연들은 아난세라는 이름의 평범한 등장인물에 초점을 맞추고, 부를 축적하고 성공하려는 계획들이 지나친 야심과 탐욕으로 인해 방해받는 것을 보여준다. 가나인 관객들이 아난세를 비웃을 때 관객들은 그를 통해 자신들의 인간적 결점들을 확인하게 된다. 이야기꾼의 씨씨(sisi) 즉 관객 골탕 먹이기(Sutherland, 1975 : vii)는 도덕적 체계에 오락성을 첨가함으로써 전체적인 조화를 이룬다. 이야기꾼은 관객들이 익살맞은 아난세 캐릭터의 바보스러움을 거부하도록 주의를 주는 동시에 이야기를 들려주고 관객이나 무대 위 배우들과 상호작용을 한다. 한편 관객들이 흥미로운 사건에 주목할 수 있도록 특정 부분들을 부각시키고, 이 이야기가 계속 진행될 수 있도록 때때로 배우들을 보조하기도 한다.

> **아크와시**(Akwasi) : [이야기꾼에게] 저…… 선생님, 이 길로 소녀 한 명이 지나가는 걸 못 보셨나요?
> **이야기꾼** : 저기 서 있는 저 애를 말하는 거요?
> **아크와시**(Akwasi) : 아, 네! 고맙습니다, 선생님.
>
> (1975 : 17)

이야기꾼은 배우들을 지도하기도 하고, 사람들에게 전달할 교훈을 분명하게 알려 주며, 관객들이 전반적인 공연 이벤트를 자신의 삶에 적용할 수 있는 방법들도 가르쳐 준다. 문자적 의미로나 은유적으로나 액션을 지도하는 이야기꾼은 자신의 보조 역할인 소품 담당자(property manager)에게 북을 쳐야 할 시점을 알려주는 등, 놀이와 행동을 받쳐주는 음악을 연출한다. 무대보조 겸 음악 담당으로 복합적인 역할을 하는 소품 담당자는 이야기의 연극적 현실화를 용이하게 하고, 이야기꾼이 요구하는 소품을 준비해주면서 무대 위에 자신의 존재를 그대로 노출시킨다. 어느 순간 그는 아난세의 상징인 거미로 장식된 스크린을 들여온다. 이야기꾼과 그의 보조는 서로 협력하면서 상연의 소소한 세부사항들을 강조한다. 이것은 이야기 자체가 중요하긴 하지만 본질적으로 결정적인 사건은 아니라고 강조하는 것이다. 이야기하기와 연극 안에서 서덜랜드가 아난세고로(Anasegoro)라 부르는 아난세(Ananse) 전통을 유지하는 것도 역시 중요한 비중을 차지한다(1975 : v). 딸들이 상품화되는 현실에 대한 일종의 성명발표라 할 수 있는 「아난세와의 결혼」에서, 아난세는 자기 딸의 사랑과 심지어는 인생까지도 대수롭지 않게 여긴다. 결국 그는 노력이 아닌 속임수를 통해 자신이 욕망하는 부나 명예, 관심사를 소유하고자 한다면, 결코 그 목적을 이룰 수 없다는 것을 깨닫는다.

아난세(Ananse) 전통은 일정한 변형을 거쳐 카리브로 건너갔다. 아난세 이야기들을 중심으로 일 년에 한 번씩 열리는 판토마임이 1941년 자메이카 킹스턴(Kingston, Jamaica)에서 처음 시작되었다. 아난세 이야기가 최초로 공식적인 연극 무대에 선을 보인 것이었다. 카리브로 건너간 후 노예제에 뿌리를 둔 카리브문화의 즉흥성에 맞게 토착화된 이 이야기들은, 도덕적 교훈성을 약화시키고 트릭스터(trickster)로서의 아난세가 갖고 있는 내재적 전복성을 강조했다. 데렉 월콧이 세인트 루시아(St Lucia)*22) 민간설화를 연극화한 〈타이 진과 그의 형제들(Ti-Jean and His Brothers)〉(1958)은 연극적 문맥 안에서 트릭스터 형상화를 탐구했다. 이 연극은 악마에게 인간적 감정들을 경험하게 하는 임무를 부여받은 어느 여인의 세 아들들에 관한 내용으로, 개구리와 귀뚜라미가 이야기를 해주는 동화 형식을 취한다. 월콧은 이런 종류의 민간설화가 단지 지역공동체의 신화(mythos)에 깊이 뿌리내리고 있기 때문만이 아니라 제국주의 중심부의 가치들을 의식적으로 회피하기 때문에, 문화적 헤게모니에 대한 '게릴라식 저항'의 일종으로 이용될 수 있다고 설명한다.

---

22) St Lucia. 서인도 카리브해 소(小)앙띨레스 제도에 위치한 섬나라. 원서에는 St Lucian 이라고 표기되어 있으나 St Lucia의 잘못된 표기임. (역주)

데렉 월콧의 연극 〈타이 진과 그의 형제들〉에 나오는 파파 부와(Papa Bois)
트리니다드 씨어터 워크샵, 1993. 사진 제공 : Helen Gilbert

우리의 예술은 빈민층으로부터 출현했고 빈민층에게 말을 걸기 때문에, 당분 간 민속과 우화 속에서 부활의 길을 찾을 것이다. 타자들은 촌스럽고 야만적이 며 유치하다고 무시받는다. 하지만 그것은 진실로 급진적인 순수성이기 때문에, 우리는 타자들에게 기만적인 순진함을 부여한다. (Hill, 1985b : 8 재인용)

데렉 월콧이 〈타이 진과 그의 형제들〉에서 천진난만하다고 할 정도로 단순한 스타일과, 겉보기엔 그저 소박해 보이지만 그 형제들이 실패함으로써 결과적으로 성공을 성취한 타이 진(Ti-Jean)의 캐릭터 형성에 십분 활용한 것이 바로 이 '급진적 순수성'이다. 이 텍스트는 선한 힘들이 악한 힘들과 대결하는 동물 우화를 제시함으로써 대부분 신화의 층위에서 작동하고 있는 것처럼 보인다. 그러나 신화를 그 지역에 맞게 변형함으로써, 아이러니하게도 관습적 규범들을 전복하는 결과를 낳았다. 소위 '보편적' 원형(原型) 안에 문화적 특수성이 있다는 주장에 대한 전복이 가능해진 것이다. 이런 변형적인 방식 안에서 세인트 루시앙(St Lucian) 숲의 '보기맨(bogeyman)'*[23])인 파파 보아(Papa Bois)의 모습으로 등장한 악마는 "가시돋힌 피부"[24])의 모습으로 나타나, 마술적인 순간성으로 공동체의 과거를 불러오는 기억 회복 능력을 보여준다. 게다가 악마는 백인 대농장주의 분신이기도 하므로, 그가 타이 진의 기지에 속아넘어가는 이야기는 역사에 기반을 둔 알레고리가 된다. 이런 문맥 안에서 이야기하기라는 단순한 양식으로 교묘하게 지배 담론을 다시 쓰고 있기 때문에, 〈타이 진과 그의 형제들〉은 포스트 식민주의의 저항적 서사로 해석될 수 있다. 연극에서 사용된 말걸기의 문체나 공식처럼 몇 가지 어구가 반복되는 구조, 리듬이 있는 언어, 개구리와 귀뚜라미라는 아주 기발한 이야기 꾼을 포함한 동화 같은 등장인물들은 모두 '속임수(trick)'의 일부다. 순수

---

23) 어린 아이들을 겁주기 위해 언급하는 귀신으로, 못된 아기를 데려간다고 알려져 있다. (역주)
24) 월콧(Walcott)의 표현. 이야기하기에 관련된 월콧(Walcott)의 논의를 더 살펴보고 싶다면 힐(Hill), 1985b : 5를 참조할 것.

하면서도 급진적 트릭스터(trickster)로 발전해가는 타이 진을 통해 아난세 (Ananse)의 전복성이 가장 극명하게 드러나긴 하지만, 아난세(Ananse)의 힘 은 공연 전체를 지배하고 있다.

　포스트 식민주의 연극에서 이야기꾼은 때때로 역사를 문화적 자본으 로 재정의하려고 하는 전통적 관습들이 지속되도록 돕는다. 그래엄 셰일 (Graham Sheil)의「발리-아다트(Bali : Adat)」(1987)에서는 네덜란드인들의 지배 로 식민지 정책이 진행된 발리의 파괴상을 드러내기 위해 발리의 춤, 음 악, 그림자 인형극을 이용해 해설자가 이야기를 풀어낸다. 20세기 초반 네덜란드가 인도네시아를 점령하게 되는 마지막 단계에 대한 이야기가 중 심 연극(main play)을 이룬다. 이때 이야기꾼은『라마야나(The Ramayana)』*25)의 하누만(Hanuman)*26) 전설을 일부 인용하면서 이야기한다. 작품에서 다루 는 과거의 역사적 식민주의와 인도네시아에서 최근에 벌어진 신제국주의 적 사건들 사이에는 물론 연관 관계가 있다. 이야기꾼이라는 강력한 존재 는, 비록 네덜란드인들이 발리의 정치적 점령에는 성공했을지라도 발리 인들의 문화적 지속성은 여전히 굳건하다는 것을 강조해준다. 네덜란드 가 승리하는 순간에 이야기꾼이 함께 있긴 했지만, 그는 그 이후 연극 행 위에 지배적인 영향을 끼치고 결국 그의 가멜란(gamelan)*27) 음악과 함께 연극이 종결된다. 이때 네덜란드인 고이트와(Goitois)는 이야기꾼이 "최근 몇 년만에 최대로 모인 관객 앞에서 라자(Raja)*28)가 어떻게 네덜란드인들 에게 불명예스러운 패배를 안겨 주었는지 각인시키고 있"다는 보고를 한 다(1991 : 127). 반 호링(Van Horring)은 이 보고를 듣고 "허튼 소리!"(1991 : 127)

---

25) 고대 인도의 산스크리트로 된 대서사시. (역주)
26)『라마야나』에 등장하는 원숭이 영웅으로 '하누마트'라고도 한다. 풍신(風神)의 아들 이다. 초자연력을 소유하고 있어서 자유자재로 변신하면서 하늘을 날 수 있다. (역주)
27) 16세기 무렵부터 시작된 인도네시아의 타악기 중심 합주 형태 및 그 악기들을 이르 는 말. 중부 자바의 소로·조그자라는 두 왕실에서 육성되어 왕실의 의식제전 및 연 극·무용 등에 쓰였다. (역주)
28) 추장. (역주)

라고 일축해 버리는데, 그 보고에 실제로 훨씬 더 중요한 의미가 들어 있음이 밝혀진다. 희극의 마지막에서 라자가 제의용(祭儀用) 칼인 크리스(kris)를 들고 바리스(baris) 춤을 따라 추려는 순간, 고이트와는 눈앞이 캄캄해져 기절해 버린다. 이때 무대에는 발리인들의 최고신인 산향 위디(Sanhyang Widi)의 영상이 투사되는데, 그의 전지적 '존재'가 식민 지배자들의 권위를 압도한다. 궁극적으로 역사적 '패배'가 발리인들로 하여금 자신들의 역사에 대해 함구하도록 하지는 못했던 것이다.

렌드라(Rendra)는 〈나가족의 투쟁(The Struggle of the Naga Tribe)〉(1975)에서 와양 쿨리트(Wayang Kulit) 전통에서 비롯된 인형조종사 달랑(dalang)을 이야기 꾼으로 이용한다. 인도네시아 붕괴에 대한 알레고리인 이 작품에서 부패한 국가 공무원과 다국적 기업의 파산 과정은, 외국 산업이 국내에 미치는 악영향을 드러내면서도 국가의 검열을 교묘한 방법으로 피했다.[29] 관습에 따라 렌드라의 달랑(dalang)은 행동을 해석하고 장면을 연결시키며, 풍자적 재료를 끼워 넣고, 사건들을 논평할 수 있는 자신의 권리를 행사한다. 그는 현재를 과거와 연결하며 인도네시아 관객들에게 그들의 유산이 외국의 개입으로 인해 잠식되고 있음을 일깨워준다. 그리고 연극 행동의 알레고리적 함축을 전달하기 위해 연극 전반에 '끼어든다'. 정부의 검열을 피하기 위해 '이야기'를 교묘하게 구성한 것은 사실이다. 하지만 달랑은 허구의 아스티남(Astinam)이 분명히 인도네시아이며, 일본·미국·러시아·중국·독일의 관료들이 인도네시아의 문화를 파괴하고 있다는 사실을, 확실하게 전달한다. 이야기꾼은 의심할 나위 없이 연극의 '조종자'이고 그가 바라는 대로 사건을 조종하고 있다.

이야기하기는 여러 나라에서, 인터뷰를 통해 자료가 수집되고 채록·정리·편집된 후 연극적 이미지로 번역되어, 연극적 서사의 형태로 공

---

29) 비록 렌드라(Rendra)가 당시에는 눈속임에 성공했는지는 모르지만, 이른 바 정부에 대한 "적개심을 퍼뜨렸다"는 죄목으로 1978년에 구속된 데는 그의 연극이 원인 제공을 했을 가능성이 있다.

동체에 되돌려지는 과정을 거친다. 이 가운데에서 이야기하기는 개인적인 역사들을 표현하는 일반적인 양식이 된다. 보알 같은 연극인이 주장하는 것처럼 연극 작업에 가장 효과적인 정치적 행위가 포함되어 있다면(1979 : 122), '무대 뒤(behind the scenes)'에서 벌어지는 이야기하기는 서구 역사편찬에 개입이 필요한 또 다른 지점이다. 시스트렌의 연출은 이와 같은 이야기하기 모델을 특징으로 하고 있는데, 집단의 구성원은 그렇게 이야기된 역사를 '목격'한다고 말함으로써 법률적이고 종교적인 권위를 동시에 부여한다. 공동체 작업의 연극적 최종 산물은, 공동체 내에서 민간 전승되는 다소 덜 구체적인 과거에서 비롯된 텍스트인 민담과 이미지를 개인적인 이야기들과 결합시킨다. 서로 다른 층위의 역사는 이야기꾼의 신체와 담론의 일부가 되어, 과거에 대한 광범위한 사회적 서사 안에 공연 공간이 위치할 것을 한다고 요구한다.

이야기하기 전통에 기반을 둔 연극은 새로운 서사들이 공식화되는 방식을 밝히고, 잘 알려지고 오래된 설화들의 전달 방식, 관객 반응, 공연 환경에 의해 서사가 수정되는 것을 보여준다. 그렇게 함으로써 이야기하기 전통에 기반을 둔 연극 실천은 역사를 고정되고 완성된 진실이 아니라는 것, 부분적이거나 편파적이고 임시적이며 변화할 수 있다는 것, 끊임없이 (재)구성되는 허구라는 것을 주장한다. 이야기하기도 다른 전통적인 민간 전승의 형식처럼 포스트 식민주의 역사 연극 안에 문화적 특이성과 그에 부합되는 저항의 성격을 첨부한다. 이야기꾼은 잠재적인 정치적 선동자가 된다. 파티마 다이크(Fatima Dike)의 표현대로 "우리는 잠자리에서 동화를 들려주어 사람들을 재우려는 것이 아니다. 호되게 겁을 줘서 잠이 확 달아나게 하고 싶은 것"이다.[30]

---

30) 1994년 7월 4일 오스트레일리아 아델라이드에서 열린 '국제여성극작가회의(International Women Playwright's Conference)'에 참석한 다이크(Dike)의 기조 연설의 일부.

시간의 간격

다양한 형식의 이야기하기에 의해 구성되는 복잡한 시간 풍경들은, 특정 지역 내에서 시간이 작동하는 방식에 따라 역사에 대한 개념도 달라진다는 것을 시사한다. 다시 말하자면 역사 개념은 다른 특별한 사회 현상뿐만 아니라, 신과 그 신이 지배하는 우주에 대한 공동체의 이해 방식을 통해 굴절된다. 여러 문화 안에서 시간성의 개념은, 무시간성으로 특징지어지는 담론적이고 공간적인 장(field)을 점유하고 있는 신화적 시간을 인정하는 것과 깊이 관련된다. 이를테면 어보리진의 꿈의 시대(The Aboriginal Dreaming)는 과거와 미래까지 포함하는 지속적 현재를 상정하고 있기 때문에, 이들의 기억은 역사적 회상은 물론이고 개인들의 영적 시공간 속으로의 심리적인 전이까지도 포함한다. 다른 토착문화나 많은 비서구사회에서 일반적으로 통용되는 이 개념틀은, 역사란 단지 현재와 인접했을 뿐이지 현재 안에서 규정되는 것이 아니라는 시각을 거부한다. 대신에 과거와 현재 사이, 그리고 궁극적으로는 미래와의 사이에서 경계 간의 상호침투가 가능한 '모호한' 시간 관념을 주장한다. 각기 다른 시간성들 사이에서 만들어진 변증법은, 헤이든 화이트(Hayden White)가 지적한 역사의식, 즉 "근대산업사회가 내포하고 있다고 간주되는 우월성이 소급적으로 입증될 수 있는" 그런 종류의 역사의식을 거부한다(1973 : 1~2).

연극은 특히 시(공)간적 모호성을 재현하는 데 있어 효과적이다. 이는 "모든 공연이 실제로는 '여기'가 아닌 여기를 창조하고, '지금'이 아닌 지금을 창조하여, 시공간 안에 끊임없이 '차이'의 결들을 만들어내"기 때문이다(D. George, 1988~1990 : 74). 공연은 아무리 순환적이더라도 실제적인 시간 안에서 시작과 끝이 있는 직선적 사건으로서의 움직임을 갖는다. 하지만 서로 다른 시간적 순간의 동시적 재현을 허용함으로써 세계의 '서사 가능성(narratability)'을 문제삼는다. 그리고 최소한 목적(telos)의 개

시스트렌 연극공동체에서 이야기를 하고 있는 비벌리 한슨(Beverly Hanson)
오스트레일리아 순회, 1994. 사진 제공 : Helen Gilbert

넘에 구속되지 않는 공시적 역사의 가능성을 열어놓는다. 여러 해석들 사이에서 잔유물로 남아 그 자체의 역사성을 표명하는 문서와 달리, 공연은 순간성을 특징으로 하고 과거를 구성하는 것에서 현재의 역할을 인식하게끔 압력을 가한다. 포스트 식민주의 '역사' 연극들에서 연극화되는 시간의 폭은 그 층차가 아주 크다. 현재, 독립 이후의 과거, 식민지 시대, 결정적인 식민지 조우의 순간, 식민지 조우 이전의 시대, 심지어 아주 오래된 인류 출현 이전의 세계 등 어느 것을 막론하고 시간적 순간들은 얼마든지 제시될 수 있다. 이 모든 역사적 표지들은 동시대적인 세계가 정의되는 방식들을 결정하며, 또 그 방식들에 의해 다시 세계가 결정된다. 일부 연극은 긴 시간에 걸쳐 일어난 일련의 사건들을 연관시키면서 역사적 간격을 묘사하기도 하고, 일부 연극은 하나 혹은 그 이상의 역사적 순간을 현재의 관심사와 직결되는 배경 안에 위치시킨다.

잭 데이비스의 「쿨라크(Kullark)」(1979)는 전형적으로 서구의 관습적인 시간성과 서사성 개념을 의문시하는 작품이다. 이 연극은 1979년부터 과거로 거슬러 올라가 유럽인들에 의해 서부 오스트레일리아가 침략당하는 순간까지를 서로 다른 시대적 장면들을 통해 구성한다. 150년 동안의 니웅가(Nyoongah) 특유의 경험을 영화의 몽타주 기법처럼 몇 시간의 공연 시간에 짜맞추어 넣긴 하지만, 엄격하게 연대기적으로 사건을 구성하지는 않는다. 역사는 다양한 기법들을 통해 여러 방향성을 가진 상호교류적인 것으로 표현된다. 병치, 생략, 여러 가지 시간들들의 중첩, 시청각적 이미지의 반복, 꿈속 사건의 연출, 공식적 역사 기록 문서와 상연 텍스트의 통합 등이 그 기법에 해당한다. 게다가 등장인물들은 브레히트식으로 종종 연극적 시간에서 한 발짝 벗어나 무대 위에서 벌어진 행위를 논평하기도 하면서, 연극의 형이상학이 유럽식의 인식론 체계를 지속적으로 의문시하도록 만든다. 전체적으로는 어보리진문화가 과거에 말살되었지만 어떤 형식으로든 그것이 현재의 순간에 살아남았다는 것에 초점을 맞춘다. 연극은 과거와 현재 사이에서 균형을 잡고 역사를 파노라마적으로 재구성하는 결과를 낳는다.

잭 데이비스는 「쿨라크」를 위한 자료를 수집하면서 역사 문서에 의존했다. 하지만 연극의 공연 구조는 많은 다른 과거와 현재의 가능성들을 파편들을 제시함으로써, 서가에 꽂힌 텍스트들이 가지는 불완전성을 명료하게 보여준다. 식민화를 연극화하면서 '역사적 핍진성'을 획득하려는 시도 따위는 전혀 하지 않는다. 대부분의 증거 자료들이 백인들에 의해 축적되고 백인들에 의해 통제되며 그들의 기관에 보관되었다는 점을 감안할 때, 핍진성을 성취하려는 모험은 어차피 실패로 끝날 수밖에 없는 것이다. 대신에 데이비스는 현재의 니웅가공동체를 위해, 역사적이고 신화적이며 정치적인 의미까지 전달할 수 있는 폭넓은 개념의 과거 위에 단일한 논리의 제국주의적 역사를 위치시킨다. 유럽의 기록 텍스트가 갖는 권위를 빼앗아버리는 '시간의 뒤틀림'을 경험하게 되는 이 과정은, 지미 치와 커클스(Jimmy Chi and Kukles)*31)의 〈브란 누 데(Bran Nue Dae)〉(1990)와 같은 다른 어보리진 텍스트에서도 명백히 드러난다. 1993년의 오스트레일리아 투어(tour) 공연은 서로 다른 시간 틀을 동시에 재현할 수 있는 연극의 수용 능력을 통해, 공식적으로 기록된 역사를 의문에 부쳤다. 제국주의 역사의 작용을 인정하지 않은 채, 제국의 역사적 면모들을 설명하고 있는 현재 시점의 무대 뒤에 과거의 장면을 보여주는 슬라이드가 투사되었다. 엄숙한 이 연극 장면은 시각적이고 개념적으로 시공간을 중첩시킴으로써, 어보리진문화와 연극의 생명력을 강조하는 방식으로 연극 행위를 역사화했다.

별개의 시간 풍경들과 그에 대한 해석을 결합하는 일은, 과거의 시간적 유동성을 재확인시켜 주고 역사적 시간을 공시적이고 상호텍스트적으로 파악하게 한다. 토착 연극은 시간적 순환성을 불러일으키는 연극 구조를 선호하므로 고정된 통시적 연쇄를 기피한다. 캐나다 원주민의 트

---

31) 커클스(Kukles)는 지미 치의 밴드(band) 이름이고, 〈브란 누 데〉는 지미 치와 커클스가 공동 제작한 뮤지컬이다. (역주)

지미 치와 커클스(Jimmy Chi and Kuckles)의 연극 〈브란 누 데(*Bran Nue Dae*)〉의 한 장면
연기를 하고 있는 배우들 뒤쪽으로 기록보관소의 슬라이드가 투사되고 있다.
블랙 스완 씨어터 컴퍼니, 1993. 사진 제공: Jeff Busby

릭스터(Trickster)[32]나 오스트레일리아 어보리진의 드리머(dreamer)는 과거, 현
재와 신화적 시간을 무너뜨리고, 영적 세계와 '평범한' 행위가 벌어지는
조금 더 일상적인 시공간 사이의 중첩과 접촉의 지점을 부각시킨다. 많
은 경우 그들의 등장은 무시간성이나 지배사회의 시간성 바깥에 놓인 상
태를 재현하는 제의적 순간의 전조가 되며, 식민지 억압으로부터의 의식
(儀式)적 카타르시스를 가능케 한다. 마찬가지로 마오리족의 영혼도 시간
적 경계를 거부하고, 과거와 현재가 동시에 벌어지는 연극적 장치의 일
부가 된다. 혼 투와레(Hone Tuwhare)의 〈모자도 없이 황야에서(*In the Wilderness
Without a Hat*)〉(1985)를 보면, 몇몇 마오리족 등장인물들은 이미 그 자체로
공동체의 법과 전통을 보전하는 영적 공간인 마래(marae)에서 선조의 형상
을 한 조각들을 닦고 복원한다. 연극의 결말에 이르면 선조들이 '되살아

---

32) 특히 요루바 전통에서 보이는 아프리카 트릭스터는, 제의적 과거의 효과를 현재와
연결시킬 수 있지만 일차적으로는 유희를 목적으로 하는 인물이다.

나면서' 현재 등장인물들의 삶 가운데 이들의 존재가 강화되는데, 이 복원 작업은 선조들의 중요성을 강조한다. 조상들 중 한 사람인 호푸(Hopu)는 와이미리아(Waimiria)에게 "네가 꿈을 꾸게 되는 날이 곧 올 것이다. 꿈속에서 너는 이 집안 모든 사람들의 이름을 전달받을 것이다"라며, '사라진' 존재들의 이름을 찾을 수 있을 것이라고 말한다(1911 : 110). 이후, 호푸는 "우리는 지금 떠난다. 그러나 다시 돌아올 것이다"(1911 : 115)라고 말하지만 확실하게 '떠나지'는 않는다. 조상의 영혼들은 불특정한 신화적 시간이 연대기적 시간과 교류하게 하며, 심지어 연대기적인 시간을 조종할 수도 있는 물리적이고 형이상학적인 불면의 시간을 공동체 전체에 지속시킨다.

이러한 사례들은 시간적 기표들이 제시되고 해석되는 담론적 맥락 자체가 비직선적이라는 사실을 알려주면서, 순환적 시간 개념이 재생산될 수 있음을 보여준다. 이것은 지면보다 무대 공간에서 더욱 잘 드러난다. 경험적 시간을 다방향적이고 애매한 것으로, 파편화되어 있으며 심지어 예측 불가한 것으로 재구성하는 연극들은 이처럼 역사와 시간 사이의 단순한 상관 관계에도 의문을 제기함으로써 역사 담론에 대한 제국주의적 지배를 느슨하게 만든다. 다니엘 데이비드 모세(Daniel David Moses)가 〈얼마이티 보이스와 그의 아내(Almighty Voice and His Wife)〉(1991)에서 사용한 시간의 단절은 또 다른 효과적 전략의 하나이다. 그는 캐나다 원주민문화에 미친 '충격'을 연극화하기 위해 이런 전략을 사용했다. 연극은 두 부분으로 나누어지는데 전반부에는 1890년대를 배경으로 하여 얼마이티 보이스(Almighty Voice)와 백인 소녀가 식민지 군대에 저항하기 위해 투쟁하는 모습을 그리고 있다. 후반부에서는 동일 인물들이 제국주의 담론 안에서 구성된 '인디언'의 전형을 패러디하는 현대식 스탠드업(stand-up)*33) 코메

---

33) 1인의 배우가 무대 위에 등장해서 특유의 입담과 재치로 좌중을 압도하는 코메디의 한 종류. Bill Cosby, Gerry Seinfeld 등의 배우들이 스탠드업 코메디를 통해 인기와 명성을 얻은 후 대배우가 되었다. (역주)

디 연기를 보여준다. 연극 중간의 시간적 단절은 서사적 기대를 좌절시킬 뿐만 아니라 시간을 단축시키는 효과도 있다. 연극 스타일도 갑자기 변하기 때문에 연극에 대한 일반적인 기대 역시 좌절시킨다. 결과적으로 전체 공연은 현저하게 뒤틀린 시간을 통해 연극 주제가 암시하는 인과 관계의 논리를 복잡하게 만든다. 연극의 결말에 이르러 서사가 한 바퀴 순환된 후, 『대담자와 유령(Interlocutor and Ghost)』이라는 코메디에서 등장인물들이 원래 정체성을 회복할 때, 인과 관계에 대한 거부가 다시 한번 암시된다.

시간과 공간을 거슬러 가는 여행은, 제국주의의 토대가 되는 직선적 시간관을 문제시하고 연대기적 시간을 파괴하거나 서사를 교란시키는 기법을 이용하는 알마 드 그로엔(Alma De Groen)의 『중국의 강(The Rivers of China)』에서 중요한 기제가 된다.34) 이 작품 역시 별개의 두 이야기가 진행되는데, 하나는 캐서린 맨스필드(Katherine Mansfield)가 프랑스에서 보냈던 만년의 삶을 추적하고 다른 하나는 자신이 맨스필드라고 생각하며 자살 기도를 했다가 시드니 병원에서 깨어난 한 남자의 경험을 따라간다. 두 개의 서사가 원칙적으로는 50여 년의 간격을 두고 분리되어 있지만, 공연 텍스트상에서는 긴밀하게 뒤섞인 채 짜여진다. 연극은 과거의 어떤 점들을 회복하기 위해 과거를 뒤돌아보면서 현재를 구성하기도 하지만, 각자 다른 시간 틀 속에 존재하는 사건들이 서로에게 영향을 미칠 수 있도록 현재나 미래를 내다보며 과거를 창조하기도 한다. 토착적인 형이상학에 관심이 있는 다른 극작가들은 시간의 무한성이 갖는 가능성을 상정하지만, 드 그로엔은 이중적이거나 분열된 관점을 강조하기 위해 목적론의 개념을 일부 수용하면서 직선적 시간관을 혼동시킬 수 있는 구

---

34) 페미니즘 이론 역시 직선적 시간과 역사의 강제적 원칙을 거부하고 순환적 시간 구조를 선호한다. 「중국의 강(The Rivers of China)」은 페미니즘과 포스트 식민주의라는 두 가지 입장에서 연대기적 시공간을 상정하는 가부장적이고 제국주의적인 전제들을 거부한다.

조를 만들려고 했다.

역사의 구조적 질서를 가지고 실험을 시도한 연극들은 연극 형식이 본래부터 정치적 관념이었다고 말한다. 여기서 문제가 되는 것은 페미니스트나 포스트 식민주의 이론가가 공통적으로 관심을 갖는, 서사의 강제적 힘이다. 엘린 다이아몬드(Elin Diamond)는 이렇게 주장한다.

> 역사를 서사로 이해한다는 것은 페미니스트들에게 있어서 중요한 변화이다. 이는 단지 객관적인 역사 서술자에 대한 환상을 깨뜨리기 때문만이 아니라, 전통적으로 복종의 역할을 수행해온 여성의 위치가 서사 자체에서 비롯된 유산임을 확인할 수 있게 하기 때문이다. 서사는 끝없는 목적론과 의미의 강제적 투여를 통해, 규정하고 통제할 수 있는 권력을 스스로에게 부여했다. 마리아 미니크 브루어(Maria Minich Brewer)가 표현하는 것처럼 서사는 "권위와 합법화의 담론"이다. (1990 : 95)

다이아몬드의 지적은 주로 페미니즘 텍스트를 대상으로 한 것이지만, 포스트 식민주의 연극에도 동일하게 해당된다. 서사와 더불어 그 기저에 깔린 '권위와 합법화'의 구조를 해체하는 과정은, 기본적인 내용과 재현 형식 사이의 관계를 재정립하는 데서 이루어진다. 이 범주에 드는 연극들에서 발견할 수 있는 서사적 개입은, 사건을 파편화하고 재배열한다거나, 연대기적 시간을 순환 고리로 만든다거나, 시간 틀을 중첩시키고 열린 결말을 지향하는 식으로 시도된다.

시간성을 구성하는 데 기여하는 또 다른 연극적 기제로 이중배역을 꼽을 수 있다. 서로 다른 시간에 걸쳐 있는 이중배역은 훼손되지 않은 온전한 역사 기록에 대한 환상을 불안정하게 한다. 이것은 이야기꾼이나 화자가 연극의 시간 틀을 깨는 것과 유사한 효과를 낸다. 톰슨 하이웨이의 〈레즈 자매들(The Rez Sisters)〉에 나오는 트릭스터는 흰 바다갈매기, 검은 매, 빙고 게임 마스터(Bingo Master)로 모습을 바꾸어 가며 등장한다. 전통적인 캐나다 원주민의 힘이자 정신을 상징하는 트릭스터가 역동적이고 잘 생긴 남자로 등장해 빙고 게임의 숫자를 부를 때, 그는 특정한 현대적 역할까지 맡게 된다. 마찬가지로 각기 다른 시대의 의상과 무대 배경을 갖추는 것, 변신할 역할들을 위해 여러 겹의 의상을 겹쳐 입고 있다가 각 배역에 맞춰 벗는 것 또한 단선적 시간관을 해체하는 과정에 주목하게끔 만드는 장치들이다. 이안 스테이드먼(Ian Steadman)은 마체멜라 마나카(Matsemela Manaka)의 〈풀라(*Pula*)〉(1982)를 남아프리카에서 공연할 때, 시간이 지나면서 배우가 변신하는 과정을 의도적으로 보여주었다.

> 그는 말발 좋은 '한량'으로 변해갔다. 전통적인 '부족' 의상을 입고 있다가, 너무나 자연스럽게 유유히 옷을 갈아입고, 스킨을 톡톡 두들겨 바르고, 공 들여 머리를 빗고, 거울을 보며 자신의 모습에 감탄하는 등, 점차 마을의 능수능란한 '최신(with-it)' 난봉꾼 청년으로 변신했다. 의상과 성격의 이런 고의적 변모는 동화와 통합이라는 보조적 주제를 공연에서 표현하는 기능을 한다. 농촌의 젊은 일꾼이 도시의 바람둥이로 변하고 관객들은 그런 '인물 변화'의 미묘한 차이들을 목격하게 되는 것이다. (1990 : 10)

메타 연극적으로 보았을 때, 이 작품은 인물과 성격이 구성된 것임을 보여줄 뿐만 아니라 역사와 시간을 다루는 다양한 공연적 가능성들 중 하나를 제시한다.

공간적 역사

포스트 식민주의 연극들에서 시간에 균열을 일으키려는 시도는 공간을 역사화하고 재배치하는 작업과 병행해서 수행된다. 이것은 유럽 열강들에 의해 영토를 침략당하거나 영영 빼앗겨버린 식민지 민족들에게 중요한 핵심적 기획이다. 독립 후에 지역문화가 다시 지배력을 회복하게 된 점령 식민지에서조차, 제국주의가 남긴 공간적인 흔적은 그 유산으로 남아 있다. 현재 우리가 나이지리아라고 알고 있는 국가적이고 정치적인 단위는, 사실상 자의적 경계에 의해 결정된 것이다. 요루바족과 이그보족이 평화를 유지하기 위해 고대부터 유지해 왔던 경계는 전혀 고려하지 않고, 유럽인들이 결정한 해안선과 같은 몇 가지 지형학적 특징들을 의해 자의적으로 그어진 것이다. 아일랜드를 두 개의 나라로 분리시킨 배후에도 영국 제국주의가 있음을 되짚어 볼 수 있다. 공간적 역사의 정치적 힘은 이주민 식민지에서 더욱 가시화되었다. 이곳에 거주하는 토착민들에 대한 유럽인들의 언어·경제·문화적 지배력은 영토 정복에 의존하고 있고, 초기 탐험가와 이주민들에게 있어 공간은 "해석되기 전에 먼저 무언가를 써야만 하는 텍스트"였기 때문이다(Carter, 1987 : 41). 식민지 공간은 애초에 식민지의 명령에 따라 지도 제작자들에 의해 등록되었고, 분할·분류·위계의 방식에 따라 이 공간을 인식 가능하고 거주 가능한 장소로 변형시켰다. 뉴질랜드와 캐나다 중부의 토지조사는 소위 경험적인 공간측량의 방법론이 사실은 얼마나 지독하게 이데올로기적인 것인지를 보여준다. 그 과정에서 제정된 눈금(grid), 에이커 구획, 경계들은 명백하게 백인 토지 소유의 결정물이 되었다. 이 두 나라뿐만 아니라 오스트레일리아에서도 토착 민족들의 공간적 인식론이 배제되고 전통적인 지명들이 변경되면서, 토착민들은 자신들의 역사적 공간으로부터 떠밀려 났다.[35] 이주민과 토착민 극작가들은 상당히 다른 방식들로 접근하지만 모두들 제국주의의 공간적 측면에 관여하고 있다. 많은 경우에 연극화된 풍경의 이미지는 어떻게 공간[36]이 제국주의 역사에 의해 구성되

---

35) 토착민 앞잡이들이 지도 제작 과정을 거들긴 했지만, 궁극적으로는 이주민과 탐험가들이 토착민은 조금도 고려하지 않은 채 식민지 공간을 제멋대로 다시 구획한 것이었다. 토착적인 지명이 그대로 남아 있는 곳이라고 해도 식민지배문화가 그 이름의 장점과 적합성을 결정한 후에 문서에 (곧 역사에) 기록한 것으로, 새롭게 부여받은 의미를 적어 넣은 것이라고 할 수 있다.

는지를 폭로하고, 동시에 그것이 어떻게 식민화된 집단들에 의해 해체되고 재구성될 수 있는지도 보여준다. 공간은 풍경일 뿐만이 아니라 미장센의 기초이기 때문에, 연극은 역사적 인식의 구조적 기반을 재구성하고, 공간과 장소를 역사의 야외극이 펼쳐지는 단순한 매개체가 아닌 잠재적인 공연주체로 만들고자 한다. 연극 공간은 그 안에 들어오는 모든 관계를 '채색'한다고 보는 보수적 시각(Suvin, 1987 : 322 참조)으로는 포스트 식민주의 연극을 충분히 설명하지 못한다. 많은 포스트 식민주의 극장의 공간학적 체계에서 공간은 단순히 관계에 영향을 미치기만 하는 것이 아니라 잠재적으로 그 관계들을 '결정'할 힘을 갖는다. 이런 사실은 실제 풍경과 무대 풍경 내에서의 이주민과 토착민의 배치 문제, 토착 연극에서 흔히 소재화되어 상연되는 '영토 분쟁'을 분석한 자료 등을 참고하면 확인할 수 있다. 연극적 풍경에서의 땅은 몇 가지 무대소품이나 '야외' 의상을 통해 지시적으로 표현되는 것이 아니라 구체적인 형태로 제시된다.

공간은 풍경의 윤곽선과 날씨의 변덕에 따라 결정되는 것으로 불안과 투쟁의 지점이 되기 때문에 이주민 서사에서 중요하게 취급된다. 텍스트는 감상적 오류에 빠지기 쉬운 낭만주의적 충동을 거부하고, 인간의 태도와 심리 상태에 대한 은유로써가 아니라 인간의 경험을 형상화하는 명료한 힘으로 풍경을 제시한다. 이것은 제니스 발로디스(Janis Balodis)의 작품 〈죽기에는 너무 젊은(Too Young for Ghosts)〉(1985)에서 형상화되었다. 발로디스는 제국주의의 지도 제작 과정과, 이주민이 낯선 공간과 조우하는 과정을 호의적으로 연출하면서 오스트레일리아의 복잡한 공간 역사를 표현했다. 1840년 루드비히 라이히하르트(Ludwig Leichhardt)의 북퀸스랜드 탐험은 언뜻 보기에는 연관이 되지 않는 사건과 병치된다. 100년 후의 같은 공간에 '강제 퇴거'를 당하고 이주해온 라트비아 이민자들의 경험과

---

36) 공간이라는 용어는 신체가 위치하는 극장 건물이나 무대뿐만 아니라, 지리적 위치와 그것이 어떻게 연극적 문맥으로 번역될 수 있는지까지 포함하는 개념이다.

북퀸즈랜드 탐험이 짝을 이루면서 대위법적 연극 서사를 만들어낸다. 라트비아인들의 경험은 망명지의 풍경 안에서 어떻게든 공존할 수 있는 방법을 배워나가는 과정으로 묘사된다. 반면, 탐험가들의 원정은 유럽인들의 정착을 위해 어보리진의 역사와 공간을 삭제하고 개방하려는 목적하에 엄밀하게 계획된 행위로 그려진다. 마치 지도 제작을 하고 있는 듯한 라이히하르트의 응시는, 그가 조사하는 모든 지역을 정리하고 전유함으로써 국가를 주인 없는 땅(terra nullius)으로 만들어 버렸다. 그에게 어보리진의 '꿈의 자취'라는 통과해야 하는 공간 개념은 풍경에 아무런 흔적을 남기지 않기 때문이다. 제국주의적 공간, 즉 라인하르트의 일기와 지도에 쓰여진 그 공간은, 다른 공간적 구성을 덮어 버린 채 그 위에 덧씌워진 양피지처럼 그대로 폭로되었다. 라인하르트가 자신이 대면할 거라고 예상했던 것들을 지도 위에 기록한 것은 J. B. 할리(Harley)의 다음과 같은 지적을 그대로 증명해준다. 할리는 측량기사가 "추상적인 의미에서 단순히 '환경'을 모사하는 것만이 아니라 특정한 정치 체계의 영토적 필요성까지 복제해낸다"고 주장한다.

이 연극은 식민지 공간이 등록되는 것을 단계적으로 설명하면서 동시에 그 노력을 폄하하기도 한다. 연극 안에서 탐험가들이 끊임없이 길을 잃거나, 제자리를 뱅글뱅글 돌거나, 거꾸로 가고 있는 것처럼 보인다고 말하는 것은, 탐험가들뿐만 아니라 그들의 지도·콤파스·나침반과 같은 도구들을 비꼬는 것이다. 그러나 발로디스는 단지 제국주의적인 지도 제작법의 헤게모니적 특징을 확인하고 해체하는 수준에서 만족하는 것이 아니라, 역사적인 지리학 안에서 해석이 가능한 다른 공간적 논리를 발견하고자 한다. 그 시도는 텍스트의 공연 구조에서 뚜렷하게 나타나는데, 그 중에서 1인 2역의 기법이 다목적 무대세트 위에서 펼쳐지는 것은 지리적으로나 시간적으로 멀리 떨어진 서사를 서로 덧씌울 수 있게 했다. 라트비아인들과 탐험가들이 상대의 이야기를 멀리서 지켜보거나 때로 서로의 이야기 속으로 들어가기도 하는 것은, 과거와 공간을 순차적인 방식이 아니라 동시적으로 기록하면서 상호 영향을 미치는 역사적 공간이 존재함을 시사한다. 포개진 공간이 주는 시각적 효과는 가장자리, 틀, 경계를 흐리게 하고 다양한 시공간 사이의 구분을 불분명하게 만드는 것이다. 동시에 경험적 공간은 등장인물들에게 단순히 보여지기만 하는 것이 아니라, 느껴지고 경험된다는 점에서 '현상학적 공간'[37]으로 변신한다. 때문에 발로디스의 표현주의적 연출은 제국주의적 지도 제작의 결말을 거부한다. 그리고 오히려 정반대로 결코 궁극적이지 않으며 완결되지 않는 공간적 역사를 구성한다. 이 안에서 라트비아인들은 오스트레일리아의 과거 다른 집합적 '유령들'과 나란히 역사적 공간에 진입할 수 있다. 이 유령들은 풍경 자체와 더불어 절멸된 탐험가와 어보리진을 의미한다.

연극은 지도의 제작 과정을 재연하는 것 외에도, 지도 자체를 해체주의적 공격의 가시적 지점으로 제시한다. 멜버른 극단(Melbourne Theatre Company)이 초연했던, 제니스 발로디스의 〈죽기에는 너무 젊은〉의 속편 〈귀환 불가(No Going Back)〉(1992)가 바로 그런 작품이다. 무대 배경은 천장부터 바닥까지 퀸스랜드의 식민지 시기 지도로 뒤덮여 있다. 이것은 중심 사건들을 부각시키는 적절한 이미지가 되기도 하지만 공간 형상화에도 영향을 미쳤다. 배경막 위에 불규칙적으로 뚫어진 구멍들 중 하나를 출입문으로 대신했고, 잘려나간 부분들은 나무숲처럼 보이게 했다. 지도에 틈을 만든 것이나 비관습적인 각도에서 일부를 부조로 양각 처리한 것 등을 통해, 무대 디자인은 그것이 기반하고 있는 라이히하르트의 일기나 스케치와 같은 제국주의 텍스트들의 권위를 불안정하게 만들었다. 잭 데이비스의 「쿨라크(Kullark)」는 관습적인 지도 제작법에 대한 조금 더 강한 정치적 회의를 표명한다. 이 작품의 무대 배경에는 무지개뱀(the Rainbow Serpent) 와르굴(Warrgul)이 서부 오스트레일리아에 위치한 스완 강의 형상으로 그려져 있다. 이 지도는 일종의 공간적 지식인 어보리진

---

37) 이 개념과 함께 포스트 모더니즘, 포스트 식민주의, 페미니즘의 지도 제작법에 대한 자세한 논의를 읽고 싶다면 페리에(Ferrier)를 참조할 것(1990 : 45~46).

우주론 안에 풍경을 위치시킴으로써, 그 공간이 자신들의 존재를 각인 (inscription)하려는 이주민들을 기다리고 있는 빈 공간이 아님을 보여준다. 나아가 "'자연스러운' 대상과 '모방된' 대상 간의 필연적 불일치"(Huggan, 1989a : 121)를 부각시킨 뱀의 이미지는, 서양식 지도의 상상된 모방주의 (mimeticism)를 의심하게 한다. 포스트 식민주의 담론에서 이 같은 이데올로기적 개입은 아주 중요하다. 개입을 통해, 주관적이고 우발적인 '현실'의 모델들이 객관적이고 보편적인 재현인 것처럼 받아들여졌고 때로는 지금까지도 그렇게 받아들이고 있는 과정을 폭로하기 때문이다.

지도 제작의 기저에 존재하는 미메시스적 오류는, 그 자체가 공간적 지도인 무대 배경을 재현이 아닌 실제처럼 제시하는 자연주의 연극에서도 자주 발생한다. 반면 비자연주의 연극은 그 기호의 체계에 주목함으로써 제시된 이미지들을 역사화한다. 풍경과 무대 풍경의 비례 논리를 바꾸는 것도 공간이 문화와 권력 양자에 의해 어떻게 구성되는지를 보여주는 방법이다. 머큐리 극단(Mercury Theatre Company)은 스튜어트 호아(Stuart Hoar)의 작품 〈스쿼터즈(Squatters)〉의 오클랜드 공연에서, 풍경을 미니어처로 표현했다. 이것은 식민지 역사가 토지를 정착과 잠재적 소유의 대상으로 아이콘화하는 것을 효과적으로 뒤집어버리고, 특정 공간을 조각내서 위계를 지으려는 이주민들의 시도를 가시화했다.[38] 연극은 뉴질랜드의 자유 정부가 백인들(파케하)의 대규모 사유농지를 강제로 분할해서 신흥 중산층들에게 매입하게 한 것을 배경으로 한다. 그리고 재산에 대한 역사적 권리를 주장하는 모든 등장인물들의 잘못을 비판한다. 부유하거나 혹은 궁핍한 스쿼터즈(squatters)*[39]와 그 가족들, 정부 당국, 미래적인 사회주의 혁명가들, '철새 정치인들(carpet-baggers)', 중산층 대표들 할 것 없

---

38) 루이스 나우라의 〈이방인들의 여름〉을 상연할 때, 멜버른 극단 역시 비슷하게 풍경을 축소시켰다. 그러나 여기서는 해체주의적 기법이라기보다 시간의 흐름과 기억의 기능을 인식하는 노스텔지아에 가까웠다.
39) 빈집을 점유하며 떠돌이 생활을 하는 불법 무단 거주자. (역주)

스투아르트 호아(Stuart Hoar)의 연극 〈스쿼터즈(*Squatters*)〉 무대에 사용된 미니어처
브랙큰(Brecken)(上)과 올리브(Olive). 머큐리 씨어터 프로덕션.
사진 제공 : Victoria University Press 사진 : Michael Tubberty

이 모두가 비판받는다. 이 작품에서 두드러지는 특징은 마오리족의 토지 소유권에 대한 주장이 어디에도 없다는 것이다. 그러나 뉴질랜드 관객들은 필연적으로 마오리족에 대한 토지 강탈과 당대의 토지권 법정 소송을 떠올렸을 것이다. 비록 풍경을 압축하여 보여주는 것이 지리적 위치에 대한 감각을 즉각적으로 획득하는데 일부 도움을 주기는 하지만 이러한 인물과 풍경 사이의 공간적 부조화는, 토지에 대해 지배권을 발휘하려는 스궤터즈의 시도들을 분명히 보여주는 동시에 그 시도들을 꺾어 버린다. 등장인물들을 패러디하는 것과 마찬가지로 땅을 확대함으로써 인간들을 작아 보이게 하는 시각적 아이러니 또한 역설적 효과를 가져온다. 오스트레일리아의 부유하고 힘있는 목축업자나, 자유주의, 사회주의가 만들어낸 비관습적 역사 안에서, 위계화된 식민지 질서를 붕괴할 만한 공간적 논리를 '지배하는' 것은 주로 무정부 상태이다.

뉴질랜드 출신 모리스 샤드볼트(Maurice Shadbolt)의 전쟁극 〈예전의 츠누크 베어(Once on Chunuk Bair)〉(1982)도 영토 분쟁을 공간적 개념으로 그려냈다. 이 작품은 대영제국이 지리적으로 멀리 떨어진 식민지의 인간과 영토와 그곳의 정치적 결정을 완전하게 지배했었던 사실을 비판했다. 제1차 세계대전 중의 터키를 배경으로 삼아 머나먼 유럽에서 벌어진 분쟁에 개입하는 뉴질랜드의 분별력에 대해 의문을 제기한다. 겨우 약간의 땅을 얻기 위해 얼마나 많은 식민지 군대가 제국의 이름 아래 희생되었는지, 그리고 제1차 세계대전 중 서부 최전선의 솜(Somme)을 비롯한 몇몇 전쟁터는 물론이거니와 갈리폴리(Gallipoli)와 츠누크 베어(Chunuk Bair)에서 영국인 상관들에 의해 식민지 군인들이 어떻게 버려졌는지를 보여준다. 동시에 이 연극은 '안작(Anzac)*40)'을 끈질기게 민족의 영웅으로 신화화하는 뉴질랜드 사회를 관찰 대상으로 삼는다.41) 전쟁을 계기로 제공된 기회, 즉 국

---

40) 제1차 세계대전 당시 오스트레일리아가 연합군으로 참전했을 때, 뉴질랜드와 연합하여 군인들을 '호주 및 뉴질랜드 연합군(Australian and New Zealand Army Corps)'이라고 불렀다. 안작은 제2차 세계대전, 6·25 및 베트남 전쟁까지 이어졌다. (역주)

모리스 샤드볼트의 연극 〈예전의 츠누크 베어〉에 사용된 수직적인 무대 세트
사진 제공 : Hodder Moa Beckett Publishers, Brian Brake

가와 국왕을 위해 헌신할 수 있는 제국주의적이며 민족주의적인 기회는
예리하게 재단되고 해체되었다. 샤드볼트가 주장했듯이 아군과 적군의
일상적인 대립 구조는 '모국'을 향한 충성이 식민지 군대의 대규모 희생
을 가져오게 되면서 무너지게 된다.[42] 머큐리 극단의 〈예전의 츠누크 베
어〉는 이와 같은 영토 전쟁의 무익함을 설득력 있는 이미지로 연출했다.

---

41) 오스트레일리아의 영웅 안작(Anzac)도 거의 비슷한 역할을 하는 인물이다.
42) 샤드볼트(Shadbolt)의 연극은 각각 제1, 2차 세계대전을 배경으로 한 존 브로튼(John
Broughton)의 연극 〈안자크(*ANZAC*)〉(1992)와 빈센트 오설리반(Vincent O'Sullivan)의 〈슈
리켄(*Shuriken*)〉(1983)에서와 마찬가지로 제국의 의무와 제국에 대한 뉴질랜드 군인들의
의무가 뉴질랜드 군대로 하여금 절대 이길 수 없는 위치에 서게 한다는 것을 지적한다.
소위 자신들의 동맹군들이 오히려 '공식적인' 적보다 여러 방면에서 더 위험하기도 하
기 때문이다. 베트남전을 배경으로 한 브로튼(Broughton)의 〈마이클 제임스 마나이아
(*Michael James Manaia*)〉(1991)에서, 주인공은 비록 자신의 동맹국이 미국으로 바뀌기는 했
지만 제2차 세계 대전 당시 자신의 아버지가 겪었던 경험과 불쾌할 정도로 유사한 경험
을 자신이 하고 있다는 사실을 깨닫는다.

샤론 폴록(Sharon Pollock)의 연극 〈세대들(*Generations*)〉(1980)에 사용된 베란다 무대 세트
에드 할아버지(Old Ed), 알프레드(Alfred), 데이비드(David).
사진 제공 : Playwrights' Union of Canada, Toronto. Tarragon Theatre 배우들인 Ed McNamara, Colin Fox, Stephen
Ouimette, Ellis Bartkiewicz
사진 : Ellis Bartkiewicz

연극의 배경이 참호인 만큼 관객들의 시야를 어느 정도 확보해주려는 의도에서 무대 배경을 수직으로 만들었다. 무대는 뉴질랜드 군대가 점령하고 손에 넣으려 했던 토지가 그들을 터키까지 끌고 온 굴절된 역사처럼 공간도 지리적으로 굴절되었음을 상징한다. 그리고 정상을 향한 힘거운 상승은 미심쩍은 승리만을 재현한다. 군인들은 그다지 실속도 없는 언덕 하나를 얻었지만, 기념비적인 숫자의 인명 희생을 치러야만 했다. 다른 층위에서 보면 무대는 산악 지대가 많은 뉴질랜드 풍경 자체를 상기시킴으로써, 그곳이 뉴질랜드 백인들이 제국주의 전쟁에서 점령한 마오리족의 땅이라는 것을 암시한다.

야외 풍경을 이미지화한 연극들은 이주민 대 땅, 이주민 대 토착 거주자들이라는 양가적 위치를 보여준다. 샤론 폴록(Sharon Pollock)의 〈세대들(Generations)〉(1980)에서는 한 농부에게 자기 아버지와 할아버지가 경작해 왔던 토지 일부에 대한 소유권을 인정해주지만, 임의적으로 정착 캐나다인들의 공간적 우선권을 인정하기도 한다. 이 연극의 유일한 원주민 등장인물은 찰리 러닝 도그(Charlie Running Dog)라는 노인인데, 그의 상처입고 갈라진 피부는 "메마른 땅"과 닮아 있는 것으로 묘사된다(1981 : 141). 얼핏 이런 묘사는 폴록이 찰리를 통해 대지를 재현하는 것처럼 보이지만, 작가는 대지 자체를 수많은 정서와 '수많은 얼굴들'을 가진 '캐릭터'로 구성해내는 드라마투르기를 이용함으로써 대상화의 위험에서 벗어났다(1981 : 141). 실제로 땅에서 아무리 벗어나려고 하든, 어떻게 해서 땅을 길들이려고 하든, 혹은 비타협적인 땅에 그저 순응해서 살려고 하든 상관없이, 땅은 극중 눌린(Nurlin) 가족의 삶을 지배하는 힘이자 중심적인 사건이 일어나는 지점이다. 문화와 자연의 접점을 제시하기 위해 이주민 연극에서 일반적으로 이용하는 베란다(veranda)를 무대화하여[43] 집과 야외 공간을 연결했

---

43) 데이비드 말루프(David Malouf)의 〈혈연(Blood Relations)〉, 루이스 나우라(Louis Nowra)의 〈인사이드 디 아일랜드(Inside the Island)〉, 크누불(John Kneubuhl)의 〈정원을 떠올려라(Think of a Garden)〉(1991) 등이 베란다를 무대 공간으로 이용했다. 베란다는 여러 이주

다. 한 켠에는 주방의 일부가, 다른 한 켠에는 가뭄으로 바짝 마른 초원의 모습이 보이도록 연출했다. 연극의 공간적 구조는 거의 무한대로 펼쳐져 있는 초원을 의미하는 조명을 통해 정착자 이주민의 위치를 무대 중앙에서 밀려나서 풍경의 가장자리에 겨우 붙어 있는 집, 즉 불확실하고 위험한 곳으로 옮겨놓는다. 그러나 베란다는 여전히 대화 가능한 창구이자 협상의 지점으로 남아 있다. 베란다라는 근접학적인 공간은 연극 〈세대들〉이 작품 전체를 통해 드러내고 있는 양가 가치를 전략적으로 반영하고 있는 것은 아니다. 오히려 백인들의 욕망과 원주민의 토지 소유권 사이에서 실패할 수밖에 없는 중재를 시도한다.

인간의 실존이라는 단호한 무기로 권력을 훼방하고자 하는 정착자들의 노력에도 불구하고, 혹은 그 노력 때문에 토지는 역사 안에서 강력한 역할을 수행한다. 캐나다와 오스트레일리아의 역사극에서 자연은 때로 연극적 행위들이 일종의 대사건을 향해 나아가도록 추동하면서, 다양한 위장들을 통해 공연 텍스트의 윤곽을 형성한다. 루이스 나우라의 연극들은 화재나 홍수와 같이 대다수 등장인물들을 삼켜 버리고 마는 기상학적 재난들을 형상화하는 특징이 있다. 〈인사이드 디 아일랜드(*Inside the Island*)〉(1980)나 〈선라이즈(*Sunrise*)〉(1983)에서 보여지는 악몽과 같은 장면들을, 식민지 규율과 자연이 통제력을 갖는 공간의 질서로 만들어지는 가운데 발생하는 분열을 화려한 스타일로 제시한다. 나우라의 기상학적 비전들은 무자비하게 잔인한 것으로 해석되지 않으며, 시간적 폐쇄와 종결이라기보다 정착의 위기로 읽어야 한다. 위기 안에 함축되어 있는 것은 대지의 제의적 정화를 통해 발생하는 변이와 혁신의 순환이다. 이런 맥락에서 화재는 식민지의 상처를 불사르고 대지를 회생시키는 긍정적 힘이 된다.44) 일반적으로 나우라의 연극은 제국주의 역사의 격변과 억압

___

민 식민지 연극에서 무대 디자이너들이 선호하는 배경이다.

44) 오스트레일리아의 일부 토착식물들이 발아하기 위해서는 강한 열을 필요로 하기 때문에, 산림의 화재를 회생의 힘으로 비유하는 것은 오스트레일리아에서 특별한 공명

된 외상을 기록하여 기억을 보조하는 기제로 무대 풍경을 이용하는 경향이 있다. 그리고 이 외상과 역사적 격변을 모든 오스트레일리아인들이 조금 더 가능성 있는 역사를 향해 나아가는 과정상의 예행 연습으로 재연한다(Kelly, 1992b : 55 참조).

제국주의 역사는 이주민과 대지 사이의 공간적 관계를 확립시킨 개척자 신화를 이룩했다. 이주민들은 동일한 역사적 시공간에서 살았던 토착 민족들의 존재 가능성을 애초부터 묵살하는 경우가 많았다. 반면 공간의 역사는 완전히 다른 문화가 상호 교류할 수 있는 차원을 제시하고, 그 안에서 개척자 신화가 침략자와 피침략자 간의 변증법으로 다시 쓰여지거나 재상연될 수 있게 하였다. 어보리진과 마오리 출신의 극작가들 그리고 제1 정부인 캐나다의 극작가들은 자민족이 제국주의의 결과로 역사에서 배제된 상황을 어떤 방식으로든 무대에 올리려고 한다. 많은 연극들은 토착 공간이 제국의 문화 확장으로 인해 어떻게 침략 당하고 탈신성화되었는지, 토착민 자신이 식민화로 인해 공간적으로 얼마나 제한당했는지, 토착민과 백인들의 관계가 공간 구조 내에서 어떻게 지속적으로 협상되는지를 보여주기 위해, 공간학적 기표를 사용한다. 급진적인 토착 공연들은 토지소유권을 되찾고 지배사회가 공간에 대해 발휘하는 장악력을 전복하기 위해, 무대 공간을 전략적으로 재배치한다. 이런 시도들은 대부분 상징적인 것임에도 불구하고 광범위한 정치적 행위를 향해 말을 건넨다.

토지 권리는 토착 연극의 중요한 관심사였다. 지난 수십 년 동안 캐나다와 오스트레일리아, 뉴질랜드에서 원주민들의 토지권 요구에 마지못해 대응했던 각 정부의 태도를 상기해 보자면 놀랄 만한 일도 아니다. 데이비드 다이아몬드(David Diamond)의 〈우리들의 발자국(No 'Xya')〉은 브리티시콜럼비아에서 토지 소유권과 토지 이용에 관련된 법안을 다루는 정부의

을 획득한다.

태도에 이의를 제기하려는 목적으로 특별히 기획된 것이다. 〈브란 누 데 (*Bran Nue Dae*)〉는 비록 전혀 다른 목적과 방식으로 구성된 작품이지만 마지막 노래에는 토지권에 대한 요구와 염원을 담았다. "이 친구의 노래는 어보리진, 유색 인종, 흑인, 백인 오스트레일리아인에 대한 것입니다. 우리 민족은 우리 땅을 되찾고자 합니다. 백인들과 마찬가지로 우리의 권리를, 정당한 거래를 찾고 싶습니다."(Chi and Kukles, 1991 : 84) 크레그 해리슨(Craig Harrison)의 〈내일은 멋진 날이겠지(*Tomorrow Will Be a Lovely Day*)〉(1974)는 마오리족 영토 상실을 직접적으로 상징화했다. 연극의 서사는 식민지 이후 뉴질랜드에서 최초로 '합법적'[45] 토지소유권을 결정한 1840년 와이탕기 조약 문서(Treaty of Waitangi)를 마오리 청년들이 훔쳐오기 위해 웰링턴 국립도서관(National Library)을 습격하는 내용으로 이루어졌다.[46] 조약 문서는 그것이 불러일으킨 원한과 함께 모든 잃어버린 땅에 대한 기억과 의미를 무대 공간에 깊이 새긴다. 이 연극들에서 무대는 단지 극적 서사의 일부로 '움직이는(acts)'는 허구적 공간일 뿐 아니라, 토착민 집단이 문화적이고 정치적인 저항의 방침을 계획할 수 있는 장소이다.

로어 하피피(Rore Hapipi)의 〈대지의 죽음(*Death of the Land*)〉(1976)에서는 토지소유권을 둘러싼 논쟁을 부각시키면서 일부 마오리 사람들이 백인에게 자신들의 토지를 '파는(sale)' 합법적 과정을 다소 희극적으로 묘사한다.

---

45) 이 조약은 결코 비준된 적이 없었기 때문에 사실 그것의 합법성은 의심스럽다.

46) 토지는 브루스 메이슨(Bruce Mason)의 1957년 작(作), 〈포후투카와 나무(*The Pohutukawa Tree*)〉로부터, 머빈 톰슨(Mervyn Thomson)의 1980년 작 〈재판관에게 노래를(*Songs to the Judges*)〉, 브루스 스튜어트(Bruce Stewart)의 1990년 작 〈찢어진 엉덩이(*The Broken Arse*)〉에 이르기까지 많은 뉴질랜드 연극들의 토대를 형성한다. 그러나 토지권에 대한 접근 방식은 작품마다 현격하게 다르다. 현대의 시점에서 볼 때 마오리족과 토지를 동일시한 메이슨은 백인(Pakeha) 시혜자(patornizing)의 입장에서 작품을 썼다고 할 수 있다. 돈 셀윈(Don Selwyn)과 헤미 라파타(Hemi Rapata)의 보조로 쓰여진 톰슨의 연극은, 백인의 토지박탈에 대해 잘 알고 있는 입장에서 그것을 설명하고 있는데 결국 개막 직전에 공연을 포기했다. 스튜어트의 연극은 토지권 분쟁에 대한 몇 가지 끈질긴 오해들을 심문하고 있다. 그 중 가장 기억에 남는 예는, 백인(Pakeha)이 자기 토지의 원래 주인이라는 헨리의 순진한 주장을 담고 있는 장면이다.

연극은 1977년 뉴질랜드의 토지 법정을 배경으로 하고 있다.[47] 백인들의 법적 담론은, 토지 매각이 마오리족을 그들의 역사와 유산으로부터 단절시키기 때문에 토지 매각을 절대 반대하는 일부 마오리 사람들의 호전적인 태도를 이해하지 못한다. 토지 매각과 'Te Triti(와이탕기 조약)'에 대한 논쟁은 그 자체가 진정성과 권위에 대한 분쟁이다. 논쟁은 "언제나 정의를 획득하게 되는 것은 마오리족이지만, 땅을 차지하게 되는 것은 백인이다"라는 결론으로 귀결된다(1991 : 43). 그러나 연극은 마오리족 사람들끼리 논쟁하는 사이에 땅과 역사를 잃게 된 사건들을 통해, 앞서 말한 순수한 이분법적 대립을 넘어서서 땅에 대한 마오리족의 태도를 광범위하게 탐구할 수 있는 차원까지 확대된다. 연극의 마지막 장면에서는 판사가 기계적인 작업 라인 소리를 들으면서 토지소유권 이전(移轉) 판결을 계속하고 있을 때 대지에 대한 '경야(tangi)'의 소리가 배경음악으로 사용되었다.

데이비스의 연극은 토지권 문제를 구체적으로 다루지 않을 때조차 공간적 역사가 지닌 회복력을 잘 보여준다. 특히 선교 시설이나 감옥을 통해 어보리진을 백인사회로부터 격리시키는 제도에 의해 유폐된 역사를 묘사하면서도 저항과 전복의 중요성을 강조한다. 그의 연극들에서 서로 다른 인종 집단을 분리시키는 밀폐된 세계의 경계들은, 그것의 위반을 통해 '말을 하게 되는' '논쟁적 지점들'이 되었다. 특히 〈노슈가(No Sugar)〉에서 어보리진들은 거듭해서 선교 시설로부터 탈출을 시도하고 백인 권위의 대표자들이 창출해낸 억압적 울타리를 거부했다. 논쟁적인 공간에 대한 의미는 연극 전체에서 상징적으로 드러나지만, 아이러니하게도 그것은 어보리진의 가시성을 끈질기게 강조하는 공간적 위계를 구성하고 강요하려는 식민 지배자들의 노력이기도 하다. 가시성은 어보리진으로 하여금 문화적이고 물질적인 게토화에 저항하고 자신들을 공간적으로

---

47) 하피피의 연극은 1976년에 무대에서 상연되었지만, 본 논의는 1977년 토지관련 법정 재판에 대해 언급하고 있는 출판본을 대상으로 한다.

정의할 수 있게 한다. 예를 들면 지미(Jimmy)는 선교 시설에 갇혔을 때는 '경계로부터' 대범하게 벗어남으로써, 감옥에 감금되었을 때는 법적 소송 절차를 혼란시킴으로써, 자신에게 부과된 공간적 규칙에 대한 불복종을 과시했다. 그는 공연자이면서 연예인인 자신이 부릴 수 있는 익살을 통해, 격리하고 처벌하도록 고안된 감방과 법정을 자기가 공간에 대한 지배력을 주장할 수 있는 극장의 형태로 바꿔놓았다. '백인의 법'을 전복하는 이런 행위는 데이비스 연극에서 널리 사용되고 있는데, 대개 그 법의 유효성과 역사적 영향력에 의문을 제기하는 기능을 한다.

포스트 식민주의적 공간의 역사들은 제국주의에 영향을 받은 사회에서 중요한 이슈로 간주되는 '위치와 전치(轉置)의 변증법(dialectic of place and displacement)'을 연극화한다(Ashcroft 외, 1989 : 9). 그러한 역사들은 공간적 기표를 주제적이고 일반적인 다른 관심사에 종속시키는 연극 유형에 반대한다. 그리고 풍경을 일종의 무대 배경 장치로 취급해서 기껏해야 서사의 플롯 전개를 고조시키고, 주목받는 사건의 자연주의적 배경막으로 후퇴시켜 버리는 최악의 사태를 가져오는 연극을 거부한다. 이주민 식민지에서 공간의 역사는, 땅이야말로 이주민과 토착민의 문화 모두가 소유한 환상과 공간적 형식에 대한 다중적 각인들을 기록하는 '축적된' 텍스트이며 담론적이고 영토적인 분쟁의 대상이라고 폭로한다. 이 폭로는 주인 없는 땅(terra nullius)에 대한 신화를 효과적으로 해체할 수 있다.

극장 공간들

장소(site)는 거의 서사의 핵심 요소이기 때문에 극장 혹은 극장으로 병용(倂用)되는 공간들의 건축학적 설계는 공연 이벤트에 상당한 영향을 끼친다. 포스트 식민주의 희곡에서 역사와 역사 안의 개인을 구성하는 것은 다양한 측면에서 극장의 역사 자체와 연관되어 있다. 제국주의 전성기에 식민화된 국가들 대부분은 극장을 자랑거리로 내세웠다. 당시의 극장 대부분은 프로시니엄 아치형(proscenium-arched)으로 근접학적인 설계 면에서나 공연 스타일 면에서 메트로폴리탄 중심부의 관습을 답습하였다. 그런 극장들은 전략적 포스트 식민주의 연극에는 저주나 다름없는 것이다. 단지 그 공간이 엘리트주의적이라서가 아니라 지역문화에는 낯선 공연 패러다임을 육성하는 곳이었기 때문이다. 전통 연극을 훨씬 참여적인 이벤트로 인식해온 비서구사회에서는, 바라보는 주체와 주체의 시선으로부터 떨어져 있는 대상을 분리한다는 관념 자체가 낯선 것이었다. 여러 국가에서 현대의 포스트 식민주의 연극 실천의 발전에는, '외부적인' 대안들에 대한 선호와 형식적인 서구 극장 공간에 대한 거부가 전제되어야 했다. 그게 아니라면 최소한 식민화된 사회의 정치적 우발성에 따라 그동안 배척받았던 공간들을 적응시키고 전유하는 작업이 필요했다. 말레이시아의 마가렛 용(Margaret Yong)은 대다수의 지역 연극이 유럽적인 연기 방식을 벗어날 수 없는 영국식 건물 안에 남아 있는 현실이 참담하다고 주장한다. 용에 의하면 관습적인 극장 공간을 벗어난 연극들은 그 즉시 훨씬 활력에 넘치게 된다(1984 : 238).

그러나 제국주의 연극의 관습과 유산에서 벗어나는 일이 언제나 쉬운 것은 아니다. 올라 로티미(Ola Rotimi)는 나이지리아 연극을 프로시니엄 극장으로부터 떼어 내려 했지만 제한된 성공만을 거두었을 뿐이고, 그의 동료 대다수가 역사적으로 변칙적인 이 형식에 얽매인 채로 작업하고 있는 것을 발견했다.

나이지리아의 민속 오페라 단체들은 식민주의 이전 연극 전통과 긴밀한 관계를 맺고 있기는 하지만 슬프게도 프로시니엄이라는 변칙적인 족쇄에서 쉽게 벗어날 수 없음을 깨달았다. 나는 이 단체들에게 원형경기장(arena)을 무대로 이용

해보라고 설득했지만, 그들은 그 공간을 쳐다보려고도 하지 않았다. (1974 : 61)

로티미 자신은 보이지 않는 제4의 벽으로 배우와 관객을 분리하는 실내 극장보다 관객 전체가 공동체적인 이벤트에 통합될 수 있는 작고 둥근 야외 극장을 선호하였다. 그는 이런 극장이야말로 '최소한 사하라 남부의 아프리카에서 어보리진의 극장 배치에 근접한 유일한 형식'이라고 주장했다(1974 : 60). 로티미는 프로시니엄 극장을 이용할 수밖에 없을 때조차도 양식상의 규범이나 공간적 위계에 억압되기를 거부했다.

· 관객도 우리의 일부라고 느끼고 싶어하는 욕망을 차단하는 프로시니엄 (proscenium) 양식의 연출 관습에 고의적으로 맞섰다. 우리는 객석의 복도뿐 아니라 무대의 양옆을 출입구로 활용했다. 군중 장면은 프로시니엄의 규칙을 더욱 거부하면서 '앞무대(apron)'를 넘쳐흐르게 했고 필요하다면 곧바로 오케스트라석까지도 이용할 수 있게 연출했다! (1974 : 60)

공연 공간의 활용을 지배하는 관습에 이런 식으로 개입하는 것은 중요하다. 공연 공간은 식민화된 민족의 표현적이고 의미론적인 의도에 적응하기 전까지 지배사회의 역사 안에 존재하기 때문이다.

기본스는 사람들의 배치가 바로 극장이기 때문에, 극장은 "그 어디에라도 만들 수 있는 건축물"이라는 중요한 지적을 했다. 카리브 연안 자메이카에 위치한 마리나 맥스웰(Marina Maxwell)의 야드 씨어터(Yard Theatre)는 문화적으로 조금 더 적절한 장소에서 연극 공연을 시행한 의미심장한 실험들 가운데 하나이다. 1960년대 후반부터 1970년대 전반까지 경영된 야드 씨어터는 문자 그대로 건물이 아니라 마당(Yard)이고, 거리에 있는 사람들에게 말을 거는 극장이었다. 거리의 사람들은 대부분 인종적이고 계급적인 경계에 따라 분리된 채 정식 극장에 갈 엄두도 내지 못하는 가난한 계급이었다. 에드워드 카모 브래스웨이트(Edward Kamau Brathwaite)는 맥스웰의 실험에서 발견되는 반관습적 저항을 이렇게 설명한다.

'고정성'이 존재하지 않았다. 우선 전통적 의미에서의 관객이 없었고, 출입문이나 입장료, 휴게실, 매표소, 특등석 따위도 없었다. 그러므로 옷을 쫙 빼입을 필요도 없었고, 막간의 수다도, 음료도, 달그락거림도, 돈 있는 사람들의 특권이 드러날 수 있는 장소도 없었다. 입장료, 특권, 지정 좌석이 없기에 사회적 계층화도 존재하지 않았다. 대신 관람의 민주성과⋯⋯참가의 민주성이 있을 따름이었다. 마당의 작은 공간 안에서 '관객'은 그의 형제자매가 '공연하는' 것을 관람했고 종종 관객이 배우=무용수=가수이기도 했다. (1977~1978 : 181)

브래스웨이트는 야드 씨어터(Yard Theatre)가 그저 식민주의의 서구 연극 전통을 거부했기 때문이 아니라, 지속 가능하고 창의적인 대안을 제공했다는 점에서 혁명적이었다고 주장한다. 다시 말하자면 야드 씨어터는 보통 사람들의 민속적 양식과 전통적 연기에 어울리는 공연 양식을 육성했다. 시스트렌의 공동체 연극 작업은 트리니다드 팬야드(panyards)나 유동적인 다른 대중 공간에서 공연되었던 기븐스의 최근 작업과 더불어, 목적에 따라 지어진 극장과 그 극장에 관련된 미학적이고 사회적인 관습들이 역사적으로 각인되는 것을 거부하는 시도들을 재현한다.

어떤 경우에는 공연을 목적으로 디자인되거나 개조된 공간들의 부재가, 연극을 전면적으로 금지하는 것은 아니지만 연극을 언더그라운드로 내몰았다. 마틴 오킨(Martin Orkin)은 극장의 부재가 아파르트헤이트 하에서의 남아프리카 흑인 연극에 결정적인 요인으로 작용했다고 지적한다. "지구(地區, township) 내에 연극 공간이 부족했던 실정은 1980년대 말까지 이어졌고, 이러한 연극 공간의 부족은 사실상 정부가 연극 성장을 제한하고 억압하는 중요한 수단이었다"는 것이다(1991 : 150). 그러나 정부의 노력이 전적으로 성공하지는 못했다. 오킨은 "흑인의식화운동(Black Consciousness movement)이야말로 정치적 투쟁 안에서 억압된 계층인 자신을 위해, 그리고 억압된 계층들에 의해 어떤 식으로 연극 공간이 회복되었는지를, 연극 운동가들이 인식할 수 있도록 도왔"다고 서술하고 있다(1991 : 158). 지난 십오 년 동안 지구(地區) 극장의 발전은 비단 공연자들뿐만 아니라 관객들을 위해 사회적 공간이 회복되는 것을 정확히 증명하고 있고, 특히 「우자 알버트!(Woza Albert!)」의 출판 텍스트에 제대로 설명되어 있다.

> 최소한의 시설만 있다. 조명은 몇 개뿐이고 고정된 좌석은 없으며 카펫도 깔려 있지 않다. 하이힐 소리가 들린다. 음료수 캔이 굴러다닌다. 아기들이 운다. 친구들은 서로를 부른다. 주정뱅이들은 야유를 한다. 사람들이 오고간다. 공연자들은 대담하고, 우렁차며, 의기양양하게 에너지 넘치는 '지구(township)' 스타일로 고군분투해야 한다. 또 그렇게 하고 있다. (Mtwa, Ngema, and Simon, 1983 : v)

이 서문은 지구(地區) 극장이 사회적 환경에 맞춰 필연적으로 적응해왔음을 분명히 밝히고 있다. 배우들은 연기를 하기 위해 각자의 음성을 조절하고 동작을 훈련함으로써, 지구 극장을 문화적 위치가 부여된 극장 형식으로 만들려는 지속적인 간섭들을 폭로한다.

타르 아후라(Tar Ahura)는 나이지리아 연극이 엘리트들의 유형적(有形的) 건물에서 탈피하여 '사람'이 있는 곳이라면 그 어디라도 찾아갔다고 주장한다(1985 : 97). 로스 키드(Ross Kidd)는 인도나 방글라데시의 농촌 지역에서 극장 이동이 효과적으로 이루어지면서, 노동자들이 연극을 착취와 희생을 감소시키는 효과적 도구로 여기게 되었다고 설명한다. 소작농들은 땅을 소유하지 못한 마을 사람들에게 연극을 보여주기 위해 각본을 준비했다. 공연 종반부에 이르면 "배우와 관객들이 현실적인 계획을 논의해 당장 내일 실행에 옮기고 정부로 하여금 우물을 더 깊이 파도록 종용하며 …… 각 연극이 단지 문제점들을 제시하는 데서 그치는 것이 아니라 관객들로 하여금 거기에 대해 논의할 수 있는" 여지를 만들었다. 마을 단위의 야외 극장은 대도시 건물에서 공연되었다면 결코 토론해낼 수 없었을 해결책들을 생산했고 그 이상의 사회적 행동들을 주도할 수도 있었다.

포스트 식민주의사회에서 유통된 다양한 역사들은 서로 중첩되거나 교차되었고 서로 경쟁하기도 했다. 그 역사들은 단일한 국가적 서사 또는 다른 어떤 종류의 서사로 정리될 수 없고, 그들이 구성된 특정한 맥락이나 서로간의 관계 안에서 완전히 분리될 수도 없다. 오히려 역사는 투쟁과 논쟁의 지점이며, 갈등과 대립으로 가득 찬 혼성적 담론으로 남아 있다. 이렇게 보면 "역사는 배우는 것이 아니라 우리가 만드는 것"이라는 그렉 데닝(Greg Dening)의 주장에 쉽게 동의할 수 있다. 그렇다면 역사의 해결 방안 역시 배우는 것이 아니라 만들어야 하는 것이다. 한 국가나 지역을 구성하는 다수의 사람들을 재현한다고 주장하는 모든 역사는, 이제 그들의 욕망, 이야기, 정체성을 편입시킨 담론들을 '날조해내야' 한다. 정치문화적 다원주의는 권위나 진정성을 위해 동일한 목소리들을 만들어 내려고 하는 제국주의의 단성적 음성을 해체하고, 논쟁의 장 안에 남아 있을 수 있어야 한다. 이 같은 인식론적 접근은 식민 지배자와 피지배자 모두에게 잔존해 있는 역사적 자율성의 개념들을 충분히 해체할 것이다.

제 **4** 장

저항의 언어들

우리는 어쩐지 언어야말로 우리와 원주민 사이에서 사물의 의미를 명료하게
전달해줄 것이라는 잘못된 생각을 한다.
— Vincent O'Sullivan, *Billy*, 1990 : 13

언어는 식민지 권위를 나타내는 가장 기본적인 표지 중의 하나이다.
「폭풍(The Tempest)」에서 '당신은 나에게 말을 가르쳤고, 나는 그 말을 가
지고 당신에게 저주하는 법을 배웠다'라는 칼리반의 외침은, 선생으로서
의 프로스페로의 역할과 그 역할을 전복할 수 있는 칼리반의 능력을 증
거한다. 제국주의적 기획의 일부에서는 식민화된 주체들을 조금 더 완전
하게 통제하려고 안간힘을 쓰면서 그들에게 영어라는 언어를 강요한다.
조작 가능한 도구로 사용되는 언어는 "그것이 권력의 기반이나 국가의
통치권으로부터 비롯되었을 때는 너무나 확고한 것이기 때문에, 참조의
요구나 진실과의 협상조차 포기할 수 있는 음험한 것"이 된다(Tiffin and
Lawson, 1994 : 4). 제국의 언어(tongue) 위에 권력의 아치를 설치하는 방법 중

의 하나는 '낡은' 언어(language)를 금지하는 것이다. 모국어 사용을 금지하는 것이 문화를 파괴하는 첫 단계이다. 잭 데이비스(Jack Davis)의 연극 〈바룬긴, 바람의 냄새를 맡아라(Barungin—Smell the Wind)〉의 등장인물인 그래니돌(Granny Doll)은 백인들(wetjalas)이 "(그녀의) 언어를 죽였다"고 말한다(1989 : 36). 그것은 백인들이 그녀에게 자행했던 범죄 중에서 가장 엄청난 것이었다. 오스트레일리아에서는 백인과의 접촉 이래로, 수많은 어보리진 언어들을 상실했다. 언어의 상실은 이름과 구술 역사를 상실하고 땅과의 결속력을 상실하게 한다. 캐나다와 오스트레일리아의 토착민 어린이들은 식민통치자의 언어와 관습하에서 교육받기 위해 종종 그들의 부모와 떨어졌다. 토착민 어린이들에게는 모국어로 말하는 것이 금지되었고 만약 그것을 어겼을 경우 심하게 처벌을 받았다. 부모들은 그러한 처벌이 반복해서 아이들에게 가해지는 것을 막기 위해 나중에는 자신의 아이들에게 모국어를 가르치는 것을 종종 포기하였다. 언어에는 말하는 사람의 자율권과 존엄성이 총체적으로 관련되어 있는데, 이 두 가지는 식민통치자가 토착어의 언어적 정당성을 거부할 때 사라진다. 언어의 다양한 "가치 체계는 그 근거가 되는 사회적·경제적·정치적 담론 위에서 하나의 체계가 된다."(Ashcroft et al., 1995 : 283) 강요된 언어가 요구하는 권위는 기록되어지지 않은 것은 덮어버리는 공식적인 역사 즉 문자의 권위와 아주 비슷하다. 제국주의 언어의 호명 기능과 명명하는 방식은 토착민과 그들 문화의 권한 박탈을 더욱 심화시킨다. 이전에 구성된 위치와 정체성을 대체하면서 사람과 장소에 영어식 이름을 붙이는 것은, 현실·지리·역사 그리고 주체성을 부분적으로라도 통제할 수 있게 한다. 식민화된 주체에게서 주체성이 기인한다고 말하는 것이나 그것에 대해 질문하는 것은, 과거 주체성이나 자아의 존재를 거부하는 것과 같다. 유럽 언어의 호명 과정은 일반적으로 개인이 기대하고 있는 문화적이고 개인적인 개성화의 필요를 무시한다. 그리고 식민화된 주체를 단순하게 '타자'로 환원시켜 버리는 구성으로 결론이 난다.

그러나 제국 언어의 광범위한 권력은 제국의 권위에 잠재적으로 기생하는 사람들을 위협하는 저항적이고 지역적인 언어를 근절하는데 완전히 성공하지는 못했다. 이제는 여러 다양한 언어들로부터 추출된 하나의 언어만을 사용하는 마오리족 사람들(The Maor people)은, 언어가 얼마나 강력한 힘이 될 수 있는지를 증명한다. 심지어 지배적인 언어가 영어인 뉴질랜드(New Zealand) / Aotearoa에서 대부분의 공공 시설에는 영어 이름이 붙어있지만, 이들은 마오리어식 이름을 자랑스러워한다. '표준영어(Queen's English)'가 이전 대영제국의 과거 식민지들에서 여전히 언어적 기준으로, 심지어는 도덕적 기준으로까지 유지되고 있는 동안에도, 주변의 문화적 변화들처럼 언어 역시 어쩔 수 없이 변한다. 과학 기술과 관련된 단어들 혹은 구어체 단어들의 첨가, 이제는 고어가 된 단어들의 폐기, 그리고 한때 고정되었었던 문법 규칙의 완화 등은 단지 몇 가지 예에 불과할 뿐이다. 게다가 표준영어는 구어체 영어들과 불가피하게 주의를 요하는 경쟁을 한다. 원래 언어가 시간에 따라 변화하는 것처럼, 제국의 언어도 말하는 사람들이 다른 언어에 노출될 때 변할 수밖에 없다. 영어로 '번역되어' 강요된 어휘들보다 토착적인 용어들이 더욱 서술적이고 정확하다. 토착어의 문법적 구조들은 때때로 다른 언어의 문법 구조 속으로 편입된다. 몇몇 식민화된 주체들은 식민 지배자의 영향을 받지 않는 발화 위치를 획득하기 위해, 최소한 형식적인 기록들 안에서라도 강요된 언어를 파기하거나 언어의 특권을 거절한다. 일부 식민화된 주체들은 영어의 어휘나 형식들을 전유하고, 그것들을 토착의 언어나 크리올 언어 안에서 특별한 목적으로 사용하며, 다른 권위를 세우기 위해 언어를 새로 만든다. 또 어떤 사람들은 특별한 지역적 역사를 가진 몇몇의 언어들로부터 어휘나 형식, 문법적인 구조에 토대를 둔 혼합적인 언어를 지속적으로 창조함으로써 언어의 가변성을 강조한다. 타스마니아에서는 언어가 제공하는 장소의 의미(sense of place)를 약간이라도 저장할 수 있는 하나의 토착 언어를 만들어내기 위해, 남아 있는 일곱 개의 지역 어보리진 언어들을 종합하려는 시도가 있었다. 식민화된 주체들의 이러한 전략은 강요된 제국 언어 속에 깊숙이 박혀 있는 유럽의 헤게모니적 권력들을 분산시키려는 몇몇의 방법들이다.

포스트 식민주의 연극 무대는 독특하게도 제국주의에 대해 언어적 저항을 분명히 할 수 있는 반향(反響)적 공간이다. 포스트 식민주의 작용을 고려할 때 그러한 장소는 배우를 훈련시키고 관객들을 조정하면서 식민주의자의 언어를 고취시키는데 도움을 주었던 제국주의 연극과는 정반대이다. 예를 들자면 셰익스피어 연극의 고양된 언어가 자주 식민화된 주체를 방해함에도 불구하고 그것이 연극적 언어에 가장 적합하다는 것은 잘못된 가설이다. 식민화된 주체들이 식민 지배자들의 언어를 아무리 유창하게 구사한다 해도, 유럽의 고전들을 '창백하게' 모방한 것일 뿐 그것들을 연극화하기에는 절대로 '충분하게 훌륭하'지는 않았다. 포스트 식민주의 극작가들은 이제 지역 언어들, 지방의 이형(異形)들, 변경된 기록부들, 그리고 토착적인 액센트들을 선호한다. 이들이 '정확한' 영어의 전파를 방해하기 시작한 것은 제국주의의 영향을 덜 받은 목소리로 말하는 것에 관심을 갖게 되었기 때문이다. 식민지 조우 이전의 과거 언어들을 되찾거나 무대 위에 영어를 다시 드러내려는 방법들은 크게 성공했다. 다양하게 현존하는 토착의 언어들을 무대화하는 것은 식민주의의 권위를 불안정하게 하고 의사 소통의 다른 수단들을 제공한다. 이것은 외견상으로는 순수한 언어이지만 실제로는 아주 불순하고 모방적인 영어인 '표준영어'의 권위에 대해 새롭게 논쟁하게 만든다. 그러나 표준 언어 형식을 비표준적 언어 형식으로 '번역'하는 것에 의해 간단하게 변화의 자물쇠가 열리지는 않는다. 언어는 걸러진 의미를 통해 기본적인 매개 수단이 되지만 언어 그 자체는 의미를 가지고 있는 문화적이고 정치적인 체계로 작동한다. 포스트 식민주의의 무대는 그러한 언어 체계를 선전할 수 있는 주요한 경기장이 된다.

연극은 또한 구술 전통과 역사·문화의 사회적 질서를 전승하는데 필수적인 구어(口語)가 지속될 수 있게 한다. 구술문화들은 언어의 소리와 리듬 그리고 그것에 동반되는 준언어학적 특징들뿐만 아니라, 그것이 말해진 그 지점도 함께 강조한다. 구술 전통에 대한 연극적인 관심은, 많은 제국주의 언어들이 자신들의 진정성을 주장하는 수단으로 사용하는 문자 언어의 독재에 도전할 가능성을 열어 놓는다. 연극이라는 수사학은 구술 담론들을 저장해 놓음으로써, 포스트 식민주의 언어의 구술성이 완전히 실현되는 것을 허락한다. 특히 각각의 공연들이 문자화된 대본의 권위를 거부한 이래로 그런 면이 더 강해졌다. 구술성의 설명적이고 공연적인 모델은 언어가 문자로 쓰여지지 않았다는 것이 아니라 그것이 발음되는 순간에 쓰여질 수 없었던 것들에 주목하게 한다.

구술성의 발언(utterance)은 설명될 수 없지만, 검열에 의해 금지되는 발언들이 공연에서는 암시될 수 있다. 극장과 같이 대중적인 공공장소에서 금기시된 것을 표현하는 것은, 억압적인 상황에 효과적이다. 아파르트헤이트 시기에 고안된 많은 남아프리카 연극들은 전복적인 활동을 할 잠재성의 유무를 오직 언어적인 측면에서만 검열당했다. 그래서 체제에 대한 다양한 저항을 표현하기 위해 연극은 마임과 움직임 그리고 제스처를 사용하였다.[1] 식민지 정복이 남긴 흔적들 가운데 언어상의 방해 요소들은, 검열을 근절하고자 했던 시도들 가운데에서 분명하게 드러난다. 렌드라(Rendra)의 〈나가족의 투쟁(*The Struggle of the Naga Tribe*)〉에서 달랑(dalang)*[2]

---

1) 오르킨(Orkin)은 이 시기의 많은 원고들이 검열 때문에 쓰여지지 않았다고 말한다 (1991 : 16). 후가드(Fugard), 카니(Kani), 웅트쇼나(Ntshona)가 만든 「섬(The Island)」은 검열을 피할 수 있는 방법을 알려준다. 연극은 대본으로 쓰여지는 것임에 반해 첫 장면의 은유적인 마임은 대본에 기록되지 않았기 때문에, 감금에 대해 비합법적으로 토론하는 것이 검열 당하지 않도록 막아주었다(1991 : 166). 남아프리카 아파르트헤이트 체제의 가해자들은 언어 통제가 결국은 정치적·사회적·인종적 통제에 해당한다는 것을 분명히 인식하고 있었던 반면, 무대와 특히 무대 위의 신체가 전달하는 의미작용과 의사 소통의 기능들은 분명하게 이해하지 못했다.

2) 인도네시아에서 흔히 볼 수 있는 전통 공연으로 경조사 때 신이나 조상에게 바치기 위한 것이다. 전통 공연은 본래의 의미를 간직한 채 관광객을 위해 종종 행해지고 있는데, 그 대표적인 것이 그림자극인 와양(Wayang)이다. 인도네시아의 전통 공연인 와양은

은 명랑한 태도를 취하면서 이 연극이 인도네시아에 관한 것이 아니고 아스티남이라는 허구의 왕국에 관한 것임을 관객에게 충분히 재확인시킨다. 그러나 나중에 아비바라(Abivara)의 삼촌은 '틀린' 언어 속으로 '미끄러져' 들어간다. 자신의 조카 친구에게 "그는 인도네시 …… 아니 그러니까 내가 말하려는 건 아스티남어야. 그는 아스티남어를 할 수 있니?"라고 묻는 장면은 1975년 자카르타 초연에서 관객들이 공모자의 웃음을 짓게 만들었다(Lane, 1979 : 19, note 24).[3] 오스트레일리아의 작가인 알렉산더 부조(Alexander Buzo)가 당시에 많은 오스트레일리아인들이 사용하던 속어(vernacular)를 연극에서 활용한 것은 정부를 자극하려는 것보다는 사회의 보수적 감수성을 변경하려는 의도에서였다. 1968년에 초연에서 몇몇 배우들이 구속되었던 연극 〈아흐메드와 규범(Norm and Ahmed)〉에는 'fuck'이라는 단어가 사용되었다. 이 단어가 오스트레일리아의 정세를 통제하려는 영국에 대해 반항하려는 진지한 시도였든 아니었든 간에, 오스트레일리아가 상징적인 독립을 선언하였기 때문에 그것은 민족주의운동으로 해석되었다. 배우들이 구속된 후 시위가 발생했고, 이런 일련의 사건은 오

여러 종류가 있다. 그림자극의 형식을 취한 '와양 꿀릿(Wayang kulit)'이 가장 많이 공연되고 있으며, 그밖에도 서부 자바 지역에서 성행하는 '와양 오랑(Wayang orang)'도 있다. 이것은 와양 꿀릿에서 파생된 것이다. 자와 지역에서는 전통 공연인 '와양'이 보통 밤 8시경에 시작되어 그 다음날 아침까지 계속 공연되고, 발리 지역에서는 보통 밤 8시에 시작되어 자정이 지날 때까지 쉬지 않고 계속된다. 달랑(Dalang)이라 불리는 연출가는 혼자서 50여 종류가 넘는 다양한 인형을 이야기에 맞게 연출하는 동시에, 달랑 뒤에 자리잡은 가멜란 악기의 연주자들에게 여러 가지 지시를 한다. 달랑의 이야기는 때때로 통렬한 사회 풍자를 담은 즉흥 대사도 섞어가면서 장장 수 시간씩 계속된다. 따라서 달랑은 강인한 체력과 위트에 능한 두뇌를 필요로 한다. 와양은 원래 관객을 모아놓고 공연하기 위한 것이 아니고, 경・조사 의식이 있는 장소에 달랑이나 가멜란 연주자가 찾아가서 공연하는 것이다. 그러나 오늘날에는 때와 장소를 가리지 않고 관광객을 위해 공연하는 것이 일반적이다. (역주)

3) 랜드라의 작품은 다양한 검열의 표적이었다. 동시에 그의 모든 연극들은 만들어지기도 전에 인도네시아 경찰의 승인을 요구받았다. 그는 1974년부터 1977년까지 요가카르타(Yogyakarta)에서 공연하는 것을 금지 당했고, 1978년 그가 구속된 이후 몇 년 동안 매체에서는 그의 활동을 보도하는 것조차 허가되지 않았다(1979 : 3, note 2).

스트레일리아 검열 법규들이 완화되도록 도왔다. 1960~70년대의 많은 다른 오스트레일리아 연극과 더불어 〈아흐메드와 규범〉은 지역 무대 위에, 독특한 숙어적 표현이나 압운속어와 통합 영어의 구어적이고 은유적인 오스트레일리아 '방언'을 '합법적'인 것으로 확립하였다.

언어가 검열 투쟁의 주요 지점 중 하나로 작용하는 반면, 한편에서는 정치적으로 설명된다. 포스트 식민주의 맥락 안에서 언어의 작용(agency)은 다른 언어가 영어에 종속되는 것에 한정되지 않는다. 또 영어를 사용하는 작가들이 영국의 권위에 반드시 찬성하는 것은 아니다. 필수적인 언어의 다양성과 자유를 바탕으로 남아프리카에는 11개의 공식 언어가 존재한다. 하지만 영어의 공통성, 영어와 아프리칸스*⁴⁾의 차이는 영어가 훨씬 더 광범위한 관객들에게 전달 가능하다는 것을 보증한다. 침묵이라는 중요한 연극적 언어를 포함하여 지배적인 코드와 결합하거나 그것을 전복하는 다른 층위의 언어들은 포스트 식민주의 언어에 대한 토론에 있어 결정적인 것이다. 심지어 '오직' 영어만을 사용하는 연극에 있어서도 정치적인 진술들은, 구술 전통과 같은 다양한 수사적 장치들에 의해 표현된다. 또한 노래는 언어가 '의미하는' 것을 바꾸어버리는 방식으로 언어 작용에 영향을 미친다. 무대 위의 침묵은 변경, 차이, 그리고 자율성과 같은 포스트 식민주의의 담론을 표현하는 데에 강력하고 효과적인 수단이 된다. 어조·리듬·음역·어휘와 같은 언어적 표지들의 신중한 배치는, 역사 다시쓰기나 무대에 정치적으로 삽입된 프롤로그와 같은 여러 정치적 저항들을 촉발할 수 있다. 포스트 식민주의 연극에서 전략적인 언어 사용은, 식민화된 민족들과 그들의 독특한 의사 소통 체계들 속으로 무대 위의 활동과 힘의 감각을 재투자하도록 도와준다.

---

4) 17세기 네덜란드어에서 전화(轉化) 발달한 남아프리카 지방의 통용어로, 남아프리카 공화국의 공용어의 하나이다. (역주)

토착어와 번역

연극 예술이 자신의 언어를 선택하는 것은 그 자체가 정치적인 행위이다. 연극이 하나 이상의 언어를 선택하는 것은 연극의 언어 매체뿐만 아니라 많은 경우 거기에 수반되는 관객들까지도 결정한다. 예를 들자면 응구기 와 씨옹오(Ngũgĩ wa Thiong'o)는 그의 연극이나 소설, 평론을 영어 대신 기쿠유(Gĩkũyũ)어로 쓴다. 왜냐하면 그의 작품들은 주로 케냐 사람들을 위해 쓰여진 것이기 때문이다. 유사하게 줄루(Zulu)족의 남아프리카 공연들 중에서 나탈 노동자 극단(Natal Workers Theatre)은 노동자 계층인 흑인 관객의 구어체 담론을 반영하려고 기획되었다. 이 연극 집단은 거창한 대사로 대본을 쓰기보다는 "일상적인 언어 속에서 생각을 풀어놓으며, ……'초월적인' 외국어로 말하는 것이 아니라, 줄루어도 무대 위의 언어가 될 수 있음을 보여준다."(von Kotze, 1987 : 14) 미셸 트렘블레이(Michel Tremblay)가 퀘벡에서 자신의 작품을 영어로 출판하는 것과 관련된 엄청난 판권을 최근까지도 거절한 것에 의해 증명된 것처럼, 언어의 전략적 선택은 연극 대본의 초고와 같은 연극의 문자 생산 안에서 실천될 수 있다. 그는 자신의 작품이 다른 캐나다 지방에서 상연하기 위해 번역되는 것은 허락했지만 자신의 고향에서는 오직 프랑스어로만 상연되기를 주장했다. 트렘블레이는 그 당시에 공공연히 사용되는 영어에 의해 제한을 받는 프랑스어의 불안정한 자율권을 유지하고자 하는 활발한 시도들을 계속했다. 그래엄 셰일(Graham Sheil)의 「발리-아다트(Bali : Adat)」라는 인쇄 텍스트는 언어적 차이에 기반한 창작물이다. 출판된 책에는 발리의 단어와 표현들이 흩뿌려져 있는 영어 텍스트가 페이지의 한 쪽에 인쇄되었고, 셰일의 원본을 인드라와티 자피르다우스(Indrawati Zifirdaus)가 번역해서 완전하게 인도네시아어로만 표기된 버전이 그 반대 면에 인쇄되었다. 인도네시아어를 사용함으로써 출판 텍스트상의 영어는 특권을 부여받지 못했다. 이 연극은 영어로 두 번 상연되었고 이후 인도네시아어 공연을 계속했다.

작가가 영어 대신에 토착 언어를 선택할 때, 그(녀)는 강요된 표준 언어의 우월성에 굴복하거나 그것이 담고 있는 '사실성(reality)'에 찬성하는 모든 태도를 거절하는 것이다. 토착어들은 대체로 식민화 이전 문화의 본래적 산물이었던 것으로, 원래의 문법 구조와 기본적인 어휘들을 유지해오고 있다. 물론, 언어는 고정된 채로 남아 있지 않는다. 말하는 사람들이 '외래' 어휘에 적응하고 경험의 변화된 질서를 설명할 새로운 언어를 개발하는 것처럼, 주로 어휘 차원에서 변화를 겪는다. 식민주의적 권위들이 특히 공적인 장소에서의 토착어 사용을 제한하는 것을 볼 때, 무대 위에서의 토착어 사용은 저항의 행위와 문화적 독립을 회복하려는 시도로 재현될 수 있다. 언어는 기호학적인 용어들 안에서 다른 모든 연극적 기표들과 동시에 공명한다. 하지만 연극이 '의미하는' 것을 통해 관객들에게는 언어가 가장 기본적이고 중요한 체계로 보여질 수 있다. 식민화된 사람들은 정확한 영어만이 무대화될 가치가 있는 유일한 언어라고 오해하기도 한다. 식민화된 사람들이 자신들의 모국어로 말해지는 대화를 들을 때, 그들은 자신들의 문화와 경험에 아주 특별한 관계가 있는 문자적이고 수사적이며 정치적인 구조를 통해 그것을 이해한다. 그러므로 무대에서의 토착어 사용은 "영국식의 '규범'과는 거리가 먼 가치들, 그래서 결국에는 '규범' 자체의 헤게모니적인 중심성을 바꿔버리는 가치들을 끌어내고 지역화한다."(Ashcroft et al., 1989 : 37)

일부의 포스트 식민주의 극작가들은 제국의 언어를 거의 삼가는 반면, 많은 극작가들은 토착 언어가 텍스트 속으로 협력해 들어갈 때 필연적으로 수정되고, 전복되고, 탈중심화되는 제국의 언어를 기본적인 언어 코드로 사용한다. 토착민 작가들이 백인 관객들에게 말을 거는 것과 동시에 자신들의 토착어를 회복하려고 시도하는 것은, 정착민 식민지에서 일반적인 일이다. 이 토착어들은 글로 쓰여서 설명되는 것이 아니라 연행되어지기 때문에, 비토착민 관객들은 의미를 '이해하지'도 못하고 어떤 단어들이 쓰여졌는지 상상할 수도 없는 맥락 속에서 토착어들은 급진적인 변화 가능성을 주장한다. 월터 옹(Walter Ong)이 제안한 바대로 언어를 읽고 쓰는 조절 감각은 글쓰기에서의 시각적인 변형과 밀접하게 관련되어 있다(1982 : 14). 연극은 구술문화 안에 기록된 문화의 헤게모니에 저항할 수 있는 중요한 위치를 제공해준다. 왜냐하면 공연은 쓰여진 문자 담론보다 말해지는 구어 담론을 강조하기 때문이다. 게다가 주석이 달리지 않은 토착어의 사용은 백인 관객과 원주민 연행자들 사이에 간극을 형성하는데, 그것은 언어의 무한한 전달 가능성을 정면으로 반박한다(Ashcroft 1989a : 72).

　동시대 뉴질랜드의 마오리 연극을 특징짓는 요소 중의 하나는 국가적인 전체 문화 안에서 가시적인 정치 윤곽을 가진 지역 언어의 사용이 증가하고 있다는 것이다. 존 브라우튼(John Broughton)의 「죄악(Te Hera : The sin)」(1988)은 그동안 소외되었던 마오리 어휘들을 사용하고 있지만, 연극의 마지막 부분에서는 애도곡을 부르는 방식으로 연극 내내 지속되었던 언어적 용법을 변화시킨다. 이와 비슷하게 레나 오웬(Rena Owen)의 「테 아와 이 타후티(Te Awa I Tahuti)」에서도 마오리 언어는 말해지기보다 노래되어지는 경우가 더 많다. 노래 형식들을 통해 마오리어의 기능은 더 다양해진다. 주인공 토니(Toni)는 호명받는 것을 거부하고 그녀의 분노를 표현하며 반갑지 않은 카운셀러를 전통적인 방식으로 환영하는 연기를 아이러니컬하게 하기 위해, 노래를 부르기 시작한다. 비록 단어의 형태는 아니더라도 노래의 곡조는 식민화 기간에도 살아남기가 수월하기 때문에, 노래는 토착 언어를 무대화하는 데 있어 분명히 효과적인 수단이 된다. 억압받고 감추어진 언어에 정통할 수 없는 마오리족 관객들에게 노래는 인지되기도 쉽다. 그러나 마오리 연극에서 토착 언어를 사용한다는 것은 식민지 조우 이전부터 불려지고 유지된 노래 이상의 것을 포함한다. 토니는 그녀의 어린 시절을 추억하기 위해 마오리어를 다시 사용하며, 그녀의 치유적인 꿈속에 출현한 할아버지와 마오리어로 의사 소통한다. 이런 맥락에서 보면 언어는 기억과 연결되기 쉽다. 언어는 그 자체로 의미 있는 지점이자 과거의 충만함[5]과 직접적으로 연결되는 통로 기능을 하고, 그렇기 때문에 회복되어진 마오리문화를 예시하는 전조가 된다. 로어 하피피(Rore Hapipi)의 〈대지의 죽음(Death of the Land)〉과 혼 투와레(Hone Tuwhare)의 〈모자도 없이 황야에서(In the Wilderness without a Hat)〉에서, 마오리어는 부족의 족보인 '와카파파(whakapapa)'를 낭송하는데 사용되는 공식 언어와 함께 사랑받는 구어적 언어이다. 투와레의 연극에서 조상들(ancestral figures)은 예외적으로 그들의 근엄을 강조하면서 마오리어를 사용하는데, 말걸기라는 친근한 형식은 마오리어가 역사적 맥락이나 신성한 맥락에서만 존재할 것이라는 의미를 제거해준다.

이러한 일련의 연극들이 제안하듯이, 뉴질랜드에서 마오리어는 문화적 유산인 동시에 살아 있는 언어의 일부로 무대화된다. 동시대 토착 인물의 입을 통해 드러나는 이 마오리어는 결속을 표현하고, 과거를 교정하며, 비언어권자에게는 차단되어 있는 언어적 입지를 형성해낸다. 그러나 대부분의 마오리족 사람들조차 마오리어를 유창하게 구사하지는 못하기 때문에, 일부 관객들에게 마오리어는 오직 '역사'와 그 역사에서 폐기된 과거를 의미한다. 마오리어의 의미들을 확대하기 위해 마오리어의 '분절(articulation)'을 보조해줄 다양한 연극적 방법들이 고안되었다. 투와레는 〈모자도 없이 황야에서〉에서, 마오리어 대사가 말해지자마자 동시에 그것을 무대 뒤에서 통역해준다. 브라우튼의 연극은 액션이 이루어지는 맥락 안에서 모든 마오리 단어를 실질적으로(virtually) 설명해준다. 백인(Pakeha)들과 마오리어를 사용하지 않는 관객의 요구를 받아들여서 이런 식으로 번역해주고 맥락을 설명하는 것이 자립적인 언어로서의 마오

---

5) 이것은 입증할 수 있는 과거를 구축하고자 시도하는 진부한 역사에 대항해서, 피에르 노라(Pierre Nora)는 현존의 왕국(그것은 현재 안에서 기억되어진 것만으로 구성되어 있다)과 같은 기억의 개념을 호출해낸다(1989 : 8).

리어 기능을 부인할 위험이 있다. 그럼에도 불구하고 토착어는 대안적인 언어로 사용되고 번역 자체는 두 언어들 사이의 간극을 전면에 내세우는 것이라고 주장할 수 있다. 다른 마오리 연극에서는 그런 명백한 맥락화, 마오리어를 단순히 근접학적이고 동작학적이게 하는 것, 덜 강제적인 방식으로 '말하는' 연극적 규범 등을 회피하기도 한다. 일부의 텍스트들은 글을 번역하고 해석하는 것을 거절하는 태도에 더 관심을 갖는다. 규범적 언어의 권력 구조에 대한 이러한 반전은 토착 언어의 가치를 안정시키고, 우세한 영어권 발화자를 압도할 수 있는 특별한 일부 관객에게 특권을 주기 위해 고안되었다. 혼 코우카(Hone Kouka)의『마우리 투 (*Mauri Tu*)』는 언어의 전복을 강조하기 위해 연극 가운데 의식적으로 삽입된 직접적인 말걸기를 이용한다. 통역하지 않고서 마오리어로 긴 연설을 한 후에, 마티우(Matiu)는 관객 가운데 있는 백인(Pakeha)에게 다음과 같이 묻는다. "마오리 사람이 자신의 모국어로 말을 하는 게 어떻습니까……. 혹시 당신은 마오리어를 듣자 마자 바로 흥미를 잃게 됩니까? 여기서 들어보십시오, 잘 들어보십시오 대부분의 우리들은 늘 이런 알아들을 수 없는 불가해함 속에 살고 있습니다."(1992 : 21) 이 특별한 문장은 대부분의 장면들처럼 행동으로 번역되어지지 않으며, 마오리어를 사용한 연설자는 어떤 설명적인 신체 움직임을 만들거나 비언어권자들에게 맥락을 분명하게 이해시켜 줄 제스처를 취하지도 않는다. 마티우가 암시하듯이 수세기 동안 영어에 의해 침해된 언어의 권위는 더 이상 자동적으로 효과를 발휘할 수 없다. 영어권 화자와 관객들은 영어 사용에 대한 기대와, 자연주의 연극에 대한 기대치를 엎어버리는 불화와 오해를 참아내라는 압력을 받게 될 것이다. 억압된 어휘들은 어떤 종류의 의사 소통을 방해할 수도 있고, 그런 장면들은 의미전달을 하는데 수동적 매개체인 언어의 허위적 명료성에 의문을 표할 수도 있다.

어떤 경우에 비언어권자들이 이해할 수 있도록 단어와 대화의 일부에 여러 가지 방법으로 주석이 달리기도 하지만, 연극적 기획에 의해 의미의 모든 층위가 제공되는 것은 여전히 거절된다. 언어 규범들의 이런 신중하고 다층(多層)적인 표현은 토착민 극작가나 연행자에 의해 훌륭하게 고안된 것이다. 주로 백인 관객들을 위해 그렇지만 전적으로 백인관객만을 위해서는 아닌 작품들 속에서, 일반적으로 이런 표현들이 이루어진다. 밥 하쥐(Bob Hodge)와 비제이 미쉬라(Vijay Mishra)는 잭 데이비스의 〈드리머(*The Dreamers*)〉를 분석하면서 니웅가(Nyoongah)*6) 어휘들 속에 감춰진 코드가 있다고 주장한다. 그 감춰진 규범은 연극 안에서 흩어져 버리며, 때때로 대화와 행동을 통해 변형되기도 한다는 것이다. 주목할 것 중의 하나는 출판 텍스트 안에 첨부되어 있는 용어해설집에 따르면 'gnullarah'라는 단어가 양의적으로 '우리는(we)'과 '우리의(our)'를 모두 의미한다는 사실이다. 그러나 이 단어가 단순하게 영어의 대명사에 상응하는 것은 아니다. "예외적인 형태로 '우리는'은 화자를 집합적인 자아로 다른 사람들과 연결시키지만, 특별하게도 우리라는 '정체성'으로부터 청자는 제외시킨다."(Hodge and Mishra, 1991 : 207) 다시 말하면 'gnullarah'는 "관객을 '타자'라는 하나의 범주로 일괄적으로 뭉뚱그려서, 사회를 두 개의 대립적 그룹으로 분리한다."(1991 : 207) 오직 니웅가 언어를 유창하게 쓰는 관객들만이, 니웅가 화자들과는 다른 식으로 비토착민 관객이 구성되어진다는 것을 의식할 수 있다. 종종 유머야말로 정확하게 이런 방식으로 작동한다. 유머의 독특한 의미론적 내용은 다른 청자들은 제외하고 몇몇의 청자들에만 아이러니와 이중의미(double entendre), 어떤 뉘앙스, 그리고 잠재적인 익살의 의미들에 접근할 수 있도록 허락한다. 이렇게 볼 때 유머는 언어의 문화적 코드이다. 톰슨 하이웨이(Tomson Highway)는 크리족(Cree)*7) 언어가 자동적으로 자신의 연극에 "당신이 크리어를 사용할 때, 당신은 끊임없이 웃는다"라는 유머러스한 서브 텍스트를 부여해 주었다고 말하면서, 크리어의 예외적 기능을 언급하였다(1992a : 27). 그 결과 크리어를 사용하

---

6) 오스트레일리아 서부 해안에 수천 년 간 살았던 부족. (역주)
7) 캐나다 중앙부에 살았던 아프리카 원주민. (역주)

지 않는 화자들은 등장인물들의 인식의 세계에서와 마찬가지로 사회의 바깥쪽에 위치지어졌다. 토착어에 의해 만들어진 다층적 의미화는 단일한 권위에 대한 어떤 특별한 담론의 요구도 희석시킬 뿐만 아니라, 제국주의 언어에 적합하지 않고 또 제국의 언어로 번역되어질 수 없는 새로운 주제들이 개입할 수 있도록 개방한다.

19세기 동안에 정착식민지로 비영국계 이주자들이 유입되면서 여타의 주변화된 언어가 무대에 오를 수 있었고, 그것은 결국 영어의 헤게모니를 파괴시켰다. 여러 연극들이 보여주고 있듯이 이주는 물리적이고 문화적인 이탈과 함께 일반적으로 언어의 치환을 포함하고 있다. 오스트레일리아의 테스 라이시오티스(Tes Lyssiotis)나 캐나다의 구일레모 베르데키아(Guillermo Verdecchia)가 이주의 경험을 독특하게도 '이중 시선'으로 표현한 것처럼, 대사와 해설을 함께 제시하는 것은 지배적 영향력을 가진 사회에 이질적인 풍경이다.[8] 테스 라이시오티스의 〈더 포티 라운지 카페(*The Forty Lounge Café*)〉는 그리스인들의 오스트레일리아 이주 경험을 연대기화하고, 투쟁의 핵심 지점에 언어를 내세운다. 연극은 앵글로 오스트레일리아인 관객들 앞에서 그리스어 단어들과 어구들을 거의 설명이 필요하지 않은 자명한 언어로 무대화함으로써, 두 문화 사이에 언어적 간극을 감소시킨 것으로 보인다. 예를 들자면 아이리니(Irini)는 자기 동생에게, 동생의 구혼자가 동생에게 어울리지 않는다며 "그를 잊어. 그 집안에 나쁜 피가 흐르고 있어. Ξέχασε τον[그를 잊어]"라고 말한다(1990 : 20). 지배적인 언어에 대한 분명한 양보에도 불구하고, 공연 텍스트는 통역되지 않는 무수한 노래들 속에 변경의 기호들을 간직하고 있다. 노래들은 그리스어권 관람객들과 아마도 우연하게 소통할 수 있는 지점이면서, 오직

---

8) 사이드(Said)는 망명이나 이주의 '거주 방식, 새로운 환경에서의 표현이나 활동은 불가피하게도 다른 환경하에서의 그것들의 기억과 대치하면서 발생한다. 그래서 새로운 환경이든 오래된 환경이든 간에 모두 생동감 있고 활동적이며, 대위법적으로 함께 발생하는데' 이것들은 혼란스러울 뿐만 아니라 유쾌하기도 한 이중의 광경을 이끌어 낸다고 주장한다(1990 : 366).

영어만을 사용하는 화자들의 언어를 붕괴하는 특별한 지점으로 작용한다. 오역(mistranslations)에 대한 우리의 부가적인 관심은, 의미론적이고 관용적인 의미들 사이에 있을 수 있는 차이들을 전면에 내세우면서 어떤 사람이 연극의 통합된 언어 코드를 복잡하게 하는 새로운 언어를 배울 때 발생한다. 심지어 새로운 환경에 상당히 빨리 적응한 소니아(Sonia)조차도 영어로 말하려고 할 때에는 결정적인 실수를 하곤 한다.

> 소니아 : 너는 반가운 사람을 만났을 때, 뭐라고 말하는지 아니?(You know what you say when you meet someone you're happy to see?)
> 일레프테리아 : 안녕(Hello nice day).
> 소니아 : 안녕. 나의 반가움은 매우 커(Hello. My glad is very big).
>
> (1990 : 24)

오직 하나의 언어에만 익숙해진 오스트레일리아인들에 의해 사용되는 영어는 그 자체로 학습되어진 것이 분명한, 신기한 혼성(hybrid)의 모습으로 드러난다. 상투어(cliché), 오스트레일리아식의 은유, 압운 속어, 그리고 축약어들이 섞인 '영어'는, 앞으로 영어를 사용할 사람들에게도 이중으로 낯설게 제시된다.

주로 영어로 쓰여진 연극들에 토착 언어와 소위 '외국어'라고 하는 두 가지 언어가 침윤될 때, 진정성에 대한 질문은 더욱 곤혹스럽다. 빈센트 오설리반(Vincent O'Sullivan)의 〈슈리켄(Shuriken)〉은 1940년대 초반 뉴질랜드에 강제 수용된 일본인 전쟁 죄수에 관한 작품이다. 마오리족 등장인물들을 일본인과 분리되어 수용된 뉴질랜드 백인 군인들과 구별하기 위해, 여러 개의 언어적 층위들을 무대화했다. 언어적 경계선에 따라 등장인물들을 외관상으로 깔끔하게 구별지은 것은, 두 가지 언어를 자유롭게 구사할 수 있고 그렇기 때문에 두 경계를 넘나들 수 있는 몇몇의 등장인물들에 의해 흐트러졌다. 그러나 이 연극에서 제시하고 있듯이 뉴질랜드 군대와 일본인 전쟁포로(POWs, prisoners of war)들이 그들 사이의 가장 큰 장벽이 언어라고 생각하는 것을 경계함에도 불구하고, 언어적인 교차가 언제나 이해심이나 문화적 관용을 이끌어내는 것은 아니다. 언어가 장벽을 해체하는 것이 아니라 종종 장벽을 쌓는 데에 배치된다는 지적은, 폼(Pom)이 일본인에게 영어 욕설을 가르쳐주고 나서 그의 말을 따라하는 일본인을 비웃는 것에서 충분히 설명되어 진다. 여기서 폼은 사악한 프로스페로와 다르지 않다. 연극 안에서 각각의 문화적 그룹의 구성원들은 '언어'를 이해하려는 시도를 통해, 왜 '타자'가 그렇게 수수께끼 같은지를 밝혀보려고 한다. 일본인 죄수가 왜 자살을 했는지 알기 위해 애쓰는 뉴질랜드 관료들에 대한 장면은, 극단적으로 단순화한(simplistic) 통역에서 오해가 비롯된다는 것을 분명하게 보여준다. 그 장면에서는 복잡한 문화적 차이들간에 다리를 놓으려고 시도하지만, 언어들 사이에 매개체가 불충분하다. 관객들은 죽은 육신을 위에서 내려다보는 네 사람을 보게 되는데, 그들 위에는 노(能)*9)가면을 쓴 영혼이 그림자처럼 드리워져 있다. 관객들을 위해 노(能) 영혼이 영어로 통역되어지는 동안, 아다치(Adachi)의 일본어 대사는 죽은 사람의 생각을 표현한다. 한편 일본어를 사용하는 뉴질랜드 사람 티니(Tiny)는 그 똑같은 대사를 자신의 상관들에게 통역한다. 죽은 사람의 말이 각각 다르게 통역되면서 그 간극은 두 문화 사이의 분열의 환유가 되고, 이렇게 다층화된 통역 장면은 어떠한 특별한 번역도 완벽하게 진실한 것이 아니라고 주장한다. 티니가 자신의 특별한 배경과 관련된 정보만을 전달하기 위해 요약 통역을 하는 반면, 가면 쓴 영혼은 관객들의 편의를 위해 의미를 정성스럽게 설명하는 것처럼 보인다. 타이(Tai) 마오리족(Maori)의 비가(悲歌)를 포함하여 다른 문화의 영향을 받은 연극 대사의 '완벽한' 통역은 있을 수 없다. 〈슈리켄〉은 별개의 언어 체계들이 그들 각자의 정치적이고 연극적인 기능(agency)을 하며, 그것들은 다른 언어 체계 속으로

---

9) 노(能)는 14세기에 일본에서 성행했던 가극으로, 무사 계급이 즐겼던 전통 가면극임. (역주)

섞여 들어갈 수 없다는 것을 증명한다. 동시에 그들의 대화적 상호작용은 모든 의미화의 임시성(provisionality)을 무대화하는 공연상의 메타 언어를 생산한다.

어떤 연극들은 지배적인 한 언어만 구사하는 관객들 앞에서 '외국어'를 재현하기 위해, 발화의 두 층위를 구별하는 '이중청취(double hearing)'의 역설적 과정 속에 구경꾼들의 참여를 유도한다. 제니스 발로디스(Janis Balodis)의 〈죽기에는 너무 젊은(*Too Young for Ghosts*)〉은 완전하게 영어로 쓰여졌고 영어로 공연되었지만, 지금 살고 있는 오스트레일리아의 언어와 자신의 모국어를 함께 '말하는' 라트비아(Latvian)*10) 등장인물을 형상화한다. 발로디스는 두 담론을 언어적으로 분리시키기 위해 특별한 공연상의 테크닉을 배우들에게 요구한다. 배우들은 자신들의 배역이 영어로 이야기할 때는 강한 액센트를 사용하지만, 그 동일 배역이 원주민의 라트비아어를 말할 때는 액센트를 없앤다. 라트비아어를 사용하지 않는 등장인물들은 이때 그들을 '이해하지' 못한다. 등장인물들은 모두 영어로만 얘기하고 있고 관객들도 이들의 언어가 영어라는 것을 인식하지만, 등장인물들끼리 서로를 '이해하는데' 실패한다. 이것은 그들이 영어를 적극적으로 다른 어떤 것으로 구성하기 때문이기도 하지만, 궁극적으로 '의미'가 언어적 계획의 일부에 불과하다는 것을 전면에 내세우는 것이다. 또 다른 층위에서 라트비아어의 출현과 부재는, 텍스트에서는 환기되지만 실제적으로 무대에서는 전혀 보이거나 들리지 않는 어보리진 사람들의 언어적 주변성을 암시한다.

대영제국의 가장 오래된 식민지인 아일랜드에서는 게일(Gael)*11)어를 사용하는 화자들에게 영어가 강요되었을 때, 언어적 자율권의 상실에 직면하게 되었다. 브라이언 프리엘(Brian Friel)의 〈통역(*Translations*)〉(1980)은 영국 군대가 제국적 기준에 맞춰 아일랜드의 지명을 영국풍으로 바꾸려고

---

10) 라트비아 공화국, 1940년 옛 소련에 병합되었다가 1991년 독립. (역주)
11) 스코틀랜드 고지의 주민으로 드물게는 아일랜드의 켈트족도 여기에 포함된다. (역주)

시도했던 교활한 전략들을 자세히 묘사한다. 〈통역〉에서, 심지어 발로디스의 라트비아어보다 자의식이 약한 방식으로 게일어를 사용하는 아일랜드 사람들은, 영국 군인들이 그렇게 하듯이 완벽한 영어로 대화를 한다. 따라서 관객들은 모든 것을 이해할 수 있다. 하지만 서로의 말을 이해하는데 무능한 등장인물들을 무대에 올림으로서 혼란을 초래했고 이것은 언어를 이해하는 것이 다른 문화를 이해하는 첫 걸음이라는 것을 지적한다. 이 연극은 특히 수많은 통역 장면들에서 언어의 미끄러짐을 예증하였다. 랑시(Lancey)대장이 아일랜드 사람들 앞에서 연설한 것을 오웬이 명백하게 왜곡해서 통역한 것이 보여주듯이 언어는 의미론적인 통로들을 통해서가 아니더라도 어떤 정보를 전달함에 있어 해체를 가능케 한다.

> 랑시 : 국왕 폐하의 정부에서는 첫 번째로 이 나라 전체의 포괄적인 조사를 명령
> 하였다. 일반적인 삼각측량은 세밀한 수도측량술의 정보와 지형학의 정보
> 를 포함할 것이며, 영국 마일(mile)과는 6인치의 비율로 실시될 것이다.
> 오웬 : (통역해서) 전 국토를 대상으로 하는 새로운 지도가 만들어질 것이다.
>
> (1984 : 406)

오웬이 랑시의 '공식 표명'을 요약하고 간략화한 것처럼, 오웬은 불길한 함축을 감출 뿐만 아니라 간결한 통역을 통해 연설의 수사적 힘을 뒤엎어버린다. 일반적으로 번역가는 번역해야 할 자료를 지배한다. 이 장면은 번역이 권력 작동을 포함하고 있고 언어가 '세상에 대해 말하지 않을' 능력과 '그것을 다르게 말할' 능력을 갖고 있음을 분명하게 증명한다 (Steiner, 1975 : 35). 따라서 번역이 무엇을 말해야 하는지 그리고 무엇에 대해 침묵해야 하는지 질문하는 것은 중요하다. 질문은 프리엘의 연극뿐만 아니라 헤게모니적 규범의 권위를 겨루기 위해 계획된 비영어권 언어로 만들어진 다른 여러 무대에도 해당된다.

토착화된 언어들

더 이상 대안이 없기 때문에 영어로 작업하는 것을 선택하거나 영어 사용을 강요당한 극작가들의 경우, 제국적 기준을 단순히 모방하는 수준에 그치지는 않는다. 소잉카가 주장했듯이, 포스트 식민주의 작가들은 비록 자신들의 경험이 언어의 개념적인 관용구 안에서 공식화되지 않더라도 그 경험의 부담을 견뎌내라고 요구받는 것처럼, "언어를 강조하고, 늘이고, 충돌시키고, 압축하고, 해명하지 않고 언어를 파편화하거나 재조합할 것"을 강요받는다(1988 : 107). 이런 토착화의 과정이 '점령'문화 안에서는 한층 더 급진적인 것임에 반해, 정착자사회는 제국의 언어를 전유하고 그것을 새로운 맥락의 우연성들에 적응시킨다. 어느 쪽의 경우든 그 결과는, 발음뿐만 아니라 어휘상으로도 의미상으로도 모두 표준 영국 영어에서 갈라져 나온 생산물로서 문화적으로 다양하게 구분된 영어들(Englishes)이다. 이러한 지역어들(방언들)은 그 문화의 이야기를 무대화하고 관심사들을 말하는 과정에서 특수화된 매개체들을 제공할 수 있다. 언어가 광범위한 사회 영역을 지배해온 것처럼 상이한 영어들을 사용하는 것은 그것이 제국어의 특권을 거부하는 효과적인 수단이 된다.

연극 대사의 사회적 언어 사용 영역을 변경하는 것은, 영어의 압도적인 힘을 변화시키는 가장 쉬운 방법 중의 하나이다. 영국이나 미국 연극에서는 오히려 영어라는 공식적인 사회 방언에 집착하지 않는 풍부한 예들을 발견할 수 있는 반면에, 식민화된 많은 문화들은 무대 언어가 항상 절제되고 '적합한' 영어이어야 한다는 강박 관념에 사로잡혀 있다. 포스트 식민주의 연극은 이런 패러다임을 논박하고, 공용어의 광범위한 기호 아래 서 움직이고 있는 많은 다른 서사들에 목소리를 부여하려고 한다. 이때에 조성, 화법, 강세, 음조의 변화, 그리고 리듬과 같은 발화(speech)의 공연적인 측면들은 아주 중요한 도구들이다. 왜냐하면 그것들이 제국적 기준의 특권화된 코드를 폐지하는 사회적 언어 사용 영역을 만드는데 이용될 수 있기 때문이다. 특히 효과적인 전복의 형식은 그들이 언어적 규약(code)의 모든 방식을 꽤 잘 이용할 수 있다는 것을 보여주면서, 기록물들 안에서 언어 사용의 다양한 층위를 구사하는 것이다. 특히 그것은 전략적으로 특정한 것을 선택할 때 발생한다. 로버트 메리트(Robert Merritt)의 〈케이크맨(The Cake Man)〉(1975)은 수다스러운 어보리진(Aborigine) 출신 나레이터 스위트 윌리엄(Sweet William)이 자기 소개를 장황하게 늘어놓는 대목에서 언어적 변환의 탁월한 예를 제공한다. 스위트 윌리엄은 번갈아 가며 이야기꾼, 가수, 성경 해설가, 술 취한 허풍선이, 아마추어 철학자, 문화 중재자 등의 모습으로 변신해서 독백을 한 후에, 약간의 적대감을 가지고 백인 오스트레일리아인 관객에게 말을 건넨다.

> 나는 나를 욕보인 것만큼이나 당신에게도 모욕일 것이라고 생각합니다. [그가 일어선다.]
> 보십시오, 사실 나는, 가능하다면 당신이 지금 내가 가진 것 중에서 무엇을 원하는지 질문해서 밝혀내려고 여기 있습니다. [흐느끼면서] 주인님 당신이 재키를 행복하게 해주었던 그 말이 대체 무엇입니까?
> [정지. 그는 애원하며 서 있다.]
> 아니라구요? 글쎄, 잘 보십시오, 부메랑은 저에게 돌아오지 않을 겁니다.
> (1983 : 16)

이 대사에서 언어 사용 영역과 관련된 스위트 윌리엄스의 변화들은, 수사학적 질문으로 비어보리진(non-Aboriginal) 관람객들을 자극하고, 그들의 자유주의에 호소하며, 어보리진에 대한 비어보리진들의 상투적인 관념들을 패러디하면서 다층적으로 공격한다. 등장인물의 빠른 변신과 대사는, 끊임없이 변화하는 어보리진 주체성들의 의식을 창조하는 것과 동시에 충분히 토착화된 영어를 그가 완벽하게 구사할 수 있음을 드러낸다.

언어가 토착화되면 그 어휘들은 문화적으로 반향된 대사의 일부로 무대화될 수 있는 새로운 단어들과 그 단어들의 새로운 조합에 적응하기 위해 변한다. 예를 들면, 데이비스의 연극에서 니웅가(Nyoongah) 등장인물들은 백인을 언급할 때 한 명이든 여러 명이든 모두 'wetjala'라는 방언을 사용해서 말한다. 이것은 어보리진 단어가 아니라 영어에서 파생된 새로운 단어이다. '백인(white)'과 '동무(fellow)'(보통 오스트레일리아에서는 'fella'로 발음된다)라는 두 단어가 철자법의 변화에 상응하여 하나의 발음으로 녹아들어갔다. 동시에 'wetjala'는 다소 경멸적인 의미를 함축하고 있는데 아주 미묘하게 원래 단어의 의미를 변질시킨 것이다. 이런 변화된 어휘들은 식민화된 주체들이 제국 중심의 언어를 전유할 수 있는 능력과 그들 자신의 표현 목적을 위해 언어를 사용할 능력이 있다는 것을 설명해준다. 이러한 토착화의 과정은 지시적 기능뿐만 아니라 정서적인 기능을 포함한다. 즉, 새로운 인식의 정보를 전달해줄 뿐만 아니라 집단의 정체성을 확립하는 언어를 생산한다. 머빈 얼레인(Mervyn Alleyne)에 따르면 정서적 기능에 대한 강조는, 엄밀하게 말하면 아프로 카리브인(Afro-Caribbean)이 제국의 담론을 전유하는 방식을 특징지어준다.

> 카리브의 대부분 언어들은 엘리트의 접근 금지와 언어 혁신을 목표로 창조적 추진력을 바탕으로 자신들을 끊임없이 새롭게 하고 있다. 그래서 엘리트들이 새로운 표현들을 배울 때마다 그 표현들은 대중들에 의해 의미와 용법이 약간씩 변화되거나 혹은 폐기되었다. (Gibbons, 1979 : 211에서 인용)

정치적 의도를 지닌 언어 혁신의 결과로 생겨난 단어들은 종종 새로운 형식으로 자신들의 목적(politics)을 표현한다. 그 좋은 예가 바로 원래의 영어 단어보다 더욱 강력한 의미를 갖게 된 'downpression'이란 용어이다. 이것은 아프로 카리브인 민족의 노동자 계층들이 자신들의 경험을 표현하기 위해 'oppression'을 시각적으로 명료화하여 고안해낸 파생어이다.

영어가 완전히 토착화된 지역의 언어들은 언어 집단들이 구성하고 있는 '링구아 프랑카(lingua franca)'*12)가 될 수 있다. 싱가폴 영어는 영어가 모국어였던 화자들에 의해 사용될 뿐만 아니라 다른 인종 집단들 사이에서도 사용되기 때문에 그 적절한 예가 된다. 싱가폴 극작가인 로버트 여(Robert Yeo), 조디 라자(Jothie Rajah), 사이먼 테이(Simon Tay)의 경우를 보면 그들의 언어는 단순하게 표준영어에서 문법적으로, 사전적으로, 구문론적으로 이탈한 영어 버전이 아니라, 상위층의 일부와 하위층의 일부가 섞인 발화의 연속체이다(1991 : 406). 종종 싱글리쉬(Singlish)*13)로 불리는 하위계층의 변형된 사투리(basoiectal)*14) 영어는 제국의 표준에 조금 더 가까이 근접한 상위 계층의 변형 영어와 강세, 구문, 구조가 다르다. 변형된 영어는 스텔라 콘(Stella Kon)의 〈에메랄드 힐의 에밀리(*Emily of Emerald Hill*)〉(1985)에서 엄청난 영향력을 가지고 사용되었다. 에밀리는 자기가 다니는 교회의 열성신도인 슈나이더 부인(Mrs Schneider)을 우연히 만났을 때, 아주 '정확한' 형태의 영어를 사용하려고 했던 반면에, 생선장수에게는 싱글리쉬로 말을 건넨다.

> 어이 보탁! 도대체 뭘하는 거야? 어제 우리 집에 어떤 종류의 생선을 보낸 거야? 모두 썩은 것들이었어! 그걸 어떻게 먹으라구? 당신은 우리 가족들이 모두 병원에 실려갔으면 좋겠나? 음! 당신은 모르나보군. 어떻게 모를 수가 있지. 좋아. 오늘은 좀 좋은 생선을 주게. 이번에도 신선한 생선이 아니면, 도로 가져와서 당신 머리 위에 던져 버릴 거야.
>
> Hei, Botak! What are you doing ah! What kind of fish you sent to me yesterday? All rotten ones lah! Yes! How to eat ah? You want my family all go to hospital die ah? Mmh! You don't know ah, how can you don't know—all right. You give me good ones today. If not all right back I throw at your head. (1989 : 27)

---

12) 세계공통어, 오늘날의 링구아 프랑카는 영어 중에서도 미국어라고 할 수 있다. (역주)
13) Singapopean English의 축약어, 싱가폴식 영어. (역주)
14) basilect와 동의어, 사회의 가장 하층민들이 사용하는 사투리. (역주)

이 글에서 사용된 문자들이 틀림없는 영어지만, 그 구문과 문법은 말레이어(Malay)와 북경어(Mandarin), 타밀어(Tamil),*15) 그리고 싱가폴의 다른 언어들과의 영향 관계를 보여준다. 다양성을 가진 영어와 더불어 연극에서 사용된 에밀리의 '시장(market)' 방언은, 싱가폴 영어가 폭넓은 범위의 지역적 경험을 전달할 수 있다는 것을 확신시킨다. 아이러니하게도 위계질서를 세우기 위해 고안된 제국의 언어가 싱가폴 연극에서는 가장 가능성 있는 연극적 매개체가 된다. 다른 언어들과의 조합을 반영하는 데 있어 제국의 언어는 인종과 문화의 경계를 초월하기 때문이다(Rajah and Tay, 1991 : 410).

그 밖의 많은 토착화된 언어들은, 제국적 기준에서 뿐만 아니라 민족적·지역적·정치적 정체성을 반영하고자 하는 나라에서 성공적으로 무대화되어 왔다. 두 명의 캐나다 사람 마이클 쿡(Michael Cook)과 마이클 트램블레이(Michael Tremblay)의 연극이 좋은 예가 된다. 쿡(Cook)의 작품에서는 온갖 지역의 억양이 뒤섞여 있는 데다가 지리학적으로 독특한 어휘들 때문에 다른 캐나디언들에게 조롱받는 영어였던 뉴펀들랜드 영어를 존립 가능한 연극 언어로 명료하게 드러냈다. 〈야곱의 경야*Jacob's Wake*〉(1974)에서 선장으로 알려진 노인은 그 지방의 중요한 바다표범산업에 많은 영향을 받은 지역 속어를 사용한다.

남자라면 죽을 때 오랜 친구들에게 둘러싸여 있어야지. 지저분한 계집애들이 아니라 오래된 뱃사람들 말야. …… 저쪽이다 이 녀석들아. 저쪽. 인상 좀 펴라. 갈고리를 던져라. 갈고리를 던져. 어디 네 멋대로 해봐라, 얼쩡거리는 악마야. 너 따윈 두렵지 않아. 내 밑에 있는 녀석들도 마찬가지다. 꺼져라. 내가 사내들을 데려오지. 그리고 바다표범들도 물렀거라.

A man should be surrounded with ould friends in his dyne'. Ould shipmates. Not a bunch of harpies…… Over the side, lads. Over the side. Look lively, now. Gaff and

---

15) 남부 인도와 스리랑카에 사는 인종. (역주)

sculp. Gaff and sculp[16)]······ De yer worst, ye howling black devil. I'm not afraid o'ye, nor me boys neither. Out of my way. I'll git the men. Aye and the swiles [seals] too. I defy ye. (1993 : 224)

미셸 트렘블레이의 「아름다운 자매들(Les Belles Soeurs)」에서는 작품이 창조한 인물들이 사용하는 숙어에 포착하는데, 바로 동쪽 끝 몽트레알 (Montréal) 부족 여성들의 언어이다. 트렘블레이는 퀘벡 연극의 언어로 프랑스 지방의 '저속한' 방언인 '주알(Joual)'을 처음으로 사용하였다.

> '주알(joual)'은 폭죽 효과(firecracker effects)와는 별개인 채로 혹은 서로 관련하여 세이크리(sacres)나 '욕설(swear words)'을 포함하고 있다. 폭죽 효과는 번역가에게 심각한 문제를 초래한다. 왜냐하면 영어에서 같은 의미를 가진 표현을 찾으려 한다면 외설 문학에 국한될 수밖에 없는 데 반해, 실제로 세이크리(sacres)가 만들어진 문화적 준거틀은 종교적이면서 성적이기 때문이다. 또 '주알'은 반복, 중복성, 잉여성, 유머러스한 표현들을 포함한다. 이것들은 모두 대중적 관용어구의 특징적 통사 구조를 통해 결합된다. (Usmiani, 1979 : 24)

이 두 작가들의 작업은 매개어(vehicular language)*[17)]가 구성원들간의 '친교' 확립의 기능을 하는 언어 형태인 지역어(vernacular)로 변해가는 것을 보여준다. 실비아 쇠더린드(Sylvia Söderlind)에 따르면, 식민화된 사회의 문학 안에서 민족주의적이며, 지역주의적인 움직임은 일정한 언어적 문화적 자율성을 주장하기 위한 노력의 일환으로, "지역어의 기치 아래에서 언어의 다양한 기능들을 재강화하기 위한 시도"를 증명하고 있다(1991 : 10).

---

16) '바다표범 사냥군의 구세주'로 알려진 갈고릿대(Gaff)는 현재 사용금지 되었다. 그것은 "끝에 뾰족한 두 갈래의 금속 고리가 단단하게 묶인 견고한 막대이다. 바다표범을 때려잡고, 얼음들 사이로 바다표범의 가죽을 끌어당기며, 사냥군이 바다표범 잡는 것을 실패했을 때 사냥군이 바다에서 살아 나오도록 도와주는 도구로 사용되었다."(Cook, 1993 : 224) 표범 가죽으로는 조각품을 만든다.

17) vehicular language : 다른 종족들간에 사용되는 제3의 공통어. 예를 들자면 미디어에서와 같이 사회·문화적 집단들을 가로지르며 의사 소통하는 데 사용되는 언어(역주)

「아름다운 자매들」의 '주알(joual)'은 효과를 상실했지만, 최근에 토착화된 연극 담론은 언어적이며 문화적으로 특정한 위치에 있는 글래스고(Glasgow)*18) 주민의 영어(Glaswegian English)를 중심으로 진행된다. 빌 핀들리(Bill Findlay)와 마틴 보우먼(Martin Bowman)은 경제·정치·사회적으로 절망에 빠진 스코틀랜드 여성을 퀘벡 사람들의 절망에 견주어 비유하기 위해 「아름다운 자매들」을 「가이드 자매(The Guid Sisters)」(1989)로 번역했다. 새로운 배경에 따라 억양과 표현을 조정한 것은 그 지역에 사는 여성들의 경험과 맞추기 위한 것이다. 지역에 따라 달라지는 표현 형태에도 불구하고 리즈(Lise)가 기회 부족에 대해 불평하는 것은 이해할 만하다. 「가이드 자매」에서, 리즈는 린다(Linda)에게 이렇게 말하고 있다.

> 난 어딘가 가고 싶어 …… 그렇지만 제기랄, 난 이걸 계속할 수가 없어. 난 더 이상 보잘것없는 사람이길 원하지 않아. 난 충분히 가난했고, 점차로 나아질거라 확신해. 건초더미 바닥에서 태어났지만, 정상까지 올라갈 거야. 난 이 세계에 뒷문으로 왔지만, 예수의 도움으로 앞문으로 나갈 거야. 그 어떤 것도 날 방해할 수 없다는 걸 확신해도 좋아.
>
> I want tae get somewhere …… But I'm damn sure I'm no gaunnae go on like this. I don't want tae be a naebody any more. I've had enought ae bein poor. I'm gaunnae make sure things gets better. I was mebbe born at the bottom ae the pile but I'm gaunnae climb tae the top. I came intae this world bi the back door but by Christ I'm gaunnae go oot bi the front. An ye can take it fae me that nothing's gaunnae get in my way. (1991 : 52)

이 두 개의 연극은 퀘벡 사람들이나 글래스고 여성들과 그들을 둘러싸고 있는 정치·사회·경제적 환경들 사이의 불화를 극복하기 위해 애쓰지 않는다. 오히려 언어가 제공해줄 것이라고 기대하는 결합을 절단함으로써, 제국과 이전 식민지 사이의 언어학적 거리를 꾀하고 언어적 표현을

---

18) 영국 스코틀랜드주의 한 도시. (역주)

통해 그 차이를 기호화하려 한다.

표준영어식 표현의 문체적 위계 질서를 변화시키는 것은, 그것의 권위를 정치적으로 전복할 수 있는 가장 유용한 방식 중의 하나이다. 극작가들이 용인된 담론의 규범들을 특히 패러디를 통해서 방해하고 다른 언어의 수사학적 장치를 영어에 도입할 때, 그들은 식민 지배자의 언어에 투여된 힘을 감소시킨다. 그리고 연극적 재현을 위해 지역적이고 토착적 인 표현 양식들을 재정립한다. 수사를 과장하거나 축소시키는 것, 호언장담식 말하기의 활용, 속담과 같은 구술 전통의 면면들을 연극 텍스트에 결합하는 것 등은, 영어 이외의 다른 언어들이 제 목소리를 낼 수 있도록 보장한다. 이것은 '영어'를 불안정하게 하는 일반적인 방법들 가운데 하나이다.

과장된 영어식 수사학으로 꾸며진 연극의 텍스트들은 종종 식민 지배자의 법적이고 종교적인 담론들을 비판하고, 지배자의 언어에 의해 기호화된 권위의 독점을 감소시키는 모순된 시각을 제공한다. 잭 데이비스의 〈바룬긴, 바람의 냄새를 맡아라(Barungin –Smell the Wind)〉은 기독교 근본주의 설교자가 과장되고 반복적인 수사를 펼치면서 엘리(Eli)를 매장하는 장면에서 시작한다. 이 묘사는 언어가 어떻게 권위를 획득하게 되는지를 이해하려고 애쓰는 조문객들을 분노하게 하거나 신비화하는 데만 성공했다. 이 언어는 기독교 근본주의 신앙에 동의하지 않는 사람을 배제하고, 특정한 경계들을 살피기 위해 고안되었다. 왜냐하면 이 때의 언어는 은어(jargon)를 이해하는 사람과 그렇지 못한 사람을 분리시켜 위치지우는 폐쇄적인 언어의 울타리이기 때문이다. 그렇지만 데이비스는 영어가 그런 특권을 누릴 자격이 없다는 것을 분명히 해둔다. 설교자의 설교를 듣고 조문객들이 이해하지 못해서 불편해하고 괴로워하는 것은, 지배적인 사회 담론들을 계속해서 동요시키는 니웅가(Nyoongah) 언어를 관객들이 듣기 전에 이미, 설교자의 수사적 부적합성을 전달한다. 로어 하피피의 〈대지의 죽음(Death of the Land)〉에서 마오리족의 초자연적인 조상 롱고(Rongo)는,

백인(Pakeha)에게 땅을 팔아서 자신들의 유산을 파괴하고 있는 마오리족 일부의 공모와 부조리한 토지 탈취법을 설명하기 위해서 판사의 법적인 특수어(jargon)를 연극 내내 과장해서 사용한다. 롱고는 판사의 수사학을 이해하지 못한 사람들에게 사태의 심각함을 분명하게 이해시키기 위해 구어체 영어로 모의 재판 비슷한 것을 수 차례 시도한다. 롱고는 땅을 매각한 사람들의 이유를 알아내려고 애쓴다. 그리고 법정의 공식적인 언어인 '크랩(crap, 쓰레기)'은 마오리 공동체에 아무런 답변도 해줄 수 없다는 것을 시사한다. 롱고의 반대심문 내용(cross-examinations)은 이전에 있었던 그 어떤 법적 담론보다도 땅에 관해 궁극적으로 더 많은 것들을 이야기하고 있다. 반대심문은 땅의 재정적 가치와 측량가들이 측정해 놓은 기록보다 오히려 땅이 어떻게 생겼는지, 땅에서 무슨 일이 있었는지, 땅이 무엇을 의미하는지를 밝힌다.

롱고의 영어로 된 법적 담론 비판은 마오리 사람들에게 그들의 공유지가 분쟁의 중심이 되고 있다는 것을 언어로 이해시키려다가 실패했던 사실을 바탕으로 한 것이다. 그는 또한 그 땅을 양도함으로써 야기된 황폐화를 알리기 위해 영어를 대체할 만한 언어적 매개체를 찾으려고 시도한다. 많은 아프리카 희곡작가들은 영어로 의사 소통하는 데 있어 자신들의 모국어와 구술 전통의 것을 함께 사용한다. 토착적인 담론 양식과 관용구의 변용에 의지하고 특히, 지역적인 속담(proverb)은 표준영어의 표현들이 일반적으로 허용하지 않는 반항적이고 시적인 의미를 전달한다. 리차드 K. 프리에브(Richard K. Priebe)는 "속담을 사용하는 사람은 전통에 대한 명백하고 솔직한 호소를 통해 문제의 해결책을 찾는다. 그 안에서 관객과 협력하고, 충돌을 최소화하고자 노력한다"고 말한다(1988 : 139). 세대를 거듭하며 이어져 내려온 간결하고 기억하기 쉬우며 함축적인 속담은, 토착공동체들에게 매력적인 것이다. 왜냐하면 속담과 격언은 역사와 문화의 구술적 형식을 상기시키기 때문이다. 엠마누엘 아말리(Emmanuel Amali)는 속담이 "연장자들의 토론, 논쟁, 법정 소송에 매력과 의미와 무게와 아름다움을 더해준다"고 설명한다(1985 : 31). 사실 연장자들에게 속담을 쓰지 못하게 하는 것은 그들을 침묵하게 만드는 것이다. 지역 속담과 격언을 영어 번역할 때는 지역 주민들에게 적합한 언어 사용 영역과 목소리를 제공하기 위해 구술 전통에 의지하는 혼성 담론들을 창조해낸다. 줄루 소폴라(Zulu Sofola)는 「신들의 결혼생활(Wedlock of the Gods)」(1972)에서 남자와 여자의 사랑을 기록한다. 젊은 여인 오귀마(Ogwoma)는 그녀가 증오했던 첫 번째 남편의 죽음을 애도하고 있어야 할 기간에 성관계를 맺음으로써, 요르바족 부모의 소원과 자신이 속한 공동체의 법을 어겼다. 이 새로운 커플에 대한 공동체의 반대는 '우리 부족은 자신의 가족을 무시하는 남자를 빗속에 혼자 서 있는 사람이라고 말한다'라는 속담을 통해 표현된다(1972 : 25). 속담들은 등장인물들의 대사를 풍성하게 할 뿐만 아니라, 많은 경우 그들의 대사와 행동을 구체화하는 기능도 한다. 젊은 여인의 시어머니 오디베이(Odibei)는 부족으로부터 그녀 아들이 살해당한 것에 대해 보복하는 것은 역효과를 가져올 뿐이라는 훈계를 받는다. "그것은 소용없다. 분노는 그 어떤 것도 해결하지 못한다. 우리는 쥐 한 마리를 죽이기 위해 온 집안을 다 태울 수는 없다. 왜냐하면 집에 불이 나면 그 쥐는 수풀로 도망가 버리기 때문이다."(1972 : 50) 이러한 경고에도 불구하고 오디베이는 쥐에 대한 은유를 자신의 입장에서 해석하면서 속담의 논리를 거부한다. "이번에는 그 쥐가 수풀 쪽으로 도망가지 않을 거야. 난 준비가 됐어. 너의 쥐에게 여기에는 수풀이 없다고 말해. 어디로 가든 오디베이가 쫓아가지 못할 곳은 없으니까"(1972 : 50) 오디베이와 그녀의 공격 목표였던 오귀마(Ogwoma)가 죽게 되는 연극의 결말에 가서야 그 격언의 서브 텍스트는 인정받게 된다. 오귀마가 오래 전부터 들어왔던 "한 남자의 딸은 그 남자에게는 부의 근원이다"라는 격언을 거부했을 때 이미 갈등이 발생했었다. 악의에 찬 오디베이가 위반한 속담들은 더욱 위험한 결과를 초래했다. 민속의 역할을 평가절하하는 것처럼 보이는 변화한 세상에서조차 소폴라의 속담은, 사회의 법도와 예절의 아카이브가 된다. 비록 많은 식민주의자들이 속담을 중요하지 않은 구닥다리 수사적 장치로 여김에도 불구하고, 속담은 문화적 의미를 육중하게 매달고 있는 다른 권위들을 호출해낸다.

유사한 특성을 가진 작품 가운데 마체멜라 마나카(Matsemela Manaka)의 「에골리-황금의 도시(Egoli : City of Gold)」(1979)는 남아프리카의 트란스발 (Transvaal) 지역에서 일하는 광부들을 등장인물로 내세웠다. 연극은 공식적인 영어 대신에 지역어의 표현, 감탄사, 그리고 '욕설(swear)'을 사용한다. 마나카는 각각의 새로운 등장인물들에게 '새로운' 언어를 제공하면서, 자신의 목적에 따라 영어를 아프리카화한다. 흑인 주인(bass)은 아프리칸스(Afrikaans)*19)의 '주인(baas)'을 모방한 것이다. 흑인 노동자들은 언어를 통해서 기호화된 지배적인 위계 질서 안에서 자신의 주인들을 패러디한다. 연극은 증오와 고통, 그리고 노예화의 접점에 위치한 금광도시 에골리(Egoli)에 사는 두 명의 탈옥수에게 초점을 맞추고 있다. 연극의 시작 부분에서 그들이 교환하는 전통적인 속담들, 예를 들면 '우리는 우리 조상의 두개골 안에서 살아야만 한다'와 같은 표현들은 그들이 위기에 대처하는 방식들을 보여준다. 그러나 어떤 언어의 어휘가 시간이 지나면 변하는 것처럼, 언어의 수사학적인 구조 역시 변한다. 따라서 「에골리-황금의 도시」(1979)의 끝 부분에서 전통적 문구들은, 아파르트헤이트에 대항하는 사람들의 투쟁에 아주 유용한 다음과 같은 속담으로 변형되었다. "우리가 모두 Uhuru-Azania[남아프리카의 자유]를 노래할 때까지, 우리는 창을 숭배하고, 호리병박 속의 피를 마셔야만 한다."(1979 : 28) 오래된 속담들이 쓸모 없지는 않지만, 생존과 저항을 위해 새로운 방법과 법을 필요로 하는 상황인 아파르트헤이트의 경험 아래서 속담은 조정되어야만 한다. 에골리에서의 삶이 낳은 속담들은 그 사람들의 변화한 정치 환경들을 더욱 정확하게 반영한다. 또한 이 속담들은 찬송가처럼 등장인물들과 관객들에게 번갈아 가며 힘을 부여하는 노래로 변형된다.

---

19) 남아프리카의 공용 네덜란드어. (역주)

Umkhulu umkhulu lomsebenzi	그 일은 위대하다.
Umsebenzi we nkululeko	해방의 일,
uMandela u funa amajoni	만델라에게는 군인들이 필요하다.
amajoni we nkululeko	해방의 군인들

(1979 : 21)

'대안' 담론과 문화적 기호로 노래를 이용하는 것은 남아프리카 흑인들의 정치적 저항에 유용한 수단들 중 하나이다.

크리올과 피진[*20]

문화적 모체가 되는 연극 언어의 일부로 크리올어와 피진어의 사용이 증가하고 있는데, 이것은 표준영어의 권위를 파괴한다. 다른 언어들과 융합하면서 만들어진 피진어와 크리올어는 몇몇 포스트 식민주의문화 안에서 제1 언어가 되기 위해, 참조적인 기능과 표현상의 자원들을 확장해온 특수한 은어들(jargons)과 거래하고 접촉하면서 파생된다. '크리올(Creole)'이 여러 가지 근본 언어들을 가리키는 반면에, '피진(Pidgin)'이라는 용어는 하나의 제국 언어와 토착 언어가 섞이면서 발생한 언어적 형태들을 언급하는 경향이 있다. 여러 종류의 피진어와 크리올어를 살펴보면 어휘적 형태와 문법적 구조에 있어 각각 전혀 다른 언어임을 알 수 있다. 그것들은 '나쁜(bad)' 것이라거나 제국 언어보다 열등한 언어로 취급해서는 안 된다.

---

20) 크리올과 피진(CREOLE AND PIDGIN) : 지리상의 발견 이래 세계 각국에서 생겨났으며 현재도 멜라네시아 제도와 중국 연안 등지에서 사용되는 언어. 영어의 business(상업)가 중국식으로 발음되어 피진(pidgin)이 되었다고 한다. 해당 지역의 자연언어가 되지 않은 언어를 피진어라고 하고 피진어가 그 사회의 모국어가 된 경우에는 크리올어(creole)라고 한다. (역주)

게다가 크리올어와 피진어의 어휘들은 일반적으로 널리 이용되고 토착화된 유럽 언어에서 대부분 파생되었음에도 불구하고, 음운론, 통사론, 사전적 의미(lexico-semantic) 구조에 있어 식민 접촉 이전의 중요한 요소들을 유지하고 있다.

크리올 언어들은 이종의 문화들이 현저하게 혼종되어 있는 지역 안에서 두드러지게 나타난다. 언어학자 가운데 얼레인은, 카리브에서의 언어 용법을 설명하기 위해 '크리올 연속체(Creole continuum)'라는 개념을 사용한다. 영어의 표준 형태에서부터 크리올어의 다양한 하층 사투리에까지 퍼져 있는 방언들은, 폭넓게 사용될 수 있는 언어적 연속체들을 창조하기 위해 서로 교차한다(1985 : 168). 대부분의 화자들은 문맥에 따라 폭넓은 스펙트럼에 속해 있는 유용한 언어 형식들을 사용할 것이다. '코드 전환'이라고 불리어지는 언어의 이러한 유동적 사용은, 문화적으로 중요한 담론을 지지하면서 제국적 기준을 폐지하는 효과적인 수단이 될 수 있다(Ashcroft et al., 1989 : 46). 크리올 언어들은 이 연속체 안에서 대중적인 자국어(vernacular)로서 뿐만 아니라 예술·무역·교육을 위해 훨씬 민주화된 언어라고 인정받는다. 이러한 움직임은 크리올어나 다양한 방언들이 순수한 모델을 '부패'시키고 '타락'시켰기 때문에 억압되어야 한다는 제국주의자의 판단에 분명한 거절을 표한다. 연행 시인(performance poet) 루이스 베넷(Louise Bennett)이 지적한 것처럼, 방언을 짓뭉개려는 일련의 시도들은 상당히 파급력 있는 결과들을 가져온다.

Yuh will haffi get de Oxford Book	당신은 옥스퍼드 책을 하나 구해야 할 것이다
O'English Verse, an tear	영시가 적힌 책, 그리고 찢어라
Out Chaucer, Burns, Lady Grizelle	우리의 초서, 번스, 그리젤 양
An plenty a Shakespeare!	그리고 풍요로운 세익스피어까지도
Wen yuh done kill 'wit' and 'humour'	당신이 '위트'와 '유머'를 죽였을 때
Wen yuh kill 'variety'	당신이 '다양성'을 죽였을 때

| Yuh will haffi fine a way fi kill | 당신은 그것도 죽이는 방법을 찾아야 할 것이다. |
| Originalty! | 바로 독창성! |

(1983 : 5)

베넷은 영어 자체도 여러 근원들에서 파생되어 만들어진 하나의 방언일 뿐이라고 지적한다. 영어는 자신이 탄생할 수 있게 도왔던 다른 언어 형태들과 마찬가지로, 자신의 진정성을 주장할 수 없다.

브래스웨이트는 '방언(dialect)'이라는 용어를 거부하면서, 영어를 기반으로 한 카리브의 크리올어를 '민족어(nation language)'라고 부른다. 그는 어휘적 특색들로 보면 영어도 민족어일 수 있지만, '그것의 외형, 리듬, 음색, 소리 파열들'을 보면 민족어가 아니라고 주장한다. 브래스웨이트가 민족어의 소리를 강조하는 것은, 연극과 같은 현대의 구술적인 예술 형식에 대한 구술문화와 그것의 본래적인 적합성 안에서 민족어의 기원을 찾고 있기 때문이다. 그러나 크리올 언어들과 카리브 연극 사이의 외관상 자연스러운 어울림에도 불구하고, 많은 극작가들에게 있어 크리올어라는 언어 매체에 대한 의문은 결코 명쾌하게 풀리지 않는다. 예를 들어 데렉 월콧(Derek Walcott)은 "옛 형식과 새로운 형식들의 마찰적인(electric) 혼합"에 관해 상당히 강력하게 주장했다(1970b : 17). 하지만 그 지역의 여러 섬을 왕래하는 사람들을 이해시키는데 한계가 있다는 것을 알고 난 후 크리올어나 파트와(Patois)[21]를 완전한 연극 언어로 인정하지 않는다. 월콧의 해결책이 크리올어 형태들을 흐려놓는 것임에 반해, 다른 연극 종사자들은 민족어의 풍부한 자원을 최대한 개발하거나 헤게모니적 규범들에 저항해서 '말하는' 강력한 규범을 만들고자 시도한다.

시스트렌은 오늘날 자메이카 언어라고 지칭되는 크리올어만 거의 독점적으로 사용하며 공연한다. 언어 매체에 대한 그들의 선택은 노동자 계

---

21) '파트와(Patois)'는 다른 혼합적인 언어들을 포함하기는 하지만, 주로 프랑스어의 크리올을 지칭하는 말이다.

층을 위한 것이고 노동자 계층과 관련한 연극을 제작하려는 자신들의 요구와도 일치한다. 동시에 그들이 크리올어를 사용하는 것은 교정의 한 종류이며, 특히 노예제도가 자메이카 여성들에게서 빼앗아간 '목소리'를 되돌려주기 위해 고안된 정치적인 전략이다. 여성 목소리의 회복은 1인극 시리즈물 중 〈나나 야(Nana Yah)〉에서 명료하게 설명된다. '이름 상실(Loss of Name)'이라고 불리는 등장인물은 그녀의 이름과 그녀의 언어를 '훔쳐간' 식민 지배자들에게 그것들을 돌려달라고 요구한다.

> 쿠야! 날 쳐다봐. 쿠야. 그들은 내 이름을 빼앗아갔어. 그 다음에 내가 내나라 말을 하는 걸 원치 않고 그리고는 우리를 말하게 해놓고, 하나도 말이 안 된다고, 말이 안 된다고 생각들을 하지. 세라! 이것이 그들이 나를 부르는 이름이야. 세라. 그들이 내 피부에 씌워놓은 이름인데, 그건 날 근질근질하게 만들어. 도대체! 내 영혼은 죽은 것 같아. 나는 이 도둑아 내게 날 돌려줘 라고 말해. 내게 내 말과 북을 돌려줘. 그걸 갖고 뭘하려는 거야? 내 이름을 가져간데도, 넌 절대 내가 될 수 없어. 그러니 내 이름을 내놔.
>
> CUYAH! look pon me, unoo look pon me de dat is me name. Cuyah. De fus ting dat happen is dat dem tak way me name, and de nex ting is dat dem doan wan we fe talk we language, an dem have we talking sinting dat doan mek no sense at all, at all. Me seh, me cyan get fe sey wha me want fe say. SARAH! is dat dem call me. SARAH de name deh pon me skin and it a itch me. De Backra man language deh pon me mout like a hebby padlock wha a bore thru me tongue and a hung hebby so till me cyan talk, me cyan seh wha inna me head, me cyan talk what me really know, and is so dem tink me fool, foo! Whaaai! Me spirit feel dead! But me sey Cuyah cyan dead, Cuyah nad dead. Me seh fe gimme back misself yuh tief. Gimme back me talk and me drum. Wha you gwin wid it? If you tek me name, you coulda never be me. So gimme back me name. (1980 : 10)

아이러니하게도, 쿠야(Cuyah)는 '전혀 말이 안 되는(doan mek no sense)' 언어를 사용하는 데서 오는 고통을 여실히 전달한다. 그녀의 말이 가지는 효력은, 그녀에게 강요된 언어가 그녀의 피부를 가렵게 하거나 그녀의 입을 딱 들러붙게 만드는 이미지로 묘사하는 은유적 힘으로부터 나온다. 쿠야는 제국주의 언어에 대항하는 수단으로 크리올어를 이용하면서, 비록 다른 형식임에도 불구하고 그녀의 이름과 목소리에 대한 권리를 주장한다.

아프리카의 피진어들도 제국 언어에 대한 저항을 수행한다. 나이지리아의 감옥을 배경으로 한, 세군 오에쿠늘(egun Oyekunle)의 희곡 「카타카타 포 소파헤드(Katakata for Sofahead)」(1978)는 거의 대부분 피진어로 쓰여졌다. 영국과 요루바 사이에 놓인 구어를 되살리는 방식으로 작품은 나이지리아의 반식민주의 활동에 대한 언어적 위치를 확보한다. 간수들이 죄수들을 감독하면서 사용하는 언어는 적당히 교육받은 남성의 기초적이고 실용적인 영어이다. 신참 간수 라티프(Lateef)는 꽤 높은 수준의 정규 교육을 받았기 때문에 간수장 잔지디(Jangidi)가 "도곤 투란치(dogon turanchi)"(1983 : 39)라고 부르거나 '거창한 영어'라고 부르는 단어들을 잔뜩 섞어서 영어를 사용한다. 잔지디는 그 말을 이해할 수 없기 때문에 어렴풋이 추측할 뿐이다. 죄수들이 사용하는 피진어는 라티프(Lateef)의 거창한 수사를 무력화시키려고 새로 만든 영어과 의성어의 조합이다. 예를 들자면 다루다포(Darudapo)는 라티프(Lateef)에게 "너는 말이 너무 많아(Your talk-talk too much)"(1983 : 9)라고 말함으로써 라티프를 침묵하게 한다. 여기서 'your'는 '당신(you)'과 '당신의(your)' 둘 다를 의미한다. 오콜로(Okolo)는 감옥 안에서 하는 역할놀이에서 그의 친구 부하리(Buhari)에게 이렇게 말한다.

> 너는 아무것도 모르지 이 멍청아. 경찰이 그 문제 때문에 "도로의 제왕"인 메르세데스 안에서 특히 큰 놈을 찾더라구. 제기랄. 그 경찰은 우리나라에서 태어나지 말았어야 했어. 그 날 물이 차고로 흘렀어. 그 때 목에 카키색을 천을 두르고 소동을 일으켰지.
>
> You no sabi any ting, Yam Head! Which policeman fit aks for big man im particulars, hinside Mercedaz, 'king of de Road', for dat matter? Dem nefer born dat police for dis we kontry. Na dat day water go pass im gari. Dem go commot im Khaki

for im neck one time! (1983 : 26)

오콜로(Okolo)의 피진어는 영어의 우월성과 그 안에 공존하는 식민주의 법의 권위를 전복시키는 형식을 취한다. 나이지리아의 법과 질서 체계에서부터 현대적인 상업화 담론과 속담까지 사용하며 주제의 범위를 자유자재로 조정한다. 피진어는 죄수들에게 힘을 실어주고 감금으로 인해 부정되었던 자신의 언어적 자유를 누릴 수 있는 능력을 찾아준다. 동시에 감옥이라는 배경이 감옥 '바깥'에서의 원칙과는 다른 방식으로 설정되는 것처럼, 통속적인 거리의(street) 피진어는 또 다른 사회적 위계를 만든다. 피진어는 조금 더 문화적이고 접근이 용이한 지역어이기 때문에 영어는 더욱 중심에서 밀려날 수밖에 없다.

크리올어와 피진어의 잠재적인 해체 작용은, 루이스 나우라(Louis Nowra)가 〈황금시대(The Golden Age)〉에서 형상화했던 숲 속 사람들('사라진' 죄수 부족)을 위해 언어를 창조할 수 있게 도왔다. 오래된 민요, 19세기 속어, 음담패설을 기초로 만들어진 이 언어는 아일랜드풍의 경쾌한 리듬, 비표준적인 구문과 문법으로 되어 있다. 그것은 영어의 권위를 동요시키고, 지배적인 언어집단을 해체하기 위해 의도적으로 고안되었다. 여기서 지배적 언어집단은 숲 속 사람들의 언어뿐 아니라 행동 양식까지도 개조함으로써 그들을 '문명화시키려고' 했던 영국계 오스트레일리아인(Anglo-Australian)들을 말한다. 연극에서 사용되는 알아들을 수 없는 크리올어의 가장 전복적인 면모는 바로 성적 함축에 있다. 이 언어들은 유쾌한 반복과 재결합의 과정을 통해 부정적이고 외설적인 의미를 가진 'cunty'*22)와 'spoonfuckin' 같은 단어를 부활시키고, 섹슈얼리티를 찬미하는 지역 속어의 일부로 포함시켜 주었다. 사회적으로 승인된 축제화된 언어뿐만 아니라 '사라진' 부족의 크리올어 역시 문화적 차이를 재평가하라고 요구한다. 젊은이들이 그들이 발견한 습득물(findings)에 의해 신비화된 것과 마찬

---

22) 여성 성기나 성교를 의미하는 'cunt' 파생된 단어. (역주)

가지로, 숲 속 사람들은 자신들을 '찾아낸 발견자'에 의해 신비화된다. 그 이후로, 프란시스(Francis)와 피터(Peter)의 최초의 '접촉'은 언어적 타자성(otherness)과 관련된 관습적 개념들을 문제화한다. 두 개의 서로 다른 집단이 의사소통할 수 있는 공용어를 찾기 위해 노력하는 과정에서 두 집단 사이에는 오해가 발생한다. 프란시스와 피터, 그리고 관객은 숲 속 사람들이 발전시킨 문화와 언어 앞에서 이방인일 뿐이다. 은유적 층위에서 보자면 사라진 부족은 선거권을 박탈당한 죄수 계급뿐만 아니라 오스트레일리아의 토착민들을 재현하고 있다. 베츠헙(Betsheb)을 제외한 모든 부족들은 '문명화된' 세상으로 들어갔다가 결국은 죽게 되고 부족 언어는 소멸한다. 이것은 식민화의 결과로 많은 어보리진 언어들이 소멸한 과정을 암시한다. 루이스 나우라의 연극에서 '영어'의 형태를 가진 주요한 두 언어의 분열은, 완전히 토착화된 크리올어와 오스트레일리아적 풍토에서는 다소 낯설어 보이는 영어 사이에 발견되는 표현상의 간극을 폭로하는 방식으로 무대에 올려진다. 이것은 고심한 흔적이 엿보이는 윌리엄(William)의 통역에서 발견할 수 있다. 그는 베츠헙의 대사를 영어의 동의어로 통역해내지만 이상하게 말의 아름다움과 힘을 탈각시켜 버린다.

BETSHEB : 나는 차를 보네…….
WILLIAM : '나는 차 안에 있었네'
BETSHEB : 휘파람 소리를 내며 달려가는
WILLIAM : '그것은 빠르게 지나갔지.'
BETSHEB : 음, 대지가 그르렁거리고 신음하며 달리네.
WILLIAM : '공장과 집들은 소음을 만들어내고 차에서 보는 풍경은 그 풍경이 달리고 있는 것처럼 보인다'
BETSHEB : 막대기 안에서 울리는 목소리
WILLIAM : '전화기'. 그녀는 전화기를 통해 사람이 말하는 소리를 듣는 것을 좋아하지.

(1989 : 38)

베츠헙(Betsheb)의 시각적 언어가 지닌 형상화 능력과 비교하여 영어의 황폐함을 드러내는 이 장면은, 지배사회가 숲 속 사람들의 크리올어를 교정한다는 것이 사실은 그들로 하여금 침묵하게 한다는 것을 보여준다.

침묵

제국주의 역사와 연극 안에서 권위와 지식의 핵심이 되는 언어에 통달한 식민주의자와는 정반대로, 식민화된 주체는 전통적으로 침묵의 상태로 그려진다. 칼리반 대 프로스페로의 서사는 정확하게 바로 그런 그릇된 구조에 기대고 있다. 프로스페로가 지도해주기 이전의 칼리반은 분명히 조용하고 수동적이었다. 주인의 언어를 습득한 후에도 프로스페로를 겨우 모방하려고 하거나, 무기력하게 불평할 뿐이다. 그러나 식민화된 주체의 침묵은 신화가 암시하는 것처럼 분명하고 완전한 침묵이 아니다. 게다가 칼리반의 불평은 겉보기만큼 쓸모 없는 것이 아니다. 왜냐하면 그의 불평들은 지도자이자 섬의 전능한 통치자인 프로스페로의 역할을 침식시키기 때문이다. 「폭풍(The Tempest)」의 결말에서 목소리를 빼앗긴 칼리반은 침묵하게 되는데 여기서 침묵은 단순히 식민화된 주체의 명백한 언어적 특질로 '발견되는' 것이 아니다. 칼리반의 침묵은 식민화된 주체가 강요한 것이라는 사고를 강화시킨다. 이러한 강요가 필연적으로 희생자들의 의사 소통을 불가능하게 만들지는 않는다. 라제스와리 선더 라잔(Rajeswari Sunder Rajan)은 "침묵으로 말한다. 그리고 …… 말은 오히려 의사 소통에 실패할"(1939 : 97) 수도 있다고 주장한다. 이것은 말이나 침묵의 본질이 종종 생각하는 것보다 훨씬 복잡하며, 이 두 가지 언어적 상태를 견고한 이분법의 영역 안에서 이해하려고 해서는 안 된다고 경고한다. 미셸 푸코는 "침묵 그 자체는…… 포괄적인 전략들 안에서 침묵과 나란히 기능하는 다른 요소보다 덜 절대적인 한계를 가지며, 엄격한 경계에 의해 분리되어지는 것들의 나머지 부분이다"(1981 : 27)라고 말한다. 특히 등장인물이 침묵하고 있는 동안에도 여전히 신체와 공간의 언어로 말하고 있는 무대에서, 침묵은 수동적이지 않으며 오히려 더욱 능동적인 것일 수 있다. 이때의 침묵은 목소리가 부재하는 문제적인 상황 그 이상을 연기해낸다. 침묵은 자기 권리를 가진 하나의 담론이자 발화적인(enunciative) 효과를 가지는 의사 소통의 형식이다. 효과는 침묵의 길이와 깊이를 통해 나타난다. 그리고 침묵을 제한하고 중단시키는 말의 음량, 어조, 의도와 관계를 맺는 침묵의 행로를 통해, 또는 침묵의 몸짓이나 자세를 통해서도 효과가 발생할 수 있다.

연극적 의사 소통에서 언어는 일반적으로 가장 큰 소리로 가장 명료하게 발음되어야 하는 것으로 잘못 인식되고 있다. 반면에 포스트 식민주의 무대에서는 의미심장하게 배치되는 최소한 세 가지의 '침묵들'이 있다. 청취불능(inaudibility), 무언(muteness), 말하기의 거부(refusals to speak)가 바로 그것이다. 일레인 쇼왈터(Elaine Showalter)가 가부장제사회 안에서 여성의 발화 위치를 분석하면서 사용한 '무언(muteness)의 개념은, 포스트 식민주의 연극에서 의사 소통의 여러 방법들을 보조하는 침묵을 의미한다. 무언(muteness)은 여러 가지 방법으로 의미를 전달한다. "무언(muteness)의 그룹들은 지배 구조의 정당한 형식들을 통해 자신들의 신념을 전달해야 한다."(1985 : 262) 따라서 무언의 등장인물들은 보다 전복적으로 '말하는' 것은 물론이고 규범적인 담론들을 통해서도 의사 소통을 한다. 쇼왈터의 여성주의 모델에서 식민주의자와 피식민자는, 가부장제 분류법에서 포스트 식민주의 맥락으로 쉽게 이동한다. 누구에게도 들리지 않고 아무도 경청하지 않으며 심지어 말하는 것조차 금지되어서, 그러한 위치에 익숙해져 버린 식민화된 주체들은 무언을 저항의 언어로 변형시키면서 전략적으로 무언을 이용한다.

포스트 식민주의 연극은 일반적으로 언어적 주변성 때문에 등장인물들을 제한하는 것을 거부한다. 대신에, 외관상으로 의사 전달 능력이 없는(non-communicative) 언어인 침묵이라는 수단을 통해서 기존의 위치들을 붕괴하고자 한다. 첫 번째 침묵의 형태인 청취 불능(inaudibility)은, 그가 발화한 소리보다도 신체의 언어나 근접학적 기표들이 더욱 풍부한 표현력을 가질 때 분명해진다. 청취 불능의 더 특별한 경우는 등장인물의 말이 무대 위 다른 인물들에게는 들리지 않는데, 관객들에게는 들릴 때 발생한다. 주디스 톰슨(Judith Thompson)의 연극은 자기 말을 남들이 알아듣도록 하는 것이 불가능한 카산드라를 통해서 자기를 표현하는데 실패한 다른 인물들을 되비쳐준다. 「거리의 사자(Lion in the Streets)」(1990)에서 주인공은 토론토에 사는 포르투칼인 정신이상자 소녀이다. 그녀는 살해된 후 자신이 어디에 있고 자신에게 무슨 일이 일어났는가를 알아내려고 노력하는 인물로, 사회에서 자신의 목소리를 획득하는 것이 어려운 소외된 사람들을 재현하고 있다. 몇몇의 사람들과만 말을 나누고 특히 아이들과 의사 소통할 수 있는 주인공 이소벨(Isobel)은, 자신을 공격했던 사자의 위험을 다른 사람들에게 경고하는 데 실패한다. 정도가 약하기는 하지만 그녀의 유아적인 말의 패턴과 어휘 때문이다. 연극의 결말에서 하늘의 형상과 평화를 향해 승천하는 그녀의 '상승(ascension)'은, 그녀를 살해한 살인자와의 화해를 상징한다. 반면 그녀의 말을 '듣지' 못했던 다른 등장인물들은 각자의 '사자들' 때문에 초췌해져 간다. 이소벨은 무대 위에서 가장 넓은 부분을 차지하고 있다. 관객들은 근접학적인 기표들에 의해 확장된 이소벨의 존재를 보고 듣는다. 공연 안에서 소외되고 침묵하는 인물이 목소리를 다시 부여받게 된 것이다.

침묵(silence)을 신체적 무언(muteness)의 형태로 표현하는 것은 포스트 식민주의 연극에서 일반적으로 사용되는 비유이다. 데니스 스콧(Dennis Scott)의 〈뼛속의 울림(An Echo in the Bone)〉에 나오는 벙어리 드러머 래틀러(Rattler)는 노예제에 의해 역사적으로 침묵해온 아프로 카리브인을 상징한다. 침

묵 그 자체를 통해 의사 소통의 성공 여부와는 별개로 래틀러(Rattler)에게
는 '말하는' 위치를 협상할 수 있는 몇 개의 목소리가 주어진다. 래틀러
가 순종하지 않는다며 주인이 과거 제의적 기원(祈願)의 일부에서처럼
그의 혀를 잘라버렸을 때, 래틀러는 목소리가 사라진 채로 말하는 인물
을 연기한다. 이 장면 이후에 곧바로 래틀러는, 신에게 의무를 다하는
기독교인의 입장에서 노예제도를 받아들이라고 말하는 두 명의 흑인 여
성에게 충고의 글을 쓰는 벙어리 노예를 연기한다. 동료 노예들만 알아
들을 수 있는 이러한 영어복화술(Anglo-ventriloquial)은, 다른 '언어(tongue)'를
배우려면 자신의 '혀(tongue)'를 잘라야 한다는 것을 의미한다(Tiffin, 1993a :
918을 참조할 것). 다시 현재의 서사로 돌아와, 래틀러는 자신의 북을 이용
해 의사를 표현함으로써 식민주의자의 언어를 통한 의사 소통 양식을
거부한다. 스콧은 무언이 식민주의의 산물이면서도 식민주의의 언어적
위계에 대한 전략적 대응일 수 있다는 것을 설명한다. 스콧의 연극은
'말할 줄 모르는' 식민주의 주체란 거의 없다는 로스 챔버(Ross Chamber)의
주장을 담고 있다. 대부분은 말할 수 있는 '기회'를 차단당하거나 지배
담론의 호명(interpellation)을 피하려 할 때 침묵을 선택한다(Chambers, 1991 : 3).
레오 한넷(Leo Hannet)의 「배은망덕한 딸(The Ungrateful Daughter)」(1971)에서는
파푸아 뉴기니의 한 소녀가, 그녀에게 최선이 무엇인지 알고 있다고 믿
는 그녀의 오스트레일리아인 '보호자'에 의해 은유적으로 벙어리가 된
다. 오스트레일리아인들은 그녀에게 영국의 '문명화된' 언어를 가르쳤지
만, 그녀가 앵무새처럼 인종차별적 사고를 따르지 않는다는 것을 알게
된다. 그러고 나서는 그녀에게 말하는 것을 허락하지 않는다. 〈뼛속의
울림〉에서 래틀러가 북을 쳤던 것처럼 「배은망덕한 딸」은 북소리에 맞
춰 춤을 추면서 작품을 종결한다. 이 춤은 에보니타(Ebonita)에게 영어를
가르쳐 놓고는 그 사용과 조작을 금지한, 영어보다 문화적으로 훨씬 진
정성 있는 담론을 상징한다.

톰슨 하이웨이의 두 작품 〈레즈 자매들(*The Rez Sisters*)〉과 〈카프스카싱으

로 가야 하는 마른 입술(*Dry Lips Oughta Move to Kapuskasing*)〉에서는 언어적 어려움을 겪는 정신 지체자 등장인물이 나온다. 이들은 부분적으로 보호구역에서의 현실을 반영하고 있으며, 식민화에서 비롯된 언어적 단절을 증명한다. 특히 보호구역 태아들의 알콜 증후군과 본드 흡입이 토착 캐나다인들의 건강에 영향을 끼쳤음을 형상화했다. 〈카프스카싱으로 가야 하는 마른 입술〉에서 디키 버드 호크드(Dickie Bird Halked)의 의사 소통은 언어가 전달되는 데 있어 그 간극을 강조한다. 디키 버드에게는 자신의 말을 글로 적는 습관이 있는데, 이것은 스푸키 라크르와(Spooky Lacroix)의 '발화'로 연결된다. 왜냐하면 스푸키는 디키 버드가 한 말을 전부 글로 쓰고 또 그것을 서투른 영어로 더듬거리면서 읽은 후, 디키 버드가 그 내용에 대해 반응하기까지 기다려야 하기 때문이다. 이후에 디키 버드의 무언(muteness)은 그의 어머니의 환영에 의해 '깨진다.' 그는 말하고 노래하지만, 크리(Cree)어의 유치한 형태로 표현된 대부분의 것들은 영어로 번역할 수가 없다. 디키 버드의 성장이 정지된 것은, 식민화가 많은 토착민들에게 끼친 영향을 상징한다. 그럼에도 불구하고 그의 기술(記述)된 영어와 구술(口述)된 크리어의 특수한 사용은 효과적으로 의사 소통할 수 있는 공연 안에서 기록 전통과 구술 전통을 혼종화한다.

포스트 식민주의 연극에서 가장 복잡한 벙어리 인물 중 하나는, 1820년 시드니를 배경으로 한 빈센트 오설리반의 희곡 「빌리(Billy)」(1989)의 주인공이다. 어보리진 출신 노예인 빌리는 어린 시절 사고를 당한 이후 외관상으로는 귀머거리에 벙어리가 되었다. 하지만 이후에 사회적 실험 대상이 되어 식민지 주인들의 시중을 능숙하게 들 수 있는 훈련을 받아왔다. 앵글로 오스트레일리아인인 식민 정착자는 빌리를 재주부리는 원숭이 취급을 했고, 그가 말을 할 수 없다고 간주했다. 그러나 엘리자베스(Elizabeth)의 약혼자인 포스터 선장(Captain Foster)이 자신이 어떻게 빌리의 동족들을 잔인하게 대량 학살했는지 이야기했을 때, 빌리는 엘리자베스라는 한 여성을 '통해 말하는' 방식을 선택했다. 빌리가 자신의 손을 엘리자베스의 어깨 위에 올려놓자, 엘리자베스는 어보리진 억양으로 영어를 말하기 시작한다. 그녀는 선장의 시각과 상반된 방식으로 대량 학살의 서사를 만들어낸다. 결국에 빌리는 중개를 거치지 않고 그 스스로 말하게 된다. 그러나 모여 있는 군중들은 그의 '목소리'를 일종의 속임수로 간주한다. 빌리의 주인들은 빌리가 겉으로 말이 없는 것을 보고서, 그가 말할 줄 모르는 어린 아이나 노예로 치부했던 것이다. 연극 안에서 그에게 말할 기회가 별로 주어지지 않기 때문에 그는 목소리로 의사 소통을 하지 않는다. 그러나 그가 '허락'없이 말할 기회를 포착했을 때는 곧바로 백인을 '즐겁게 해주는' 굴종의 위치로 전락하고 만다. 칼리반이 프로스페로에 의해 그러했던 것처럼, 빌리의 언어는 식민 지배자들에 의해 제한된다. 빌리가 갑자기 폭발했을 때 그의 반역적 행동은 손님들에 의해 그저 무시하는 것이 최선이라는 취급을 받는다. 일부 사람들은 파티놀이를 위한 각본의 일부일 뿐이라고 말하면서 무시해 버린다. 그러나 빌리의 말이 그렇게 쉽게 침묵되어지는 것은 아니다. 관객들은 빌리의 말에 의미를 두지 않는 식민주의자들은 물론이고 빌리의 말도 이해할 수 있기 때문에, 빌리의 말은 들리는 말이 된다. 일단 말해진 단어들은 해방된다. 그리고 빌리는 시드니의 작은 영국을 가시적으로 완벽하게 번역한 백인들의 경계를 붕괴시키고 거기서 탈출한다. 빌리의 존재와 그의 동족들의 존재는 반드시 인정되어야만 한다. 이 연극은 정착자들이 듣기를 원하지 않기 때문에 담론들을 '침묵시키는' 모습을 형성화한 것이다. 빌리는 말할 수 없는 위치에 있는 것이 아니라 무대 위 상대에게 들리지 않는 위치에 서 있다.

식민주의자들에 의해 편협하게 정의된 언어와, 계층이나 인종에 기반한 언어를 거부하는 방식으로 빌리(Billy)는 자신의 효력(agency)을 증가시킨다. "토착민의 침묵은 배치를 바꾸는 가장 중요한 단서이다"(1993 : 38)라고 한 레이 초우(Rey Chow)의 진술은 「빌리」를 비롯한 다른 포스트 식민주의 문학에 타당한 것이며, 그 작품들 안에서 식민화된 주체는 말하

는 것을 거부한다. 응구기(Ngũgĩ)와 미세레 기타 무고(Micere Githae Mugo)의
〈데단 키마티의 재판(The Trial of Dedan Kimathi)〉은 이런 지적을 도발적으로
증명한다. 케냐의 마우 마우(Mau Mau) 반란군이자 범법자로 취급되는 키
마티(Kimathi)는 자신의 지지자들 앞에서는 달변가이지만, 반역 재판 과정
에서는 철저히 침묵을 고수한다. 이런 방식으로 식민주의의 정의와 불의
((in)justice) 체계에 저항한다. 그는 반역의 죄과에 대해 변명하려는 시도조
차 하지 않는다. 그리고 그의 말하기 거부는 어떤 변명보다도 법정의 관
료들을 화나게 한다. 법정은 영어로 된 법률 용어를 사용하는 곳이다.
그 영어 어휘들은 스스로 뒤얽히거나 이중의 의미를 갖게 되지만, 키마
티가 표현하는 침묵에는 대처할 수가 없다. 키마티는 말보다 침묵을 통
해 더욱 성공적으로 식민주의 체제를 위반한다.

노래와 음악

음악은 때때로 어떤 생각과 감정을 전달하는데 은유적으로 사용되기
도 하지만, 음악이 갖는 권리 안에서 문화적 의미들을 생성해내기도 한
다. 노래는 가락, 액센트, 곡조, 음악적 배열, 가수의 동작학과 근접학,
가사 위에 역사적 의미층들이 더해지면서 추상적인 의사 소통의 체계가
된다. 음악이 연극과 결합될 때 의미화하는 힘은 필연적으로 증가한다.
음악은 연극의 음악적 의미뿐만 아니라 '미장센'에도 기여하는데, 예를
들자면 무드를 조성하고 분위기에 영향을 끼친다. 더욱이 포스트 식민주
의 연극이 단결, 저항, 혹은 현존을 음성적으로 표현할 기회를 제공해주
며, 이때 노래는 배우와 관객의 반응을 강화시킨다. 그 효과들은 공동체
의 행위(action)와 상호작용(interaction)을 강화시키는 코러스 보컬의 수와 성

량(聲量)을 증가시킴으로써 배가(倍加)될 수 있다. 비음악적인 연극 안에서 노래가 음악과 교차할 때, 노래는 연기를 반자연주의적인 것으로 만든다. 또 관점을 확실히 세우거나, 대안적인 전망을 제공하기 위해 노래가 하나의 담론을 다른 담론으로 분리시킴으로서 관객의 주의를 더욱 집중시킨다. 포스트 식민주의 연극에서는 연극에 대한 음악의 일반적인 공헌보다는 조금 더 특별한 방식으로 음악이 활용되는데, 토착 노래와 음악을 회복해내는 것이다. 또 새로운 형식과 옛 형식을 독특한 양식으로 혼종화시키는데 노래와 음악을 사용한다. 전자의 경우에 전통 연기와 역사의 장 안에서 토론되었던 문제들과 분명하게 겹쳐지는 토착 노래와 음악이, 식민지 조우 이전의 의사 소통 방법들을 되살려낸다. 이때 토착 노래와 음악은 구술 전통의 지속적인 유효성을 확증하며, 관습적인 서구식 재현의 구속을 깨뜨리는 데 도움을 준다. 후자의 경우는 조금 다른 전략을 편다. 혼종의 노래와 음악은 덜 인식되고 덜 유효한 의사 소통 체계의 단어, 형식, 음악적 구조 속에 식민 지배자의 언어학적이고 음악적인 전통을 자유롭게 흩어놓고 거기에 저항하는 기능을 한다.[23] 혼종된 노래와 음악에는 연극으로부터 노래를 떼어내는 기능도 있다. 관객들이 공연을 기억하면서 연극 공연의 일부를 재연하거나 다시 노래를 부를 때, 노래와 음악은 관객에 의해 연극으로부터 '분리되고' 공연이 끝난 후에도 생명력을 가지게 된다. 노래와 음악의 기억 작용은 강력한 '언어학적' 기호체로서의 그들의 위치를 충분히 입증한다.

나이지리아의 민속 오페라[24]는 사건을 음악적으로 연극화한 대중적인

---

23) 혼종성이 어떤 경우에는 다소 덜 정치적인 맥락에서 결정된 문화 변용을 가리키기도 한다. 그러나 역시 혼종성은 단일한 문화, 언어, 정치 체제의 작용을 탈중심화하는 데 고도로 유용한 전략이다.

24) 1950년대부터 1970년대까지 아프리카와 멜라네시아를 여행한 독일인 교수이자 편집 발행인 울리 베이에르(Ulli Beier)의 기독교화된 '민속 오페라'라는 용어는 잘못된 명칭이다. 민속 오페라는 보통 '문어적인(literary)' 연극에 반대하여 대사가 거의 없는 형태를 취한다. 따라서 민속 오페라는 전통적인 방식들에 기반하고 있는 음악극의 몇몇 유형들을 관습적으로 지칭한다.

형태이다. 원래 기독교의 반복적인 음악 리듬과 연관되었던 민속 오페라
는, 1940년대에 요루바족의 춤과 음악을 소개했던 허버트 오군데(Herbert
Ogunde)의 탁월한 능력에 의해 형식상 변화를 경험했다. 민속 오페라는 당
시의 정치적이고 사회적인 이슈들을 반영하면서 나이지리아 연극, 그 중
에서도 정치화된 연극 안에 식민지 조우 이전의 전통들을 회복하려는 최
초의 시도들을 재현했다.

가나(Ghana)의 대중 순회 공연 파티의 전통을 빌어 온 요루바의 순회
민속 오페라 단체들은 토착적인 음악 스타일과 유럽적 음악 스타일을 혼
합하고, '바타(bata)'북과 '둥둥(dundun)', '세케레(sekere)', '이그빈(igbin)'을 포
함하여(Ogunbiyi, 1981b : 341) 다양한 북과 관악기들을 연주한다. 민속 오페
라는 듀로 라디포(Duro Ladipo), 콜라 오군몰라(Kola Ogunmola), J. P. 클라크―
베크데레모(J. P. Clark-Bekederemo), 왈레 오구니에미(Wale Ògúnyemí)에 의해 대
중화되었다. 라피도는 기독교 교회가 그들의 '말하는 북(talking drum)'으로
예배중에 반주하는 것을 폐지한 이후 비로소 그 형식에 관심을 가지게
되었다(1981b : 335). 의식적으로 그 북에 전통적이고 역사적인 제재들을 강
하게 주입시킨 오군데(Ogunde)의 선례를 바탕으로 라피도는 그 모델을 발
전시켰다. 민속 오페라는 장소나 분위기의 변화를 나타내기 위해 조명을
사용하기보다는 음악, 북소리, 노래를 이용하고 서사 행위를 구축하거나
바꾸기 위해 분위기뿐만 아니라 스펙터클에도 의존한다. 그러나 북이 단
순하게 배경으로 사용되는 것은 아니다. 거북이나 신들의 신화에 기반하
고 인기 있는 전통 공연, '이카키(Ikaki)' 가장행렬에서 우두머리 고수(Drum
Master)의 역할은 실제로 연극 주인공의 역할과 같다. 우두머리 고수는
"신내림을 받은 배우들(sprit-actors)과 같은 층위에 속해 있는 유일한 인간
지배자이다. 그의 역할은 구두 언어와 '치고 받을 수 있도록' 분명하게
병치되어 있는 음악적 언어를 가지고, 일련의 장면들에서 정확한 타이밍
에 설명하는 것이다. 그의 음악은 언어와 동등하게 중요하다."(Nzewi, 1981
: 447) 이야기꾼처럼 행동을 리드하는 우두머리 고수는 연극 서사에 절대

적으로 필요하기 때문에, 그와 그의 북이 없는 '이카키(Ikaki)' 연극은 불가능하다. 매력적인 대중 순회연극의 전통은 "요루바사회의 집단 정체성에 대한 현대적인 표현이며, 그렇기 때문에 요루바족의 전통적 가치들을 유지하고 전달해야만 한다."(Jeyifo, 1984 : 5) 바이오던 제이포(Biodun Jeyifo)는 전형적인 민속 오페라의 체계(format)를 이렇게 설명한다.

> 커다란 중심 클라이맥스는 대개 존재하지 않는다. 오히려 연극적으로 풍부한 표현이나 강렬함의 긴장된 순간들과 어울리는, 연속적인 클라이맥스들이 존재한다. …… [민속 오페라는] 전체 공동체를 포함하는 축전(祝典)이고, 최면적인 시적 찬양을 확장시킨 연주이며, '바타(Bata)' 음악의 풍부한 힘에 맞춰, 정확하고 양식화된 제의적 표현과 신속하고 활발하며 모방적인 지그(jigs)*25) 사이를 왔다갔다하는 댄스 스텝이며, 현란한 움직임과 과장된 색채의 시각적 스펙터클이다. (1984 : 16)

극도로 오락적이지만 한편 도덕적이고 교훈적인 민속 오페라는 집, 레스토랑, 클럽과 같은 실내에서든 실외에서든 공연할 수 있다. 도시와 시골 가리지 않고 공연을 하면서 노래를 부르고 북을 치는 가운데 도덕적 훈계를 끼워 넣는다. 서구적 관습의 지배에 대한 민속 오페라의 저항은, 전통적이고 유럽적인 형태들의 혼합주의적 결합 안에서 이루어진다. 민속 오페라는 자칫하면 잃어버릴 수도 있는 다양한 공연 전통 음악을 지속시키는 방식으로 저항을 시도한다. 왈레 오구니에미의 〈오발루아예(Obalúayé)〉(1971)에 나오는 장면들은, 은연중에 관객들을 연극 안으로 끌어들인다. 북치기 같은 비언어적 형태의 대사들이 나이지리아 관객들에게 '말을 거는데', 이것은 인간의 목소리만큼이나 생생하다.

데이비드 코플란(David Coplan)은 〈오늘밤 흑인 거주구에서! 남아프리카 흑인 도시의 음악과 연극(In Township Tonight! South Africa's Black City Music and Theatre)〉

---

25) 4분의 3박자의 빠르고 경쾌한 춤. (역주)

(1985)에서 음악이 남아프리카 흑인의식운동*26)과 아파르트헤이트 반대 투쟁에 탁월한 효과를 발휘했다고 주장한다. 아프리카의 리듬과 곡조 등을 이용한 재즈를 포함해서 많은 토착 음악 전통의 유지와 혼성 음악 형태의 전략적 체제 확립이, 아파르트헤이트에 대항하고 아파르트헤이트의 권위를 동요시키기 위해 백인의 형식을 이용하는 흑인 예술가들을 하나로 묶어 주었다. 음악의 상대적인 유동성(mobility)은 백인의 도움이나 기술 없이도 흑인들의 모국이나 거주구에서 음악이 생성될 수 있게 한다. 남아프리카 흑인 연극에서 음악의 구심성(centrality)은 놀라운 것이 아니다. 일반적으로 외래의 연극 형식을 토착화시키는 광범위한 기획의 일부로 사용되는 음악은, 구술적인 대사가 대신할 수 없는 표현 수단들을 제공해준다. 음악은 관객들의 인지 능력을 유추하면서 그들을 흡수한다. 음악은 관객들로 하여금 연행자들과 함께 노래부르도록 자극하고, 관객들이 일단 객석을 벗어난 후에도 곡조를 흥얼거리게 만든다. 이러한 브레히트적(Brechtian) 장치는 아파르트헤이트 정권에 대항하여 공동체를 하나로 통합한다. 억압적이고 지배적인 패러다임의 현존 안에서 약동하는 문화적 국면을 무대화하는 것이다. 코플란(Coplan)에게 남아프리카 음악 공연은 "사회문화적 방언들을 반영하는 것 이상이며, 사회문화적 방언들 안에 적극적으로 개입하고 그 안에서 구체화된다."(1985; 246) 남아프리카의 희곡작가인 그시나 므홀로페(Gcina Mhlope)는 이렇게 말한다.

만약 당신이 정치적인 연극을 만들고자 한다면 음악은 불가피한 것이다. 음악은 사람들에게 힘이 된다. 사람들은 그들의 마음을 노래에 싣는데, 어떤 노래는 전통적인 춤곡에 비롯되었다. 사람들을 상황에 맞게 가사를 바꾸기도 한다. 그리고 사람들이 다음 사람에게 노래를 전달하고 나면 그 노래를 멈추게 하는 것은 정말 어렵다. 그래서 정치적 연극이 음악적 실마리를 품게 되는 것은 당

---

26) 1970년대의 남아프리카공화국에서 스티브 비코 등 학생들이 중심이 되어 전개한 운동으로, 아파르트헤이트(apartheitd : 흑백격리주의) 체제하의 흑인에게 의식의 변혁을 촉구했다. (역주)

연한 일이다. (1990a : 124)

아파르트헤이트에 저항하며 화합의 노래로 표현되는 관객들의 결속
은 음악적 저항 전략이 된다. 음악은 남아프리카에서 정치적이고 사회적
인 동인(agency)을 획득하기 위해 반복적으로 사용하는 방법의 하나이다.
아파르트헤이트하에서 국가를 부르는 것은 금지되었었다. 연극의 저항
담론들을 확대하고 강화시키기 위해서 많은 공연들은 연극 마지막에 파
워풀한 국가(國歌), '은코시 시켈레 아이아프리카(Nkosi sikelele iAfrica)'를 부
르도록 연출했다.

음악은 카리브의 현대 연극에서 없어서는 안 되는 필수적인 것이다.
그 지역의 크리올 언어와 파트와(Patois)*[27]처럼, 카리브의 여러 음악 형
태들은 그들만의 독특한 문화 혼합의 과정에서 비롯되었다. 케네스 빌
비(Kenneth Bilby)는 카리브를 통합된 하나의 음악 지역권으로 다루면서,
카리브의 특징적인 형식과 스타일이 "아프리카적인 유럽식 음악 스펙
트럼"(1985 : 184)의 일부로 이해될 수 있다고 제안한다. 이것은 얼레인과
다른 이론가들이 언어의 크리올화를 설명하면서 이용한 개념인 '언어
적 연속체(linguistic continuum)'와도 유사하다. 이 모델은 음악가들이 심지
어 한 작품 안에서도 여러 스타일을 사용한다고 주장한다. 당김음을 이
용한 드럼 비트처럼 때로는 아프리카적인 것에서 추출한 요소를 강조
하고, 또 어떤 때는 유럽적인 박자와 리듬을 사용한다는 것이다. 빌비
(Bilby)는 이러한 병렬의 형태를 '복합음악성(polymusicality)'이라 부르고, '현
악단의 경쾌한 선율, 빙의의식(possession cults)에서의 화려한 북치기, 밭에
서 일하는 사람들의 화답가, 바하 성가의 다층적인 하모니 등 이 모든
것이 실질적으로 함께 쓰이는 것이 가능하다'고 주장한다(1985 : 202~203).
카리브의 많은 연극들은 지역문화에 대한 찬양으로서 기능하고, 제국의
연극 형식을 전유하고 토착화하려는 전체적인 전략의 일부로서 작동하

---

27) 프랑스 방언. (역주)

면서, 그러한 복합음악성의 증거가 되어준다. 여기에 해당하는 경우가 데렉 월콧의 〈세비야의 조커(*The Joker of Seville*)〉이다. 이 연극은 돈 주앙(Don Juan) 신화에 대한 대항 담론적인 재작업 안에 칼립소와 가스펠, 블루스와 팔랑(parang music)[28)]을 사용한다.

카리브의 여러 음악장르들을 가로지르는 특징들 중의 하나는, 사회적 논평을 가하기 위해 아이러니와 이중청취(double entendre), 숨겨진 암시로 짜여진 노래를 사용한다는 것이다(1985 : 201). 칼립소 전통과 함께 이미 카니발의 일부로 논의된 레게음악은, 이 지역 음악 가운데 한층 더 정치적인 형식들 중의 하나이다. 유럽과 아프리카에서 비롯된 특징들의 혼합물인 자메이카의 멘토(mento),*[29)] 미국의 리듬 앤 블루스, 라스타파리안(Rastafarian)*[30)]의 북치는 전통 등에서 영향을 받은 레게는, 최근에 발생한 지역적이고 정치적인 사건을 자주 언급한다. 레게는 억압받은 자들의 경험에 뿌리를 둔 음악 형식이고, 따라서 제국주의에 대항한 제3세계 투쟁의 매개물로 자주 이용된다. 시스트렌은 특히 자메이카 극빈 계층들의 문제를 알리기 위해 특별히 기획된 그들의 공동체 연극 작업의 한 부분으로 레게음악을 폭넓게 실험해 왔다.[31)] 예를 들자면 『우리 안에 있는 머펫(*Muffet Inna All a We*)』(1985)에서는 포스트 제국주의의 카리브사회에서

---

28) 스페인 음악에서 기원한 것으로 보통 현악기로 연주되는데, 원래는 황소싸움에서 비롯되었다.

29) 레게 이전의 자메이카 민속음악. (역주)

30) 라스타파리안(rastafarian), 즉 이디오피아의 셀라시에 황제를 추종하는 아프리카 근본주의자들. 라스타파리아니즘은 에티오피아 황제였던 '하일레 셀라시에(Haile Se lassie)' — 본명 '라스타파리' — 가 성서예언의 수행으로 대관식을 치르면서 본격적으로 확산되었고, 라스타파리(Jah Rastafari)를 신으로 섬기며 자신들의 고향이자 약속의 땅인 아프리카의 에티오피아로 돌아가자는 것을 교리로 하는 신앙이다.
라스타파리는 1930년대 자메이카 킹스턴 게토에서 생겨났으며 사회운동, 종교적 숭배, 청년 하위문화 등의 측면에서 다양하게 다뤄지고 있다. 라스타파리안 스타일은 1960~70년대 크게 유행하다가, 1980년대 라가머핀 스타일, 1990년대 힙합레게 스타일 등으로 레게패션의 계보를 이어가며 변화 발전되어 왔다. (역주)

31) 월콧의 〈오 바빌론!(*O! Babylon!*)〉(1976)에서는 특히 라스타파리안(Rastafarians) 집단과 관련된 서사 가운데 상당량의 레게음악을 편입시켰다.

흑인 여성들이 견뎌내고 있는 사회적·성적·경제적 착취의 여러 층위에 대항하며 레게 노래와 춤을 이용한다.

특히 컨트리 앤 웨스턴(country-and-western) 스타일에서 기인한 음악의 혼합 형태들은 여러 범위의 어보리진 연극에 공통적으로 나타난다. 크리스토퍼 밤(Christopher Balme)은 잭 데이비스(Jack Davis)의 연극에 등장하는 컨트리 앤 웨스턴 음악이 어보리진의 문화 적응(enculturation)을 의미한다고 주장한다(1940 : 408~409). 그러나 음악들이 내포하고 있는 이데올로기적 장치가 훼손되지 않은 채로 한 문화에서 다른 문화로 옮겨진다는 가정은 문제가 있다. '이데오톤(ideotones : 이데올로기적 경향)'의 개념을 사용하는 무드루루(Mudrooroo)는 어보리진들이 비어보리진의(non-Aboriginal) 음악을 종종 자신들의 목적에 맞게 개조해서 전유한다고 주장한다. '이데오톤'이란 청각적 서사(audio-narrative) 단위들로 "말과 음악의 연계 안에서 일어나는 결합"이다. 그것들은 어느 때라도 작동하는 지배 이데올로기 담론의 명백한 통합을 확증하거나 그 통합에 도전한다(1990 : 67). 심지어 지미 치와 커클스(Jimmy Chi and Kukles)의 〈브란 누 데(Bran Nue Dae)〉에서는 특정 단계에서 그 음악이 텍스트의 대항적 취지를 중화시키는 것으로 보이는 동안에도 일종의 이데오톤적인 전복을 면밀하게 드러낸다. 유럽인의 식민화에 대항하는 온건한 투쟁보다도 작은 목소리를 내는 가사와, 외우기 쉬운 곡조나 유쾌한 리듬을 반어적으로 병치한 이 연극은, 브로드웨이 뮤지컬의 관습적 형태들이 갖는 헤게모니에 대해 지속적으로 도전한다. 어보리진 방언으로 이루어진 노래는, 영어로 '브룸 크리올(Broome Kriol)'이라 불리는 독특하게 뒤섞인 언어를 사용한다. 반면에 뮤지컬 악보는 등장인물들의 복잡한 혈통을 반영하는 노래, 소리, 음악의 혼합물을 명료하게 표현할, 컨트리 앤 웨스턴·칼립소·레게·가스펠·블루스 그리고 부족 노래와 같은 온갖 이종(異種)의 재료들로부터 리듬의 영감을 끌어낸다. 간단하게 말하자면, 연극에 사용된 음악은 빌려온 형식들을 전유하고 문화적인 경계들을 넘나들며 청각적 하모니의 유럽적인 기준을 파열시킴으로써, 장르를 카니발화한다. 연극의 음악은 또한 연행자의 기능과 관객의 기능 사이의 구별을 무화시킨다. 전통적인 구술 서사의 이야기꾼인 엉클 테드폴(Uncle Tadpole)은 해설을 하는 과정에서도 노래를 부르고, 나중에 연극이 끝난 뒤에도 관객들은 그 곡조를 흥얼거리며 노래하게 된다. 퍼스(Perth)에서 롬바르디나(Lombardina)로 향하는 등장인물들의 음악적 여정과 그 연극의 지방 투어를 고려할 때, 오스트레일리아를 가로지르는 다양한 관객들 속으로 음악과 가사가 전파되는 것은 일종의 '노래 사이클'로 보여질 수 있다. 어보리진 예술 표현의 특별한 형식이 전국 순회를 통해 전달되는 자취(track)를 따라 노래에서 노래로 전달되고, 문화적 재현 공간 사이에서 대화를 창조하면서 발전하기 때문이다.

　뉴질랜드에서 주목할 만한 극작가로 빈센트 오설리반(Vincent O'Sullivan), 르네(Renée), 머빈 톰슨(Mervyn Thompson)을 꼽을 수 있다. 이들은 뉴질랜드 연극 역사에 있어서의 중요도뿐만 아니라 정치적 잠재성을 품은 연극 형식으로서의 동시대적인 관련성을 입증하기 위해서, 빅토리아(Victorian)와 에드워드(Edwardian)시대의 음악홀(Music hall) 전통들을 연극에 통합시켰다. 음악홀의 대중주의적 매력은, 흔히 '고급(higher)' 취향에 맞추어 노동자 계층의 경험을 무대 위에 옮겨다 놓는데 열심인 극작가들에 의해 옹호되었다. 음악홀은 '하위문화적(low-cultural)' 형식 안에서도 비평할 만한 가치가 있기 때문에, 식민주의 담론이 만들어낸 계층간 위계제도를 비판하는데 적합한 장르이기도 하다. 뉴질랜드에서는 식민 지배자와 토착민들 사이에서 불편함을 느끼는 정착민을 위해, '사이에 놓인(in-between)' 민속 전통을 위한 음악홀에 상당한 관심을 둔다. 음악홀은 단지 오래된 노래에 대한 향수에 의존하는 것만이 아니라, 영국의 상위 계층 그리고 식민 지배자들의 음악이 갖고 있는 과장된 형식들의 오만함에 대항한다. 그래서 옛 노래들의 대중성과 관심사를 강조한다. 옛 노래들은 많은 것들을 순식간에 불러일으킨다. 예를 들자면 제1차 세계대전의 노래들은 전쟁중의 탈취와 영국 식민지 군대의 착취를 상기시키는데 한 소절만 연주되거나 노래되어도 효과는 충분하다. 빈센트 오설리반의 〈존스와 존스(Jones and Jones)〉에서는 캐서린 맨스필드(Katherin Mansfield)가 런던과 뉴질랜드 두 곳의 지리학적이고 음악적인 차이 때문에 분열했던 것을 상기시키기 위해 음악홀을 사용한다. 르네(Renée)의 〈한때 지니는(Jeannie Once)〉(1990)에서 메타 연극적 음악홀은 지나치게 엄격한 종교적 근본주의와 정당한 식민 권위가 전복되는 매개체 역할을 한다.

머빈 톰슨의 〈재판관에게 노래를(Songs to the Judges)〉(1980)은 단순하게 음악홀을 이용하는 방식으로 관심사를 옮긴다. 더욱이 길버트와 오설리반의 멜로디들, 파케하(Pakeha)*32)와 마오리족 역사의 후원적이면서 단순한 재현을 의미화하기 위해 특별히 근접학적이고 동작학적인 디자인을 사용한다. 즉 음악극의 풍자적 전통으로 강조점을 이동시킨다. 훨씬 관습적이지만 대사를 대체할 수 있는 음악은, 현존하고 있는 우월한 담론들을 모방하지 않는 '뉴질랜드'를 발견하게 한다. 연극의 노래들은 일반적으로 역사적 순간들을 소개한다. 예를 들자면 '법의 노래(The law song)'는 원주민 영토법(Native Land Act)과 마오리 관련 수정법(Maori Affairs Amendment Act)과 같은 중요한 정치적 법령들을 강조한다. 또 제국주의 체제의 문화적 무감각을 강조하기 위해 자주 반어적인 노래를 부른다. 특히 파케하(Pakeha)를 겨냥한 양식(style) 중에서, "우리는 네가 죽어야만 한다고 생각해"라는 제목의 노래를 보면 파케하로 구성된 코러스 집단들이 자축하는 분위기이다.

> 파케하는 본분을 지켰네.
> 파케하는 인정이 많았고
> 파케하는 친절했으며,
> 성실했고
> 인정이 많았고

---

32) 백인 이주민. (역주)

자비심이 있었으며
그리고 정당했네!

(1984b : 157)

톰슨은 독선적인 담론을 조롱하면서, 길버트와 오설리반의 제국적인
멜로디를 지방화했다. 그는 뉴질랜드의 자기 반영적 재현물들을 특징화
화는 방법으로 음악을 선택했고, 〈재판관에게 노래를(Songs to the Judges)〉에서
문화적으로 독특하게 활용했다. 톰슨의 연극은 가스펠에서 영향을 받은
곡조로 끝이 난다. 겉보기에 그는 마오리족과 파케하 사이의 화합에 호
소하고 있지만 실은 그것의 가망 없음을 인식하고 있다. 음악을 지방화
하는 것은 역사를 코믹하게 다시 읽게 하고, 제국주의적 중심과는 다른
차이를 표현할 수 있는 의사 소통의 새로운 형식을 만들어낸다.

포스트 식민주의 연극들은 그들의 관심사를 분명하게 밝히는 데 있
어 말이나 음악적인 형태를 통하든 침묵을 통하든 간에, 언어의 심각한
굴절과 문화적 특이성을 표현하려고 한다. 문화가 전달하려고 하는 그
무엇은 필연적으로 그것이 소통하는 방식 즉 형식, 스타일, 어조, 기록
문서, 그리고 언어를 조직하는 방법과 밀접하게 연관되어 있다. 들뢰즈
(Gilles Deleuze)와 가타리(Felix Guattari)가 말하는 것처럼, 언어란 명확하고 선
결정(先決定)된 실재가 아니라 지속적인 재구성의 지점이다.

> 본질적으로 언어의 보편성이란 존재하지 않으며, 방언, 파트와(프랑스 사투
> 리), 속어, 특별한 언어들이 있을 뿐이다. 순수한 동종의 언어공동체가 존재하
> 지 않는 것처럼, 이상적인 '자격을 갖춘' 발화자와 청취자도 존재하지 않는다.
> …… 모국어란 없으며, 정치적 다양성 내에서 지배적인 언어에 의한 권력의 점
> 령만 있을 뿐이다. (1987 : 7)

다른 '언어들'을 화해시키기 위해 영어의 특권을 폐지함으로써 포스
트 식민주의 연극이 고발하려는 것은, 바로 이 지배적인 언어에 의한
'권력의 점유(seizure of power)'이다.

제5장
신체의 정치학

> 신체는 언어를 통해 추적되고 사고에 의해 해체되는 사건이 새겨져 있는 표면이며, 실제적 통일성에 대한 환각을 차용하는 분열된 자아의 장소이며, 분열의 두께다. (Foucault, 1997 : 148)

신체에 대한 푸코의 정의는 중요한 수행적 의미를 간과하고 있다. 바로 신체가 **움직인다**는 사실이다. 배우의 신체는 극장에서 중요한 물질적 상징이다. 신체는 가지각색의 복합적 의미를 창출하는 능력에 의해 여타의 다른 물질적 상징들과 구별된다. 신체는 출현과 외형(appearance)과 행위를 통해 의미를 만들어낸다. 공연하는 신체는 인종과 젠더라는 범주를 표시하는 것은 물론, 능숙한 마임이나 움직임을 통해 장소와 서사(narrative)를 표현한다. 의상·세트·대사 등의 무대 위 다른 기표들과 관계맺는 것은 물론이고, 결정적으로 관객과 상호작용한다. 따라서 신체가 연극적 재현에 있어 가장 긴장된 지점으로 기능하는 것이 당연하다.

엘레케 보우머(Elleke Boehmer)가 설명하듯이 식민화된 주체의 신체는 성적이고 의사(擬似)과학적이며 정치적인 의미에서 식민 지배자의 환상과 혐오의 대상이 되어 왔다. 그리고 실제적으로는 소유의 대상이었다.

> 식민주의적 재현에서 배제와 억압은 문자 그대로 '실현되어' 보여진다. 특히 식민 지배자의 관점에서 낯설거나 '원시적인' 것에 대한 공포와 호기심, 이상화된 환상은, 물질적이고 해부학적이며 구체적인 이미지들로 표현된다. 타자는 육체적이고 육욕적이며 길들이기 어렵다. 그래서 종종 본능적이며 가공되지 않은 날것의 특성을 갖는다. 때문에 지배당하기 쉽고, 이용 가능하며, 농사 등에 동원되기도 한다. 타자를 수량으로 표현하고 명명하며 목록화할 수 있고, 타자에 대한 설명이나 소유가 가능하다. (1993 : 269)

제국주의 담론은 은밀하고 설득력 있는 방식으로 식민화된 주체를 지식이 각인된 대상으로 구성해 왔기 때문에, 그들의 신체에 대한 관심은 포스트 식민주의 주체성을 구성하는 데 있어 핵심적이면서도 유용한 전략이 될 수 있다. 엘리자베스 그로츠(Elizabeth Grosz)가 주장한 것처럼, 신체는 단순히 권력의 지배가 작동하면서 소모되어 버리는 수동적인 대상이 결코 아니다.

> 만약 신체가 분류(codification)와 관리(supervision), 억압(constraint) 체계의 전략적 표적이 된다면, 그것은 신체와 신체의 에너지가 일상적이고 체계적인 사회 조직에 대해 통제와 예측이 불가능한 위협을 가하기 때문이다. 신체는 지식 권력의 거점(site)이 되는 것은 물론 고집을 부리는 저항의 지점이 된다. 그리고 신체는 대안적인(alternative) 방식으로 자기를 드러내고 재현할 수 있기 때문에 대항 전략적인 재각인(reinscription)의 가능성을 항상 수반한다. (1990 : 64)

식민화된 신체의 재각인과 자기 재현의 방식을 어떻게 공연 전략으로 바꾸는가는 포스트 식민주의 연극에서 가장 중요한 관심사 중 하나다. 그러므로 문화적 탈식민화를 향한 현재의 움직임은 언어적이고 텍스트적인 대항 담론을 포함할 뿐만 아니라, 신체와 그것의 의미화 과정까지도 재고한다. 서사적 글쓰기는 지배적인 서구문화의 창조물로 생산되어 작가나 주인공의 성별과 인종을 지워버리는 경향이 있는 반면, 공연은 참가자들의 물질적이고 사회문화적인 특성들을 강조한다.

페미니즘 연극처럼[1] 포스트 식민주의 연극은 신체에서 단순한 '배우의 기능'이나 '배우의 수단' 이상의 것을 발견한다. 무대 위에서 움직이고, 감추고, 드러내고, 심지어 '균열을 일으킬' 수 있는 신체의 능력은 탈식민화의 많은 가능성을 제공한다.

일반적으로 포스트 식민적 신체는 식민 지배자들이 그에게 남긴 제한된 공간과 의미를 분열시키고 저항을 각인시키는 거점이 된다. 예를 들어, 카타칼리(Kathakali) 배우의 양식화된 표정 연기는 배우의 신체를 통해 특정한 인도 연극 전통의 역사를 표현하고, 정성스레 보존된 의미의 체계를 소통시킨다. 식민지 주체의 신체는 타자에 의해 유형화되고 재현되는 것을 반대하면서, 무대에서의 물질적 존재감을 통해 자기 재현을 역설(力說)한다. 흑인 배우가 전통적으로 '백인' 역할로 고정되었던 역을 맡게 되거나 서인도 제도에서 셰익스피어 연극에 출연할 때, 육체적 기표는 즉시 정치적 의미로 변한다. 인종에 얽매이지 않는 캐스팅은, 식민지인들을 부적합하고, 종속적이며, 종종 야만적이라 치부하는 식민지적 정체성과는 별개로, 식민지인들의 새로운 정체성이 개발되는 데 일조한다. 신체는 단일하고 독립적이며 추상적인 실재가 아니라, 스스로를 대화적이고(dialogic) 양가적이며 불안정한 기표로 생산하는 다양한 각인을 허용한다. 따라서 신체를 통해 개인적이고 문화적인 주체를 생산해내면서 작업은 엄청나게 복잡할 수밖에 없다.

포스트 식민주의적 주체는 때때로 식민주의에 의해 결정된 이름표와 정의들, 특히 인종이나 젠더의 분류하에 작동하는 것들을 거부한다. 무대에서 연출되는 정체성을 새롭게 정의하는 기획 가운데는, 전통적으로

---

1) 이와 관련한 여러 텍스트들이 있지만, 특히 펠란(Phelan, 1992)과 굿맨(Goodman, 1993)의 텍스트를 참조할 것.

부가된 신체의 의미를 받아들이지 않고 식민화된 주체 스스로가 선택한 신체의 의미를 부가하는 작업이 있다. 식민화된 대상이 스스로의 주체를 창조하는 이런 저항적 '구현(embodiment)'의 과정은 신체를 그저 강제로 부여받은 것으로 보지 않는다. 신체를 제국주의자들이 산출해낸 타자성으로 제한하지 않으며, 훨씬 더 유동적이고 문화적 의미가 누적된 다원적인 것으로 묘사한다. 포스트 식민주의의 무대는 불구가 되거나 '불완전하게' 되어 버린 식민화된 주체를 회복시키고, 신체의 의미와 주체성을 변형시킬 수 있는 기회를 제공한다. 이 장에서는 포스트 식민주의적 신체의 기본적인 공연 요소들, 즉 신체가 어떤 생김새이고, 무엇을 하며, 어떻게 비쳐지고, 무엇보다도 어떻게 자신을 표현하는지를 고찰함으로써 신체의 회복 과정을 탐색할 것이다.

'정체성'을 시각적으로 표시해주는 인종과 젠더는, 그것들이 함축하는 바가 극도로 불안정할 때가 종종 있다. 하지만 연극적 맥락에서 인종과 젠더는 아주 중요한 기표이다. 이것들은 아무런 매개 없이 객관적으로 부과된 것이 아니며, 시각적이고 언어적인 여러 담론을 통해 신체에 새겨진 것임을 기억할 필요가 있다. 달리 말하자면 남성 대 여성, 백인 대 흑인으로 구성된 이분법적 범주는, 결코 생물학적으로만 결정된 것이 아니며 역사적이고 이데올로기적으로 규정된 것이다. 다양한 페미니즘 이론들이 말하고 있듯이 인종과 젠더는 비록 가끔 교차되고 겹쳐지기도 한다. 하지만 주변성이라는 개념하에 하나로 뭉뚱그려질 수 없는, 별개의 요소이다. 그러므로 의심의 여지없는 본질적인 '흑인', '여성' 혹은 그 밖의 다른 어떤 종류의 신체가 존재할 수 없다. 반대로 이런 차이의 표지를 벗어버릴 수 있는 보편적 신체라는 것도 존재하지 않는다. 포스트 식민주의 이론은 제국주의 담론의 특징이라 할 수 있는 이상화되고 단일한 타자의 신체를 오랫동안 거부해 왔다. 연극과 같이 아이콘에 의존하는 재현적 실천(representational practice) 안에서 인종과 젠더가 주체 형성에 미치는 축소할 수 없는 특수성을 인정하면서도, 그것들을 본질론적으로 구성하려는 시도들을 피해가는 방법을 모색하는 것이 여전히 중요한 과제로 남아 있다. 해결책 중의 하나는, 모든 정체성과 차이의 표지가 부분적이고 임시적이며 그것들이 작동하는 의미의 체계나 문맥에 따라 변화할 수 있는 것이라고 개념화하는 것이다. 이런 개념은 인종이나 젠더의 단일한 생물학적 기원을 거부하지만, 스피박(Spivak)이 지적한 '전략적 본질주의'(1988 : 205)로 빠질 수도 있다. 전략적 본질주의는 특정한 정치적 목적을 위해 '순수한' 차이2)를 부각시키려고 하기 때문이다.

인종

유색 인종들에게 유럽적 권위를 행사하는 것이 식민주의의 핵심적 특징 가운데 하나였기 때문에, 포스트 식민주의 연극에서 인종을 자주 강조하는 것이 당연하다. 특히 대상 관객들이 대부분 백인이거나 지배 계급3)인 경우 이런 현상은 더욱 수긍할 만한 것이 된다. 여기에는 표면적으로는 대립되는 두 가지 전략이 나란히 수행되는 경우가 많다. 하나는 주변화된 주체를 부활시키기 위해 "철저하게 가시적인 정치적 이해 관

---

2) 물론 '순수한' 차이란 극히 이론적인 것일 수 있다. 포스트 구조주의자들이 확인시켜주듯이, 모든 개념은 그 정의를 가능케 한 기제(apparatus)로부터 분리될 수 없기 때문에 차이란 언제나 상대적인 것이다.

3) 오스트레일리아, 캐나다, 뉴질랜드와 같은 정착민사회에서 토착민 연극은 어느 정도 '다수자' 관객을 염두에 두고 그들에게 유효한 주제나 접근 방식을 선택한다. 반 투른(Van Toorn, 1990)의 소수자 텍스트의 정치학과 다수자 관객에 대한 논의를 참조할 것. 반면 아프리카, 카리브, 아시아 연극에서는 유색인 주체를 이미 '자연스러운' 것으로 표현하며, 인종 문제를 그다지 표면화하지 않는다. 아파르트헤이트에 의해 굴절된 남아프리카 연극은 예상되는 관객 구성은 고려하지 않고 줄기차게 인종 문제에 초점을 맞춘다.

계"(Spivak, 1988 : 205)의 일부로 인종 차이를 부각시키는 것이다. 다른 하나는 모든 인종적 범주가 구성된 것임을 보여줌으로써 그 범주 자체를 해체하는 방식이다. 어떤 연극은 이 두 가지 접근법을 동시에 차용하여, '인종'이 가지는 의미의 코드를 더욱 불안정하게 하는 변증법적 긴장을 유발한다. 지미 치와 커클스(Jimmy Chi and Kukles)의 〈브란 누 데(Bran Nue Dae)〉가 대표적인 예라고 할 수 있다. 이 작품은 오스트레일리아의 어보리진 배우들을 대거 기용하여 부각시킴과 동시에, 인종은 피부색의 문제라기보다 태도(attitude)의 문제라고 주장한다. 이런 맥락하에 비어보리진 배우들이 연기한 몇몇 '백인' 등장인물들까지도 그들의 어보리진성(Aboriginality)을 발견하는 것이 예술적으로 가능해진다. 이 연극은 현재 오스트레일리아에서 벌어지는 논쟁, 그러니까 피부색에 기초하여 구성된 어보리진 정체성이나 진정성 개념에 대한 논쟁에 참여한다.

설령 인종을 구성하는 요소가 고정된 것이 아니며 객관적으로 측정 가능한 것이 아니라고 해도, 공연 내에서 신체의 대항 담론적 가능성을 논의하는 데 있어 흑인이나 토착민, '유색인' 배우가 무대에서 차지하는 신체적 존재감은 무시할 수 없는 것이다. 일차적으로 제국주의의 인종적 타자가 무대에 등장한다는 것 자체가 전복적 행위다. 왜냐하면 앵글로 유럽 연극에서 의상이나 분장, 가면 등을 통해 인종적 차이를 계속 재현해오긴 했지만, 정작 유색인 배우들 자체는 오랫동안 무대에서 배제되어 왔기 때문이다. 셰익스피어 생존 당시 오셀로 연기는 백인 배우가 흑인 분장을 하고 곱슬머리 가발을 쓰고 했으며, 이런 전통은 그 후로 수세기 동안 변하지 않았다. 이런 식의 흑인분장은 20세기 초 앨 졸슨(Al Jolson)의 흑인분장 연기로 대표되는 대중 오락연예에서만 일반화된 것이 아니다. 비교적 최근인 1960년대 로렌스 올리비에(Lawrence Olivier) 버전의 〈오셀로〉에서도 이용되었다. 인종적으로 특징지어진 캐릭터들을 이런 식으로 연기할 경우 배우의 백인성 자체가 갖는 '고정된 의미(wayward signification)'로 인해, 유색인 신체가 갖는 저항의 잠재성은 감소될 수밖에 없다(Goldie, 1989 : 5). 하지만 배우의 인종과 젠더를 등장인물의 그것과 일치시킨다고 해서, 연기하는 신체가 제국주의적 각인의 그물망을 완전히 벗어났다고 할 수는 없다. 이때의 신체는 오히려 다중적 코드와 문맥들을 통해 '읽히게' 되고, 연극의 서사 구조뿐만 아니라 관객들에 의해 만들어진다. 이것은 역사적으로 서구 무대에서 연기하는 유색인 배우의 신체가 그 의미를 고조시키기도 하고 그것으로부터 멀어지게도 하는 일종의 신비감을 심어주었다는 것을 의미한다. 인종적 타자를 열등하거나 종속된 존재로 형상화하는 식민주의적 시도와 함께 지속되어 온 **잘못된 재현** 양식(misrepresentation)은 이런 과정을 통해 관습화되었다.[4]

대부분의 서구 연극에서 여성의 신체를 능동적 주체보다는 수동적 응시의 대상으로 구성하는 것과 달리, 인종적으로 특징지어진 신체는 호기심을 유발하는 감시의 대상이거나 없는 것과 다름없는 외면의 대상이다. 최근까지도 백인이 기획한 많은 포스트 식민주의 연극들은 인종적 차이를 감상적이고 이국적으로 묘사함으로써 이와 같은 재현의 함정에 빠지곤 했다. 캐나다·오스트레일리아·뉴질랜드 정착민 연극에 관한 테리 골디(Terry Goldie)의 연구는 구술성, 신비주의, 폭력성, 자연, 성, 역사성, 그리고 토착민의 의사 소통 '형식'의 모방이라는 일곱 가지 기호에 의해 제한된 기호학적 장 안에서 토착민의 이미지가 규정되는 방식을 보여주고 있다(1989 : 17). 특정한 분위기를 조성하거나 웃음을 유발하기 위해 등퇴장하는 토착민 등장인물들은, 무대 소품이나 배경의 일부, 때로는 백인사회의 규범적 가치들을 정의하는 데 필요한 대조물처럼 여겨졌다.[5] 마찬가지로 광범위한 서구 연극 안에서 흑인들의 역할

---

4) 마오리족 배우들이 이와 같은 재현에 포섭되지 않았던 19세기 뉴질랜드에서는 예외적인 경우들도 종종 있었다.

5) 예가 될 만한 오스트레일리아 작품들로는 헨리에타 드레이크 브로크먼(Henrietta Drake-Brockman)의 「아내 없는 남자들」(1938), 캐더린 수산나 프리처드(Katherine Susannah Prichard)의 「브럼비 인스(Brumby Innes)」(1972), 토마스 케닐리(Thomas Keneally)의 「불리의 집(Bullie's House)」이 있다. 캐나다 작품들로는 조지 라이가(George Ryga)의 「리타 조의 환

은, 이미 설정된 폭력성과 섹슈얼리티만을 상대적으로 더 강조한 인종주의적 담론 내에서 구축되었다. 이런 식으로 규정된 공간 안에서 제국주의의 식민화된 주체는 인간성 전체를 거부당한다. 식민화된 주체는 강요된 재현적 기능만 수행할 뿐이지 자신의 본원적 권리는 관심 밖이다. 어떤 역할들은 공연 중에 전복되기도 하지만 그럴 경우에도 인종에 대한 지배적인 인식에 개입할 여지는 극히 제한되어 있다.

토착민과 흑인 극작가들이 자신을 무대 위에 묘사할 때, 그들의 신체는 새로운 아이콘으로써의 가능성을 담보하는 일차적인 연극 요소 가운데 하나가 된다. 신체의 의미를 정치적 목적으로 조작하는 대표적 텍스트로는 모니크 모지카(Monique Mojica)의 〈포카혼타스 공주와 푸른 점들 (Princess Pocahontas and the Blue Spots)〉이 있다. 다니엘 프란시스(Daniel Francis)의 개념을 빌자면(1992), 이 작품은 일반적으로 '인디언성'이라고 각인된 표현을 대안적이고 능동적인 북아메리카인의 정체성을 보여주는 표현과 병치시킴으로써, '인디언성'에 부여된 기호학적 장을 해체한다. '현대여성 1(Contemporary Woman #1)'이라는 등장인물의 신체는, 백인들에 의해 정의된 스테레오 타입으로 연기하기도 하고 다양한 원주민 인물로 변이하기도 하며 상충하는 이미지와 정체성들 사이에서 긴장을 유발시킨다. 이렇게 해서 모지카는 토착민 여성들이 남북아메리카 역사와 문화, 문학에 의해 특정한 방식으로 코드화되고 제한되어 온 것을 비판적으로 제시한다. 연극은 신체에 부과된 의미 코드를 재창조하기 위해 여성들의 신체를 일그러뜨리고 화산과 같은 지리적 풍경을 제시한다. 그리고 사실주의적인 분위기를 조성하기 위해 토착민의 신체를 이용하는 관습을 비판한

<hr />

상(The Ecstasy of Rita Joe)」, 그웬 패리스 링우드(Gwen Pharis Ringwood)의 「북의 노래 (Drum Song)」(1982)가 있다. 뉴질랜드 작품으로는 브루스 메이슨(Bruce Mason)의 「포후투카와 나무(The Pohutukawa Tree)」 등이 있다. 이런 다수의 작품들이 당대의 주요 작으로 인식되었고, 일부는 토착민을 '논의하는 방법'에 있어 혁명적이라 여겨졌다. 그러나 이들의 재현 방식도 골디가 제시한 백인에 의해 구성된 기호학적 장이라는 구조를 벗어나지 못했다.

다. 이 연극은 '인디언'에 대한 헐리우드식의 상투적 기법 남용과 탐험가나 개척자의 묘사들을 이용함으로써, 이런 재현 방식이 얼마나 공허한지를 역으로 증명한다. '인디언'과 '원주민' 신체를 상당히 많은 회수에 걸쳐 반복 재현하면서 관습적인 묘사의 힘을 불안정하게 한다. '담배 가게의 인디언 여인(Cigar Store Squaw)', '이야기책 공주(Storybook Princess)', '양면에 버터 발린 공주(Princess Buttered-on-Both-Sides)' 등의 인디언 여성들은 백인 담론 안에서 중층결정(overdetermine)되었다는 점에서 효력을 발휘하지 못하는 무의미한 인물들이다. 예를 들자면, 레베카 부인(Lady Rebecca)에게 재명명된 포카혼타스는 기독교화되었는데, 불편하기 짝이 없는 "선량한 인디언" 의상에 "갇히고 졸라매졌"다(1991 : 29). '박물관 진열품'과 같은 이런 등장인물들은 제국주의적 재현의 주변부에서 되살아난 타자들이다. 이들은 포카혼타스의 젊은 페르소나에 해당되는 두 명의 현대여성과 첨예한 대조를 이룬다. 마토아카(Matoaka)와 말린쉐(Malinche), 그리고 세 명의 메티스족(Metis) 여성들은 자신들의 이야기를 꼭 해야만 한다고 주장한다. '이야기책 공주'와 '담배가게 인디언 여인' 캐릭터의 움직임은 활기가 없지만, 마토아카와 말린쉐는 영국인이나 스페인인이 만든 처녀 대 창녀 패러다임으로는 설명되지 않는 섹슈얼리티를 구현하고 있다.

모지카를 비롯한 마고 케인(Margo Kane), 다니엘 데이비드 모세(Daniel David Moses), 톰슨 하이웨이(Thomson Highway) 등의 캐나다 원주민 작가들은 영화나 텔레비전의 기호학적 규범들을 반격하는 데 관심이 있다. 이들은 헐리우드가 만든 인디언의 스테레오 타입에서 벗어난 인물과 사건들을 연극화했다.[6] 오스트레일리아에서 토착민의 주체성을 재구성하는 기획 양상은 다른 지역과는 조금 다르다. 왜냐하면 어보리진은 대중적 재현 방식, 특히 시각적 매체에서 신비화된 것이 아니라 그저 무시되어 왔기

---

6) 케인의 〈문로지(Moonlodge)〉, 모세의 〈얼마이티 보이스와 그의 아내(Almighty Voice and His Wife)〉를 참조할 것. 이들에 비하면 덜 분명하기는 하지만 하이웨이의 〈카프스카싱으로 가야 하는 마른 입술(Dry Lips Oughta Move to Kapuskasing)〉도 참조해 볼 만하다.

때문이다. 어떤 면에서 전통적 어보리진 신체는 반복되는 노출의 결과로 인해 중층결정되었다기보다 체계적인 삭제에 의해 불충분하게 결정되었다고 할 수 있다. 그렇다고 해서 어보리진이 '타자'라는 지정된 위치에서 벗어나 있는 것은 아니다. 다만 이 특정한 타자는 제국주의 담론에서 '인디언'보다는 좀 거칠게 윤곽이 그려졌다. 그럼에도 불구하고 유럽에 의한 어보리진성(Aboriginality)의 구성이나 일반적이고 덜 구체적인 타자성의 구성 방식에 대항하여 신체성을 각인하는 어보리진적 방식은, 무대 위의 어보리진에게는 무언가 다르고 문화적으로 더 적확한 주체성을 구현하도록 기능한다. 잭 데이비스의 연극들은 정착민 역사와 문학이 갖는 맹점들을 몇 가지 층위에서 제시하였다. 주로 무용수들로 구성된 등장인물이나, 피부색의 경계를 넘어선 집단의 상호작용을 통해 흑인의 신체를 예리하게 가시화한다. 「쿨라크(Kullark)」를 보면 스털링 선장(Captain Stirling)이 미트지트지루(Mitjitjiroo)를 처음 만나서 손을 내밀 때 미트지트지루가 선장 피부의 하얀 얼룩을 지우려고 격렬하게 문지르는 장면이 나온다. 이는 제국주의의 인종적 규범을 뒤집는 코믹한 묘사라 할 수 있다. 유럽인들의 낯선 외모를 대하는 어보리진의 놀라움이나 이와 같은 행동은, 백인의 신체를 곧 인간성의 지배적 기호로 당연시했던 특권을 박탈하는 것이다. 침략자들이 야간(Yagan)의 목을 베고 피부에 새겨진 부족의 징표와 문장을 기념품으로 가져가기 위해 그의 피부를 벗기는 행위를 형상화함으로써 연극은 침략자들의 '비'인간성을 지적한다. 여기서 데이비스는 불구화된 흑인의 신체가 식민지문화 내에서 물신숭배의 대상(fetish)이 될 수 있음을 보여준다.[7] 그의 전체적 기획은 모든 차

---

7) 파농을 인용하면서 호미 바바는 '식민 담론에서의 페티쉬(fetish)'와 프로이트적 개념의 성적 페티쉬(fetish)를 구별한다. 즉, 피부는 인종의 스테레오 타입에서 문화적이고 인종적인 차이를 드러내는 핵심 기표다. 성적 페티쉬의 은밀함이나 신비함과 달리 식민 담론에서의 페티쉬는 가장 눈에 잘 띄며 문화·정치·역사적 담론들 가운데 '상식(common knowledge)'으로 인식된다. 그래서 식민사회 내에서 매일 벌어지는 인종적 연극 내에서 공적 역할을 수행한다(1983 : 30). 이 장면에서 데이비스는 무대 위의 흑인

이의 기호들을 절멸하려는 식민 지배자들의 시도를 보여줌과 동시에 역사 안에서, 그리고 메타 연극적 층위의 연극 안에서 어보리진의 육체적 존재감을 회복하는 데 있다. 하지만 「쿨라크(Kullark)」가 이처럼 잔혹 행위를 언급하는 것은, 등장인물들을 인종적으로 정형화하고 그 과정에서 '흑인'과 '백인'이 함축하는 바를 다시 지정하려는 것이 아니다. 오히려 데이비스의 다른 작품에서처럼 개념적 간극이 계속될 가능성이 있는 문맥에서, 인종적 타자성의 담론이 빚어낸 오해를 조심스레 무대로 끌어올리려는 것일 뿐이다.

루이스 나우라(Louis Nowra)의 〈카프리코니아(*Capricornia*)〉는 인종적으로 '불순한' 몇몇 등장인물들을 내세움으로써 '순수한' 차이라는 개념을 해체하여 백인 대 흑인의 이분법을 정면으로 공격한다. 어보리진의 피가 섞인 주인공 노먼(Norman) 자신은 "프랑켄슈타인 박사의 괴물"(1988 : 91)처럼 "조각을 짜 맞추어 만들어졌"다는 사실에 한탄할지 모르지만, 연극은 궁극적으로 이와 같은 혼종성의 존재를 찬미한다. 특히 뚱보 안나(Fat Anna)는 이 혼란스런 젊은이의 마음에 고정된 피부색 구분이 가지는 불합리성을 새겨준다.

> 노먼 : 전 백인이자 흑인이에요. 저는 대체 제가 어떤 존재인지 모르겠어요
> 뚱보 안나 : 그래서? 날 봐. 난 반은 흑인이고, 반은 일본인이야(Jap.). 과연 이 부분이 일본인일까, 이 부분이 흑인일까? 나는 생선회를 좋아하지 않는데, 그렇다면 내 입은 일본인이 아니라는 건가?
>
> (1988 : 94)

노먼이 백인 탐험가 차림을 하고 처음 등장한 것은, 제국주의적 재현의 주변부로부터 되살아난 타자들이 범주 사이의 경계를 흐트러뜨리고 인종과 행동 사이의 간극을 벌려놓는 시각적 아이러니를 연출해낸 것이

신체가 식민주의적이면서도 포스트 식민주의적인 맥락 모두로 표현될 수 있는 가능성을 유쾌하게 제시했다.

다. 〈카프리코니아〉는 어보리진이 인종적 관용만을 요구하는 정적인 대상으로 그려지는 함정을 피해간다. 주제적인 측면과 연극적 시각에서, 흑인과 백인 간의 결혼에 초점을 맞춘 것은 불안정한 기표로서의 신체가 갖는 해체적 잠재성을 강화해준다. 특히 실제 공연에서 연극은 백인 정착민들이 이상적으로 추구하는 세상, 부정적인 것이 삭제된 무해한 세계를 다인종적 사회로 대체한다. 그렇게 함으로써 루이스 나우라는 인종주의란 주어진 것이 아니라 담론적으로 구성된 차이들에 기반한 것임을 폭로하고 인종주의를 비판한다.

남아프리카 연극은 흑인 신체의 '타자성(otherness)'을 극단적으로 해체하는 데 결정적인 역할을 한다. 마틴 오킨(Martin Orkin)의 주장처럼 인종에 대한 규정을 내리고자 하는 아파르트헤이트의 권력은 신체 안에 자리잡고 있다. "국가는 사회 질서 내에서 지배와 종속의 실제적 조건들을 합법화하고 그 권위를 보호하기 위해 흑인과 백인의 신체를 구분하고, 자신들의 담론 안에서 신체를 재정의하고자 하는 압력을 끊임없이 가한다."(1991 : 106) 아파르트헤이트에서 피부와 머리를 포함한 신체는 옷과 같은 부속물이나 춤과 같은 움직임을 무시해도 좋을 만큼 강력한 의미가 발생하는 지점이다. 아파르트헤이트의 기초가 되는 인종은 어떤 사람이 어디서 일하고, 어디서 살고, 어떻게 교육받으며, 모든 권위와 관료제의 층위하에서 어떻게 대우받을지를 결정한다. 아파르트헤이트의 영향 범위가 이렇게 넓다는 것을 고려할 때, 사람들은 그 경계가 분명하게 그어질 거라고 기대한다. 하지만 아파르트헤이트 법은 실제적으로 유연성을 가지고 있고, 이 사실은 변화하는 신체를 무대화하는 방식으로 드러난다. 그러므로 포스트 식민주의적 저항은 제이크 므다(Zake Mda)의 〈길 (The Road)〉(1982)에서처럼 일부러 뻔한 신체 변장을 하는 전략을 통해, 아파르트헤이트에 의해 분류된 신체를 전복하는 데 초점을 맞춘다. 이 연극에서는 어느 지친 흑인 농촌 노동자가 지친 백인 농부를 길에서 만난다. 이들의 만남을 통해 지배집단이 자신들에게 맞춰서 아파르트헤이트

의 규칙을 다시 쓰고 그 중에서도 피부와 신체의 규칙을 다시 쓸 수 있
게 되는 방식을 부각시킨다.

> **농부**: 세상에, 너로구나! 너는 거기[레소토(Lesotho)]서 온 게 맞지.
> **노동자**: 아니, 어떻게 날 보고 단번에 알아챌 수가 있죠?
> **농부**: [불가사의하게] 우린 언제나 알 수 있다. 다 방법이 있다. 예전에 일본인
> 들을 명예 백인으로 선포하고 중국인들은 그냥 유색인으로 남겨두었을
> 때도 일본인들을 귀신같이 구별해냈었다. 지금은 또 대만 출신 중국인들
> 을 명예 백인으로 인정하고 선언했지만 대륙의 중국인들은 여전히 유색
> 인이지. 그들은 공산주의자인 데다가 우리와 교역하지 않기 때문에, 그들
> 이 백인이 될 수는 없지. 우린 아주 영리하다.
> **노동자**: 그래요, 아주 똑똑하군요. 참 대단들 하시네.
> **농부**: 모르는 건 아니지? 이건 내가 너를 내 나무 밑에 앉힐 수 있다는 걸 의미
> 해. 너는 외국인 반투족(Bantu)*8)이니까. …… 모든 게 다 외교술이지. 자,
> 어서 와. 내 나무 밑 그늘에 앉아도 된다. 비록 나와는 반대편에 앉아야 하
> 긴 하지만 말이야. 우린 섞어 앉을 수는 없지. 하나님께서 좋아하지 않을
> 테니까. 그래서 하나님께서는 우릴 이렇게 다르게 만드신 게 아니겠어.
>
> (1990 : 149)

물론 문제가 되고 있는 신체는 바뀌지 않는다. 농부가 인종의 범주를
확정할 때 노동자의 피부색은 걸러지지 않았고, 그래서 사회적 위치도 그
대로이다. 백인 농부가 그에게서 무엇을 '보려고' 결정하든 간에 검은 신
체를 가진 노동자의 무대 위 존재는 아파르트헤이트의 논리를 분명히 거
부한다. 백인 농부는 의도적으로 어설픈 가발과 가짜 수염을 붙인 흑인
배우가 연기를 한다. 흑인 배우에게 백인의 역할을 맡김으로써 연극적 의
미가 얼마나 복잡한지 보여준다. 신체는 언어나 의상과 결합해서 기능하
지만, 그 어떤 기호 체계도 단독적으로 완전하지는 않다는 것이다. 신체
는 특정한 한 형태로 관객 앞에 나타나지만 아파르트헤이트의 수사학은

---

8) 중남부 아프리카의 부족. (역주)

그것을 또 다른 것으로 구성해낸다. 그러나 연극의 의미 체계들은 이 신체를 다시금 흑인성의 기호로 바꾸어놓는다. 이 흑인성의 기호는 아이러니한 언어 사용 영역(register) 안에서 '말함'으로써 결국 아파르트헤이트의 무질서한 논리를 부수어 버린다. 므본게니 응게마(Mbongeni Ngema)와 퍼시 음트와(Percy Mtwa)의 〈우자 알버트!(*Woza Albert!*)〉(Mtwa 외, 1983) 역시 흑인들을 백인으로 '재분류'하기 위해 흑인 배우들은 반으로 자른 하얀색 탁구공을 코에 끼워 연기하면서 인종적 위계를 전복한다. 이 자그마한 백인성의 상징은, 대부분의 장면에서 셔츠를 입지 않고 연기한 배우들의 노출된 검은 신체와 극도로 대비된다. 움직이고 연기하고 춤추고 노래하는 신체는 공식적으로 이분화된 이미지와는 달리 흑인과 일부 '백인' 주체성의 다중적 위치를 연기해낸다. 이러한 연극 작품들은 패러디와 자기 재현의 가능성들을 부각시킴으로써, 아파르트헤이트가 방해하고자 했던 존재와 권력을 남아프리카 흑인의 신체에 다시 투사한다.

젠더

남아프리카 연극들은 인종적으로 굴절된, 전략적이고 협상 가능한 정체성을 재주장하고자 시도함과 동시에 인종적 범주들이 구성된 것임을 증명한다. 다수의 포스트 식민주의 극작가 중에서 특히 여성 극작가들은 젠더가 재현의 방식을 통해 신체에 새겨진 이데올로기임을 밝히고 여성의 주체성을 회복하고자 하는 기획을 세운다. 여기서는 여성이나 남성의 범주를 해체하는 것보다 젠더의 위계를 당연시하는 담론에 개입하는 것이 더 중요해 보인다. 이것은 젠더의 이분법이 고정되었다는 인식과 관련되어 있다. 흑인과 백인의 분류는 인종적 혼종성에 의해 쉽게 무너진다. 백인과 흑인 간의 결합에 대해 위협을 느끼는 것은 인종적 경계가 흐려졌다는 가시적 표시가 생산되고 있기 때문이다. 젠더 분류법에서 양성성(androgyny)이란 생물학적 성의 표식(marker)만 알면 단번에 남성이나 여성을 구분할 수 있는 가설적 범주에 불과한 것으로 받아들여진다. 일부 극작가나 연출가들은 "성적으로 급진적인(sex-radical)"[9] 공연이나, 시각적으로 재코드화된 복장도착적 신체를 통해 젠더 이분법을 동요시키는 앵글로 아메리칸 페미니즘에 대한 관심을 공유한다. 그러나 대부분은 제국주의하에서 여성이 종속되었던 영역들을 드러내는데 관심을 더 기울였다. 포스트 식민주의 연극에서 젠더는 인종, 계급, 그리고 문화적 배경 같은 다른 요인들과 맞물려야만 비로소 차별의 범주로 기능하는 경우가 많았다. 특수한 젠더적 신체 정치학의 경계를 복잡하게 하는 요인은 여성과 대지 사이의 은유적인 연결 고리다. 제국주의 담론[10]과 포스트 식민주의 연극에서 여성과 대지의 은유 관계는 특히 남성 작가들에 의해 의식적이든 아니든 간에 강력하게 기능한다. 어떤 경우에 여성들의 신체는 식민지배자에 의해서 착취당하는 것뿐만 아니라, 식민화된 가부장제에 의해 문제가 되는 여성적 이해 관계와는 전혀 별개인 정치적 사안 일부로 다시 전유되기도 한다.

백인 정착민들이 이른바 '점유되지 않은 영토'를 합병하면서 토착민들의 문화뿐만 아니라 생계까지도 붕괴시킨 국가들의 연극에서, 강간은 매우 강렬한 기표로 작용한다. 원주민과 비원주민 극작가들 모두가 다른 인종에 대한 강간을 식민 지배자의 영토 침입이나 그와 관련된 정치 · 경

---

9) 이 용어는 정치성을 띤 '비정상적인' 섹슈얼리티 개념까지 폭넓게 포괄한다. 성적으로 급진적인 공연은 젠더와 섹슈얼리티의 지배적 규범 체제를 비판한다. 이때 레즈비언, 게이, 양성애 문제나 스트립쇼, 성 매매, 복장 도착 등 법과 도덕에 위배되는(transgressive) 섹슈얼리티 등을 공연 주제로 다룬다.
10) 여성 대 대지의 비유는 긍정적이거나 부정적인 형태로 다양하게 형상화되었다. 콜로드니(Kolodny), 1975; 몬트로즈(Montrose), 1991; 샤퍼(Schffer), 1988; 반 허크(Van Herk)를 참조할 것.

제적 착취에 대한 비유로 이용했다. 이런 재현 방식은 억압당한 자들의 경험보다는 억압하는 자들의 강간 심리를 밝히는 데 그 목적이 있었다. 캐나다 작가 조지 라이가(George Ryga)의 연극 〈리타 조의 환희(The Ecstasy of Rita Joe)〉에서 마지막 장면은 주인공이 세 명의 백인 남자에 의해 강간당하고 살해당하는 섬뜩한 사건을 묘사한다. 이것은 식민지 사법 체제의 잔인성을 생생히 드러내려는 의도에서 비롯된 것이다. 리타 조의 신체는 붙들려서 폭행당하고 성적 침해까지 당하는 과정을 차례로 겪으면서, 제국주의와 가부장제의 훈육이 각인되는 지점으로 드러난다. 정치적으로 보면 그녀는 개인이라기보다 캐나다 원주민문화의 상징처럼 작용한다. 그래서 그녀의 죽음은 제국주의 기획의 냉혹한 승리를 알리는 전조가 된다. 게리 보와(Gary Boire)가 주장하는 것처럼 라이가의 텍스트는 '푸코적 알레고리'로 읽힐 수 있다. 즉, 성적으로 파편화된 리타 조의 신체를 전면화함으로써, 정착민과 침입자사회가 토착민에 대한 지배력을 발휘하고 유지하는 권력 체계를 도표화하고(chart) 있는 것이다(1991b : 15).

연극에서 성폭력의 이미지들은 어떻게 연출되느냐에 따라 단순한 묘사의 기능 이상을 행할 수 있다. 예를 들어 그 이미지들은 백인 관객들의 관음증적 응시 자체를 문제삼아 관객들 스스로 그 폭력의 공범자임을 인정하도록 만든다. 제니스 발로디스(Janis Balodis)의 〈죽기에는 너무 젊은(Too Young for Ghosts)〉은, 한 배우가 거의 동시에 어보리진과 라트비아 여성을 연기하는 복잡한 '크로스 오버' 장면을 통해, 오스트레일리아 토착민의 영토와 문화를 침범한 백인들을 비판한다. 두 명의 어보리진 여성이 강간당하는 장면은 시간차를 두고 라트비아 여성들이 제2차 세계대전 이후 난민 캠프에서 성폭행을 당하는 장면과 오버랩된다. 1인 2역과 시공간의 중첩을 통해 빚어진 이 시각적 융합은 어보리진 여성에 대한 감정이입과 식민지 통치 체제를 향한 분노, 이 두 가지를 유발시키기 위한 공연상의 전략이었다. 연극은 원주민의 땅과 신체에 대한 지배력을 확보하기 위한 국지적 '전쟁'을 형상화했다. 여러 가지가 혼합된 강간 장면 내내, 관객의 시각은 칼(Karl)에 의해 조종당한다. 냉담한 관찰자의 위치에 선 그의 모습은 관객들로 하여금 자신들의 비개입과 방관적 태도를 상기시킨다. 발로디스는 시공간적 틀을 붕괴하는 방식을 통해 이주 경험에 대한 서사를 제시함으로써, 어보리진 사람들을 전유하지 않고도 백인 등장인물과 배우의 신체로 흑인 역할을 대신할 수 있었다. 공연 텍스트는 흑인 여성의 강간을 표현하지 않고서도 식민 지배자의 행위를 표현할 수 있는 은유적 힘을 강화시키고, 타인종 사이의 강간에 함유되어 있는 리비도적 경제학(libidinal economy)을 좌절시킨다. 도로시 휴잇(Dorothy Hewett)은 〈무키누핀에서 온 남자(The Man From Mukinupin)〉(1979)에서 비슷한 효과를 노리고 좀 다른 전략을 이용했다. 그녀는 어보리진 여성의 '강간'을 모순적인 야만의 노래를 통해 연출했다. 이 노래는 여성의 공간에 침투하려는 남성을 명시적으로 형상화하고자, 완강하게 반항하는 대지를 정복하려는 정착민을 상세히 묘사한다. 휴잇은 여성 영웅으로 등장하는 한 어보리진 캐릭터를 백인 남성에게 연기하도록 요구했다. 이것은 모든 여성들이 광범위하게 서로 합일하고 자연과 하나되는 것을 효과적으로 강조한다.

인종과 젠더[11]의 중요한 교차점을 인식하고 있는 원주민 극작가들이 강간을 다루는 방식은 약간 다르다. 특히 연극 안에 지역신화가 광범위하게 채워져 있을 때 더욱 특별하다. 톰슨 하이웨이의 〈레즈 자매들(The Rez Sisters)〉은 강간을 영토상의 침략뿐만 아니라 원주민문화의 정신 자체를 침입하는 행위로 그려냈다. 정신적으로 손상을 입은 자부니간(Zhaboonigan)이, 그녀의 질 속에 백인 소년들이 드라이버를 집어넣은 사실을 밝히는 장면은 짧긴 하지만 시각적으로 쉽사리 지워지지 않는 장면이다. 제한된 이해력과 어린 아이 수준의 지능을 가진 그녀는 아이 특유의 무심함으로 사건을 진술한다. 오지브웨이(Ojibway)*[12] 트릭스터 정령(trickster spirit)인 나나

---

11) 강간과 연관된 서구 페미니즘 이론에서 인종이 문제화되는 방식에 대한 분석을 보고 싶다면, 샤프(Sharpe), 1991을 참조할 것.

12) 북미 인디언의 대종족. (역주)

부시(Nanabush)는 강간 피해 여성의 "고통스러운 뒤틀림(agonising contortions)"을 연기하며 자부니간의 트라우마를 **구체화한다**(1988 : 47~48). 트릭스터가 자부니간의 경험을 변형시켜 드러냈기 때문에 상대적으로 그녀의 신체적 외상은 드러나지 않지만, 그녀가 당한 폭행은 트릭스터의 연기로 인해 폭넓은 의미를 획득한다. 게다가 나나부시역을 남자 무용수가 연기하기 때문에 이 장면에서 전통적인 젠더 패러다임은 무너진다. 문제적 작품인 톰슨 하이웨이의 〈카프스카싱으로 가야 하는 마른 입술(*Dry Lips Oughta Move to Kapuskasing*)〉에는 원주민 청년이 원주민 여성 팻시 메가흐마가흐보우(Patsy Megahmagahbow)를 성 폭행하는 장면이 나온다. 어떤 면에서 〈레즈 자매들(*The Rez Sisters*)〉에 등장한 강간 장면의 거울 이미지라 할 수 있다. 태아 알콜 증후군을 겪고 있는 청년이 십자가를 가지고 강간을 하는 이 장면은 현재 원주민 남녀간의 분열에 기독교 제국주의가 일말의 책임이 있음을 시사한다. 이 장면은 또한 공연적 층위에서 보면 토착 영토와 문화에 대한 식민지 세력의 모독 행위를 지적하는 것이기도 하다. 디키 버드 호크드(Dickie Bird Halked)가 자신의 십자가로 계속 땅을 찔러대고, 여성 배우가 연기하는 나나부시*13)가 치마를 들춰서 다리를 타고 서서히 흘러내리는 피를 보여주는 일련의 양식화된 행동은 쉽게 공감을 얻어낸다(1989 : 100). 〈카프스카싱으로 가야 하는 마른 입술〉에서 나나부시와 팻시는 연극 안에서 끊임없이 변신하고 있는 동일 배우에 의해 연기되는 캐릭터이다. 이 배우는 연극 안에서 언급된 '진짜(real)' 여성들의 역할을 다양하게 수행하고, 팻시의 경험을 흡수하는 여성 트릭스터로 기능하기도 한다. 하이웨이가 비록 불필요한 폭력과 성차별주의를 드러냈다고 비난받기는 하지만, 〈레즈 자매들〉과 마찬가지로 〈카프스카싱으로 가야 하는 마른 입술〉도 강간을 신화의 틀 안에 포섭함으로써 강간의 권력을 부정하고 있다. 왜냐하면 결과적으로 위대한 생존자이자 치유자는 나나부시였기 때문이다.

---

13) 나나부시는 여성과 남성 모두로 변신할 수 있는 정령이다. 한번에 두 개의 성을 모두 취하는 정령도 있다. (역주)

이 텍스트에서 원주민 여성, 원주민문화, 원주민 토지의 기호로 작동하며 이러한 제국적 범주들의 붕괴를 재형상화하는 트릭스터의 신체는, 그 신체를 약화시키고 타락시킬 힘을 무화시키면서 다시 한번 변형한다.[14] 나나부시는 강간을 당한 후 가시적으로는 상처를 입지만, 이후의 꿈속 장면에서 계속 다양한 변장을 하고 다시 나타남으로써 건재함을 과시한다. 그리고 최후 승리의 순간에 아기와 함께 '사실적인' 액션을 취함으로써 레즈 일가를 위한 희망적 미래를 예고한다.

포스트 식민주의 연극에서 여성들의 신체는, 대부분의 성폭력의 이미지가 시사하는 것처럼 거대한 영토와 문화의 전쟁이 벌어지는 공간으로 기능하는 경우가 많다. 마찬가지 방식으로 다산과 임신, 모성의 재현은 정치적 굴절을 자주 겪는다. 사실 여성 주체를 지배하는 제국주의의 권력 의지가 재생산의 여러 측면에 대한 지배력을 확장하기 위한 것임을 볼 때, 이것은 놀랄 일도 아니다. 생식 능력에 따라 여성을 사고 파는 노예무역은, 여성의 신체를 제도적으로 상품화하는 정치경제의 가장 분명한 경우이다. 데니스 스콧(Dennis Scott)은 〈뱃속의 울림(An Echo in the Bone)〉에서, 여성의 신체를 성적 재생산의 기능으로만 환원시키는 역사 속의 노예제를 전면화시켰다. 배경은 19세기 초 어느 경매인의 사무실이다. 단골 손님이 세 명의 노예를 살펴보는데, 흑인 중간 상인이 각 노예의 특징을 설명하다가 특히 두 여자 앞에서 장황설을 늘어놓는다.

> 이 계집으로 말할 것 같으면 — [브리짓(Brigit)에게] 자, 메모하세요, 펑퍼짐한 엉덩이에, 가슴은 또 이렇게 살집이 있습니다. 아직 자식은 하나도 없습니다. 처녀라는 걸 확인하고 싶으십니까? 아마도 직접 확인해보고 싶으실 테죠 하지만 그러실 필요는 없다고 봅니다, 우린 오랫동안 서로 믿고 거래하지 않았습니까, 손님. 종아리 근육도 단단하구요, 아주 쓸 만합니다. 보시면 아실 겁니다. ……

---

14) 하이웨이 연극에서의 '포섭과 제거'의 모티프와 그 변형에 대한 심도 있는 논의는 라빌라드(Rabillard), 1993에서 찾아볼 수 있다.

여기 다른 계집 …… 여기 의사의 증명서가 있는데, 마찬가지로 처녀 상태 그대로입니다. 젖꼭지 좀 잘 보십시오 이 계집애는 속에 불이 들었는데, 아 손님, 이렇게 말씀드려서 죄송합니다. 하지만 이 말간 눈을 보시면 얼마나 쉽게 길들일 수 있는지 잘 아실 수 있을 겁니다. 온갖 것들을 가르칠 수 있죠. (1985 : 99~100)

신체가 제국주의적 응시에 의해 세세하게 해부당하고, 여성들은 그 어떤 주체성도 부인당한 채 오직 상품으로만 위치지어진다. 동시에 그녀들은 백인 주인의 성적 착취임이 분명한 노련한 보호 아래서 수동적으로 아이만 낳는 역할을 맡게된다. 스톤(Stone)은 마치 가축 시장에서 '상품'을 검사하는 것처럼 장갑을 끼고서 흑인 여성의 치아를 살피고, 그녀의 허벅지 사이에 손을 넣어 훑어 올리면서 심한 모욕을 준다. 남성 노예도 상품화되긴 하지만 남성은 육체적인 용어로 설명되고 팔리지는 않는다. 남성 노예를 팔 때 강조하는 것은 그가 "학교 선생님처럼 읽고, 쓰고, 셈도 할 수 있다는" 것이다(1985 : 100). 이 장면은 노예제와 관련되는 젠더 양상을 보여준다. 여성의 신체는 가부장제라는 제국주의 특정 상표 안에서, 소비재로 표시된다. 고객의 비위를 맞추려는 중간 상인의 '세일즈 언어를 보면, 가부장제 내에서 여성의 역할은 남성들간의 관계(Rubin, 1975 참조)를 견고하게 해주는 상징적 교류 이론에 무게를 실어주고 있다. 이 작품에서는 백인 노예주와 구매자의 대리인 역할을 하는 흑인 중개상 남성들 간의 관계를 돈독하게 맺어준다.

흑인 여성의 신체가 제국주의 노동시장의 수요를 충족시킬 노예 계급을 번식시키기 위해 강제로 징발되었던 반면, 백인 여성의 신체는 지배계급의 인종적이고 도덕적인 고결함을 보존하기 위해 전유되었다. 카리브뿐만 아니라 아프리카와 인도에서는 식민지 여성과 부인이 제국을 위해 성적이고 사회적인 노동력과 재생산의 노동력을 제공해줄 거라고 기대했고, 실제로 그녀들에게 강요했다. 제국 건설의 목표가 통치보다는 정착에 있는 경우 정복한 신대륙에 인구를 증가시킬 필요가 있었으므로,

제국주의 기획에서 백인 여성의 역할은 더욱 결정적이었다. 질 쉬어러(Jill Shearer)의 유사(類似) 역사극, 〈캐서린(*Catherine*)〉(1978)에서는 오스트레일리아 정착민 여성의 신체가, 문학적 면에서나 상징적 면에서 식민지 팽창을 드러내주는 물리적 지형의 일부로 기능했다. 이 메타 연극적 텍스트의 상당 부분은, 보타니 만(Botany Bay)에 최초로 여자 죄수를 수출하는 것에 대한 설명에 할애했다. 식민지의 "불균형을 바로 잡기 위해 고안된 이 '화물'들에 대해 과장해서 강조한 것"이다(1977 : 30). 다시 말해 그녀들의 존재 목적은 남성 정착민들이 토착민 여성이나 다른 남성들과 비정상적 성관계를 가질 위험을 막고, 자손을 낳아 국가의 인구를 성공적으로 증가시키는 것이다. 주인공 캐서린은 선박의 외과의사가 임신시켰지만, 의사는 수치스러운 계보를 숨기기 위해 그녀가 아이를 키우는 것을 허락하지 않았다. 그 아이에게는, 오스트레일리아 최초의 새로운 세대라는 것을 표시하기 위해 귀에 표(earmark)[15]를 달아주었다. 캐서린은 아이를 안전하게 아버지 품에 넘겨줄 때까지만 보살핌을 받았다. 이것은 식민사회에서 여성들에 대한 배려가 전혀 이루어지지 않음을 강조한다. 작품의 서사가 식민지에서 여성 신체에 대한 제도적 지배를 용이하게 하기 위해 징역제도를 이용하고 있음을 폭로하는 데 주로 기여했다면, 공연 텍스트는 여성의 주체성을 무대화하는데 초점을 맞추었다. 극중극은 캐서린의 신체를 부활시켰고, 현대의 배우들은 끊임없이 그녀의 개인사적 이력들을 재해석해서 젠더 억압에 대한 폭넓은 비평을 제공하는 방식으로 공연이 구성되었다.

정착민 여성의 재생산적 노동력이 제국을 팽창시키는 목적으로 창출되었던 반면, 토착민 여성의 다산성은 식민 지배자들에게 위협으로 다가왔기 때문에 억압의 대상이 되었다. 에바 존슨(Eva Jhonson)은 「뮤라스(Murras)」(1988)에서 사춘기 어보리진 소녀들을 속여 약물치료를 시킴으로써 의도

---

15) 소유주를 밝히기 위해 양의 귀 등에 표를 함. (역주)

적이고 체계적으로 불임이 되게 했던 사건을 통해 이 주제를 쟁점화시켰다. 「뮤라스」는 원주민 여성의 신체가 제국주의 체제에 의해 점령 대상이 되고 심지어 자비로운 제도라고 칭하는 식민지 행정 체계하에서 영구적인 표식을 간직하게 되는 과정을 묘사하고 있다. 루비(Ruby)는 마지막 장면에서 자신의 딸에 대해 "내 딸은 백인[wudjella]의 의학이 몸에 남긴 상처를 간직하고 있다"고 말한다(1989 : 106). 토착민 여성의 임신과 출산 관리는 강제적 불임 시술에 비하면 한결 덜 해롭다. 하지만 그것들은 의도하지 않았다고 해도 여성의 신체를 지배하는 효과를 낳았다. 시스트렌 연극공동체의 〈밸리우먼 방가랑(Bellywoman Bangarang)〉(1978)에서는 자메이카의 청소년 임신 문제의 일부로 서구 의학을 문제삼았다. 연극은 여성의 힘을 강조하는 아프리카적 제의를 이용한 출산 방법을 되살려내자고 주장했다. 오프닝 장면에서 서로 얽힌 세 명의 가면 쓴 인물을 어머니로 등장시켜, 전통적인 분만 방식을 무언의 몸짓으로 연기하는 치유자이자 보호자를 형상화했다. 그러나 이 이미지는 차츰 현대의 의사 모습으로 바뀌면서 출산이 의료 체계로 편입되어 가는 것을 보여준다. 임신한 네 명의 소녀들에 대한 이야기가 끝난 후, 어머니는 출산을 지켜보기 위해 연극의 마지막에 다시 등장한다. 어머니는 마리(Marie)가 강간당한 이후 계속 그녀를 옭아 매왔던 공포와 자기 혐오의 밧줄로부터 그녀를 풀어준다. 그리고 마리가 산고를 이겨낼 수 있도록 돕는다. 하이웨이 연극에서의 트릭스터(trickster)처럼 어머니, 즉 여성은 외상(trauma)의 흔적들을 쫓아버리고, 식민화된 신체가 정신적 육체적 건강을 회복할 수 있도록 도와주는 부활의 정령이다.

여성 주체의 재생산 과정에 권위를 행사하려는 제국주의의 시도는 때때로 여성의 역할을 젠더나 다산의 기능으로 환원시키려는 그 지방 특유의 정서와 병행해서 나타나기도 한다. 일부 포스트 식민주의 연극들은 여성의 다산성에 커다란 상징적 무게를 부여함에도 불구하고, 여성을 식민화된 가부장제의 이해에 종속시킨다. 특히 인도와 아프리카의 남성 작가들은 땅을 어머니의 이미지로 그려내는 경향이 강하고, 다산하는 여인을 민족성의 기표로 제시한다. 그래서 출산은 다분히 은유적인 것이 되며 특히 식민 지배로부터의 독립과 관계된 연극에서 아기의 탄생은 새로운 국가의 탄생으로 사용된다. 이런 비유는 카리브 연극에서도 일반적으로 사용된다. 마이클 질크스(Michael Gilkes)의 희곡 「쿠베이드(Couvade)」(1972)는 독립 이후의 통일된 가이아나(Guyana)의 복잡한 미래상을 명료하게 표현하기 위해 아메리카 원주민(Amerindian)의 출산의식에 의지했다. '쿠베이드(couvade)'의 풍습에서는 아내가 분만 중일 때 아버지 될 사람은 고난과 시련을 감당해내는 시험을 치른다. 이 풍습은 아직 태어나지 않은 아이와 아버지 사이의 관계를 확인하고 성공적인 출산을 보장하기 위해 이루어진다. 1993년 독립기념일 축하 행사를 위해 각색된 「쿠베이드」에서는 이 제의를 주인공 라이오넬(Lionel)의 심리적·정신적 '재탄생'을 상징하기 위해 이용했다. 라이오넬은 갓 태어난 자신의 아기와 함께 국가의 표상이 되었다. 이 제의를 선택한 것이 질크스(Gilkes)의 정치적 전망과 부합하기는 했지만, 결국 탄생의 초점이 여성과 아이에서 남성과 공동체 전체로 옮아가 버렸다.[16] 이런 패러다임에서는 아버지의 신체가 어머니의 신체보다 훨씬 더 중시되고 포스트 식민적인 여성 신체의 재현은 단순히 실용적인 차원으로 국한된다.

뿐만 아니라 어머니의 신체는 그녀의 아이에 의해 위태로워지기도 하는데, 지연되고 불확실한 탈식민화의 과정이 재생산 과정의 어떤 실패로 형상화되는 예가 바로 그것이다. 태중의 아이, 사산된 아이 혹은 여러 다른 측면에서 불완전한 아이는 특별한 의미를 가지며 다양하게 의미화될 가능성이 있다. 이런 아이는 특정한 지역공동체를 재현하는 것은 물론,

---

16) 다산에 남성적 측면이 강조된다는 사실은 인도 작가 찬드라세카르 캄바르(Chandrasekhar Kambar)의 「조쿠마라스와미(Jokumaraswami)」에 명백히 드러난다. '조쿠마라 후니베(Jokumara Hunnive)' 다산기원 축제를 준비하는 과정에서 여성들은 임신 성공률을 높이기 위해 진흙으로 남근상을 빚고, 그 끝에 버터를 바른다. 이 축제에서 여성들 자신은 그다지 중요하지 않다.

서로 경쟁하는 정치 집단 사이에서, 특히 조상령(祖上靈)의 존재를 인정하는 문화들 안에서, 투쟁의 지점으로 작용한다. 나이지리아 독립에 관한 연극인 월 소잉카(Wole Soyinka)의 「숲의 춤(A Dance of the Forests)」에 등장하는 반쪽 아이(Half-Child) 아비쿠(abiku)는 국가의 정치·사회적 변천과 짝을 이루며 현대 나이지리아의 정신적 변화를 재현한다. 「숲의 춤」은 독립된 나이지리아에 영향을 미칠 수 있는 다양한 힘들을 통합하는 데 있어 내재된 어려움을 인식하고 있다는 점에서, 순수하게 찬양적 연극이라기보다 경계(警戒)의 의미가 담긴 연극이다. 텍스트 내에서 아비쿠(abiku)의 불확실한 위치는 나이지리아인들이 앞으로 수십 년 동안 겪어야 할 딜레마를 연상시킨다. 아비쿠(abiku)가 살아 있는 것도 죽어 있는 것도 아니고, 육체도 정신도 아니며, 인식되지도 잊혀지지도 않는 것과 같이 나이지리아의 독립은 양가적 미래를 예고한다. 영혼과 아이를 조금 더 희망적인 시선으로 대하는 작품은 데렉 월콧의 〈타이 진과 그의 형제들(Ti-Jean and His Brothers)〉이다. 기형적 태아인 볼룸(bolum)은 제국주의 압제하에 놓인 카리브 사람들을 재현한 것으로, 결국은 악마와도 같은 대농장주의 마수를 벗어나 완전한 인간으로 다시 태어나게 된다. 두 연극에서 여성의 신체는 모두 잠재적이거나 실제적인 출산 과정에서 완전히 밀려나 있다. 아비쿠(abiku)의 '어머니', 데드 우먼(Dead Woman)은 자기가 낳은 반쪽 아이의 삶에 대해 아무런 발언권이 없다. 악마와 싸워 타이 진(Ti-Jean)이 승리한 결과, 볼룸(bolum)은 인간 세계에 되돌아오게 된다. 공연에서는 불완전한 아이 형상이 어머니와는 별개로 마치 스스로를 탄생시키기라도 하듯이 간단하게 영혼의 단계로부터 인간으로 변신해 버린다. 최근 영화로 제작된 〈타이 진(Ti-Jean)〉에서는 이 과정을 특수한 의상을 통해, 거대한 달걀 껍질에서 볼룸이 '부화'하는 것으로 이미지화했다.

이런 예들은 남성 극작가들이 출산을 상징적이고 통일된 비유로 파악하는 데 관심이 있음을 보여준다. 반면에 여성 작가들은 출산을 재현하면서 젠더에 국한된 역할과 이미지를 거부하는 데 최대한의 노력을 기울렸다. 최근 여성의 포스트 식민주의적 글쓰기에서 가장 중요한 성취 가운데 하나는, 재생산이나 양육과 직결되는 전통적 젠더의 기표들을 거부했다는 데 있다. 모성이란 부치 에메체타(Buchi Emecheta)의 반어적 소설 제목 「모성의 기쁨(The Joy of Motherhood)」[17]에서처럼, 뭔가 뒤섞인 '축복'의 형태로 환기되는 경우가 잦다. 흥미롭게도 몇 가지 예외적인 경우를 제외하고는, 여성 작가에 의한 포스트 식민주의 연극은 출산을 화두로 삼지 않는 경향이 있다. 아마도 이상화된 '대지로서의 어머니'라는 관념에 균열을 가하고자 하는 데서 비롯된 듯하다. '대지로서의 어머니'는 여성의 완전한 인간성을 부인하며, 변화하고 선택하는 개인으로서의 그녀들의 능력을 박탈한다. 캐나다 극작가 주디스 톰슨(Judith Thompson)은 임신을 자주 부각시키긴 하지만 「크랙워커(The Crackwalker)」(1980), 「토네이도(Tornado)」(1987), 「나는 당신의 것(I am Yours)」(1987) 등에 나타나는 절박한 탄생의 이미지들은 희망적인 미래를 재현하지 않는다. 오히려 악이나 사회의 병폐를 상징한다. 아이의 건강과는 무관하게 톰슨의 연극에서 임신은 질병(dis-ease)*[18]의 은유로 기능한다. 시스트렌의 〈밸리우먼 방가랑(Bellywoman Bangarang)〉과 질 쉬어러의 〈캐서린〉에서도 임신한 신체를 전통적 결실의 이미지가 아닌, 무질서와 병리학의 언어로 구성한다.

젠더화된 신체에 관한 논의는 "식민화된 사회 내에서 여성에게 가장 억압적인 전통들은 다산과 불임, 모성과 노동의 성 역할 분배와 같은 여성적 섹슈얼리티의 장 안에 위치해 있다"고 말한 케투 카트락(Ketu Katrak)의 주장을 뒷받침해준다(1989 : 168). 서사의 주체로 기능하는 여성들은 제국주의와 가부장제 담론들에서 삭제된 반면, 섹슈얼리티나 재생산의 문제에 초점을 맞춘 여성의 육체적 존재감은 오히려 강화된다. 이런 관습

---

17) 보우머(Boehmer)는 포스트 식민주의 여성 작가들과 일부 남성 작가들이 다산하는 여성과 통합된 국가 이미지를 어떻게 등가적으로 취급해 왔는지에 대해 논의한다.
18) dis-ease라는 원문의 표기는 질병(disease)이라는 단어를 dis-ease로 분리하여 표기함으로써 안정(ease)과는 상반되는(dis-) 어떤 상태를 가리키는 중의적 의미를 내포하고 있다. (역주)

은 젠더와 관련된 주제들을 무시하는 것과 마찬가지로 논의를 제한할 수 있다. 페기 필란(Peggy Phelan)의 주장처럼 "여성의 신체를 지나치게 경계짓고 철저하게 가시화하는 것은 가부장제문화가 여성의 신체를 법적·예술적·심리적 감시하에 복종시키려는 행위다. 이는 여성은 곧 그 신체라는 관념만을 강화시킨다."(1992 : 30) 남녀를 막론하고 포스트 식민주의 극작가들이 직면한 과제는 위와 같은 신체의 정치학을 거부하고, 풍부한 젠더적 표지들을 가진 연극적 신체를 재각인시키는 것이다. 그러나 모니크 모지카가 〈포카혼타스 공주와 푸른 점들(Princess Pocahontas and the Blue Spots)〉에서 명시한 것처럼 여성들 자신이 다른 여성들을 식민화하고 전유하고 모욕하는 데 공모하는 한, 여성이야말로 집합적 희생자라는 주장은 옳지 않다. 이 연극에서, 현대여성 1(Comtemporary Woman #1)은 우연히 원주민으로, 우연히 여성으로 태어난 그녀의 주체적 개성을 집단적 페미니스트들이 인정하지 않기 때문에, 자신에게 페미니스트 꼬리표(label)가 붙는 것을 거부한다. 현대의 등장인물들과 배우들은 고유한 주체의 권리를 인정해주지 않는다면 그 어떤 종류의 집합성도 거부하는 신체, 변화하고 있는 개성적인 신체를 관객들 앞에서 표현한다. 현대여성 1(Comtemporary Woman #1)은 '페미니스트 신발'이 그녀의 "넓적하고, 각진, 갈색의 발"까지도 수용하고, "발바닥으로 대지를 느끼게" 된 후에야 비로소 국제 여성의 날 행진에 가담했다(1991 : 58). '인디언'의 상징이 되는 것도, 모든 원주민들을 대표하는 것도 거부한 이 여성은, 글로리아 안잘두아(Gloria Anzaldua)의 표현처럼, "스스로 자신의 얼굴을 깎고 새기는 자유"를 요구했다. 그리고 집단 안에서 오로지 인종이나 젠더에 의해서 동일시되는 신체 안에서 자신만의 개별성을 유지하였다.

훼손된 신체

제국주의는 인종과 젠더의 육체적 각인만을 결정하려는 것이 아니라, 권력의 위계를 원하는 대로 조정하고 유지할 수 있는 다양한 규율 체제 하에 식민화된 신체를 복속시키고자 한다. 강간당하고, 모욕당하고, 불구가 되고, 투옥 당하고, 경멸적 시선 아래 놓이는 등, 여러 방식으로 손상된 신체는 포스트 식민주의 문학과 특별한 관련을 맺고 있으며, 필연적으로 어떤 알레고리적 틀 안에서 기능하게 된다. 대부분의 경우 개인적 신체는 집단적 문화의 정치적 운명을 나타내는 기호, 즉 포스트 식민주의 무대화를 통해 생산적인 재현을 가능케 하는 능동적 재배치가 이루어져야만 하는 기호이다. 연극에서 손상된 신체는 신체가 감내해야 하는 속박과 억압을 단순히 서술하는 것이 아니라 시각적으로 펼쳐놓기 때문에, 강력한 재현 지점이 된다. 더욱이 강인한 육체성을 가지고 있다고 간주되는 배우의 신체가 힘을 박탈당한 식민지적 주체로서의 허구적 신체를 표현하기 위해 이용될 때, 신체는 이런 공연상의 모순을 연기하면서 오히려 그것을 전복적으로 이용할 수 있다.

남아프리카의 예술, 소설, 연극에서 신체의 재현은 인간의 권리와 영혼을 짓밟는 아파르트헤이트의 폭력성에 의해 깊은 영향을 받는다. 이곳의 연극은 마치 인종적 불평등에 기반한 체제의 부당성을 육체화하기라도 하려는 양, 아파르트헤이트에 대한 저항의 표현으로 손상되고 불구가 된 신체를 자주 부각시킨다. 손상을 드러냄으로써 흑인 주체에게로 관심이 쏠리게 하는 것은 물론, 육체적 심리적 붕괴를 형상화함으로써 백인의 권위를 해체시킨다. 레자 드 웻(Reza de Wet)의 「깊은 땅 속(Diepe Grond)」(1985)은 제국주의 권력이 결국 그것을 행사하는 이들에게 되돌아온다는 것을 보여준다. 아파르트헤이트의 자기 파괴적 수사학과 관습에 대한 알레고리인 것이다. 버려진 농가를 배경으로 한 이 연극은 아프리카너(Afrikaaner)*19)

남매, 프리키와 소키의 육체적·정신적 퇴행을 묘사하고 있다. 이들은 부모가 자신들의 근친상간적 관계에 개입하는 것을 막기 위해 부모를 살해하였다. 늙은 흑인 가정부이자 유모인 알리나(Alina)가 돌보는 이 남매 '커플'은 철저하게 고립된 채 살아가며, 그들의 환경에 침투한 노쇠의 징후를 신체를 통해 그대로 보여준다. 이들의 몸은 더럽고 벼룩이 들끓는다. 이들이 보여주는 유아기적 행동은 성장이 정지되었다는 표시임과 동시에 너무 일찍 찾아온 노망의 기운을 보여준다. 프리키와 소키(Frikkie and Soekie)에게 안 쓰는 땅을 팔도록 종용하기 위해 찾아온 영국 출신의 남아프리카 부동산 중개업자 그로브(Grove)는 이들이 유아기적 언어와 행동 속으로 자주 빠져드는 모습을 보고 광기의 전조라 여긴다. 이 커플은 그로브 역시 살해하고 그들만의 유치한 각본에 따라 난폭하게 성질을 부리다가 결국은 격리된다. 은유적 층위에서 보면 프리키와 소키는 남아프리카의 상황을 재현한다고 볼 수 있다. 두 사람의 정신에 끼친 아파르트헤이트의 영향은 그로브의 견해에서 밝혀지듯이 광기로 드러난다. 그들의 심리적 육체적 퇴화는 부패하고 멸망해가는 체제의 상징이다. 그 와중에 알리나(Alina)는 어떤 원조도 받지 못한 채로 곧 닥쳐올 체제의 붕괴를 기다릴 도리밖에 없는 경계심 많은 흑인 민중을 재현한다.

다른 남아프리카 연극들은 흑인 주체성을 조금 더 명백하게 분열 상태로 연극화하고자 한다. 제이크 므다의 〈조국을 위해 노래부르리(We Shall Sing for the Fatherland)〉(1979)는 '부러지고' 절단된 신체를 연속해서 보여줌으로써 흑인들의 손상을 폭로한다. 목발을 짚고 있어야만 하는 불구의 신체들이 편재한 것 외에도, 연극은 문자 그대로 소리조차 낼 수 없는 억압의 결과를 형상화한다. 주인공은 시민권을 빼앗긴 채 시내 공원에서 살고 있는 두 명의 흑인 남자다. 앙골라나 나미비아에 대항한 무수한 투쟁들로 추측되는 '자유의 전쟁(Wars of Freedom)'에서 군인으로 이용되었던

---

19) 17C 이후 남아프리카에 정착한 네델란드계 이주민. (역주)

(exploit) 두 남자의 과거는, 그들에게 애국적 자긍심을 주입시켰다. 이들은 그 감정을 기념 노래로 표현하려고 한다.

> **하사관**: 자나바리(Janabari), 이리 오게, 조국을 위해 노래를 부르세나.
> 우리의 피와 땀으로 해방시킨 우리의 땅. 우리의 조국.
> [그들은 함께 서서, 입을 크게 벌리고, 노래를 하려고 애를 쓴다. 하지만 목소리가 나오지 않는다. 좌절감에 빠져 하던 짓을 멈추고 주저앉는다.]
> 자나바리. 아무 소용이 없네
> **자나바리**: 우리 목소리가 사라졌어.
>
> (1979 : 23)

이들이 노래할 수 없게 된 처지는 문자 그대로 그들의 신체가 분해된 것을 의미한다. 그리고 민족해방전쟁에 참가했음에도 불구하고 그들 자신은 전혀 해방되지 못한 역설적 상황에 주목하게 한다. 발각(exposure)되어 죽임을 당한 후에도 그들은 여전히 누더기 같은 군복을 입고 무대 위에 서 있다. 죽어서 서 있는 것이지만 자신들의 몸에 변화가 생겼음을 깨닫는다. 하사관이 죽은 후에는 잘려나간 자신의 다리가 이제는 필요 없다고 말하자, 다리가 다시 생겨났다. 자나바리(Janabari)의 건강 또한 아이러니하게도 죽음 이후에 어느 정도 좋아졌다. 하사관의 죽은 신체가 회복된 것은 공연하고 있는 신체의 장난스런 이중성에 주목하게끔 한다. 건장한 신체를 가진 흑인 배우의 몸은 그가 연기하는 하사관의 흑인 신체가 갖는 은유적이고 문자적인 불구성을 복잡하게 만든다. 그러나 공연상의 이중성은 상대적으로 사소하고, 쓸모 없고, 일시적인 건강 회복, 그 이상의 새 '생명'을 죽은 인물들 안에 형상화하지는 않는다. 자나바리(Janabari)는 자신들의 미래가 '불투명'하고 매장 절차조차 너무 초라하다고 불평하지만, 마푸타(Mafutha)는 '우아하게 천국으로 간다'고 말한다(1979 : 25). 일반적으로 역사에 '기록되지 않은' 이런 초라한 불구자들은 살아서도 죽어서도 잊혀지게 마련이다. 무대 위에서 연극화된 신체의 통합성만이 그들에게 존재감을 주지만, 그것조차도 불안정한 것이다. 균열된 신체는 아파르트헤이트 체제 내에서 가까스로 존재할 뿐이다.

잔인성의 강력한 기표인 살해당하거나 불구가 된 신체는 다양한 국가의 연극들에서 나타나며, 제국주의 정책과 관행에 대한 전략적 비판으로 기능한다. 잭 데이비스의 「쿨라크(Kullark)」에 등장하는 목 잘린 어보리진이나 조지 라이가의 〈리타 조의 환희〉에 등장하는 강간당한 원주민 여성, 데니스 스콧의 〈뼛속의 울림(An Echo in the Bone)〉에서 주인에게 침을 뱉었다는 이유로 혀가 잘려 벙어리가 된 노예 등은 훼손된 신체를 통해 제국주의의 폭력을 신체화하고 노골적으로 관객에게 호소하는 등장인물들이다. 일부 연극들에서 손상된 신체는 지시적 기능뿐만 아니라 전복적인 기능도 갖는다. 루이스 나우라의 연극은 식민화된 민족들을 모욕하는 장면조차, 풍자의 목적으로 종종 이용되는 고집스런 육체성으로 가득 차 있다. 그의 작품들은 초기의 반제국주의 연극들로부터 최근의 사회 풍자극까지 '신체란 사회 구조, 상징적 지형학, 주체의 구성과 떼놓고 생각할 수 없다'는 스탈리브라스(Stallybrass)와 헤이든 화이트(Hayden White)의 주장에 대한 좋은 본보기가 된다. 예를 들어 〈전망들(Visions)〉(1978)에서는 제국주의가 신체적 각인을 통해 권력을 행사하고, 권력에 대항하는 기능 장애(dysfunctional)의 사회들을 양산해내는 방식에 대해 잔인하게 풍자하고 있다. 〈황금시대(The Golden Age)〉에서도 연기하는 신체의 이미지들이 연속적으로 이런 시각을 되풀이하고 있지만, 디스토피아적 힘과 유토피아적 에너지의 균형을 잡으려 했다. 그 결과 식민적 주체와 신체가 부분적으로라도 회복된다. 두 연극에서 고전적이고 그로테스크한 신체들을 병치시킨 것은 식민 지배자들의 문화에 나타난 재현의 모티프를 폭로하고 조롱하는 기능을 한다. 〈황금시대〉에서 식민주의자인 엘리자베스(Elizabeth)와 윌리엄 아처(William Archer)의 조각과도 같은 매끈한 백인 신체와 그들의 몸짓이나 태도는, 제국주의의 숨막히는 규범을 그들이 얼마나 완벽하게 내면화했는지 보여준다. 관객들은 다시 순식간에 기괴하고 육체성이 넘치는 숲 속 사람들의 세계로 이동하게 된다. 숲 속 사람들은 비록 대부분이 벙어리이거나 유전적으로 불구이지만, 고전적인 규범을 그로테스크한 무형의 축제로 바꾸어 놓는 생동감을 풍부하게 전달한다. 베로니카 켈리가 말했듯이 이들은 현대 오스트레일리아의 '잃어버린 부족들'을 재현한다. 제국주의사회에서 추방당한 어보리진과 범죄자들로 이루어진 이 부족은 "타자성이라는 식민지적 귀속력에 의해 육체적 불구이자 언어적 불구가 되었다."(1992b : 63) 연극은 이런 부적합자들을 통해, 바흐찐이 격찬했던 미완성의 변화무쌍하고 무정부주의적인 신체와 언어를 제시했다. 제국주의적 비유를 해체하여 통제 불가능성을 촉진하는 육체적 공연성을 전면화한 것이다. 스테프(Stef)의 경련과 베츠헵(Betsheb)의 간질 발작도 무질서의 이미지를 예리하게 가시화한다는 점에서 전복적 기능을 갖는다.

루이스 나우라의 〈전망들〉은 식민 지배자와 피지배자 모두의 그로테스크한 신체를 생생하게 묘사함으로써, 제국주의가 자신의 전체주의적 체제의 그물 안에 걸린 모든 사람들에게 흔적을 남긴다는 것을 시사한다. 제국주의자들의 수장인 린치(Lynch)와 로페즈(Lopez)가 지역 민중들을 정복하기 위해 피비린내 나는 전쟁을 벌이기 시작하면서, 자신들의 손을 더럽히지 않고 일을 진행시킨다는 것은 말 그대로 불가능하다는 것을 깨닫게 된다. 오히려 연극의 시각적 이미지들을 통해 나타나는 몇몇 사건들에서 그들의 신체는 완전한 타락의 지점으로 곤두박질친다. 타자들에게 가하는 폭력에 의해 차츰 스스로 '오염되어 가고', 적들에게 붙잡혀 썩어 가는 늪에 갇혔다가 마침내 총살당하는 일련의 초현실적 장면들을 통해 그들의 신체는 내동댕이쳐진다. 제국주의의 신체적 효과에 대한 관심은 후아나(Juana)와 같이 동정심을 일으키는 인물까지도 포괄한다. 그녀는 서구적 가치와 접촉한 흔적이 시각적으로 명백하게 드러나는 토착민 주체를 표상한다. 제국주의 담론에 의해 호명된 후아나의 모습은 극중극 안에서 마치 복화술사의 인형처럼 보여진다. 린치(Lynch)의 대변자인 양 그의 정치 선전을 대신해서 떠들어대는 장면이 강렬하게 시각화된다. '마술 쇼'의 일부로 그녀의 배에서 모래가 쏟아져 나오게 하고 입에서 다이아몬드를 뱉어내는 장면은, 식민지 주체가 지배적 담론을 섭취함으로써 결국은 스스로 분열하고 마는 것을 생생하게 묘사한 것이다. 그러나 이것은 린치의 연극을 전복시키면서 그녀의 주장을 위축시키는 모호한 이미지이기도 하다.

루이스 나우라는 그로테스크한 신체를 교묘히 조작해서 아브젝트(abject)*20)에 대한 특정한 연극적 거점으로 이용하는데, '육체적인 하부 층위(lower bodily stratum)'에 어울리는 카니발레스크한 이미지를 통합하기 위해 물질적인 병리학에 대한 강조 이상의 것을 시도한다. 여기서 '육체적인 하부 층위'란 신체가 외부 세계와 소통할 수 있도록 하는 신체상의 구멍과 돌기를 포함한 소화와 재생산의 체계를 지칭한 바흐쩐의 집합적 용어다. 〈전망들〉은 식욕의 모티프를 통해 제국의 게걸스러운 탐욕이란 야만적인 식인 행위(cannibalism)와 별반 다르지 않음을 폭로한다. 은유와 연극적 행위로서의 먹기(eating)는, 연극의 정치적인 서사를 위한 상징적 틀을 제공한다. 게다가 다시 한번 물질적인 육체에 주목하게 하고, 신체의 가장 기본적인 기능조차도 권력 담론에 의해 왜곡될 수 있다는 것을 보여준다. 티 파티(tea party) 장면은 놀라울 정도로 사소한 행동의 제약들까지도 신체를 영토화하고 있음을 보여주는 공연 기법(technique)을 사용한

---

20) 흥미로운 용어인 아브젝트(the object, 비체)는 주체(subject)와 객체(object) 사이에서 만들어진, 크리스테바(Julia Kristeva)의 개념이다. 비체는 물질성에 대한 배제로 인해 갈등이 발생하는 지점을 초월하려는 욕망을 표현한다. 포스트 식민주의 연극에서 신체는 타자의 물질성에 대한 다양한 표현들을 명확하게 확정시키려는 노력의 산물이다. 포스트 식민주의적 비체는 주체의 객체 안에서, 그리고 식민 지배자나 피식민자의 자아와 타자를 서술하는 것 안에서, 융화되지 않는 그 무엇의 흔적으로 존재한다. 그렇기 때문에 포스트 식민주의적 비체는 자아를 포함해서 거부된 것, 축출된 것, 혐오를 받는 것 등으로 묘사되어진다. 비체는 안정을 위협하는 새로운 의미의 경계들 안에 놓여 있다. 그 공간은 새롭게 구성된 자아와 그것을 위협하는 경계들 사이에 놓여 있기 때문에, 비체는 스스로를 무대 위의 신체를 통해 드러낸다. 나우라(Nowra) 연극의 그로테스크한 신체는 그러한 재현 지점 가운데 하나이다.

다. 린치와 로페즈가 미국 대사를 식사에 초대해 놓고, 매너가 나쁘다며 모욕을 주고 그를 독살하는 과정이 불길한 분위기로 연출되었다. 〈황금 시대〉는 이 비유(trope)를 조금 더 부드러운 버전으로 바꾸었다. 아처(Archer) 일가가 자신들이 부리는 아랫사람들의 매너와 신체를 고치려고 한다. 그들을 디너 파티 순서(circuit)를 초보적인 것부터 가르치기 시작하지만, 부르주아들의 에티켓이라고는 전혀 모르는 숲 사람들의 무식함은 결국 기존의 사회적 위계를 동요시키는 정교한 소극(farce)이 되어 버렸다. 두 연극 모두 전체적으로 손상된 신체를 억압적 체제에 대한 저항의 기제로 이용하지만, 〈황금시대〉만이 등장인물 베츠헵(Betsheb)에게 회복의 여지를 남겨준다. 루이스 나우라는 오스트레일리아를 상징하는 여성의 신체를 부활시키면서 자기만의 대안적이고 능동적인 포스트 식민주의적 주체성을 충분하게 숙련시킨다.

훼손의 기호를 나타내는 또 다른 지점에 병든 신체가 있다. 병든 신체는 더욱 미묘한 권력 체제가 펼쳐지는 곳이다. 질병이나 제국의 의학과 성적·문화적·인종적 타자에 대한 신체적 지배력의 연결고리는 최근 논의의 중심이 되어 왔다. 그리고 인류(humanity)[21]를 '불결하게' 한 책임을 특정한 집단에 전가함으로써 이데올로기적으로 그들을 악의 화신으로 만들기 위해, 전염병을 사회·의학적으로 구성했다는 사실은 이제 누구나 잘 알고 있을 정도이다. 식민지 담론은 오랫동안 말라리아와 같은 전염병이 '야만적' 타자의 신체에 배치되는 것은 자연스러운 일이나, 식민 지배자와 피지배자의 경계를 넘어 '문명화된' 자신들의 신체 내부에 정착하는 것은 부자연스러운 일인 것처럼 구성해 왔다. 포스트 식민주의 담론은, 질병이 식민화라는 환경 내부에서 생겨난 것이 아니라 외부로부터 들어와 문화를 침입하는 것으로 설명해온 전염병학에 대해 의

---

21) 와트니(Watney), 1990; 손택(Sontag), 1978; 티핀(Tiffin), 1993b를 참조할 것. 에이즈는 특정한 사회 계층(동성애자)과 다양한 비서구 지역(특히 중앙 아프리카와 하이티)을 악마적으로 표현하기 위해 구성된 전염병의 최근 사례 가운데 하나다.

문을 제기한다. 이렇게 되면 질병의 담론적 효과(agency)는 생리학을 통해서가 아니라 역사 안에서 추적할 수 있게 된다.

토착 연극에서 병든 신체는 다른 형태의 손상과 마찬가지로 정복당한 집단이 감내해야 했던 억압들을 신체화한다. 하지만, 때로는 기능 장애 (dysfunctional)의 지배적 질서를 표상할 수도 있다. 알마 드 그로엔(Alma De Groen)의 『중국의 강(The Rivers of China)』에서는 식민 지배자와 피지배자 양측과, 양가적으로 결부되는 정착민사회의 사회적 불쾌감을 표시하기 위해 질병을 이용한다. 이 작품은 중심 아이콘이면서 가장 두드러진 이미지로, 머리부터 발끝까지 붕대를 감은 채 병원 침대에 갇혀 있는 한 신체를 관객들 앞에 제시한다. 얼굴도 없고 처음 봐서는 성별조차 간파할 수 없는 이 '미이라'는 일반화되어 버린 정체성의 위기를 지적한다. 동시에 결핵으로 죽어 가는 캐서린 맨스필드(Katherine Mansfield)의 육체적 질병을 뚜렷하게 시각화시키고, 제국주의와 가부장적 권위에 갇힌 식민지 여성의 질병과 불안한 상태를 드러낸다. 붕대를 감은 이 인물은 스스로를 맨스필드라고 믿도록 최면에 걸린 남자였던 것으로 밝혀지는데, 결국 실제로 걸리지도 않은 질병인 맨스필드의 결핵으로 죽게 된다. 그의 비극적 최후는 외국 역사에 의해 '오염된' 상상력이, 처음에는 마음을 파괴했고 결국에는 신체까지 붕괴시키는 결과를 가져올 수 있음을 입증한다. 「중국의 강」은 전체적으로는 정신에 의해 영향을 받는 신체적(psychosomatic) 질병에 서사의 초점을 맞추고, 그 질병을 잊기 힘든 시각적 이미지로 풀어냈다. 즉 질병은 물리적 신체에 뿌리를 둔 것이 아니라 신체를 통해 표현되는 것으로 구성되었다. 연극은 의학 기술이 시기적절하게 개입하면서 병리학을 효과적으로 발전시킨다는 믿음에 의문을 던지면서, 현대 과학의 전능함에 대한 맹신을 꼬집는다. 이런 급진적 인식은 모든 것을 알고 있다는 식의 서구 의학의 응시(gaze) 아래 강렬한 관심을 받아왔고, 지금도 여전히 받고 있는 식민화된 주체의 신체를 위해 중요한 함축을 내포하고 있다.

훼손된 신체가 불구가 되거나 퇴화하고 질병의 침입을 당하거나 그로 테스크하게 형상화될 경우 자유까지 박탈당하는 경우가 많다. 정신병원이나 감옥에 갇힌 식민화된 주체는 움직임과 자기 표현, 해방의 여지가 극히 제한되어 있다. 그러나 감옥에서의 삶을 연극화한 많은 포스트 식민주의 연극들은 공연이야말로 어떤 종류의 힘을 회복할 수 있는 특정한 수단을 제공해준다고 주장한다. 예를 들어 감옥은 식민화된 상황을 축소해서 보여준다. 국가의 최고 권위가 제국적 기획을 관리하듯, 교도소장은 감옥을 지배한다. 감옥 연극은 형법 체계에 기반을 둔 훈육 시스템을 재연하고 재구성(rework)함으로써, 비록 식민화된 신체가 육체적으로는 포획되고 봉쇄되어 있지만 해방의 가능성이 있다는 것을 은유적으로 연출한다. 거의 모든 감옥 연극들은 수감자들 사이의 위계 구조와 역할 차용을 이용한다. 포스트 식민주의 감옥 연극에서 명시적으로 규정된 죄수들, 그 중에서도 주로 독방 그룹[22]은 민족주의적 담론이나 포스트 식민주의 담론과 협력하고 있는 집합적 신체와 동일시된다.[23] 게리 보와의 감옥 연극(1990)은 집합적이고 유폐된 신체가 의미하는 특정한 방식들을 보여준다. 독방 집단의 구조와 죄수와 간수들 사이의 상호작용은, '외부'에 대한 미시적 알레고리와 역할놀이를 통해 외부의 권위가 전도될 수 있는 기회를 제공한다. 「섬(The Island)」(Fugard 외)이 가지는 대항 담론적 성격에 대해 앞서 논의했던 것처럼, 죄수들은 메타 연극적 기제를

---

22) 이런 연극들에서 독방 감금이란 대부분 은유일 뿐이다. 실제로 감옥 연극(prison theatre)에서 한 명의 배우만 무대를 독점하는 경우는 거의 드물다. 그러나 예외도 있긴 한데 모두 뉴질랜드 연극들이다. 감옥 연극의 일종인 존 브라우튼(John Broughton)의 〈마이클 제임스 마나이아(Michael James Manaia)〉와 각각 한 명의 죄수와 변호사만 등장하는 오웬의 「테 아와 이 타후티(Te Awa I Tahuti)」가 그것이다. 다른 연극에서 어떤 등장인물들은 침묵이라는 독방에 감금되기도 한다.

23) 일부 국가에서 민족주의의 구성은 너무나 포괄적이고 굳건해서 포스트 식민주의적 담론이 민족주의의 정치적 작용과 모순되는 것으로 오해되었다. 뉴질랜드는 민족주의가 포스트 식민주의와 대립되는 국가로 보인다. 하지만 실제로 뉴질랜드의 역사, 지형, 정치와 관련해서 뉴질랜드의 자아 정체성을 전략적으로 정의할 때, 민족주의와 포스트 식민주의 담론은 모두 유사한 비유를 사용한다.

이용함으로써 엄격한 검열을 피해 체제에 대한 담론적 저항을 시도한다. 특히 감옥 내 위계에 대한 패러디는 전복이 이루어지는 극중극 안에서 보여진다. 패러디는 지배사회의 구조와 행정의 부당함을 지지하는 광범위한 사회, 정치적 구조에 저항하고 있다.

감금당한 남아프리카 흑인들이 감옥 밖에서 행해진 아파르트헤이트의 억압 이상으로 가히 전설적이라 할 만치 잔혹한 신체형벌과 심리적 모욕을 당한 남아프리카에서, 감옥 연극이 만연했을 것임을 추측하는 것은 어렵지 않다. 사형선고를 받고 수감된 어떤 사람에 관한 메이쉬 마포냐(Maishe Maponya)의 파편화된 연극 〈갱스터(Gangsters)〉(1984)는, 이제는 전설이 된 스티브 비코(Steve Biko)의 죽음과 닮아 있다. 연극은 국가의 권위가 점점 더 강력해지고 중요해지면서 식민지 주체를 더욱 구속하는 육체적·사회적 제약들을 그려내고 있다. 십자가에 못 박힌 예수에 대한 패러디이면서 동시에 예수의 죽음을 연상시키는 죽은 죄수 라세차바(Rasechaba)로부터 연극이 시작되고 끝나기 때문에, 그의 시체는 무대에 특별한 의미화 공간을 요구한다. 그러나 기독교적 도상학이 지배적인 남아프리카에서조차도 라세차바를 구원하기엔 너무 늦어버렸다. 기독교적 구원의 약속은 결코 실현되지 못한다. 백인 보안경찰관과 그의 흑인 동료 앞에 놓인 라세차바의 시체는 '구원받지 못한' 채로 무대 한가운데에 남아 있다.

캐나다·오스트레일리아·뉴질랜드의 감옥 연극은 식민화된 원주민 주체를 중점적으로 형상화한다. 이런 경향은 너무 많은 수의 토착민 인구가 여전히 정착민 식민지(settler colonies)에 감금되어 있다는 사실을 감안할 때 놀랄 만한 일도 아니다.[24] 한 마오리 '전사'의 감옥 탈취 시도를 소재로 한 브루스 스튜어트(Bruce Stewart)의 〈찢어진 엉덩이(The Broken Arse)〉

---

24) 정신병원을 포함해서 어떤 식으로든 감금을 강조하는 희곡들에는 오스트레일리아의 식민 역사가 드러난다. 이런 작품들은 판결주의(convictism)와 관련해서 명명되지 않고 억압된 트라우마를 알레고리적 서사 안에서 표현하기 위해, 투옥 상태를 주로 이용한다. 이 문제에 관한 깊이 있는 논의를 접하고 싶다면 켈리(Kelly), 1990을 참조할 것.

(1990)는 반동적 호전성이 야기할 수 있는 참혹한 결과를 보여준다. 투(Tu)는 다른 마오리족 죄수들에게 자기처럼 백인 감옥 전체를 전복해야 한다고 설득한다. 여기서 백인감옥은 마오리족이 국가적 차원에서 상실한 권력을 상징한다. 반쯤은 실제이고 반쯤은 꿈에 의해 만들어졌지만 매우 성공적인 투의 전사 클럽은, 죄수들로 하여금 자신이 처한 상황을 극복하려면 안정제에 의존하기보다 자기 신체에 대한 지배력을 스스로 행사해야 한다고 자극한다. 이 전략은 수감자들에게 우선 마오리 이름을 되찾게 하고 체력과 정신력을 통해 독립심을 키워 줌으로써 마오리족으로서의 자의식을 제공한다. 그러나 투의 집단은 지나치게 급진적이며 본질주의적으로 변해가면서 토론과 타협의 여지를 허락하지 않는다. 그 결과 백인 수감자였던 헨리(Henry)에게 육체적 황폐화를 안겨주었다. 새롭게 형성된 투의 세계에서 헨리가 무심코 베푼 친절이 그를 희생자로 만든 것이다. 투의 전사 클럽은 실패한다. 백인 대 마오리의 이분법을 고정시켰으며 뉴질랜드는 인종이 모든 것을 결정한다는 투(Tu)의 잘못된 주장에 의해 파괴된 것이다. 헨리의 신체가 문자 그대로 훼손되었다면, 마오리족의 집단적 신체 역시 훼손된다. 뉴질랜드 역사가 본질주의적인 악당 대 피해자 구조에 기반해 있다고 가정하는 순간 마오리족의 신체는 은유적으로 훼손되는 것이다.

레나 오웬(Rena Owen)의 「테 아와 이 타후티(Te Awa I Tahuti)」는 조금 더 낙관적인 형태로 정치적 자유를 알레고리화했다. 마약에 의존하는 젊은 마오리족 여인 토니(Toni)의 재활 과정을 담고 있는데, 그녀의 감금은 곧 그녀 민족의 고립을 반영한다. 영국의 여성 감옥을 배경으로 한 이 희곡은 토니가 자아 · 가족 · 뉴질랜드, 그리고 마오리족이라는 자신의 혈통 때문에 겪는 여러 고립의 형태를 추적한다. 감금된 상황과 지속적 감시가 미치는 심리적 효과뿐만 아니라 감옥이라는 물리적 구속에 의해 토니의 신체는 교화의 대상으로 구성된다. 하지만 그녀는 자신이 차지한 공간에 어느 정도의 지배력을 행사한다. 그녀의 격렬한 운동은 교도소장과의 대화를 피하려는 단순한 전략일 뿐만 아니라 물리적 의미에서 자신의 영역을 표시하는 방법이기도 하다. '포이(pois : lightweight balls, 경량의 공)'를 휘두르거나 마오리족의 노래를 부르는 것 또한 사적 공간을 확보하려는 노력의 일환이다. 토니는 신체에 기억된 일부의 문화 유산에 의지함으로써 새롭게 발견되어진 문화적으로 독특한 주체성을 연기해낸다. 이 주체성은 토니로 하여금 피폐한 감옥 안에서 삶의 활기를 되찾게 한다. 파편화된 개인사를 기억해내고 다시 규정하는 그녀의 행위는 치유의 과정에 일조하고, 그 결과 마오리족 선조에 대한 꿈을 실질적인 지식들로 해석해냄으로써 그녀가 '외부'에 자신의 미래를 건설할 수 있도록 돕는다. 전사였던 투(Tu)와는 달리 토니는 정신적 자율성과 육체적 자유를 얻기 위해 조금 더 신중하게 접근하고 공공연한 폭력은 거부한다.

많은 감옥 연극들이 입증하듯 연기하는 신체가 한정된 공간 안에 놓여질 경우, 감금에 극적 초점을 맞춤으로써 등장인물의 육체적 존재감의 강렬도를 높여준다. 주체성을 표현하는 데 있어 조금 더 복잡한 위치는 바로 부재의 '지점'이다. 인종과 젠더를 재현하는 한 방법으로 이미 논의했던 것처럼 부재하는 신체는 포스트 식민주의 연극의 광범위한 교차지점(cross-section) 안에 아이러니한 '존재'를 만들어내고[25] 공연 국면에 강렬한 효과를 가져온다. 말로써 언급하든, 시각적 몸짓이나 의상, 소도구, 또는 빈 의자와 같은 특색 있는 배경을 통해서 표현하든 간에, 부재하는 신체는 반드시 실제적 공간은 아닐지라도 연극적 공간을 점유하고 있다. 때문에 관객은 텍스트의 연극적 조작을 필요로 하는 부재를 명백히 '구체화된' 존재로 경험한다. 다시 말해, 부재는 기호학적 체계의 범위 내에서 코드화될 수 있는 기호다. 부재는 연출 방식에 따라 관객들을 극도로

---

25) 부재하는 인물을 중심으로 서사가 이루어지는 희곡은 케빈 길버트(Kevin Gilbert)의 「버찌 따는 사람들(The Cherry Pickers)」(1971), 데니스 스콧(Dennis Scott)의 〈뼛속의 울림(An Echo in the Bone)〉, 주디스 톰슨(Judith Thompson)의 「거리의 사자(Lion in the Streets)」, 패트릭 여(Patrick Yeoh)의 「존재의 필요성(The Need to Be)」(1970) 등이다.

불안정하게 만들 수 있다. 정치적 의미에서 보면 부재하는 신체는 침묵하는 음성과 마찬가지로 정의되지도 않고, 암암리에 담론적 포획으로부터 벗어나기 때문에 전복의 잠재성을 가지고 있다. 사이라 에사(Saira Essa)와 찰스 필라이(Charles Pillai)의 『스티브 비코―법정심리(Steve Biko : The Inquest)』(1985)에서는 남아프리카의 상징(icon)인 비코의 사체를 무대 위에 연출한다. 비코의 죽음에 연관된 실제 법정심리 기록에 기반을 둔 이 연극은 영어와 공용 네덜란드어(Afrikaans)의 두 언어를 사용한다. 피살자를 연기하는 신체가 부재한다는 데서 암시되듯, 감금은 역설적으로 아파르트헤이트 체제의 제약들을 피해가는 신화적이며 실체 없는 신체를 생산해낸다. 숭배의 대상이자 혁명적 지도자로서 비코의 위상은 생전보다 사후에 훨씬 강력하게 반아파르트헤이트운동에 기여했다. 그 때문에 무대에 신체는 불필요한 것이었다. 그럼에도 불구하고 그가 죽을 때 차고 있던 족쇄라는 지극히 은유적인 소품을 통해 비코의 존재는 명료하게 구체화된다. 족쇄는 남아프리카 민족의 속박을 표상하기 위해 배우들이 무대를 떠난 후에도 조명 불빛 아래 남아 있다. 연극이 끝나기 직전에 또 다른 부재하는 존재들이 무대화된다. 카세트 테이프를 통해 "보안 경찰의 보호하에 있으면서 죽음을 당한 사람들의 명단 전체가 공개되고"(1985 : 86), 등장인물들은 '응코시 시켈렐라 이아프리카(Nkosi sikelela iAfrika)'를 흥얼댄다. 잭 데이비스의 〈바룬긴, 바람의 냄새를 맡아라(Barungin―Smell the Wind)〉 역시 정치적 암송으로 끝을 맺는다. 미나(Meena)는 백인들이 정착한 200년의 기간 동안 죽임을 당한 어마어마한 수의 어보리진 사람들의 명단을 거론하면서 부재하는 흑인 오스트레일리아인들의 집합적 신체를 환기시킨다. 그 명단의 숫자만으로도 관객들은 충격을 받는데, 그 목록에 의해 환기되는 누적된 신체의 '존재감'은 제국주의의 잔인성에 대한 압도적인 이미지를 형성한다. 동시에 눈에 보이지 않는 신체들은, 그들의 남아프리카 대응물들처럼 무대 공간을 초현실적으로 배회하며 제국주의적 응시를 비껴가고 훈육적 권력에 의해 낙인찍히기를 거부한다. 이때 부재하는 신체와 영혼은 그들의 죽음을 애도하기 위해 모인 '현실' 인물들의 신체를 관통한다. 데이비스는 이와 같은 부재와 존재의 복잡한 상호작용을 통해 가장 강렬한 현대 어보리진성을 표현한다.

은유적 신체

훼손에도 불구하고, 때로는 훼손으로 인해 더욱 연극화된 포스트 식민주의적 신체의 강력한 존재감은, 제국주의에 대한 저항을 연출하는 데 있어 육체성을 부각시키는 긍정적이고 능동적인 전략이 된다. 제의나 카니발(carnival)의 전통적 연행(enactment)은 연기하는 신체에 비록 장애나 분열, 개인의 신체들간의 특정한 단절 등이 있음에도 불구하고, 신체가 공동체를 통합하고 재생시키는 데 도움이 된다는 것을 증명한다. 비록 서구 제국주의에 의해 분열될 수밖에 없었던 신체와 문화의 유토피아적 목표가 때로는 전체적이고 완전한 자아를 추구하는 데 있기는 하지만, 식민화된 주체에 있어서는 그것이 특징이 될 수 없음을 지적하고자 한다. 분열되거나 파편화된 주체성은 포스트 식민주의 정체성을 정의하는 다양하고 충돌적인 요소들을 반영한다. 반면에 주관적 '전체성(wholeness)'을 추구한다는 것은 문명화되지 않은 '대중(masses)'을 지배하는 제국주의의 식민 지배자 대 피지배자라는 제한된 이분법을 복제하는 것에 불과하다. 그러므로 여러 층위에서 볼 때 분열된 주체성은 능력을 박탈하는 것(disempowering)이 아니라 잠재적으로 능력을 부여하는 것(enabling)일 수 있다. 만약 제국주의가 관습적으로 권력이 행사되는 방식에 따라 식민 지배자와 피지배자들을 배치했다면, 식민지적 주체의 자아를 몇몇 다양한 실재들(entities)로 분리하는 것은 일반적인 무력화(disempowerment)의 지점에서 식민지적 주체를 구해내는 것이 된다(Bhabha, 1984, 1990). 이런 분리는 식민 지배자나 피지배자 모두를 그들이 배정된 권력(power)과 무능력(impotence)의 위치에서 떼어낸다. 두 주체의 위치는 고정되고 단일화된 것이 아니며 와해되고 탈구된다(dislocate). 두 주체는 결정적으로 파편화와 탈구의 능력을 가지고 있다. 이것은 그들간의 상호 관계가 새로운 표현의 가능성을 가지며, 본질주의가 아니라 변화된 타협의 역학 관계 안에서 재조명될 수 있음을 뜻한다. 분열된 주체성은 배타적 정체성의 정치학에 대항하면서, 통합적인 식민지 주체를 규정하는 모든 요소들과 서약(allegiance)을 인식하게끔 한다.

포스트 식민주의 연극이 이 문제를 제기하는 다양한 방식 중에서 가장 흥미로운 것은, 해설자(나레이터)를 무대 위에 세우는 것이다. 이 전략은 한 명의 등장인물이 여러 방식으로, 여러 위치에서 재현되는 것을 가능케 한다. 루이스 나우라의 〈이방인들의 여름(The Summer of the Aliens)〉(1992)에서 해설자인 루이스(Lewis)는 열네 살 된 어린 시절의 자아를 지켜보는 위치에 서있다. 두 배우는 이따금씩 영향을 미치기도 하는데, 성인이 된 루이스가 그의 어린 자아(alter-ego)에게 불쾌한 진실을 대면하도록 강요하거나 어떤 문제를 다른 식으로 해결하라고 지시하기도 한다. 어린 루이스의 삶에 대한 이런 간섭은 결국 자기 실현의 과정이 된다. 이 두 '자아들(selves)'은 점점 가까워지면서 비록 조화롭지 않을지언정 공동의 '단일체'가 된다. 존 크누불(John Kneubuhl)의 〈정원을 떠올려라(Think of a Garden)〉(1991)에서는 마흔 살 먹은 남자의 기억이 서사모아(Western Samoa)에 사는 열 살 된 어린 자아의 행동을 맴돌며 구성된다. 이 연극들은 하나의 등장인물에 두 명의 배우를 기용함으로써 사회적 주체, 그리고 그 주체의 다양한 페르소나를 구성하는 다양한 실재들을 증명하기 위해 역할과 신체를 나누었다. 이렇게 분열된 주체는 정신분열증을 겪는 것이 아니다. 식민지적 주체를 정적이고 단일한 차원에서 스테레오 타입화하여 묘사하는 방식에 한계가 있음을 관객들에게 환기시키는 것이다. 유동적이고 다면적인(multivalent) 주체와 신체가 조망되면서, 재현은 더욱 다양하고 양가적이며, 더욱 유용하지만 더욱 범주화하기 어려워진다. 크리스티나 레이드(Christina Reid)의 〈벨파스트 시의 벨(The Belle of the Belfast City)〉(1988)에서 등장인물들의 과거의 자아는 기억과 사진에 의해 불려져 나오는데, 성인 배우들이 연기한다. 사진들은 분열된 인격들이라기보다 플래시백(flashback) 기능을 한다. 그럼에도 불구하고 등장인물들의 어린 페르소나는 연기되는 배우의 나이와 에너지에서 연극적 현재인 성인 자아와 늘 차이가 나기 때문에, 등장인물들의 신체는 분열될 수밖에 없다. 이것은 시간의 흐름을 제시하는 특이한 전략은 아니다. 하지만 끊임없이 주체의 위치를 재연하는(replay) 것은 유형화된 '아일랜드(Irishness)'를 구성하는 것과 구별되는 방식으로 신체를 강조하는 데 일조한다. 벨(Belle)의 경우 그녀가 물려받은 유산(heritage)인 '혼혈'이라는 인종적 요인이 부가되면서, 복합적인 정체성을 부여받은 신체적 존재를 강조한다.

이 연극들은 신체의 균열을 정교화하고 행동과 시각적 초점을 바꾸는 방식으로 관객의 응시에 의문을 제기하는 데 있어, 다수의 배우들에 의존한다. 이와는 대조적으로 포스트 식민주의 연극에서 널리 쓰이는 모노드라마(monodrama)는 최소한 두 개 주체의 구성과 해체((de)construction) 방식을 통해 주체의 '분열'을 표현하는 한 명의 연기자에게 전적으로 포커스를 맞춘다. 우선, 한 명의 배우가 여러 가지 다른 페르소나를 취하는 한 명의 인물을 연기할 수가 있다. 두 번째로는, 한 명의 배우가 관객이 보기에 각기 다른 주체일 수도 있고 아닐 수도 있는 여러 명의 등장인물들을 연기할 수도 있다. 전자에 해당하는 모노드라마는 한 인물의 분열된 주체를 표현한다. 연기하는 신체의 변신은 상대적으로 미묘해서 포착하기 어렵다. 반면 후자는 다수의 주체들로 '분열되고' 때로는 신체가 인종이나 성의 범주를 넘나들며 바뀌기도 하기 때문에 보다 급진적인 변신을 요구한다. 분열된 주체의 위치는 공연 텍스트의 각각 다른 층위에서 나타나며 관객의 반응(reception)을 함축하고 있다. 일반적으로 자연주의적 반응 모델은, 여러 인물들에게 연극적 존재감을 부여하는 연극보다 등장인물이 하나뿐인 모노드라마에 더 쉽게 적용될 수 있다. 그렇기 때문에 모노드라마의 경우는 연기하는 신체와 연기된 주체 사이의 간극을 첨예하게 드러낼 수 있다. 신체의 경계를 다시 할당하는 것과는 별개로, 모노드라마는 거의 대부분 전기적이거나 자서전적이기 때문에 포스트 식민주의 주체성을 탐구하는 데 결정적 수단이 된다. 특히 모노드라마는 다수의 담론들에 의해 분열된 여성의 정체성을 표현하는 데 적합한 형식으로 이용한다. 관객들의 존재는 배제하고 말한다면 텅 빈 무대와 고독한 정경(the prospect of solitude)은, 종종 작가 자신이기도 한 연기자가 다소 공식적인 상황에서는 숨겨두었던 자아의 일부를 표현할 수 있게 한다. 모노드라마가 촉발하는 주체들의 다양성은 신체가 조금 더 새롭고 다양한 페르소나로 변신해가면서 자아와 정체성을 재정의할 수 있게 돕는다.

스텔라 콘(Stella Kon)의 〈에메랄드 힐의 에밀리(Emily of Emerald Hill)〉는 어머니·딸·아내·고용인·친구이기도 한 부유한 싱가폴 여성의 다양한 삶의 양상을 자세히 그려내고 있다. 이 모노드라마는 에밀리의 페르소나의 변화를 표시하기 위해 근접학(proxemics)*26)은 물론 음성과 상황적 동작학도 이용한다. 어느 정도는 자연주의적인 이 연극은 역할놀이의 모티프를 통해 메타 연극적 구조들을 전면화함으로써 단순한 시각을 거부한다. 공연과 반응의 다른 층위들을 하나씩 지적하면서 재클린 로(Jacqueline Lo)는 다음과 같이 말하고 있다.

> 『에밀리』는······ '보기'와 '보여지기'의 개념 사이를 맴돌고 있다. 관객은 공연의 어느 시점에서 재귀성(再歸性, reflexivity)의 복합적 층위를 상기하게 된다. ······ 우리는 그녀의 삶에 존재하는 관객과 배우들의 이리저리 훑어보는 집요한 시선을 크게 의식하고 있는 메타 인물 에밀리가, 그들의 개인적이고도 집단적인 요구(needs)에 부응할 만한 다양한 페르소나를 만들어내기 위해 역으로 관객

---

26) 인간의 문화적 공간 관계에 관한 접근. (역주)

과 배우들을 유심히 살펴보고 있음을 깨닫게 된다. (1992 : 126)

결국 콘(Kon)의 연극은 배우·등장인물·관객이 상호작용하는 연계 안에서 신체가 각인되고 변형되는 방식들을 연출하면서 단일한 주체 개념을 붕괴시킨다. 조지 세렘바(George Seremba)의 〈반가운 비야 내려라(Come Good Rain)〉(1992) 역시 하나이면서도 끊임없이 변모하는 신체를 이용해 조지의 다양한 자아를 표현한다. 그는 이야기꾼, 아들, 학생, 조지 브와니카(George Bwanika), 정치적 풍자평론가, 케냐의 망명객, 선생님, 과거의 정치 운동가, 사형선고를 받은 죄수, 우간다 나만브(Namanve) 숲에서 처형되어 사실상 도망갈 수 없는 묘지의 도망자, 그리고 캐나다에 거주 중인 망명한 극작가 등으로 변모한다. 조지는 혼자서 해설자와 다른 등장인물들을 모두 연기한다. 연극은 두 가지 타입의 모노드라마 모델을 결합하고 있으며, 연기하는 신체는 우간다의 식민지 주체가 재현할 수 있는 거의 모든 것들을 재연함으로써 범주화를 거부한다.

복수의 등장인물들을 형상화하는데 한 명의 배우만을 쓰는 연극들은 신체의 공연성을 강조한다. 단 고정되고 단일한 주체에 대한 관객들의 믿음을 좌절시키기 위해 주로 유동적 행위와 역할 바꾸기 전략을 이용한다. 오스트레일리아의 새라 캐스카트(Sarah Cathcart)와 안드레아 레몬(Andrea Lemon)의 연극인 〈뱀의 타락(The Serpent's Fall)〉과 〈워킹 온 스틱스(Walking on Sticks)〉(1991)는, 모두 캐스카트 혼자서 연기를 한다. 인물의 변화를 표시하기 위해 위치, 동작학, 언어의 변화와 음악적 신호(musical coding) 등에 의존한다. 그러나 이 등장인물들은 어떤 한 인물을 재현하는 동안에도 언제나 극중 다른 인물의 흔적들을 수반하기 때문에 확연히 구분되는 경우는 결코 없다. 각 연극은 대략 다섯 명의 서로 다른 여자들을 형상화하는데, 캐스카트는 다양한 성격들을 표현하면서 동시에 오스트레일리아 여성들의 복합적 표상을 연기한다. 특히 〈뱀의 타락〉에서는 어보리진 여성과 그리스 이민자를 포함한 다양한 연령대의 인물을 거의 비슷한 비중으로 연기한다. 마고 케인의 〈문로지(Moonlodge)〉(1990) 역시 비슷한 방식으로 연출되지만 젊은 캐나다 원주민 여성에게 서사의 초점을 맞추었다. 그녀는 자신이 여행 중에 만난 다수의 남녀 인물들과, 그 경험이 그녀 안에 형성한 사회·문화적 의식까지 연기한다. 공연은 케인이 무대 위에서 표현하는 다양한 타자들과 연극의 주인공인 아그네스(Agnes) 사이에 의도적으로 긴장을 형성한다. 이 연극은 단일한 배우의 신체가 어느 순간에는 모든 공간을 점유할 수 있도록 무대를 폭넓게 이용한다. 신체는 자연주의적 역할에 갇힌 배우가 피와 살로 이루어진 육체의 차원에서 일반적으로 전달할 수 있는 것보다 더 크고 유연한 형태를 취한다. 이렇게 육체성의 경계들을 늘리는 것은 포스트 식민주의적 주체의 연극적 공간과, 함축적으로는 문화적 공간까지를 확보할 뿐만 아니라 그들 자신의 개방적이고 유연한 정체성들을 표현하게 한다. 이러한 형식의 전략적 이용은, 분열되고 복합적인 주체성이 식민 지배자와 피지배자의 이분법을 해체하는 지점까지 발전하면서 무대 위의 신체가 교묘하게 조작되는 것을 강조한다.

서구 연극의 전통적인 신체정치학에 도전하는 다른 변형적 등장인물에 트릭스터(trickster)와 드리머(dreamer)가 있다. 가나의 아난스(Ananse) 전통에 뿌리박은 아프리카-카리브(Afro-Caribbean)의 트릭스터인 아난스(Ananse)가 언어를 통해 자신의 전복성을 '연기하는(enact)' 반면, 아메리카 인디언 트릭스터는 최소한 연극적 맥락에서라도 전복적이고 재생적인 힘을 '구체화(embody)'하는 경향이 있다.[27] 이 마술적 인물들은 원주민공동체의 정신적 에너지를 보존시키고, 일부러 장난을 쳐서 혼란을 일으키는 경향이 있음에도 불구하고 다니엘 데이비드 모세가 '화합자(harmoniser)'라고 부르는 기능을 한다(1994). 트릭스터는 다양한 차별적 형식의 기반이 되는 육

---

27) 소설이나 시와 같은 다른 장르에는 트릭스터가 적용되지 않는다. 아메리카 원주민 트릭스터(trickster)는 콕스(Cox)가 '식민화에 대항한 언어의 전사'라고 부르는 존재다. 북아메리카 문맥에서 나타나는 트릭스터(trickster) 담론을 모색 중이라면 밥콕(Babcock), 1985와 비제노(Vizenor), 1989를 참조할 것.

체적 위계까지 포함하여 모든 전통적 범주들을 회피하고 붕괴한다. 딱히 남성이라고도 그렇다고 여성이라고도 할 수 없는 트릭스터의 양성성은 젠더의 이분법적 도식을 붕괴하고 젠더에 기반한 권위의 체계를 따르기 (defer to)보다 그것을 유예시킨다(defer). 이들은 또 초자연적 세계로부터 비롯된 동물[28]이나 다른 토템의 '신체'를 취해서 변신함으로써, 인간과 비인간의 경계를 가로지른다. 외양을 바꿀 수 있고, 구속되지 않으며, 시간을 초월하기도 하고, 파괴당할 수 없는 트릭스터는 포스트 식민주의적 주체의 연극화된 신체를 표현하는 이상적인 인물이다. 공연상에서 트릭스터의 변신은, 허구적인 공동체와 관객들의 정신적 쇄신(renewal)을 잠재적으로 가능케 하고 그것을 표현할 뿐만 아니라 연극적 행위(action)를 구성한다. 게다가 시각적 구체성을 벗어나기 위해 트릭스터가 나타났다 사라졌다를 반복하며 무대를 가로질러 모든 물리적 공간과 심리적 공간을 점유하는 식의 변신은, 전통적 관람 패러다임에 도전한다.

오르페우스와 에우리디스의 전설을 재가공한 다니엘 데이비드 모세의 「코요테 시티(Coyote City)」(1988)에서 트릭스터는 사자(死者)인 조니(Johnny)의 모습을 하고 영혼과 인간 세계 사이의 다리 역할을 한다. 극중 다른 인물들에게는 보이지 않는 이 트릭스터는, 토론토 시(市)의 관문에 자주 출몰하는 문화적으로 소외된 '인디언'으로 관객들 앞에 형상화된다. 조니(Johnny)는 단순히 인디언의 스테레오 타입을 재현하는 것이 아니라, 원주민들이 주류문화 안에서 연출되고 비쳐지는 방식들을 재고할 수 있게 관객들에게 도전하는 인물이다. 따라서 역설적이게도 존재하면서 동시에 부재하는 인물이다. 캐나다 토착민이 만든 다른 연극들에서 트릭스터는 서사적 과거, 신화 혹은 등장인물들의 환상 속에서 끊임없이 변신한다. 현재까지 연극적으로 가장 모험적인 예는 톰슨 하이웨이의 〈카프스카싱으로 가야 하는 마른 입술(Dry Lips Oughta Move to Kapuskasing)〉에 등장한 나나부

---

28) 모세(Moses)는 백인 배우들이 동물로 변신하는 것을 극도로 어렵게 느끼는 반면, 자연계를 가족으로 여기는 토착원주민들은 이 변신을 상대적으로 쉽게 느낀다고 말한다.

시(Nanabush)의 괴이한 육체성과 그 때문에 발생한 위반작용이다. 앞선 논의에서 강간 장면에 대해 언급했듯이, 트릭스터의 신체는 원주민의 경험을 변형할 뿐만 아니라 여러 가지 사회적 금기와 공연장의 금기를 깨뜨린다. 예를 들어 나나부시가 관객들의 당황스러워하는 시선에는 아랑곳하지 않는 듯이 알몸으로 등장하거나 화장실에 앉아 있는 장면이 그러하다. 이런 제스처는 남성공동체와 연극을 관람하는 관객공동체 모두의 사회적 질서를 동요시키기 위해 의도적으로 비열함과 성적 약탈자들의 섹슈얼리티(predatory sexuality)를 결합한 것이다. 이후에도 연극 내내 트릭스터는 자신의 거처인 거대한 발코니에서 마치 꼭두각시 인형을 가지고 노는 인형 주인처럼 공연을 지배한다.

오스트레일리아 원주민인 어보리진의 '드리머(dreamer)' 또한 변신 능력을 가진 정령이다. 클랩스틱(clapstick)과 디저리두(didgeridoo) 음악에 맞춰 남성 무용수의 모습으로 등장하는 드리머는 관객과 특정 등장인물들의 눈에만 보이는 것으로 설정된다. 그는 전통, 법, 금기들이 백인사회의 간섭 없이 지속되었던 식민지 조우 이전의 과거를 재현하고, 유럽인의 정착 이후에 행해진 어보리진문화 파괴를 연극적으로 강조한다. 그러나 과거를 강조한다고 해서 드리머가 시공간적으로 고정되었다는 의미는 아니다. 오히려 그는 서구의 경험주의에 얽매인 수량화된 공간에 저항하면서 그 외부에 위치하고 있는 초시간적 인물이다. 조상 세계와의 교량 역할을 하는 드리머의 임무는 죽은 사람의 영혼이 '춤을 추며' 꿈꾸는 땅으로 돌아가게 하는 것이다. 공연에서 드리머는 어보리진성을 표시하는 문화적 아이콘으로 덧씌워지고, 장식되고, 제의적 색채로 표시되면서 토착전통을 구현한다. 북아메리카 트릭스터처럼 어보리진 드리머는 무대의 모든 공간을 점유하면서 전복적인 역할을 한다. 그의 춤은 서구가 토착민의 시공간을 잠식했음에도 불구하고 어보리진의 과거가 명백히 존재함을 강조해서 보여주는 것이다. 잭 데이비스의 〈드리머(The Dreamers)〉는 정확하게 이런 목적을 가지고 등장인물로서의 정령을 강조한다. 워루 아

잭 데이비스의 〈드리머(*The Dreamers*)〉에서 '드리머' 역할을 맡은 마이클 풀러(Michael Fuller)
사진 제공 : Currency Press, Geoffrey Lovell, Michael Fuller 사진 : Geoffrey Lovell

저씨(Uncle Worru)의 훼손된 신체가 현실적인 사건의 층위에서 두드러진 반면, 드리머의 은유적 신체는 어보리진문화의 존속과 저항을 강조하는 초현실적 틀을 제공한다. 또한 드리머는 때때로 병들거나 연약한 인간 신체에 일시적으로라도 '초인적' 힘을 불어넣는다. 샐리 모건(Sally Morgan)의 「시스터걸(Sistergirl)」(1992)에서 드리머는 병석에 누운 한 어보리진 여성으로 하여금 병든 신체의 한계를 초월할 수 있게 돕는다. 그녀의 신체를 서구의 의학 체계 안에 제한하려는 시도에 반기를 들고 생기 넘치는 움직임으로 병동을 춤추며 다닐 수 있게 한다.

비록 마오리 정령들이 등장인물의 스테레오 타입으로 규정되는 경우는 별로 없지만 뉴질랜드 무대에 존재감을 분명하게 드러낸다. 로어 하피피(Rore Hapipi)의 〈대지의 죽음(Death of the Land)〉에서 마오리의 땅이 백인 소유로 넘어가는 것을 지켜보는 롱고(Rongo)라는 정령은 오로지 관객(독자)들의 눈에만 보인다. 그는 양심의 역할을 하기도 하고, 이야기꾼이 되기도 하고, 토지 매매의 의미를 관객들에게 전달해주며 이의를 제기하는 목소리의 역할을 맡았다. 혼 투와레(Hone Tuwhare)의 〈모자도 없이 황야에서(In the Wilderness Without a Hat)〉는 백인문화의 영향력 아래서 시간이 경과함에 따라 자신들의 이름을 상실한 마오리 전사의 조각상과 영혼을 형상화한다. 그들의 존재감은 구술전승에 의해 보존된 족보인 와카파파(whakapapa)의 상실을 강조할 뿐만 아니라, 공동체 네트워크(community network)와 마을회관(meeting house)인 마래(marae)의 재건에 활력을 불어넣는다. 이 마오리 '조각상'들이 무대에서 완전한 모습을 드러낸 것은, 기존의 백인 중심 연극에 토착민 배우들이 참가했다는 사실 이상의 의미가 있다. 이것은 마오리 신체에 역사와 영혼성이 부여된다는 것을 의미한다. 그러므로 다른 포스트 식민주의적 공연 텍스트에도 나타나는 것처럼, 변신하는 신체는 제국주의적 재현 체계를 재가공하고 조금 더 포괄적이면서 문화적으로 독특한 정체성을 묘사해내기 위해 다수의 형상들로 변신한다.

춤추는 신체

대부분 포스트 식민주의적 신체 변형은 연기를 하고 있는 신체로 관심을 유도하기 위해, 춤과 같은 리듬감 있는 움직임을 통해 연극화된다. 우리는 이미 이런 맥락에서 제의와 카니발에 대해 논의한 바 있다. 토착 연극의 다양한 정령들은 특정한 종류의 춤으로 형상화되기 쉬운 고도로 신체화된 사례들을 제공한다. 문화적으로 코드화된 활동인 춤은 연극에서 몇 가지 중요한 기능을 한다. 춤은 관객의 시선을 공연하는 신체에 집중시킬 뿐만 아니라, 등장인물들과 관객, 무대세트 사이의 근접학적 관계에 관심을 갖게 한다. 춤은 이외의 다른 근접학적이고 동작학적이며, 잠재적으로 언어학적인 코드들로부터 관심을 분리해낸다. 그리고 나서 연극적 행위와 활동에 대해 재협상(renegotiate)하고 연극이 문화적 무게감을 지닌 경우에는 특히 배우의 육체성을 강조한다. 춤은 공간적 각인의 한 형태이기 때문에 서구 제국주의의 영토적 측면을 설명해주고, 거기에 맞서기도 하는 생산적인 방식이 될 수 있다. 또한 춤의 유형화된 움직임들은, 특히 그 춤이 식민 지배자의 규범에 도전할 때 문화적 맥락을 정립할 기회를 제공한다. 춤은 이런 방식으로 전통적이고 비언어적인 자기 재현의 형식들을 부각시키면서 포스트 식민주의 주체성을 회복시킨다. 연극 텍스트 안에 위치한 춤은 서사의 진행이나 서사 장르를 해체함으로써 종종 연극의 의미화 작업을 부자연스럽게 만든다. 춤은 브레히트 식의 소외효과를 일으키는 기제로 작용할 수 있음을 시사하면서, 모든 연극적 재현이 구성된 것임에 주목하게 한다.[29] 이 주장은 포스트 식민주의 텍스트들에 대한 비평에서 상당히 중요한 기획이라 할 수 있는, 춤의 이데올로기적 코드화에 대한 분석을 요구한다. 춤은 특정문화에 대한 직접적 은유로 작용하면서도, 그 자체에 깊은 의미가 있는 것으로 간주된다.

많은 연극들이 연기의 측면뿐만 아니라 주제적 측면에서도 춤에 대한 관심이 많다. 가이아나(Guyanese)*[30])사회의 다양성을 보여주는 강력한 이

---

29) 연극에서 춤이 가지는 기호적 의미에 대한 심도 깊은 논의는 H. 길버트(Gilbert), 1992b를 참조할 것.
30) Guyana : 남미 동북부의 공화국. (역주)

미지를 내포한 이안 맥도날드(Ian McDonald)의 〈트램핑 맨(The Tramping Man)〉에서는 한 무리의 사람들이 춤추는 장면에서 연극이 시작된다. 이들의 존재는 뒤에 이어질 자연주의적 장면들에까지 에너지를 불어넣는다. 이 텍스트는 춤을 개성 표현의 수단으로만 제시하지 않는다. 카리브의 다른 카니발 연극들처럼 다양한 참가자들의 특이성을 부각시키면서도 위계를 침식시키는 물리적이고 사회적인 힘, 즉 평형 장치로 춤을 이용한다. 인종·계급·직업·젠더·연령의 차이에도 불구하고 무용수들(dancers)은 통합의 비전을 연기한다. 그것이 비록 유토피아적이라 할지라도 사회적 분열(division)과 충돌을 기반으로 지배력을 유지하는 통치 권력에게는 이들이 위협적일 수밖에 없다. 권력자들은 춤을 담론적으로 전염성 있는 신들림(contagious possession)의 형태로 비유한다. 춤이 신체에 침입해 '정상적인' 행동 유형을 몰아내고 데코럼(decorum)*31)에 대한 모든 감각을 짓밟아 버린다는 것이다. 이런 무정부 상태는 식민화된 주체에게 자유를 주는 동시에 위험한 것일 수 있다. 맥도날드의 연극에서 군중들이 춤추는 장면이 잔혹한 대량학살의 현장(site)으로 변하는 것은 이 점을 시사한 것이다. 이 장면은 춤을 삶 자체로부터 분리해낼 수 없는 것으로 구성하고, 춤이 연극 안에서 저지된 후 허구적 공동체와 공연 텍스트의 모든 에너지가 사라져 버리는 것을 보여준다. 짧지만 문제적인 이 연극에서 맥도날드는 신체적 표현을 명백하게 이해하지도, 그에 적응하지도 못하는 권위주의적 체계에 대한 강력한 저항을 표명한다.

움직임을 통해 정체성을 기호화(encode)하는 춤은, 외국어를 강요당하면서 자신들의 언어적 표현 수단을 양보해야만 하는 억압당한 인물들에게 힘을 부여하는 양식으로 기능한다. 토착민 연극에서 춤이 폭넓게 확산되었다는 사실은 춤의 의사 소통 능력과 전복적 잠재력을 입증해준다고

---

31) 데코럼은 '정황에 맞게 처신한다'는 의미를 가진 윤리적 원칙이면서, 문학작품 내에서의 장르·인물·문체·행위 등의 어울림이나 적정률을 뜻하는 미학적이고 문학적인 원칙이다. (역주)

하겠다. 그러나 언어와 마찬가지로 움직임 또한 진공 상태에서 존재하는 것이 아님을 기억할 필요가 있다. 춤은 항상 의상과 같은 다른 연극적 기호 체계에 의해 영향을 받으며 이데올로기적 편견에 따라 해석되기도 한다. 공연에 사용되는 동작의 형태들은 시간에 따라 변하기도 하고, 광범위한 수준의 문화와, 더 구체적으로는 지엽적인 수준의 연극에 의해서도 달라지는 경험의 결과이다. 포스트 식민주의적 맥락하에서 전통적인 춤동작은 종종 서구적 형식이나 유행과 혼종화된다. 때문에 관객들에게 제시된 춤은 구체적인 '전통' 예술이라기보다 상연되는 예술적 과정이다. 그렇다고 해서 혼종화된 동작이 더 이상 문화 회복의 행위가 될 수 없다거나 문화적 변이의 징후가 된다는 것은 아니다. 대신 이런 혼종적 춤 형식들은 '진정성'이라는 기호 아래 갇혀 있기를 거부하면서 전통을 고려하는 다면적 정체성을 표현한다.

〈브란 누 데(Bran Nue Dae)〉는 혼종적이거나 혼합주의적인(syncretic) 춤의 형식에 비해 소위 순수한 형식을 특권화하는 것에 반대하는 현대 어보리진 연극의 대표적인 예가 된다. 공연 텍스트는 현대의 디스코와 랩, 민스트럴 루틴(minstrel routine),*32) 코로보리(corroboree) 춤, 고전 발레 등을 함께 제시할 뿐만 아니라33) 신체의 코드화된 분절을 배가시키는 방식으로 이 양식들을 융합시키면서 다양한 춤 형식들을 전유하고 패러디한다. 모든 등장인물들과 심지어 백인 경찰조차 어느 순간 댄스 루틴(dance-routine)*34)을 통해 자신을 표현한다는 것은, 정체성을 구성하는 데 있어 움직임의 중요성을 입증한다. 그러나 혼종화 과정은 어보리진의 동작이든 유럽의 형식이든 막론하고 닫혀진 체계로 구성되지 않음을 보장한다(ensure). 특히 서구 춤에 대한 시각적 풍자의 경향은 헤게모니적 구조하의 저항적 흐름 또한 분명하게 드러낸다. 심지어 부족 춤들도 아주 다른 의도가 아니라

---

32) 흑인들의 댄스 스텝 중의 하나. (역주)
33) 1993년 상연에서는 의상까지 완벽하게 갖춘 고전 발레 양식이 가미되었다.
34) 춤동작을 조합하여 만든 순서. (역주)

면 어느 정도는 조롱거리가 되어 상연된다. 예를 들어 코로보리는 흑인 정체성의 기호로서 상연되기보다 자의식적인 패러디를 통해 공연된다. 춤추는 흑인 신체는 연극·영화, 그리고 특히 관광산업의 담론 내에서 제시되는 방식을 통해 무대화된다. 전체적으로 보면 연극은 현대 어보리 진성의 집합적 '신체'를 형성하는 등장인물들의 생명력을 부각시키기 위해 춤을 이용한다. 현대의 어보리진성은 공연 텍스트의 틀 안에서 늘 협상 가능한 정체성이다.

개작과 변화를 쉽게 수용하는 매체인 춤은 연극적 방식들로 특별하게 신체를 무대화한다. 남아프리카의 여러 춤들에 담긴 의미는, 그 자체가 아파르트헤이트의 결과로 나타난 혼종적 창조물인 검부트 댄스(gumboot dance)처럼 상당한 변화를 겪었다. 글라서(M. Glasser)는 〈킹콩(King Kong)〉(1959)의 무대지시문에서 검부트 댄스를 다음과 같이 설명했다.

> 원래 줄루족의 부족춤이었던 이것은 지역의 부족춤이 금지되었던 시절에 더반(Durban) 근처에 있던 선교사 학교 학생들이 비밀리에 연습한 것이었다. 이것이 차츰 더반으로까지 퍼져나갔고 부둣가 노동자들이 화학 화물을 운반할 때 보호의 차원에서 착용했던 고무장화를 신고서 가장 즐겨 추는 춤이 되었다. 고무 장화를 신었기 때문에 나는 찰싹거리거나 쾅쾅대는 소리가 빚어낸 새로운 효과로 인해 노동자들에게 인기를 끌었다. 특히 위트워터랜드(Witwaterland)에서 금광 광부와 시 당국자들이 함께 춘 댄스는 상당한 경지의 완성도를 보여주었다. 이 춤은 '경례'·'승마'·'사격' 등의 이름이 붙은 각각의 루틴으로 나뉜다. 여기에 되는 대로 박자를 맞추는 즉흥적 기타 연주가 가미되면서 최근에는 코믹하고 풍자적인 다양한 춤으로 표현되고 있다. (1960 : 61)

일부의 예술가들은 아파르트헤이트 이후(post-apartheid)의 남아프리카 상황에 맞게 검부트 댄스를 재구성했다. 다양한 인종적·공연적 배경을 가진 스무 명 가량의 예술가 단체인 '재즈아트(Jazzart)'는 자신들의 작품에 춤 양식을 결합시키기 위해 적극적으로 노력하고 있다. 1994년에 발표한

삼부작은 주제면에서나 물리적인(physical) 면에서 차이들을 지우지 않고도 사회 통합을 이루는 것이 가능한 방법들을 제시하는 공연 스타일로 구성되었다. 케이프 카니발 퍼레이드(Cape Carnival Parade)에서는 서로 다른 인종 사이의 사랑에 대한 현대적 버전(contemporary evocation)의 모던 댄스를 선보였다. 케이프 카니발 퍼레이드란 화려하게 차려입은 음악가들이 주로 신년을 축하하는 의미로, 거리를 행진하면서 구경꾼들의 관심을 끌기 위해 자기 그룹의 특색 있는 음악을 연주해서 다른 그룹과 경쟁하는 행렬을 말한다. 여기서 주가 되는 무용 작품은 라벨(Ravel)의 「볼레로」에 맞춰 추는 혼종화된(hybridized) 검부트 댄스이다. 이 검부트 댄스는 심지어 장화의 장식까지도 음료수 캔이나 뚜껑 조각 따위를 모아서 만드는 등 혼합적 형식으로 이루어졌다. 이때 음악적 범위를 확장시킨 「볼레로」를 사용하고 현란한 춤 스타일들을 결합함으로써, 이 춤을 광산이라는 기원으로부터 떼어놓았다. '재즈아트'의 검부트 댄스는 광부들의 오락을 다소 특권화된 공연자들이 전유한 것이 아니며, 아파르트헤이트 이후 사회의 복잡성과 생명력을 재현한 것이다. 재즈, 클래식, 발레, 현대 무용, 전통적 검부트 댄스나 인도네시아와 힌두 무용 등을 혼합하고, 다양한 인종의 신체들이 공연하며 악장 사이에 재즈 같은 '리프(riff : 반복악절)'까지도 허용하는 안무 등 "토착화"된 혼합 양식은 현대 남아프리카에서 가장 가치 있는 공연 방식이다. 남아프리카의 높은 문맹률이나 열한 개에 달하는 언어가 각축을 벌이고 있는 상황을 고려할 때, 춤은 이런 간극에 조금이나마 교량 역할을 할 수 있는 중요한 공연 예술이 된다.[35] 검부트 댄스는 1959년에 남아프리카 전역에서 뿐만 아니라 런던까지 가서 순회 공연을 했던 뮤지컬 〈킹콩〉의 성공에 힘입어 대중화되었고 이제는 이미 하나의 전설이 되었다. 메이쉬 마포냐의 〈굶주린 대지(*The Hungry Earth*)〉(1979) 역

---

35) 카리브에서 다른 섬 출신의 공연자들이 출연하는 극장 공연 횟수를 보면, 남아프리카와 마찬가지로 카리브에서도 춤이 언어적으로 분열된 사람들을 통합시키는 기능을 하고 있음을 알 수 있다.

검부트(gumboot) 댄스를 선보이는 무용극단 '재즈아트(Jazzart)'
케이프타운, 1994. 사진 제공 : 'Alan Lawson

시도 흑인의 통행권 소지를 의무화한 통행법(pass laws)에 대항하는 방식으로 검부트 댄스를 무대에 올렸다.

춤추는 신체가 여기에 개략적으로 서술된 특정 기능에만 한정된 것은 아니다. 어쨌든 이 예들은 포스트 식민주의 연극에 있어 춤추는 신체의 중요성을 증명해준다. 춤을 그 자체 하나의 텍스트로 보고 연극기호학의 일부로서 해석하는 것은, 주로 연극의 대화를 기반으로 하는 주체성 개념을 부자연스럽게 만드는 실마리를 제공한다. 그래서 춤은 개인적·문화적 정체성을 생산하고 표상하는 투쟁의 중심으로 떠오른다. 이데올로기가 충돌하는 지점인 춤은 능동적으로 움직이며 스스로의 육체성을 '발화'하는 신체를 구성한다. 이것은 제국주의적 재현으로부터의 잠재적 해방을 가능케 한다.

틀에 갇힌 신체

연기하는 신체가 어떻게 무엇을 의미하는가의 문제는 그것이 관객의 호응을 얻기 위해 어떤 식으로 형식에 맞춰졌는가와 긴밀하게 연관된다. 가장 명백한 틀인 의상은 인종·젠더·계급·신념 등을 동일시하고 차이의 기호와 관련된 지위를 가시화할 수 있기 때문에 특히 더 반향적이다. 의상은 특이성과 유연성을 동시에 갖는다는 역설 때문에 권력의 불안정한 기호가 된다. 달리 말하면, 의상의 품목들(items of clothing)은 특정한 함축을 담고 있지만 입는 사람과 상황의 변화에 따라 쉽사리 변하고 확장되거나 전도될 수 있다. 그렇기 때문에 의상은 연극의 기호학적 체계에서 복잡한 위치를 점유한다. 의상이란 일차적으로 배우들이 입는 것이며 극의 분위기와 시대적 배경을 설정하는 수단이지만, 한편으로는 서구의 자연주의 연극에서는 쉽게 발견할 수 없는 함정이 숨겨져 있는 문제적 기표로써 작동한다. 의상에 대해 정치적으로 접근해 보면, 겉보기에는 중립적인 의상이 기호학적 코드인 동시에 그 안에 신체와 밀접한 관련성을 담고 있는 수사학적 권력을 은폐하고 있음을 발견할 수 있다. 의상은 포스트 식민주의 연극에서 식민지의 지위 체계를 전복시킬 가능성이 있다는 점에서 무엇보다 중요하다. 춤과 마찬가지로 의상은 반드시 문화적 '거리'를 유지하지 않고서도 문화적 '차이'를 지적할 수가 있다. 어보리진 연극에서 드리머(dreamer)의 신체에 칠해진 색깔(paint)은 연극적 맥락 안에서 혹은 연극 외부에서, '이국적'이고 '타자적'인 존재를 순식간에 '자연스러운' 존재로 바꾸어 놓는다. 아프리카나 인도 연극에서 쓰이는 제의용 가면과 의상이 식민지 조우 이전의 공연 양식의 정당성을 확증해주는 것처럼, 이 경우 '전통' 의상은 재생의 기능을 한다. 옷은 또한 특정한 편견을 가진 재현의 기호로 부각될 수도 있다. 제국주의 담론에서는 '휴머니티'의 수준을 측정하는 차이의 표지로 의상을 이용한다.

입고 있는 옷을 통해 '야만인'과 '문명인'을 구분한다는 사실을 감안할 때, 이 접근법은 포스트 식민주의 극작가 모두에게 똑같이 중요하다. 이 비유를 저항적으로 재가공(oppositional re-workings)한다는 것은 의상의 함축적 기능은 물론 제의적이고 문화적인 측면을 강조하고자 함이다.

젠더나 문화를 교차해서 옷을 입는 전략에도 전복의 가능성이 들어 있다. 많은 포스트 식민주의 연극에서 타자의 옷을 입는 행위는 의상, 문화, 심지어 신체까지도 재정치화할 수 있는(repoliticize) 중요한 볼거리의 순간을 제공한다. 식민 지배자가 문화적으로 민감한 반응 없이 피지배자의 옷을 입을 때, 그 또는 그녀의 신체는 타자성을 계속 전유하게 된다. 식민화된 주체가 지배자의 의상을 입을 때, 특히 식민화된 주체가 식민지 위계 내에서 자신의 지위를 넘어서는 의복을 고르거나 지나치게 '성장(盛裝)을 했을 때' 의상의 해체적 파괴력은 더욱 명백해진다. 문화적으로 교차된 옷 입기 방식과 '성장차려입기'는 식민 지배자의 의복 규범에 내재한 권력에 저항하려는 의식적 전략이다. 그렇게 해서 의복과 문화의 제약 조건에 일격을 가한다. 의상은 식민화된 육체성의 정의를 능동적으로 표명하고 신체의 헤게모니적 위치에 저항한다.[36]

데이비드 다이아몬드(David Diamond)의 〈우리들의 발자국(No 'Xya')〉에서는 한 신체가 자신이 입은 옷 때문에 지워지지 않는 표식을 갖게 되는 과정을 보여주기 위해, "옷이 그 사람을 만든다"는 옛 속담을 철저히 이용한다. 이 텍스트는 의상이 해석되는 방식에 초점을 맞추면서 식민화된 신체를 통제하려는 제국주의 담론에 대해 비판한다. 항상 의식용 예복을 입고 등장하는 구우 하딕스(Guu Hadixs) 추장(Chief)은 일정 정도의 연극적 기능들을 수행하는 능력을 가졌지만, 그 자체만으로도 상당한 시각적 효

---

36) 개인스(Gaines)와 허조그(Herzog), 1990; 가버(Garber), 1992; 페리스(Ferris), 1993을 참조하면 cross-dressing(남녀의 옷 바꿔입기) 형태를 찾아볼 수 있다. 브라이든(Brydon), 1994; 로우(Low), 1989; 톰킨스(Tompkins), 1996가 포스트 식민주의적 cross-dressing의 문제를 다룬다.

과를 갖는 등장'인물'이다. 추장의 권력을 상징하는 예복(the Robe of Power)은 대사에서 분명히 드러나듯이 여러 선조 추장들의 힘과 함께 '살아 있는' 것이며, 결코 가볍게 취급되어서는 안 된다(1991 : 82). 다양한 배우들이 추장의 의상을 입게 될 때 그들은 연기자로서도 극중인물로서도 그 정신적이고 물리적인 힘을 승계 받는다. 이때 의상은 이차적 코드나 다른 구체화된 기호의 부속물로 기능하는 것이 아니라, 실제적인 육체의 정체성을 결정한다. 〈우리들의 발자국〉은 기독교 선교사가 원주민들에게 소위 '문명화'된 세계로 진입하려면 전통적 '이교도' 옷을 태워버리라고 명령하는 부분에서, 의상의 문자적이고 상징적인 기능을 되풀이한다(1991 : 62). 식민 지배자는 의식용 예복(ceremonial regalia)이 '선사시대' 관습에 대한 애착을 의미한다고 단언한다. 이는 제국주의문화가 옷을 이용해서 특정한 범주를 표시하고, 범주들 사이의 경계를 감시하고(patrol), 사회적 특권 질서를 공고히 하고 있음을 확인시켜 준다. 반면 토착민공동체에서 제의용 예복은 전통과의 소중한 연결고리를 유지하고 있기 때문에 긍정적 힘으로 작용한다.

유럽풍 의상이 내포한 '문명화'의 목표는 패러디 형식에서 자주 제기되는 주제다. 식민화될 수 있는 주체들에 대한 지배력을 확보하려는 이들의 의상 해석 방식에 문제제기를 하고 있는 로버트 메리트(Robert Merritt)의 〈케이크맨(The Cake Man)〉은 어보리진의 신체가 어떻게 서구의 옷에 포획되고 갇혀왔는지를 명시적으로 보여준다. 주인공인 원주민 흑인청년은 총살당한 후 '깨어나서' 유럽인들의 옷 무더기를 발견한다. 그는 코믹한 실험의 일종으로 그 옷들을 입고 스스로를 '영국산 오스트레일리아 어보리진'이라고 재명명한다(1983 : 12). 문자 그대로 스테레오 타입화된 인물, 문화적으로 상품화된 이 '인공물(artefact)'이 현대에서 어떤 일을 겪는지를 자세히 묘사한다. 타문화와의 접촉을 통해 변용된 문화를 갖게 된, 스피박이 '길들여진 타자(domesticated other)'라 지칭한 원주민들은 제국주의적 권위 체계에 흡수되어 버린 식민화된 주체다. 이렇게 보면 군인 · 경찰 ·

수비대(guard)의 제복은 타자성의 위협을 중화시킬 뿐만 아니라, 다른 문화적 범주들과 교차하면서 그들을 복잡하게 만드는 특권 범주들을 드러낸다. 예를 들어 남아프리카 연극에서, 경찰 제복을 입은 흑인은 백인이 되는 것은 아니지만 다른 흑인들과는 구별되는 계급에 위치하는 것이다. 퍼시 음트와(Percy Mtwa)의 〈보파(Bopha)〉(1985)에서는 느잔디니(Njandini)라는 인물이 제복 때문에 흑인과 백인 적대자들 사이 모호한 위치에 서게 되었다는 사실을 깨닫게 되는 과정을 보여준다. 이도 저도 아닌 범주에 분류되면서 그는 양쪽 '피부색' 집단 모두로부터 배척당한다.

많은 아프리카 연극들은 전통 가치들을 희석시키면서 문화를 변용하는 기호로 서양 의복을 이용한다. 서양 의복은 그 복장 착용자가 품고 있는 유행과 부에 대한 집착이나 아프리카성에 대한 경멸을 표현한다. 응구기 와 씨옹오(Ngũgĩ wa Thiong'o)와 응구기 와 미리(Ngũgĩ wa Mirii)의 작품, 〈내가 하고 싶을 때 결혼할꺼야(I will Marry when I Want)〉(1980)는 농부들을 착취해서 벼락부자(nouveau riche)가 된 사업가와 그의 가족이야기이다. 그들은 사건의 중심에 위치한 농장 노동자인 키구운다(Kiguunda)에 대한 위선을 표현하기 위해, 값비싼 서양 의복을 입고 있다. 연극은 영국이 식민주의 초창기에 케냐인들에게 행한 경제적·사회적 압박과 조작을 다루고 있다. 궁극적으로 케냐인들은 무가치하고, 반애국적이며 제국주의적 이익을 얻기 위해 다른 사람들을 착취하는 인간으로 그려진다. 시선을 끄는 서양식 복식이 그런 착취자들을 표현하는 기표들 가운데 하나다. 키구운다(Kiguunda)는 물질적 재화에 현혹되어 버린 자기 친구가 새로 갖게 된 부와 지위를 자신도 소유하고 싶어서, 이미 20년 동안 결혼생활을 해온 아내 완게시(Wangeci)에게 새하얀 웨딩 드레스까지 입혀서 기독교식 결혼식을 올린다. 결혼 예복을 입으면 그들도 세련되고 서구화된 커플로 다시 태어날 수 있을 것이라는 생각에 사로잡혀, 정작 그들 자신이 얼마나 우스꽝스럽게 보이는지는 알지 못한다. 의복에 의해 문화의 틈바구니에 낀 그들의 새로운 위치는, 케냐의 독립과 관련해서 위선적인 것으로 간주된다. 부유한 새 남자 친구가 사준 유럽풍 옷에, 그리고 그의 비싼 옷이 의미하는 권력에 현혹되어서 아직 미혼인 그들의 딸 가토니(Gathoni)는 임신을 하게 된다. 이 사건 때문에 사회적 추문(social scandal)에 시달린 키구운다와 완게시는 유럽의 물질주의적 마법에서 깨어난다. 서양 의복 추종은 지방문화의 거부와 동일시된다. 서양 의복을 '잘못된 것'으로 읽어내는 연극적 '위반'은 아프리카 복식과 미국·유럽의 패션 제안(dictum)37) 사이의 차이에서 결정된다. 이러한 위반들은 의식적이고 지속적인 변화에 따른 결과들이다. 왜냐하면 의복 기호에 부가된 의미는 계속 만들어지고 있고 또 재형성되어야 하기 때문이다. 어느 해의 어떤 연극에서 부와 유행의 상징이었던 것이 다음 해에는 케케묵은 것이 될 수 있다. 그러므로 포스트 식민주의 신체의 기표인 의상은 자주 갱신되고 재평가되어야 하며, 문화적 특이성을 신중하게 수용해야 한다.

식민화된 주체가 지배문화의 옷을 입을 때 그는 결코 제국주의적 재현 안에서 단순하게 설명되어지지 않는다. 대부분의 경우 어떤 식으로든 전유가 이루어지며, 헤게모니적 언어처럼 의복 규범이 부과되고 차용되어 새로운 맥락에 어울리도록 변화하거나 '토착화'된다. 심지어 문화 변용의 단순한 사례를 제시하는 것처럼 보이는 상황에서, 특히 옷 때문에 일반적인 인종과 젠더의 의미가 명료해지는 것이 아니라 더 복잡해질 때, 서양 의복과 그것을 입는 식민화된 주체 사이에는 항상 분리된(disjunctive) 간극이 생긴다. 연극적 실천(praxis)은 복식 규범을 조작할 수 있는 위치에 있기 때문에, 재현 그 자체의 이데올로기적 장치를 부각시키기 위해 이 간극을 이용할 수 있다. 〈브란 누 데(Bran Nue Dae)〉의 예를 들자면, 카니발

---

37) 의상 표현의 부가물인 분장 또한 포스트 식민주의 연극의 극적 전복에 종속되어 있다. 아라키-아킨니 음보야(Alakie-Akinyi Mboya)의 〈오톤골리아(Otongolia)〉(1985)에서 서양 여성의 화장은 비록 일시적인 것일지라도, 아프리카성을 부정하려는 시도와 관련해서 문자 그대로 신체에 표시를 하는 행위이다. 오팅(Oting)이 자주 립스틱을 다시 바르는 행동은 그녀가 케냐의 모든 관습과 맞바꾸어서라도 서구에 동화되려는 여성이라는 것을 확인시켜 준다.

레스크(carnivalesque)의 시각적 과잉을 통해 제국주의적 권위를 효과적으로 전복할 수 있게 하는 여러 가지 지배적인(dominant) 의상을 앞세운다. 베네딕터스 신부(Father Benedictus)가 굽이 두꺼운 여자 신발을 신고 유명한 초콜렛 포장지로 장식한 실물보다 크고 우스꽝스럽게 긴 성직자복을 입은 것에서 이것을 확인할 수 있다. 연극은 등장인물들이 토지권(land-right)을 주장하는 티셔츠를 입음으로써 의상의 잠재적 정치성을 확인시켜 주는 데서 끝이 난다. 토지권(land-right) 티셔츠는 공연에서 최소한 두 번 의미화된다. 의상으로서 그것은 미장센(mise-en-scene)의 일부지만, 흑인 토지를 백인들이 강탈해갔다는 사실과 어보리진의 전체적인 상속권박탈(disinheritance)을 강력하고 즉각적으로 환기시키는 정치적 발언이기도 하다. 유사한 의상전략은 남아프리카 흑인들의 자유를 촉구하는 〈크트샤, 에이케이의 소리(Ktshaa, the Sound of the AK)〉(Zambuko and Izibuko, 1988)에서도 사용된다. 각 배역들이 입은 간편한 의상은 티셔츠이면서, AK-47 총과 의성어 크트샤(Ktshaa)가 겹쳐진 아프리카 대륙 그림이 전면에 찍혀 있는 다시키(dashiki)*38)였다. 여기서 무장 투쟁에 대해 무장 투쟁으로 맞서려는 정치적 자세를 취한 집단은, 군복을 대신할 논쟁적인(polemical) 의상을 입고서 의미를 강하게 전달한다.

연극적 주체가 형성되는 또 하나의 결정적 방식은, 신체를 종속의 위치에 붙잡아 둘 수 있는 관객의 응시를 통해서다. 관객들은 불가피하게 무대 위의 광경을 응시하지만, 극장을 주시하는 그 행위에 함축된 것은 타자를 감시하는 권위주의적 응시다. 이런 권위주의적 응시가 바로 식민지배자와 피지배자 사이의 '바라보는 관계들'을 특징짓는다. 바바(BhaBha)가 주장했듯이 제국주의적 응시는 식민화된 주체를 "한편으로는 '타자'이면서도, 완전히 파악할 수 있고 가시적이며 고정된 실체로" 설정한다(1983 : 23). 재현과 감시의 조직망(network)을 통해 제국주의는 타자를 지식

---

38) 다시키(dashiki)는 아프리카 민족 의상으로, 선명한 색깔의 천으로 된 덮어쓰는 옷. (역주)

과 권력의 대상으로 재생산한다. 만약 응시자가 주로 권력을 갖는다면 연극은 어떻게 권력을 부여하는(empowering) 주체성을 상연할 수 있을까? 이 사안이 문제적인 것은 식민화된 주체의 권력이 제국주의의 언어적이고 물리적인 지배하에서만큼이나 관찰의 체제를 통해서도 부정되었기 때문이다. 그러므로 응시는 포스트 식민주의적 저항의 거점이 된다. 만일 연극적 재현이 권위의 침식을 목표로 한다면 공연은 어떻게든 사이에서 만들어지는 '시선 관계(looking relations)'에 개입해야 할 것이다.

응시는 페미니즘 영화 이론에서 가장 두드러지게 연구되어 왔다. 그 것은 서사 영화(narrative cinema)에서 카메라가 어떻게 특정한 '남성의' 응시를 구성하는지에 대한 로라 멀비(Laura Mulvey)의 획기적 분석(1975)에 힘입은 바가 크다. 그러나 연극적 응시는 관객의 시선이 카메라의 조망 패턴에 의해 갇혀 있는 영화적 응시에 비해 덜 제한적이다. 엘린 다이아몬드 (Elin Diamond)가 "영화 기호학은 관객에게 자신이 영화를 창조하고 있다는 환상을 심어주지만, 연극 기호학은 관객에게 그들의 능동적 반응이 항상 스펙타클의 의미를 수정할 수 있는 자리를 내어준다"고 지적한 것처럼, 라이브 공연에서의 응시는 즉각적으로 변한다(1988 : 88).39) 포스트 식민주의 연극에서 스펙타클의 의미 수정은, 일반적으로 식민 지배자가 식민지 피지배자를 보호하고 대상화하는 응시에 최소한 타협하거나, 그것을 전복하고 벗어나려는 시도에서부터 실현된다. 이때 공연 이벤트가 응시에 초점을 맞추는 방식은 매우 중요하다. 언어보다 주로 신체 자체가 관객의 관심을 유지하는 데 사용된다. 특히 움직이고, 춤추고, 의상을 입는 등 장식된 능동적 신체가 관객의 즉각적인 관심과 참여(engagement)를 유발한다. 영화의 카메라 렌즈와는 달리 무대 세트의 시계(視界, sightlines)와 전체 객석의 배치는 관객의 응시를 관리(direction)하는 데 기여한다.

수많은 페미니즘적 포스트 식민주의 연극은 대다수 관객들이 문제의

---

39) 여기서 다이아몬드는 멀비(Mulvey)의 젠더화된 응시 구성에 기반하여 의도적으로 젠더화된 대명사를 사용한다.

식 없이 연극을 소비하는 것을 방지하기 위해, 여성 신체를 바라보는 남성들과 여성들의 응시에 의문을 제기한다. 자넷 시어즈(Djanet Sears)의 「아프리카 솔로(Afrika Solo)」(1987)에서는 신체, 응시, 권력의 문제가 인종, 젠더에 대한 고찰과 생산적으로 결합되어 있다. 영국과 캐나다에서 자신의 흑인성을 위한 공간을 확보하려는 주인공 자넷은, 자신이 백인 중심 사회에서 면밀한 관찰(scrutiny) 대상에 불과함을 끊임없이 인식한다. 자넷은 아프리카 여행을 통해 제국주의적 응시로부터 벗어나고 응시 외부에 스스로를 위치시킬 수 있게 되면서 변화한다. 그 후에야 완벽하게 구현된 주체성을 재구성할 수 있게 된다. "내 문화의 토대는 항상 나와 함께 있을 거야. 그리고 우스운 것은, 사실 언제나 그래왔다는 거야. 내 허벅지에, 내 등에, 내 머리에, 내 입술에 …… 도로시 댄드리지(Dorothy Dandridge), 비탄에 빠지럼, 나는 아름다워."(1990 : 91, 93) 「아프리카 솔로」는 텔레비전과 연극 담론 양자를 통해 행사된 것처럼 응시에 내포된 권력의 경제학에 직접적으로 관여함으로써, 흑인의 신체를 호기심이나 색욕의 대상으로 설정하지 않는다. 그리고 백인문화와 시선 관계를 해체하고자 한다. 그렇게 함으로써 대중문화의 맥락 안에서 역사와 정체성을 재구성한다. 자넷은 청바지와 티셔츠 위에 아프리카에서 가져온 부부(Boubou)*40)와 머리장식을 착용한다. 이것을 통해 관객들은 그녀의 아프리카성을 이국적인 것이 아니라 정상적인 것으로 만드는 문화적 대상들의 집중적인 축적이, 대중문화를 중심화하고 식민주의적 역사를 해체하는 과정을 보게 된다. 공연 텍스트는 '자아'의 개념이 구성되고 분절되는 과정을 통해 충돌하는 정체성들을 모두 인정하도록 역설하고, 다중적으로 위치 지어진 주체를 제시한다. 이런 혼종성의 스펙타클을 바바는 다음과 같이 설명했다.

---

40) 부부(boubou)는 아프리카의 전통 의상으로 소매 없는 긴 옷을 말한다.

혼종성의 스펙타클은 모든 차별과 지배의 지점에, 필요한 변형과 치환을 제시한다. 이는 식민주의적 권력의 모방적이거나 자기애적인 요구를 동요시키고 차별 당한 자의 응시를 권력의 면전에 되돌려주는 전복의 전략 안에서 동일시(identifications)를 재포섭한다. (1985 : 97)

자넷은 영화에 찍힌 여성의 보여짐(looked-at-ness)과 '보여지는 존재를 바라봄(looking-at-being-looked-at-ness)', '바라봄(looking-ness)'을 구별한 엘린 다이아몬드의 구분 방식을 잘 설명하고 있는 인물이라 하겠다. 자넷은 연극 안에서 의상을 이용해 그녀의 정체성과 성격을 제시하고 바꾼다. 그것을 통해 그녀의 연극적 존재는 그녀를 구성한 의미화의 코드에 포획되거나 갇혀버리는(contain) 총체성을 거부하고, 변화하는 맥락 안에서 여성 신체가 가지는 중요성을 강조한다.

응시를 전복하는 가장 유력한 방법 가운데는 극중극이다. 극중극을 통해 관객의 주의를 끌면서, 역설적이게도 단일한 것으로 간주되는 시계(sightlines)를 균열시키는 것이다. 이런 메타 연극에서 관객은 한 사건 안에 또 다른 사건이 포함된 여러 사건들을 보게 되고, 관객 반응의 집단성에 대한 환상을 산산이 깨뜨린다. 관객들은 또 무대 위에서 권위에 내포된 가정들을 해체하면서 명백한 정치적 권력을 증명하는 과정을 보고 그 행위(action)와 반응(reaction)을 관찰한다. 극중극은 시각적 초점의 중심을 최소한 두 개의 위치로 분산시킴으로써, 관객의 응시가 분열되는 '동시에' 증가될 수 있게 한다. 수반되는 이중적 시각(double vision)은 관객들로 하여금, 배우들이 내부극(inner play)을 지켜보는 장면을 관찰하면서 연극과 극중극을 '동시에' 바라봄으로써 전체 광경을 재조망(re-vision)할 수 있게 한다. 그리고 극중극은 항상 다양한 층위의 공연 사이에 대화적(dialogical) 긴장을 빚어낸다는 사실이 추가된다. 대화적 긴장은 원래의 행동이든 원래 텍스트든 간에 원본을 모방하고 반영하며 텍스트 전체의 의미를 굴절시킨다. 극중극은 피지배자의 말들을 '두 번 발화하면서' 바바의 '이중 분절의 기호(sign of double articulation)'(1984 : 126)라는 개념을 예증하는 것은 물론, 차이의 지점을 형성하는 분열된 반영성(specularity)을 제시한다. 응시의 두 대상은 결코 동일할 수가 없다. 따라서 굴절된 극중극은 사건을 다른 식으로 해석하거나 볼 수 없게 만드는 자명한 방식들의 힘을 무화시키는 잠재성을 갖는다.

또한 분열된 응시는 상당한 저항적 에너지를 추동시킬 잠재성을 갖고 있다. 아돌 후가드(Athol Fugard)의 〈섬(The Island)〉에서, 윈스턴과 존은 메타 연극을 최소한 두 가지 층위에서 감옥 안의 생존 도구로 이용한다. 우선, 이 두 사람의 즉흥놀이는 이들을 악명 높은 로벤 섬 감옥(Robben Island prison)에서 제정신으로 살아가도록 지켜 주고, 이들에게 대안적(alternative) 정체성들을 훈련해볼 수 있게 한다. 존과 윈스턴, 그리고 관객들을 위해서 배치한 이런 자기 반영적(self-reflexive) 공연 층위는, 비록 잠시 동안이라도 보이지 않는 감시자 호도쉬(Hodoshe)의 감시망을 피할 수 있게 한다. 메타 연극의 두 번째 층위는 극중극이라는 보다 명백한 형태에서 나온다. 다른 죄수들은 음식 투정만이 자신들이 할 수 있는 유일한 저항이라고 여길 때, 존은 윈스턴에게 「안티고네(Antigone)」를 '읽고' 형법제도에 저항하라고 가르쳐준다. 즉흥놀이가 호도쉬(Hodoshe)의 응시를 피하게 했다면, 「안티고네」를 연극으로 한 것은 아이러니하게 감옥 안에 갇혀 있으면서도 호도쉬의 응시를 전복하게 한다. 관객들이 안티고네의 연설을 듣고 남아프리카의 맥락에서 그것이 중요한 정치적 의미를 가진다는 사실을 깨닫게 될 때, 다층적 공연 텍스트는 응시를 낯선 것으로부터 익숙한 것으로 옮겨놓는다. 이 낯설음은 치마를 입고 죄수를 연기하는 윈스턴을 보고 호도쉬가 웃을 수밖에 없었던 것과 유사하다. 존과 윈스턴은 관객을 눈에 보이지 않는 죄수들과 간수들로 설정해 놓았기 때문에, 극장의 관객들은 부재하는 무대 관객까지 '연기하는' 불편함을 감수해야 한다. 호도쉬는 무대 위에서 지속적인 존재감을 가지고 있고, 원형 감옥 안에 배치된 관객들까지도 구석구석 감찰한다. 그러나 호도쉬의 감시적 응시는 복잡하게 교차하는 응시 체계에 의해 균열을 일으킨다. 즉, 응시는 간수와 죄수들 사이, 연극과 죄수들을 보는 간수들 사이, 중심 연극(base play)과 삽입극(inset play)을 보고 있는 관객(죄수)들 사이에서 복잡하게 교차하고 있다. 이때 호도쉬는 모든 것을 관찰할 수 없다. 오히려 분열된 응시가 살피고 있는 응시를 전복한다. 그렇게 함으로써 〈섬〉의 메타 연극은 아파르트헤이트 주도자들의 권위주의적 응시를 피할 수 있는 지점을 생산해낸다. 연극은 죄수들을 감시당하는 이들로 표면상 규정하고 있는 원형감옥을 배경으로 했다. 그러나 이 죄수들은 메타 연극을 통해 응시를 제한하고 아파르트헤이트에 의해 승인된 시선 관계(looking relations)를 피할 수 있는 방법을 고안해낸다.

루이스 나우라의 〈황금시대〉에서 관객들은 다양한 유형의 감시와 관음증의 대상이다. 등장인물들은 레슬링 경기, 몇몇 삽입극, '과학적' 배경 안에 놓인 타자들(others)의 행동, 그리고 조금 사적인 '공연들'을 지켜본다. 비록 이런 관음증적 행동은 의학, 인류학 및 기타 다른 다양한 과학들의 잠재적인 침략 행위에 시선을 되돌려주긴 하지만, 역시 무대 위에서는 그 행위를 바라보는 등장인물이 권력을 가지게 된다. '아직 기록되지 않은' 그들의 역사가 사회과학에 유용하기 때문에 숲 사람들에 대한 지배사회의 감시는 인류학의 외피를 쓰고 자행된다. 그리고 이 연극은 과학적 접근이 숲 부족들의 삶을 이해하려는 것이 아니라, 호전성과 지배의 행위를 바탕으로 임상의학적이고 경험주의적인 '관찰'을 시행하고 있음을 보여준다. 제국주의적 관찰 형식은 숲 사람들이 자신들의 연극을 관람하는 다소 유희적인 연극과 비교되면서, 부적절하고 전유 가능한 것으로 제시된다. 이것들을 매개하고 있는 관음증은 경험주의적 세계 즉, 제국에 대한 반영적이고 스펙타클한 저항을 성취할 수 있는 방식들을 보강하기 위해 다양한 유형의 메타 연극을 겹쳐 놓는다.

데렉 월콧(Derek Walcott)의 〈판토마임(Pantomime)〉 역시 제국주의적 시선 관계(looking relations)에 도전하기 위해 메타 연극을 이용한다. 판토마임 텍스트를 확립시키려는 시도하에 연극에 등장하는 두 명의 남성은 각각 자기 버전의 「로빈슨 크루소(Robinson Crusoe)」를 연기해야 하고 다른 사람의 공연도 지켜봐야 한다. 이때 단일 배우를 향한 단일 관객의 응시는 어느새 권력 투쟁으로 바뀐다. 해리 트루위(Harry Trewe)는 위협을 느낄 때마다 영화 감독의 역할을 차용해서 '카메라'와 그것에 연관된 재현 체계의 효력(agency)을 이용함으로써, 능동적인 편집자의 시선으로 행위(action)를 만들고 응시에 대한 지배권을 재획득한다. 그러나 트루위는 영화를 찍는 것이 아니며, 영화적 응시(cinematic gaze)가 연극적 응시와 동일하지도 않다. 관객들 역시 트루위의 관점에 속박되지 않는다. 대신 양자의 '행위 집합' 모두를 은유적 힘의 균형에 따라 끊임없이 이동시키는 복잡한 과정으로 표현한다. 간단히 말해 이 연극은 혁신적인 방식으로 관객과 스펙타클 사이의 상호작용을 연극화하고 '현실'이란 무슨 일이 일어났느냐에 의해서만 아니라 그것이 어떻게 비쳐지느냐에 따라서 구성되는 것임을 강조한다.

신체가 응시 안에서 틀을 갖추게 되는 방식은, 어느 정도까지는 그것이 어떻게, 무엇을 '의미할' 수 있는지를 결정한다. 응시는 권위의 '위치'를 확립하고 거듭 재결정한다. 포스트 식민주의 공연은 응시를 수정하고 종종 권위에 균열을 일으키면서, 식민지의 권위를 재해석할 수 있는 실질적이고 다채로운 조망 틀을 관객들에게 제공한다. 하워드 맥너튼(Howard McNaughton)이 설명한 것처럼, "제국의 구조로부터 벗어날 가능성은 없다."(1994 : 218) 제국적 감시의 속박으로부터 벗어나려는 아브젝트의 욕망이 오직 불가능한 가능성으로만 남아 있을 뿐이다. 무대에 선 포스트 식민주의적 신체는 식민주의가 식민화된 주체에게 부여한 정체성·주체성·육체성을 전복하고 문제시할 수 있는 가장 융통성 있고 공명적인 수단이다.

제6장

신제국주의

우리의 힘이 세 민족을 먹여 살리는데 이용된다
유럽의 제국주의자들,
미국의 제국주의자들,
일본의 제국주의자들.
그리고 그들의 지방 경비원들까지도

(Ngûgî wa Thiong'o and Ngûgî wa Mĩriĩ, 1982 : 35~36)

우리가 그동안 주장해 왔던 것처럼 계몽주의 이후(post-enlightenment) 유럽 제국주의의 교활한 영향력들을 완전히 뿌리뽑는 것은 불가능하다. 뿐만 아니라, 최초의 제국 질서와 겹쳐지고 제국의 질서에서 파생되었으며 제국의 질서와 공존하는 다른 문화적 지배에 의해 그 영향력은 더 복잡해질 수 있다. 경우에 따라 유럽과 그 주변 식민지의 관계들은, 오늘날 미국과 같은 '신흥' 세계 권력과 다른 제3세계 국가들 사이의 식민적 관계보다 상대적으로 덜 집중적이다. 특히 비서구문화와 지리적으로 근접한 서양 여러 나라에서는 지역 식민주의(regional colonialism)의 특정 형태들이 중요해졌는데, 아시아 태평양 지역에서 시행된 오스트레일리아의 식민 활동이 바로 이 경우에 속한다. 한 국가 안에서 다른 문화 그룹들을 통해 사회·경제적 힘을 내부적으로 조작하는 것 또한 식민화의 최근 사례 중의 하나이다. 결과적으로 제국주의를 이해하는 데 중심—주변 모델은 문제가 있으며 때론 부적절하기까지 하다. 왜냐하면 현재 통용되는 문화 지배의 여러 모델들은 서로간에 개입하면서 영향을 미치기 때문이다. 다양한 신제국주의를 포섭하기 위해 고안된 이론과 실천으로서의 포스트 식민주의는, 점점 더 복잡해지는 권력의 위계들을 다루기 위해 진정한 복합 담론이 되어야 한다.

'신제국주의(Neo-imperialism)'가 새롭게 유행하는 문화 지배의 여러 종류들을 제시할지라도 시간이라는 틀에 가두어 놓고 단순하게 이해해서는 안 된다. 어떤 경우 제국주의의 '과거' 형태와 '현재' 형태 사이에는 명백한 경계가 없으며 오히려 역사 속에서 계속된 압제나 과거의 제국 권력과 식민지가 맺은 관계의 유산이 있을 뿐이다. 그럼에도 불구하고 문화적 헤게모니가 실행된 방식과 부과된 영향력들은 종종 시간의 흐름에 따라 현저히 변화한다. 게다가 제국의 새로운 권력들이 등장할 때 식민 지배자 대 피식민자의 변증법 안에서 변화는 필연적이다. 비록 그 양상들이 최근에 해체된 유럽 제국의 것을 모방하고 있다고 해도 변화된 요소가 있게 마련이다. 포스트 식민주의 연극에 대한 통합적인 접근을 시도하는 우리의 과제 속에서 논의할 만한 변화들을 추출해내기 위해, 가장 중요한 식민 지배자가 영국이나 과거 유럽 권력 중의 하나가 아닌 다른 어떤 국가나 문화적 집단이라는 사실을 상기하면서 '신제국주의'를 이용할 것이다.[1]

---

1) 경우에 따라 유럽의 국가들은 신제국주의의 한 형태로 분석될 수 있는 '새롭고' 다른 종류의 권력을 그들의 과거 식민지 국가에서 발휘한다. 그러나 이 둘 사이의 구별은 결코 엄밀한 것이 아니다.

현대의 신제국주의 출현은 여러 관점에서 유럽 국가들이 세계 곳곳을 침략한 사실과 직결된다. 미국이 슈퍼파워로 부상한 것은, 토착 부족들을 대량학살(decimation)하고 대리할 만한 인구와 문화를 이주, 수송한 북아메리카 대륙의 식민화에 기반하고 있다. 유사하게 유럽의 제국주의는 캐나다를 주로 앵글로폰(Anglophone)과 프랑코폰(Francophone)문화들이 구성된 국가로 발전시키고, 오스트레일리아와 뉴질랜드를 서양 위주의 국가로 발전시키면서, 역사적 '시대 착오'의 뿌리를 형성했다. 이러한 '정착자' 문화의 일부는 오늘날 지역적인 수준에서, 그러나 미국의 경우는 지구적인 수준에서, 권력을 발휘하는 위치에 놓여왔다. 하지만 다른 과거 식민지들(ex-colonies), 특히 아프리카와 카리브 지역의 과거 식민지들은 수세기 동안 유럽의 지배를 받았기 때문에 새로운 형태의 경제적·정치적·이데올로기적 지배에 공격받기 쉬운 것이 사실이다.

　나아가 신제국주의는 문화나 집단 사이에 불평등한 권력 관계를 만든다. 그것은 지금까지 제국주의가 산출해냈고 논란이 되었던 대부분의 연극과 영화보다 덜 형식적이지만, 더욱 은밀하게 작동하는 경향이 있다. 유럽의 제국들은 군사력을 통해 그들의 식민지들을 계속해서 옭아맸던 반면, 여러 형태의 현대적 헤게모니들은 경제적이고 정치적인 압력에 의존한다. 일반적으로 식민화된 경험을 가진 국가들은 자신들의 정치 체제에 대한 외부의 통제를 더 이상 참지 않는다. 그러나 그것이 정치적인 자율권을 보장해주는 것은 아니다. 카리브의 여러 지역, 중앙 아메리카와 동남 아시아의 여러 국가들은, 미국과 같은 거대한 세계 권력에 의해 그 자리에 임명되고 조종되는 꼭두각시 지도자의 통치를 받았다. 그리고 일부 국가들은 현재에도 여전히 그러하다. 비서구 지역의 교육제도 또한 멀리 있는 통치자들에 의해 더 이상 관리되지 않음에도 불구하고 자국 학생들을 서구권 국가의 대학에 입학시키고자 대비시키는 등, 교육제도는 제국의 문화를 영속화하는데 맞춰져 있다. 신제국주의의 헤게모니는 원조와 자문의 형식, 혹은 비당파적 지원이라는 가면을 쓰고 있기 때문에, 공식적인 점령보다 더욱 교활하다고 할 수 있다. 이것은 특히 '세계적 책무(world responsibility)'[2]라는 개념과 관련되어 있다. 이 개념이 교활한 이유는 '제3세계' 분쟁에 대한 미국의 엄청나고 무수한 군사적 개입을 포함하여, 신제국주의적 활동의 모든 방식들을 합리화하는데 사용되었기 때문이다.

문화적·정치적 지배와 관련해서 다양한 형식들이 교차하는 것은, 권력의 위계가 이전보다는 덜 안정적이고 더 복잡해졌다는 것을 의미한다. 그럼에도 불구하고 신제국주의는 서로 다른 상황 안에서 오랜 시간을 거치면서 상대적으로 꾸준히 지속되어 온 여러 특징들로 규정된다. 특히 인종에 기반한 담론들은 제국주의의 거의 모든 형태에서 일반적인 것이며, 구체적인 사회·정치적 질서들을 꾸준히 조장하고 정당화한다. 문화적 권력이 거의 대부분 서양에 집중되어 있기 때문에, 그러한 담론들은 서구 미디어의 세계화와 맞물려 비서구사회의 철저한 타자화(othering)를 촉진시켜왔다.

비서구사회의 현대적 신제국주의 구성에 영향을 미치는 가장 굳건한 인종 담론 중의 하나는 동양적 주제에 대해 연구하고 분류하고 그것을 대변하는, '과학'으로 정의되는 오리엔탈리즘이다. 서양의 이 오래된 습속에 대한 에드워드 사이드(Edward Said)의 획기적인 저작 『오리엔탈리즘(Orientalism)』(1979)은 유럽인들의 공포와 욕망에 의해 정의되어지는 타자로서의 동양(the Orient)이, 유럽인들에 의해 어떻게 역사적으로 구성되어 왔는지를 폭로하고 있다. 동양은 표면상으로는 중립적인 서양 관찰자들에 의해 특정한 맥락에 따라 게으르고, 더럽고, 부도덕하고, 음란하고, 괴팍하고, 퇴행적인 것, 가장 빈번하게는 침묵하는 것으로 그려진다. 그러나 이러한 통제(control)의 담론 방식들은 단지 역사적인 것만은 아니다. 그것

---

2) 미국이 자국의 '명백한 운명'으로서의 전지구적 리더십을 가정하는 데 있어, 과거 국가주의적 신화들에서 이 개념을 발전시킨 것에 대한 상세한 논의는 사이드(Said), 1994 : 345를 참조할 것.

은 시간적으로나 지리적으로 광범위하게 걸쳐 있으며 아시아 전체와 중동, 북아프리카, 그리고 태평양의 일부 섬들까지도 포함한다. 오리엔탈리즘의 가장 중요한 기능 중의 하나는, 서양과는 '현저하게 대비되는 이미지 · 사상 · 성격, 그리고 '경험'으로 작용하는 타자를 설정해 놓음으로써 유럽의 정체성을 강화하는 데 있다(Said, 1979 : 1~2). 그러고 나면 서구의 주체는 문명화되고 지적이며, 성적인 자제력이 있고 세련되었으며, 부지런하고 도덕적인 주체가 된다. 선결정된 동서양의 기표들은 뉴스 매체에서 뿐만 아니라 헐리우드 영화와 대중문화의 여러 형식들에서 꾸준하게 확산된다. 1990년과 1991년에 미국이 이라크로부터 쿠웨이트를 방어한다는 명목으로 고안한 군사방어전략 '사막의 폭풍' 수행 과정에서, 조지 부시는 기존의 동맹국을 침략하는 자신의 행동을 지지해줄 만한 공공의 견해들을 유도하기 위해 오리엔탈리즘적 레토릭을 사용하였다. 심지어 부시가 '사담'을 발음하는 데 있어 두 번째 음절에 강세를 두지 않고 첫 음절에 강세를 두는 비관습적 발음이, 종종 성적인 타락과 방탕한 행위의 근원지로 동양을 상정하는 것과 관련된 '새디즘'을 환기시켰다. 이러한 언어 사용에서 문제가 되는 것은 서양을 도덕적 기준의 '전형(nomal)'으로 구성하고 있다는 것이다.

일부 이론가들은 사이드의 오리엔탈리즘이, 동 · 서양 관계 모델에 내재한 절대적인 이분법의 전복이나 논쟁의 여지를 허용하지 않는 단일한 담론이라고 경고를 표명한다. 그럼에도 불구하고 사이드의 오리엔탈리즘은 현대의 문화 권력에 대한 포스트 식민주의 비평에 유용하다(Porter, 1983; Bhabha, 1983; Parry, 1987 참조). 특히 유럽인과 동양인을 양분하는 사이드의 체계는, 그것이 아시아의 여러 나라들과 오스트레일리아와 같은 침략 이주민(settler-invader)사회를 이해하는 수단으로 이용될 때, 와해되어 버린다. 새로운 아시아 태평양 제국의 중심으로 자리잡은 오스트레일리아는 항상 자신들의 식민역사 때문에 명예를 실추하였다.3) 이러한 한계들에도 불구하고 타자성에 대한 사이드의 의식적인 정치적 고찰은, 서구의 권력과 지식의 논증적 형태들 속에 중요한 개입을 시도한다. 게다가 동양이 이국화되고 여성화된 여러 방식들에 대한 사이드의 논의는, 문화적 진정성(authenticity)에 대한 최근의 논쟁들에 적합하다. 굴절된 다른 인종 담론들에서처럼 오리엔탈리즘은 진정성이란 어떤 것인지에 대해 재시도된 유럽식 해석을 부여함으로써, 식민화된 주체가 진정성과 권위를 스스로 결정하여 구성할 수 있는 여지를 인정하지 않는다. 일단 그것이 무엇인지 그리고 무엇이 아닌지가 밝혀지면, 다른 입증의 형태들이 만들어질 수 있다. 레이 초우(Rey Chow)가 설명한 것처럼 제국주의 담론에 대한 현대의 비평은, 편견을 파괴하려는 시도의 하나로 종종 다름(alterity)을 재각인시킨다.

> 타자에게 부여된 이미지는 대부분 환영(illusion), 사기, 허위로 의심받기 때문에, 타자를 구출하고자 하는 시도는 종종 타자를 진정성이나 진리라는 명분에도 '속아넘어가지 않는 사람(non-duped)'으로 추대하려는 시도로 바뀌게 된다. (1993 : 52)

다시 말하자면 과도한 보상은 오리엔탈리즘을 설명하는 권위주의적 태도와 결과적으로 동일한 것이 될 수 있기 때문에, 문제를 해결하지 못한다. 초우는 이렇게 말한다.

> 원주민, 피억압자, 야만인 등의 인물들에게 우리가 매혹당하는 것은, 우리의 '위조된' 경험 바깥에 있는, 변하지 않는 확실성을 붙잡고 싶어하는 욕망 때문이다. 그것은 상대를 파악하기 위해 그다지 순수하지는 않은 '속지 않는 사람(non-duped)'이 되고자 하는 욕망이다. (1993 : 53)

---

3) 사이드의 오리엔탈리즘적 패러다임 안에서 오스트레일리아의 위치에 대한 풍부한 논의들을 참고하고 싶다면 Kelly, 1994; Tompkins, 1994c; Dale and Gilbert, 1993을 참조할 것. Hodge and Mishra, 1991 역시 오스트레일리아의 맥락 속에서 오리엔탈리즘을 탐색하지만, 이주민과 어보리진 사이의 내부적 인종 문제들을 이해하기 위한 모델로 사이드의 성과를 응용한다.

'원주민'에 대한 이런 매혹이 소위 동양적 주체라고 불리는 대상에게만 독점적으로 집중되는 것은 아니다. 많은 제3세계 국가들에 대한 서구적 접근 방식은 꾸준히 폭로되고 있는데, 그것은 현대 신제국주의의 가장 교활한 형태들 중의 하나인 관광 담론 안에서 현저하게 드러난다.

만일 다양한 신제국주의가 사회 · 정치적 경계선들을 다시 긋고 어떤 특권들을 재각인시켰다면, 그 헤게모니적 시스템에 대한 또 다른 새로운 저항이 발생할 것이다. 이런 상황에 반응하는 포스트 식민주의 연극들은 우리가 이미 앞에서 토론한 서사 전략과 공연 전략을 이용하고, 협상과 투쟁의 장소로서의 신체 · 언어 · 역사에 대한 관심을 공유한다. 신제국주의 담론과의 교전(engagumant)의 일부인 이런 연극들은, 종종 어떤 집단들을 정의하고 그 범위를 정하며 초국가적 이미지들을 생산해내는 서구의 미디어 체계 안에서 냉정한 인식들을 제시한다. 6장에서는 내부적 · 지역적 · 지구적 신제국주의라는 엇갈리는 범주 아래서, 현대의 문화 지배에 대한 연극화된 반응들을 살펴볼 것이다. 투어리즘(Tourism)에 대한 간단하지만 특수한 관심은, 재현의 장소인 연극 그 자체에 의해 암시되는 '시선' 관계에 관한 논의로 수렴될 것이다.

내부 식민주의

진정성에 대한 곤혹스런 질문은 승인과 정치적인 재현을 얻기 위해 경쟁하는 이종(異種)의 국가들(heterogeneous nations) 안에서 특별한 중요성을 갖는다. 최근 이주민사회에서 토착문화의 회복을 위해 일반적으로 행해지는 실천은 종종 제국주의적 전유의 새로운 형식들로 이어졌다. 예를 들자면 뉴질랜드의 파케하(백인)들은 마오리족의 역사 · 도상학 · 종교를 기꺼이 받아들인다. 이것은 새로운 혼종 국가를 만들려고 하거나 과거의 부정을 바로잡기 위해 마오리족을 이해하려는 것이 아니라, 파케하 문화에 결핍되어 있는 진정성을 요구하기 위해서이다(Ruth Brown, 1989 참조). 이런 종류의 신제국주의에 대한 초우의 해결책은 원주민의 이미지를 전적으로 재구성하는 것이다. "원주민들의 힘(agency)은 그들 자신의 파괴를 스스로 증언하는 것인데, 재고되어야 할 필요가 있다. 그것은 이미지이면서 동시에 응시이기도 한 형식 안에서 이루어진다. 그러나 실제로 응시는 식민화의 국면을 넘어선다."(1993 : 51) 응시는 "식민 지배자로 하여금 자기 자신을 이미지 생산자로 깨닫게 한다."(1993 : 51) 그렇게 되면 일차원적 스테레오 타입을 해체할 수 있게 된다. 5장 신체의 정치학에서 논의했던 응시의 무대화된 연출들(versions)처럼 초우의 개념은 본질적으로 연극적이다. 진정성에 대한 제국적 규정에 저항하는, 일종의 방어 형식으로서의 작용(agency)이 분명히 드러난다. 예를 들자면 마고 케인(Margo Kane)의 〈문로지(*Moonlodge*)〉는 서구 관객들로 하여금, 자신들의 원주민의 영혼을 전유하고자 했던 북아메리카 백인들로 구성된 유명한 '워너비 부족(Wannabee tribe)'의 잠재적인 일원이라는 사실을 자각하게 한다(1992 : 290).

정착민문화 안에서 진행중인 정체성의 협상들이 오로지 토착민 지역 안에서 이뤄지는 것은 아니다. 최초의 유럽 정착민들을 포함하여 다양한 이주민 집단들은 제국주의의 과거와 현재에 의해 굴절된 문화적 투쟁들에 관여하고 있다. 스네쟈 구뉴(Sneja Gunew)는 원주민 문제에 대한 학구적 담론들의 뒤늦은 출현이, 자국 특유의 다양한 내부 식민화들을 분석해야만 하는 의무에서 영국계 오스트레일리아인들과 영국계 캐나다인들을[4]

---

4) 구뉴(Gunew)가 내부 식민주의와 관련해서 오스트레일리아인과 캐나다인의 처리 방식을 구별한 것은, 캐나다 원주민과는 다르게 어보리진이 공식적으로는 다문화적 공동체의 일부분으로 범주되지 않는다는 사실에 근거한다. 오스트레일리아의 '다문화주의'가 이주 문제들을 처리하려는 경향이 있는 반면, 캐나다의 문화주의는 오직 문화적 차이에만 관심을 갖는다. (1993 : 452~453)

들을 면제시켜 주었다고 주장하며, 그런 투쟁들의 철저한 조사를 요구한다(1993 : 449). 구뉴의 발언은 특히 비토착민과 비서구인의 소수자 집단과 관련이 있다. 이들 집단은 국가의 전체 인구 중에서 작은 비율을 차지하기 때문에 정치 권력에 접근하는데 어려움이 있다. 자신들에게 주목하라고 요구하는 이들 소수자 집단의 저항은, 인종차별주의의 스테레오 타입화(전형화)를 근거로 모든 종류의 반항을 독해하는 제국주의 시스템에 의해 종종 묵살당한다.

샤론 폴록(Sharon Pollock)의 〈코마가타 마루 사건(The Komagata Maru Incident)〉(1976)은 캐나다 사회의 내부 식민주의와 관련된 역사적 사례를 재연하고, 현대의 인종 문제에 대해 논평을 가한다. 이 연극은 동인도의 영국인들이 각자의 이주증을 구비하고 있었음에도 불구하고 밴쿠버에 상륙할 수 있는 자신들의 법적 권리를 거부당한 사건을, 선동·선전적인 스타일로 연극화했다. 캐나다 관리들의 관료 특유의 냉담함 때문에 이 잠재적 국외망명자들은 밴쿠버 항구에서 화물처럼 널브러져서 오도가도 못하게 되었고, 그들이 자신들의 고향으로 되돌아가는 것에 동의할 때까지 음식은커녕 마실 물조차 공급받지 못했다. 이 연극은 비록 제1차 세계대전 발발 바로 직전을 배경으로 하고 있지만, 캐나다의 민족성에 대한 최근의 논쟁들에 힘입어, 그리고 아마도 1970년대 밴쿠버에서 일어난 시크교 반대 시위의 영향으로 유명해진다. 폴록은 이 사건을 의도적으로 정치화된 방식으로 다루면서, 문화적 동질성을 유지하려고 하는 백인사회의 인종주의적 태도를 폭로한다. 그렇게 함으로써 그녀는 캐나다가 항상 문화적 다양성을 독려한 민주국가라는 거짓된 신화를 벗겨낸다. 연극은 또한 매혹과 혐오의 대상으로 동인도인들을 구성하고자 하는 지배사회의 시도들을 낱낱이 폭로한다. "서두르세요, 서두르세요 코마가타 마루를 구경할 수 있는 일생일대 최후의 기회입니다! 신사 숙녀 여러분, 당신들은 이 엄청난 구경거리를 그냥 지나치시겠습니까?"(1978 : 42)와 같은 해설자의 빈정대는 떠벌림이 보여주듯이, 민중적 유희의 형식을 띠면서 동인도인들을 병적이고 부도덕한 것처럼 소개한다. 폴록의 연극은 카니발의 관객들을, 성적인 것을 밝히는 음란하고 불쾌한 사람들로 상정함으로써 현대의 신제국주의를 비판한다. 그리고 동인도인들이 역사적으로 구성되었다는 사실을 바탕으로 오리엔탈리즘적인 비유를 무대화한다. 로버트 눈(Robert Nunn)에 의하면 이러한 전략들은 캐나다의 문화적 구도(composition)가 운명적으로 구성된 것이라기보다 선택된 것임을 자각하게 한다. "관객인 우리는, 우리나라에서 '백인종'의 지배를 자동적으로 수용한 것과는 상관이 없는 사람들이다. 선택은 그저 그렇게 우연히 발생된 것이 아니라 의도된 것이고, 그것을 유지하기 위해 끊임없이 다시 만들어진 것이다."(1984 : 57)

캐나다에서 가장 두드러지게 내부적으로 식민화된 집단은 당연히, 퀘벡에 거주하고 있으면서 프랑스어를 사용하는 소수자들이다. 퀘벡인들은 경제적으로 불리한 삶을 살고 있고 앵글로폰(영어 사용자) 캐나다인들에 의해 끊임없이 문화적·정치적 지배의 위협을 받고 있다. 캐나다 내부에서의 자신들의 위치에 대해 오랫동안 치열하게 논쟁한 후, 유일한 해결책으로 퀘벡인들은 지역 자치제를 요구한다.5) 앵글로폰(영어 사용자)과 프랑코폰(프랑스어 사용자) 공동체들 사이에서 오랫동안 지속되었던 갈등은 유럽 제국의 전성기 시절에 영국과 프랑스 사이에 있었던 정치적 갈등에 역사적인 뿌리를 두고 있다. 그 갈등은 이제 신제국주의라는 표제 아래 분석될 수 있는 캐나다 특유의 문제로 발전했다. 많은 극작가들은 캐나다 내부의 언어적이고 문화적인 정체성에 대한 여러 논쟁들의 형태로, 앵글로폰과 프랑코폰의 관계를 다루었다. 특히 1970년대 내내 퀘벡 연극은 프랑스계 캐나다인들의 경험을 표현할 만한 적절한 무대 언어와 이미

---

5) 공간적인 한경상 앵글로폰 캐나다와 마주하고 있는 퀘벡의 지리적 위치에 대한 상세한 분석은 생략하겠다. 이 주제에 관련한 역사적 관점에 대해서는 맥로버트(McRoberts), 1979를 참조할 것. 그리고 퀘벡을 다루는 캐나다 문학에 포스트 식민주의 패러다임이 이용되었던 방법들에 대해서는 차나디(Chanady), 1994의 논의를 참조할 것.

지를 탐색하기 위해 열정적으로 매달렸다.[6] 이런 연극의 대부분은 영국계 캐나다인들의 헤게모니뿐만 아니라 퀘벡문화에 대한 프랑스와 미국의 영향력도 반영했다. 미셸 트렘블레이(Michel Tremblay)와 마찬가지로 장 바르보(Jean Barbeau)와 장 클로드 저메인(Jean Claude Germain) 같은 극작가들은 캐나다의 내부라는 퀘벡의 위치에서 비롯된 우연성들에 충분하게 적응하면서 문화적 특수성을 지닌 전통들을 선호하고, 고전적인 프랑스 연극 모델과 프랑스의 표준 불어를 거부했다.

장 바르보의 「교차로(Le chemin de lacroix)」(1970)는 퀘벡에서의 언어 사용에 대한 정치적이고 문화적인 함의들을 분명하게 보여준다. 주정부는 앵글로폰에게 자신의 아이들을 영어 학교에 보낼 수 있도록 허용하는 법안을 공표했다. 이 사실에 대해 항의하는 것을 경찰이 진압하자 여기에 대응하기 위해 쓰여진 것이 바르보의 연극이다. 이 작품은 많은 퀘벡인들의 안정된 정체성을 박탈하고 있는 문화적 엘리트주의를 비판하다. 장 바르보는 「벤-얼(Ben-Ur)」(1971)이나 「쌩의 노래(Le chant du sink)」(1973)와 같은 후기 작품에서 퀘벡사회에 외국의 문화들이 끼친 역효과를 설명한다. 장 클로드 저메인의 역사극들, 특히 「신념이 있는 나라, 망연자실한 나(Un pays dont la devise est je m'oublie)」(1976)와 「까나디엥 연극(A Canadian Play / Une plaie canadienne)」(1979)에서는, 지배적인 신화의 변두리에서 국민의 지위와 관련된 퀘벡문화를 회복시키고자 한다. 두 명의 극작가들은 모두 반자연주의적인 연극 전략을 강조하고 주알(Joual)[7]을 광범위하게 이용한다. 이들이 공연에서 브레히트적 스타일을 선호하는 것은 캐나다의 내부 식민

---

6) 퀘벡 연극의 최근 추세에 대한 우리의 논의는 이 주제와 관련된 제인 모스(Jane Moss)의 견해에 빚지고 있다. 모스는 1970년대 퀘벡 연극의 '혁명'은 그 당시 민족주의와 종교주의 운동들과 밀접한 관련이 있음을 지적한다(1990 : 256~257). 민족주의적 정서는 그 시대의 앵글로 캐나다의 연극과 오스트레일리아 연극에 공통적인 것이다. 민족주의 정서가 각 문화의 연극에서 다른 식으로 표현되었다고 하더라도, 탈식민화 과정의 일부라는 공통적인 기능을 수행한다.
7) 프랑스 저속한 지방 방언. (역주)

주의를 정치적으로 재현하려는 시도라고 할 수 있다. 트렘블레이의 연극은 비록 그것이 다른 주제들에 관심을 갖고 있는 것처럼 보일 때조차도, 거기에는 포스트 식민주의적 의식이 철저하게 스며들어 있다. 트렘블레이는 1974년도에 만든 복장도착자 미용사에 대한 희곡「호산나(Hosanna)」에 대해 이렇게 넌지시 말한 바 있다.

> 호산나는 항상, 이집트 신화를 가지고 스페인에서 촬영하는 미국 영화에 출연하는 영국 여배우가 되고 싶어 했다. 이것은 퀘벡인들의 전형적인 문제 중의 하나다. 과거 300년 동안 우리는 우리가 하나의 민족이라는 사실을 배우지 못했고, 그래서 우리는 늘 우리 자신이 아니라 다른 누군가가 되기를 꿈꿔 왔다. (Benson, 1985 : 95에서 인용)

「항상 당신 곁에 있는 당신의 마리-루(A toi toujours, ta Marie-Lou)」[8](1971)와 같은 트렘블레이의 다른 작품들은 정치적·문화적인 자율권을 주장하는 퀘벡의 투쟁들과 관련된 알레고리이다.

영어를 사용하는 몬트리올 출신의 극작가 데이비드 페나리오(David Fennario)는 계층에 기반한 퀘벡사회 분석을 통해 주변성에 관한 새로운 관점을 제공한다. 그는 캐나다 최초의 이중어 사용 연극으로 인정받는 〈발콘빌(Balconville)〉(1979)에서 노동자 계층들로 구성되어 몬트리올 교외에 살아가는 영어권 가족과, 프랑스어를 사용하는 그 이웃들의 이야기를 병치시켰다. 공연에서의 이중어 사용은 프랑스어와 영어를 동등한 힘을 가진 연극적 언어로 표현함으로써 언어적인 위계를 파괴했다.[9] 그러나

---

8) 예를 들자면 로버트 눈(Robert Nunn)은 이 연극이 문화적 헤게모니에 반응하는 퀘벡인들의 서로 다른 방식에 대한 연구라고 설명한다. 그의 도식에 의하면 등장인물 카르멘(Carmen)은 포스트 식민주의적 혼종성의 모델이다. 반면 그녀의 부모들을 주변화된 무력한 위치를 고수하는 인물들이다. (1992 : 222~223)

9) 『발콘빌(Balconville)』이 1992년에 재상연되었을 때, 연극은 진지한 사회적 발언을 하는 작품이라기보다 소극으로 연출되었다. 왜냐하면 그간 퀘벡에서는 수년에 걸쳐 언어를 주제로 한 논쟁들이 있어 왔고, 따라서 그에 대한 관심사가 감소되었기 때문이다.

주제의 차원에서 보면, 이 연극은 언어야말로 차이의 지점이라는 것을 강조한다. 언어는 인물들의 공통된 사회·경제적 환경임에도 불구하고, 다양한 인물들간의 문화적 거리감의 원인이라는 것이다. 〈발콘빌〉에서는 앵글로폰사회와 프랑코폰사회 사이의 언어적 간극이 갈등의 원인이된다. 반면에 더 최근의 이중어 사용 연극인 마리안느 애커먼(Marianne Ackerman)의 〈따르뛰프 비즈니스, 혹은 몰리에르를 시연하는 수비 장교들 (*L'Affaire Tartuffe, or, The Garrison Officers Rehearse Molière*)〉(1993)은 프랑스어 사용자와 영어 사용자들 사이의 이분법적 대립들을 해체하였다. 1774년에 퀘벡 법안10)이 막 통과할 즈음을 배경으로 한 이 연극은, 로우어 캐나다(Lower Canada)의 군대 주둔지에서 몰리에르의 「따르뛰프(Tartuffe)」를 무대에 올리고자 하는 예비 배우들의 이야기이다. 사건은 정치적 격변의 시기에 『따르뛰프』를 준비하는 '사업'과 관련된 영화 속에서, 자신들의 역사적 상대 인물을 재연하게 될 캐릭터를 소개하는 현대 서사에 의해 틀을 갖추었다. 모든 등장인물들은 액션의 두 층위에서 프랑스어와 영어를 사용하고, 심지어는 한 문장 안에서 두 개의 언어를 사용하기도 한다. 각 언어의 특이성이 인정됨에도 불구하고, 때때로 둘 중의 어느 하나를 사용하는 장단점에 대해 논쟁하면서 그 어떤 언어적·문화적 경계도 만들지 않는다. 사실 애커먼은 연극의 서문에서 단순한 하나의 축에 의해 둘로 나뉜 공동체의 신화를 해체하는 것이 자신의 목표였다고 진술한다.

퀘벡의 진실은 내부화되었거나, 둘로 쓸쓸하게 분리된 스냅사진(snap-shot)이거나, 등을 돌리거나, 서로에게 총을 겨누고 있는 게 아니다. 오히려 역동적이고 공생적인 관계였으며 지금도 대부분 그렇다. 두 개의 고독이라는 지배적인 은유 방식, 사물이 존재하는 상황을 지나치게 단순화할 뿐만 아니라 삶의 혼란을 헤치고 나가는 길잡이가 되기에는 무력할 뿐이다. (1993 : 12)

---

10) 이 법안에 의해 퀘벡의 영국 식민 지배자들은 카톨릭 교회를 합법화하고 캐나다의 민법과 프랑스어 보호를 보장했다.

퀘벡사회의 '역동적이고' '공생적인' 속성에 대한 마리안느 애커먼의 시각은 〈따르뛰프 비즈니스, 혹은 몰리에르를 시연하는 수비 장교들〉에서 연극적으로 충분하게 드러난다. 연극은 앵글로폰과 프랑코폰 사이의 평화로운 공존을 요구하는 대신에, 두 문화는 분리할 수도 없고 명료하지도 않다는 것을 주장한다. 두 개의 언어를 사용하고 두 개의 문화를 가진 캐나다인들에게 정체성이란 전략적인 선택의 문제이다.

선택, 아니 선택이라기보다는 오히려 선택의 결핍은, 정확하게 독립 이후의 시기에 영국 관료들을 대체한 말레이시아 싱가폴의 독재 국민정부에 대항하기 위해 기획된 많은 연극에서 전면화된 주제이다. 말레이시아의 지배 엘리트들은 문화적 이질성에 대해 말로는 호의를 표현함에도 불구하고, 마음속으로는 말레이의 언어·문화·종교(회교)만을 안정된 표준으로 품고 있다. 실제로 정부의 정책들은 믿을 수가 없고 부미푸테라(bumiputera)[11]가 아닌 다른 모든 인종 집단들에게 제도적으로 불이익을 행사한다. 말레이시아와는 대조적으로 싱가폴은 단 하나의, 복합 민족사회를 만들려고 시도했다. 그러나 꾸준히 추구해온 이 의제(agenda)는 문화적 차이들을 포섭하려는 경향이 있는 국가에 한정되어 있고 고정적인 국가정체성의 개념을 전제한다는 점에서, 이것 역시 억압적이다. 두 나라는 엄격한 검열법을 시행하고 있고, 극작가들은 자신의 작품이 원하는 매체를 통해 제작되어질 수 있도록 하기 위해 작품의 일부를 삭제하거나 재단하는 자기 검열을 할 수밖에 없다.

키 투안 체(Kee Thuan Chye)의 〈1984년 지금 여기(1984 Here and Now)〉는 말

---

11) 문자적으로 '대지의 아들'이라는 의미를 갖는 부미푸테라(bumiputera)는 1970년에 공식적으로 사용되었고, 그 이후 특권의 범주로 이용되어 왔다. 그러나 로(Lo)가 말한 것처럼, 그들은 인구조사를 할 때는 수세기 동안 그 지역에서 살아온 스트레이트(Straits : 원래 말레이 반도 남부 Mallacca 해협 연안 지방과 싱가폴, 프낭(Penang)의 양 섬 및 그 밖의 주변 섬들을 포함한 싱가폴을 수도로 했던 영국 직할 해협 식민지⇒역주) 중국(Chinese)을 포함시키지만 다른 상황에서는 이들을 배제하기 때문에, 부미푸테라(bumiputera)라는 범주화는 그 자체가 논쟁적이고 모순적이다(1995 : 64~65).

키 투완 체(Kee Thuan Chye)의 〈1984년 지금 여기(*1984 Here and Now*)〉
연출 크리스헨 지트(Krishen Jit). 사진 제공 : Kee Thuan Chye

레이시아의 인종 헤게모니와 경찰의 잔인함을 주제로 다룬다. 부분적으로 조지 오웰(George Orwell)의 소설에 기반하고 있는 이 작품은, 계급에 대한 오웰의 비판을 선동극으로 치환시킨다. 그리고 오웰 작품의 소수 독재 정당을 말레이시아 특권층 엘리트들로, 프롤레타리아들을 하층계급 비말레이시아인들로 등치시킨다. 그는 개인들의 자유보다도, 사회 내에서 기본적으로 불리한 집단들인 비말레이시아인들의 권리를 강조한다. 명목상 '영웅'인 와이란(Wiran : 오웰의 캐릭터인 윈스턴 스미스와 말레이시아의 전통 영웅인 와이라완(wirawan)을 바탕으로 한 모델)은 지하 조직의 저항운동에 가담하게 되면서, 말레이시아 지식인으로서 자신이 부여받은 특권적 위치에 대해 회의를 품는다. 연극은 인종 담론의 경계를 넘어서고자 하는 와이란의 투쟁을 연극화한 것과 더불어, 이슬람 근본주의, 비말레이시아 문화들의 소외화, 차별적인 법률, 검열과 같은 주제들을 제시한다.[12] 공

---

12) 흥미롭게도 초연되었을 때 이 연극은 검열을 피해갔다. 아마도 그 당시에 키(Kee)가 비교적 잘 알려지지 않은 극작가였기도 했고, 검열자들이 오웰 작품의 암시를 이해하

연 중에 성 역할을 바꾸고 인종을 바꾼 캐스팅은 차이에 대한 본질주의
적인 재현을 무너뜨렸다. 반면에 그림자 인형극과 가믈란(gamelan)음악은,
지역적 경험에 뿌리를 두고 고도로 정치화된 텍스트를 생산할 수 있는
다양한 브레히트적 연극 기교들과 결합되었다. 오웰의 작품을 전유하는
과정에서 키(Kee)의 연극은, 말레이시아 문화가 영국 지배의 유산이었다
는 문화적 오욕을 부분적으로나마 교정하고자 했던 내부 식민주의는 물
론이고 영국 제국주의에도 대항 담론으로 비춰질 수 있다. 저항 담론들
의 이러한 이중 분절은 재클린 로(Jacqueline Lo)가 언급한 것처럼 연극의
언어 구조에서 분명하게 드러난다.

> 〈1984년 지금 여기(*1984 Here and Now*)〉에서 언어적 봉쇄(억제)와 관련된 담론
> 은 역사의 빈틈을 지적한다. 포스트 식민주의나 신식민주의의 접점인 바하사
> 말레이시아(Bahasia Malaysia)*13)의 독보적인 현재 위치를 표준영어가 대변하는
> 아이러니는, 지역 관객들에게 명백한 현실이다. 두 언어는 문화적인 헤게모니
> 와 인종 본질주의의 신화에 기반한 지배 담론들을 나타낸다. 프롤레스(Proles)가
> 볼 때 '피진(pidgin)' 영어의 사용은 폐지와 전유에 의해 공식 언어를 대체하고
> 전복하는 전략으로 읽힌다. (1995 : 234)

키(Kee)의 연극은 주제만큼이나 공연의 차원에서도, 국가 정체성의 의식
적인 개조를 요구하며 지배 담론들을 붕괴시킨다.

문화 권력의 내부 조작에 대한 연극은 과거 식민지들에 널리 펴져 있
다.14) 그러나 여기서 언급한 작품들은 신제국주의의 특별한 형태들 중에

지 못했기 때문에 그랬을 수도 있다. 그 이후에 키는 반정부적인 정서를 드러냈다는
이유로 구금되기도 했다(Lo, 1995 : 217~218 참조).
13) 바하사 말레이시아는 말레이시아의 공식 언어이다. 바하사(Bahasa)는 '언어'라는 뜻
의 단어이다. (역주)
14) 쿠오 파오 쿤(Kuo Pao Kun)의 「무덤에 비해 너무 큰 관(The Coffin Is Too Big For the
Hole)」(1985)는 싱가폴의 억압적인 정부 이데올로기를 주제로 삼았고, 응구기 와 씨옹
오(Ngũgĩ wa Thiong'o)의 「엄마, 노래불러줘요(Mother, Sing for me)」는 신식민주의적 토
지 유용을 비난했다는 이유로, 공연 개막 전날 밤에 케냐 정부에 의해 금지되었다. 그

서도 조금 더 주목할 만한 특징들을 설명하기에 적합한 것들이다. 이런 작품들은 중요하게도 탈식민주의(decolonisation)와 국가 건설이라는 미명하에 포스트 제국주의 시기 동안 종종 실천되어 온, 공공연하고도 음흉한 권력의 조작들을 위태롭게 하는 방법들을 제안한다. 바바(Bhabha)가 단언하는 바와 같이, "민족적 대항―서사들은 실제적으로 혹은 개념적으로 혼합된 경계들을 끊임없이 환기하고 삭제한다. 그리고 그것들은 본질주의적인 정체성이 부가된 '상상의 공동체들'을 통과하면서 이데올로기적 책략을 방해한다."(1990 : 300) 탈식민화의 진행 과정에 순수하게 다문화적으로 접근하는 것이 유일하게 생기 있는 걸음을 제공하는 것처럼 보이지만, 그러한 접근들 중 최소한 공식적인 부분에서 판단을 보류해야 하는 부분이 남아 있다. 앨런 파일우드(Alan Filewod)는 캐나다와 오스트레일리아의 경우를 참고로 하면서, 다문화주의에 대한 정부 정책의 일부가 "제국의 전통을 거부하는 최종 단계로 고안된 것"이라고 주장한다. 그럼에도 불구하고 정부 정책들은 "국가적 임무를 고취하고, 국가적 특색의 조건들을 정의하는" 방식으로 작동한다(1992b : 11). 모든 포스트 식민주의사회들은 그들만의 내부 중심점과 외부 표면을 가지고 있으며, 민족(nationhood) 담론은 종종 제국주의의 인식론과 함께 지속된다는 것을 기억하는 것이 중요하다.

지역적 신제국주의

한 나라의 지리적 위치는, 다른 문화를 압도하는 힘을 발휘하거나 신

러나 리허설은 엄청나게 인기를 끌었고, 버스를 가득 메운 사람들이 리허설을 구경하기 위해 먼 도시에서 왔다고 비오크만(Bjorkman, 1989)은 기록하고 있다.

제국주의의 영향력에 저항할 만한 잠재력을 형성하는데 영향을 미친다. 내부 식민주의와 관련하여 논의된 퀘벡의 여러 연극들은, 미국 문화 그 중에서도 특히 미국 연극의 특정한 형식들이 끼치는 영향력을 거부하려는 절박한 필요성을 표현한다. 퀘벡과 미합중국의 지리적 근접성은 퀘벡이 추구한 문화적 정체성이 종종 경제적인 현실과 충돌한다는 것을 의미한다. 1980년에 자끄 고드보(Jacques Godbout)는 "우리의 사고는 프랑스에서 비롯되었지만, 우리의 신화, 우리의 신용카드, 우리의 안전은 미국에 근거하고 있다"라고 주장했다(Weiss, 1983 : 68 인용). 정말이지 캐나다의 경제학과 정치학은 오랫동안 미국의 그것과 얽히고 섞여서 아주 밀접한 관련이 있어 왔다. 그 상황은 1993년에 비준된 북미 자유무역 협정의 결과로 더욱 복잡해진 듯하다.15)

오스트레일리아가 신제국주의의 다양한 활동들에 참여하는 과정에서 지역적 요소들은 아주 중요한 역할을 한다. 게다가 오스트레일리아는 세계사에서 비교적 열등한 주자였음에도 불구하고 아시아 태평양의 주변 국가들을 누르고 문화적·경제적·군사적 권력을 휘두를 수 있었는데, 그것은 비서구 지역들 사이에서 서구 국가로서의 우월한 위치를 점했기 때문이다. 많은 경우에 영국과 미국 정부가 오스트레일리아에게 그러한 힘을 발휘할 수 있는 권한을 부여했다. 혹은 최소한 암묵적으로라도 지지한, 이러한 식민주의적이면서 신식민주의적인 '동맹국들'은 다른 문화들을 식민화하기 위해 오스트레일리아의 군사력을 강화시켰을 뿐만 아니라, 그 행위들에 대해 편리한 알리바이를 제공해주었다.16) 동시에 오스트레일리아가 적은 인구수에 비해 자원이 풍부한 나라라는 사실은 오

---

15) 미국의 경제적이고 문화적인 헤게모니에 대한 캐나다 연극의 대응은 전지구적 제국주의와 관련하여 이후에 논의할 것이다.
16) 예를 들자면 많은 오스트레일리아인들은 정부가 미국에 속아서 베트남에 그들의 군대를 파병했다고 믿고 있다. 인종주의, 외국인에 대한 문화적 혐오, 공산주의의 확산에 대한 공포가 전쟁과 관련된 오스트레일리아의 정치적 결정에 확실한 원인이 되었음에도 불구하고, 그동안 이런 원인에 대한 분석은 거의 이루어지지 않았다.

스트레일리아 거주민들로 하여금 아시아 여러 나라들의 침략을 두려워하게 만들었다. 인종주의와 외국인 혐오증으로 인한 이런 식의 태도는, 종종 식민 지배자와 피식민자의 위치가 아주 불안정해지는 극도로 복잡한 정치적 상황을 빚어낸다. 예를 들자면, 최근 오스트레일리아와 일본의, 그리고 뉴질랜드와 일본의 관계는 다양한 요인들에 의해 영향을 받고 있기 때문에 서양 대 동양(옥시덴탈/오리엔탈)이라는 두 가지 용어로 단순하게 설명될 수 없다. 특히 오스트레일리아의 가장 중요한 무역 파트너로서의 일본의 경제와 위치는, 발전된 '서양'과 미개발된 '동양'이라는 가부장적 개념을 전복한다. 사실 최근 오스트레일리아에 대한 일본의 투자는 오스트레일리아 발전에, 특히 제조업과 관광산업 부분에 중요한 역할을 했다. 오스트레일리아와 일본의 관계가 어떤 사람들에게는 경제 제국주의로 비춰지기도 한다. 일본은 경제적 성공에도 불구하고 그 경제적 성공 때문에 양가적 위치에 놓인다. 왜냐하면 오스트레일리아인들은 지속적으로 오리엔탈리즘 담론 안에서 일본인들을 구성함에도 불구하고, 대부분의 오스트레일리아인들은 일본인에게 시샘 섞인 존경심을 가지고 있음을 인정해야 하기 때문이다. 이런 상황은 다음과 같은 사이드(Said)의 주장을 수정하는 것처럼 보인다. "오리엔탈리즘은 전략적인 차원에서 이런 유연한 위치의 우월성(positional superiority)에 의존한다. 이것을 통해 서양인은 동양과 맺을 수 있는 모든 관계 속에서 언제나 상대에 대한 우위를 유지할 수 있었다."(1979 : 7)

오스트레일리아가 베트남전에 참전한 것은, 동양에서 행해진 신제국주의 활동의 한 예이다. 베트남을 다룬 연극 중에서,[17] 롭 조지(Rob George)의 〈누 다트에 사는 샌디 리(*Sandy Lee Live at Nui Dat*)〉(1981)는 베트남인에 대한

---

[17] 베트남 전쟁은 많은 현대 연극들에서 형상화되고 있음에도 불구하고, 종종 핵심적인 관심사로 무대화되기보다는 억압된 외상으로 표현될 뿐이다. 베트남에서 행사된 오스트레일리아와 미국 제국주의의 연극적 재현에 대한 광범위한 논의에 대해서는 길버트(Gilbert), 1996을 참조할 것.

오스트레일리아인과 미국인들의 태도를 철저하게 고발하고 있다. 연극의 서사를 이루는 주요 액션은 대부분 반전운동에 포커스가 맞춰져 있지만, 최전방 부대를 무대 배경으로 삼고 있는 장면들도 간혹 있다. 실제로 베트남인 등장인물은 단 한 명도 무대에 등장하지 않는다. 중요한 것은 오스트레일리아 군인들과 서양 언론들에 의해 어떤 방식으로 이 '타자들'이 구성되고 위치지어지는가 하는 문제이다. 이런 점에서 연극은 오리엔탈리즘 담론을 해체하기 위해 오리엔탈리즘 담론에 기댄다. 타자를 여성화하고 그렇게 함으로써 개념적으로 그녀를 식민화하려는 오리엔탈리즘적 시도들과 일관된 방식으로, 저항 세력과 군인을 여성적 용어들로 표현하면서 베트남을 형상화한다. '그녀(베트남—역자)'는 수동적이고, 약하며, 주로 침묵하고 있고, 성적 착취가 용이한 대상이다. 아시아에서 자행되는 미국의 제국주의에 저항하려는 급진적인 학생들이 연기한 이 선동적인 공연에서, 엉클 샘(Uncle Sam)*18)은 여성 등장인물인 베트남(Vietnam)에게 몸을 기대고 그녀의 머리에 권총을 겨눈다. 이런 구조 아래 성적 코드는 아주 명료하다. 미국인 남성들은 여성 베트남을 강간하거나 죽일 준비가 되어 있는 것이다. 비슷하게 베트남에 대한 군인들의 반응 역시 인종과 성(gender)의 유형(stereotypes)에 관련되어 있다. 하지만 더 중요한 것은 이들이 이국화되고 페티시즘화되며 주체성이 거부된 아시아 타자의 성적 매력을 강조한다는 것이다. 한 군인이 오스트레일리아로 데려가려고 하는 자신의 베트남인 애인의 이름을 모른다는 사실은, 그가 그녀를 자기 마음대로 수입할 수 있는 상품으로 여긴다는 것을 의미한다. 이것과는 약간 다른 종류의 상품화가 연극에 등장하는데, 마약 밀매에 연루된 용병들의 '비지니스'에 관한 것이다. 연극은 이런 등장인물들을 통해, 오스트레일리아 군인들을 반영웅의 자리로 끌어내린다. 이들의 아시아 침략은 수동적 동양이라는 타자의 정복을 통해 자신을 입증하고자 하는 뻔한 결과를 도출

---

18) Uncle Sam은 United States와 이니셜이 같아서, 미국을 상징하는 인물이 되었다. (역주)

했다. '불길한 여행'으로 치부되는 이런 오리엔탈리즘적 환상은 베트남이 처한 주요 아이러니 중 하나이다.

태평양에 근접한 많은 섬들이 오스트레일리아에 점유되어 어느 시점에 지배를 받기도 한 것은, 식민 지배자의 입장에서만 본다면 대부분 '성공적'이었다. 영국과 독일에 의해 최초로 영토가 합병되었던 파푸아 뉴기니는, 1949년 미국이 마지못해 허용한 상황에서 오스트레일리아에 완전히 귀속되었다.[19] 이에 앞서 이미 백인 오스트레일리아인들은 정기적으로 섬에서 노동자들을 모집하거나 '납치(blackbirded)'[20]해 왔고 다양한 재산상의 이익을 취했었다. 파푸아 뉴기니에서 오스트레일리아가 행한 신제국주의는 식민지를 점유하는 데 있어 많은 경우 영국 제국주의의 중요한 특징들을 그대로 복제한 것이다. 지역 주민들은 필연적으로 유아적이고 위험하기 때문에 '문명화된' 현대 세계로 편입하기 위해서는 무엇보다도 아버지의(가부장적) 지도가 필요한 야만적 미개인으로 구성될 필요가 있었다. 교사, 선교사, 정부 대리인, 그리고 다국적 기업들이 결합해서, 파푸아 뉴기니의 천연 자원들을 착취했고 동시에 서구식 가치 체계를 확산시켰다. 과거 대부분의 식민 자치령들과 거리가 있었던 영국과는 달리 식민지들과 지리적으로 근접한 상황은, 1973년 이래 독립 이후의 시기에 파푸아 뉴기니의 탈식민화 과정을 유난히 어렵게 만들었다.

파푸아 뉴기니와 남태평양의 여러 섬들에 미친 신제국주의의 가장 중요한 영향 중의 하나는, 조상들의 혼령이 배로 돌아올 것이라거나 혹은 상품을 운반하는 비행기가 숭배자들의 욕구를 충족시켜 줄 것이라는 기

---

19) 오스트레일리아는, 알렉산더 부조(Alexander Buzo)의 반식민주의 연극인 〈변두리 농장(*The Marginal Farm*)〉(1983)의 배경이었던 피지(Fiji)를 비롯해 남태평양의 섬들과 다른 가까운 영토의 정치와 경제를 지배하면서 결정적인 영향을 끼쳤다. 최근까지 오스트레일리아가 서사모아(Western Samoa)와 쿡 아일랜드(Cook Islands)를 통치한 것 역시 신식민주의의 패러다임 안에서 파악할 수 있다. 존 크누불(John Kneubuhl)의 〈정원을 떠올려라(*Think of a Garden*)〉는 뉴질랜드의 지배하에 있던 당시의 서사모아를 배경으로 하고 있다.

20) blackbirded. 노예로 팔아 넘기기 위해 사람을 납치하는 것.

대를 갖게 한 적화숭배(cargo cult)[21]*[22]에 있다. 이 지역의 숭배(cult) 종교들은 전통적으로 조상들에 의해 식량이나 그 밖의 다른 재물의 분배가 이루어져 왔다는 믿음에서 비롯된다. 이런 믿음은, 서구의 무역 상품들이 토착 부족들에게 제공되었을 때, 특히 기독교가 천국의 재물로 토착민들을 유혹했던 서구 접촉의 순간에, 혼란과 실망으로 변했다. 놀랄 일도 아니지만 이러한 은유적인 재물에 대한 약속은 지방 부족민들에게 전혀 익숙하지 않은 대량 생산품의 도입과 결합되었다. 많은 부족민들은 서구 상품과 화물 수송이 자신들의 상대적 빈곤을 해소해줄 것이라는 비현실적인 기대를 했다. 서구의 화물들이 자신들의 소망을 실현시켜 주는 데 실패했을 때, 지방 부족민들이 보인 분노와 환멸은 당연히 이해할 수 있는 반응이었다.

　파푸아 뉴기니의 몇몇 연극들은 지역의 종교·경제·문화에 서구가 개입하면서 발생한 해악들을 폭로하는 동시에, 지역의 기대를 재조정하려는 노력하에 적화숭배의 기원과 결과들을 검토했다. 투럭 와베이(Turuk Wabei)의 〈쿠루봅(Kulubob)〉(1969)은 자기 부족민들에게 과일, 야채, 맑은 날씨, 그리고 풍요를 주기 위해 정기적으로 찾아오는 창조자 쿠루봅(Kulubob)을 중심으로 한 전통적 숭배의식을 무대화하였다. 쿠루봅은 두 번째 방문 때, 자신의 여동생과 결혼함으로써 근친상간의 금기를 어겼고, 때문에 마을에서 추방당한다. 그러나 이 사건이 숭배할 만한 우상으로서 그가 지닌 권력과 중요성을 감소시키지는 않는다. 사실 그는 자신의 위반을 벌충할 것이며, 고통받는 마을 사람들에게 보상이 될 만한 선물을 가지고 어느 날 돌아올 것이라는 기대를 여전히 받고 있다. 연극은 관객들

---

21) 말레이시아에서의 적화숭배열은 그다지 신성하지 않은 형태로 존재한다. 패트릭 여(Patrick Yeoh)의 「The Need to be」(1970)를 참고할 것. 그리고 미국이든 영국이든 어느 한 곳에 '가본 적이 있는 사람'의 일반적인 귀향과, 부가 창출되리라 기대하는 아프리카적 경험을 비유로 자주 사용한다.
22) 멜라네시아 특유의 적화숭배. 현대 문명의 이기(利器)를 가득 실은 배 또는 비행기를 타고 조상들이 돌아와서, 백인의 지배로부터 해방시켜 준다는 신앙. (역주)

에게 적절한 결혼 형식에 대한 도덕적 교훈을 전달하는 동시에, 부족의 특수한 역사 안에 적화숭배를 재위치시킨다. 그리고 전통적인 숭배의식의 실천들이 어떻게 서구 제국주의에 의해 우연히 재조정되고 마는지를 보여주면서 연극은 끝이 난다. 마지막 장면에서 마을에 막 도착한 선교사는 쿠루봅의 위치에 서게 된다. 선교사는 자신을 위대한 대(大)조상으로 착각해서 놀라고 흥분한 마을 사람들 앞에서 설교하기 위해 성경책을 펼치기 이전에, 무역 상품들을 먼저 나누어주기 시작한다. '모두에게 물품을(Cargo for all)'이라는 마지막의 노래는 부의 적절한 분배를 요구하면서 이 연극을 현대적으로 포장한다.

〈쿠루봅〉이 기독교와 지역의 우상숭배 종교가 대면하는 순간에서 막을 내렸다면, 아더 자워딤바리(Arthur Jawodimbari)의 〈화물(Cargo)〉(1971)은 『쿠루봅』과 유사하지만 또한 엄청나게 다르기도 한두 가지 믿음과 거기에 뒤따르는 함정이 혼란과 실망, 박탈감을 안겨주었다는 사실을 형상화했다. 이 짧은 연극은 20세기 초 파푸아의 북쪽 경계 지역, 퓨어족(the Pure people)이 사는 마을에 기독교 선교 지구(mission station)가 만들어진 이후를 배경으로 하고 있다. 아주 짧은 영어실력을 가지고 있는 부족의 두 사람은 '퓨어 비누(Pure Soap)'라는 라벨이 붙은 화물 상자를 찾아낸다. 그것을 보고 믿었던 선교사 알버트 맥클라렌(Albert Maclaren)이 자신들의 조상이 보낸 물건들을 그동안 훔쳐왔다는 의심을 한다. 흥분하고 분노한 마을 사람들은 자신들이 이용당했다고 여기고, 그것을 해결하기 위한 행동지침을 정하려고 모인다. 최근에 화산폭발로 아들을 잃은 두보(Dubo)는 문제의 해결책으로 자신이 꿈에서 본 죽은 아들에 대해 말한다.

　내 아들은 우리가 백인을 위해 일해서는 안 된다고 말했네. 우리가 스스로 큰 카누를 만들어서 태양이 뜨는 그곳으로 항해를 나서야 한다고 하더군. 우리는 하늘과 바다가 만나는 그곳에 도달하게 될 것이고, 하늘까지 닿아 있는 사다리에 오르면 될 것이라고 말해주었네. 하늘에는 우리가 원하는 것들이 모두 있다더군. 우리는 그것들을 사다리 아래 지상으로 옮길 것이고, 우리의 커다란 카누에 싣고 항해를 해서 고향으로 돌아오면 되는 걸세. (1971 : 16)

최근 사건들에 비추어 두보가 해석한 것을 통해, 이 부족의 정신세계에 대한 전통적인 독해를 할 수 있다. "오직 백인의 배만이 그곳에 가지요. 그러나 우리 친척들이 백인들을 통해 우리 상품들을 보내면, 그들을 그것을 훔쳐갑니다. 우리 아들은, 우리를 위해 마술적인 의식을 통해 더 많은 상품들을 만들어주겠다고 약속했어요."(1971 : 16) 맥클라렌(Maclaren)은 자신의 안전에 위협을 받자 선교를 단념하게 되고, 떠나기 전 마을 사람들 앞에서 송별 기도를 한다. 이미 기독교적 믿음을 접하고도 백인들의 행위를 오해한 두보의 생각은, 기도의 순간에 더욱 심화된다. "우리에게 모든 선물을 내려주시고 우리 인류 전체를 사랑하시는 전능하신 주여, 당신의 백성들에게 천상의 은총이 가하게 하시고 이들이 평화롭게 살수 있게 하소서."(1971 : 19) 이 기도 안에서 적화숭배는 언어와 번역의 문제로 존재한다. 천상의 은총과 신의 선물은, 지상의 거룩한 상품으로 번역된다. 맥클라렌은 언어적이고 문화적인 오해가 발생한 것을 알아차리지 못하는 것은 물론이고, 기독교가 이 지역의 신앙 체계 안에 어떤 식으로 흡수되어 갔는지도 인식하지 못한다. 퓨어족(the Pure people)은 진심으로 기독교를 받아들인 것이 아니라, 자신들의 정신세계적인 맥락 안에서 어쩔 수 없이 기독교를 이해하고 실천한 것이다. 선후 관계를 분명히 하자면, 두보의 꿈과 그것을 문제의 해결책으로 받아들인 마을 사람들의 결정은 맥클라렌의 기도 이전에 정해진 것이다. 이러한 숭배열이 퓨어족의 어리석음이나 순진함을 말하고 있지는 않다. 오히려 지역 전통을 이해하지 못하고, 재물은 동등하게 분배된다고 믿는 파푸아 사람들의 자연스러운 가설을 인정하지도 않는 백인들의 둔감함을 지적하는 것이다. 연극은 퓨어족 마을 사람들이 그들 자신을 방어하고, 위엄을 회복하며, 백인들이 감춰왔다고 생각하는 '화물'을 방출하기 위해 백인들의 '마술 지팡이'에 대응하는 창을 드는 장면에서 끝이 난다. 그러나 거의 백 년 전으로 설정된 연극의 배경은 이런 결말이 반어적으로 읽힐 수도 있음을 시사한다. 식민 지배자들은 절대로 화물을 풀어놓지 않을 것이기 때문이다. 자워딤바리의 텍스트는 적화숭배에 선교사를 관련시킴으로써, 과거에 서구문화가 끼쳤던 악영향을 폭로하고, 또 유비적으로 현재에까지 영향을 끼치고 있음을 폭로한다.

토니 스트레찬(Tony Strachan)의 〈백인의 눈(Eyes of the Whites)〉(1981)은 파푸아 뉴기니에서 진행되는 오스트레일리아의 신제국주의를 조금 더 광범위하게 비판할 수 있는 강력한 은유로 적화숭배를 이용한다.[23] 연극은 비행기 소리와 함께 주나(Juna)에게 잠깐 동안 스포트라이트를 비추면서 시작한다. 주나는 그녀의 고향에서 장기간 체류한 오스트레일리아인 가족들에게 그녀가 몇 년 동안 봉사한 보수로 받게 될 트럭과 전자제품들을 기다리고 있다. 그녀는 이것들을 자신의 부족에게 주려고 한다. 마지막 장면에서는 자신의 희생 대가가 물거품이 되었음을 깨닫고 분노와 환멸을 느끼는 주나의 이미지를 보여준다. 연극의 시작과 끝을 이루는 이 장면들은 의사 겸 정치가인 오스트레일리아인 톰 래쉬우드(Tom Lashwood)의 착취 행위에 포커스를 맞춘 연극의 주요 액션들과 함께 알레고리적 맥락을 형성한다. 적화숭배사상은 연극의 주요 서사 속에 녹아 들어간다. 톰이 산타 클로스 복장을 하고 자신의 선거 연설장에 나타나서 표심을 얻기 위해 선물을 나누어주는 도입부에서부터, 톰의 의상은 관객들에게 그가 가면극을 하고 있다는 것을 환기시키고 정치적 풍자의 의미를 고조시키는 시각적 기호로 기능한다. 주나의 아들은 정치적 자기 결정권을 외치며 톰의 반대편인 판구당(Pangu Party)을 위해 선거운동을 하고 있지만, 주나는 그녀의 주인인 톰을 위해 투표해 달라고 군중들을 설득한다. 주나는 백인 톰의 편견을 이미 내면화하여 그녀의 부족들이 자체 정부

---

23) 데이비드 란(David Lan)의 「올라 상사와 그의 부하들(Sergeant Ola and His Followers)」도 유사한 비판을 하고 있다.

를 가질 준비가 되어 있지 않다고 생각한다. 적화숭배에 대한 그녀의 굳은 믿음은 자신이 직접 아기 때부터 길러온 톰의 딸 세라(Sera)가 그녀의 화물을 지켜 주려고 환생한, 살해당한 자신의 딸이라고 여긴다. 주나의 선거유세 연설에는, 일단 톰이 당선되고 나면 자신에게 무엇을 제공해주기 바라는지가 분명하게 드러낸다. "Masta 톰과 나를 위해 투표해주신다면, 여러분에게 백인의 마술을 베풀겠습니다. na olgeda masin long wasim laplap …… 오스트레일리아 돈을 받으려면 줄을 서십시오."(1983 : 38) 톰이 부업으로 하고 있는 제조품 수출 사업에서, '화물'은 아이러니하게도 계획적으로 그들 고향에서 약탈된다. 인정 많다고 여겼던 의사가 토착문화를 훼손하고 세픽(Sepik) 부족의 영토를 전유했다는 사실이, 오스트레일리아 신제국주의의 한층 교활한 얼굴을 폭로한다.

〈백인의 눈〉은 '발전'신화에 의해 만들어지고 지속된 가부장적 신화에 통렬한 비판을 가하는 것은 물론이고, 그 신화가 의문시되는 다양한 전복적 장면들을 공공연히 무대화한다. 예를 들자면 두 개의 '연극'이 전체적인 행위 안에 삽입된다. 첫 번째 연극은 여가를 즐기고 있는 래쉬우드(Lashwood) 가족을 간담이 서늘해지는 아마추어 홈 비디오로 보여준다. 특히 남자들의 어리석은 행동은 나이지리아의 세계건강협회 시찰 컨설턴트인 율리(Yulli)로 하여금 심술궂은 질문을 하도록 부추긴다. "이것이 오스트레일리아식 피크닉의 특징인가요?"(1983 : 28) 율리의 이 아이러니한 질문은 원주민들의 촬영분까지 포함된 비디오가 제기하고 있는 제국주의 패러다임을 교묘하게 뒤집어, 오스트레일리아인들을 인류학적인 호기심의 대상으로 만들었다. 사진의 "이미지들은 대상을 고착시키고 마비시키기 때문에" 카메라는 도덕적 책임감을 무화시키는 일종의 통행증이 되어 버린다는 수잔 손택(Susan Sontag)의 주장은(1973 : 20, 41) 톰의 촬영을 통해 확인할 수 있다. 그러나 연극은 카메라의 응시를 식민 지배자에게로 되돌림으로써 그의 관음증(scopophilia)을 폭로하고 권위를 떨어뜨린다. 두 번째 작은 연극에서 주나와 세라가 피진어(pidgin)를 약간씩 섞어 쓰면서 나누는 짧은 대화는, 어린 원주민 소녀를 기독교로 개종시키려는 선교사의 전도 활동을 패러디한 것이다. 원주민 주나가 백인 선교사 역할을 하고 백인 세라가 원주민 소녀를 연기하기 때문에, 인종에 대한 관습적인 규범은 뒤집힌다. 주나가 세라에게 피진어를 가르치고 민속문화의 옛이야기를 들려줄 때 주나는 지속적으로 부모의 역할을 수행하고 있기 때문에, 연극의 도처에서 보여지는 그들의 관계는 공인된 제국주의적 위계에 동조하지 않는다. 세라가 긴 공백 이후에 오스트레일리아에서 돌아올 때 그녀 '어머니' 주나에게 화물을 가져다 드리는 데 실패한 것은, 무정한 배신으로 비춰진다. 연극 마지막에서는 식민주의 규범의 붕괴와 주나의 정신적인 파멸을 비극적으로 연출한다. 파푸아 뉴기니 자체를 재현한 주나의 역할은, 그녀의 몰락의 의미를 오스트레일리아가 파푸아 뉴기니를 간섭한 데 대한 비판으로 확장한다. 주나의 아들 피터(Peter)의 단호한 저항을 강조하는 것과 더불어 스트래찬(Strachan)이 지역의 언어나 춤과 같은 공연상의 기제들을 사용하는 것은, 오스트레일리아인들의 '원조' 없이도 토착문화를 전유하거나 토착문화의 부활을 가능케 하는 전조가 된다.

파푸아 뉴기니 출신 극작가들은 또한 서구문화에 유혹당한 원주민 아이들을 그들의 고향에서 멀어지게 만드는 분리적 힘으로 작용하는 오스트레일리아 의무교육제도를 공격했다. 고등학생의 경우 외진 시골 동네에 사는 학생들은 특히 라에(Lae)나 포트 모르즈비(Port Moresby)에 있는, 혹은 오스트레일리아에 있는 기숙학교에서 교육을 받기 때문에 긴 방학기간에나 집에 돌아갈 수 있다. 이런 배치에서 환기되는 신제국주의적 엘리트주의는, 지역문화를 구시대적인 것으로 규정하고 서구식 교육만이 유일하게 가치 있는 지식의 저장소임을 표명하는 가치의 위계 안에서 발생하게 된다. 존 윌스 카니쿠(John Wills Kaniku)는 「카소워리의 절규(Cry of the Cassowary)」(1969)에서 이 주제를 다루면서, 세 명의 아이가 자신들의 고향인 밀른만(Milne Bay)으로 귀향하는 것을 중심사건에 둔다. 간접적으로는 아이들의 생각 없는 행동을 통해, 조금 더 직접적으로는 세라(Sela)라는 한 여성의 대사를 통해 연극 전체는 기숙학교제도를 비판하고 있다. "아이들은 휴일마다 집에 돌아와서 자기들이 얼마나 훌륭하게 잘 교육 받았는지를 우리에게 얘기해주었다. 그리고 우리가 얼마나 야만적인지 에 대해 지적했다. 아이들은 마치 우리가 자기들에게 무의미한 존재인 것처럼 말했다."(1970 : 16) 세라의 딸인 매보(Mebo)는 백인의 언어를 읽고 쓸 뿐만 아니라, 바구니 만드는 법, 아기를 돌보는 법, 환자를 간호하는 법까지 그녀가 배운 것을 모두 설명하면서 자신이 받은 교육을 변호한 다. 학과 교육의 이런 가정적 특징들은, 학생들이 정부를 위해서나 전문 적인 역할을 위해서 혹은 심지어 고향의 농촌생활을 위해서 교육받는 것이 아님을 암시한다. 세라는 식민지의 교육자와 관료들이 전통적인 가 족 구조와 신념, 실천을 붕괴시킴으로서 백인에 대한 의존심을 가르친다 고 지적한다. 그녀의 장남 디코(Diko)는 결국 현재의 젊은 학생들이 학교 제도를 새로 만들게 될 것이라고 주장하면서 두 가지 문화의 혼종화를 시도한다. 그러나 이런 전복적 시도의 성공을 예상하고 신뢰하기에는 현 실적으로 너무 요원한 일이며, 연극은 디코의 낙관주의에 안주하도록 관 객들을 그냥 내버려두지 않는다. 카소워리의 절규는 토착문화를 상징하 는 절름발이 소년 피마(Pima)의 죽음에 의해 실현된 운명, 즉 죽음을 의미 한다.

최근에 파푸아 뉴기니는 앞에서 논의했던 그 어떤 연극보다도 지역문 화의 형식을 한층 더 강조하는 혼합주의적 연극을 발전시켜 오고 있다. 문화의 탈식민화를 위해 더 포트 모르즈비(The Port Moresby) 국립극장 극단 과 고로카(Goroka)에 있는 라운 라운(Raun Raun) 극장이 앞장선 이 운동은, 아프리카와 카리브의 전통적인 공연에 기초한 연극의 여러 특징들을 보 여준다. 특히 이 연극들은 시장통이나 마을, 학교 운동장, 그 외에도 극 장을 목적으로 건축되지 않은 야외 공간에서 공연된다. 춤·마임·음악 ·의상, 그리고 말의 리듬은 파푸아 뉴기니의 토착문화에 뿌리를 두고 있지만, 종종 새로운 혼합주의적 형식을 만들어내기 위해 뒤섞이기도 한

다. 창조를 위한 기초로서의 집합적인 협동에 대한 강조는, 연극을 그로
토우스키(Jerzy Grotowski)나 브레히트(Bertolt Brecht) 그리고 최근의 나이지리
아의 민속 오페라 전통에 의해 영향을 받아온 공동체 모델 안에 확고하
게 자리매김해준다. 비교적 최근 작품 중의 하나인 〈사나 사나(Sana Sana)〉
(1992)는 국립 극장이 창작한 것으로, 밀른만(Milne Bay) 지방[24]의 전설적
이야기에 바탕으로 둔 민속 오페라이다. 게다가 〈사나 사나〉는 파푸아
뉴기니의 한 특정 지역에서 추출해낸 서사임에도 불구하고 다양한 문화
를 섭렵하는 연극으로 고안되었다. 이 작품은 서양의 테크놀로지를 다양
하고 독특한 토착문화의 공연 형식과 공연자들에게 결합시켰다. 린다 슐
츠(Linda Schulz)에 의하면, 이 오페라에서 "스타일과 형식의 통합은, 다양한
문화 들 내부의 공통점과 차이점을 인식함으로써 인위적으로 강요된 지
역적 경계들을 없애는 방향으로 작용한다."(1994 : 48) 연극은 또한 그 지
역에서 이루어지는 오스트레일리아의 신제국주의적 활동들을 방해하면
서 문화적 회복을 위해 필수적인 효력을 발휘한다.

전지구적 신제국주의

　지역적인 신제국주의의 효력은 한 국가가 광범위한 수준에서 문화 권
력을 강력히 주장할 만한 수단을 가질 때 확대될 수 있다. 이런 점에서
경제적이고 군사적인 우세는 당연히 중요하지만, 현대의 전지구적 신제
국주의 형태에 효력을 미치고 그것을 정당화하는 데는 미디어의 주도적
권력이 가장 강력하게 작용한다. 20세기의 독보적인 제국주의 권력으로

---

24) 슐츠(Schulz)는 이 연극에 대본이 없다고 말한다. "구술 역사의 정신을 유지하기 위해
　매번 공연 전에 그리고 공연하는 동안에 대본은 '쓰여지는' 것이다."(1994 : 49)

미국이 출현할 수 있었던 것은 미디어의 전지구화에 엄청나게 의존한 것임을, 사이드(Said)를 비롯한 많은 이론가들이 지적하고 주장해 왔다.

> 한 문화권 안의 타자를 직접 통치하는 세계에서 행사되는 힘, 즉 권력과 합법화의 이러한 결탁은 고전적 제국주의 헤게모니의 특징이다. 반면 미국의 경우 문화적 권위를 획득하는 데 있어 눈부신 도약을 이루어 냈는데, 대부분 정보를 유포하고 통제하는 기구에 의지한 덕분에 전례 없는 성장을 할 수 있었던 것이다. 한 세기 전만 해도 유럽의 문화는 백인의 존재, 직접적으로 지배하고 그렇기 때문에 저항도 할 수 있는 백인의 물리적 존재와 결합되어 있었다. 그러나 이제 우리는 종종 의식의 이면까지 광범위하게 스며들어가고 있는 국제적인 미디어를 소유하게 되었다. (1994 : 352)

이 새로운 담론적 제국주의가 만들어낸 관계는 일반적으로 대영제국이 이룩해 놓은 관계들보다는 덜 공식적이다. 그렇다고 현재 세계 다수의 삶에 기반을 둔 신제국주의가 물질적이고 문화적인 척도를 결정하는 역량이 부족한 것은 아니다. 대부분 미국에 의해 통제되고 있는 전세계 미디어 시스템은 인종, 젠더, 민족성, 종교, 성적 기호, 계층 등을 바탕으로 한 위계제도를 강화시키는 담론과 이미지를 생산하는 경향이 있다. 문화적 특성을 유지하는 이런 위계제도를 해체하기 위해 진행중인 기획은, 사이드(Said)가 말한 '세계적인 규모의 인간 상호의존에 의한 깜짝 놀랄 만한 진실들'에 의해 더 어려워졌다(1994 : 401).

미국의 신식민주의는 상당히 광범위하게 유포되어 그 자체로 독립적인 연구 주제가 될 만한 포스트 식민주의 연극 영역을 양산했다. 여기에 기록된 예들은 미국의 영향을 받은 여러 지역에서 자주 행해지는 몇 가지 비유들이 어떤 것인지 인식하게 하려고 기획한 것이다. 미국의 정치적·경제적·문화적 영향력은 20세기의 상당 기간 동안 오스트레일리아 사회의 특별한 관심사였다. 1920년대에 미국 영화의 수입을 놓고 벌인 격한 논쟁들은 오스트레일리아와 미국 간의 다양한 군사동맹이 오스트레일리아 문화에 의심할 바 없이 지대한 영향을 끼쳤지만, 초창기 미국식 헤게모니의 영향력이 정치 영역에 한정되어 있지 않다는 사실을 의미한다. 예를 들어, 제2차 세계대전의 종결을 앞둔 시점에서 몇 명 안되는 소규모의 오스트레일리아인들이 백만이 넘는 미군 병사들 속에 포함되어 있었다. 이들 미군 병사의 '침투'는 일본에 대항하여 오스트레일리아를 방어하는데 필수적이지만, 오스트레일리아의 도덕과 문화를 보전하는 데는 불리했다. 미국과 관련된 이런 독특한 양가성은 이후 베트남 전쟁에서 더욱 심해진다. 그 영향력이 광범위하긴 하지만 늘 오스트레일리아인보다는 미국인의 이익을 위해 봉사하도록 계획된 신제국주의 권력에 오스트레일리아가 동조하는 데서 야기되는 딜레마를, 베트남전이 구체화시켜 주는 것으로 보인다. 최근 미국의 헤게모니는 오스트레일리아의 경제권과 문화권 특히 대중문화의 영역에서 가장 명백하게 드러난다. 그 결과, 많은 오스트레일리아 연극들은 다양한 형식을 통해 헐리우드 영화나 브로드웨이 극장, 그리고 전반적으로는 미국 미디어의 관습을 재연하고 심문한다.25)

미국 신제국주의에 대항한 오스트레일리아 연극의 가장 명백한 항의는, 대중문화의 미국식 모델을 재가공한 대항 담론에 미국 군사주의에 대한 공격을 결합시킨 텍스트에서 나타난다. 베리 로우(Barry Lowe)의 〈도쿄 장미(Tokyo Rose)〉(1989)는 아시아 태평양 지역에 대한 미국의 간섭을 비판하기 위해 브로드웨이의 뮤지컬 전통을 이용했다. 제2차 세계대전을 배경으로 해서 표면상으로 반역의 혐의가 있어 보이는 일본계 미국인 여성의 재판에 대한 연극인 〈도쿄 장미〉는 베트남 저항 연극의 분위기

---

25) 브로드웨이 뮤지컬과 피카레스크 로드무비로 재가공된 지미 치와 커클스(Jimmy Chi and Kukles)의 〈브란 누 데(Bran Nue Dae)〉의 경우를 볼 것. 스티븐 서웰(Stephen Sewel)의 〈춤추는 거인장님(The Blind Giant is Dancing)〉(1983)은 B급 영화의 관습들을 환기시키면서 오스트레일리아 내부의 미국 경제 제국주의를 비판한다. 마이클 고우(Michael Gow)의 〈키드(The Kid)〉(1983)는 현대 도시의 소외와 관련된 서사의 일부로 텔레비전 복음주의를 풍자하고 있다.

를 띤다. 의사(擬似) 다큐멘터리 구조와 벌레스크 뮤지컬 스타일은, 오스트레일리아가 베트남에 휩쓸렸던 기간 동안에 가장 일반적이었던 선전 ·선동극과 비교해 볼 필요가 있다. 게다가 연극은 위협하는 미국(Uncle Sam)에 의해 희생당한 일본과 아시아 여성들을 상세하게 묘사한 초상화로, 베트남 저항운동의 아이콘을 복제하고 있다. 오스트레일리아 병사를 잠정적인 '순수 외국'으로 받아들인 로우(Lowe)의 논리는, 오스트레일리아의 제복과 미국의 적(赤), 백(白), 청 사이의 대조를 강조하는 의상이나 장면 연출과 결합되면서, 굴절된 채로 진열된 베트남 서사의 밑그림을 완성한다. 이런 구조 안에서 연극은 도쿄 장미(Tokyo Rose)라는 누명을 쓴 이바 토구리(Iva Toguri)에 대한 미국의 재판을 비판하고 있다. 동시에 이바의 인생을 소재로 브로드웨이 성공을 노리는 캐롤(Carroll)이라는 인물을 통해, 미국 대중오락의 전통을 패러디한다. 미국인 포획자의 마음에 따라 좌지우지되면서 부서질 위험에 있는 동양 '나비'에 대한 서구 남성들의 환상을 표현하는 캐롤의 연극적 상상력은, 분명 남성들의 인종주의와 여성차별주의를 폭로하기 위해 계획된 것이다. 전형적인 미국인 사기꾼이자 청부업자로 설정된 캐롤은, 도쿄 로즈의 재판에서 공모한 사실을 자백하고 용서받은 순박한 오스트레일리아 병사와 대조된다. 이바의 재판에서 타락하고 사악한 원고측에 미국을 내세운 것은, 편견을 가지고 그녀에 대한 공정한 재판을 거절하는 판사·공무원·정치가들에 의해 배분된 미국식 정의(justice)로부터 오스트레일리아인 관객들을 멀리 떼어 놓는다. 항상 별과 줄무늬가 가득한 국기와 함께 등장하는 엉클 샘은 미국 문화에 대한 그로테스크한 패러디이면서, 오스트레일리아의 자율권에 대한 잠재적인 위협으로 비춰진다. 엉클 샘은 오스트레일리아인들이 신제국주의의 중심 미국과 차이가 있다는 것을 재확인시켜 주는 연극적 장치로 기능한다. 이처럼 패러디를 강조하는 것은 오스트레일리아뿐만 아니라 문화적 미국화에 대응하는 다른 포스트 식민주의 국가의 연극에서도 나타나는 일반적 특징이다.

많은 카리브 연안 국가들은 인구가 적고 경제가 침체되어 있으며, 발전을 위해 미국의 원조에 의존하기 때문에 미국 신제국주의에 대한 저항이 거의 없다. 미국에 대한 그들의 근접성 역시 중요한 요소인데, 통용되는 미디어가 특히 미국 프로그램에 의해 지배될 경우 더욱 그러하다. 예를 들자면 세인트 루시아(St Lucia)[26]의 텔레비전 방송은 겨우 5퍼센트만 지역적인 내용을 다룬다. 그것도 주로 지역 뉴스, 일기예보, 오늘의 사건과 같은 것들이다. 그러나 대략 15만 명[27]의 인구를 대상으로 대부분 미국의 위성방송에 의존해 운영되는 텔레비전 방송국이 열 일곱 개나 있다. 여러 카리브 지역들에서 일반적인 이러한 상황은, 대다수 카리브인들의 살아 있는 현실을 재현하지 못한 채로 이미지와 서사들을 계속해서 생산하는 악순환을 낳는다. 그럼에도 불구하고 카리브인들은 물질 상품, 전문가적인 기술, 문화적 정교함, 진정성과 같은 기준에서 자신들의 '결핍'이 무엇인지 예리하게 인식할 수 있는 시청자들을 생산함으로써, 현실에 깊은 영향을 미치고 있다.

제2차 세계대전을 배경으로 하고 있는 샘 셀본(Sam Selvon)의 〈태양 아래 국도(Highway in the Sun)〉(1967)는 카리브에 대한 미국 '침략'의 최초 충격을 묘사한다. 연극 안에서 트리니다드 시골의 몇몇 시장 원예가들은, 미국 군대가 군사 기지들을 연결하기 위해 마을마다 도로를 닦을 수 있도록, 자신들의 땅을 포기하라고 강요받았다. 비록 마을 사람들이 그들의 손실을 보상받았다고 하더라도, 미국의 돈과 문화와 직접적으로 접촉함으로써 형성된 변화들은 미국 군대가 지나간 이후에도 오랫동안 물질적 부(富)에 대한 '아메리칸 드림'을 남겨놓았고 사회에 분명한 해악을 끼쳤

---

26) 서인도 제도 남동부에 위치한 인구 16만(2003년 현재)의 섬나라. (역주)

27) 이 수치는 1991년 트리니다드의 바냔 스튜디오(Banyan Studio)에서 합동 제작한 텔레비전 다큐멘터리 〈그리고 접시가 스푼과 함께 달아났다(And the Dish Ran Away With the Spoon)〉에 기초를 두고 있다. 이 다큐멘터리는 천만 명이 넘는 인구에 네 개의 방송국을 가지고 있고 70%의 지역 프로그램을 방영하는 쿠바의 상황을 세인트 루시아(Saint Lucia)의 그것과 비교하고 있다.

다. 미국인들의 존재는 인종적으로 혼합된 사회의 다양한 구성원들 간에
긴장을 한층 더 격화시키고, '양키'의 돈을 가질 수 있는 사람들과 그렇
지 않는 사람들 사이에 심각한 불화를 조성했다. 연극에서의 이런 불화
는, 하층민들로부터 외국인 손님들을 보호하고자 자신의 주점에 칸막이
벽을 세운 톨 보이(Tall Boy)에 의해 분명하게 형상화된다. 이것은 서구 자
본주의에 대한 톨 보이의 무조건적 항복을 강렬하게 보여주는 기호이긴
하지만, 칸막이를 세운 것이 문제가 되지 않는 것은 아니다. 이것은 트
리니다드에서 뿐만 아니라 미국과 영국 안에서도 현대의 인종 관계에
대한 논쟁을 촉발하는 계기가 되었다. 지역 방언으로 표현되고 기만적이
게도 단순한 자연주의적 대화로 구성된 논쟁들은, 서구문화와 복잡한 정
치적 분석들이 '교양 있는' 엘리트의 전용 공간일 뿐이라는 무언의 가정
(假定)을 교묘하게 비판한다.

　셀본의 연극에서 미국인 등장인물은 무대에 거의 등장하지 않는다.
연극이 지역사회에 끼치는 지배문화의 영향력들을 증명하고 있음에도
불구하고, 미국인들의 상대적 부재는 지배문화의 단독적인 권위를 축소
한다. 게다가 마을 사람들이 집으로 사 가지고 오는 싸구려 농구 모자는
식민 지배자에 대한 환유이자 그들의 어리석은 상업주의에 대한 풍자적
논평이다. 물질적인 측면을 제외하고 지역문화에 접근하려는 미국인들
의 시도는, 특히 타이거(Tiger)가 '진정한' 인도-트리니다드식 식사를 대
접한다며 흙으로 만든 자신의 오두막에 그들을 초대했을 때, 좌절되고
만다. 타이거의 아내 우르밀라(Urmilla)는 그녀의 손님들이 조금 더 편하도
록, 필요한 서구식 부엌 도구와 가구들을 빌려왔기 때문이다. 연극은 미
국인들 방식의 진정하고 이국적인 시각 전달을 거부한다. 미국인들의 짧
은 체류가 남겨놓은 부정적인 영향들에도 불구하고, 사회는 어느 정도의
자율권을 유지한다. 한편 불도저 사고로 인한 수크데오(Sookdeo)의 죽음은
미국 제국주의의 위험을 상기시키는데 효과적인 기능을 한다. 그럼에도
불구하고 연극의 마지막에서 타이거는 그의 친구들과는 다르게 '발전'

의 길(road), '발전'의 수사(rhetoric)가 문제를 야기한다는 사실을 연장자의 지혜를 통해 배우게 될 것임을 암시한다.

종종 사용되는 길(road)의 은유는 카리브인들의 미국화를 풍자하는 데렉 월콧의 발랄한 소극 〈닭고기가 아니라 쇠고기(Beef, No Chicken)〉(1981)에서 진보에 대한 양날의 칼과 같은 은유로 작동한다. 여기서 '발전'은 미국의 다국적 기업에 대한 패러디적 모방으로 설정된 지역의 대기업 사장, 몽루(Mongroo)의 특권이다. 연극은 트리니다드의 작은 마을 코우바(Couva)를 배경으로 정말 비현실적인 플롯으로 짜여진 오토(Otto)와 그의 가족에게 초점을 맞추고 있다. 오토 가족의 "대박 원조 불고기 상점(Auto Repair and Authentic Roti shop)"은, 몽루(Mongroo)가 계획하고 오토의 지방의회 구성원들이 승인한 새로운 도로 건설에 있어 마지막 장애물이다. 대부분의 소극들과 마찬가지로 〈닭고기가 아니라 쇠고기〉는 사회의 특정 부분을 비판하는, 분명한 특징에 의해 쉽게 인식되는 등장인물들을 만들어내기 위해 스테레오 타입화에 의존한다. 신제국주의에 대한 저항의 일부로, 이 연극은 화려함, 상업주의, 전문적 기술, 미국 문화의 외견상의 진정성 등에 의해 타락한 몇 명의 등장인물을 내세운다. 배우 생활을 동경하는 오토의 조카딸 드루실라(Drusilla), 미국식 억양에 달변가인 뉴스 캐스터 세드릭(Cedric), 범죄나 산업 공해와 같은 '진짜(real)' 미국식 문제들을 가진 사회를 건설하고 싶어하는 뇌물받은 시장(市長), 그리고 몽루(Mongroo)가 바로 그런 인물들이다. 이들은 각자의 대사를 통해 형성된(framed) 집중 조명을 받고 전후 관계를 맺으며, 미심쩍은 인물로 간주되기도 한다. 반면 다른 등장인물들은 계속되는 메타 비평과 반어적 시각을 제공하는 구성 장치들(framing devices)로 기능한다. 그 적절한 예가, 일자리를 구하거나 물질적인 재산을 모으는데 전혀 관심이 없는 등장인물 라이머(Limer)[28]이다. 비

---

28) 트리니다드에서 일반적으로 친구들과 '어울리기' 혹은 빈둥거리기를 포함하는 '라이밍(liming)'은 단지 오락적인 활동이 아니라 예술과 맞먹는 활동이다. 주로 남성들의 활동인 라이밍은 카니발의 구술 전통에서와 마찬가지로 말재담을 포함한다.

록 라이머가 명확하게 발전반대 집단에 동조하지 않음에도 불구하고 몽루 프로젝트와 결부된 부정수뢰와 부패에 대해 노래하는 그의 칼립소와 랩에서 알 수 있듯이, 라이머의 기본적인 태도는 발전 추종자들에 대한 직접적인 모독이다. 소위 발전이라는 것에 대해 공공연한 저항의 목소리를 내는 드문 몇 사람들 중의 하나인 오토는, 그 역시도 비록 패러디의 대상이기는 하지만 한층 업그레이드된 등장인물이다. 오토는 이 프로젝트를 멈추게 하려는 다소간의 소극(笑劇)적인 시도로, 건설 장소를 자주 드나들면서 그 프로젝트가 지역 의회에 불행을 가져다 준다는 확신을 주기 위해 신비한 이방인(the Mysterious Stranger)처럼 여성 의상을 차려입는다. 이것은 자정의 도둑(Midnight Robber)과 카니발 마스(mas')의 로렌 부인(Dame Lorraine)에서 따온 캐릭터이다. 이런 장난스런 행동들이 그에 대한 신뢰를 무너뜨리지는 않는다. 오히려 그것은 대기업에 대항하는 곰보자국 '리틀 맨(little man)'의 비극을 전면화시킨다. 연출가 얼 워너(Earl Warner)가 말하는 것처럼, "이 연극은 발전과 진보라는 명목 아래 인간의 삶을 저당 잡히고, 상실의 고통을 받으며, 순환의 고리가 끊어지게 된 개발도상국 어디에나 해당되는 내용이다."(Stone, 1994 : 132에서 재인용)

월콧은 신제국주의의 세력이 전적으로 외부 세력인 것은 아니라고 주장함으로써, 카리브적 맥락 안에서 미국 문화의 부적절함을 설명함과 동시에 미국 문화에 대한 무분별한 모방을 비난할 수 있었다. 〈닭고기가 아니라 쇠고기〉의 대사는, 지역정부의 정책들을 패러디하고 발전의 정신이 갖는 통합적인 세계주의에 주목하도록 만든 '국가 건설'이나 '발전을 멈추게 할 수는 없다'와 같은 진부한 구호들로 가득 차 있다. 이런 문구들은 '발전'이 문화적 빈곤을 낳는다는 사실을 주장하기 위해, 카리브의 풍부하고 익살스런 연설 전통과 서구화된 등장인물들의 상투화된 표현들을 의도적으로 병치시킨, 종합적 언어 구조의 일부이다. 쇼핑몰, 상점가(플라자), 고속도로의 미친 듯한 급증에 반대하는 데콘(Deacon)의 열변에서 설명되는 것처럼, 지방어는 수입된 수사(修辭)의 공허함에 저항하여 작용하고 미국 문화에 대한 연극의 직접적인 공격을 증폭시킨다.

모든 것이 맥도날드되고, 모든 것이 켄터키프라이드화되며, 모든 것이 텔
레비전 방송화되고, 모든 것에 복수(vengeance)의 현대화가 이루어진다. 모든 것
이 과장된 연기를 하고, 모든 것에 교통체증이 일어나며, 모든 것에 네온사인
조명을 밝히고, 모든 것이 도시의 발전을 방해한다. 나는 경고한다. 나는 그것
을 나의 두 다리로 목격했다. (1986 : 204)

산업화가 몰고 온 해로운 영향력에 대한 유사 경고들이 연극의 여기
저기에서 반복되고 있는 동안에, 월콧은 미디어에 대한 맹렬한 비판을
준비한다. 이번에도 그 비판은 텔레비전이 갖고 있는 제국주의적인 기능
의 범위를 가장 분명하게 인식한 이성적 인물(raisonneur) 데콘(Deacon)을 통
해서 이루어진다.

현실에서 그림자까지, 실체적인 것에서 비실체적인 것까지, 우리는 우리 자
신이 아니라 우리의 이미지를 믿는다. 살아 있는 모든 것들은 더 이상 신성하
지 않고, 모든 것은 사진에 찍힌다. 우리의 신념은 다음과 같은 말에서 시험된
다. '그거 TV에서 봤어.' (1986 : 199)

익살스러운 결혼식 장면에서 행해진 데콘의 연설은 제국주의가 지역
적인 경험과 강요된 이미지 사이에 만들어놓은 간극을 정확하게 드러낸
다. 이 경우에 미디어의 모범적인 시각은 표면적인 이미지들의 끊임없는
놀이, 즉 시뮬라크르(허상, simulacrum)에 불과한 모든 재현물들을 대하는
식민화된 주체들의 비현실적이고 신뢰하기 어려운 감각을 더욱 악화시
킨다. 이런 생각은 마지막 장면에서 연극적으로 재생산되었다. 마지막
장면은 자본주의에 팔려서 자기 자신들의 미디어 이미지들로 환원된 몇
몇 등장인물들의 특징에 대한 간단한 기사들을 새롭게 업데이트 한 TV
뉴스로 구성되었다. 어두운 무대 위에서 '폭탄처럼 붉게 타오르는' 텔레

비전의 이미지는 '낡은 트리니다드'의 불길한 미래를 예견한다(1986 : 207). <닭고기가 아니라 쇠고기>는 카리브 사람들에게는 주어지고 강요된 체제를 모방하는 것 외에 다른 대안이 없다고 말하는 것 같지만,29) 사실상 이 연극은 미국 문화에 대한 비판뿐만 아니라 그 권위의 전복까지 시도하고 있다. 특히 월콧이 강조한 모방(mimicry)은 식민화를 행사하는 미디어의 응시(gaze)를 그들 미디어에게로 향하게 함으로써 재현에 대한 미디어의 권리를 모두 침식해 버린다.

미국 문화가 침투하면서 끼친 영향력은 카리브의 경우와 약간 다르긴 하지만 캐나다에서도 강하게 감지되었다. 캐나다는 미국과 국경을 마주하고 있을 뿐만 아니라, 긴밀히 연결된 역사와 연속된 지형을 공유하고 있다. 양국간의 정치·경제·문화적 유대로 인해 캐나다는 자신들의 강한 이웃에게 포섭당하지 않도록 부단한 투쟁을 해야만 했다. 문학적이고 역사적인 표현의 차원에서 자율성을 획득하기 위한 이 투쟁은 로버트 크로체(Robert Kroetsch)가 '경계의 글쓰기'(1990 : 228)라고 부른 과정으로 이어졌다. 이것은 결코 완전한 성공을 거두지는 못하지만 독립된 국가로서의 캐나다의 특성과 진정성을 형성하기 위해 끊임없이 노력하는 과정이다. 미국에 대항해 스스로를 전략적으로 규정할 수 있는 문화적 차이의 분명한 패러다임이 부재하기 때문에, 캐나다인들은 주로 다른 방식으로 자신들의 차이를 확립하고자 노력했다. 허천(Hutcheon)이 주장하는 바와 같이 이때도 역시 "유사성의 핵심에서 반어적 차이"(1988 : x)를 나타낼 수 있는 패러디가 특히 효과적인 방법이었다. 미국과 캐나다 간의 관계를 다루는 연극에서30) 패러디는, 목적에 있어서는 차이가 있을 수 있으나

---

29) 월콧(Walcott)은 자신의 논문 「카리브-문화 혹은 모방」에서 이 문제에 대해 길게 논의한다. 그는 여기서 미국의 문화 모델에 대한 카리브의 의존도 문제를 해결하려면, 이런 모델들이 흑인문화에 의해 깊이 영향 받았다는 것을 기억해야 한다고 말한다(1992 : 26~27).
30) 이어지는 논의들에서 선택된 소수의 연극 텍스트에서 재현된 캐나다 대 미국 관계의 표상만을 다룰 것이다. 미국적 형식의 헤게모니와 미국 자본 유입에 대항해 캐나다

곧잘 월콧의 소극(笑劇)과 비교되곤 한다. 다니엘 브룩스(Daniel Brooks)와 기예르모 베르데치아(Guillermo Verdecchia)의 작품인 〈노암 촘스키의 강의-어떤 연극(The Noam Chomsky Lecture : A Play)〉(1990)은, 온갖 복잡한 그래프와 도표를 동원해서 강의 형식을 패러디했다. 연극은 1950년대 이후 라틴아메리카, 중동, 동남아시아 국가들에 대한 미국의 침략과 간섭을 그 내용으로 하고 있다. 중요한 것은 이 연극에 언급된 역사적 사건들에 대한 캐나다의 공식적 반응들을 폭로함으로써, 캐나다 매체와 무수한 '실업계 거물(大君, tycoon)'의 존재에 의해 확인되는 복잡하게 얽힌 미국의 존재가 캐나다를 매국적 군사 행위의 공범으로 만들어 버렸다고 결론 내린다는 점이다. 브룩스와 베르데치아는 강의 형식을 전복함으로써 캐나다가 UN과 같은 평화유지 기구에 도움이 되는 평화 국가, 타국의 내정에 비간섭적인 국가라는 보편적 가정을 반박한다. 사건, 숫자, 신문기사, 적절한 인용 등의 자료를 반박의 근거로 이용한다. 연극은 일부러 철학자이자 언어학자인 노암 촘스키의 말을 무대에 투사하여 불온한 이미지로 끝맺는다. "캐나다인들에게 던져진 문제는 그들이 대량 학살의 공범자라는 사실을 편안하게 받아들이느냐이다. 과거에는 그 대답이 '예스'였고, 그들은 확실히 편안하게 받아들이고 있다."(Noam Chomsky, 『언어와 정치(Language and Politics)』, 1991 : 65)

미국 문화에 대한 패러디는, 때때로 캐나다의 식민 역사가 미국과의 역사적 차이를 보여주는 표지이며 미국 헤게모니의 현대적 형식에 대한 비판이라는 두 가지 방식으로 시도된다. 릭 살루틴(Rick Salutin)과 빠스 뮈레이유 극단(Theature Passe Muraille)의 〈1837, 농민 봉기(1837 : The Farmers Revolt)〉(1974)는 주로 영국을 표적으로 한 반제국주의적 저항을 연극화했다. 연극은 어느 캐나다인 농부가 자신의 공동체가 직면한 딜레마에 대한 해결책을 찾으려는 노력의 일환으로 미국을 여행하는 일련의 장면(sequence)을 보

연극이 자신을 규정하려 한 문화적 실천 방식에 대한 심도 있는 논의를 접하고 싶다면 파일워드(Filewod), 1992b를 참조하라.

여주는 형식으로 되어 있다. 장면들은 미국의 지나친 모험심(enterprise)과 대조되는 캐나다의 무덤덤함을 비판하는 동시에, 미국에서 발견한 모든 것을 동경하는 농부의 태도를 통해 미국 문화를 모방하고자 열망하는 사람들과 그들의 문화를 풍자한다. 게다가 이 장면들은 밀밭과 사과 과수원, 많은 소떼들, 6층 건물 등을 의도적으로 어설프게 흉내(simulation)낸 극단적인 소극(farce)이다. 하지만 한 미국인이 이 농부에게 캐나다를 통째로 미국으로 가져오라고 청하는 장면과 같은 데서는, 미국인들의 자비심에 대해 위협적 칼날을 들이대기도 한다. 이때 캐나다 영토를 합병하려던 미국의 위협은 미국의 상품, 자본, 문화, 의식에 대한 현대적 '침략'과 동일시된다. 이런 장면들을 통해 연극은 캐나다가 자국의 정치, 경제적 문제에 대해 스스로 해결책을 찾아야 하고, 영국이나 미국인들에 대한 식민주의적 굴종은 어리석을 뿐 아니라 위험한 것이라고 시사한다.

조지 워커(George Walker)의 〈바그다드 살롱(*Bagdad Saloon*)〉(1973)은 비록 작품의 반제국주의적 의미가 약간 누락된 형태로 표현되기는 했지만, 미국 문화에 대한 일관된 초점을 유지하면서 수입된 신화 체계와 윤리를 수용하려는 캐나다에 대해 경고하고 있다. 로우의 〈도쿄 장미(*Tokyo Rose*)〉와 같은 신랄한 풍자는 지배사회가 이용하는 영화 텍스트와 같은 형식들을 통해 헤게모니에 개입한다. '카툰'이라는 부제가 붙은 〈바그다드 살롱〉은 미국 민속문화와 대중문화에 기반을 둔 이미지들을 영화적인 콜라주 기법으로 표현한다. 줄거리는 아랍인 아룬(Ahrun)이 불멸성의 비밀을 알아내기 위해 미국의 '전설'이라 할 만한 몇몇 인물들 즉, 거트루드 스타인(Gertrude Stein), 닥 할리데이(Doc Halliday), 그리고 헨리 밀러(Henry Miller)를 납치하는 내용이다. 연극 전반부에서 아룬은 '영웅들'의 지위에 어울리는 공간을 마련하기 위해 미국식 살롱을 흉내낸 형편없는(crass) 장식들과 그로테스크한 특징들을 첨가한 어떤 건축물을 지으려 한다. 그러나 이어지는 장면에서는 열렬히 숭배받는 인물들(cult figure)이 정서적으로 뒤틀려 있고, 문화적으로도 부적절하다는 것이 충분히 밝혀진다. 따라서 그들을 납치한 아룬은 그들로부터 불멸성이나 진정성을 전혀 배울 수가 없다. 그 대신 혼란이 발생한다. 그 전설적 인물들이 아룬의 궁궐을 장악해 아룬을 움직이지 못하는 산송장으로 만들어 놓고 늙고 부패한 그들만의 기괴한 연회를 즐긴다. '새로운 사회'를 건설하지 않는 것에 대한 은유(metaphor)로 읽을 수 있는 워커의 이 우상 파괴 연극은, 미국의 신화를 불신하고 그들의 문화적 권력을 해체함으로써 캐나다 스스로가 영속적 신화를 만들어내야 한다는 것을 시사한다.

논의된 많은 텍스트들이 미국의 신제국주의를 언급함에 있어 자신들의 근본문화와 미국 문화 사이에 거리를 두려했던 반면, 기예르모 베르데치아의 〈아메리카 국경(*Fronteras Americanas*)〉(1993)은 새로운 '중심'과 그 주변이라는 대립 구도 자체를 해체해 버린다. 아르헨티나계 캐나다인이 각본을 쓰고 연기한 이 모노드라마는 문화적 배치에 관한 이분법적 인식론을 붕괴하고 제국주의의 지도, 여기서는 '미국'의 관념적 지도를 다시 그림으로써 식민화된 주체를 위한 발언 공간을 만들어준다. 이 연극은 인종·사회·지리·정치적 구분의 효력(agency)을 부정하지 않고, 다만 그 구분이 인위적으로 구성된 것이기에 해체 가능한 것임을 시사할 따름이다. 권위를 전복하기 위해 경계의 은유를 취한 베르데치아(Verdecchia : 작가 자신이 연기한 극중인물)는 지리학의 문제를 제기한다. "우리는 모두 아메리카인이다"(1993 : 20)라는 그의 주장은 미국이 '아메리카'라는 용어와 정체성을 독점하고 '아메리카'라고 알려진 다른 두 대륙의 거주자들을 주변화한 개념적 패러다임에 즉각적으로 개입한 것이다. 이 연속되는 거대한 땅덩어리에 그어진 가변적인 국경선의 존재는 제국주의의 지도를 확정하려는 시도에 의문을 제기한다. 베르데치아의 질문, "미국은 어디서 끝나고, 캐나다는 어디부터 시작되는 겁니까? 미국은 위도 49도선에서 끝나는 건가요, 아니면 거실의 텔레비전을 켜서 CBC(캐나다 방송공사)를 틀 때 끝나는 건가요?"(1993 : 21)는 그런 의문을 시사한다. 연극은 지형학적 지도를 끊임없이 다시 그리는 한편 관습적 묘사를 해체하려는 목적으로 '기이한 아메리카 역사'를 제시한다. 서사적 논평이 덧붙여진 슬라이드쇼의 형태로 제시된 이 역사에는 아즈텍문화, 쟌 다르크(Joan of Arc), 680파운드 중량의 거대한 농어(sea bass), 크리스토퍼 콜럼버스, 피터 래빗, 피델 카스트로, 어니스트 헤밍웨이, 몬트리올 캐나다 하키팀, 그리고 마지막으로 베르데치아의 첫 등교가 포함되어 있다. 각각에게 동등한 서열을 부여한 역사적 사건들의 이런 콜라주는 특권의 범주를 해체하는 데까지 나아간다.

베르데치아가 깨달은 것처럼 '라틴아메리카'를 북아메리카의 '뒷마당'쯤으로 규정하는 인종적·문화적 스테레오 타입화 때문에, 개인과 사회의 경계를 무너뜨린다는 것은 더욱 어려워진다. 그러나 베르데치아는 자신의 또 다른 페르소나(persona)인 와이드로드(Wideload) 덕분에 결국 자아 대 타자의 이분법을 초월하게 되고 전복할 수 있는 정체성을 빚어내기 시작한다. 조연 코메디 배우인 베르데치아의 희극적 캐릭터인 와이드로드는 라틴아메리카의 정체성이 구성된 것임을 입증하기 위해 일부러 스테레오 타입화된 형상을 그대로 체현한다. 와이드로드는 자아와 타자의 경계인 바리오(barrios)*31)에 사는 인물, 베르데치아의 탐색에 도움을 주기에 적합한 이상적 인물이다. 공연에서는, 한 배우의 두 개로 분리된 페르소나를 통해 분열된 주체가 식민화된 주체의 생산적 불안정성을 강화시킨다. 베르데치아는 연극의 막바지에 이르러, "나는 경계에 사는 법을 배우고 있다. 나는 국경 수비대를 물러가게 했다. 나는 하이픈(hyphen)으로 연결된 사람이지만 조각조각 부서지는 것이 아니라, 붙이고 종합한다. 나는 경계에 집을 짓는다"(1993 : 77)라고 말한다. 경계에 대해서 쓰는 것이 아니라 경계 위에 글을 씀으로써 〈아메리카 국경〉은 중심 대 주변과 식민 지배자 대 피지배자의 이분법적 대립을 해체한다. 그리고 끊임없는 협상을 통해 결정되는 변증법 내에 두 항을 재배치시킨다. 이 연극은 기

---

31) 미국의 스페인어 통용 지역. (역주)

예르모 고메즈 페나(Guillermo Gomez-Pena : 라틴아메리카 문화에 관한 손꼽히는 이론가)의 말을 슬라이드 장면 가운데 하나로 삽입함으로써, 서사에 대한 일관된 메타 평론을 제공하고 해체의 움직임을 명시적으로 드러낸다.

서구는 더 이상 서구가 아니다. 낡은 이분법의 모델은 진행중인 경계의 변증법이라는 흐름에 의해 대체되었다. 우리는 이제 끊임없이 움직이고 있는 사회적 우주(universe), 흘러 다니는 문화와 요동치는 자아의 개념으로 움직이고 있는 지도 안에 살고 있다. (1993 : 70)

전지구적 신제국주의의 문제를 제기하는 청사진으로써의 이 자막과 연극은, '인간의 상호의존성(human interdependence)'을 20세기 후반의 지표로 제시한 사이드(Said)의 문제의식을 보여준다. 만약 정체성이 고정되어 있지 않고 유동적이라면, 미국화가 증가하고 있는 세계문화의 추세 속에서도 포스트 식민성이 구성될 수 있다.

관광산업

지난 수십 년에 걸쳐 이른 바 '지구촌(global village)'이 발전한 데에는 상상할 수 없는 규모로 세계 전체에 펼쳐진 투어리즘(tourism)의 현저한 확산이 지대한 공헌을 했다. 이는 결과적으로 여행 경비를 부담할 능력이 있는 서구인들이 비서구 타자와 상품화된 관계를 발전시킬 수 있는 기회를 증가시켰다는 것이다. 존 프라우(John Frow)가 주장하듯, "관광산업(tourism)의 논리는 상품 관계의 무자비한 증가 논리, 그리고 중심과 주변, 제1세계와 제3세계, 선진국과 후진국, 도시와 지방 사이의 당연시된 권력 관계의 불평등 논리와 동일하다."(1991 : 151) 매체들은 여행할 수 없거나 여행하지 않기로 한 사람들에게 소파에 편안히 앉아 텔레비전 채널만 돌리면 간단히 즐길 수 있는 다양한 대리만족의 기회를 제공한다. 많은 경우 다큐멘터리라는 이름으로 포장된 이와 같은 여행담들은, 서구 시청자들이 시각적으로 소비할 수 있게 그들 구미에 맞춰 다양한 국가와 문화를 극단적으로 선택한 표상으로만 구성한 것이다. 뉴스 매체도 이런 관행으로부터 벗어나 있지 않다. 사실 뉴스가 표방하는 타자의 객관화란 그들의 기사가 마치 상황이나 사건에 대한 '지금, 여기'의 사실인 것처럼 보도하기 때문에 때로는 아주 교활한 면이 있다.

〈아메리카 국경〉에서는 경계의 변증법의 일환으로, 주변성의 개념을 영속화하는 이미지를 만들어내고 유지하는 매체에 대해 직접적으로 공격한다. 와이드로드는 트랜스-캐나다 고속도로를 따라 '유독성 폐기물 더미' 위에 지으려는 '제3세계 놀이공원'에 대한 자신의 견해를 다음과 같이 밝힌다.

> 그러니까 말야, 우선 기관단총을 든 경비원들이 지키고 서 있는 철조망 정문으로 들어서서 주차를 시키는 거지. 그러고 나면 다 망가진 벤츠(Mdercedez Benz) 버스가 당신들을 태우러 올 거야. 물론 삼엄한 경비하에 말야. 그리고서 국제 통화기금(International Monetary Fund) 신용카드를 50불에 사면 그걸로 뭐든 다 탈 수 있어.
> 일단 입장하고 나면 누군가 당신 지갑을 훔칠 것이고, 곧 경찰이 나타나긴 하지만 무능한 데다 뇌물이라도 주지 않으면 아무 것도 하려고 들지를 않을 거야. 그리고 가난뱅이들이 또띠아(tortilla)*32)를 팔고 있는 빈민가를 걸어서 지나가게 될 거야. 또 어쩌면 점점 사라지고 있는 열대우림 지역을 직접 걸어볼 수 있을지도 몰라……. 그러면 최고겠지 — 당신들은 그 따위 빌어먹을 수작들을 좋아하잖아. (1993 : 25)

---

32) 멕시코 지방의 둥글넓적한 옥수수식빵. (역주)

이 장면의 패러디적 성격이 관객들을 묘사된 놀이공원과 연관될 여지로부터 멀어지게 만들지만, "당신들은 그 따위 빌어먹을 수작들을 좋아하잖아"라는 와이드로드의 마지막 발언은 '색슨족(Saxonians : 북아메리카 백인들을 지칭하는 그의 용어)'이 매체의 표상 체계에 공모하고 있다는 사실을 상기시킨다. 이후 와이드로드는 마약 연합(drug cartel)의 영화를 보여주면서 개인적 논평을 넣기 위해 영화의 볼륨을 소거해 버린다. 와이드로드는 관객들에게 이 선전 선동물을 회의적인 시각으로 봐서는 안 된다고 경고하기 전에, 먼저 영화에서 보여주지 않는 세부사항들로 관객들의 관심을 유도한다. 이때 그의 풍자적인 어조가 공공연하게 드러나지는 않는다. 그리고 영화와 대중잡지에서 '라틴계 애인과 정부'를 상품화하는 것 또한 와이드로드의 해체주의적 공격 대상 가운데 하나다. 그는 『엘르』 잡지에서 '라틴계 애인과 정부'가 이국적인 성적 대상(sexual object)인 동시에 비인간적으로 그려지는 방식에 대해 관객들이 인식할 수 있도록 기사를 분석해서 보여준다. 특징화된 매체의 텍스트 독해법을 가르치는 무대 위 수업에서, 반어와 의도적인 서사 방해(narrative intrusion)를 일관되게 이용하는 와이드로드의 어법은 능동적인 '이중시각(double vision)'을 매체 관람의 대안적 모델로 제시한다.

매체를 통해 유통된 이미지들의 담론적 힘은, 휴양지를 이국적인 성적 타자에게 '안심하고' 접근할 수 있는 장소로 구성하는 데 분명한 영향을 끼쳤다. 대중문화를 통한 문화적 관음증을 타자와의 실제적 대면으로 번역하게 되면서, 비서구 주체의 상품화는 더욱 명백해진다. '주인'사회의 문화, 접대 방식, 환경과 물질적 관계를 맺는 것과는 별개로, 관광산업은 특히 '로맨스'가 암암리에 혹은 명시적으로 해외 여행의 교묘한(elusive) 목적이 될 경우, 그 사회에 속한 사람들을 상품화한다. 예를 들어 카리브는 주로 미국인 관광객이 사회적 파장과 대가를 염려하지 않고 타인종과 섹스를 하고 자신의 패티쉬를 충족시킬 수 있는 '놀이터'나 다름없다. 자메이카나 바베이도스(Barbados) 역시 흑인 타자의 몸값으로 돈이나 그에 상응하는 식사, 호텔 방, 값비싼 선물 등을 기꺼이 지불할 용의가 있는 백인 남성과 백인 여성들의 욕구에 기반한 '섹스관광'산업을 운영하고 있다. 트레버 론(Trevor Rhone)의 〈스마일 오렌지(*Smile Orange*)〉(1971)는 자메이카 해변 리조트 관광산업의 경제학에 대한 날카로운 풍자를 담고 있다. 연극은 주로 미국인들에게 서비스를 제공하는(cater) 삼류 호텔, 모초 비치 호텔(Mocho Beach Hotel)의 직원들에 대한 내용이다. 비록 단 한 명의 관광객도 직접 무대에 등장하지는 않지만 연극은 그들의 그렇고 그런 속셈이나 '변태적(deviant)' 행각들을 암시하는 세부 묘사를 충분히 제공한다. 〈스마일 오렌지〉는 미국인들을 향한 비판임에 분명하지만, 관광객들에 의한 아프리카 자메이카인들의 상품화를 폭로하는 것보다 지역민들이 이 상품 관계를 "착취자들에 대한 착취(exploit di exploiter)"(1981 : 176)로 되돌려 주고 전복시킬 수 있는 방식을 제시하고자 주의를 기울인다. 연극 속 트릭스터 형상인 웨이터 링고(Ringo)는 새로 온 버스보이에게 고객들을 조종하는 법, 특히 부유한 미국 여성들로부터 한 몫 잡는 법을 차근차근 단계별로 가르쳐주면서 이 호텔의 관광객 '갈취(racket)' 방식을 분명하게 묘사한다. 이 게임의 핵심은 관광객들이 기대하는 성적이고 사회적인 역할을 차용해서 관광객들이 생각하는 '진정성'에 부응하는 역할을 해내는 것이다. 따라서 연기(play-acting)는 연극의 핵심 행위(action)이자 핵심적 은유가 된다. '원주민'이 짓는 미소가 식민지 스테레오 타입을 연기하면서도, 그에 환원되지 않는 '음흉한 예의'라는 것이 드러나기 때문이다. 연극은 추잡한 대화와 슬랩스틱 코미디(slapstick comdedy) 이면에, 지역민들이 생계를 유지할 수 있는 대안이 거의 없는 자국 경제의 비극적 면모를 암시한다. 미국 내 취업 비자(work visa)를 보증받기 위해 자기 몸을 내줬지만(compromise) '교제하는 사람(consort)'에게 차인 브랜든(Miss Brandon)을 통해 관광객 갈취에서 파생된 환멸을 강조한다. 오렌지를 먹으면 남성이 성적 불구가 된다는 자메이카 민간설화를 암시함으로써 관광산업에 의한 남성과 자메이카 사회의 은유적 거세를 함축적으로 제시한다. 어린 버스보이가 오렌지를 향해 손을 뻗는 마지막 장면은 자메이카의 신세대가 서구 시장경제의 성적 환상 속에 위치한 자신들의 현실에 굴복하고 말 것이라는 불길한 조짐을 암시하고 있다.

마이클 거(Michael Gurr)의 〈이단자의 섹스 다이어리(Sex Diary of an Infidel)〉 (1992)는 이와는 다른 맥락에서 오스트레일리아인들의 필리핀 섹스관광 문제를 다룬다. 여기서는 성 매매를 서구와 제3세계 국가들 사이의 대의 원회(congress)에 대한 은유로 이용한다. 강제적 섹스는 경제적·문화적, 심지어 군사적 제국주의에 대한 비유이기도 하다. 연극에서 한 저널리스트와 사진기자는 섹스관광산업에 의해 영속화된 문화적·성적 착취의 실태를 고발하는 기사를 완성하기 위해 필리핀으로 여행을 간다. 그러나 미디어의 '기사와 사진(words and pictures)'팀 자체도 신제국주의의 진행 과정에 깊이 연루되어 있음이 밝혀진다. 그들의 고발의 취지 역시 서구의 특권을 재각인시키고 낡아빠진 신화를 강화하는 데 봉사할 뿐이다. 손택이 주장하듯이 기사를 쓰거나 사진을 찍는 행위는 수동적 관찰이 아니라 "주체를 흥미롭고 사진 찍을 만한 대상으로 만드는 공모 관계"(1973 : 12)를 확인시키는 능동적 개입이다. 거(Gurr)가 매체를 주요한 섹스 관광객으로 구성하는 것은 뉴스 보도에 의해 확산되는 문화적이고 성적인 관음증에 관객들 역시 참여하고 있음을 지적하는 것이다. 이 지적은 연극의 첫 장면에서 관객들을 향한 방백을 통해, 관객들을 연극에서 보여질 행위들의 단순한 관찰자가 아니라 그들의 일행(패거리)으로 위치짓는 방식 안에서 특히 강조된다.

〈이단자의 섹스 다이어리(Sex Diary of an Infidel)〉에서는 동양의 주체를 구체화하려고 사진을 찍는 장면들을 무수히 보여준다. 이것은 손택이 표현한 "사진기적 시선의 탐욕(insatiability)"(1973 : 3)을 은연중에 비판하고 그것을 연극 주제로 설정하려는 전략이다. 공연은 그것이 전복하고자 하는 응시 관계와 적극적으로 관련되어 있기 때문에, 사진의 관습에 대한 연극의 공격은 구조와 형식의 차원에서도 시도된다. 간결하고 예리한 이미지 장면들의 급속한 장면 전환은 서사의 행위(action)를 연쇄적인 필름 속에 흩어져 있는 '스냅 사진(snapshot)'의 콜라주처럼 제시한다. 카메라의 구도가 완전히 이질적인(disparate) 이미지들이 연극이나 비디오에 나란히 배열되지만, 공연 안에서 구체화된 등장인물들의 존재감은 영화적 응시의 완결성을 거부한다. 게다가 연극의 메타 연극적 틀은, 관객의 응시가 초점(focus)과 행위와 이 행위를 바라보는 다른 등장인물들의 시선 사이에서 항상 분열하게 만든다. 카메라의 시선과 권력의 전복은 식민화된 주체의 무성의함을 비꼰 듯한 B급 영화에서 증명된다. 복장도착증을 가진 창녀 토니(Toni)는 스스로가 동양적 스테레오 타입에 '끼워 맞춰지고 있다'는 것을 알고서, 그런 자기 구성의 한계를 카메라로 되비춰준다. 이것을 통해 연극은 성적 착취를 위한 일종의 '전희(前戲)'라 할 수 있는 관광객의 응시를 통해 승인된, 마치 자명한 것처럼 인식되는 시선 관계를 해체하고자 한다. 이런 면에서 거(Gurr)의 텍스트는 〈스마일 오렌지(Smile Orange)〉보다 한층 더 강하게 관광산업의 리비도적 경제학을 잠식시킨다. 존 어리(John Urry)가 주장한 대로, 만약 사진기적 이미지가 관광산업의 문법을 구성한다면(1990), 그것의 해체는 아시아에 대한 서구의 이국적 비전(vision)을 동요시키는 더 큰 의제(agenda) 안에서 핵심이 될 것이다.

관광산업은 의심할 바 없이 가장 음흉한 신제국주의의 형태 가운데 하나다. 하지만 비서구 민족들의 차이(alterity)를 유지하려는 기존의 관심을 성공적으로 은폐하는 데 한해서만 그 권력의 안정적 지점으로 계속 기능할 수 있다. 프라우의 주장처럼 "전통적이거나 이국적인 문화의 타자성은 관광산업에 흡수되고 싶어하지 않는 자신의 상대성을 인식하지 못하는 데서 비롯된다."(1991 : 130) 타자가 자신의 차이(alterity)를 서구 담론의 작용으로 일단 인식하기 시작하면, 잠재적 저항의 조건은 형성될 수 있다. 이런 측면에서 매체의 전지구화는 본래 의도와는 달리 식민화된 민족들이 권력 획득(empowerment)의 전제가 되는, "정보의 조건"(1991 : 130)을 얻을 수 있도록 도와준다. 신제국주의의 다양한 형태들이 지방, 지역, 전지구적 차원에서 계속 작동하겠지만 탈식민화의 과정 역시 그러할 것이다. 현대 문화제국주의에 잠정성(provisionality)이 불가피하다고 한 사이드의 주장이 이를 뒷받침한다. "역사는 우리에게 지배가 저항을 낳는다는 것을 가르쳤다. 그리고 제국주의적 경쟁에 내재한 폭력성은 간헐적인 이익이나 쾌감에도 불구하고 양측을 모두 빈곤하게 할 뿐이라는 사실을 깨닫게 해주었다."(1993 : 348)

제 7 장
잠정적 결론

우리는 이 책에서 여러 나라의 연극에 연관된 포스트 식민주의 이론과 공연 이론 간의 관계를 연구했다. 여기서 식민화된 주체들이 연극을 저항 전략의 거점으로 이용하는 여러 방식들을 검토할 수 있었다. 예를 들어 식민 제국과의 접촉 이전(pre-contact)의 공연, 제의(ritual), 노래, 음악, 언어, 역사, 이야기하기 형식 등의 회복은, 유럽의 것이 아니거나 표면상으로 문명화되지 않고 통제 불가능한 것들을 근절하려는 제국주의적 시도에도 불구하고 토착문화를 강조하는 데 기여했다. '고전' 텍스트를 수정하고 재생산하는 과정은 원전이 품고 있는 헤게모니적 권위를 해체한다. 포스트 식민주의 세계에서의 토착 형식과 식민지 형식들의 혼합은 유럽적 '표준' 해체에도 기여한다. 혼종적 연극 형식들은 식민주의가 결코 완전하게 지워질 수도 없고 접촉 이전의 '순수성'이 완전히 회복될 수도 없음을 인식하고 있다. 오히려 혼종성은 헤게모니의 과정이 지속적 해체를 필요로 한다는 사실을 강조한다. 포스트 식민주의 연극에서 이루어지는 식민주의적 전통과 제국과의 조우 이전 전통의 불편한 융합은,

단일한 접근 방식이나 권위의 구축을 피하기 위해 관점과 권력 체계의 다양성을 특권화하는 정치적으로 기민하고 적절한 연극을 구성할 수 있도록 허용한다. 포스트 식민주의 무대에서 신식민주의가 출현할 때는 탈식민적 활동의 필요성을 더욱 강조한다.

이 연구가 방법론과 연극의 모든 측면들을 철저하게 논의했다고 할 수는 없다. 일부는 우리가 다룬 주제가 가진 범위의 한계 때문이기도 하고, 또 한편으로는 광대하고 다양한 연극들을 특정한 방식으로 읽도록 규정하고 싶지 않았기 때문이다. 여기서 깊이 있게 논의되지 못한 연극 전통들은 인도의 아대륙(亞大陸, subcontinent), 동남아시아, 멜라네시아, 인도네시아, 폴리네시아의 것이다. 국가에서 독립과 함께 발생한 민족주의 연극운동의 전개는 의도적으로 세세하게 다루지 않았다. 대부분의 민족주의 연극사는 도서관에서 쉽게 찾아볼 수 있기도 하거니와, 무엇보다 우리는 과거 영국 식민지들의 연극을 제국주의적 통제에 대항하고 반응한, 거대 맥락 안에서 읽고 싶었기 때문이다. 예를 들어, 가나의 콘서트 파티나 이그보(Igbo)의 므몬우(mmonwu) 시극가장무도회(poetic masquerade play), 그 외 축제에 기반을 둔 다양한 아프리카 연극들과 제의들에 대한 심도 있는 탐구는, 식민주의에 대한 저항이 계속 연극화되는 무수한 방식들을 정확하게 이해할 수 있는 생산물을 산출해낼 것이다.

또한 우리의 연구 기획은 연구 분야를 속속들이 다루는 것보다 우리가 간단히 언급만 했던 많은 영역들에 대해서 독자 여러분의 자발적 연구를 촉진하는 데 초점이 맞추어져 있다. 그 영역들이란 아래와 같다.

> −인도의 연극 형식이, 식민주의 권력과 자국내(internal) 권력이 행사해온 대규모의 관료주의적이고 교육적인 통제에 맞서, 극도로 강력한 공간, 형식, 언어, 정신, 고대 역사성의 다양성과 자율성을 지켜온 방식들.
> −제국주의 권위가 물리적·문화적 범위를 넘어 심리상의 은유적 공간까지 뻗어가는 방식. 식민주의의 이러한 정신적 효과들은 대부분의 포스트 식민주의

국가들에서 명백하지만, 특히 캐나다, 오스트레일리아, 뉴질랜드 그리고, 부분적으로 남아프리카와 같은 이주침략자문화에서 더 두드러진다. 왜냐하면 이들 국가에서 비토착민 식민지 주체들은 대부분 제국주의 원조(ministrations)에 의존하고 있기 때문이다. 능동적으로 탈식민화되어야 하는 또 하나의 위치로 설정되어 무대에 형상화되는 정신적 공간은, 식민주의 주체에 대한 제국주의 지배력을 연극적 실험을 통해 해체하게 하는 잠재적 생산성을 포함한다.

- 뉴질랜드의 이중문화적 사회가 그 외의 더욱 '다문화적'인 이주민사회들과 다른 식으로 의미화되는(signifies differently) 방식.
- 신체가 무대에서 의미를 드러낼 수 있는 다른 많은 방식들. 제의적 희생(scarification)이나 문신은, 배우의 신체라는 영속적 문화의 기호와는 다른 의미를 표출할 수 있다. 또 다른 신체의 코드화 중의 하나는 식민지와 독립 이후의 국가에서 쉽게 자행되었던 지배 기제로서의 고문이다. 특히 관객들이 그 지역의 정치적으로 코드화된 지시 대상(referent)을 인식하고 있는 경우, 고문의 묘사는 그들 사이에 강력하게 소통된다. 실제로 고문을 견뎌낸 배우의 정신이나 신체의 경우, 고문당한 신체를 연기하는 배우에 비해 더 강렬한 의미화 작용을 한다.
- 포스트 모더니즘과 급진적 페미니즘 연극 운동가들이 포스트 식민주의 공연 이론에 영향을 주는 방식들.
- 북미자유무역협정(NAFTA)이나 아세안(ASEAN)과 같은 전지구적인 정치적 재편성이 캐나다, 오스트레일리아, 뉴질랜드라는 과거 영국 식민지들이 형성했던 전통 무역과 정치 연합을 수정시키는 방식들.
- 1994년에 있었던 남아프리카 공화국의 선거와 그곳에 민주주의 국가가 소개된 것이 남아프리카 연극에 영향을 끼친 방식들. 1990년 넬슨 만델라(Nelson Madela)가 석방되기 전까지 최소한 20~30년 간 남아프리카공화국에서 생산된 연극의 대다수는 아파르트헤이트와 '자유'의 이분법적 대립으로 구조화되어 왔다. 남아프리카 공화국 연극의 은유적·문학적·연극적 투쟁의 성격 변화는 특히 추적해볼 만한 주제다.
- 버마(미얀마)나 동티모르(East Timor) 같은 '식민지'에서 여전히 정부 주도의 예술 검열이 시행되고, 예술가와 시민들의 처벌받는 방식.
- 포스트 식민주의가 비효율적이고 무기력하게 르완다에서의 대량학살 기도와

같은 포스트 제국주의의 비명과 직면하는 방식들.

포스트 식민주의 연극은 물론 고정적인 것이 아니다. 포스트 식민주의 공연에서 일어나는 변화나 개선, 심지어 특정 측면의 제거 등은 매우 의미심장하다. 나이지리아 동부의 타이브(Tiv) 민족이 유지하고 있는 크와 히르(Kwagh-Hir) 인형극은 이 공동체가 경험한 사회적·기술적 변화들의 연대기가 된다. 익숙한 기존의 지역 꼭두각시 인형 컬렉션(collection)에 새로운 꼭두각시가 소개된 것은, '그보코(Gboko)에 처음으로 오토바이가 등장한 사건, 최초의 여경 등장, 유럽풍의 현대적 의상이 지역의 승인을 얻은 사건' 등 다양하고 중요한 사건들을 표현한다(Enem, 1976 : 41).

앨런 러슨(Alan Lawson)과 크리스 티핀(Chris Tiffin)의 주장처럼, 탈식민화는 여전히 진행중이다.

> 식민화된 주체들은 제국의 표면적이고 공식적인 제도들 안에서 과거 지배하에서와 유사한 지속적이고 폭넓은 제국주의 기제들에 의해 호명된다. 이것 역시 역사화되어야 한다. 제국주의와 제국주의적 관습이 존속하고 있음을 재확인하는 것도 필요하지만, 그것들이 동일한 형식을 띠고 있지 않다는 사실과 그들의 배치와 효과들의 역사·문화·지리적 특이성을 기록하는 것 또한 필요하다. (1994 : 230~231)

포스트 식민주의와 신식민주의 세계에서의 탈식민화 투쟁을 다루는 지속적인 시도들은 오스트레일리아·인도·아프리카·캐나다·카리브·뉴질랜드와 그 외 과거 식민지들에서, 혁신적이며 충돌하는 스타일과 언어, 형식들을 통해 무대에 올려져야 한다. 포스트 식민주의 연극은 제국이 범위를 제한하고 있는 젠더(gender), 인종, 계급 구성의 경계에 대항하는 새로운 수단을 반드시 모색할 것이다.

참고문헌

Achebe, C.(1993), "The African writer and the English language", in P. Williams & L. Chrisman eds., *Colonial Discourse and Post-Colonial Theory : A Reader*, New-York : Harvester Wheatsheaf, 428~434.

Acholonu, C. O.(1985), "Role of Nigerian Dancer in drama", *Nigeria Magazine* 53, 1 : 33~39.

Ackerman, M.(1993), *L'Affaire Tartuffe, or, The Garrison Officers Rehearse Molière*, Montréal : NuAge.

Adedejj, J. A.(1996), "The place of drama in Yoruba religious observance", *Odu* 3, 1 : 88~94.

_____(1979), "Theatre forms : the Nigerian dilemma", *Nigeria Magazine* 128/9 : 15~25.

Agbeyebe, F.(1990), *The King Must Dance Naked*, Lagos : Malthouse.

Agovi, K.(1985), "Is there an African vision of tragedy in Contemporary African Theatre?", *Présence Africaine* 133/4 : 55~74.

_____(1991), "Towards an authentic African Theatre", *Ufahamu* 19, 2/3 : 67~79.

Ahmed, U. B.(1985), "A taxonomy of Hausa drama", *Nigeria Magazine* 53, 1 : 19~32.

Ahura, T.(1985), "The playwright, the play and the revolutionary African aesthetics", *Ufahamu* 14, 3 : 93~104.

Aidoo, A. A.(1965), *The Dilemma of the Ghost, Accra*, Ghana : Longman.

_____(1970), *Anowa, Harlow*, Essex : Longman.

Akerman, A.(1989), "The last bastion of freedom under siege : a reflection in Theatre", in W. Campschreur & J. Divendal eds., *Culture in Another South Africa*, London : Zed, 50~57.

Alekar, S.(1989), *The Dread Departure*(Mahanirvan), G. Deshpande trans., Calcutta : Seagull.

Ali, S.(1993), Review of The Black Jacobins by C. L. R. James, *Sunday Guardian Magazine*, 16 May : 5.

Alleyne, M.(1985), "A linguistic perspective on the Caribbean", in S. W. Mintz & S. Price eds., *Caribbean Contours*, Baltimore, Maryland : Johns Hopkins University Press, 155~177.

_____(1988), *Roots of Jamaican Culture*, London : Pluto.

Allison, H.(1986), *Sistren Song : Popular Theatre in Jamaica*, London : War On Want.

Alson, J. B.(1989), *Yoruba Drama in English : Interpretation and Production*, Lewison, New-York

: Mellen.

Amali, E. D.(1985), "Proverbs as concept of Idoma performing arts", *Nigeria Magazine* 53, 3 : 30~37.

Amali, S. O. O.(1983), *The Nigerian Dreams and Realities*, Jos, Nigeria : University of Jos Press.

_____(1985), *An Ancient Nigerian Drama : The Idoma Inquest : A Bilingual Presentation in Idoma and English together with 'Odegwudegwu' an Original Bilingual Play in Idoma and English*, Shuttgart : Steiner.

Amankulor, J. N.(1980), "Dance as an element of artistic synthesis in traditional Igbo Festival Theatre", *Okike* 17 : 84~95.

Amankulor, J. N. & Okafor, C. G.(1988), "Continuity and change in traditional Nigerian Theatre among thr Igbo in the era of colonial politics", *Ufahamu* 16, 3 : 35~50.

Amanuddin, S.(1978), *The King Who Sold His Wife*, Calcutta : Prayer.

Amosu, T.(1985), "The Nigerian dramatist and his audience : the question of language and culture", *Odu* 28 : 34~45.

Angmor, C.(1988), "Drama in Ghana", in R. K. Priebe ed., *Ghanaian Literatures*, New-York : Greenwood.

Appiah, K. A.(1991), "Is the post-in postmodernism the post-in postcolonial?", *Critical Inquiry* 17 : 336~357.

_____(1992), *In My Father's House : Africa in the Philosophy of Culture*, London : Methuen.

Aremu, P. S. O.(1983), "Spiritual and physical identity of Yoruba Egungun costums : a general survey", *Nigeria Magazine* 147 : 47~54.

Asagba, A. O.(1986), "Roots of African drama : critical approaches and elements of continuity", *Kunapipi* 8, 3 : 84~99.

Ashcroft, B. [W. D.](1987), "Language Issues facing Commonwealth writers : a reply to D'Costa", *Journal of Commonwealth Literature* 22, 1 : 99~118.

_____(1989a), "Constitutive graphonomy : a post-colonial theory of Literary writing", *Kunapipi* 11, 1 : 58~73.

_____(1989b), "Intersecting marginalities : post-colonialism and feminism", *Kunapipi* 11, 2 : 23~35.

_____(1990), "Choosing English / choosing an audience", SPAN 30 : 18~26. B. Ashcroft & G. Griffiths & H. Tiffin eds.(1989), *The Empire Writing Back : Theory and Practice in Post-Colonial Literatures*, London : Routledge.

_____ eds.(1995), *The Post-Colonial Studies Reader*, London : Routledge.

Attwood, B. & Arnold, J. eds.(1992), *Power, Knowledge and Aborigines*, Melbourne : La Trobe University Press.

Awoonor, K.(1981), "Caliban answers Prospero : the dialogue between Western and African Literature", *Obsidian* 7, 2/3 : 75~98.

Babcock, B.(1985), "'A tolerated margin of mess' : the trickster and his tales reconsidered", in A. Wiget ed., *Critical Essays on Native American Literature*, Boston, Massachusetts : G. K. Hall, 153~185.

Badejo, D. L.(1987), "Unmasking the gods : of Egungun and demagogues in three works by Wole Soyinka", *Theatre Journal* 39, 2 : 204~214.

_____(1988), "The Yoruba and Afro-American trickster : a contextual comparison", *présence Africaine* 147 : 3~17.

Baker, M. A.(1991a), "An old Indian trick is to laugh", *Canadian Theatre Review* 68 : 48~49.

_____(1991b), "Angry enough to spit but with Dry Lips it hurts more than you know", *Canadian Theatre Review* 68 : 88~89.

Bakhtin, M.(1984), *Rabelais and his World*, H. Iswolsky trans., Bloomington, Indiana : Indiana University Press.

Balme, C.(1990), "The Aboriginal theatre of Jack Davis : prolegomena to a theory of syncretic theatre", in G. Davis & H. Maes-Jelinek eds., *Crisis and Creativity in the New Literatures in English*, Amsterdam : Rodopi, 401~417.

_____(1992), "The Caribbean theatre of ritual : Derek Walcott's *Dream on Monkey Mountain*, Michael Gilkes's *Couvade : A Dream Play of Guyana, and Dennis Scott's An Echo in the Bone*", in A. Rutherford ed., *Form Commonwealth to Post-Colonial*, Sydney : Dangaroo, 181~196.

Balodies, J.(1985), *Too Young for Ghosts*, Sydney : Currency.

_____(1992), *No Going Back*, Dir. R. Hodgman, Melbourne Theatre Company, Russell St Theatre, Melbourne, 16 July.

Balogun, O.(1981), "The contemporary stage in the development of African aesthetic", *Okike* 19 : 15~24.

Bame, K. N.(1985), *Come to Laugh : African Traditional Theatre in Ghana*, New-York : Lilian Barber.

Barber, E.(1986), *Beyond the Flooting Islands*, J. Barba trans., New-York : PAJ.

Baebeau, J.(1971a), *Le chemin de lacroix*, Montréal : Leméac.

_____(1971b), *Ben-Ur*, Montréal : Leméac.

_____(1973), *Le chanl du sink*, Montréal : Leméac.

Barker, F. and Hulme, P.(1985), "Nymphs and reapers heavily vanish : the discursive contexts of *The Tempest*", in J. Drakakis ed., *Alternative Shakespeares*, London : Methuen, 191~205.

Barratt, H.(1984), "Metaphor and symbol in *The Dragon Can't Dance*", *World Literature Written in English* 23, 2 : 405~413.

Baxter, J. K.(1982), "Mr. O'Dwyer's Dancing Party", in H. McNaughton ed., *James, K. Baxter : Collected Plays*, Auckland : Oxford University Press, 261~291.

Beckman, S. A.(1980), "The mulatto of style : language in Derek Walcott's drama", *Canadian drama* 6, 1 : 71~89.

Beik, J.(1987), *Hausa Theatre in niger : A Contemporary Oral Art*, New-York : Garland.

Ben Abdalldh, M.(1987), *The Trial of Mallam Ilya and Other Plays*, Accra : Woeli.

Benitez-Rojo, A.(1992), *The Pepeating Island : The Caribbean and the Post-modernism*, J. Maraniss trans., Durham, North Carolina : Duke University Press.

Bennett, L.(1983), *Selected Poems*, Kingston, Jameica : Sangster's.

Bennett, S.(1990), *Theatre Audiences : A Theory of Production and Reception*, London : Routledge.

_____(1991), "Who speaks? representations of native women in some Canadian plays", *The Canadian Journal of Drama and Theatre* 1, 2 : 13~25.

Bennett, T.(1982), "Text and history", in P. Widdowson ed., *Re-reading English*, London : Methuen, 223~236.

Bennett, W.(1974), "The Jamaican theatre : a preliminary overview", *Jameica Journal* 8, 2/3 : 3~9.

Benson, E.(1985), "Regionalism and national identity : the dramatic image", in R. Berry & J. Acheson eds., *Regionalism and National Identity : Multidisciplinary Essays on Canada, Australia and New Zealand*, Christchurch, New Zealand : Association for Canadian Studies in Australia and New Zealand, 89~96.

Benveniste, É.(1970), *Problems of General Linguistics*, M. E. Meek trans., Coral Gables, Florida : University of Miami Press.

Besong, B.(1986), *The Most Cruel Death of the Talkative Zombie, Yaoundé*, Camrroon : Nooremac.

Bessai, D.(1980), "The regionalism of Canadian drama", *Canadian Literature* 85, 7~20.

_____(1989), "Collective theatre and the playwright : Jessica, by Linda Griffiths and Maria Campbell", in K. G. Probert ed., *Writing Saskatchewan : 20 Critical Essays*, Regina : Canadian Plains Research Centure, 100~110.

_____(1992), *Playwrights of Collective Creation*, Toronto : Simon & Pierre.

Bhabha, H.(1983), "The other question······", *Screen* 24, 6 : 18~36.

_____(1984), "Of mimicry and man : the ambivalence of colonial discourse", *October* 28 : 125~133.

_____(1985), "Signs taken for wonders : questions of ambivalence and authority under a tree outside Delhi, May 1817", in F. Barker et al. eds., *Europe and its Others : Proceedings of the Essex Conference on Sociology of Literature*, July 1984, vol.1, Colchester, Essex : University of Essex Press, 89~106.

_____(1990), "DissemiNation : time, narrative, and the margins of the modern nation", in H. Bhabha ed., *Nation and Narration*, London : Routledge, 291~322.

Bharucha, R.(1983), *Rehearsals of Revolution : The Political Theatre of Bengal*, Honolulu, Hawaii : University of Hawaii Press.

Bhatta, S. K.(1987), *Indian English Drama : A Critical Study*, New Delhi : Sterling.

Bilby, K. M.(1985), "The Caribbean as a musical region", in S. W. Mintz & S. Price eds., *Caribbean Contours, Baltimore*, Maryland : Johns Hopkins University Press, 181~216.

Bird, K.(1989), "The Company of Sirens : popular feminist theatre in Canada", *Canadian Theatre Review* 59, 35~37.

Birringer, J.(1993), *Theatre, Theory, Postmodernism*, Bloomington, Indiana : University of Indiana Press.

Bishop, R.(1988), *African Literature, African Critics : The Forming of Critical Standards 1947~1966*, New-York : Greenwood.

Bjorkman, I.(1989), *"Mother, Sing for Me" : People's Theatre in Kenya*, London : Zed.

Black, S.(1984), "'What Kind of society can develop under corrugated iron?' : Glimpses of New Zealand history in New Zealand plays", *Australasian Drama Studies* 3, 1 : 31~52.

Bloom, H.(1961), *King Kong : An African Jazz Opera*, Lomdon : Fontana.

Boal, A.(1979), *Theatre of the Oppressed*, New-York : Theatre Communications Group.

Boardman, K. A.(1994), "Autobiography as collaborration : *The Book of Jessica*", *Textual Studies in Canada* 4 : 28~39.

Boehmer, E.(1993), "Transfiguring : colonial body into postcolonial narrative", *Novel* 27, 2 : 268~277.

Boire, G.(1987a), "Canadian (tw)ink : surviving the whiteouts", *Essays on Canadian Writings* 35 : 1~16.

_____(1987b), "Wheels on fire : the train of thought in George Ryga's *The Ecstasy of Rita Joe*", *Canadian Literature* 113/14 : 62~74.

_____(1990), "Inside out : prison theatre from Australia, Canada, and New Zealand", *Australian-Canadian Studies* 8, 1 : 21~34.

_____(1991a), "Resistance moves : Mervyn Thompson's *Songs to the Judges*", *Australian and New Zealand Studies in Canada* 6 : 15~26.

_____(1991b), "Tribunalations : George Ryga's post-colonial trial play", *ARIEL* 22, 2 : 5~20.

Bolt, C.(1976), *Gabe, in Buffalo Jump and Other Plays*, Toronto : Playwrights, Co-op, 81~127.

Booth, J.(1992), "Human sacrifice in literature : the case of Wole Soyinka", *ARIEL* 23, 1 : 7~24.

Bostock, G.(1985), "Black theatre", in J. Davis & B. Hodge eds., *Aboriginal Writing Today*, Canberra : Australian Institute of Aborginal Studies, 63~73.

Botheroyd, P. F.(1991), "Ireland and the Caribbean : two Caribbean versions of J. M. Synge's dramas", in J. Genet & R. A. Cave eds., *Perspectives of Irish Drama and theatre*, Gerards cross, Buckinghamshire : Colin Smythe, 83~92.

Brask, P. & Morgan, W. eds.(1992), *Aboriginal Voices : Amerindian, Inuit and Sami Theatre*, Baltimore, Maryland : Johns Hopkins University Press.

Brassard, M. & Lepage, R.(1993), "Polygraph", G. Raby trans., in A, Filewod ed., *The CTR Anthology : Fifteen Plays from Canadian Theatre Review*, Toronto : University of Toronto Press, 647~683.

Brathwaite, E. K.(1967), *Odale's Choice*, London : Evans.

_____(1977.8), "The love axe / l(developing a Caribbean aesthetic 1962~1974)", *Bim* 16, 63, 181~192.

_____(1984), *History of the Voice : The Development of Nation Language in Anglophone Caribbean Poetry*, London : New Beacon.

Bray, H.(1990), *Tomasi, For Islands Far Away*, Palmerston North, New Zealand : Nagare Press.

Breslow, S.(1989), "Trinidian heteroglossia : a Bakhtinian view of Derek Walcott's play *A Branch of the Blue Nile*", *World Literature Today* 63 : 36~39.

Brisset, A.(1989), "In search of a target language : the politics of theatre translation in Québec", *Target* 1, 1 : 9~27.

Broinowski, A.(1992), *The Yellow Lady : Australian Impresstions of Asia*, Melbourne : Oxford University Press.

Brooks, D. & Verdecchia, G.(1991), *The Noam Chomsky Lectures*, A Play, Toronto : Coach House.

Broughton, J.(1990), *Michael Tames Manaia*, Wellington : Playmarket.

_____(1991), "Te Hara(The Sin)", in S. Garrett ed., *He Reo Hou*, Wellington : Playmarket, 222~239.

_____(1992), *ANZAC*, Wellington : Playmarket.

Brown, L. W.(1978), "The Revolutionary dream of Walcott's Makak", in E. Baugh ed., *Critics on Caribbean Literature*, Boston, Massachusetts : Allen & Unwin, 58~62.

Brown, P.(1985), "'This thing of darkness I acknowledge mine' : *The Tempest* and the discourse of colonialism", in J. Dollimore & A. Sinfield eds., *Political Shakespeare : New Essays in Cultural Materialism*, Manchester University Press, 48~71.

Brown, R[iwia].(1991), "Roimata", in S. Garrett ed., *He Reo Hou*, Wellington : Playmarket, 164~218.

Brown, R[uth].(1989), "Maori spirituality as Pakeha construct", *Meanjin* 48, 2 : 252~258.

Brown, S. ed.(1991), *The Art of Derek Walcott*, Bridgend, Wales : Seren Books.

Bruner, C.(1976), "The meaning of Calibian in black literature today", *Comparative Literature Studies* 13, 3 : 240~253.

Brydon, D.(1984), "Re-writing *The Tempest*", *World Literature Written in English* 23, 1 : 73~88.

_____(1990), "The white Inuit speaks : contamination as literary strategy", in I. Adam & H. Tiffin eds., *Past the Last Post : Theorising Post-Colonialism and Post-Modernism*, Calgary : University of Calgary Press, 191~203.

_____(1994), "The empire's bloomers : cross-dressing's double cross", *Essays in Canadian Writing* 54 : 23~45.

Bukenya, A.(1987), *The Bride*, Nairobi : Heinemann.

Butler, G.(1990), *Demea*, Cape Town : David Philip.

Butler, J.(1990), "Performative acts and gender constitution : an essay in phenomenology and feminist theory", in S. Case ed., *Performing Feminist : Feminist Critical Theory and Theatre*, Baltimore, Maryland : Johns Hopkins University Press, 270~282.

Buzo, A.(1973), "Norm and Ahmed", in *Three Plays*, Sydney : Currency, 1~26.

_____(1985), Big River and The Marginal Farm, Sydney : Currency.

Campbell, M.(1993), "Introduction", in P. Mead & M. Campbell eds., *Shakespeare's Books : Contemporary Cultural Politics and the Persistence of Empire*, Melbourne : Department of English, University of Melbourne, 1~5.

Carlin, M.(1969), *Not Now, Sweet Desdemona*, Nairobi : Oxford University Press.

Carlson, M.(1990), *Theatre Semiotics : Signs of Life*, Bloomington, Indiana : University of Indiana Press.

Carrière, J.(1991), "What is not in The Mahabharata is nowhere", in D. Williams ed., *Peter Brook and The Mahabharata*, London : Routledge, 59~64.

Cartelli, T.(1987), "Prospero in Africa : The Tempest as colonialist text and pretext", in J. Joward & M. O'Connor eds., *Shakespeare Reproduced : The Text in History and Ideology*, New-York : Methuen, 99~115.

Carter, P.(1987), *The Road to Botany Bay : An Essay in Spatial History*, London : Faber.

Cary, N. R.(1988), "Salvation, self, and solidarity in the work of Earl Lovelace", *World Literature in English* 28, 1 : 103~114.

Cathcart, S. & Lemon, A.(1988), *The Serpent's Fall*, Sydney : Currency.

_____(1991), *Walking on Sticks*, La Mama Theatre, Melbourne, 12 October.

Césaire, A.(1969), *Une tempête : adaptation de 'La Tempête' de Shakespear pour un théâtre nègre*, Paris : Edition De Seul.

_____(1976), "Discourse on colonialism", in J. Hearne ed., *Carifesta Forum : An Anthology of 20 Caribbean Voices*, n.p. : 25~34.

Chanady, A.(1994), "Canadian literature and the postcolonial paradigm", *Textual Studies in Canada* 5 : 15~21.

Chapple, E. & Davis, M(1988), "Expressive movement and performance : toward a unifying theory", *The Drama Review* 32, 4 : 53~79.

Cheechoo, S.(1991), *Path With No Moccasins*, Toronto : Playwrights Canada.

Chester, B.(1993), "Text and context : form and meaning in native narratives", *Canadian Folklore Canadien* 13, 1 : 69~81.

Chester, B. & Dudoward, V.(1991), "Journeys and transformation", *Textual Studies in Canada*

1 : 156~177.

Chi, J. and Kuckles.(1991), *Bran Nue Dae*, Sydney : Currency; Broome : Magabala Books.

Chifunyise, S.(1990), "Trends in Zimbabwean theatre since 1980", *Journal of South African Studies* 16, 2 : 276~289.

Chimombo, S.(1975), *The Rainmaker*, Limbe, Malawi : Popular Publications; Lilongwe, Malawi; Likuni Press.

Chinweizu, Jemie, O. & Madubuike, I.(1983), *Toward the Decolonization of African Literature*, vol.1, Washington, D. C : Howard University Press.

Chislett, A.(1992), *Yankee Nations*, Toronto : Playwright Canada.

Chow, R.(1993), *Wrighting Diaspora : Tactics of Intervention in Contemporary Cultural Studies*, Bloomington, Indiana : University of Indiana Press.

Chrisman, L.(1990), "The imperial unconscious? : representations of imperial discourse", *Critical Quarterly* 32, 3 : 38~58.

Churchill, C. & Lan, D.(1986), *A Mouthful of Birds*, London : Methuen.

Clark, E.(1979), *Hubert Ogunde : The Making of Nigerian Theatre*, Oxford : Oxford University Press.

Clark[-Bekederemo], J. P.(1964), *Three Plays [Song of a Goat, The Masquerade, The Raft]*, London : Oxford University Press.

_____(1966), *Ozidi : A Play*, London : Oxford University Press.

_____(1981), "Aspects of Nigerian drama", in Y. Ogunbiyi ed., *Drama and Theatre in Nigeria : A Critical Source Book*, Lagos : Nigeria Magazine, 57~74.

Cobham, R.(1990), "'A wha kind a pen dis?' : the function of ritual frameworks in Slstern's *Bellywoman Bangarang*", *Theatre Research International* 15, 3 : 233~249.

Conradie, P. J.(1990), "Syncretism in Wole Soyinka's paly *The Bacchae of Europide*", *South African Theatre Journal* 4, 1 : 61~74.

Cook, M.(1993), "Jacob's Wake", in J. Wasserman ed., *Modern Canadian Plays Volume* 1, 3rd edn, Vancouver : Talonbooks, 215~247.

Cooper, C.(1989), "Writing oral history : Sistren Theatre Collective's Lionheart Gal", *Kunapipi* 11, 1 : 49~57.

Coplan, D. B.(1985), *In Township Tonight! South Africa's Black City Music and Theatre 1934~1984*, Toronto : Irwin, 125~210.

Coulter, J.(1984), "Riel", in R. Perkyns ed., *Major Plays of the Canadian Theartre 1394~1984*,

Toronto : Irwin, 125~210.

Courtuney, R.(1985), "Indigenous theatre : Indian and Eskimo ritual drama", in A. Wagner ed., *Contemporary Canadian Theatre : New World Visions*, Toronto : Simon & Pierre, 206~215.

Cox, J.(1989), "Dangerous definitions : femaie tricksters in contemporary native American Literatur", *Wicazo SA Review* 5, 2 : 17~21.

Creighton, A.(1985), "Commoner and King : contrasting linguistic performances in the dialogue of the dispossessed", in M. McWatt ed., *West Indian Literature and its Social Context : Proceedings of the Fourth Annual Conference on West Indian Literature*, Cave Hill, Barbados : University of the West India, 55~68.

Dale, L.(1993), "'Red plague Rampant?' : Shakespear's *Tempest* in Australia", in P. Mead & M. Campbell eds., *Shakespeare's Books : Contemporary Cultural Politics and the Presistence of Empire*, Melbourne : University of Melbourne English Department, 98~112.

Dale, L. & Gilbert, H.(1993), "Looking the same : a preliminary (postcolonial) discussion of orientalism and occidentalism in Australia and Japan", *Yearbook of Comparative and General Literature Studies* 41 : 35~50.

Dalrymple, L.(1992), *Drama to the people : The Challenge of the 1990s*, Zululand : University of Zululand Press.

Daly, A.(1988), "Movement analysis : piecing together the puzzle", *The Drama Review* 32, 4 : 40~52.

Dasgupta, G.(1991a), "Interculturalism : a letterist sampler", in B. Marranca & G. Dasgupta eds., *Interculturalism and Performance*, New-York : PAJ, 319~332.

_____(1991b), "Peter Brook's orientalism", in D. Williams ed., *Peter Brook and The Mahabharata*, London : Routledge, 262~267.

Dash, M.(1973), "Marvellous realism : the way out of negritude", *Caribbean Studies* 13, 4 : 57~70.

_____(1989), "In search of the lost body : redefining the subject in Caribbean literature", *Kunapipi* 11, 1 : 17~26.

Davey, F.(1994), "Mapping Anglophone-Canadian literary conflict : Multiculturalism and after", *Textual Studies in Canada* 5 : 124~134.

Davis, A. B.(1980), "Dramatic theory of Wole Soyinka", in J. gibbs ed., *Critical Perspectives on Wole Soyinka*, Washington, D. C : Three Continents, 147~157.

Davis, G. V.(1991), "'Repainting the damaged canvas' the theatre of Matsemela Manaka", *Commonwealth Essays and Studies* 14, 1 : 84~96.

Davis, J.(1982), *Kullark and The Dreamers*, Sydney : Currency.

_____(1986), *No Sugar*, Sydney : Currency.

_____(1989), *Barungin —Smell the Wind*, Sydney : Currency.

_____(1992), *In Our Town*, Sydney : Currency.

Davis, J. & Hodge, B. eds.(1985), *Aboriginal Writing Today*, Canberra : Australian Institute of Aboriginal Studies.

D'Cruz, G.(1993), "A 'Dark' Ariel? : Shakespeare and Australian theatre critism", in P. Mead & M. Campbell eds., *Shakespeare's Books : Contemporary Cultural Politics and the persistence of Empire*, Melbourne : University of Melbourne English Department, 165~174.

Debenham, D.(1988), "Native people in contemporary Canadian drama", *Canadian Drama* 14, 2 : 137~158.

de Graft, J. C.(1970), *Through a Film Darkly*, London : Oxford University Press.

_____(1976), "Roots in African drama and literature", *African Literature Today*, London : Heinemann, 1~25.

De Groen, A.(1988), *The Rivers of China*, Sydney : Currency.

Deleuze, G. & Guattari, F.(1987), *A Thousand Plateaus : Capitalism and Schizophrenia*, trsns. B. Massumi, Minneapolis, Minnesota : University of Minnesota Press.

De Mel, N.(1990), "Responses to history : the re-articulation of postcolonial identity in the plays of Wole Soyinka and Derek Walcott", Ph. D. thesis, University of Kent.

Dening, G.(1993), *Mr Bligh's Bad Language*, Cambridge : Cambridge University Press.

de Wet, R.(1985), *Diepe Grond*, unpublished playscript.

Diamond, D. & Blackwater, B. & Shannon, L. & Wilson, M.(1991), "*No 'Xya'*(Our Footprints)", in A. Filewod ed., *New Canadian Drama* 5, Ottawa : Borealis, 42~87.

Diamond, E.(1988), "Brechitan theory / feminist theory : toward a gestic feminist criticism", *The Drama Review* 32, 1 : 82~94.

_____(1990), "Refusing the romanticism of identity : narrative interventions in Churchill, Benmussa, Durās", in S. E. Case ed., *Performing Feminisms : Feminist critical Theory and Theatre*, Baltimore, Maryland : Johns Hopkins University Press, 92~105.

Dibble, B. & Macintyre, M.(1992), "Hybridity in Jack Davis's *No Sugar*", *Westerly* 37, 4 :

93~97.

Di Cenzo, M. & Bennett, S.(1992), "Women, popular theatre, and social action : interviews with Cynthia Grant and the Sistren Theatre Collective", *ARIEL* 23, 1 : 73~94.

Dike, F.(1978), "The Sacrifice of Kreli", in S. Gray ed., *Theatre One : New South African Drama*, Johannesburg : Donker, 33~80.

_____(1979), *The First South African*, Johannesburg : Ravan.

Dolan, J.(1992), "Gender impersonation onstage : destroying or maintaining the mirror of gender roles?", in L. Senelick ed., *Gender in Performance : The Presentation of Difference in the Performing Arts*, Hanover, Massachusetts : New England University Press, 3~13.

Dorall, E.(1972), "The Hour of the Dog", in L. Fernando ed., *New Drama Two*, Kuala Lumpur : Oxford University Press, 117~149.

Dorsinville, M.(1974), *Caliban Without Prospero*, Erin, Ontario : Press Porcepic.

Drake-Brockman, H.(1995), *Men Without Wives and Other Plays*, Sydney : Angus and Robertson.

Drewal, M. T.(1992), *Yoruba Ritual : Performers, Play, Agency*, Bloomington, Indiana : Indiana University Press.

Duffy, M.(1983), "Rites", in M. Wandor ed., *Plays by Women*, London : Methuen, 12~25.

Dunstone, B.(1985), "Another planet : landscape as metaphor in western Australian theater", in B. Bennett & /j. /hay eds., *European Relations : Essays for Helen Waston-Williams*, Perth : Centre for Studies in Australian Literature, University of Western Australia, 67~79.

Dunton, C.(1992), *"Make Man Talk True" : Nigerian Drama in English Since 1970*, London : Hans Zell.

During, S.(1987), "Postmodernism or post-colonialism today", *Textual Practice* 1, 1 : 32~47.

Dutt, U.(1986), *The Great Rebellion 1857*(Mahavidroha), Calcutta : Seagull; Echeruo, M. J. O.(1981), "The daramatic limits of Igbo ritual", in Y. Ogunbiyi ed., *Drama and Theatre in Nigeria : A Critical Source Book*, Lagos : Nigeria Magazine, 136~148.

Edmond, M.(1988), "Squatter and the making of New Zealand theatre", *Untold* 9/10 : 16~24.

Edwards, B.(1992), "Australian literature and post colonial comparisons", *Australian-Canadian Studies* 10, 2 : 142~146.

Elam, K.(1980), *The Semiotics of Theatre and Drama*, London : Methuen.

Ellis, P. ed.(1986), *Women of the Caribbean*, London : Zed books.

Emberley, J. V.(1993), *Thresholds of Difference : Feminist Critique. Native Women's Writing, Postcolonial Theory*, Toronto : University of Toronto Press.

Emecheta, B.(1980), *The Joys of Motherhood*, London : Heinemann.

Enekwe, O. O.(1981), "Myth, ritual and drama in Igbo-land", in Y. ogunbiyi ed., *Drama and Theatre in Nigeria : A Critical Source Book*, Lagos : Nigeria Magazine, 149~163.

Enem, E. U.(1976), "The kwagh-Hir theatre", *Nigeria Magazine* 120 : 29~42.

Essa, S. & Pillai, C.(1985), *Steve Biko : The Inquest*, Durban : Art Printers.

Etherton, M.(1982), *The Development of African Drama*, London : Hutchinson.

_____(1990), "African theatre and political action", in C. Nwamuo ed., *The faces of Nigerian Theatre*, Calabar, Nigeria : Centaur, 42~54.

Fanon, F.(1967), *Black Skin, White Masks*, C. L. Markmann trans., New-York : Grove.

Fatund, T.(1986), *Oga N Tief Man*, Benn City : Adena.

Fennario, T.(1980), *Balconville*, Vancouver : Talon.

Fernando, L.(1972), "Introduction", in L. Fernando ed., *New Drama Two*, Kuala Lumpur : Oxfold University Press, vii~xix.

Ferrier, E.(1990), "Mapping power : cartography and contemporary cultural theory", *Antithesis* 4, 1 : 35~49.

Ferris, L. ed.(1993), *Crossing the Stage : Controversies on Cross-Dressing*, London : Routledge.

Fido, E. S.(1984), "Radical woman : woman and theatre in the Anglophone Caribbean", in E. S. Smilowitz & R. Q. Knowles eds., *Critical Issues in West Indian Literature*, Petersburg, Iowa : Caribbean Books, 33~45.

_____(1990a), "Finding a way to tell it : methodology and commitment in theatre about women in Barbados and Jamaica", in C. B. Davies & E. S. Fido eds., *Out of the Kumbla : Caribbean Woman and Literature*, Trenton, New Jersey : Africa World Press, 331~343.

_____(1990b), "Finding a truer form : Rawle Gibbons's carnival play *I, Lawah*", *Theatre Research International* 15, 3 : 249~259.

_____(1992), "Freeing up : politics, gender, and theatrical form in the Anglophone Caribbean", in L. Senelick ed., *Gender in the Performance : The Presentation of Difference in the Performing Arts*, Hanover, Massachusetts : New England University Press, 281~298.

Fiet, L.(1991), "Mapping a new Nile : Derek Walcott's later plays", in S. Brown ed., *The Art of Derek Walcott*, Bridgend, Wales : Seren Books, 139~153.

Filewod, A.(1992a), "Averting the colonizing gaze : notes in watching native theater", in P. Brask & W. Morgan eds., *Aboriginal Voices : American, Inuit and Sami Theater*, Baltimore, Maryland : Johns Hopkins Univrsity Press, 17~28.

_____(1992b), "Between empires : post-imperialism and Canadian theatre", *Essay in Theatre* 11, 1 : 3~15.

Fitzpatrick, P.(1979), *After the Doll : Australian Drama Since 1955*, Melbourne : Edward Arnold.

_____(1985), "Asian stereotypes in recent Australian plays", *Australian Literature Studies* 12, 1 : 35~46.

_____(1990), "Staging Australia : models of cultural identity in the theatre", *Australian Studies* 13 : 53~62.

Fitzpatrick, P. & Thomson, H.(1993), "Developments in recent Australian drama", *World Literature Today* 67, 3 : 489~493.

Flockemann, M.(1991), "Gcina Mhlophe's Have You Seen Zandile? : English or english? the situation of drama in literature and language department in the emergent post-apartheid South Africa", *South African Theatre Journal* 5, 2 : 40~54.

Fold-Smith, H.(1986a), "Sistren women's theatre, organizing and conscientization", in P. Ellis ed., *Women of the Caribbean*, London : Zed Books, 123~128.

_____(1986b), "Sistren : exploring women's problems through drama", *Jamaia Journal* 19, 1 : 2~12.

Foster, S. L.(1986), *Reading Dancing : Bodies and Subjects in Contemporary American Dance*, Berkeley, California : University of California Press.

Foucault, M.(1977), "Nietzsche, genealogy, history", D. Bouchard & S. Simon trans., in D. Bouchard ed., *Language, Counter-memory, Practice*, Ithaca, New-York : Cornell University Press, 139~164.

_____(1980), "Questions on Geography", in C. Gordin ed., and trans., *Power / Knowledge : Selected Interviews and Other Writing*, Brighton : Harvester, 63~77.

_____(1981), *The History of Sexuality : Vol.1, An Introduction*, R. Hurley trans., Harmondsworth : Penguin.

_____(1986), "Of other spaces", J. Miskowiec trans., *Diacritics* 16, 1 : 22~27.

Fox, R. E.(1982), "Big night music : Derek Walcott's *Dream on Monkey Mountain* and the 'splendours of imagination'", *Journal of Commonwealth Literature* 17, 1 : 16~27.

Francis, D.(1992), *The Imaginary Indian : The Image of the Indian in Canadian Culture*, Vancouver

: Arsenal Pulp.

Freedman, B.(1991), *Staging the Gaze : Postmodernism, Psychoanalysis and Shakespearean Comedy*, Ithaca, New-York : Cornell University Press.

Friedrich, R.(1983), "Drama and ritual", in J. Redmond ed., *Drama and Religion*, Cambridge : Cambridge University Press, 67~76.

Friel, B.(1984), *Translations in Selected Plays of Brian Field*, London : Faber, 377~447.

Flow, J.(1991), "Tourism and the semiotics of nostalgia", *October* 57 : 123~151.

Fugard, A.(1982), *"Master harold ⋯⋯" and the Boys*, New-York : Penguin.

Fugard, A. & Kani, J. & Ntshona, W.(1986), *The Island, in Statements : Three Plays*, New-York : Theatre Communications Group, 45~77.

Gabre-Mehin, T.(1977), *Collision of Altars : Conflict of the Ancient REd Sea Gods*, London : Rex Collings.

Gaines, J.(1988), "White privilege and looking relations : race and gender in feminist film theory", *Screen* 29, 4 : 12~27.

Gaines, J. & Herzog, C. eds.(1990), *Fabrications : Costume and the Female Body*, New-York : Routledge.

Gandhi, L.(1993), "Unmasking Shakespeare : the use of English in colonial and post colonial India", in P. Mead & M. Campbell eds., *Shakespeare's Books : Contemporary Cultural Politics and the Persistence of Empire*, Melbourne : Department of English, University of Melbourne, 81~97.

Garber, M.(1992), *Vested Interests : Cross-Dressing and Cultural Anxiety*, London : Routledge.

Gargi, B.(1991), *Folk Theater of India*, Calcutta : Rupa.

Gaston, R.(1985), *Another Cinema for Another Society*, Calcutta : Seagull.

Gay, P.(1992), "Michael Gow's Away : the Shakespeare connection", in M. Harris & E. Webby eds., *Reconnoitres : Essays in Australian Literature in Honour of G. A. Wilkes*, Sydney : Oxford University Press, 204~213.

Gendzier, I. L.(1973), *Frantz Fanon : A Critical Study*, New-York : Pantheon.

George, D.(1988), *"The Tempest* in Bali : where should this music be?", *New Theatre : Australia* 3 : 22~23.

_____(1989~90), "Casebook : *The Tempest* in Bali : a director's log", *Australasian Drama Studies* 15/16 : 21~46.

George, R.(1983), *Sandy Lee Live at Nui Dat*, Sydney : Currency.

Germain, J. C.(1976), *Un pays dont la devise est je m'oublie*, Montréal : VLB.

_____(1983), *A Canadian Play / Une Plaie canadienne*, Montréal : VLB.

Gerster, R.(1991), "Occidental tourists : the 'ugly Australian' in Vietnam war narrative", in P. Pierce ed., *Vietnam Days : Australia and the Impact of Vietnam*, Ringwood, Victoria : Penguin, 191~235.

Gibbons, R.(1979), "Traditional enactment of Trinidad : towards a third theatre", M. Phil. thesis, University of the West Indies.

_____(1986), *I, Lawah, (A Folk Fantasy)*, unpublished playscript.

Gibbs, J. ed.(1976), *Nine Malawian Plays*, Limbe, Malawi : Popular; Lilongwe, Malawi : Likuni.

_____(1986), *Wole Soyinka*, London : Methuen.

Gilbert, H.(1990), "Historical re-presentation : performance and counter discourse in Jack Davis' drama", *New Literatures Review* 19 : 91~101.

_____(1991), "The boomerang effect : David Malouf's Blood Relations as an oppositional re-working of The Tempest", *World Literature Written in English* 31, 2 : 50~64.

_____(1992a), "Fish or fowl : post-colonialism and Australian drama", *Australian-Canadian Studies* 10, 2 : 131~135.

_____(1992b), "The dance as text in contemporary Australian drama : movement and resistance politics", *ARIEL* 23, 1 : 133~148.

_____(1993a), "The Catherine wheel : travel, exile and the (post) colonial woman", *Southerly* 53, 2 : 58~77.

_____(1993b), "The serpent's gaze : re-working myths for a feminist Australian drama", *Australian and New Zealand Studies in Canada* 10 : 30~40.

_____(1993c), "Post-colonial grotesques : re-membering the body in Louis Nowra's Visions and *The Golden Age*", *SPAN* 36, 2 : 618~633.

_____(1994a), "De-scribing orality : performance and the recuperation of voice", in C. Tiffin & A. Lawson eds., *De-Scribing Empire : Colonialism and Textuality*, London : Routledge, 98~111.

_____(1994b), "Monumental moments : Michael Gow's 1841, Stephen Sewell's Hate, Louis Nowra's Capricornia and Australia's bicentenary", *Australisian Drama Studies* 24 : 29~45.

_____(1994c), "'Talking country' : place and displacement in Jack Davis's theatre", in G. Turcotte ed., *Jack Davis : A Critical Study*, Sydney : CollinsAngus & Robertson,

60~71.

_____(1994d), "Occidental (sex) tourists : Michael Gurr's *Sex Diary of an Infidel*", *Australasian Drama Studies* 25 : 177~188.

_____(1994e), "Ghosts in a landscape : Louis Nowra's *Inside the Island* and Janis Balodis's *Too Young for Ghosts*", *Southern Review* 27 : 432~447.

_____(1994f), "Historical re-play : post-colonial approaches to contemporary Australian drama", Ph. D0. thesis, University of Queensiand.

_____(1995), "Dressed to kill : a post-colonial reading of custume and the body in contemporary Australian drama", in J. E. Gainor ed., *Imperialism and Theatre*, London : Routledge, 104~131.

_____(1996), "GI Joe versus Digger Dave : contemporary Australian drama and the Vietnam war", in A. Rutherford & J. Wieland eds., *War : Australia's Creative Response*, Sydney : Allen & Unwin.

Gilbert, K.(1988), *The Cherry Pickers*, Canberra : Burrambinga.

Gilkes, M.(1974), *Couvade : A Dream Play of Guyana*, Sydney : Dangaroo.

Giresh, K.(1990), *Nāga-Mandala : Play with a Cobra*, Delhi : Oxford University Press.

Glasser, M.(1960), *King Kong : A Venture in the Theatre*, Cape Town : Norman Howell.

Glissant, E.(1989), *Caribbean Discourse : Selected Essays*, Charlottesville, Virginia : Virginia University Press.

Godard, B.(1981), "he oral tradition and national literatures", *Comparison* 12 : 15~31.

Goldie, T.(1989), *Fear and Temptation : The Image of the Indigene in Canadian, Australian and New Zealand Literatures*, Kingston, Ontario : McGill-Queen's University Press.

Goodman, L.(1993), *Contemporary Feminist Theatres : To Each Her Own*, London : Routledge.

Gorak, J.(1989), "Nothing to root for : Zakes Mda and South African resistance theatre", *Theatre Journal* 41, 4 : 479~491.

Gotrick, K.(1984), *Apidan Theatre and Modern Drama*, Stockholm : Almqvist and Wiksell.

Gow, M.(1983), *The Kid*, Sydney : Currency.

_____(1986), *Away*, Sydney : Currency.

_____(1988), *1841*, Sydney : Currency.

_____(1992), Interview with J. Pearson, *Southerly* 52, 2 : 116~131.

Gradussov, A.(1981), "Thoughts about the theatre in Jamaica", *Jamaica Journal* 4, 1 : 46~52.

Graham-White, A.(1974), *The Drama of Black Africa*, New-York : Samuel French.

Grant, A.(1992), "Canadian native literature : the drama of George Ryga and Tomson Highway", *Australian-Canadian Studies* 10, 2 : 37~56.

Graver, D. & Kruger, I.(1989), "South Africa's national theatre : the Market or the street?", *New Theatre Quarterly* 5, 19 : 272~281.

Gray, C.(1968), "Fork themes in West Indian drama", *Caribbean Quarterly* 14, 1/2 : 102~109.

Gray, J. & Peterson, E.(1994), "Billy Bishop Goes to War", in J. Wasserman ed., *Modern Canadian Plays : Volume* II, 3rd edn, Vancouver : Talonbooks, 51~78.

Gray, S.(1984), "The theatre of Fatima Dike", *The English Academy Review* 2 : 55~60.

_____(1990), "Women in South African theatre", *South African Theatre Journal* 4, 1 : 75~87.

Greenblatt, S.(1976), "Learning to curse : aspects of linguistic colonialosm in the sixteenth century", in F. Chiapelli ed., *First Image of America : The Impact of the New World in the Old*, Berkeley, California : University of California Press, 561~580.

_____(1991), *Marvelous Possesions : The Wonder of the New World*, Oxfold : Clarendon.

Griffiths, G.(1984), "Australian subjects and Australian style : the plays of Louis Nowra", *Commonwealth : Essays and Studies* 6, 2 : 42~48.

_____(1987), "Imitation, abrogation and appropriation : the production of the post-colonial text", *Kunapipi* 9, 1 : 13~20.

_____(1992a), "The dark side of the dreaming : Aboriginality and Australian culture", *Australian Literary Studies* 15, 4 : 328~333.

_____(1992b), "'Unhappy the land that has a need of heroes' : John Romeril's 'Asian' plays", in B. Bennett & D. Haskell eds., *Myths, Heroes and Anti-Heroes : Essays on the Literature and Culture of the Asia-Pacific Region*, Perth : Centre for Studies in Australian Literature, University of Western Australia, 142~154.

Griffiths, G. & Moody, D.(1989), "Of Marx and missionaries : Soyinka and the survival of universalism in post-colonial literary theory", *Kunapipi* 11, 1 : 74~86.

Griffiths, L. & Cambell, M.(1989), *The Book of Jessica : A Theatrical Transformation*, Toronto : Coach House.

Griffiths, T.(1983), "'This island's mine' : Caliban and colonialism", *Yearbook of English Studies* 13 : 159~180.

Grimes, R. L.(1982), "Defining nascent ritual", *The Journal of the Amerian Academy of Religion* 50, 4 : 539~555.

Grosz, E.(1990), "Inscriptions and body-maps : representations of the corporeal", in T. Threadgold

& A. Cranny-Francis eds., *Ferminine / Masculine and Representation*, Sydney : Allen & Unwin, 62~74.

Gunew, S.(1993), "Multicultural multiplicities : U.S., Canada, Australia", *Meanjin* 52, 3 : 447~461.

Gupta, C. B.(1991), *The Indian Theatre*, rev. edn, New Delhi : Munsbiram Manoharlal.

Gurr, A.(1980), "Third-world drama : Soyinka and tragedy", in J. Gibbs ed., *Critical Perspectives on Wole Soyinka*, Washington, DC : Three Continents, 139~146.

Gurr, M.(1993), *Sex Diary of an Infidel*, 2nd edn, Sydney : Currency.

Hagan, J. C.(1988), "Influence of folktale on *The Marriage of Anansewa* : a folkloristic approach", *Okike* 7/28 : 19~30.

Hagher, I. H.(1980~01), "The aesthetic problem in the criticism of African drama", *Ufahamu* 10, 1/2 : 156~165.

_____ ed.(1990), *The Practice of Community Theater in Nigeria*, Lagos : Society of Nigerian Theatre Artists.

Hamer, M.(1989), "Putting Ireland on the map", *Textual Practice* 3, 2 : 184~201.

Hamilton, A.(1990), "Fear and desire : Aborigines, Asians and the national imaginary", *Australian Cultural History* 9 : 14~35.

_____(1985), *Exorcising the planter-devil in the plays of Derek Walcott*, Washington, DC : Three Continents.

Hannet, L.(1971), "The Ungrateful Daughter", in U. Beier ed., *Five New Guinean Plays*, Brisbane : Jacarada, 33~46.

Hanson, B. & Matthie, P.(1994), Interview with H. Gilbert, *Melbourne*, 19 July.

Hapipi, R.(1991), "Death of the Land", in S. Garrett ed., *He Reo Hou*, Wellington : Playmarket, 16~51.

Harley, J. B.(1988), "Maps, knowledge and power", in D. Cosgrove & S. Daniels eds., *The Iconography of Landscape : Essays on the Symbolic Representation, Design and Use of Past Environments*, Cambridge : Cambridge University Press, 227~312.

Harney, S.(1990), "Willi Chen and carnival nationalism in Trinidad", *Journal of Commonwealth Literature* 15, 1 : 120~131.

Harris, W.(1970), "History, fable and myth in the Caribbean and Guianas", *Caribbean Quarterly* 16, 2 : 1~32.

_____(1985), *Carnival*, London : Faber and Faber.

_____(1986), "Carnival theatre : a personal view", in *Masquerading : The Art of the Notting Hill Carnival*, London : Arts Council of Great Britain, 38~43.

_____(1988), *The Infinite Rehearsal*, London : Faber.

Harrison, C.(1975), *Tomorrow Will Be A Lovely Day*, Auckland : Longman Paul.

Hartel, R.(1991), *Clutching at Straus*, Cape Town : Buchu.

Hauptfleisch, T.(1988), "From the Savoy to Soweto : the shifting paradigms in South African theatre", *South African Theatre Journal* 2, 1 : 35~63.

He Ara Hou(1990), *Whatungarongaro*, unpublished playscript.

Hewett, D.(1979), *The Man From Mukinupin*, Sydney : Currency.

Highway, T.(1987), "On native mythology", *Theatrum* 6 : 29~31.

_____(1988), *The Rez Sisters*, Saskatoon : Fifth House.

_____(1989), *Dry Lips Oughta Move to Kapuskasing*, Saskatoon : Fifth House.

_____(1992a), "Let us now combine mythologies : the theatrical art of homson Highway", interview with R. Enright, *Border Crossings* 11, 4 : 22~27.

_____(1992b), "The trickster and native theater : an interview with Tomson Highway", by W. Morgan, in P. Brask & W. morgan eds., *Aboriginal Voices : Amerindian, Inuit and Sami Theater*, Baltimore, Maryland : Johns Hopkins Unibersity Press, 130~138.

_____(1994), "Twenty-one native women on motorcycles : an interview with Thomson Highway", by J. Tompkins and L. Male, *Australasian Drama Studies* 24 : 13~28.

Hill, E.(1972a), *Dance Bongo : A Fantasy in One Act*, Trinidad : University of West Indies, Extramural Studies Unit.

_____(1972b), "The emergence of a national drama in the West Indies", *Caribbean Quarterly* 18, 4 : 9~40.

_____(1972c), *The Trinidad Carnival : Mandate for a National Theatre*, Austin, Texas : Texas University Press.

_____(1984), "Caliban and Ariel : a study in black and white in American productions of *The Tempest* from 1945~1981", *Theatre History Studies* 4 : 1~10.

_____(1985a), "Man Better Man", in E. Hill ed., *Plays for Today*, Harlow, Essex : Longman, 139~233.

_____(1985b), "Introduction", in E. Hill ed., *Plays for Today*, Harlow, Essex : Longman, 1~20.

_____(1992), *The Jamaican Stage, 1655~1900 : Profile of a Colonial Theatre*, Amherst,

Massachusetts : Massachusetts University Press.

Hlongwane, A. K.(1990), "Soyikwa Institute of African Theatre : SIZA, the play's rural roots and its role in South Africa today", in G. V. Davis ed., *Crisis and Conflict : Essays on Southern African Literature*, Essen : Blaue Eule, 229~233.

Hoar, S.(1988), *Squatter*, Wellington : Victoria University Press.

Hodge, B. & Mishra, V.(1991), *Dark Side of the Dream : Literature and the Postcolonial Mind*, Sydney : Allen & Unwin.

Hollingsworth, M.(1985), *War Babies, in Wilful Acts : Five Plays*, Toronto : Coach House, 147~223.

Holloway, P. ed.(1987), *Contemporary Australian Drama*, Sydney : Gurrency.

Honegger, G.(1992), "Native playwright : Tomson Highway", *Theater* 13, 1 : 88~92.

Hopkins, L.(1987), "Language, culture and landscape in *The Man from Mukinupin*", *Australasian Drama Studies* 10 : 91~106.

Hopkinson, S.(1977), "*Dream on Monkey Mountain* and the popular response", *Caribbean Quarterly* 23, 2/3 : 77~79.

Horn, A.(1981), "Ritual drama and the theatrical : the case of Bori spirit mediumship", in Y. Ogunbiyi ed., *Drama and Theatre in Nigeria : A Critical Source Book*, Lagos : Nigeria Magazine, 181~202.

Hoy, H.(1993), "'When you admit you're a thief, then you can be hon-ourable' : native / non-native collaboration in *The Book of Jessica*", *Canadian Literature* 136 : 24~39.

Huggan, G.(1989a), "Decolonizing the map : post-colonialism, post-structuralism and the cartographic connection", *ARIEL* 20, 4 : 115~131.

_____(1989b), "Opting out of the (critical) common market : treolization and the post-colonial text", *Kunapipi* 11, 1 : 27~40.

Hulme, P.(1986), *Colonial Encounters : Europe and the Native Caribbean* 1492~1797, London : Routledge.

Hunwick, U.(1986), "Conjunctive drama : a ritual offshoot", *Nigeria Magazine* 54, 2 : 36~41.

Hussein, E.(1970), *Kinjeketile*, Dar es SalaamL Oxford University Press.

_____(1980), "Traditional African theatre", in U. Schild ed., *The East African Experience : Essays on English and Swahili Literature*, Mainz : Reimer, 35~54.

Hutcheon, L.(1986), "Subject in / of / to history and his story", *Diacritics* 16 : 78~91.

_____(1988), *A poetics of Postmodernism : History, Theory, Fiction*, London : Routledge.

_____(1989), *The Politics of Postmodernism*, London : Routledge.

_____(1990), "Circling the downspout of empire", in I. Adam & H. Tiffin eds., *Past the Last Post : Theorizing Post-Colonialism and Post-Modernism*, Calgary : University of Calgary Press, 167~189.

Ijimere, O.(1966), *Everyman, in The Imprisonment of Obatala and Other Plays*, English adapt. U. Beier, London : Heinemann, 45~78.

Imbuga, F.(1976), *Betrayal in the City*, Nairobi : East African Publishing House.

Orele, A.(1981), *The African Experience in Literature and Ideology*, London : Heinemann.

Ismond, P.(1985), "Walcott's later drama : from *Joker to Remembrance*", *ARIEL* 16, 3 : 89~101.

Ivanov, V. V.(1984), "The semiotic theory of carnival as the inversion of bipolar opposites", in T. A. Sebeok ed., *Carnival*, Berlin : Gruyter, 11~35.

James, A. ed.(1990), *In Their Own Voices : African Women Writers Talk*, London : Currey.

James, C. L. R.(1976), "The Black Jacobins", in E. Hill ed., *A Time······and a Season : 8 Caribbean Plays*, Trinidad : University of the West Indies, Extramural Studies Unit, 355~420.

JanMohamed, A.(1984), "Humanism and minority Literature : toward a definiton of couneter-hegemonic discourse", *Boundary* 2 12/13, 3/1 : 281~299.

_____(1985), "The economy of manichean allegory : the function of racial difference in colonialist literature", *Critical Inquiry* 12, 1 : 59~87.

JanMohamed, A. & Lloyd, D.(1990), "Introduction : toward a theory of minority discourse : what is to be done?", in A. JanMohamed & D. Lloyd eds., *The Nature and Context of Minority Discourse*, Oxford : Oxford University Press, 1~16.

Jarvis, E. & Amouoso, R.(1979), "The Master of Carnival", in E. Hill ed., *Three Caribbean Plays*, Trinidad : Longman Caribbean, 68~99.

Jawodimbaru, A.(1971), "Cargo", in U. Beier ed., *Five New Guinea Plays*, Brisbane : Jacaranda, 11~19.

Jazzart(1994), *Untitled Performance*, Waterfront Auditorium, Gape Town, South Africa, 18 January.

Jeyifo, B.(979), "Literary drama and the search for a popular theatre in Nigeria", *Nigeria Magazine* 128/9 : 62~67.

_____(1984), *The yoruba Popular Travelling Theatre of Nigeria*, Lagos : Nigeria Magazine.

_____(1985a), "Realism, naturalism, supernaturalism in contemporary African drama : dramaturgic and philosophic observations", *The Truthful Lie : Essays in a Sociology of*

African Drama, London : New Beacon.

_____(1985b), "Tragedy, history and ideology", in G. M. Gugelberger ed., *Marxism and African Literature*, London : Currey, 94~109.

_____(1989), "On Eurocentric critical theory : some paradigms from the texts and sub-texts of post-colonial writing", *Kunapipi* 11, 1 : 107~118.

Johnson, E.(1989), *Murras, in Plays from Black Australia*, Sydney : Currency, 79~107.

Johnson-Odim, C.(1991), "Common themes, different contexts : third world woman and feminism", in C. T. Mohanty, A. Russo & L. Torres eds., *Third World Women and the Politics of Feminism*, Bloomington, Indiana : Indiana University Press, 314~327.

Johnston, B. H.(1990), "One generation from extinction", *Canadian Literature* 124/5 : 10~15.

Johnston, D. W.(1990), "Lines and circles : the 'rez' plays of Tomson Highway", *Canadian Literature* 124/5 : 254~264.

Joseph, M. P.(1992), *Caliban in Exile*, Westport, Connecticut : Greenwood.

Junction Avenue Theatre Company(1986), *Sophiatown*, Johannesburg : Junction Avenue Press.

Juneja, R.(1988), "The Trinidad carnival : ritual, performance, spectacle, and symbol", *Journal of Popular Culture* 21, 4 : 87~99.

_____(1992a), "Derek Walcott", in B. King ed., *Post-colonial English Plays : Commonwealth Drama Since 1960*, London : Macmillan, 236~265.

_____(1992b), "Recalling the dead in Dennis Scott's *An Echo in the Bone*", *ARIEL* 23, 1 : 97~114.

Kaine-Jones, K.(1988), "Contemporary Aboriginal drama", *Southerly* 48, 4 : 432~444.

Kambar, C.(1989), *Jokumaraswami*, Calcutta : Seagull.

Kane, M.(1992), "Moonlodge", in D. D. Moses & T. Goldie eds., *An Anthology of Canadian Native Literature in English*, Toronto : Oxford University Press, 278~291.

Kaniku, J. W.(1970), *The Cry of the Cassowary*, Melbourne : Heinemann.

Kaplan, C.(1987), "Deterritorializations : the rewriting of home and exile in western feminist discourse", *Cultural Critique* 6 : 187~198.

Kapur, A.(1990), *Actors, Pilgrims, Kings and Gods : the Ramlila at Ramnagar*, Calcutta : Seagull.

Katrak, K.(1986), *Wole Soyinka and Modern Tragedy : A Study of Dramatic Theory and Practice*, New-York : Greenwood.

_____(1989), "Decolonizing culture : toward a theory for postcolonial woman's texts", *Modern Finction Studies* 35, 1 : 157~179.

Kee, T. C.(1987), *1984 Here and Now*, Selangor, Malaysia : K. Das Ink.

Keens-Douglas, P. & Edinborough, F.(1980), *Mas in Yuh Mas*, un-published manuscript.

Keens-Douglas, R.(1991), "Once upon an Island", in D. Carley ed., *Take Five : The Morningside Dramas*, Winnipeg : Blizzard, 97~126.

Kelly, V.(1987a), "Apocalypse and after : historical vision in some recent Australian drama", *Kunapipi* 9, 3 : 68~78.

_____ ed.(1987b), *Louis Nowra*, Amsterdam : Rodopi.

_____(1988), "'Nowt more outcastin' : utopian myth in Louis Nowra's *The Golden Age*", in B. Bennett ed., *A Sense of Exile : Essays in the Literature of the Asia-Pacific*, Perth : Centre for Studies in Australian Literature, University of Western Australia, 101~110.

_____(1990), "The melodrama of defeat : political patterns in some colonial and contemporary Australian plays", *Southerly* 50, 2 : 131~143.

_____(1992a), "Falling between stools : the theatre of Janis Balodis", *ARIEL* 23, 1 : 115~132.

_____(1992b), "Louis Nowra", in B. King ed., *Post-Colonial English Plays : Commonwealth Drama Since 1960*, London : Macmillan, 50~66.

_____(1994), "Orientalism in early Australian theatre", New Literatures Review 26 : 32~45.

Keneally, T.(1981), *Bullie's House*, Sydney : Currency.

Kente, G.(1981), "Too Late", in R. Kavanagh ed., *South African People's Plays*, London : Heinemann, 85~124.

Kidd, R.(1983), "Stages of the struggle", *Commonwealth* 25, 4 : 130~131.

King, B. ed.(1992), *Post-Colonial English Plays : commonwealth Drama Since 1960*, London : Macmillan.

Kneubuhl, J. A.(1991), *Think of A Garden*, Unpublished playscript.

Knowles, R. P.(1991), "Voice (off) : deconstructing the modern English-Canadian dramatic canon", in R. Lecker ed., *Canadian Canons : Essays in Literary Value*, Toronto : University of Toronto Press, 91~111.

Kolodny, A.(1975), *The Lay of the Land*, Chapel Hill, North Carolina : University of North Carolina Press.

Kon, S.(1981), "The Bridge", in R. Yeo ed., *Prize Winning Plays 3*, Singapore : Federal Publications, 2~82.

_____(1989), *Emily of Mnerald Hill*, London : Macmillan.

_____(1994), *Trial*, Singapore : Constellation Books.

Kouka, H.(1992), *Mauri Tu*, Auckland : Aoraki Press.

Kristeva, J.(1992), *The Powers of Horror : An Essay on Abjection*, L. Roudiez trans., New-York : Columbia University Press.

Kroetsch, R.(1990), "Reading across the border", in A. E. Davidson ed., *Studies on Canadian Literature : Introductory and Critical Essays*, New-York : MLA, 338~343.

Kruger, L.(1991), "Apartheid on display : South African performance for New York", *Diaspora : A Journal of Transnational Studies* 2 : 191~208.

Krupat, A.(1987), "Post-structuralism and oral literature", in B. Swann & A. Krupat eds., *Recovering the Word : Essays on Native American Literature*, Berkeley, California : University of California Press, 113~128.

Kunar, K.(1984), *Madhosingh is Dead*, S. Jagmohan trans., Delhi : Unique.

Kuo, Pao Kun(1990), *The Coffin is too Big for the Hole······ and Other Plays*, Singapore : Times Books International.

_____(1993), "Theatre in Singapore : an interview with Kuo Pao Kun", by J. Lo, *Australasian Drama Studies* 23 : 136~146.

Lachmann, R.(1988~89), "Bakhtin and carnival : culture as counterculture", *Cultural Critique* 11 : 115~152.

Lapido, D.(1964), *Three Yoruba Plays*, adapt, U, Beier, Ibadan : Mbari.

Laframboise, I.(1991), "'Maiden and monster'; the female caliban in Canadian *Tempests*", *World Literature Written in English* 31, 2 : 36~49.

Lamb, J.(1986), "Problems of originality : or beware of Pakeha baring guilts", *Landfall* 40, 3; 352~358.

Lamming, G.(1971), *The pleasures of Extle*, London : Michael Joseph.

Lane, D.(1980), *Sergeanl Ola and his Followers*, London : Methuen.

Lane, M.(1979), "Translator's introduction", in Rendra, *The Stuggle of the Naga Tribe*, St Lucia : University of Queensland Press, xvii~xxl.

Larlham, P.(1985), *Black Theater : Dance and Ritua! in south Africa*, Ann Arbor, Michigan : UMI Research.

Larsen, S.(1983), *A Writer and His Gods : A Study of the Importance of Yoruba Myths and Religious Ideas to the Writing of Wole Soyinka*, Stockholm : University of Stockholm Press.

Lawford, N.(1995), *Ningali*, Dir. A. Chaplin, Playbox Theatre, Melbourne, 27 May.

Lawson, A.(1992), "Comparative studies and post-colonial 'settler' cultures", *Australian-Canadian studies* 10, 2 : 153~159.

_____(1994), "Un / settling colonies : the ambivalent place of colonial discouse", in C. Worth & P. Nestor & M. Pavyshyn eds., *Literature and opposition, Clay ton, Victoria : Centre for General and Comparative Literature*, Monash University, 67~82.

Lawson, A. & Tiffin, C.(1994), "Conclusin : reading difference", in C. Tiffin & A. Lawson eds., *De-Scribing Empire : Post-Colonialism and Textuality*, London Routledge, 230~235.

Leshoai, B. L.(1972), *Wrath of the Ancestor and Other Plays*, Nairobi : East African Publishing House.

Lill, W.(1987), "The Occupation of Heather Rose", in D. Bessai & D. Kerr eds., *NEWest Plays for Women*, Edmonton : NeWest, 63~94.

_____(1991), *Sisters*, Vancouver : Talonbooks.

Livingston, R. E.(1995), "Decolonising the theatre : Aimé Césaire, Jean-Marie Serreau and the drama of negritude", in J. E. Gainor ed., *Imperialism and Theatre*, London : Routledge, 182~198.

Lo, J.(99), "Tracing Emily of Emerald Hill : subject positioning in performance", in B. Vennett & D. Haskell eds., *Myths, Heroes and Anti-Heroes : Essays on the Literture and Culture of the Asia-Pacific Region*, Perth : Centre for Studies in Australian Literture, University of Western Australia, 120~131.

_____(1993), "Political theatre in Malaysia : 1984 Here and Now", *Australasian Drama Studies* 22 : 54~61.

_____(1995), "The politics and pratices of opposition and resistance in Singaporean and Malaysian drama in English", *PH. D. thesis*, University of Western Australia.

Loomba, A.(1991a), *Gendea, Race, Renaissance Drama*, Manchester : Manchester University Press.

_____(1991b), *Overworlding the 'third world'*, The Oxford Literary Review 13, 1/2 : 164~191.

Lovelace, E.(1984a), *Jestina's Calypso and Other Plays*, London : Heinemann.

_____(1984b), *The New hardware Store in Jestina's Calypso and Other Plays*, London : Heinemann, 43~88.

_____(1989), "The Dragon Can't Dance", in Y. Brewster ed., *Black Plays Two*, London : Methuen, 1~44.

Low, G. C. -I.(1989), "White skins / black masks : the Pleasures and politics of imperialism", *New Formation* 9 : 83~103.

Lowe, D.(1980), *(1989) Tokyo Rose*, unpublished playscrip.

Lyn, D.(1980), "The concept of the mullatto in some works of Derek Walcott", *Caribbean Quarterly* 26. 1/2 : 49~68.

Lyssiotis, T.(1990), *The Forty Lounge Café*, Sydney : Currency.

MaxAloon, J. J. ed.(1984), *Rite, Drama, Festival, Spectacle : Rehearsals towards a Theory of Cultural Performance*, Philadelpia, ennsylvania : Institute for the Study of Human Issues.

McCallum, J.(1987), "The development of a sense of History in *contemporary Australian drama*", in P. Holloway ed., *Contmporary Australian Drama Sydney : Currency*, 148~160.

MacDonald, A.(1990), *Goodnight Desdemona (Good Morning Juliet)*, Toronto : Coach House.

MacDonald, J.(1976), "The Tramping Man", in E. Hill ed., *A Time······ and a Season : 8 Caribbean Plays*, Trinidad : University of the West Indies, Extramural Studies Unit, 153~175.

McDougall, R.(1987), "Wilson harris and the art of carnival revoulution", *Commonwealth : Essays and Studies* 10, 1 : 77~90.

_____(1990a), "Music in the body of the book of the carnival", *Journal of West Indian Literature* 4, 2 : 1~24.

_____(1990b), "The snapshot image and the body of trandition : stage imagery in *The Lion and the Jewel*", *New Literatures Review* 19 : 102~118.

_____(1993), "Mask in the body of the semiotics of *The Road*", *Kunapipi* 15, 3 : 133~145.

McGrath, F. C.(1989), "Language, myth, and history in the later plays of Brian Friel", *Contemporary Literature* 30, 4 : 534~545.

McLeod, J.(1990), *Diary of a Crazy Boy*, in Theatrum, 19 : S1~S11.

McNarn, M.(1979~80), "From imperial appendage to American satellite : Australian involvement in Vietnam", *Australian National University Historical Journal* 14 : 73~86.

McNaughton, H.(1994), "The speaking abject : the impossible possible world of realized empire", in C. Tiffin & A. Lawson eds., *De-Scribing Empire : Post-Colonialism and Textuality*, London : Routledge, 218~229.

McRoberts, K.(1979), "Internal colonialism : the case of Québec", *Ethnic and Racial stidies* 2, 3 : 293~318.

Maddy, P. A.(1971), *Obasai and other Plays*, London : Heinemann.

Mais, R.(1976), "George William Gordon", In E. Hill ed., *A Time······ and a Season : 8 Caribbean Plays*, Trinidad University of the West Indies, Extramural Studies Unit, 1~92.

Makotsi, J.(1988), *She Ate the Female Cassava*, Nairobi : Heinemann.

Makun, S.(1984), "Ritual drama and satire : the case of Opelu song-poetry among the Owe-Kaba", *Nigeria Magazine* 148 : 52~56.

Malgonkar, M.(1978), *Line of Mars*, Delhi : Hind Pocket.

Malouf, D.(1988), *Blood Relations*, Sydney : Currency.

Manaka, M.(1984), "Some thoughts on black theatre", *The English Academy Review* 2 : 33~40.

_____(1990), *Pula*, Braamfontein, South Africa : Skotaville.

_____(n.d.), *Egoli : City of gold*, Johannesburg : Soyikwa-Ravan.

Mandiela, A. Z.(1991), *Dark Diaspora······ in Dub : a Dub Theatre Piece*, Toronto : Sister Vision.

Manim, M.(1989), "Journeys of discovery : Thoughts on theatre in South Africa", *South African Theatre Journal* 3, 1 : 69~80.

Mann, P.(1990), "Confronting history : the abandonment of Mother England in contemporary New Zealand theatre", *New Literatures Riview* 19 : 4~13.

Mannoni, O.(1964), *Prospero and Caliban : The Psychology of colonization*, 2nd edn, P. Powesland trans., New-York : Praeger.

Maponva, M.(1981), *The Hungry Earty*, London : Polyptoton.

_____(1986), "Gangster", in D. Ndlovn ed., *Woza Afrika! An Anthology of South African Plays*, New-York : Braziller, 55~88.

Marchessault, J.(1992), *The Magnificent Voyage of Emily Carr*, L. Gaboriau trans., Vancouver : Talonbooks.

Marranca, B. & Dasgupta, G. eds.(1991), *Interculturalism and Performance : Writings from PAJ*, New-York : PAJ.

Marshall, B.(1988), *The Crows and Other Plays*, Accra : Educational Press.

Masiye, A. S.(1973), *The Lands of Kazembe*, Lusaka, Zambia : National Educational.

Mason, B.(1992), *The Pohutukawa Tree*, Lusaka Zambia : National Educational.

Masiye, R.(1992), "From BHarata to the cinema : A study in unity and continuity", *ARIEL*, 23, 1 : 59~72.

Mathur, J. C.(1964), *Drama in Rural India*, Bombay : Asia and Indian Council for Culturak Relations.

Matura, M.(1980), *Rum and Coca Cola*, in Three Plays by Mustapha Matura, London : Eyre

Methuen, 13~31.

_____(1989), *Playboy of the West Indies*, New-York : Broadway Play Publishing.

Maxwell, A.(1994), "Rewriting the nation", *Meanjin* 53, 2 : 315~326.

Maza, B.(1989), *The Keepers*, in Plays from Black Australia, sydney : Currency, 168~229.

Mboya, A-A.(1986), *Otinglia*, Nairobi : Oxford University Press.

Mda, Z.(1979), *We Shall Sing for the Fatherland and Other Plays*, Johannesburg : Ravan.

_____(1990), *The Plays of Zakes Mda*, Johannesburg : Ravan.

_____(1993), *When People Play People*, London : Zed Books.

Mead, P. & Campbell, M. eds.(1993), *Shakespeare's Books : Contemporary Cultural Politics and the Persistence of Empire*, Melbourne : University of Melbourne English Department.

Merritt, R.(1983), *The Cake Man*, rev. edn, Sydney : Currency.

Mhlope, G.(1990a), "The Zandile project : a collaboration between UT, Carpetbag Theatre and South African playwright Gcina Mhlope", interview with P. Kagan-Moore, *The Drama Review* 34, 1 : 115~130.

_____(1990b), Interview with T. August, *Journal of South African Studies* 16, 2 : 36~47.

Mhlope, G. & Mtshali, T. & Vanrenen, M.(1998), *Have You Seen Zandile?*, Braamfontein, South Africa : Skotaville.

Milgate, R.(1968), *A Refined Look at Existence*, Sydney : Methuen.

Miller, M. J.(1980), "Two versions of Rick Salutin's *Les Canadians*", *Theatre History in Canada* 1, 1 : 57~69.

Mishra, V.(1991), "The great Indian epic and Peter Brook", in D. Williams ed., *Peter Brook and The Mahabharata*, London : Routledge, 195~205.

Mishra, V. & Hodge, B.(1991), "What is post(-) colonialism?", *Textual Practice* 5, 3 : 399~414.

Mlama, P. M.(1991), *Culture and Develovment : The Popular Theatre Approach in Africa*, Uppsala : Scandinavian Institute of African Studies.

Mohanty, C. T. ed.(1991), "Under western eyse : feminist scholarship and colonial discourses", in C. T. Mohanty & A. Russo & L. Torres eds., *Third World Women and the Polictics of Feminism*, Bloomington, Indiana : Indiana University Press, 51~80.

Mohanty, C. T. & Russo, A. & Torres, L. eds.(1991), *Third World Women and the Politics of Feminism*, Bloomingston, Indiana : University Press, 51~80.

Mojica, M.(1991), *Princess Pocahontas and the Blue Spots : Two Plays*, toronto : Women's Press.

Monkman, L.(1987), "A native feritage", in T. King & C. Calver & H. Hoy eds., *The Nation in Literature*, Toronto : ECW Press, 80~98.

Montrose, L.(1991), "The work of gender in the discourse of discovery", *Representation* 33 : 1~41.

Moody, D.(1989), "The steeple and the Palm-wine shake : Whole Soyinka and crossing the inter-cultural fence", *Kunapipi* 11, 3 : 98~107.

_____(1991), "Marx meets Masque : The play of history in Africa theatre", *World Literature Written in English* 31, 1 : 93~102.

_____(1992), "The prodigal father : discursive rupture in the plays of Wole Soyinka", *ARIEL* 23, 1 : 25~38.

Morgan, S.(1992), *Sistergirl*, Dir. A. Ross, marli Biyol Company, Arts Theatre, Adelaide, 17 March.

Morris, G.(1989), "Theatrical possibilities of the tranditional Xhosa Iintsomi : What do they offer and now?", *South African Theatre Journal* 3, 2 : 91~100.

Moses, D. D.(1987), "The trickster theatre of Tomson Highway", *Canadian Fiction Magazine* 60 : 83~88.

_____(1988), *The Dreaming Beauty*, Toronto : Playwrights Canada.

_____(1990), *Coyote City*, Straford, Ontario : Williams-Wallace.

_____(1992), *Almight Voice and his Wife*, Stratford, Ontario : willams Wallace.

_____(1994), Interview with H. Gilbert, *Toronto*, 8 January.

Moss, J.(1990), "Drama in Québec", in A. E. Davidson ed., *Studies on Canadian Literature : Introductory and Critical Essays*, New-York : MI, A., 248~270.

Mtwa, P.(1986), "Bopha!", In D. Ndlovn ed., *Woza Africa! An Anthology of South African Plays*, New-York : Braziller, 225~258.

Mtwa, P. & Ngema, M. & Simon, B.(1983), *Woza Albert!*, London : Methuen.

Much, R. ed.(1992), *Women on the Canadian Stage : The Legacy of Hrotsvit*, Winnipeg : Bizzard.

Mudrooroo(1990), *Writing from the Fringe : A Study of Modern Aboriginal Literature*, Melbource : Hyland House.

Muecke, S.(1992), *Textual Spaces : Aboriginality and Cultural Studies*, Kensington, New South Wales University Press.

Muknejee, A.(1990), "Whose post-colonialism and whose post-modernism?", *World Literature in English* 30, 2 : 1~9.

Muknejee, S.(1992), *Textual Space : Aboriginality nd Cultural Studies*, Kensington, New South

Wales : New South Waled University Press.

Muknejee, D.(1989), *Culture, Performance, Communication*, Delhi : BR Publishing.

Mulvey, L.(1975), "Visual pleasure and narrative cinema", *Screen* 16, 3 : 6~18.

Murray, C.(1991), "Three Irish Antigones", in J. Genet & R. A. Cave eds., *Perspectives of Irish Theatre*, Gerards Cross, Buckinghamshire : ColinSmythe, 115~129.

Mutibwa, P. W.(1992), *Uganda Cince Indepence : A Story of Unfulfilled Hopes*, London : Huest.

Mutwa, C. V.(1981), "uNosilimela", in R. Kavanagh ed., *South African People's Plays*, London : Heinemann, 1~62.

Nail, M. K.(1977), "The achieveman of Indian drama in English", in M. K. Naik & S. Mokashi-Punkar eds., *Perspectives on indian Drama in English*, Madras : Oxford University press, 180~194.

Nalpaul, S.(1971), "The writer without a society", in A. Rutherford ed., *Commonwealth*, aAarhus, Denmark : University of Aarhus Press, 114~123.

Narayana, B.(1981), *Hindi Drama and Stage*, Delhi : Bansal.

Nardocchio, E.(1986), *Theatre and Politics in Modern Québec*, Edmonton : University of Alberta Press.

Ndlovu, T. P.(1990), *The Return*, Gweru, Zimbabwe : Mambo Press.

Nelson, E. S. ed.(1992), *Out of Afica : THe Making of Township Fever*, Special Broadcasting System : 27 April 1992.

Ngûgî wa Thiong'o(1971), *This Time Tomorrow*, Nairobi : East African Literature Bureau.

_____(1982), *Mother, Sing for me*, (see Bjorkman, 1989).

Ngûgî wa Thiong'o and Mugo, M. G.(1977), *The Trial of Deaden Kimathi*, London : Heinmeann.

Ngûgî wa Thiong'o and Ngûgî wa Mîriî(1982), *I Will Marry When I Want*, London : Heinemann.

Nixon, R.(1987), "Caribbeau and Afirican appropriations of *The Tempest*", *Critical Inquiry* 13, 3 : 557~578.

Nkosi, L.(198), *Tasks and Masks : Theme and Styles of African Literature*, Harlow, Essex : Longman.

Nolan, Y.(1992a), *Blade*, Theatrum 31 : 1~5.

_____(1992b), *Job's Wife*, Theatrum 31 : 7~11.

Nora, P.(1989), "Between memory and history : *Les Lieux de MéMoire*", *Representions* 26 :

7~25.

Nowra, L.(1979), *Visions*, Sydney : Currency.

_____(1980), *Inside the Island and The Precious Woman*, Sydney : Currency.

_____(1983), *Sunrise*, Sydney : Currency.

_____(1988), *Capricornia*, Sydney : Currency.

_____(1989), *The Golden Age*, 2nd edn., Sydney : Currency.

_____(1992b), *Summer of Aliens*, Sydney : Currency.

Nunn, R.(1984), "Performing fact : Canadian documentary theatre", *Canadian Literature* 103 :
      51~62.

_____(1992), "Maginality and English-Canadian theatre?", in *Theatre Research International*
      17, 3 : 217~225.

Nwamuo, C.(1990), "Which way Nigerian theatre?", in C. Nwamuo ed., *The Faces of Nigerian
      Theatre*, Calabar, Nigeria : Centaur, 62~66.

Nwankwo, C.(1985), "Women in Ngûgî plays : from passivity to social responsibility",
      Ufahamu 14, 3 : 85~92.

Nwoga, D. I.(1976), "The Limitations of universal critical criteria", in R. Smith ed., *Exile and
      Tradition : Studies in African and Caribbean Literature*, New-York : Africana, 8~30.

Nzewi, M.(1981), "Music, dance, drama and the stage in Nigeria", in Y. Ogunbiyi ed., *Drama
      and Theatre in Nigeria : A Critical Sourcebook*, Lagos : Nigeria Magazine, 433~456.

Obafemi, O.(1986), *Night of a Mythical Beast and The New Dawn*, Benin City : Adena.

Ochieng, W. R.(1989), *A Modern History of Kenya 1895~1980*, London : Evans.

Ogunba, O. & Irele, A. eds.(1978), *Theatre in Africa*, Ibadan : University of Ibandan Press.

Ogunbiyi, Y.(1979), "Opèrá Wónyòsi a study of Soyinka's *Opèrá Wónyòsi*", *Nigeria Magazine*
      128 / 9 : 3~14.

_____(1981a), "Nigerian theatre and drama : a critical perspective", in Y. Ogunbiyi ed.,
      Drama and Theatre in Nigeria : A Critical Source Book, Lagos : Nigeria Magazine,
      3~53.

_____(1981b), "The populae theatre : a tribute to Duro Lapido", in Y. Ogunbiyi ed., *Drama
      and Theatre Source Book*, Lagos : Nigeria Magazine, 333~353.

Ògúnyemí, W.(1970), *Ijaye War (in The Niteenth Century) A Historical Drama*, Ibadin : Orisun
      Acting Editions.

_____(1972), *Obalúayé : A Music-Drama*, Ibadan : Institute of African Studies, University of

Ibadan.

_____(1976), *Kírìjì : an Historic Drama on Ekiti Parapo War in the Nineteenth Century*, Lagos : Afican University Press.

Olaniyan, T.(1988), "Zulu Sofola and her sisters : the example of *The Sweet Trap*", in H. Wylie & D. Brutus & J. Silenieks eds., *African Literature 1988 : New Masks*, Washington, DC : Three Continents, 39~49.

_____(1992), "Dramatizing postcolonoality : Wole Soyinka and Derek Walcott", *Theatre Journal* 44, 4 : 485~499.

_____(1993), "'On post-colonial discourse' : an introduction", *Callaloo* 16, 4 : 743~749.

_____(1996), "Femi Osofisan : provisional notes on the postcolonial incredible", *Kunapipi* (forthcoming 1997).

Omaara, T.(1968), "The Exodus", in D. Cook & M. Lee eds., *Short East African Plays in English*, London : Heinemann, 47~66.

Omotoso, K.(1982), *The Theatrical into Theatre : A Study of the Drama and Theatre of the English-speaking Caribbean*, London : New Beacon.

Ong, W. J.(1982), *Orality and Literacy : The Technologising of the Word*, London : Methuen.

Onwueme, T. A.(1993), *Three Plays [The Broken Calabash, Parables for a Season, The Reign of Wazobia]*, Detroit, Michigan : Wayne State University Press.

Orkin, M.(1988), "Body and state in *Blood Knot / The Blood Knot / The Blood Knot*", *South African Theatre Journal* 2, 1 : 17~34.

_____(1991), *Drema and the South African State*, Manchester : Manchester Unversity Press.

Osborne, J.(1990), "The gumboot dance : an historical, socio-economic and cultural perspective", *South African Theatre Journal* 4, 2 : 50~79.

Osborne, F.(1982a), "Ritual and the revolutionary ethos : the humanist dilen=mma in contemporary Nigerian theatre", *Okike* 22 : 72~81.

_____(1982b), *Once Upon Four Robbers*, Nigeria : BIO Educational Services.

_____(1988), *Another Raft*, Lagos : malthouse.

_____(1990), *Brithdays are not for Dying and Other Plays*, Lagos : malthouse.

O'Sulivan, V.(1987), *Shuriken*, Wellington : Victoria Univesity Press.

_____(1989), *Jones and Jones*, Wellington : Victoria University Press.

_____(1990), *Billy*, Wellington : Victoria University Press.

Oti, S.(1977), *The Old masters*, Ibandan : Oxford University Press.

_____(1985), "Nigerian theatre today", *Nigeria Magazine* 53, 2 : 30~39.

Otokunefor, H. C. & Nwodo, O. C. eds.(1989), *Nigerian Female Writers : A Critical Perspective*, Lagos : Malthouse.

Owen, G.(1988), "Women and social values in the plays of trevor Rhone", *Caribbean Quarterly* 34, 3/4 : 62~76.

Owen, R.(1991), "Te Awa I Tahuti", in S. Garrett ed., *He Reo Hou*, Wellington : Playmarket, 126~161.

Oyekunle, S.(1983), *Katakata for Sofahead*, London : Macmillan.

Pasquet, S. P.(1992), "Mustapha Matura's *Playboy of the West Indies* : a carnival discourse on imitation and originality", *Journal of West Indian Literature* 5, 1/2 : 85~96.

Page, M.(1980), "West Indian playwrights in Britain", *Canadian Drama* 6, 1 : 90~101.

Pallister, J.(1991), *Aimé Césaire*, New-York : Twayne.

Parker, A. & Russo, M. & Sommer, D. & Yaeger, P. eds.(1992), *Nationalisms and Sexualities*, London : Routledge.

Parker, B.(1980), "Onthe edge : Michael Cook's Newfo undland trilogy", *Canadian Literature* 85 : 22~41.

Parker, B.(1987), "Problems in current theories of colonial discourse", *Oxford Literary Review* 9, 1/2 : 27~58.

Pavis, P.(1982), *Languages of the Stage : Essays in the Semiology of the Theatre*, S. Melrose trans., Now-York : PAJ.

_____(1992), *Theatre at the Crossroads of Culture*, L. Kruger trans., London : Routledge.

Pearce, A.(1990), "The didactic essence of Efua Sutherland's plays", in E. D. Jones ed., *Women in African Literature Today*, London : James Currey, 71~81.

Pechey, G.(1987), "On the borders of Bakhtin : dialogization, decolonization", *Oxford Literary Review* 9, 1/2 : 59~84.

Perkins, E.(1987), "Form and transfomation in the play of Alma De Groen", *Australasian Drama Studies* 11 : 5~21.

Peters, H.(1993), "The Aborigianl presence in Canadian theatre and the evolution of being Canadian", *Theatre Research International* 18, 3 : 197~205.

Peterson, B.(1990), "Apartheid and the political imagination in black South African theatre", *Journal of South African Studies* 16, 2 : 229~245.

Phelan, P.(1992), *Unmarkea : The Politics of Performance*, London : Routledge.

Pine, R.(1990), *Brian Friel and Ireland's Drama*, London : Routledge.

Poliner, S. M.(1984), "The exiled creature : Ananse tales and the search for Afro-Caribbean identity", *Studies in the Humanities* 11, 1 : 12~22.

Pollock, S.(1978), *The Komagatu Maru Incident*, Toronto : Playwrights Co-op.

_____(1981), *Generations, in Blood Relations and Other Plays*, Edmonton : NeWest, 101~178.

_____(1987), "Whiskey six Cadenza", in D. Bessai & D. Kerr eds., *NeWest Play by Women*, Edmonton : NeWest, 137~247.

_____(1993), "Walsh", in J. Wasserman ed., *Modern Canadian Plays Volume* 1, 3rd-edn, vancouver : Talonbooks, 237~272.

Porter, D.(1983), "Orientalism and its problems", in F. Barker et al. eds., *The Politics of The Politic of Theory. Proceedings of the Essex conference on the Sociology of Literature*, July 1982, Colchester, Essex : University of Essex Press, 179~183.

Potiki, R.(1991), "A Maori Point of view : the journey from anxiety to confidence", *Australasian Drama studies* 18 : 57~63.

Prasad, M.(1992), "The 'other' worldliness of postcolonial discourse : a critique", *Critical Quarterly* 34, 3 : 74~89.

Prentice, C.(1991), "The interplay of place and placelessness in the subject of post-colonial fiction", *SPAN* 31 : 63~80.

Prentki, T.(1990), "Cop-out, cop-in : carnival as political theatre", *New Theatre Quarterly* 24, 6 : 362~394.

Prichard, K. S.(1974), *Brumby Innes*, Sydney : Currency.

Priebe, R. K.(1988), *Myth, Realism and the West African Writer*, Trenton, New Jersey : Africa World Press.

Rabillard, S.(1993), "Absorption, elimination, and the hybrid : some impure questions of gender and culture in the trickster drama of Tomason Highway", *Essays in Theatre* 12, 1 : 3~27.

Rajah, J. & Tay, S.(1991), "From second tongue to mother tongue : a look at the use of English in Singapore English drama from the 1960s to the present", in E. Thumboo ed., *Perceiving Other Worlds*, Singapore : Times Academic Press, 400~412.

Rajan, R. S.(1993), *Real and Imagined Women : Gender*, Culture and Postcolonialism, London : Routledge.

Ramchand, K.(1988), "Why the dragon can't dance : an examination of Indian-African relations in Lovelace's *The Dragon Can't Dance*", *Journal of West Indian Literature* 2, 2 : 1~14.

Rangacharya, A.(1971), *The Indian Theatre*, New Delhi : National Book Trust.

Redmond, E. B.(1993), "Tess Onwueme's soular system : trilogy of the she-kings-parables, reigns, calabashes", in *T. A. Onwueme Three Plays*, Detroit, Michigan : Wayne State University Press, 13~18.

Reed, I.(1988), "Soyinka among the monoculturists", *Black American Literature Forum* 22, 4 : 705~709.

Reid, C.(1989), *The Belle of the Belfast City and Did You Hear the One About the Irishman*……?, London : Methuen.

Reinelt, J. & Roach, J. eds.(1992), *Critical Theory and Performance*, Ann Arbor, Michigan : Michigan University Press.

Renan, E.(1947), *Oeuvres completes. Edition definitive etable par Henriette Psichari*, H. Psichari ed., Paris : Calmann-Lew.

Rendra(1979), *The struggle of the Naga Tribe*, M. Lane Trans., St Lucia : University of Queensland Press.

Renée(1985), *Wednesday To Come*, Wellington : Victoria University Press.

_____(1986), *Pass It On*, Wellington : Victoria University Press.

_____(1991), *Jeannie Once*, Wellington : Victoria University Press.

Retamar, R. F.(1989), *Caliban and Other Essay*, E. Baker Trans., Minneapolis, Minnesota : University of Minnesota Press.

Rewa, N.(1990), "Clichés of ethnicity subverted : Robert Lepage's *La Trilogie des Dragons*", *Theatre History in Canada* 11, 2 : 148~161.

Reves, A.(1984), "carnival : ritual dance of the past and present in Earl Lovelace's The Dragon Can't Dance", *World Literature Written in English* 24, 1 : 107~120.

Rhone, T.(1981), *Smile Orange, in Old Story Time and Other Plays*, Harlow, Essex : Longman, 161~225.

_____(1984), *Two Can Play*, Lexington, Kentucky : Ket Books.

Rich, F.(1987), *Rev. of Death and the King's Horseman* by W. Soyinka, the *New York Times* 2 March : 13.

Richards, D.(1984), "Òwe l'esin òrò : Proverbs like horses : Wole Soyinka's *Death and the King's Horseman*", *Journal of Commonwealth Literature* 19, 1 : 86~97.

Richards, S. L.(1987a), "Nigerian independence onstage : responses from 'second generation' playwrights", *Theatre Journal* 39, 2 : 215~227.

_____(1987b), "Toward a populist Nigerian theatre : the plays of Femi Osofisan", *New Theatre Quarterly* 3, 11 : 280~288.

Ricimond, F. P. & Swann, D. L. & Zarilli, P. B.(1990), *Indian Theatre*, Honolulu, Hawaii : University of Hawaii Press.

Ringwood, G. P.(1984), "Drum Song", in R. Perkyns ed., *Major Play of the Cannadian Theatre 1934~1984*, Toronto : Irwin, 328~383.

Roche, A.(1988), "Ireland's Antigones : tragedy, north and south", in M. Keneally ed., *Cultural Contexts and Literary Indioms in Contemporary Irish Literature*, Gerrards Cross, Buckinghamshire : Colin Smythe, 221~250.

Rodo, J. E.(1967), *Ariel*, G. Brotherston ed., Cambridge : Cambridge University Press.

Rohlehr, G.(1978), "The folk in Caribbean Literature", in E. Baugh ed., *Critics on Caribbean Literature*, Boston, Massachusetts : Allen & Unwin, 27~30.

_____(1990), *Calypso and Society in Pre-Independence Trinidad*, Port of Spain, Trinidad : Rohlehr.

Rohmer, M.(1994), "Wole Soyinka's *Death and the King's Horseman*, Royal Exchange Theatre, Manchester", *New Theatre Quarterly* 10, 37 : 57~69.

Romeril, J.(1975), *The Floating World*, Sydney : Currency.

Rotimi, O.(1971a), "Traditional Nigerian drama", in B. King ed., *Introduction to Nigerian Ligerian Literature*, Lagos : Africana, 36~49.

_____(1971b), *Kurunmi*, Nigeria : Oxford University Press.

_____(1971c), *The Gods are not to Blame*, London : Oxford University Press.

_____(1974), "Interview with Oia Rotimi", in B. Lindfors ed., *Dem-Say : Interview with Eight Nigerian Writers*, Austin, Texas : African and Afro-American studies Research Centre, 57~68.

_____(1985), Interview with D. Burness ed., *Wana Sema : Conversations With African Writers*, Athens, Ohio : Ohio University Center for International Studies, 11~18.

Rubin, G.(1975), "The traffic in women : notes on the 'political economy' of sex", in R. Reiter ed., *Toward an Anthropology of Women*, New-York : Monthly Review Press, 157~210.

Ruganda, J.(1986), *Echoes of Silence*, Nairobi : Heinemann.

Russo, M.(1986), "Female grotesques : carnival and theory", in T. de Lauretis ed., *Feminist*

Studies / *Critical Studies*, Bloomington, Indiana : Indiana University Press, 213~229.

Ryga, G.(1971), *The Ecstasy of Rita Joe and Other Plays*, Toronto : New Press.

Said, E.(1979), *Orientalism*, New-York : Vintage.

_____(1990), "Reflection on exile", in R. Ferguson et al. eds., *Out There : Marginalization and Contemporary Cultures*, Cambridge, Massachusetts : MIT Press, 357~366.

_____(1994), *Cullture and ImPerialism*, London : Vintage.

Saint-Andre, E. U.(1984), "Political commitment in Nigerian drama(1970~1983)", *Commonwealth : Essay and Studies* 7, 1 : 36~49.

Salter, D.(1991), "The idea of national theatre", in R. Lecker ed., *Canadian Canons : Essays in Literary Value*, Toronto : University of Toronto Press, 71~90.

_____(1992), "On native ground : Canadian theatre historiography and the postmodernism / postcolonialism axis", *Theatre Research in Canada* 13, 1/2 : 134~143.

Salutin, R.(1977), *Les Canadiens*, Vancouver : Talonbooks.

Salutin, R. & Theatre Press Muraille(1993), "1837 : The Farmers Revolt", in *Modern Canadian Plays* Volume 1, 3rd edn, Vancouver : Talonbooks, 203~231.

Samad, D. R.(1991), "Cultural imperatives in Derek Walcott's *Dream on Monkey Mountain*", *Commonwealth : Essays and Studies* 13, 2 : 8~21.

Sanchez, M.(1976), "CAliban : the new Latin-American protagonist of *The Tempest*", *Diacritics* 6, 1 : 54~61.

Schaffer, K.(1988), *Women and the Bush : Forces of Desire in the Australian Cultural Tradition*, Cambridge : Cambridge : Cambridge University Press.

Schechner, R.(1989), "Magnitudes of performance", in R. Schechner & W. Appel eds., *By Means of Performance : Intercultural Studies of Theatre and Ritual*, New-York : Cambridge University Press, 19~49.

_____(1993), *The Future of Ritual : of Ritual : Writings on Culture and Performance*, London : Routledge.

Schechner, R. & Appel, W. eds.(1989), *By Means of Performance : Intercultural Studies of Theatre and Ritual*, New-York : Cambridge University Press.

Schipper, M.(1987), "Mother Africa on a pedestal : the male heritage in African Literature and criticism", in E. D. Jones ed., *Women in African Literature Today*, London : Currey; Trenton, New Jersey : African World Press, 35~54.

Schulz, L.(1994), "Theatre for the seven hundred : William Takaku's dream for the National

Theatre Company of Papua New Guinea", *Australasian Drama Studies* 24 : 47~55.

Scott, D.(1985), "An Echo in the Bone", in E. Hill ed., *Plays for today*, Harlow, Essex : Longman, 73~137.

Scott, M.(1990), "Karbarra : the new Aboriginal drama and its audience", *SPAN* 30 : 127~140.

Sears, D.(1990), *Afrika Solo*, Toronto : Sister Vision.

_____(1992), "Naming names : black women playwrights in Canada", in R. Much ed., *Women on the Canadian Stage : The Legacy of Hrotsvit*, Winnipeg : Blizzard, 92~103.

Sebeok, T. A. ed.(1984), *Carnival*, Berlin : Gruyter, "Seditious Drama : The play in the Philipines [sic] : what a recent visitor has to say(1907)", *The Theatre [Sydney]* 1 Feb. : 17.

Selvon, S.(1991), *Highway in the Sun and Other Plays*, Leeds : Peepal Tree Press.

Senanu, K. E.(1980), "The exigencies of adaption : the case of Soyinka's Bacchae", in J. Gibbs ed., *Critical Perspectives on Wole Soyinka*, Washington. DC : Three Continents, 108~112.

Senelick, L. ed.(1992), *Gender in Performance : The Presentation of Difference in the Performing Arts*, Hanover, Massachusetts : New England University Press.

Sentongo, N.(1975), "The Invisible Bond", in M. Etherton ed., *African Plays for Playing*, London : Heinemann, 7~44.

Seremba, G.(1993), *Come Good Rain*, Winnipeg : Blizzard.

Serumaga, R.(1974), *Majangwa : A Promise of Rain*, Nairobi : East African Publishing House.

Severac, A.(1987), "Soyinka's tragedies : from ritual to drama", *Commonwealth : Essays and studies* 10, 1 : 26~40.

Sewell, S.(1983), *The Blind Giant is Dancing*, Sydney : Currency.

_____(1988), *Hate*, Sydney : Currency.

Shadbolt, M.(1982), *Once on Chunuk Bair*, Auckland : Hodder & Stoughton.

Shakespeare, W.(1987), *The Tempest*, S. Orgel ed., Oxford : Oxford University Press.

Sharpe, J.(1991), "The unspeakable Limits of rape : colonial violence and counter-insurgency", *Gender* 10 : 25~46.

_____(1993), *Allegories of Empire : The Figure of Woman in the Colonial Text, Minneapolis, Minnesota* : University of Minnesota.

Shearer, J.(1977), *Catherine*, Port Melbourne, Victoria : Arnold.

Sheil, G.(1991), *Bali : Adat*, Sydney : Currency.

Shepherd, D. ed.(1989), *Bakhtin : Carnival and other Subjects*, Amsterdam : Rodopi.

Shoemaker, A.(1990), "Swimming in the Mainstream : Australian Aboriginal and Canadian Indian drama", *Working Papers in Australian Studies* No.60, London : Sir Robert Menzies Centre for Australian Studies, University of London, 1~12.

Showalter, E.(1985), "Feminist criticism in the wilderness", in E. Showalter ed., *The New Feminist Criticism : Essays on Women, Literature, and Theory*, New-York : Pantheon, 243~270.

Silverstein, M.(1992), "'It's only a name' : schemes of identification and the national community in Translations", *Essays in Theatre* 10, 2 : 133~142.

Singh, J.(1989), "Different Shakespeares : the bard in colonial / post-colonial India", *Theatre Journal* 41, 4 : 445~458.

Sircar, B.(1983), *Three Plays : Procession. Bhoma*, Stale News, Calcutta : Seagull.

Sistren Theatre Collective(1978), *Bellywoman Bangarang*, unpublished playscript.

_____(1980), *Nana Yah*, unpublished playscript.

_____(1981), *QPH*, unpublished playscript.

_____(1985), *Ida Revolt Inna Jonkunnu Stylee*, unpublished playscript.

_____(1985), *Muffit Inna All a We*, unpublished playscript.

Skura, M.(1989), "Discourse and the individual : the case of colonialism in The Tempest", *Shakespeare Quarterly* 40, 1 : 42~60.

Slemon, S.(1987), "Monuments of empire : allegory / counter-discourse / post-colonial writing", *Kunapipi* 9, 3 : 1~16.

_____(1988), "Post-colonial allegory and the transformation of history", *Journal of Commonwealth Literature* 23, 1 : 157~168.

_____(1988), "Reading for resistance in post-colonial literatures", in H. Maes-Jelinek & K. H. Petersen & A. Rutherford eds., *A Shaping of Connections : Commonwealth Literature Studies —Then and Now*, Sydney : Dangaroo, 100~115.

_____(1990a), "Modernism's last post", in I. Adam & H. Tiffin eds., *Past the Last Post : Post-Colonialism and Post-Modernism*, Calgary : University of Calgary Press, 1~11.

_____(1990b), "Unsettling the empire : resistance theory for the second world", *World Literature Written in English* 30, 2 : 30~41.

Slemon, S. & Tiffin, H.(1989), "Introduction", *Kunapipi* 11, 1 : ix~xiii.

Smith, F.(1993), *Review of The Black Jacobins* by C. L. R. James, Trinidad and Tobago Review June : 26~27.

Smith, R. ed.(1976), *Exile and Tradition : Studies in African and Caribbean Literature*, London : Longman.

Smith, R. P.(1972), "The misunderstood and rejected black hero in the theatre of Aimé Césaire", *CAL Journal* 16, 1 : 7~15.

Smith, R. P. & HAdson, R. J.(1992), "Evoking Caliban : Césaire's response to Shakespeare", *CAL Journal* 35, 4 : 387~399.

Smith, R. S.(1991), "The hermeneutic motion in Brian Friel's *Translations*", *Modern Drama* 34, 3 : 392~409.

Söderlind, S.(1991), *Margin / Alias : Language and Colonization in Canadian and Québécois Fiction*, Toronto : University of Toronto Press.

Sofola, Z.(1972), *Wedlock of the Gods*, London : Evans Brothers.

_____(1977), *The Sweet Trap*, Ibadan : Oxford University Press.

_____(1979), "The playwright and theatrical creation", *Nigeria Magazine* 128/9 : 68~74.

Sontag, S.(1973), *On Photography*, New-York : Farrar, Straus & Giroux.

_____(1978), *Illness as Metaphor*, New-York : Farrar, Straus & Giroux.

Sotto, W.(1985), *The Rounded Rite : A Study of Wole Soyinka's Play The Bacchae of Euripides*, Lund, Sweden : Gleerup.

Souchotte, S.(1979), "Inuit theatre : dramatizing the myths", *Canadian Theatre Review* 23 : 32~35.

Sowande, B.(1990), *Tornadoes Full of Dreams*, Lagos : Malthouse.

Soyinka, W.(1973), *Collected Plays 1 [A Dance of the Forests, The Swamp Dwellers, The Strong Breed, The Road, The Bacchae of Euripides]*, Oxford : Oxford University Press.

_____(1976a), "Drama and the African world-view", in R. Smith ed., *Exile and Tradition : Studies in African and Caribbean Literature*, New-York : Africana, 173~190.

_____(1976b), *Myth, Literature and the African World*, Cambridge : Cambridge University Press.

_____(1984), *Six Plays [The Trials of Brother Jero, Jero's Metamorphosis, Camwood on the Leaves, Death and the King's Horseman, Maa'men and Specialists, Opérà Wónyosi]*, London : Methuen.

_____(1988), *Art, Dialogue and Outrage : Essays on Literature and Culture*, Ibadan : New Horn.

_____(1992), *From Zia, with Love and A Scourge of Hyacinths*, London : Methuen.

Spivak, G. C.(1985), "Three women's texts and a critique of imperialism", *Critical Inquiry* 12, 1 : 243~261.

_____(1986), "Imperialism and sexual difference", *Oxford Literary Review* 8, 1/2 : 225~240.

_____(1988), *In Other Worlds : Essays in Cultural Politics*, New-York : Metuen.

_____(1993), "Can the subaltern speak?", in P. Williams & L. Chrisman eds., *Colonial Dicourse and Post-colonial Theory : A Reader*, New-York : Harvester Wheatsheaf, 66~111.

Stallybrass, P. & White, A.(1986), *The Politics and Poetics of Transgression*, Ithaca, New-York : Cornell University Press.

Stam, R.(1989), *Subversive Pleasure : Bakhtin, Cultural Criticism, and Film*, Baltimore, Maryland : Johns Hopkins University Press.

Stam, R. & Spence, L.(1983), "Colonialism, racism, and representation", *Screen* 24, 2 : 2~20.

Steadman, I.(1984), "Black South African theater after nationalism", *The English Academy Review* 2 : 9~18.

_____(1985), "Drama and social consciousness : themes in black theater in the Witwatersrand until 1984", Ph. D. diss., University if Witwatersrand.

_____(1990), "Introduction", in M. *Manaka, Pula*, Braamfontein, South Africa : Skotaville, 3~15.

_____(1991), "Theater beyond aparatheid", *Research in African Literatures* 22, 3 : 77~90.

Steiner, G.(1975), *After Babel : Aspects of Language and Translation*, New-York : Oxford University Press.

Stewart, B.(1991), *Brocken Arse*, Wellington : Victoria University Press.

Stone, J. S.(1994), *Theater : Studies in West Indian Literature*, London : Macmillan.

Storey, R.(1993), *The Glorious 12th*, Victoria, British Columbia : Shillingford.

Strachan, T.(1983), *Eyes of the Whites*, Sydney : Alternative.

Stratton, A.(1991), *Canada Split : Two Plays*, Montréal : NuAge Editions.

Sulerei, S.(1992), "Women skin deep : feminism and the post colonial condition", *Critical Inquiry* 18, 4 : 756~769.

Sutherland, E.(1967), *Edufa*, London : Longman.

_____(1971), *Foriwa*, Accra, Ghana : Ghana Publishing.

_____(1975), *The Marriage of Anansewa*, Harlow, Essex : Longman Drumbeat.

Suvin, D.(1987), "Approach to topoanalysis and to the paradigmatics of dramaturgical space", *Poetics Today* 8, 2 : 311~334.

Szaffkó, P.(1987), "The Indian in contemporary North American drama", *Canadian Drama* 13, 2 : 182~186.

Tapping, C.(1990), "Voices off : models of orality in African literature and literary criticism", *ARIEL* 21, 3 : 73~86.

Tarlekar, G. H.(1975), *Studies in the Natyasastra : With Special Reference to the Sanskrit Drama in Performance*, Delhi : Motilal Banarsidass.

Taylor, D. H.(1990), *Toronto at Dreamer's Rock and Education is Our Right*, Saskatoon : Fifth House.

_____(1993), *Someday*, Saskatoon : Fifth House.

Taylor, P.(1986), "Myth and reality in Caribbean narrative : Derek Walcott's *Pantomime*", *World Literature Written in English* 26, 1 : 169~177.

Thieme, J.(1984), "A Carribean Don Juan : Derek Walcottt's *Joker of Seville*", *World Literature Written in English* 23, 1 : 62~75.

Thompson, J.(1989), *The Other Side of the Dark : Four Plays [Tornado, The Crackwalker, Pink, I am Yours]*, Toronto : Coach House.

_____(1992), *Lion in the Streets*, Toronto : Coach House.

Thompson, M.(1984a), "Promise and Frustration : New Zealand playwrighting since 1975", *Australasian Drama Studies* 3, 1 : 122~128.

_____(1984b), *Songs to the Judges, in Selected Plays*, Dunedin, New Zealand : Pilgrims South, 147~185.

Tiffin, C. & Lawson, A.(1994), "Introduction : the textuality of empire", in C. Tiffin & A. Lawson eds., *De-Scribing Empire : Post-Colonialism and Textuality*, London : Routledge, 1~11.

Tiffin, H.(1987a), "Post-colonial literatures and counter-discourse", *Kunapipi* 9, 3 : 17~34.

_____(1987b), "Recuperative strategies in the post-colonial novel", in W. McGaw ed., *Inventing countries : Essays in Post-colonial Literatures*, Wollongong, New South Wales : South Pacific Assiciation for Commonwealth Language and Literature Studies, 27~45.

_____(1988), "Post-colonialism, post-modernism and the rehabilitation of post-colonial history", *Journal of Commonwealth Literature* 23, 1 : 169~181.

_____(1993a), "'Cold hearts and (foreign) tongues' : recitation and the reclamation of the female body in the works of Erna Brodber and Jamaica Kincaid", *Callaloo* 16, 4 : 909~921.

_____(1993b), "Metaphor and mortality : the 'life cycle(s)' of malaria", *Meridian* 12, 1 : 46~58.

Tompkins, J.(1991), "Time past / time passed : the empowerment of women and blacks in Australian feminest and Aboriginal drama", *Australasian Drama Studies* 19 : 13~22.

_____(1992a), "Post-colonialism and Australian drama", *Australian-Canadian Studies* 10, 2 : 127~130.

_____(1992b), "Setting the stage : a semiotic re-reading og selected Australian plays by Dorothy Hewett, Jack Hibberd, Louis Nowra, and Stephen Sewall", Ph. D. diss., York University, Toronto.

_____(1993a), "History / history / histories : resisting the binary in Aboriginal drama", *Kunapipi* 15, 1 : 6~14.

_____(1993b), "Infinitely rehearsing performance and identity : *Afrika Solo and The book of Jessica*", *Canadian Theatre Review* 74 : 35~39.

_____(1994a), "'Celebrate 1988?' Australian drama in the bicentennial year", *Australian and New Zealand Studies in Canada* 12 : 103~112.

_____(1994b), "Oral culture, theatre, text : Jack Davis's theater", in G. Turcotte ed., *Jack Davis*, Sydney : Collins-Angus & Robertson, 48~59.

_____(1994c), "Re-orienting Australian drama : staging theatrical irony", *ARIEL* 25, 4 : 117~133.

_____(1995a), "Re-playing and dis-playing the nation : New Zealand drama", in M. Williams & M. Leggott eds., *Essays on New Zealand Literature*, Auckland : Auckland University Press, 294~306.

_____(1995b), "'Spectacular resistance' : metatheater in post-colonial drama", *Modern Drama* 38, 1 : 42~51.

_____(1995c), "'The story of rehearsal never ends' : rehearsal, performance, identity", *Canadian Literature* 144 : 142~161.

_____(1996), "Dressing up and dressing down : cultural transvestism in post-colonial drama", in L. Dale & S. Ryan eds., *The body in the Library : Post-colonial Representations of the body*, Amsterdam : Rodopi.

Traore, B.(1972), *The Black African Theater and its Social Function*, D. Adelugba trans., Inadan : University of Ibadan Press.

Tremblay, M.(1971), *A toi, pour toujours, ta Marie-Lou*, Montréal : Leméac.

_____(1973), *Les Belles Soeurs*, J. Van Burek & B. Glassco trans., Vancouver : Talonbooks.

_____(1988), *Bonjour, Là, Bonjour*, J. Van Burek & B. Glassco trans., Vancouver : Talonbooks.

_____(1991), *The Guid Sisters and Other Plays*, B. Findlay & M. Bowman trans., London : Nick Hearn.

_____(1992), "Hosanna", in J. Doolittle ed., *Heroines : Three Plays*, Red Deer, Alberta : Red Deer College Press, 127~191.

Trinh, T. Minh-ha(1989), *Woman, Native, Other*, Bloomington, Indiana : Indiana University Press.

Turcotte, G.(1987), "'The Circle is burst' : eschatological discourse in Louis Nowra's Sunrise and *The Golden Age*", *SPAN* 24 : 63~80.

_____ ed.(1994), *Jack Davis : A Critical Study*, Sydney : Collins-Angus and Robertson.

Turner, V.(1982), *From Ritual to Theatre : The Human Seriousness of Play*, New-York : PAJ.

_____(1989), "Are there universals of performance in myth, ritual, and drama?", in R. Schechner & W. Appel eds., *By Means of Performance : Intellectual Studies of Theater and Ritual*, New-York : Cambridge University Press, 8~18.

Tuwhare, H.(1991), "In the Wilderness Without a Hat", in S. Garrett ed., *He Reo Hou*, Wellington : Playmarket, 53~123.

Ugonna, N.(1983), *Mmonwu : A Dramatic Tradition of the Igbo*, Lagos : Lagos University Press.

Ukpokodu, I. P.(1992), *Socio-political Theatre in Nigeria*, San Francisco, California : Mellen.

Urry, J.(1990), *The Tourist Gaze : Leisure and Travel in Contemporary Societies*, London : Sage.

Usmiani, R.(1979), "The Tremblay opus : unity in diversity", *Canadian Theatre Review* 24 : 12~25.

Uys, P. D.(1989), *Paradise is Closing Down and Other Plays*, London : Penguin.

Van Herk, A.(1992), "Women writers and the prairie : spies in an indifferent landscape", in A. Van Herk, *A Frozen Tongue*, Sydney : Dangaroo, 139~151.

Van Toorn, P.(1990), "Discourse / patron discourse : how minority texts command the attention of majority audiences", *SPAN* 30 : 102~115.

Varadapande, M. L.(1982), *Krishna Theatre in India*, New Delhi : Abhinav.

Vaughan, A.(1988), "Caliban in the 'third world' : Shakespeare's savage as sociopolitical symbol", *Massachusetts Review* 29, 2 : 289~313.

Verdecchia, G.(1993), *Fronteras Americans(American Borders)*, Toronto : Coach House.

Vingoe, M.(1993), "Living Curiosities : The Story of Anna Swan", in A. Jansen ed., *Adventures for Big Girls*, Winnipeg : Blizzard, 25~50.

Visel, R.(1988), "A half colonialization : the problem of the white colonial woman writer", *Kunapipi* 10, 3 : 39~45.

Viswanathan, G.(1989), *Masks of Conquest : Literary Study and British Rule in India*, New-York : Columbia University Press.

Vizenor, G.(1989), "Trickster discourse", *The Wicazo SA Review : A Journal of Indiana Studies* 5, 1 : 2~7.

von Kotze, A.(1987), *Organise and Act : The Natal Workers Theater Movement 1983~1987*, Durban : Culture and Working Life, University of Natal.

Wabei, T.(1970), *Kulubob*, Melbourne : Heinemann.

Wagner, A. ed.(1985), *Contemporary Canadian Theatre : New World Visions*, Toronto : Simon & Pierre.

Walcott, D.(1950), *Henri Christophe*, Trinidad : University of the West Indies, Extramural Studies Unit.

_____(1970a), *Dream on Monkey Mountain and Other Plays*, New-York : Farrar, Straus & Giroux.

_____(1970b), "What the twilight says : an overture", in *Dream on Monkey Mountain and Other Plays*, New-York : Ferrar, Straus & Giroux, 3~40.

_____(1973), "Meanings", in D. Lowenthal & I. Comitas eds., *Consequences of Class and Colour : West Indian Perspectives*, New Youk : Anchor / Doubleday, 302~312.

_____(1979a), *The Joker of Seville and : O Babylon! Two Plays*, London : Jonathan Cape.

_____(1979b), *Ti-Jean and his brothers*, adapted by M. Gilkers for Video Barbados.

_____(1979c), *Pantomime*, filmed version of play performed in Miami, Florida.

_____(1980), *Remembrance and Pantomime*, New-York : Farrar, Straus & Giroux.

_____(1985), "Ti-Jean and his Brothers", in E. Hill ed., *Plays for Today*, Essex : Longman, 21~71.

_____(1986), *Three Plays [A Branch of the Blue Nile, Beef, No Chicken, The Last Carnival]*, New-York : Farrar, Straus & Giroux.

_____(1992), "The Caribbean : culture or mimcry", *The Crusader* 17 October : 26~31.

_____(1993), *The Odyssey : A Stage Version*, New-York : Farrar, Straus & Giroux.

Walcott, R.(1976), "The Banjo Man", in E. Hill ed., *A Time ······ and a Season : 8 Caribbean Plays*, Trinidad : University of the West Indies, Extramural Studies Unit, 213~256.

Walker, G.(1978), *Three Plays [Bagdad Saloon, Beyond Mozambique, Ramona and the White Slaves]*, Toronto : Coach House.

Wallace, R.(1990), *Producing Marginality : Theater and Criticism in Canada*, Saskatoon : Fifth House.

Walley, R.(1990), *Coordah, in Plays from Black Australia*, Sydney : Currency, 109~166.

Warner, E.(1993), Interview with Helen Gilbert, Jamaica, 28 April.

Watego, C.(1992), "Aboriginal Australian dramatists", in R. Fotheringham ed., *Community Theater in Australia*, rev. edn, Sydney : Currency, 69~76.

Watene, K.(1974), *Dedan Kimathi*, Nairobi : Transafrica.

Wateney, S.(1990), "Missionary positions : AIDS, 'Africa', and race", in R. Ferguson et al. eds., *Out There : Marginalization and Contemporary Cultures*, Cambridge, Massachusetts : MIT Press, 89~103.

Wearne, H.(1992), "Discourse of disruption and Alma De Groen's *The Rivers of China*", *Australasian Drama Studies* 21 : 61~73.

Weiss, J.(1983), "Québec theatre in the 80s : the end of an era", *American Review of Canadian Studies* 13, 2 : 64~73.

Welsh-Asante, K. ed.(1993), *The African Aesthetic : Keeper of the Tradition*, Westport, Connecticut : Greenwood.

Whaley, A.(1991), *The Rise and Shine of Comrade Fiasco*, Harare : Anvil.

White, E.(1985), *Redemption Song and Other Plays*, London : Marion Boyars.

White, H.(1973), *Metahistory : The Historical Imagination in Nineteenth Century Europe*, Baltimore, Maryland : Johns Hopkins University Press.

"Whose voice is it anyway? : a symposium on who should be speaking for whom"(1991), *Books in Canada* 20, 1 : 11~17.

Wickham, J.(1979), "Some reflections on the state of theater in the Caribbean", *Bim* 17, 65 : 16~32.

Wilentz, G.(1992), *Binding Cultures : Black Women Writers in Africa and the Diaspora, Bloomington*, Indiana : Indiana University Press.

Wilkinson, J.(1991), "Melting the barriers of mind : *The Bacchae of Euripides* as a liberation rite", *Commonwealth : Essays and Studies* 13, 2 : 71~84.

Williams, M.(1986), "The anxiety of writing : language and belonging in New Zealand and Fiji", *SPAN* 22 : 93~104.

Williams, P. & Chrisman, I. eds.(1993), *Colonial Discourse and Post-Colonial Theory : A reader*, New-York : Harvester Wheatsheaf.

Willis, R.(1992), "Dream on Monkey Mountain : fantasy as self-perception", in D. Murphy ed., *Staging the Impossible : The Fantastic Mode in Modern Drama*, Westport, Connecticut : Greenwood, 150~155.

Winders, J. A.(1983), "Reggae, rastafarians and revolution : rock music in the third world", *Journal of Popular Culture* 17, 1 : 61~73.

Wollen, P.(1987), "Fashion / orientalism / the body", *New Formations* 1 : 5~33.

Workshop '71 Theatre Company(1981), "Survival", in R. Kavanagh ed., *South African People's Plays*, London : Heinemann, 125~172.

Wright, D.(1992), "Ritual and revolution : Soyinka's dramatic theory", *ARIEL* 23, 1 : 39~58.

Wright, R.(1937), *Revels in Jamaica 1682~1838*, New-York : Dodd Mead.

Wuest, R.(1990), "The robber in the Trinidad carnival", *Caribbean Quarterly* 36, 4 : 42~53.

Wynter, S.(1970), "Jonkonnu in Jamaica : towards the interpretation of folk dance as a cultural process", *Jamaica Journal* June : 34~48.

_____(1979), "Maskarade", in J. Wilson ed., *West Indian Plays for Schools*, Jamaica : Jamaica Publishing House.

Yajnik, R. K.(1970), *The Indian Theatre : Its Origins and Its Later Developments under European Influence*, New-York : Haskell House.

Yeboa-Dankwa, J.(1988), "Storytelling of the Akan and Guan in Ghana", in R. K. Priebe ed., *Ghanaian Literatures*, New-York : Greenwood, 29~42.

Yeoh, R.(1990), *One Year Back Home*, Manila : Solidarity Foundation.

_____(1994), "Theatre and censorship in Singapore", *Australian Drama Studies* 25 : 49~60.

Yeoh, P.(1972), "The Need to Be", in L. Fernando ed., *New Drama Two*, Kuala Lumpur : Oxford University Press, 1~45.

Yerimah, A.(1987), "Wole Soyinka's experiment : guerilla theater at the University of Ife", *Odu* 32 : 145~159.

Yong, M.(1984), "Colonial, post-colonial, neo-colonial and at last, a 'post-national' drama", *World Literature Written in English* 23, 1 : 234~241.

Zabus, C.(1985), "A Calibanic tempest in anglophone and francophone new world writing", *Canadian Literature* 104 : 35~50.

Zambuko and Izibuko(1988), *Katshaa! The Sound of the AK*, Harare : University of Zimbabwe Press.

Zarrilli, P.(1984), *The Kathakali Complex : Actor, Performance and Structure*, New Delhi : Abhinav.

Zimra, C.(1986), "W / Righting his / tory : versions of things past in contemporary Caribbean women writers", in M. Ueda ed., *Explorations : Essays in Comparative Literature*, Lanham, Maryland : University Presses of America, 227~252.

찾아보기

인명